GÖTTERDÄMMERUNG

Veröffentlichungen zur
Bayerischen Geschichte und Kultur 60
Herausgegeben vom
Haus der Bayerischen Geschichte

GÖTTERDÄMMERUNG
König Ludwig II. und seine Zeit

Herausgegeben von
Peter Wolf, Richard Loibl und Evamaria Brockhoff

Katalog zur
Bayerischen Landesausstellung 2011

Schloss Herrenchiemsee
14. Mai bis 16. Oktober 2011

Die Deutsche Nationalbibliothek verzeichnet diese Publikation in der Deutschen Nationalbibliografie; detaillierte bibliografische Daten sind im Internet unter http://dnb.d-nb.de abrufbar.

HAUS DER BAYERISCHEN GESCHICHTE

© Bayerisches Staatsministerium für Wissenschaft, Forschung und Kunst,
Haus der Bayerischen Geschichte, Augsburg
www.hdbg.de
Gestaltung/Satz: Christoph Reichert, Petra Hammerschmidt, Friends Media Group, Augsburg
Umschlaggestaltung: Christoph Reichert, Friends Media Group, Augsburg,
unter Verwendung des Plakatmotivs von Büro Wilhelm, Amberg
Lithografie: media men GmbH, Augsburg
Gesamtherstellung: Evamaria Brockhoff
Druck und Bindung: Kessler Druck + Medien GmbH & Co. KG, Bobingen
ISBN 978-3-937974-29-3

Lizenzausgabe für den Primus-Verlag
Die Herausgabe des Werkes wurde durch die Vereinsmitglieder der WBG ermöglicht.
Umschlaggestaltung der Primus-Ausgabe: Christian Hahn, Frankfurt a. M.,
unter Verwendung des Plakatmotivs von Büro Wilhelm, Amberg
www.primusverlag.de
ISBN 978-3-89678-740-8

Lizenzausgabe für die WBG (Wissenschaftliche Buchgesellschaft)
Umschlaggestaltung der WBG-Lizenzausgabe: Peter Lohse, Heppenheim,
unter Verwendung des Plakatmotivs von Büro Wilhelm, Amberg
www.wbg-wissenverbindet.de
ISBN 978-3-534-24458-4 (Aufsatzband und Katalog)

Das Werk ist in allen seinen Teilen urheberrechtlich geschützt. Jede Verwertung ist ohne Zustimmung des Hauses der Bayerischen Geschichte unzulässig. Das gilt insbesondere für Vervielfältigungen, Übersetzungen, Mikroverfilmungen und die Einspeicherung in und Verarbeitung durch elektronische Systeme.

Printed in Germany

Alle Rechte vorbehalten

Grußworte

» Kein Bayer, kaum ein Deutscher, ist weltweit bekannter und berühmter als König Ludwig II. von Bayern. Seine Schlösser sind Leuchttürme für Bayern und touristische Wahrzeichen für Deutschland von internationaler Präsenz. Seit 1945 stehen sie für ein anderes, besseres Deutschland. Für den König und seine Bayern ist das eine späte Wiedergutmachung. Nur widerwillig hatten sie sich in das militaristische, preußisch dominierte Kaiserreich gefügt. Bayerische Landtagsabgeordnete hatten sich bei der Entscheidung für oder wider den Beitritt Bayerns nachhaltig für Frieden, Freiheit und mehr Demokratie eingesetzt.

Fast drei Menschenalter nach der erfolgreichen Etablierung Bayerns in der Bundesrepublik Deutschland und in einem freiheitlichen Europa ist es Zeit für eine Neubewertung und Neuinszenierung Ludwigs II. und seiner Bayern. Der Mythos Bayern wurde zu seiner Zeit begründet: das Bild des widerspenstigen Bergvolks, urwüchsig und bodenständig, mit eigener Sprache und Kultur, einfach anders und manchmal fremd. Die Realität war vielschichtiger. Bayern machte sich zur Zeit Ludwigs II. auf zum Sprung ins Industriezeitalter und setzte dabei auf Zukunftsindustrien wie Elektrotechnik und Chemie.

Mit dem Hightech des Industriezeitalters realisierte der König in den Königsschlössern perfekte Illusionen. Gerade Schloss Herrenchiemsee mit dem Schlosspark stellt ein Panorama von Kulissen für ein gigantisches Historienspiel dar, das sich nur in der Vorstellung des Königs konkretisierte. Es war Rückzugsraum für einen von absoluter Herrschaft träumenden König, der mit der Realität nicht zurecht kam. Es herrschte Götterdämmerung: Das alte Regime der konstitutionellen Monarchie neigte sich seinem Ende zu, die Demokratie dämmerte langsam herauf.

Es war eine Umbruchzeit mit vielen Parallelen zur Gegenwart. Daraus mag sich ein Teil der Faszination Ludwigs II. und seiner Epoche erklären. Umso lohnenswerter erscheint es, sich mit dieser dramatischen Geschichte zu befassen. Für uns Bayern ist sie mit Wehmut verbunden. Nicht von ungefähr beweint die Bavaria in der Ausstellung die verlorene bayerische Souveränität. Wir dürfen aber auch stolz sein auf die Leistungen der Zeit Ludwigs II. und auch darauf, dass unsere Vorfahren sich trotz schwieriger Umstände Eigenleben und -kultur im Sinne des europäischen Grundsatzes von der „Einheit in Vielfalt" bewahrten. Beim Aufstieg Bayerns zum modernen europäischen Vorzeigeland spielte dieser Mythos Bayern eine gewichtige Rolle. Hoffentlich bleibt uns davon jenseits der Klischees viel originale Substanz erhalten.

In diesem Sinne danke ich allen, die Anteil an der Bayerischen Landesausstellung 2011 haben, sehr herzlich und wünsche der Präsentation viele Besucher und große Resonanz!

Dr. Wolfgang Heubisch
Bayerischer Staatsminister für Wissenschaft, Forschung und Kunst

» Neuschwanstein, Linderhof, Herrenchiemsee: Im kulturellen Erbe Bayerns nehmen die Schlossbauten König Ludwigs II. heute einen herausragenden Platz ein; die Zweifel an ihrem künstlerischen Wert sind längst verstummt. Im mentalen Haushalt der Bevölkerung dienen sie heute als Ikonen bayerischer Eigenart, obwohl sie einst aus privaten Mitteln als Refugien für den Rückzug aus einer ungeliebten politischen Wirklichkeit errichtet worden sind. Im Bewusstsein der Weltöffentlichkeit aber sind sie zu Symbolen Bayerns geworden, zu Kürzeln für ein gleichermaßen traditionsbewusstes, romantisches wie modernes Land.

Die von Ludwig II. ausgehende Faszination hat die „Götterdämmerung" nun schon um eineinviertel Jahrhunderte überlebt. Mit einer neuen Ausstellung über den König und seine Zeit versuchen das Haus der Bayerischen Geschichte und die Bayerische Schlösserverwaltung, dem Mythos auf den Grund zu gehen und zum besseren Verständnis der Schöpfungen beizutragen. In der Tat lässt sich aus den Bauten Ludwigs II. nicht nur Persönliches, sondern auch vieles Allgemeine über bayerische Geschichte im deutschen und im europäischen Kontext herauslesen – mit solchen Bemühungen stehen wir aber erst ganz am Anfang.

Für eine Ausstellung über Ludwig II. bieten die so genannten Rohbauräume im Nordflügel von Herrenchiemsee den idealen Hintergrund. Ihre technische Herrichtung für Veranstaltungszwecke soll dem überkommenen Zustand keinen Abbruch tun, sind sie doch in ihrer Unvollendung das wohl symbolkräftigste Dokument des politischen und persönlichen Scheiterns Ludwigs II. Das harte Aufeinanderprallen des unbezahlbaren Glanzes der königlichen Privaträume mit dem rohen Ziegelmauerwerk des „Grand Appartement du Roi" enthüllt die Unvereinbarkeit von romantischer Illusion und Realität des industriellen Zeitalters, von weltabgewandter Auftraggeberschaft und den ökonomischen Zwängen der Gründerzeit. Mögen diese Räume der Ausstellung die Atmosphäre verleihen, die ihrem letztlich unbegreiflichen Protagonisten angemessen ist.

Georg Fahrenschon
Bayerischer Staatsminister der Finanzen

Inhalt

Ein König auf dem Theater 11
Johannes Erichsen

Götterdämmerung: König Ludwig II.
und Bayern – Mythos und Realität 15
Richard Loibl

Hinter den Kulissen –
Zur Gestaltung der Ausstellung 26
Peter Wolf

Erster Akt

» Wie Ludwig König wurde 32

Kronprinz Ludwig –
Rollenspiel und Selbstdarstellung 34

Erbprinz – Kronprinz – König 43

Zweiter Akt

» Wie der König Krieg führen musste 62

Der preußisch-österreichische Krieg
von 1866 67

Der Deutsch-Französische Krieg 1870/71 75

Die Kaiserproklamation 85

Impressum Katalog 4
Impressum Ausstellung 8
Abgekürzt zitierte Literatur 288
Bildnachweis 296

Dritter Akt

» Wie der König seine Gegenwelten schuf 92

Gebaute Gegenwelt	94
Von der Burg des Vaters zu eigenen Idealen	96
Von der Wartburg zur Gralsburg: Neuschwansteins Entwicklung	102
Bebildertes Mittelalter: Der Gudrunzyklus in Neuschwanstein	106
Musikdramatisches Mittelalter: Richard Wagners „Tannhäuser" und „Lohengrin"	108
Vision Burg Falkenstein	113
Der Kaiserpalast von Byzanz	118
Herrenchiemsee – Tempel des absoluten Königtums	119
Ein Bild von einem Schloss: Herrenchiemsee und Versailles als Denkmäler	124
Ein Sanktuarium: Das Paradeschlafzimmer für Ludwig XIV.	138
Gedenkrituale und Anverwandlungen an die Bourbonen	149
Ungereimte Poesie	153
Kein Wagner ohne Ludwig – kein Ludwig ohne Wagner	157
Großes Theater – Ludwig II. und Richard Wagner	157
Wagners Wirkung in Europa	168

Vierter Akt

» Wie Ludwigs Königreich modern wurde 174

Bayern im Reich: rückständig oder nur anders?	176
Wild – urig – gesellig	183
Wirtschaftlicher Aufbruch	190
Ludwig II. und die Technik	223

Fünfter Akt

» Wie Ludwig starb und zum Mythos wurde 234

Der König in den letzten Jahren	236
Die Finanzkrise – Koalition gegen den König	247
Die Inverwahrnahme des Königs	255
Das Ende	260
Der Mythos Ludwig II.	276

Die Ausstellung

Veranstalter
Haus der Bayerischen Geschichte – Direktor Dr. Richard Loibl
Bayerische Verwaltung der staatlichen Schlösser, Gärten und Seen – Präsident Dr. Johannes Erichsen, Dr. Sabine Heym (Leiterin Museumsabteilung)
Landkreis Rosenheim – Landrat Josef Neiderhell

Projektidee und Grundkonzept
Dr. Richard Loibl

Projektleitung
Gesamtprojektleitung und Projektleitung Haus der Bayerischen Geschichte: Dr. Peter Wolf
Projektleitung Bayerische Verwaltung der staatlichen Schlösser, Gärten und Seen: Katharina Heinemann M.A.

Wissenschaftliche Konzeption
Haus der Bayerischen Geschichte:
Judith Bauer, Dr. Margot Hamm, Elisabeth Handle M.A., Andreas Th. Jell M.A. Dr. Barbara Kink, Dr. Christian Lankes †, Caroline Sternberg M.A., Dr. Peter Wolf
Bayerische Verwaltung der staatlichen Schlösser, Gärten und Seen:
Katharina Heinemann M.A., Dr. Uwe Gerd Schatz, Dr. Sybe Wartena

Wissenschaftliche Beratung
Dr. Cajetan von Aretin, Prof. Dr. Franz Xaver Bischof, Dr. Christof Botzenhart, Dr. Wolfgang Burgmair, Dr. Wolfgang Gudden, Dr. Rupert Hacker, Dr. Gerhard Immler, Prof. Dr. Hans-Michael Körner, Prof. Dr. Ferdinand Kramer, Prof. Dr. Marita Krauss, Prof. Dr. Bernhard Löffler, Prof. Dr. Siegfried Mauser, Andreas von Majewski M.A., Dr. Robert Münster, Dr. Karl Borromäus Murr, Prof. Dr. Michael Petzet, Prof. Dr. Hermann Rumschöttel, Dr. Martha Schad, Jean Louis Schlim, Maria Seitz, Marcus Spangenberg M.A., Heinrich Graf von Spreti, Prof. Dr. Josef Steinböck, Prof. Dr. Reinhard Steinberg, Dr. Dieter Storz, Prof. Dr. Matthias M. Weber, Dr. Richard Winkler, Thomas Wöhler

Leihverkehr und Transporte
Elisabeth Handle M.A., Caroline Sternberg M.A.

Bildredaktion
Caroline Sternberg M.A., Dr. Sybe Wartena

Organisation des Kolloquiums
Dr. Christian Lankes †, Isabel Leicht M.A.

Begleitprogramm zur Ausstellung
Landkreis Rosenheim:
Klaus Jörg Schönmetzler und Team

Gestaltung und Ausstellungsgrafik
graficde'sign Pürstinger, Salzburg: Friedrich Pürstinger, Andrea Jindra, Alex Stieg
Producing: Michael Punz
Koordination: Elisabeth Handle M.A.

Modelle, Bühnenmalerei
Johann Flierl, Michael Hausbacher, Ingrid Ramsauer

Bauliche Koordination der Baustelle Herrenchiemsee
Matthias Pfeil, Martin Bosch

Bauleitung Ausstellung
Dipl.-Ing. (FH) Matthias Held, Waltenhofen

Plakat/Corporate Design
Büro Wilhelm, Amberg

Didaktik und Museumspädagogik
Judith Bauer, Andreas Th. Jell M.A.

Katalogredaktion
Evamaria Brockhoff M.A., Helga Wiedmann
Michaela Mohr, mimo-booxx | textwerk., Augsburg

Übersetzungen
David Ingram, Marco Montemarano, Sergej Liamin

Internet
Evamaria Brockhoff M.A., Clemens Menter

Praktikanten und studentische Hilfskräfte
Julia Böh, Fabian Fiederer, Michael Langer, Agnes Sofia Mayer, Carina Rösch, Elisabeth Schätzler, Michael Schmidt, Verena Wittmann

Ausführende Firmen Inneneinrichtung
Studioteam, Rosenheim
Digital Druck AG, München
Heinz Fritz, Kunststoffverarbeitung, Herbrechtingen
Glaserei Moser, Bad Feilnbach
Modl GmbH, Neumarkt
Werner Brugger, Art-Design, Waltenhofen
Schrödel & Venhofen, Dachau
Schlosserei Hausbacher, Seekirchen
Schreinerei Herdegen, Breitbrunn
Schreinerei Huber, Prien

Klimatisierung
Kümobil, Weingarten

Konservatorische Betreuung und Objektmontage
Haus der Bayerischen Geschichte:
Ernst Bielefeld (Leitung), Armin Börnert, Charlotte Deininger, Jonas Jückstock, Monika Lingg, Anke Lorenz, Oliver Schach, Alfred Stemp, Magdalena Verenkotte-Engelhardt
Bayerische Verwaltung der staatlichen Schlösser, Gärten und Seen:
Manuela Frankenstein (Projektrestauratorin), Jan Braun, Dieter Endrich, Eva Engelhardt, Hella Huber, Beate Kneppel, Susanne Mayr, Bernhard Mintrop, Andreas Mühlbauer, Barbara Nahstoll, Tina Naumovic, Sabine Palffy, Inga Pelludat, Heinrich Piening, Gerhard Rieger, Klaus Schmauser, Bettina Schwabe, Ingrid Thom, Sonja Wallinger, Arina Weber, Cornelia Wild, Kerstin von Zabuesnig

Transporte
Hasenkamp Internationale Transporte GmbH, München
Umzüge Braun, München

Versicherung
Hiscox AG, Niederlassung München

Medienproduktionen, Computerstationen
Prof. Dr. Gerd Hirzinger, Seefeld
Metamatix AG, München
Mediacreation GmbH, Dr. Stefan Aglassinger, Salzburg
Benjamin und Stefan Ramírez Pérez, Köln
Bayern 2 Radio, München
p.Medien GmbH, München
Drehbücher: Christoph Süß, Dr. Sybe Wartena, Caroline Sternberg M.A.

Medientechnik
p.Medien GmbH, München

Audioguide
Linon Medien, Berlin

Schüler-Audioguide
Ein Kooperationsprojekt von Haus der Bayerischen Geschichte, Stiftung Zuhören, Bayerischer Rundfunk
Konzeption und Betreuung: Judith Bauer, Elke Dillmann, Caroline Sternberg M.A., Elisabeth Utz
Beteiligte Schulen und Lehrkräfte:
Luitpold-Gymnasium Wasserburg am Inn: Florian Haigermoser, Doris Hasse
Annette-Kolb-Gymnasium Traunstein: Ulli Hartl, Sabine Kretschmer
Reiffenstuel-Realschule Traunstein: Walter Brumm, Willi Schwenkmeier
Wilhelmsgymnasium München: Robert Vetterle
Staatliche Berufsschule Berchtesgadener Land: Thomas Öllinger, Bernhard Sacré
Medienpoaches:
Dagmar Bohrer-Glas, Eva Demmelhuber, Elke Dillmann, Bernhard Jugel, Sonja Kunze, Bernhard Schulz, Martin Trauner

Musikaufnahmen
Hochschule für Musik und Theater, München
Kilian Sprau, München
Das Aufnahmestudio stellte freundlicherweise die Hochschule für Musik und Theater, München, Prof. Dr. Siegfried Mauser, zur Verfügung.

Führungsdienst
Erlebnis Weltkulturerbe, Genslein und Schmid GbR mit Horst Rüdel

Öffentlichkeitsarbeit
Haus der Bayerischen Geschichte:
Dr. Andrea Rüth, Isabel Leicht M.A.
Bayerische Verwaltung der staatlichen Schlösser, Gärten und Seen:
Dr. Jan Björn Potthast, Kathrin Jung M.A., Claudia Albrecht M.A.
Daniel Mooz M.A., Sabine Seibert M.A.
Landkreis Rosenheim

Koordination auf Herrenchiemsee
Josef Austermayer mit Team SGV Herrenchiemsee

Verwaltung
Clemens Menter, Kurt Lange, Wolfgang Schaile

Sponsoren und Förderer
E.ON Bayern
Bayerische Sparkassenstiftung
Sparkasse Rosenheim-Bad Aibling
Dr. Max Edelmann, Inning a. Ammersee
Wirtschaftlicher Verband der Stadt und des Landkreises Rosenheim e.V.

Medien- und Mobilitypartner
Bayerischer Rundfunk – Bayern 2 Radio
OVB Medienhaus
Chiemseeschifffahrt Ludwig Feßler KG

Katalogtexte
Alfons Maria Arns *A.M.A.*, Ursula Bartelsheim *U.B.*, Judith Bauer *J.B.*, Evamaria Brockhoff *E.B.*, Wolfgang Burgmair *W.B.*, Christoph Emmendörffer *Ch.E.*, Johannes Erichsen *J.E.*, Wilhelm Füßl *W.F.*, Roland Götz *R.G.*, Margot Hamm *M.H.*, Katharina Heinemann *K.H.*, Winfried Helm *W.H.*, Sabine Heym *S.H.*, Marita Haller *M.Ha.*, Michael Henker *M.He.*, Gerhard Immler *G.I.*, Martin Irl *M.I.*, Andreas Th. Jell *A.Th.J.*, Herbert Karbach *H.K.*, Barbara Kink *B.K.*, Dietrich O.A. Klose *D.K.*, Barbara Kosler *B.Ko.*, Jürgen Kraus *J.K.*, Henrik Koch *H.Ko.*, Michael Langer *M.L.*, Richard Loibl *R.L.*, Rainer Mertens *R.M.*, Thomas Müller *Th.M.*, Susanne de Ponte *S.d.P.*, Rainer Riedel *R.R.*, Uwe Gerd Schatz *U.G.S.*, Jean Louis Schlim *J.L.S.*, Helmut Schwarz *H.Sch.*, Marcus Spangenberg *M.Sp.*, Caroline Sternberg *C.St.*, Dieter Storz *D.St.*, Peter Styra *P.St.*, Regina Urban *R.U.*, Heinz Wallerus *H.W.*, Sybe Wartena *S.W.*, Matthias M. Weber *M.M.W.*, Constanze Werner *C.W.*, Richard Winkler *R.W.*, Peter Wolf *P.W.*

Für Rat und Hilfe danken wir:
Fritz K.E. Armbruster, Wasserburg; Alfons Maria Arns, Frankfurt a. Main; Dr. Ilsebill Barta, Wien; Dr. Ursula Bartelsheim, Nürnberg; Gerhard und Daniel Bertele, Augsburg; Dr. Helmut Bitsch, Regen; Prof. Dr. Frank Büttner, München; Fritz-Richard Demmel M.A., München; Prof. Dr. Rainer S. Elkar, Neubiberg; Dr. Christoph Emmendörffer, Augsburg; Prof. Dr. Hans Förstl, München; Dr. Gudrun Föttinger, Bayreuth; Dr. Nina Gockerell, München; Dr. Roland Götz, München; Dr. Winfried Helm, Hauzenberg; Dr. Gerhard Hetzer, München; Stefan Hirsch, Benediktbeuern; Dr. Thomas Horling, München; Dr. Markus Hundemer, München; Dr. Ludwig Hüttl, Waldkraiburg; Martin Irl, Schwarzenfeld; Stephan Joss, Rosenheim; Josef Kink, Fürstenfeldbruck; Helmut Klinner, Oberammergau; Dr. Michael Koch, München; Barbara Kosler, München; Dr. Jürgen Kraus, Ingolstadt; Dr. Johannes Laschinger, Amberg; Andreas Leipnitz, München; Dr. Claudia Lichte, Würzburg; Albert Meilhaus, Puchheim; Wolfgang Mair Abersee, Augsburg; Harald Müller, München; Dr. Thomas Müller, Ingolstadt; Matthias Murko, Nürnberg; Max Oppel, München; Dr. Susanne de Ponte, München; Adolf Reiter, Trostberg; Dr. Rainer Riedel, Ködnitz; Philipp Rothkopf, Berlin; Prof. Dr. Jürgen Schläder, München; Dr. Martin Schramm, Fürth; Brigitte Schuhbauer, München; Evi Schuster, München; Heidi Schuster, München; Flori Schuster, München; Wolfgang Schuster M.A., Neufahrn; Dr. Helmut Schwarz, Nürnberg; Martina Sepp, München; H. Peter Sinclair sel. A., London; Ralf Spicker, München; Dr. Dieter Storz, Ingolstadt; Peter Styra M.A., Regensburg; Albert Teschenmacher, Zorneding; Alexander Wandinger M.A., Benediktbeuern; Dr. Matthias Weniger, München; Frydl Zuleeg, Nürnberg

Leihgaben, Vorlagen für Reproduktionen sowie Filmrechte stellten großzügigerweise zur Verfügung:

Leihgaben
Auswärtiges Amt – Politisches Archiv, Berlin
Archiv des Erzbistums München und Freising, München
BASF SE, Ludwigshafen a. Rhein
Bayerisches Armeemuseum, Ingolstadt
Bayerisches Hauptstaatsarchiv, München
Bayerisches Hauptstaatsarchiv, Geheimes Hausarchiv, München
Bayerisches Landesamt für Maß und Gewicht, München
Bayerisches Nationalmuseum, München
Bayerische Staatsbibliothek München
Bayerische Staatsgemäldesammlungen, München
Bayerische Theaterakademie August Everding im
   Prinzregententheater, München
Bayerische Verwaltung der staatlichen Schlösser, Gärten und
   Seen/Museumsabteilung, München
Bayerisches Wirtschaftsarchiv, München
Coninx-Stiftung, Zürich
Deutsches Jagd- und Fischereimuseum, München
Deutsches Medizinhistorisches Museum, Ingolstadt
Deutsches Museum, München
Deutscher Schützenbund e.V., Wiesbaden
Deutsches Theatermuseum, München
Dr. Max Edelmann, Inning a. Ammersee
Familienarchiv Eckart, München
Gemeinde Oberammergau
Granitzentrum Bayerischer Wald, Hauzenberg
Hamburger Kunsthalle, Hamburg
Haus der Bayerischen Geschichte, Augsburg
Haus der Fotografie Dr. Robert-Gerlich-Museum, Burghausen
Heimatmuseum Schloss Adelsheim, Berchtesgaden
Hannes Heindl, Freising
Kunstmuseum Basel
Kunstsammlungen und Museen Augsburg, Maximilianmuseum
Landesmuseum Mainz
Max-Planck-Institut für Psychiatrie – Historisches Archiv,
   München
Albert Meilhaus
Münchner Stadtmuseum
Museum für Kommunikation, Frankfurt
Museum Ludwig, Köln
Museum Georg Schäfer, Schweinfurt
Museum Tegernseer Tal, Tegernsee
Museumsschlösschen Theresienthal, Zwiesel
Museumsstiftung Post und Telekommunikation, Nürnberg
Nähmaschinenmuseum, Erzabtei St. Ottilien
Neues Museum in Nürnberg
Niederbayerisches Landwirtschaftsmuseum, Regen
Richard-Wagner-Museum/Nationalarchiv der Richard-Wagner-
   Stiftung, Bayreuth
Roeckl Handschuhe & Accessoires GmbH & Co. KG, München
Siegfried Rübensaal, Thann, Gemeinde Lengdorf
Sammlung Erich Eder
Sammlung Jean Louis, München
Sammlung Joss, Rosenheim
Sammlung Marcus Spangenberg, Regensburg
Schützengesellschaft Kronach
Deutsches Schützenmuseum, Coburg
Siemens Corporate Archives, München
Spielzeugmuseum Nürnberg
Staatliche Münzsammlung, München
Staatliche Museen zu Berlin, Nationalgalerie
Staatliches Textil- und Industriemuseum, Augsburg
Stadtmuseum Neumarkt i.d. OPf.
Swiss Re, Europe S.A., Niederlassung Deutschland, Unterföhring
Fürst Thurn und Taxis Kunstsammlungen, Regensburg
Wallfahrtsmuseum Gößweinstein (WMG)
Wallraf-Richartz-Museum & Fondation Corboud, Köln
Wehrgeschichtliche Lehrsammlung des Sanitätsdienstes der
   Bundeswehr, München
Wittelsbacher Ausgleichsfonds, München
Luitpold Graf Wolffskeel
Ziegel- und Kalkmuseum Flintsbach, Winzer

   sowie private Leihgeber, die ungenannt bleiben wollen

Vorlagen für Reproduktionen
Archiv Faber-Castell, Stein
Maximilian Graf von und zu Arco-Zinneberg, Moos
Bayerisches Landesamt für Denkmalpflege, München
Bayerische Staatsbibliothek München
Bayerische Staatsoper, München
Bayerische Verwaltung der staatlichen Schlösser, Gärten und
   Seen, München
Bezirk Unterfranken, Würzburg
Alois Dallmayr KG, München
DB Museum Nürnberg
Deutsche Kinemathek, Berlin
Gasteig München GmbH
Gemeindearchiv Oberammergau
Germanisches Nationalmuseum, Nürnberg
Historisches Archiv der MAN Augsburg
Hochschule für Musik und Theater, München
Martin Irl, Holnstein-Archiv, Schwarzenfeld (OPf.)
Kineos GmbH, Oberhaching
Unternehmensarchiv Linde Engineering, Höllriegelskreuth
Mercedes-Benz-Classic, Stuttgart
Nordbayerischer Kurier, Bayreuth
Österreichisches Staatsarchiv – Kriegsarchiv, Wien
Otto Lilienthal Museum, Anklam
Otto-von-Bismarck-Stiftung, Friedrichsruh
Firma Radspieler, München
Schirmer/Mosel Verlag, München
Seemann Henschel GmbH & Co. KG, Leipzig
Axel Springer AG, Berlin
Staats- und Stadtbibliothek Augsburg
Staatstheater am Gärtnerplatz, München
Stadt- und Stiftsarchiv der Stadt Aschaffenburg
Stadtarchiv Amberg
Stadtarchiv Augsburg
Stadtarchiv München
Stadtarchiv Nürnberg
Stadtarchiv und Stadtmuseum Fürth
Stiftung Stadtmuseum Berlin
Theaterwissenschaftliche Sammlung Schloß Wahn, Köln
Verlag Die Abendzeitung, München
Werksarchiv Koenig & Bauer AG, Würzburg

Filmrechte
American Zoetrope, San Francisco CA, USA
Deutsches Filminstitut – DIF, Wiesbaden
Filmmuseum München
Fosco Dubini Donatello Dubini Filmproduktion, Köln
Kirch Media GmbH & Co. KGaA i. In., Unterföhring
mk2 s.a., Paris
Syberberg Film Produktionen, München

EIN KÖNIG AUF DEM THEATER

» Auch Könige bedürfen in periodischen Abständen der Neuinszenierung, um sie dem Publikum einer gewandelten Zeit aus neuer Perspektive vorstellen zu können. Einst geschah dies auf der Bühne; heute, so scheint es, hat das Medium Ausstellung diese Aufgabe übernommen. Und gewiss ist es für eine Ausstellung nicht leichter, die komplexe Persönlichkeit eines Menschen und die Beweggründe seines Handelns auf eine einfache Formel zu bringen.

Schwierig wird die Präsentation, wenn der so ins Rampenlicht Gestellte selbst ein komplexes Verhältnis zum Theater besaß. Die lebenslange Liebe Ludwigs II. zu diesem Medium bietet zweifellos ein Erklärungsmodell für viele seiner Verhaltensweisen. Theater schafft eine, zusätzliche Welt, die leichter beherrschbar ist als die reale. Es gestattet das Leben im anderen, die Identifikation mit Anderen, das Mitleiden und Mitjubeln. Es konfrontiert mit Ideen, aber nicht auf den kühlen Höhen der Philosophie, sondern in wärmender Nähe zu Menschen. Es erlaubt schließlich die Vergegenwärtigung und den emotionalen Nachvollzug von Handlungen der Vergangenheit. „Was dem gemeinen Menschen außer jeder Möglichkeit der eigenen Lebenserfahrung liegt, hier erlebt er es, erlebt es an sich selbst, in seiner durch wunderbare Täuschung gewaltsam entzündeten Sympathie." (Richard Wagner)[1]

Auch die „Königsschlösser" sind vom Theaterspiel her zu verstehen. Sie waren keine Repräsentationsbauten des Königreichs Bayern, sondern private (und privat finanzierte) Gegenbilder zur politischen Realität Bayerns, bestimmt zum Erleben von Momenten und Gefühlen, für welche die konstitutionelle Monarchie keinen Raum bot. Die Schlösser Ludwigs II. waren letztlich Kulissen für Rollenspiele vielfältiger Art, für imaginäre Begegnungen (auch Abendessen) mit historischen Personen, für Monologe als Ein-Personen-Separataufführungen. Sie beförderten die Illusion beim Hineinfinden in ideale Rollen und Welten: Traumwelten nicht im Sinne der Märchen von damals, auch nicht der Fantasy oder Science Fiction von heute, sondern analog zur real stattgefundenen Geschichte.

Geschichte galt in der zweiten Hälfte des 19. Jahrhunderts noch als „magistra vitae", als Lehrerin des Lebens, und was konnte einem König angemessener sein als die Beschäftigung mit Geschichte unter den Aspekten der Persönlichkeitsbildung und der Prüfung des Wieder-Möglichen? Wozu dient ein Tempel zum Ruhme Ludwigs XIV. wie Schloss Herrenchiemsee, wenn nicht zum Nachvollzug einer geistigen Patenschaft, zu meditierender Verehrung oder gar zur Einfühlung in ein Vorbild? Stand hinter Ludwigs Schlössern reiner Eskapismus oder war diese Nostalgie nicht doch auch politische Blaupause? Dass die Monarchie in Deutschland drei Jahrzehnte nach dem Tod des Königs am Ende sein würde, war damals keineswegs abzusehen, und so ging es für die Herrscher und ihre Berater darum, die Rolle eines Königs in Gegenwart und Zukunft neu zu erfinden.

In diesem Sinne pflegte Ludwig II. nicht nur die Separataufführungen von Repertoirestücken auf der Hofbühne, sondern er gab auch Schauspiele in Auftrag, wenn er sich gewisse Aktionen und Stimmungen historischer Personen vergegenwärtigen wollte. Obwohl enorm belesen, drängte es ihn doch zur lebendigen Anschauung, ja zur Identifizierung mit einzelnen Figuren. Die Grenzen zwischen Persönlichkeit und Rolle, zwischen Dichter, Akteur und Publikum wurden fließend und das trug wesentlich bei zu der Unverständlich- und Unerklärlichkeit, die heute noch das Faszinosum Ludwigs II. ausmachen.

Wir wollen hier versuchen, gewissermaßen in drei Akten markante Punkte dieses immerhin mehr als zwei Jahrzehnte währenden königlichen Lebens auf dem Theater und mit dem Theater zu charakterisieren.

I. Der Wahn

Als Ludwig II. 1864 Richard Wagner begegnete, wollte er wissen, ob und wie sich des ehemaligen Revolutionärs Ansichten über Staat und Religion seit den frühen Kunstschriften (die der Kronprinz schon als Knabe verschlungen hatte) geändert hätten. Wagner – zweifellos klug genug, die Richtung seiner Antworten auf so kitzlige Fragen dem König selbst abzulauschen – reagierte noch im selben Jahr mit der Schrift „Über Staat und Religion", welche das Verhältnis des „außerweltlichen Reiches" seiner Kunst zu den beiden Grundpfeilern öffentlichen Lebens bestimmte. Sein Urteil über diese – an Schopenhauers Pessimismus geschult – war niederschmetternd. Die höheren Regungen des Menschen wurzelten, meinte Wagner, im Wahn, einer allen Lebewesen immanenten Vorspiegelung von Zielen, die über die Befriedigung des persönlichen Egoismus hinausreichten – als Beispiel aus dem politischen Leben nannte er den Patriotismus, als dessen Symbol und Verkörperung er den König bezeichnete. Allein der Monarch, die überparteiliche Instanz im Staate, vermöge desilllusioniert den Ernst der Welt zu überschauen, die Beschränktheit der Staatsgenossen und auch die inneren Probleme der eigentlich nicht auf Staatserhalt, sondern auf Verneinung und Erlösung aus der Welt gerichteten Religion zu erkennen. Der König verkörpere Ideale und habe nach ihnen zu streben, wobei er aber notwendig in eine archetypische tragische Situation gerate: „Erst am Lose und Leiden der Könige kann die tragische Bedeutung der Welt ganz und voll zur Erkenntnis gebracht werden."[2]

In seiner fast übermenschlichen Stellung bedürfe der König, „der ungewöhnliche, große Mensch" der gelegentlichen Zerstreuung und Abwendung vom Ernst seines Geschäfts. Hierfür empfahl Wagner einen künstlichen, künstlerischen Wahn: „Was ihm diese Abwendung, diese edle Täuschung, möglich macht, muß wiederum ein Werk jenes Menschen erlösenden Wahnes sein, der überall da seine Wunder verrichtet, wo die normale Anschauungsweise des Individuums sich nicht weiter zu helfen weiß ... Dies leistet die Kunst; und sie zeige ich daher beim Abschiede meinem hochgeliebten Freunde als den freundlichen Lebensheiland, der zwar nicht wirklich und völlig aus dem Leben hinausführt, dafür aber innerhalb des Lebens über dieses erhebt und es selbst uns als ein Spiel erscheinen lässt ... Die Nichtigkeit der Welt, hier ist sie offen, harmlos, wie unter Lächeln zugestanden: denn, daß wir uns willig täuschen wollten, führte uns dahin, ohne alle Täuschung die Wirklichkeit der Welt zu erkennen."[3] Die Kunst, von der Wagner als Ablenkung vom gemeinen Leben und doch auch als Weg zum „unaussprechlichen Traumbild der heiligsten Offenbarung"[4] sprach, spielte auf dem Theater, doch der König hat offensichtlich die Kulissen seiner Schlösser in das Theater des Wahns einbezogen.

In diesem komplexen Text, den wir für ein feinfühliges Psychogramm Ludwigs II. mit seinem Widerwillen gegen die Staatsfadaisen und seiner Neigung zum Rückzug in private Idealwelten halten möchten, ist die Gefährdung des Königs angesprochen, ja die Tragödie in nuce vorhergesagt. Die Grundzüge dieser Weltsicht waren gewiss längst angelegt – allenfalls darf man Wagner den Vorwurf machen, den jungen Monarchen darin bestärkt zu haben. Wagners Text spiegelt einige Kernsätze über das Ethos des Königtums aus Schillers „Jeanne d'Arc" wider und 1866 bekannte der Komponist, der König habe ihm dieses Schauspiel „zu tiefstem Verständnis gebracht, während aus ihr wiederum ich Sie mir erklärt habe".[5] Hatte Ludwig II. selbst solcherart, unbeabsichtigt, Einfluss auf Wagners Vorschläge ausgeübt?

II. Narziss

Kein Schauspiel hat Ludwig II. wohl öfter gesehen als Albert Emil Brachvogels „Narziß", ein Intrigenstück um die Marquise de Pompadour mit dem an sich und der Zeit leidenden Genie, das Diderot als „Le Neveu de Rameau" in die Literatur eingeführt hatte, als Hauptfigur.[6] 1870 ließ der König das seit seinem Regierungsantritt auf dem Münchner Spielplan stehende Stück neu ausstatten und es seither jeweils am Todestag Ludwigs XV. öffentlich oder für sich allein aufführen. Höhepunkt und zugleich schauspielerisches Glanzstück Ernst von Possarts (er ließ sich in dieser Szene sowohl malen wie auch fotografieren) war der „Pagodenmonolog", ein Dialog des Narziss Rameau mit einer chinesischen Wackelkopffigur aus Porzellan. Wir dürfen annehmen, dass Ludwig II. von dieser Szene fasziniert war; das Bildnis Possarts mit der Pagode musste bei jeder Aufführung mit in die Loge.

„... Pah! Wir sind doch eigentlich eine abgelebte Spezies; – der Puls des Menschengeschlechts geht langsam (er sieht den Chinesen) – lauter Pagoden auf dem Nipptisch unseres Herrgotts! (Er tritt zur Figur) Komm herab, Bursche, und lass dich besehen! (Er hebt die Figur vom Sims, setzt sie links auf den Tisch und stellt sie vor sich hin) Du siehst dick genug aus für einen Krösus dieser Welt. – Gibt es eine Entwicklung des Menschengeschlechts? – ja? (Er stößt an die Figur, sie nickt mit dem Kopfe) O ja! Natürlich, er weiß es, er ist gelehrt und reich dazu; ein Mitglied der Académie Française vielleicht? – ja? – (Er stößt wieder an die Figur) Richtig, dacht' ich's doch gleich! Sagen Sie mir, Herr Professor, gibt es eine Vorsehung, ein großes Urbild unseres Selbst, das uns geschaffen, gibt es ein Land der Verheißung und des Friedens, das die vereint, die hienieden getrennt waren? Gibt es das? (Er stößt an die Figur) O ja! Natürlich! – – Aber verzeihen Sie nur, der Weiseste, Frömmste, kann sich der Zweifel nicht immer erwehren, besonders wenn er nichts zu essen hat. Es wäre doch möglich, es gäbe nichts von dem allen, der Weltbau wäre nur ein Konglomerat bewegter Materie und der Magnetismus die persona agens, die an den Stoff gebunden ist? Habe ich nicht recht? (Er stößt an die Figur) Hahahaha, das ist dein Wissen, das dein Charakter! Verfluchtes Geschlecht! (Er wirft mit einem Faustschlage die Figur zu Boden, dass sie zerschellt)

Geh in Scherben! – – – (Er wirft sich in den Sessel und stützt den Kopf in die Hand, dann richtet er sich langsam auf, schmerzlich) Oh, gibt es ein bejammernswerteres Geschöpf als den Menschen? – Ein Wurm mit Seraphsschwingen, der zum Drachen wird, um sich von seiner eigenen Brut zu mästen! – – – (Er geht langsam ans Fenster und öffnet es, das Licht ist im Verlöschen) Ihr ewigen Lichter da droben, ihr strahlenden Augen, die mir schwermütig ins gebrochene Herz schauen, seid ihr auch bevölkert mit Kindern des Grams, wie dieser taumelnde Ball? – Ihr seid wie Brüder da droben, einig in Liebe zieht ihr harmonisch um eure Sonnenmutter, ein Volk von stillen, heiteren Gesellen, ein ewig süßes Bild, ein Ideal, ein unerreichbares! – (Glühend) Oh Sehnsucht, Sehnsucht, du hältst das Weltall zusammen, du bist doch das beste am Leben. Ach, wer keine Sehnsucht mehr fühlt, ist wert zu sterben, zu faulen! Oh mein Gott, erhalte mir die Sehnsucht! – – (Er versinkt in Nachdenken.)"[7]

Als Brachvogel sein Schauspiel schuf, war das Krankheitsbild der narzisstischen Persönlichkeitsstörung noch nicht beschrieben und konnte daher nicht gemeint sein. So verweist die Umbenennung des historischen Jean-François Rameau in „Narziß" offenbar auf den Jüngling der griechischen Mythologie, der sein Spiegelbild liebte und an dessen Unerreichbarkeit zugrunde ging. Auch Brachvogels Narziss, Ehemann der ihm entlaufenen Jeanette Poisson, verzehrt sich in dem Wunsch, die Geliebte wiederzufinden. Er stirbt im Wahnsinn, als er sie in der Intrigantin Pompadour erkennen muss. Die Narziss' Leben prägende Sehnsucht nach dem geliebten Gegenüber mag es Ludwig II. ebenso angetan haben wie der Widerstand gegen die Konventionen oder die Charakterisierung der Jugendjahre: „Man hat mich wie einen Hund geprügelt, mir oft nichts zu essen gegeben und mich wie einen Mönch erzogen, damit ich auch ja ein Lump werde!"[8] Aber er hörte wohl auch verwandte Töne in dieser desillusionierten, von Stimmungsschwankungen geprägten, zwischen Verachtung und dem Wahn der Sehnsucht oszillierenden Abrechnung mit der Welt und der Menschheit. Mit seiner Spannweite von idealer Erhebung und äußerster Zerknirschung schlägt Narziss den Bogen zurück zu der Verzweiflung, welche Wagner 1864 als unvermeidlich diagnostiziert hatte und welcher der Anti-Held am Ende des Stücks erliegt.

III. Das ewige Rätsel

Als Kürzel für das Unauflösbare im Leben Ludwigs II. dient heute gern sein wohl berühmtester Satz, „Ein ewiges Rätsel will ich bleiben mir und anderen". In einem 1876, um die Mitte seiner Regierungszeit geschriebenen Brief legte der König gegenüber der Schauspielerin Marie Dahn-Hausmann ein Selbstbekenntnis ab: „Ich kann nicht leben in dem Hauch der Grüfte, mein Atem ist die Freiheit! Wie die Alpenrose verbleicht und verkümmert in der Sumpfluft, so ist für mich kein Leben als im Licht der Sonne, in dem Balsamstrom der Lüfte! Lange hier [in der Hauptstadt] zu sein, wäre mein Tod … Daß ich oft von einem wahren Fieber des Zornes und des Hasses erfasst und befallen werde, mich voll des Ingrimmes abwende von der heillosen Außenwelt, die mir so wenig bietet, ist begreiflich. Vielleicht mache ich einstens meinen Frieden mit der Erdenwelt, wenn alle Ideale, deren heiliges Feuer ich sorgsam nähre, zerstört sein werden. Doch – wünschen Sie das nie! – Ein ewiges Rätsel will ich bleiben mir und anderen."[9]

Dieser Text vermag Ludwig II. nicht hinreichend zu charakterisieren, doch verraten Kontext und Quellen viel über das Selbstverständnis des 30-Jährigen. Der König bediente sich hier zweier Zitate nach seinem Lieblingsdichter Friedrich Schiller. Der erste Abschnitt über die Freiheit variiert die Klage der Hedwig über die Gefangennahme ihres Mannes im „Wilhelm Tell".[10] Der zweite schließt mit einem Satz aus dem zentralen Monolog der „Braut von Messina": „Ein ewig Rätsel will ich bleiben mir, / ich weiß genug, ich lebe dir!"[11] – Was war der Sinn beider Entlehnungen? Zum einen meinte der König nicht leben zu können unter den Menschen, die „schwer atmend wohnen in dem Qualm der Städte", wie es in einem anderen, mehrfach von ihm benutzten Tell-Zitat heißt.[12] Zum anderen aber sagte er sich – so wie Beatrice für ihre Liebe zu einem Unbekannten auf den ihr angeborenen Platz in der Gesellschaft verzichtet – offenbar los von der bedrückenden realen Welt, um in Freiheit ganz seinen Idealen zu leben. Dem Zusatz „und anderen" zufolge rechnete der König dabei mit dem Unverständnis der Welt, aber er rechnete insgeheim auch – „Wünschen Sie das nie!" – mit dem eigenen Scheitern, mit dem Ende seiner Freiheit, mit der Zerstörung der Ideale, denen er lebte. Dem Kontext zufolge wollte er mit dem berühmten Zitat nicht die Unerklärlichkeit, sondern die Andersartigkeit der eigenen Existenz andeuten: ein entschlossenes Sich-Lossagen von den gesellschaftlichen Normen, willige Inkaufnahme einer Außenseiterstellung trotz massivem Druck seitens der politischen Öffentlichkeit. Der König bekannte sich hier als Nonkonformist: Er konnte die engen Regeln der Gesellschaft nicht akzeptieren, aber er strebte zugleich nach höheren Zielen und wurde sich damit selbst zum Problem. Mit einem stoischen „Und doch!" vollendete er seinen Weg.

Zweifellos vermochte die Schauspielerin, an welche diese Worte Schillers gerichtet waren, die Zitate zu erkennen und die Zielrichtung aus dem Kontext zu erschließen. Diese Art von Belesenheit ist schon im 20. Jahrhundert rar geworden – bezeichnenderweise hat es nach der Publikation des Briefes ein Menschenalter gedauert, bis ein Ludwig-Experte den Zusammenhang erkannte. Wir wissen heute aber, dass die Tagebücher und Briefe des Königs voll sind von solchen Anverwandlungen markanter Sentenzen aus dem Theater und wir dürfen davon ausgehen, dass dies auch das Sprechen, vielleicht gar das Denken Ludwigs II. prägte.[13] Solche Zitate bedeuten aber, wie das herangezogene Beispiel lehrt, nicht einfach die Verwendung einer schöneren, poetischen Formulierung für einen Sachverhalt. Vielmehr kann der Zitierende nach dem Prinzip pars pro toto auf einen größeren Zusammenhang weisen und damit auch etwas anderes meinen, als der Wortlaut besagt. Die Verwendung von Zitaten ist somit ein Mittel der Verrätselung; sie schlägt Töne an, die nur bei richtiger Zuordnung den beabsichtigten Zusammenklang geben. Der gleichsam doppelte Boden der Sprache des Königs zwingt den Hörer/Leser darauf zu achten, wo der Sprecher/Schreiber auf dem Boden der Realität steht und wo auf der Wolke der Poesie, wo er fremde Zungen und Anspielungen bemüht, wo er in andere „Personen", das heißt Masken, schlüpft.

Drei Szenen, drei Annäherungen, dreimal derselbe Motivschatz, aus dem die Argumentation schöpft. Hüten wir uns dennoch, daraus einen stringenten Schluss auf die Persönlichkeit Ludwigs II. ziehen zu wollen. Zu vieldeutig ist das Theater, zu unterschiedlich sind die Lebensphasen, als dass dies möglich wäre. Es gibt keine kausalen Erklärungen, sondern nur Annäherungen, die dem König bei seinem Ringen um die Rolle des idealen Monarchen zuhören. Dennoch zeigen die Texte, dass die wissenschaftliche Annäherung an Ludwig II. noch lange nicht abgeschlossen ist.

Johannes Erichsen

Anmerkungen

1 Wagner, Kunst, S. 61.
2 Wagner, Staat, S. 18.
3 Ebd., S. 28f.
4 Ebd., S. 29.
5 Zitiert nach Seitz, Schiller, S. 29.
6 Albert Emil Brachvogel, Narziß, Leipzig o. J. (1857); vgl. dazu Hommel, Separatvorstellungen, S. 64–68 und 324.
7 Narziß, 4. Akt 4. Auftritt. Hier ist nur die zweite Hälfte des Monologs wiedergegeben.
8 Narziß, 2. Akt 7. Auftritt.
9 Brief vom 26. April 1876, zitiert nach Conrad, König, S. 314.
10 Schiller, Wilhelm Tell (4. Aufzug 2. Szene); vgl. Merta, Tagebücher, S. 356.
11 Schiller, Die Braut von Messina (2. Aufzug 1. Auftritt); vgl. Merta, König, S. 7.
12 Schiller, Wilhelm Tell (2. Aufzug 2. Szene, V. 1446); vgl. Seitz, Schiller, S. 27.
13 Zu diesem Phänomen und zur Anlehnung an Schiller vgl. Seitz, Schiller.

GÖTTERDÄMMERUNG: KÖNIG LUDWIG II. UND BAYERN – MYTHOS UND REALITÄT

Eine Einführung in die Ausstellung

» „Wieso denn schon wieder eine Ausstellung zu Ludwig II.?" Als ich im Sommer 2007 mit meiner Idee, König Ludwig II. und seiner Zeit eine Bayerische Landesausstellung zu widmen, werben ging, stieß ich nicht nur auf Begeisterung. Das war erstaunlich, denn die letzte große Präsentation zu Ludwig II. hatte 1968 stattgefunden: „König Ludwig II. und die Kunst" in der Münchner Residenz, kuratiert von Michael Petzet. Doch dass alle, die meiner Idee skeptisch begegneten, diese damals viel beachtete Ausstellung noch vor Augen hatten, konnte ich nicht glauben. Hinter der Skepsis musste mehr stecken, eine vor allem in der Fachwelt gefühlte Übersättigung mit dem Thema Ludwig. Dabei war es um den König nach dem Boom der 1970er- und 80er-Jahre, der vor allem vom Film Luchino Viscontis „Ludwig" von 1973 ausging, ruhig geworden. Genauer betrachtet, ist es wohl doch eher die Aura der Unantastbarkeit, die Ludwig umgibt, insbesondere sein mysteriöser Tod, der diese Berührungsangst begründet.

Dabei lebt der Freistaat Bayern nicht schlecht vom „Mythos Ludwig", der wiederum großen Anteil am „Mythos Bayern" hat, wie er gerade in letzter Zeit diskutiert, ja angesichts gewisser gefühlter Verfallserscheinungen beschworen wurde: das Bild des eigenwilligen Bergvolks, katholisch geprägt, konservativ, mit eigener Sprache und Kultur, einfach anders und manchmal fremd, heile Welt, ein wenig rückständig und dann plötzlich neben der altbekannten Lederhose mit dem Laptop auftrumpfend. Der Mythos Bayern hatte sich in der Regierungszeit Ludwigs II. ausgeformt, was zeigt, dass diese Jahre für Bayern von entscheidender Bedeutung waren. Diese Umbruchzeit zu beleuchten, den Mythos zu dechiffrieren, hinter die Klischees auf die Realität zu blicken – darum ging es bei dem neuen Ausstellungsprojekt. Das konnte nur gelingen, wenn man beides im Auge behielt: den König und sein Land. Es musste eine historische Ausstellung werden, eine Neuinszenierung und Neubewertung aus dem Blick unserer Gegenwart. Eine solche Ludwig-Ausstellung aber ist neu.

Die Idee fand Befürworter, allen voran die damaligen Bayerischen Staatsminister für Wissenschaft, Forschung und Kunst bzw. der Finanzen: Dr. Thomas Goppel und Erwin Huber setzten sich nachhaltig für das Projekt ein. Mit dem Präsidenten der Bayerischen Schlösserverwaltung Egfried Hanfstaengl wurde im Juli 2008 eine Vereinbarung zur Zusammenarbeit geschlossen. Erstmals taten sich Haus der Bayerischen Geschichte und Bayerische Schlösserverwaltung für eine gemeinsame Landesausstellung zusammen. Als Veranstaltungsort einigte man sich auf das Schloss Herrenchiemsee. Der Lage entsprechend, kam der Landkreis Rosenheim als dritter Partner ins Boot. Landrat Josef Neiderhell hielt das Schiff seither engagiert mit auf Kurs. Allen Beteiligten und ihren Nachfolgern, den Ministern Dr. Wolfgang Heubisch und Georg Fahrenschon, sowie dem Präsidenten der Schlösserverwaltung Dr. Johannes Erichsen, die wesentlichen Anteil am Zustandekommen des Projekts haben, danke ich herzlich.

Bereits die erste Pressekonferenz am 8. September 2008 führte die Schlagkraft des Mythos Ludwig deutlich vor Augen: Das Café Rottenhöfer in München – Johann Rottenhöfer war Haushofmeister und erster Mundkoch der Könige Max II. und Ludwig II. gewesen – platzte aus allen Nähten. Als am Ende die Kabarettistin Barbara Dorsch das König-Ludwig-Lied anstimmte, war der Funke übergesprungen. Die Medienresonanz auf die Bayerische Landesausstellung erreichte seither ein bisher ungekanntes Maß.

Der Mythos Ludwig II. lebt. Warum? In erster Linie wohl wegen der Sehnsucht nach faszinierenden Persönlichkeiten: der jugendliche König, gebildet, begabt, schön, aus heutiger Sicht mit allen Anlagen zum Superstar, der sich dann aber enttäuscht aus der Öffentlichkeit zurückzieht, um spektakuläre Gegenwelten zu inszenieren, und der am Ende, von Gerüchten über Wahnsinn und Schulden umgeben, einen mysteriösen Tod findet. Kein Wunder, dass er neuerdings mit dem King of Pop Michael Jackson verglichen wird. Doch steckt hinter dem als Ikone der Moderne neu belebten Mythos Ludwig II. noch mehr. Es ist auch nicht nur das Jubiläum der 125. Wiederkehr des Todestages, das wir mit unserer Ausstellung besetzen. Es sind zudem die Parallelen, die offensichtlich zwischen unserer Zeit und der Ludwigs bestehen: Umbruchzeiten, in denen die Horizonte weiter werden. Bayern begann 1871 deutsch zu werden, das wiedervereinigte Deutschland und mit ihm Bayern sind heute europäisch. Neue Währungen gelten: 1871 die Mark, 2002 der Euro. Wirtschaftssysteme wechseln: 1871 vom Agrarstaat zum Industrieland, heute von der Industrienation zum diversifizierten Global Player. Globalisierung trifft Region. Der sich im Wohlklang des bairischen Dialekts artikulierende Native Speaker, der im Münchner In-Café als fremdartig erscheint, ist hier ebenso zu nennen wie das internationale Oktoberfestpublikum, das sich in Dirndl und Lederhose „bayerisch" uniformiert.

Glaubt man den Soziologen, so gehört zur Globalisierung eben auch die „Glokalisierung", die Wiederentdeckung regionaler Eigenart und Besonderheit in Verbindung mit der Sehnsucht nach der scheinbar guten alten Zeit.[1] Ein ähnliches Phänomen war in der Regierungszeit Ludwigs II. zu beobachten, als „Touristen" vor allem aus den norddeutschen Industriestädten die heile Welt der bayerischen Alpen aufsuchten und von geschäftstüchtigen schuhplattelnden Oberbayern bespaßt wurden: der Beginn des Mythos Bayern. Adolph von Menzel hat dieses Phänomen in einem erstaunlichen Gemälde eingefangen, das wir in unserer Ausstellung zeigen dürfen: der städtische Dandy in bürgerlicher Gesellschaft, wie er sich skeptisch-überlegen von der alpenländischen Fronleichnamsprozession zum Betrachter hin abwendet, mit dem er sich in der Beurteilung „einfach exotisch" einig zu sein scheint.

Skepsis auf der einen, Sehnsucht auf der anderen Seite, das dürfte die Faszination wesentlich ausmachen. Hier verbinden sich der Mythos Bayern und der Mythos Ludwig. Wie geht man in einer Ausstellung damit um? Indem man zunächst ein tragfähiges wissenschaftliches Fundament baut. Hierzu hat das Haus der Bayerischen Geschichte im November 2009 in Zusammenarbeit mit der Kommission für bayerische Landesgeschichte an der Bayerischen Akademie der Wissenschaften (Prof. Alois Schmid) und dem Lehrstuhl für Bayerische Geschichte an der Ludwig-Maximilians-Universität (Prof. Ferdinand Kramer) ein Kolloquium veranstaltet, an dem Wissenschaftler aus ganz Deutschland teilnahmen. Besonders die Beiträge aus der Kulturwissenschaft eröffneten neue Aspekte und Blickwinkel auf das Thema. Deutlich wurde beispielsweise, wie sehr das gängige Bild Ludwigs von den Filmen Käutners, Syberbergs und vor allem Viscontis geprägt ist.[2] „Der Mythos entzieht dem Objekt, von dem er spricht, jede Geschichte", formulierte der französische Philosoph Roland Barthes.[3] Und so türmt sich Klischee auf Klischee über die historische Persönlichkeit. Ludwig II. fungiert als Projektionsfläche – und das bereits zu Lebzeiten. Die Deutschnationalen feierten ihn als Ludwig den Deutschen, die bayerischen Patrioten als Ludwig den Bayern. Hinter diese Überwucherungen kommt man nur, wenn man sich auf die Fakten zurückzieht und vorschneller Interpretationen enthält.

Freilich wollten wir nicht darauf verzichten, die Geschichte Ludwigs II. und seiner Zeit zu erzählen. Sie verlief dramatisch. Dabei hat das Drama für Ludwig noch eine weitere Bedeutung. Er liebte das Theater und beförderte die Musikdramen Richard Wagners, die die Tür zur modernen Musik aufstießen. Der „Dritte Tag" der Tetralogie „Der Ring des Nibelungen" ist die „Götterdämmerung": der Untergang der alten und das Heraufdämmern der neuen Welt. Schon die Zeitgenossen sahen darin ein Bild für die Umwälzungen des 19. Jahrhunderts durch Industrialisierung und Modernisierung. In dieser Zeit fand sich Ludwig II. nicht zurecht. Geboren im alten monarchisch-konstitutionellen System, träumte er von der absoluten Macht des Herrschers. Im Alltag stieß er gegen die Mauern einer bürokratischen Beamtenoligarchie, die den jungen König auf dem Amtsweg ein ums andere Mal auflaufen ließ.[4] Die eigentlichen Herren im Land waren die Minister und ihre Ministerialbeamten, die nicht nur den König, sondern auch die pseudodemokratische Volksvertretung in Schach hielten. Das Ende Ludwigs II. offenbarte, dass dieses System dem Untergang geweiht war. Unter großen Geburtswehen dämmerte die neue demokratische Welt herauf. Darauf bezieht sich der Titel der Ausstellung „Götterdämmerung", die gemäß dem Schema des klassischen Dramas gegliedert ist:

Sie beginnt mit dem ersten Akt: Wie Ludwig König wurde.

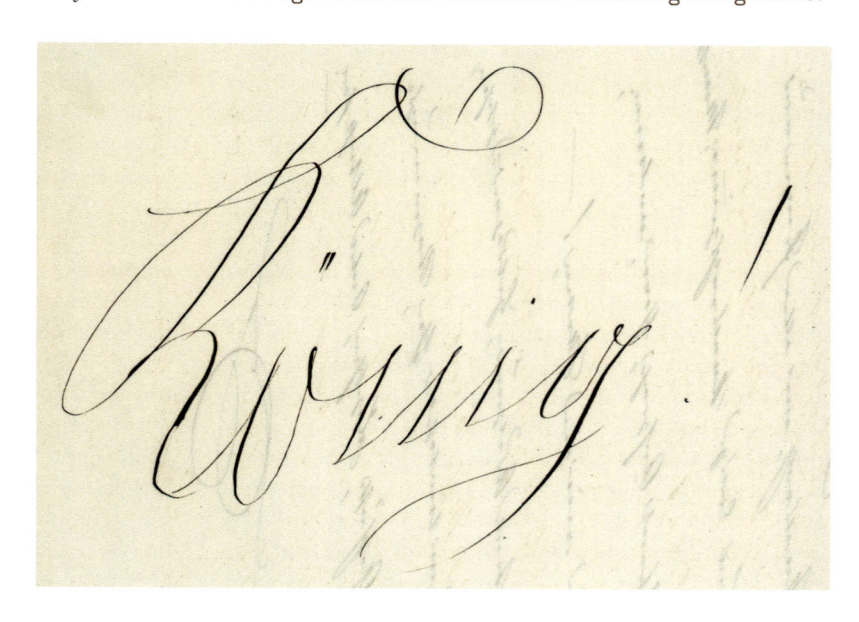

Als Erbprinz eines der vornehmsten und ältesten Adelsgeschlechter Europas war Ludwigs Lebensweg vorbestimmt. Bereits Kindheit und Jugend liegen hinter einem Schleier von Legenden und Klischees. Dabei wuchs er – für damalige Verhältnisse – ziemlich normal auf. Von außergewöhnlicher Härte bei der Erziehung, wie immer wieder behauptet, findet sich keine Spur. Und auch die filmisch inszenierte Romanze mit Elisabeth, der späteren Kaiserin von Österreich, deutete sich noch nicht einmal an.[5] Erstaunlich erscheint, wie Ludwig II. die Rollen seines Lebens probte. Vor dem neuen Medium der Kamera posierte er als Thronfolger, Offizier und lässiger Dandy mit Zigarette.[6] Diese relativ unbekannten Fotos bilden in der Ausstellung einen eindrucksvollen Kontrast zu der Gemälde-Ikone Ludwigs II. mit Krönungsmantel von Ferdinand Piloty. Zusammen ergeben sie ein Bild des jungen Ludwig, ein Bild von Anspruch und Realität, vor dem Hintergrund der das Klischee bestimmenden Ludwig-Filme.

Als der Kronprinz, noch keine 18 Jahre alt, gerade sein Universitätsstudium begonnen hatte, starb völlig unerwartet sein Vater König Maximilian II. „König" schrieb Ludwig damals über eine ganze Seite in sein Tagebuch. Voller Tatendrang, aber auch bereits mit einer gewissen Scheu vor öffentlichen Auftritten machte er sich an seine Lebensaufgabe. Die bayerische Verfassung sah den König in der Rolle eines „Ministerpräsidenten", der die Politik aktiv steuern und seine Minister leiten sollte. Konnte diese Mammutaufgabe, der sich schon sein Vater kaum gewachsen gezeigt hatte, ein junger Mann mit 18 Jahren ohne Ausbildung, ohne politische Erfahrung und ohne Berater, denen er wirklich vertraut hätte, bewältigen? Obendrein stand er schon nach kurzer Zeit vor einer, ja *der* Krisensituation des Königreichs Bayern. Sie zu lösen, dazu hätte es eines Polit-Monarchen vom Format König Ludwigs I. bedurft. Doch der war schon vor 16 Jahren zurückgetreten.[7]

Über diese Krise handelt der zweite Akt: Wie der König Krieg führen musste und einen Kaiser über sich gesetzt bekam.

Die Krisenzeit der Jahre 1866 bis 1871 offenbarte die Konstruktionsfehler des bayerischen Staates. Es ging um nichts weniger als die Souveränität des Königreichs Bayern, den Kern der Verfassung. Es ging aber auch um eine Neuordnung Deutschlands, ja Europas. Der Wiener Kongress von 1815 und der daraus hervorgehende lockere Staatenbund hatten dem Deutschen Bund eine 50-jährige Friedenszeit gebracht. Dazu gehörte die Großmacht Österreich, die mit ihren Kronländern Böhmen und Ungarn über Deutschland hinausragte und von europäischer Bedeutung war. Nur mit Mühe hielt der österreichische Kaiser den Vielvölkerstaat zusammen, weil oder obwohl er supranational orientiert war und den Weg über die aufkommenden Nationalismen hinaus hätte aufzeigen können.[8] Die zweite Großmacht war Preußen, ganz anders als Österreich national ausgerichtet, mit der herausragenden politischen Persönlichkeit seiner Zeit an der Spitze: Otto von Bismarck, dem es um einen schlagkräftigen, zentralistisch und militaristisch geprägten deutschen Nationalstaat unter preußischer Vorherrschaft ging.[9] Zwischen den Großmächten standen die deutschen Mittel- und Kleinstaaten mit Bayern und Württemberg an der Spitze, die beide jedoch kein Rezept fanden, die Kräfte zu bündeln und Preußen und Österreich ein „drittes Deutschland" entgegenzustellen.

Es lief auf einen Krieg hinaus: 1866 siegte die überlegene preußische Militärmaschinerie über Österreich. Bayern stand auf der Seite des Verlierers und wurde nun in einem ersten großen Schritt in Richtung kleindeutscher Nationalstaat (ohne Österreich) gedrängt. Der König widerstrebte genauso wie die Mehrheit des Landtags, getrennt marschierend und nicht gemeinsam schlagend, die Minister dagegen nahmen Kurs in Bismarcks Richtung. Das Land war uneinig. Die Altbayern, vor allem die Niederbayern und Oberpfälzer, hingen an Österreich. Sie sahen sehr genau, welches Schicksal ihnen bevorstand: das Los des Grenzlandes. Ein Zukunftsgutachten hatten sie dazu nicht gebraucht. Die Großbürger der Industriestädte Augsburg, Ludwigshafen, Nürnberg und München dagegen, vor allem die Pfälzer und die Mittelfranken, wünschten sich den deutschen Nationalstaat und sahen die wirtschaftlichen Chancen.[10] Der König zauderte, hing an der Einheit des Landes und an der Souveränität seines Königreichs. Einen Plan B hatten weder er noch seine Minister. Das Gesetz des Handelns bestimmten Preußen und Bismarck. 1870 provozierten sie den Krieg gegen Frankreich, den alten bayerischen Verbündeten. Bayern marschierte diesmal auf preußischer Seite, auf der Seite der

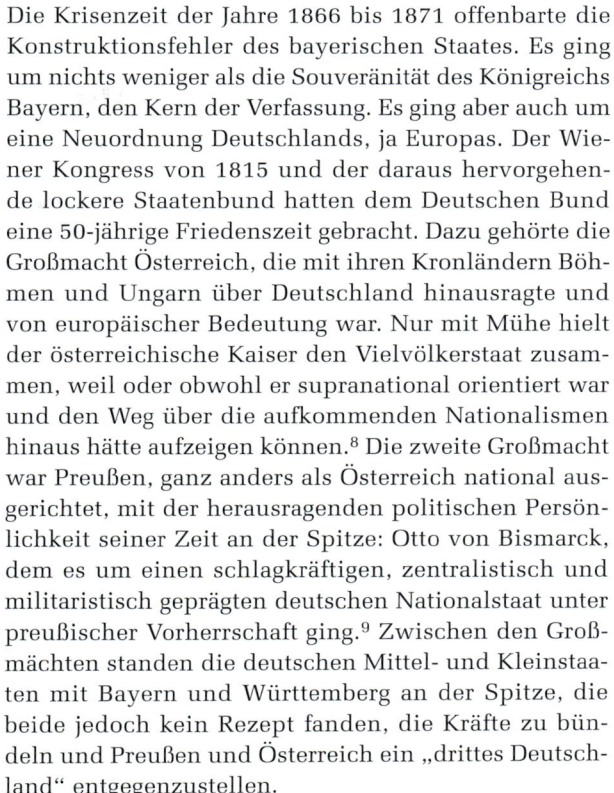

Sieger. 3000 Bayern ließen hierfür ihr Leben. Die Wogen der Begeisterung schwappten auch nach Bayern. Der bayerische Historiker Dr. Nepomuk Sepp schämte sich nicht, den Sieg über den „Erbfeind" Frankreich zu bejubeln.[11]

Und der König? Er hatte sich Preußens Wohlwollen erhofft, als er eilig in den Krieg eintrat und 55 000 Bayern ins Feld schickte. Er selbst blieb zu Hause und besuchte weder die Front noch das Hauptquartier in Versailles. Ludwig II. erkannte, dass er beides nicht haben konnte: Einheit und Souveränität. Unter Zugzwang gesetzt, akzeptierte er sein Schicksal und trug dem preußischen König den Kaisertitel an. Wilhelm I. nahm an und Ludwig II. ging in die innere Emigration. Den Weg dorthin ließ er sich vergolden – durch Zahlungen aus dem Welfenfonds, die Bismarck veranlasste und die der bayerische König zum Bau seiner Schlösser verwendete.[12] Eine Alternative hätte er gehabt: die Abdankung. Dann wäre er zu Recht als Ludwig der Bayer in die Geschichte eingegangen. Und Bayern wäre ein Stück weit ärmer: ohne Königsschlösser. Und unsere Geschichte wäre schon zu Ende, fast, denn ein Kapitel wäre trotzdem noch zu erzählen gewesen: das Votum des Landtags.

Zum Beitritt Bayerns in das neue deutsche Kaiserreich war eine Verfassungsänderung notwendig, ging es doch schließlich um den Verzicht auf die Souveränität. Beide Kammern des Landtags mussten zustimmen. Die Erste Kammer der Reichsräte, die Vertretung des Hochadels und der Kirche, brauchte dazu nur einen Vormittag. In der Zweiten Kammer der Abgeordneten, der eigentlichen Volksvertretung, hingegen wurde um den Beitritt erbittert gerungen. Zehn Tage lang dauerte die Redeschlacht. Den liberalen Reichsbefürwortern, meist aus den Großstädten, standen die bayerischen Patrioten gegenüber: Beamte, Pfarrer, kleinere Landbesitzer und Adlige, Handwerker und Bauern. Um die nötige Zweidrittelmehrheit zu erreichen, mussten von der Patriotenpartei Stimmen für die Reichseinigung gewonnen werden. Eine gewaltige Drohkulisse wurde aufgebaut: Der König, die bayerischen Bischöfe und die ministeriellen Vorgesetzten der Beamten hatten schon zugestimmt. Und realistisch betrachtet, gab es zum Reichsbeitritt kaum mehr eine Alternative. Es ging aber um mehr als nur eine rationale Entscheidung. Es ging um die Gewissensfrage.

Ein Abgeordneter lief in dem Disput zur Form seines Lebens auf: Dr. Edmund Jörg, gebürtiger Allgäuer, Staatsarchivar auf der Trausnitz in Landshut, einer der markantesten Politiker und Publizisten des deutschen Katholizismus, wie Dieter Albrecht gezeigt hat.[13] Jörg beschwor eine freiheitliche internationale Ordnung der europäischen Menschheit, die Wiedereinsetzung des Völkerrechts gegen die „Fortdauer der unbeschränkten Herrschaft der Nationalitäten-Politik". Gelinge dies nicht, müssten die Völker Europas „bis an die Zähne bewaffnet, Gewehr bei Fuß, gegen einander stehen, zum Sprung bereit". Der Militarismus müsste die „höchsten Interessen der Nationen und Völker überfluthen …" Schließlich prophezeite er für den Fall der kleindeutschen Reichsgründung „in wenigen Jahren … wieder einen Krieg …, den Rachekrieg mit Frankreich, das dann nicht mehr ohne Alliierte sein wird". Und ganz am Ende fand er diese Worte: „Ich fühle mich mit einem Worte nicht bevollmächtigt in irgendeiner Weise unser liebes altes Bayerland an Preußen auszuliefern. Fragen Sie das Volk, ob es will oder nicht will. Ich weiß keinen andern Rath, ich stehe hier und kann nicht anders."[14]

Fragen Sie das Volk! Ein utopischer Aufruf für die damalige Zeit, der wohl auch nicht ganz ernst gemeint war. Aber es ist schön, dass die bayerische Geschichte eine Reihe von Männern vorweisen kann, die sich im Januar 1871 trotz teilweise erheblicher Risiken für die eigene Person und Karriere nachdrücklich für Frieden, Freiheit und Demokratie einsetzten und dabei eine europäische Perspektive gewannen, auch wenn es ihnen in erster Linie um Bayern ging. 48 bayerische Patrioten blieben bis zuletzt ihrem Gewissen treu. Sie sind die wahren Helden des Jahres 1871.

Heute darf das ein bayerischer Historiker wieder schreiben, nachdem die Patrioten von 1871 lange Zeit als rückständige Separatisten galten. Die moderne Geschichtsforschung hat das Potenzial dieser Politiker erkannt, und dies sogar über Deutschland hinaus.[15] Selbst im neuen „Gebhardt" werden die Chancen betont, die der alte deutsche Bund mit Österreich hinsichtlich einer friedlicheren und freiheitlicheren Entwicklung Deutschlands und Europas eröffnet hätte.[16] Angesichts der jungen glücklichen Geschichte der Bundesrepublik Deutschland und der Europäischen Union ist eine Neubewertung der bayerischen Patrioten möglich und nötig. Und wir Bayern dürfen mit der weinenden Bavaria trauern um die 1871 verlorene bayerische Souveränität und die vergebene Chance auf einen freiheitlichen und friedlichen Bund.

Die trauernde Bavaria darf man wörtlich nehmen, sie steht tatsächlich in der Ausstellung und weint in dem Raum, den Friedrich Pürstinger, der Ausstellungsgestalter aus Salzburg, mit kriegerischen Ecken und Kanten, in blutiges Rot getaucht, dramatisch gestaltet hat. Im Mittelpunkt steht hier das in der Maschinenfabrik Augsburg (später MAN) entwickelte Feldl-Kartätschgeschütz, das in der Theorie 450 Schuss pro Minute abfeuern konnte. Von den heldenhaften Schlachtenpanoramen eröffnet es den Blick auf die Realitäten eines industriellen Kriegs. Ritterlich war am Siebzigerkrieg nichts. Die Fotografien der zerstörten französischen Städte weisen auf die Katastrophe des Ersten Weltkriegs voraus, den Edmund Jörg in seinen Reden vorhergesagt hatte. Das zweite wesentliche Exponat dieses Kapitels ist der Kaiserbrief von 1871, der erstmals in Bayern gezeigt wird. Finis Bavariae – das Ende Bayerns? Jedenfalls nicht sang- und klanglos. Dafür standen die bayerischen Patrioten im Landtag.

Und Ludwig II.? Er verabschiedete sich von seiner Aufgabe, sein Eskapismus verstärkte sich. Er mied die Residenzstadt, soweit es sich einrichten ließ. Sicher, angesichts der Aktenberge, die der König bis zuletzt bewältigte, wird man nicht sagen können, dass er keinen Anteil mehr an den politischen Geschehnissen in Bayern genommen hätte, aktiv aber brachte er sich nur mehr selten ein. Seine Untertanen bekamen ihn nicht zu sehen, von gelegentlichen zufälligen Begegnungen bei Ausfahrten, wie sie etwa Oskar Maria Graf in „Das Leben meiner Mutter" schildert, abgesehen.[17] Repräsentiert hat er Bayern jedenfalls nicht mehr. Und gerade diese Aufgabe wurde für die Monarchen im letzten Viertel des 19. Jahrhunderts immer zentraler. Auch Bayern hätte im Reich eines Repräsentanten bedurft, der seine Sonderstellung energisch vertreten und eingefordert hätte. Das war Ludwigs Sache nicht. Er ergab sich seiner Bauleidenschaft, die uns in den dritten Akt des Dramas führt:

Wie der König seine Gegenwelten schuf.

1869 hatte er bereits den Grundstein für Neuschwanstein gelegt und die ersten Umbauten in Linderhof angeordnet. 1878 folgte die Grundsteinlegung auf der Herreninsel im Chiemsee. Im selben Jahr erhielt Linderhof elektrisches Licht. Acht Jahre wurde allein am Schloss Herrenchiemsee gebaut und so richtig fertig wurde es ebenso wenig wie Neuschwanstein.[18] Seit diese Bauwerke kurz nach dem Tod Ludwigs II. für den Besucherverkehr geöffnet wurden, faszinieren sie die Menschen. Ludwig Feßler, Sägewerksbesitzer und Schifffahrtsunternehmer am Chiemsee, hatte 1886 mangels Passagieren eine ziemliche Flaute zu bewältigen, als Prinzregent Luitpold Herrenchiemsee am 1. August 1886 für den Besucherverkehr freigab.

Ein Jahr später nahm Feßlers Flaggschiff, der Schaufelraddampfer „Luitpold", mit 500 Plätzen den Betrieb auf.[19] Der bayerische „Kulturtourismus" hatte begonnen. Heute unterhält die Familie Feßler eine regelrechte Flotte und setzt pro Jahr fast eine halbe Million Gäste über den Chiemsee. 2011 ist sie Mobilitypartner der Landesausstellung.

Der „Run" auf die Königsschlösser, wie wir ihn heute kennen, begann nach dem Zweiten Weltkrieg. Von 1946 bis 1991 stieg die Besucherzahl von rund einer halben Million auf über drei Millionen kurz nach der Wiedervereinigung, aktuell liegt sie bei 2,2 Millionen. Dafür war nicht zuletzt das Interesse der Amerikaner ausschlaggebend. 1954 titelte beispielsweise die Illustrierte „Life" in einer Sonderausgabe über das westdeutsche Wirtschaftswunder „Germany a Giant awakened" und brachte auf der Titelseite eine Ansicht Neuschwansteins.[20] Gerade Neuschwanstein, mit dem das Nazi-Regime nicht wirklich etwas hatte anfangen können, wurde nun das Symbol für das andere, das neue Deutschland, die weltweit bekannte Tourismusikone für Bayern und Deutschland.[21] Eine späte Rechtfertigung, fast möchte man sagen Ehrenrettung für das Andere, das Ludwig und sein Bayern im militaristischen Deutschen Reich verkörpert hatten.

Dabei fragte man sich lange und eigentlich bis heute, ob der Ansturm auf die Königsschlösser tatsächlich als „Kulturtourismus" bezeichnet werden kann. Im Falle Linderhofs bedurfte es eines in den 1950er-Jahren ergangenen Urteils des Bayerischen Verwaltungsgerichtshofs, um klarzustellen, dass der Besuch des Schlosses mit Venusgrotte und Maurischem Kiosk nicht vergnügungssteuerpflichtig ist.[22] Die Königsschlösser wurden mehr mit Kitsch als mit Kunst in Verbindung gebracht. Hier ist es das Verdienst Michael Petzets, mit seiner oben erwähnten Ausstellung die kunsthistorische Bedeutung der Ludwig-Schlösser offengelegt zu haben. Seinen grundlegenden Erkenntnissen folgt die Präsentation der Schlösserverwaltung in der Ausstellung, wissenschaftlich konzipiert und organisiert von Dr. Johannes Erichsen, Dr. Sabine Heym, Katharina Heinemann M.A., Dr. Uwe Gerd Schatz und Dr. Sybe Wartena. Höhepunkte sind dabei die Computeranimationen zum Bau von Neuschwanstein und Falkenstein von Prof. Dr. Gerd Hirzinger sowie zur Planung von Herrenchiemsee von p.Medien.

Im Zentrum des ersten Raums, der sich den mittelalterlichen Neuinszenierungen Ludwigs widmet, steht der Sternenhimmel des Thronsaals von Neuschwanstein, im zweiten die in Herrenchiemsee aufscheinende Sonnensymbolik des großen Vorbilds, König Ludwigs XIV. von Frankreich. Hier hat der Besucher die einmalige Chance, in die Vorstellungswelt Ludwigs II. einzudringen und sie in situ und am Original nachzuvollziehen. Herrenchiemsee ist eben nicht, wie vielfach behauptet, nur eine Kopie von Versailles. Ludwig II. ging es nicht um einen funktionierenden Schlossbau – ein Hofstaat war für ihn völlig überflüssig. Abgeschirmt von der Öffentlichkeit, wollte er die perfekte, ja im Verhältnis zum Vorbild perfektionierte Illusion, ein Denkmal absoluten Königtums von Gottes Gnaden, verwirklicht mit dem Hightech des Industriezeitalters bis hin zur modernen Heißluftheizung. Schloss und Schlosspark stellen ein Panorama vor, eine Abfolge von Bühnenbildern, von Kulissen für ein gigantisches Historienspiel, das sich nur und ausschließlich in der Vorstellung des Königs konkretisierte. Im September 1885 bewohnte Ludwig II. zehn Tage lang seine Bühnenbilder, danach sah er sie nie wieder.[23] Ob er gewollt hätte, dass sich seine Schöpfung Besuchermassen öffnet? Das ist eine rhetorische Frage.

Für uns jedenfalls ist es faszinierend, in Ludwigs Gegenwelten einzutauchen. Sie sind radikal anders und wer glaubt, sie analysieren und wirklich durchdringen zu können, der irrt ganz gewiss. Schon die Annäherung ist unendlich schwierig, denn Ludwig II. war ein Meister der Verrätselung. Benennen können wir Einflüsse und Grundlagen. Ganz entscheidend war für ihn die Welt des Theaters, vor allem die Musikdramen Richard Wagners.[24] Die perfekte Illusion, daran arbeiteten beide – man ist versucht zu sagen – wie Besessene. Ihre Kreativität eröffnete neue Welten. Sie müssen einem nicht gefallen – sie sind auch anstrengend –, faszinierend aber bleibt der energische Wille, zu neuen Ufern aufzubrechen. Wie modern dieser Aufbruch war, zeigt nicht zuletzt eine der berühmtesten Filmszenen unserer Tage: Der Hubschrauberflug in Francis Ford Coppolas „Apocalypse Now", der nur mit der Filmmusik aus der „Walküre" funktioniert.

Wir haben lange nach einem Medium gesucht, das diese Inhalte vermitteln kann. Dass es ein Film sein musste, war schnell klar, doch gerieten alle Ansätze ins Satirische. Denn „schräg" war die Arbeitsgemeinschaft des alten Revolutionärs von 1848 und des von absoluter Herrschaft träumenden Königs schon, die versuchte, in München ein grandioses neues Theater zu schaffen, aber am Widerstand des Münchner Bürgertums scheiterte, um schließlich doch noch ein Opernhaus in Bayreuth zu realisieren, das demokratisch auf Logen verzichtete. Aber warum sollte es nicht wirklich eine Satire werden? Dafür gab es in Bayern nur einen, dem dies zuzutrauen war, Christoph Süß, mit der Fernsehsendung „quer" als philosophisch fundierter Kabarettist ausgewiesen und als Ludwig-II.-Darsteller erfahren. Das Ergebnis: der Inhalt ist wissenschaftlich belegt, die Form modern, die Interpretation satirisch – bayerisch eben. Dies erschien uns auch die richtige Überleitung zum

vierten Akt des Dramas: Wie Ludwigs Königreich modern wurde.

Wiederum stehen sich Klischee und Realität gegenüber. Das Klischee betrifft den schon angesprochenen Mythos Bayern. Bayern „fremdelte" im neuen deutschen Kaiserreich. Politisch zeigte sich dies vor allem im so genannten Kulturkampf. Die Katholiken waren im Deutschen Reich mit 36 Prozent gegenüber den Protestanten klar in der Minderheit.[25] Für Bayern war das eine ganz neue Situation, denn im eigenen Land lagen die Verhältnisse umgekehrt. Hinzu kam, dass in Norddeutschland die Integration der evangelischen Kirche in den Staatsapparat als eine Art Staatskirche weit fortgeschritten war, während sich die katholische Kirche aufgrund ihrer Romorientierung und internationalen Tradition gegen die nationalstaatliche Vereinnahmung stemmte und ihren übergroßen Einfluss, insbesondere auf das Schulwesen, energisch verteidigte. Bismarck zeigte sich in dieser Frage alles andere als integrativ und ebenso wenig kompromissbereit wie die katholische Seite, die im Reichstag vor allem von den bayerischen Patrioten vertreten wurde.[26]

Die Bevölkerung, insbesondere die ländliche, entdeckte althergebrachte Frömmigkeitsformen neu – Marienwallfahrten erlebten eine ungeahnte Renaissance – und brachte damit ihre widerständige Andersartigkeit offensiv zum Ausdruck.[27] In Preußen wurde entsprechend gegen die bayerischen Katholiken polemisiert: Sie seien reichsuntreu und romhörig, dem Aberglauben verfallen und rückständig.[28] Das ist die eine Seite des Bayernbilds, die negative. Wie bei vielem Exotischen gab es aber auch die andere, die positive, das Staunen über das eigensinnige Bergvolk, das der Naturromantik eines verunsicherten Bürgertums aus dem industrialisierten Norden entgegenkam. Beides konnte man bei einer Großveranstaltung in Augenschein nehmen: bei den Oberammergauer Passionsspielen. 1840 hatten sie noch 50 000 Besucher gezählt, 1880 waren es bereits 120 000 und 1900 schon 200 000. Die Bayern spielten die Passionsgeschichte in einem Riesenspektakel nach. Unglaublich! Zur Skepsis kam die Bewunderung. Und zu den einheimischen Besuchern kamen immer mehr Gäste.[29] Deshalb steht im Zentrum dieses Raums die leicht verfremdete Inszenierung der Oberammergauer Passionsspiele mit den Originalkostümen der Aufführung von 2010.

Gefördert auch von König Ludwig II., war der erste große bayerische „Tourismusevent" geboren. Überhaupt – das Schauspiel, das auch den König faszinierte, wurde bald als bayerische Besonderheit wahrgenommen. Das Ensemble der „Münchener", großteils aus den Volksschauspielern des Gärtnerplatztheaters zusammengesetzt, brachte es von 1879 bis 1893 auf etwa 2300 Aufführungen, darunter 1650 Gastspiele in ganz Deutschland sowie in Wien, Basel, Amsterdam, Prag, Moskau, den Vereinigten Staaten. Während die Berliner 1879 noch eine „Invasion von Barbaren" auf ihren Bühnen befürchteten, machte sich bald ungetrübter Enthusiasmus breit.[30] Was waren die Bayern doch für ein farbenbunt blühendes, kerngesundes Völkchen; im modisch eingekürzten Dirndl und der Krachledernen, schuhplattelnd und jodelnd und sich sonst auf nachgestellten Bauernhochzeiten urtümlich aufführend, mit kommerzialisierten, der Schriftsprache angenäherten Dialekten, die trotzdem keiner verstand.

Das musste man auch in natura gesehen haben. Der Bayerntourismus kam in Schwung und verband sich mit der in bürgerlichen Kreisen beliebten Sommerfrische in der von der Industrialisierung weitgehend unberührt gebliebenen Gebirgswelt. Bayern wurde mit den Alpenregionen, insbesondere mit Tirol, gleichgesetzt. Abgesehen von einem bescheidenen Städtetourismus nach Nürnberg oder Rothenburg, blieben die übrigen bayerischen, fränkischen und schwäbischen Regionen Terrae Incognitae und den Erkundungsreisen der Zeit nach dem Ersten Weltkrieg vorbehalten.[31] Die Maler der Romantik haben die Entdeckung der Alpen und das Aufeinandertreffen der Gebirgsbewohner und Städter bereits eingefangen. In der Ausstellung wird auf eine Reihe dieser Begegnungen, so mit Adolph von Menzel und Franz von Defregger, verwiesen. Sie zeigen das Befremden, aber auch die Bewunderung der Städter für eine als bodenständig und urtümlich empfundene Kultur, die für die Touristen aber „aufgehübscht" wurde. Das Bayern-Klischee war geboren und der Bayern-Kitsch war immer dabei. Daran hatten die Oberbayern selber Schuld.

Der Blick hinter die Klischees zeigt dagegen ein vielschichtigeres Land, das auf dem Sprung ins Industriezeitalter war. Dabei hatte Bayern völlig andere strukturelle Voraussetzungen als die klassischen deutschen Industrieregionen.[32] Hier gab es keine nennenswerten Kohlevorkommen und damit keine Schwerindustrie. Es half auch nicht, die Kohle zu importieren, denn noch in den 1870er-Jahren war in Süddeutschland der Preis für Ruhrkohle aufgrund der hohen Transportkosten sechsmal höher als am Grubenort.[33] Man war also auf die eigenen Ressourcen angewiesen. Deshalb startete die Industrialisierung in Bayern in den alten Gewerberegionen auf der Basis von Knowhow und von Wasserenergie. Die erste moderne Fourneyron'sche Wasserturbine wurde in Augsburg eingesetzt. Hier erlebte die Textilindustrie ab den 1830er-Jahren einen gewaltigen Boom. Die Großbetriebe Augsburger Kammgarnspinnerei (AKS) und Mechanische Baumwollspinnerei und -weberei Augsburg (SWA) arbeiteten zeitweise effizienter als ihre großen Vorbilder in England.[34] In Nürnberg verlief die Entwicklung auf Basis der vorindustriellen Metall verarbeitenden Betriebe ganz ähnlich und führte zur Etablierung von Großbetrieben wie Cramer-Klett (später MAN).[35]

Auf dem Land waren vielfach die Voraussetzungen für derartige Entwicklungsschübe nicht gegeben, vor allem fehlte das Großkapital. Hierbei erwies sich eine alte Stärke als Nachteil, nämlich dass sowohl Altbayern wie auch Franken und Schwaben aufgrund der herrschaftlichen Strukturen zahlreiche kleinere Residenzstädte, Reichsherrschaften, geistliche und adelige Hofmarken ausgebildet hatten – eine Art Dezentralisierung also.

Die Industrialisierung erforderte aber die Bündelung der Kräfte und starke urbane Räume; das hatte Bayern – wie die meisten Länder im Reich – nicht zu bieten. Und die Entwicklungsschübe des 19. Jahrhunderts fielen aufgrund der Rohstoffsituation weniger drängend aus als beispielsweise im Ruhrgebiet. So ging in Bayern der Bevölkerungsüberschuss zu großen Teilen verloren, viele suchten ihr Auskommen anderenorts und wanderten aus. Vor allem Ostbayern fehlte ein urbanes Zentrum. Für Oberbayern nahm diese Rolle mehr und mehr München ein. Hier konzentrierten die Wittelsbacher Könige den Kapitaleinsatz und sorgten in der Landesentwicklung, die vor allem mit dem Eisenbahnbau verknüpft war, für die Anbindung der neuen Landesteile um Augsburg und Nürnberg durch die berühmte Ludwig-Süd-Nord-Bahn von Lindau nach Hof an die Landeshauptstadt.[36]

Bayern hatte seit der ersten Hälfte des 19. Jahrhunderts gewaltige Umbrüche erlebt. Im Gefolge der napoleonischen Kriege, die dem Land stark zugesetzt hatten, wurde es ein neuer Staat, als Königreich um Franken und Schwaben erheblich erweitert und mit völlig neuer Ausrichtung. Die alte zentrale Raumachse und Schlagader Donau verlor ihre Bedeutung, der alte Partner Österreich trat Schritt für Schritt aus dem Reich. Ostbayern wurde – wie es der Abgeordnete Wiesnet 1871 beschrieben hatte – Grenzland. Die zahlreichen lokalen Herrschaftszentren wurden durch Mediatisierung und Säkularisation wegrationalisiert. Kopflos zurück blieben die klein- und kleinsträumigen Wirtschaftsstrukturen. In Bayern gab es eben keine großen Gutshöfe und Junkergüter, dafür viele kleine Halb- und Viertelhöfe, viele handwerkliche Kleinstbetriebe und früh schon Dienstleister. Aufgrund dieser Familienbetriebe, überlebensfähig nur durch die Mitarbeit der Frauen, war nirgends in Deutschland die Erwerbstätigkeitsquote, vor allem der Frauen, höher.

Der Umbruch musste gesteuert werden. In Bayern geschah dies durch eine rigide staatliche bzw. kommunale Beschränkung von Eheschließung, Bürgerrecht und Gewerbekonzessionierung. Dies war gut gemeint, kam aus der katholischen Tradition der Sozialfürsorge, wirkte sich wirtschaftlich aber stark negativ aus. Den Durchbruch brachte dann die Reform der Sozial- und Gewerbegesetzgebung 1868/69 – das erste große Reformvorhaben der Regentschaft König Ludwigs II.[37] Sie führte zu einem bedeutenden wirtschaftlichen Aufschwung, der bis etwa 1875 anhielt. An ihm waren natürlich auch andere Faktoren beteiligt wie die zunehmende Breitenerschließung des Landes durch die Eisenbahn. Die Industrialisierung erfasste jetzt auch die ländlichen Gebiete. Ein Beispiel hierfür ist Oberfranken, das über eine lange gewerbliche Tradition vor allem im Textilsektor verfügte, mangels Wasserenergie den Sprung in die Industrialisierung aber erst schaffte, als um 1850 die Eisenbahn den Anschluss an die sächsischen Kohlereviere herstellte. Jetzt entstanden die modernen textilen Großbetriebe in Bayreuth, Hof, Bamberg und Kulmbach.[38] Schließlich ermöglichte die Eisenbahn auch die Ausnahmestellung, die Kulmbach im Bierexport einnahm.[39] Vergleichbare Entwicklungen gab es im Bayerischen Wald bezüglich der Glas-, Porzellan- und Granitindustrie, in der Oberpfalz mit der Neubelebung der Eisenindustrie auf der Basis böhmischer Kohle und im Allgäu mit der Textil- und Nahrungsmittelindustrie.

Bayern holte seit der Zeit Ludwigs II. in wirtschaftlicher Hinsicht gewaltig auf. In Bezug auf die zukunftsweisenden Industrien Elektrotechnik und Chemie wurde Bayern führend: 1871 hatten Ingenieure beim Bau einer Eisenbahnbrücke in der Nähe Münchens erstmals elektrisches Licht für „industrielle Zwecke" erzeugt.[40] 1873 wurde in Nürnberg die Elektrofabrik Schuckert gegründet. 1882 entstand die erste elektrische Fernleitung zwischen Miesbach und München für die zweite internationale und erste deutsche Elektrizitätsausstellung im Glaspalast.[41] Im gleichen Jahr installierte Nürnberg versuchsweise die erste elektrische Straßenbeleuchtung in Deutschland.[42] Und 1883 realisierte Friedrich Heller zwischen Fürth und Forchheim eine der ersten Telefonfernleitungen Deutschlands.[43] Schließlich galt am Ende des 19. Jahrhunderts die BASF im bayerischen Ludwigshafen als größte Farbenfabrik der Welt.[44]

Vergleicht man die bayerische mit der gesamtdeutschen Statistik, so zeigt sich, dass Bayern seinen wirtschaftlichen Rückstand bis zum Jahrhundertende nachhaltig verringert hatte. Die Eisenbahnerschließung war überdurchschnittlich, das Bildungswesen durchschnittlich. An den Hochschulen waren allerdings deutlich mehr Studenten eingeschrieben, als es Bayerns Anteil an der Reichsbevölkerung entsprach. Bereits 1869 hatte München zu den nur drei deutschen Universitäten mit über 1000 Studenten gezählt.[45] Im technischen Bereich ragte die 1868 als eine der ersten deutschen Einrichtungen dieser Art und bis heute einzige technische Landesuniversität gegründete Polytechnische Schule heraus.[46] Die Quote der Erwerbstätigen war in Bayern, wie erwähnt, überdurchschnittlich hoch, genauso – und das ist das eigentlich Überraschende – wie der Bereich Gewerbe und Industrie. Deutliche Schwächen zeigten sich freilich immer noch im Bereich der Großindustrie. Dafür war die Gesamtwirtschaft ausbalancierter und vielschichtiger.[47] Diese Vielschichtigkeit haben wir versucht, in einem „Ausstellungspavillon" aufzuzeigen: Bayern als Exporteur von Lebensart von den Münchner Brauereien bis zum Hoflieferanten für feine Handschuhe, der Firma Roeckl, von der MAN bis zu Schuckert.

Bayern wurde modern, aber es blieb auch „diversifiziert" und zugleich bei seinen Eigenarten. Und sein König? Eines war Ludwig II. ganz sicher nicht, ein Wirtschaftspolitiker. Aber er zeigte sich den neuesten Entwicklungen auf dem Gebiet der Technik aufgeschlossen. Für die illusionistische Ausleuchtung der Grotte in Linderhof trat der König in Verbindung mit den führenden Chemikern und Physikern seiner Zeit. Diese Experimente brachten der BASF vier Jahre nach Ludwigs Tod das Patent auf ein Verfahren zur Herstellung von künstlichem Indigo.[48] Wesentlich beteiligt an der Illusionsinszenierung war Dr. Max T. Edelmann mit seinem Physikalisch-Mechanischen Institut – sein Nachkomme Dr. Max Edelmann war bei den Ausstellungsvorbereitungen für uns in jeder Beziehung hilfreich, wofür ich an dieser Stelle herzlich danke. Schließlich besaß Ludwig II. in Linderhof nicht nur eines der ersten Kraftwerke Bayerns, er fuhr auch das erste elektrisch beleuchtete Fahrzeug im Land, vielleicht sogar überhaupt.[49] Sein Prunkschlitten ist eines der herausragenden Exponate der Ausstellung, restauriert und eingebracht von der Bayerischen Schlösserverwaltung. Mit seinen Projekten gab der König also manche Anstöße, die wirtschaftlich auf breiter Basis wirksam wurden und das königlich bayerische Wirtschaftswunder am Ende des 19. Jahrhunderts mitbeförderten.

Es hätte eine richtige Erfolgsgeschichte werden können, wäre da nicht das Ende gewesen, der

fünfte Akt: Wie Ludwig starb und ein Mythos wurde.

Entmachtung und Tod Ludwigs II. gehören zu den umstrittensten Kapiteln der bayerischen Geschichte. Schon der Beginn seiner Entmachtung war begleitet von Gerüchten, Halbwahrheiten und Verleumdungen. Der hochbrisante Vorgang lief keineswegs unter Ausschluss der Öffentlichkeit ab, sondern wurde von der Presse begleitet, teilweise in einer Art und Weise, die an eine Kampagne erinnert. Die „Münchner Neuesten Nachrichten" berichteten beispielsweise am 29. Mai 1886, „dass der Plan einer Regentschaft des Prinzen Luitpold vorgestern Abend als reif zur Ausführung erklärt worden ist. Die beiden Parteien sind in Kenntnis gesetzt, der König selbst hat, wie von bester Seite versichert wird, bisher keine Ahnung von dem Schritte, von dem schon Alles vorbereitet ist…" Die Münchner waren demnach – und das trifft wohl zu – eher über die Vorgänge im Bilde als der Betroffene, der König.[50] In der Ausstellung haben wir versucht, die vielen unsicheren Überlieferungen und Spekulationen vom Faktenkern zu lösen. Wir stellen die an der Absetzung beteiligten Personen, ihre Sichtweisen und Interessen vor und laden den Besucher ein, sich seine eigene Meinung zu bilden.

Der König hatte sich nach 1871 immer rücksichtsloser seiner Bauleidenschaft hingegeben – manche Psychologen nennen es „Bausucht", bei anderen fürstlichen Bauherrn spricht man freundlicher vom „Bauwurm", der sie befallen habe. 1884 betrug der aus den Schlossbauten resultierende Schuldenstand der Kabinettskasse bereits über acht Millionen Mark. Was bedeutet das? Immerhin hätte man für diese Summe vier mittelgroße Textilfabriken bauen und einrichten können. Andererseits sah der von der Regierung aufgestellte Tilgungsplan eine Abzahlung samt Zins und Zinseszins bis 1901 vor, womit die Krise bewältigt gewesen wäre. Belastet wurde damit auch nicht der Staatsetat, sondern der Zivilfonds der Wittelsbacher, der sich aus den vertraglich festgelegten Zuweisungen des Staates an die Königsfamilie speiste. Und die Wittelsbacher waren eine kinderreiche Familie. Der Onkel Ludwigs, Prinz Luitpold, beispielsweise hatte drei Söhne. Die Familie musste die Entwicklung mit großer Besorgnis sehen, denn der König verschuldete sie bereits in die übernächste Generation. Trotzdem wollten 1884 alle den Skandal vermeiden: die Familie, die Minister und Bismarck. Letztere lebten mit Ludwig gut. Er ließ die Minister agieren und gegenüber Bismarck und Preußen verhielt er sich loyal oder zumindest nicht offensiv konträr. Bei Luitpold, dem nächsten Anwärter auf die Krone, war man sich dessen nicht so sicher, denn er sympathisierte offen gegen die liberalen Minister und mit der Patriotenpartei. Alle hielten zusammen: Bismarck akzeptierte, dass die Zahlungen aus dem Welfenfonds in Höhe von einer Million Mark einem „Darlehen ohne Hoffnung auf Rückzahlung" gleichkamen. Die Minister entwickelten den erwähnten Tilgungsplan und verordneten zusammen mit der Familie dem König einen Baustopp.[51]

Das Problem war nur, dass sich Ludwig II. nicht daran hielt. An Herrenchiemsee und Neuschwanstein wurde weitergebaut, die Burgruine Falkenstein gekauft und Pläne für den Chinesischen und den Byzantinischen Palast entworfen.[52] Im Sommer 1885 belief sich der Schuldenstand dementsprechend bereits auf mehr als 14 Millionen Mark. Jetzt wurde die Situation brandgefährlich. Die Wittelsbacher sahen ihre Existenz bedroht, die Minister fürchteten um ihre Ämter und die Macht. Denn der König beabsichtigte, bei der Lösung der Schuldenfrage den Landtag um Unterstützung zu bitten, wie Bismarck ihm geraten hatte. Der Landtag mit seiner patriotischen Mehrheit hätte dann aber die Rolle der größtenteils liberalen Minister bei dem Schuldendebakel hinterfragt. Und auch der König drohte mit einer Kabinettsumbildung. Nicht zuletzt verband sich das Schuldenproblem mit Ludwigs exzentrischer Lebensweise. Zurückgezogen, ohne persönlichen Kontakt mit seinen Ministern, lebte er nur mehr seinen Interessen, wenngleich er die Akten immer noch bewältigte. Repräsentiert als König hatte Ludwig sein Land schon lange nicht mehr, die allermeisten Untertanen kannten ihn nur von Bildern. Im Grunde war der preußische Kaiser in Bayern präsenter als der bayerische König. Die Lebensweise Ludwigs bildete den optimalen Nährboden für Gerüchte, insbesondere um seine angebliche Homosexualität. Diese war zwar in Adels- und Militärkreisen und selbst bei den Hohenzollern keine Seltenheit,[53] zum Problem wurde sie aber immer dann, wenn sie in die öffentliche Diskussion geriet, und das war bei Ludwig II. jetzt der Fall. Dass der König eine homoerotische Neigung hatte, wird heute nicht mehr bezweifelt. Inwieweit er sie auslebte, wissen wir nicht.[54] Sicher aber ist, dass vor 1885/86 entsprechende Gerüchte verstärkt in Umlauf kamen.

Für Familie und Minister ergab sich der Eindruck, dass der König nicht mehr tragbar war und jetzt gehandelt werden musste. Unterschiedliche politische Haltungen wurden nun zurückgestellt. Den Weg für die Absetzung Ludwigs II. wies die Verfassung: Im Falle der Erkrankung des Königs für länger als ein Jahr war die Übernahme der Regentschaft möglich.[55] Grundlage für die Absetzung war ein Gutachten des renommierten „Irrenarztes" Bernhard von Gudden. Er war fest davon überzeugt, dass Ludwig geisteskrank war. Freilich kam er nur per Ferndiagnose zu seinem Urteil, gestützt allein auf Zeugenaussagen. Schwer wiegt dabei, dass Ludwigs Leibärzte nicht zurate gezogen wurden. Dies war auch für das ausgehende 19. Jahrhundert, als die Psychologie noch eine junge Wissenschaft war, ungewöhnlich. Bis heute gehen die Meinungen der Experten über den Geisteszustand Ludwigs II. auseinander, wobei in jüngster Zeit meist nicht mehr von einer schweren schizophrenen Erkrankung, sondern von einer schizotypen Störung ausgegangen wird.[56]

Am 10. Juni 1886 wurden die Entmündigung des Königs und die Übernahme der Regentschaft durch Prinz Luitpold öffentlich verkündet. Die deutschen Fürsten wurden ebenfalls unterrichtet. Bismarck hatte zuvor seine Neutralität erklärt. Bereits einen Tag vor der Proklamation war eine elfköpfige Kommission aus Politikern, Ärzten und Pflegern nach Hohenschwangau gereist, um den offenbar ahnungslosen König in Verwahrung zu nehmen. Die Aktion wurde zum Desaster: Die örtlichen Polizisten und Feuerwehrleute setzten die Mitglieder der Kommission vor den Toren Neuschwansteins fest. Der König aber war wie gelähmt und völlig handlungsunfähig. Er ließ die Abordnung nach München zurückkehren und verharrte unschlüssig auf Neuschwanstein. Eine zweite Kommission, jetzt nur mehr aus Psychiatern und Pflegern bestehend, wurde entsandt. Ludwig II. fügte sich in sein Schicksal.

In einer verschlossenen Kutsche wurde er nach Schloss Berg verbracht. Dort machten Sehschlitze in den verriegelten Türen und eine dauernde Beaufsichtigung durch Ärzte und Pfleger aus ihm einen Gefangenen ohne jede Privatsphäre. Sich in diese Situation des Königs zu versetzen, ist kaum möglich. Durch das Schicksal seines geisteskranken Bruders Otto, der in Schloss Fürstenried unter Aufsicht stand, wusste er, was ihm bevorstand. Wenn wir den Zeugenaussagen glauben können, äußerte der König Selbstmordabsichten und verlangte wiederholt nach Gift. Am Pfingstsonntag, eineinhalb Tage nach der Ankunft in Schloss Berg, machte Ludwig II. gegen 18.45 Uhr einen letzten Spaziergang, begleitet von seinem Arzt Bernhard von Gudden. Als die beiden nach einer guten Stunde noch nicht zurückgekehrt waren, machte man sich auf die Suche. Kurz vor 23 Uhr fand man Ludwig II. und Bernhard von Gudden im Starnberger See. Wiederbelebungsversuche blieben erfolglos, der König und sein Arzt waren tot.[57] Ein Moment, um innezuhalten: auf einer Inszenierungsinsel der Landesausstellung.

Das tragische Ende des Dramas und der Beginn des Mythos: Was war geschehen? Bald schon kursierten verschiedenste Spekulationen bis hin zu Mordtheorien. Beweise freilich fehlen. Die Indizien deuten auf ein Unglück, ausgelöst durch einen Flucht- oder Selbstmordversuch des Königs. Und die Motivlage? Keiner der Beteiligten, weder der Prinzregent noch die Minister, hatten – selbst wenn man ihnen die schlechtesten Absichten unterstellt – Interesse am Tod des Königs. Als Gefangener war er beherrschbar, als Märtyrer nicht.

Der tragische Tod des Königs offenbart das Ende einer Epoche: Götterdämmerung. Eine Generation später war die bayerische Monarchie am Ende: Sang- und klanglos – ohne jeden Widerstand – ging Ludwig III., der letzte bayerische König, 1918 ins Exil. Das gleiche Schicksal traf den deutschen Kaiser. Was bleibt? Die gewaltigen Rüstungsanstrengungen der Hohenzollern führten in einen fürchterlichen Vernichtungskrieg. Von der großen deutschen Flotte ist nichts übrig geblieben. Die Schlösser Ludwigs II. hingegen stehen heute noch. Und kaum jemand kann sich ihrer Faszination entziehen.

Damit ist unsere Geschichte zu Ende erzählt. Es bleibt zu danken, den vielen, die die Landesausstellung „Götterdämmerung. König Ludwig II." ermöglicht haben. Neben den bereits Genannten sind das der Bayerische Landtag, der einen Großteil der Mittel für unser Projekt zur Verfügung gestellt hat, und der Kreistag des Landkreises Rosenheim, der sich in außergewöhnlichem Umfang für das Projekt engagiert, ferner unsere Sponsoren und Förderer E.ON Bayern, die Bayerische Sparkassenstiftung und die Sparkasse Rosenheim-Bad Aibling. Bei der Vorbereitung der Ausstellung waren uns Wissen und Rat der Historikerinnen und Historiker unverzichtbar. Ihre Beiträge sind im Aufsatzband zur Ausstellung versammelt.

Eine Ausstellung lebt von den Exponaten. Dass wir viele neue Stücke neben bekannten Highlights präsentieren können, danken wir den Kolleginnen und Kollegen der Museen und Archive. Stellvertretend genannt seien das Geheime Hausarchiv mit Dr. Gerhard Immler und das Bayerische Armeemuseum mit Dr. Ansgar Reiß. Den privaten Leihgebern, die sich für die Zeit der Ausstellung von ihren Memorabilien trennen, gilt unser besonderer Dank. Neben den erwähnten Kolleginnen und Kollegen unseres Partners von der Schlösserverwaltung danken wir den Restauratorinnen und Restauratoren dieser und auch der anderen Institutionen, besonders unserem Team um Ernst Bielefeld. Unser Dank gilt dem Gestalter- und Aufbauteam mit Friedrich Pürstinger und Matthias Held, die die nicht einfache Situation auf der Baustelle Herrenchiemsee zu bewältigen hatten. Gesteuert wurden die Bauarbeiten von der Bauabteilung der Schlösserverwaltung mit Matthias Pfeil und Martin Bosch sowie vom Staatlichen Bauamt Rosenheim, bei dem Eugen Bauer und Christine Grampp alles daransetzten, um Rückstände aufzuholen. Der Bayerische Rundfunk und das Oberbayerische Volksblatt unterstützen unsere Ausstellung dankenswerterweise als Medienpartner, die Chiemseeschifffahrt Ludwig Feßler KG ist unser Mobilitypartner.

Ganz besonders gilt mein Dank dem Team des Hauses der Bayerischen Geschichte. Projektleiter Dr. Peter Wolf hat die Hauptlast der Arbeiten souverän bewältigt und alle Beteiligten in einem schwierigen Umfeld bestens koordiniert. Dass er dabei immer gelassen und guter Laune blieb, grenzt an ein Wunder. Mitten in den Vorbereitungen starb unser lieber Kollege Dr. Christian Lankes, dem die Ausstellung viel verdankt und dessen Andenken wir sie widmen. Dr. Margot Hamm engagierte sich neben ihren Arbeiten für das Wittelsbacher Museum nachhaltig für das Projekt, ebenso wie Judith Bauer, Elisabeth Handle, Andreas Thomas Jell, Dr. Barbara Kink und Caroline Sternberg. Die Öffentlichkeitsarbeit, die bei diesem Projekt mit gewaltigem Aufwand verbunden war, schulterten Dr. Andrea Rüth und Isabel Leicht. Katalog und Aufsatzband betreute Evamaria Brockhoff, unterstützt von Helga Wiedmann. Die Übersicht bei allem bewahrte unsere Verwaltung um Clemens Menter, Wolfgang Schaile und Alexandra Sommerfeld. Die Ausstellungsvorbereitung hat in der anregenden Atmosphäre im Team große Freude gemacht. Das verdanken wir auch den vielen Kreativen, die beteiligt waren – von meinen niederbayerischen Landsleuten Ramírez Pérez über Christoph Süß, Wilhelm Koch aus der Oberpfalz, der das Plakat entworfen hat, sowie Reinhard und Winfried Körting, die den Medieneinsatz in der Ausstellung koordinierten, bis zur Augsburger Friends Media Group mit Petra Hammerschmidt und Christoph Reichert, die Aufsatzband und Katalog gestalteten, und Michaela Mohr, die das Korrektorat besorgte. Ihnen allen danke ich herzlich.

Richard Loibl

Anmerkungen

1 Robertson, Glokalisierung.
2 Vgl. hierzu Kiefer, Traum-König.
3 Barthes, Mythen, S. 141.
4 Vgl. hierzu Botzenhart, Regierungstätigkeit.
5 Hamann, Elisabeth, S. 412–439.
6 Sternberg, Porträtfotografie.
7 Vgl. Körner, Schicksal.
8 Sandgruber, Ökonomie.
9 Wehler, Doppelrevolution.
10 Albrecht, Reichsgründung; Lenger, Revolution; Berghahn, Kaiserreich.
11 Doeberl, Reichsgründung, S. 176–191; Rall, König Ludwig II., S. 106, 133, 179; Hartmannsgruber, Patriotenpartei, S. 362–372; Kraus, Kampf.
12 Albrecht, Ludwig II.; Hacker, Ludwig II.
13 Albrecht, Joseph Edmund Jörg.
14 Vgl. Loibl, Streit.
15 Blackbourn, Peasants and Politics.
16 Lenger, Revolution, S. 316, 345f., 348f.
17 Graf, Leben, S. 120, 152.
18 Hojer, König Ludwig II.-Museum, S. 325–336; Baumgartner, Träume; Voit, Entwickelung, bes. S. 61.
19 Berleb, Personenschifffahrt.
20 Schwarzenbach, Erbschaft, bes. S. 42f.
21 Spangenberg, Neuschwanstein.
22 Petzet, Rückblick.
23 Wolf, Ludwig II.
24 Müller, Richard Wagner.
25 Ullrich, Kaiserreich, S. 22; zur Bewertung siehe auch Lenger, Revolution S. 30, 248ff.; zum Gegensatz zwischen liberalem Bildungsbürgertum und katholischem „Volk" siehe ebd., S. 367, 375, 380.
26 Berghahn, Kaiserreich, S. 162ff.
27 Mokry, Frömmigkeitsphänomene; Bischof, Kulturkampf.
28 Möckl, Prinzregentenzeit, S. 243ff.
29 François, Oberammergau.
30 Murr, Theatralisierung.
31 Götschmann, Wirtschaftsgeschichte, S. 552ff.
32 Vgl. hierzu Winkler, Made in Bavaria; Kramer, Gründerzeiten.
33 Lenger, Handbuch, S. 38.
34 Loibl, Anfänge; ders., Textilstadt Augsburg.
35 Winkler, Made in Bavaria.
36 Mages, Eisenbahn.
37 Rumschöttel, Ludwig II.
38 Loibl, Textilherstellung.
39 Winkler, Bierbrauen; Dörfler, Bierexport.
40 Erfindungen, S. 339.
41 Ebd., S. 339 mit detaillierter Beschreibung der Ausstellung und der sie begleitenden Aktivitäten.
42 Füßl, Oskar von Miller; Schivelbusch, Lichtblicke; Turner, Elektrizität.
43 Willers, Nachrichtenwesen.
44 Erfindungen, S. 355.
45 Lenger, Handbuch, S. 224.
46 Berghahn, Kaiserreich, S. 88.
47 Götschmann, Wirtschaftsgeschichte, S. 247–258; vgl. hierzu auch Kramer, Gründerzeiten.
48 Schlim, Traum, S. 103.
49 Ebd., S. 110.
50 Möckl, Prinzregentenzeit, S. 121f.
51 Albrecht, Reichsgründung; vgl. auch Häfner, König, S. 250 mit Verweis auf Müller, Rätsel, S. 193ff.; Jungmann-Stadler, Schuldenkrise; zum Vergleich: Der Jahresgewinn der SWA beträgt 1889 in einem außergewöhnlich guten Jahr 773 000 Mark. Der Bau der Proviantbachweberei kostete 1877/83 2,25 Millionen Mark, die SW Proviantbach 1895/98 nach Voranschlag 3,85 Millionen Mark; vgl. Hundert Jahre Mechanische Baumwoll-Spinnerei und Weberei Augsburg, Augsburg 1937, S. 92, 107. 1873 werden im Deutschen Reich 650 Millionen Mark für die Eisenbahn ausgegeben, vgl. Lenger, Handbuch, S. 38.
52 Wöbking, Tod, S. 50; Schröppel u. a., Schloß Falkenstein.
53 Wippermann, Skandal, bes. S. 132f.
54 Reichold, Ludwig II.; vgl. hierzu auch Herrn, Männerbegehren.
55 Titel II §11 der Bayerischen Verfassung vom 26. Mai 1818; vgl. Albrecht, Reichsgründung, S. 389, 391f. und Immler, Entmachtung.
56 Förstl, Patient.
57 Wöbking, Tod, S. 136–152.

HINTER DEN KULISSEN

Zur Gestaltung der Ausstellung

» Überaus vielfältig sind die Bilder, die man von König Ludwig II. entwerfen kann. Aber in einem Punkt lässt sich wohl Einigkeit erzielen: Ludwig II. war ein großer Visualisierer – als Bauherr, als Förderer der Kunst Richard Wagners und des Theaters im Allgemeinen. Mit Akribie verfolgte der König die Arbeit der Bühnenbildner, der Architekten, der Bildhauer oder Maler; sein Ziel war die perfekte Illusion bei gleichzeitiger historischer „Richtigkeit". In Neuschwanstein, Linderhof oder Herrenchiemsee kann man sich ein Bild von den Ergebnissen verschaffen. Und doch werden die meisten Besucher nicht einmal erahnen, welche Vielzahl von Entwürfen, welche Mühe an Recherchen, welche Anstrengung mit nicht enden wollenden Planänderungen hinter jedem Detail des Dekors stecken. Zudem ist es schwierig, fast unmöglich, Ludwig II. und seinen Bauten unvoreingenommen zu begegnen, filtern doch die lebenslang bewusst oder unbewusst aufgenommenen Bilder und Klischees unseren Blick. Es steht zu erwarten, dass auch viele Besucher der Landesausstellung mit unausgesprochenen und doch nicht minder dezidierten Erwartungen kommen, um „ihren" Ludwig wiederzufinden. So sieht sich die Ausstellungsgestaltung mit zwei Herausforderungen konfrontiert: Sie muss sich sowohl dem Gestaltungswillen Ludwigs II. als auch der Erwartungshaltung des Publikums stellen. Wir haben für diese Aufgabe einen „befreundeten Blick von außen" gewinnen können, in Person des Salzburger Grafikers und Ausstellungsgestalters Friedrich Pürstinger mit seinem Team von „graficde'sign".

Die Bayerische Landesausstellung 2011 erzählt die Geschichte Ludwigs II., seines von Künstlertum und Künstlichkeit geprägten Lebens auf der Folie seiner Zeit, einer Zeit des Umbruchs, der rasanten Entwicklung. Die Form, die wir dafür gefunden haben, ist die eines Theaterstücks in fünf Akten und zehn Szenen. Für die Aufführung dieses Dramas gibt es keinen geeigneteren Ort als die Rohbauräume von Schloss Herrenchiemsee, die im Auftrag der Bayerischen Schlösserverwaltung eigens renoviert und erstmals der Öffentlichkeit zugänglich gemacht werden. Die Besucher sehen zunächst die Pracht der fertig gestellten Paradeappartements und erleben anschließend die nicht minder faszinierende industrielle Nüchternheit der monströsen Blankziegelwände. In diesem Zusammenklang von denkmalhafter Unfertigkeit der Rohbauräume und dem Dekor der Prunkräume ergibt sich ein Gesamtbild, auf das die Ausstellung reagiert. Ludwig II. mag hier selbst als unfreiwilliger Kronzeuge dienen. Anlässlich seines ersten Besuchs 1881 – bei dieser Gelegenheit wurde ihm das Paradeschlafzimmer vorgestellt – beklagte er sich über das rohe Mauerwerk der Nachbarräume. Man hätte es bei seinem Besuch wenigstens provisorisch verkleiden sollen, in seiner Nacktheit reiße es ihn aus der Illusion.

Gerade hier setzt auch das Konzept der Ausstellung an, die bewusst „hinter die Kulissen" blicken will. Die Illusionskunst des Königs wird zitiert und präsentiert, aber auch kritisch hinterleuchtet und gewissermaßen entkleidet. Dabei musste der Versuchung widerstanden werden, durch Nachbildungen selbst eine „perfekte Illusion" erzeugen und damit Ludwig II. übertrumpfen zu wollen. Aber die Gestaltung nutzt die Raumerfindungen aus der Erbauungszeit, wobei sie die Enfilade der Räume in eine szenografische Abfolge von Bühnenbildern ordnet. Wie könnte es anders sein? Die dominanten Blankziegelwände mit ihrem intensiven Ziegelrot, daneben die teilweise sichtbaren originalen Holzdecken nehmen in jedem Raum Einfluss auf Bildsprache und Farbigkeit der Ausstellungsarchitektur. Diese erscheint konsequent heutig und nutzt geometrische Grundformen: Kreis, ansteigende Rampen, Zylinder. Ihr Hauptelement ist ein stoffbespanntes Rahmensystem, das nur an wenigen Haltepunkten an den Decken und Wänden befestigt ist. So konnte auch den Forderungen der Denkmalpflege, die einen Eingriff in die historische Bausubstanz verbietet, Rechnung getragen werden. Die so entstehende leichte, optisch fast schwebende Bildebene der „Grafikwände" bietet die Matrix für Texte, Reproduktionen, didaktische Veranschaulichung, wo dies geboten erscheint, in beeindruckender Größe. Zugleich rahmen die Grafikwände die zurückgesetzten Vitrinenkörper, in denen die Exponate als auratische Artefakte herausgehoben präsentiert werden können. Originalobjekte, Visualisierungen, didaktische Einheiten figurieren im lebendigen Wechselspiel als die eigentlichen Erzähler; die Ausstellungsgestaltung schafft für sie den Rahmen, die Bühne, das Podium.

Der Medieneinsatz übernimmt eine tragende Rolle bei der Erzählung der Ausstellung. Auch dies hängt mit dem Sujet zusammen. Die Ausstellung zeigt Ludwig II. als Zeitgenossen der Moderne, der die technischen und wirtschaftlichen Möglichkeiten seines Landes aufmerksam nutzte, um seine Sichtweisen, seine Gegenwelten entstehen zu lassen. Wenn Ludwig II. heutige Medien der Illusionserzeugung zur Verfügung gehabt hätte, fraglos hätte er sie genutzt. Aber auch unser Bildgedächtnis zu Ludwig II. ist stark von Medien, allen voran den Spielfilmen des 20. Jahrhunderts geprägt: von den Regisseuren Helmut Käutner, Luchino Visconti, Hans-Jürgen Syberberg und anderen. Zu einer modernen Ausstellung über Ludwig II. gehören daher nicht nur zeitgenössische Protagonisten wie Fürst Bismarck oder Prinzregent Luitpold, sondern eben auch die Ludwig-Darsteller O. W. Fischer oder Helmut Berger. Daher sind in allen Abteilungen so genannte Mythos-Stationen integriert, welche die historische Erzählung gewissermaßen mit den (meist filmischen) Interpretationen der Nachwelt kontrapunktieren.

Darüber hinaus werden ganze Raumgestaltungen von medialen Inszenierungen überwölbt. Hierzu konnten verschiedene Produzenten gewonnen werden: Die Salzburger „mediacreation GmbH" mit Stefan Aglassinger sowie die jungen Video- und Computerkünstler, die Brüder Ramírez Pérez, Shootingstars der Youtube-Generation, entwerfen neuartige poetische Räume in heutiger Bildsprache – angeregt von den theatralischen, künstlichen Dekors der Illusionsmaschinen eines Ludwig II. Dessen kompromisslose Forderung nach Illusion und künstlerischer Durchdringung der Welt – auch auf Kosten der Forderungen des Tagesgeschäfts – bieten jeder Generation Anknüpfungspunkte, Identifikationsmöglichkeiten. Einen Schwerpunkt bilden die 3-D-Animationen, die Prof. Dr. Gerd Hirzinger und das Team von Metamatix seit Jahren entwickeln und stetig verbessern – ein adäquater Weg, auch die ungebauten Träume Ludwigs II. zu visualisieren.

Erster Akt: Wie Ludwig König wurde (Raum 1).
Wer die Prunkräume des Neuen Schlosses Herrenchiemsee besucht, wird kein Porträt, keine Skulptur finden, die den Erbauer zeigen. Ludwig II. wollte als Person ganz hinter das Denkmal der französischen Bourbonen zurücktreten. So muss der Hauptprotagonist der Landesausstellung zunächst vorgestellt werden. Dies geschieht in der Medienpräsentation „Rollenspiele", die jene Fotografien des Hoffotografen Joseph Albert zusammenfügt, auf denen Kronprinz Ludwig sein Bild, seine Wirkung ausprobierte: ein jugendliches Spiel mit dem eigenen „Image", das die kaum älteren Medienkünstler Ramírez Pérez in heutige Bildsprache umsetzen. Um dieses Zentrum herum gruppiert der Raum Erinnerungsstücke an Kindheit und Jugend Ludwigs, an wichtige Menschen und frühe Prägungen. All dies geschieht in harmonischer Kreisform in der Art eines „musée sentimental". Die Harmonie wird gebrochen durch das Zitat eines Triumphbogens, den die Besucher durchschreiten, um mit dem berühmtesten Gemälde zu Ludwig II. konfrontiert zu werden: Ferdinand Pilotys „König Ludwig II. in bayerischer Generaluniform mit Krönungsmantel" von 1865. Der plötzliche Tod des Vaters Maximilian II. hatte den 18-jährigen Kronprinzen auf den Thron gebracht: in eine kriegerisch aufgeladene Welt der Politik.

Zweiter Akt: Wie der König Krieg führen musste und einen Kaiser über sich gesetzt bekam (Raum 2).
Expressiv auffahrend und hinunterstürzend erscheint die Ausstellungsarchitektur im nächsten Raum, in der auch die unglaubliche Höhe des Saals und seine offen gähnenden Fensternischen genutzt werden: Hier geht es um die Forderungen und Zumutungen der Politik, aber mehr noch um Leben und Tod, vielleicht nicht für die gekrönten Häupter, wohl aber für ihre Untertanen. Die Kriege Preußens gegen Österreich und Bayern 1866, dann Preußens und Bayerns gegen Frankreich 1870/71 veränderten die politische Landkarte Europas gründlich. Und so mutet der Ausstellungsrundgang auch den Besuchern ein tatsächlich erlebbares Auf und Ab zu. Die Zerstörungskraft des bereits industriell geführten Siebzigerkriegs wird nicht nur mit Originalobjekten – etwa einem frühen Maschinengeschütz des bayerischen Heeres – präsentiert, sondern auch mit scheinbar von der hohen Decke stürzenden Glasscheiben, auf denen zeitgenössische Fotografien der bombardierten französischen Städte zu sehen sind: makabere Vorwegnahme der Zerstörungen des Ersten Weltkriegs.

Auf der Decke selbst erkennt man filmische Projektionen sich verändernder Formen: ein lautloses Sich-Voranschieben, Bedrohen, Sich-Auflösen von Figurenmassen. Sind das Schatten von Soldaten oder sind es schon Revolutionäre, die die alte Ordnung bedrohen? Hier wird auch emotional deutlich, dass Ludwig II. in einer unheilen Welt regieren musste, keineswegs in einer „guten alten Zeit". Am anderen Ende des Raums ertönen in Hörstationen die Argumente der Abgeordneten des Landtags, in dem zu Beginn des Jahres 1871 leidenschaftlich die Zukunft Bayerns diskutiert wurde. Ein Abbild der „Bavaria" vergießt bittere Tränen: Weint sie darüber, dass Bayern jetzt „preußisch" wurde, oder kann sie kaum mit ansehen, wie der bayerische König sich mehr und mehr von der Politik abwendet und seine Aufgabe in der Kunst und in seinen fernen Gegenwelten sucht?

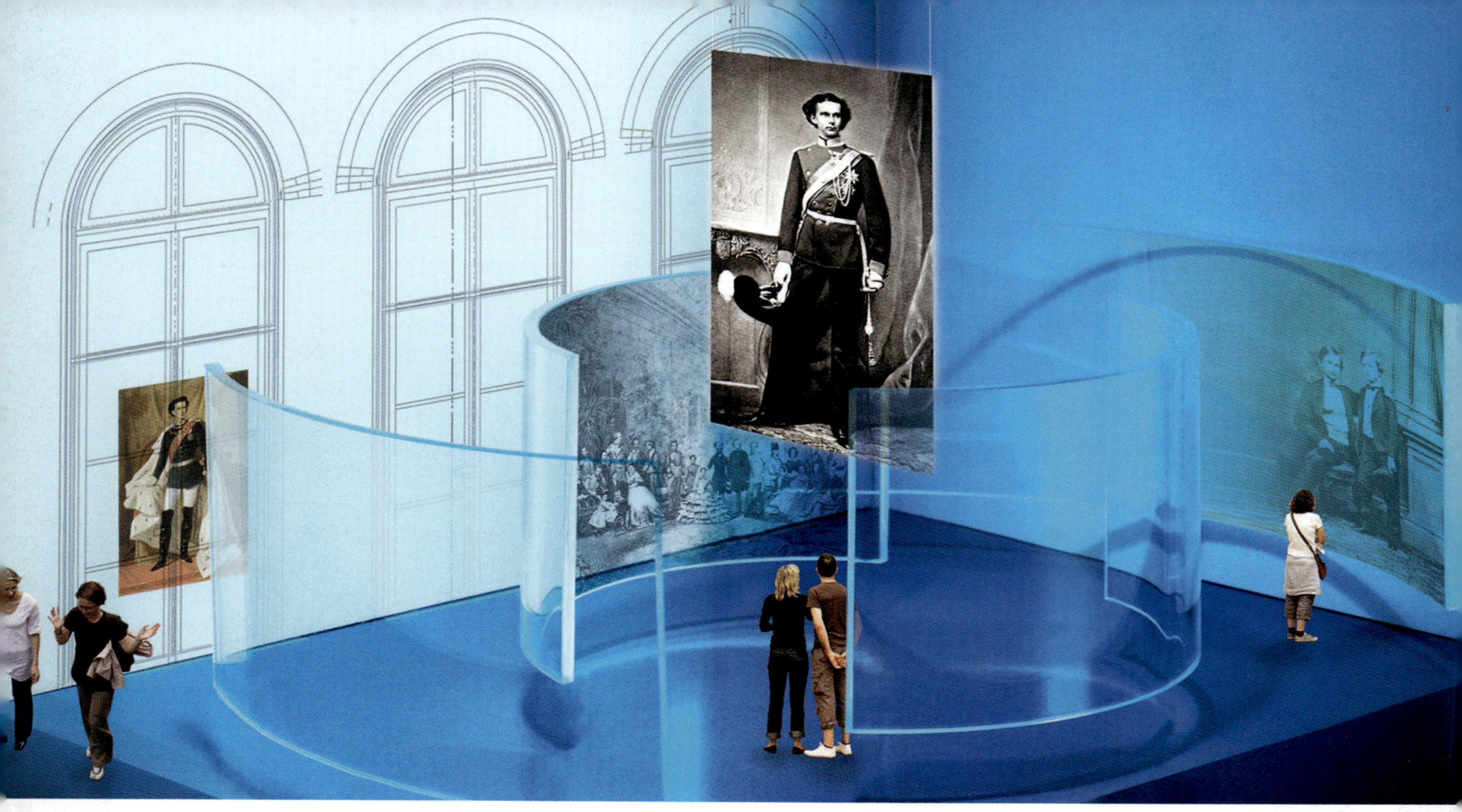
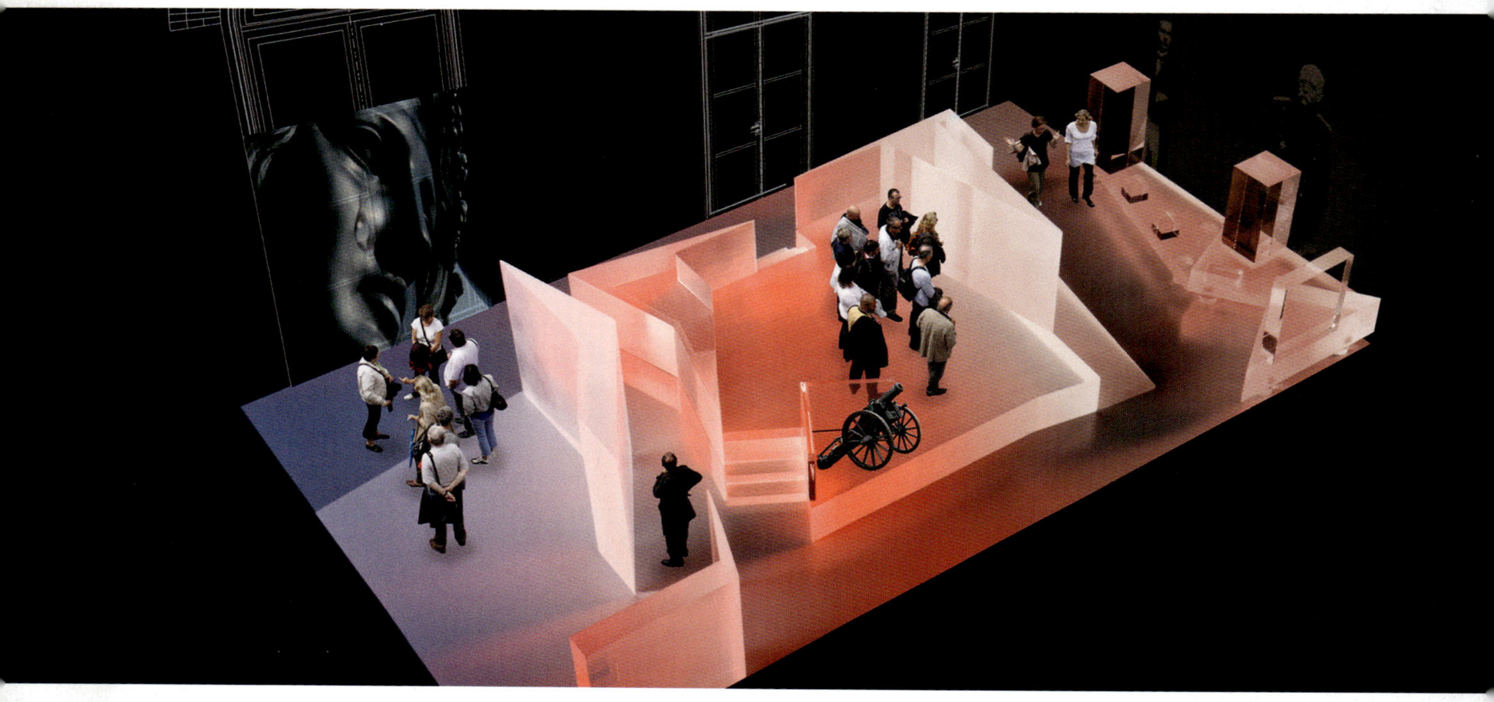
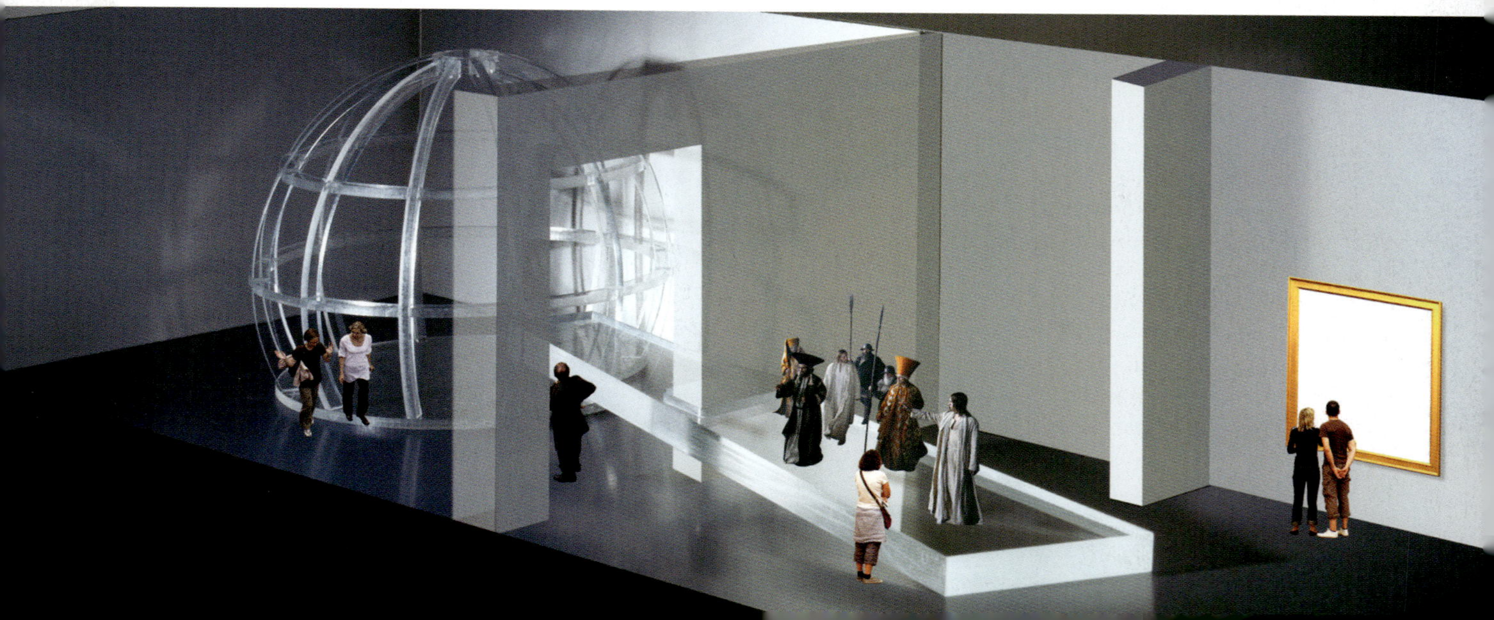

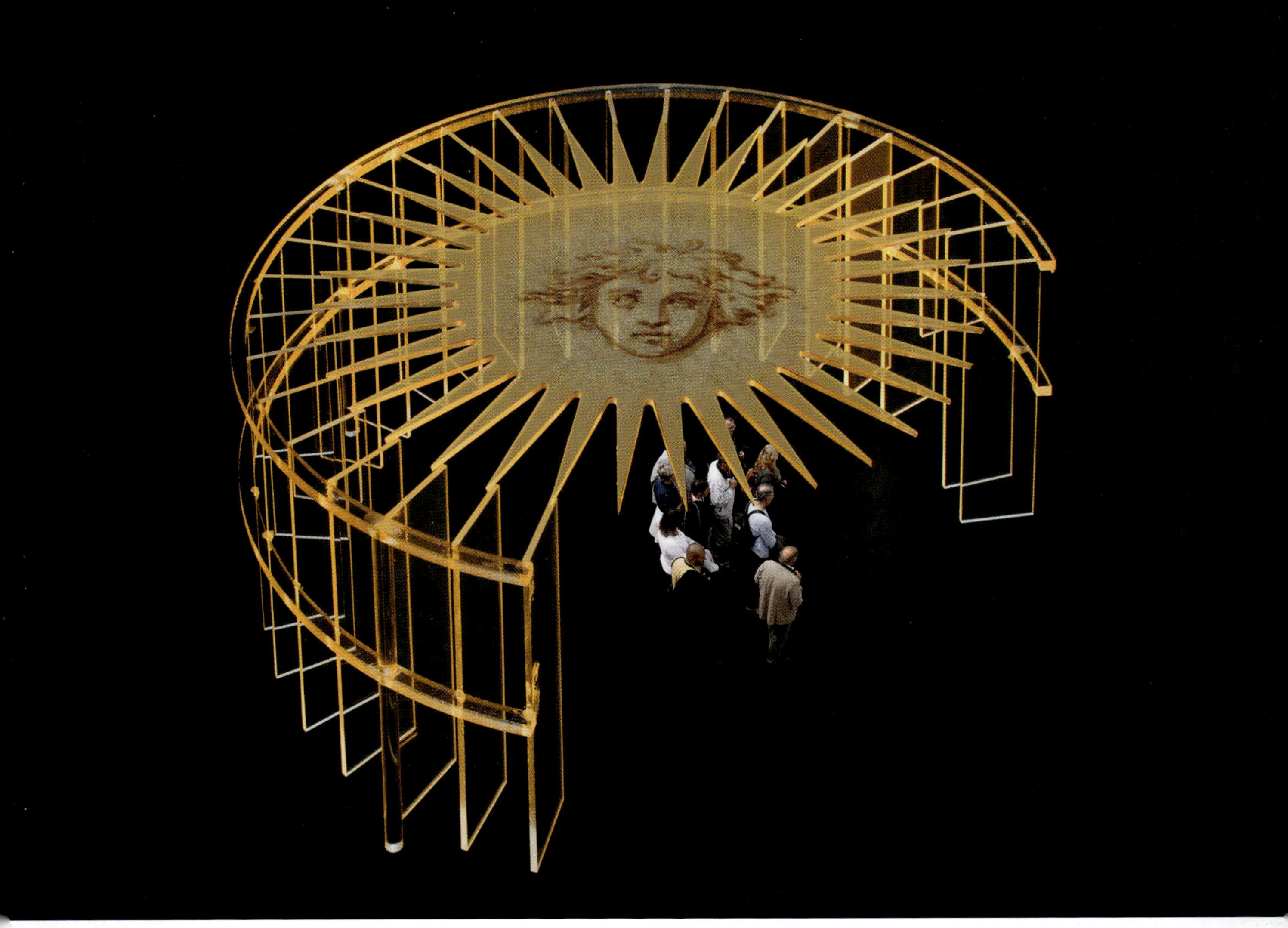

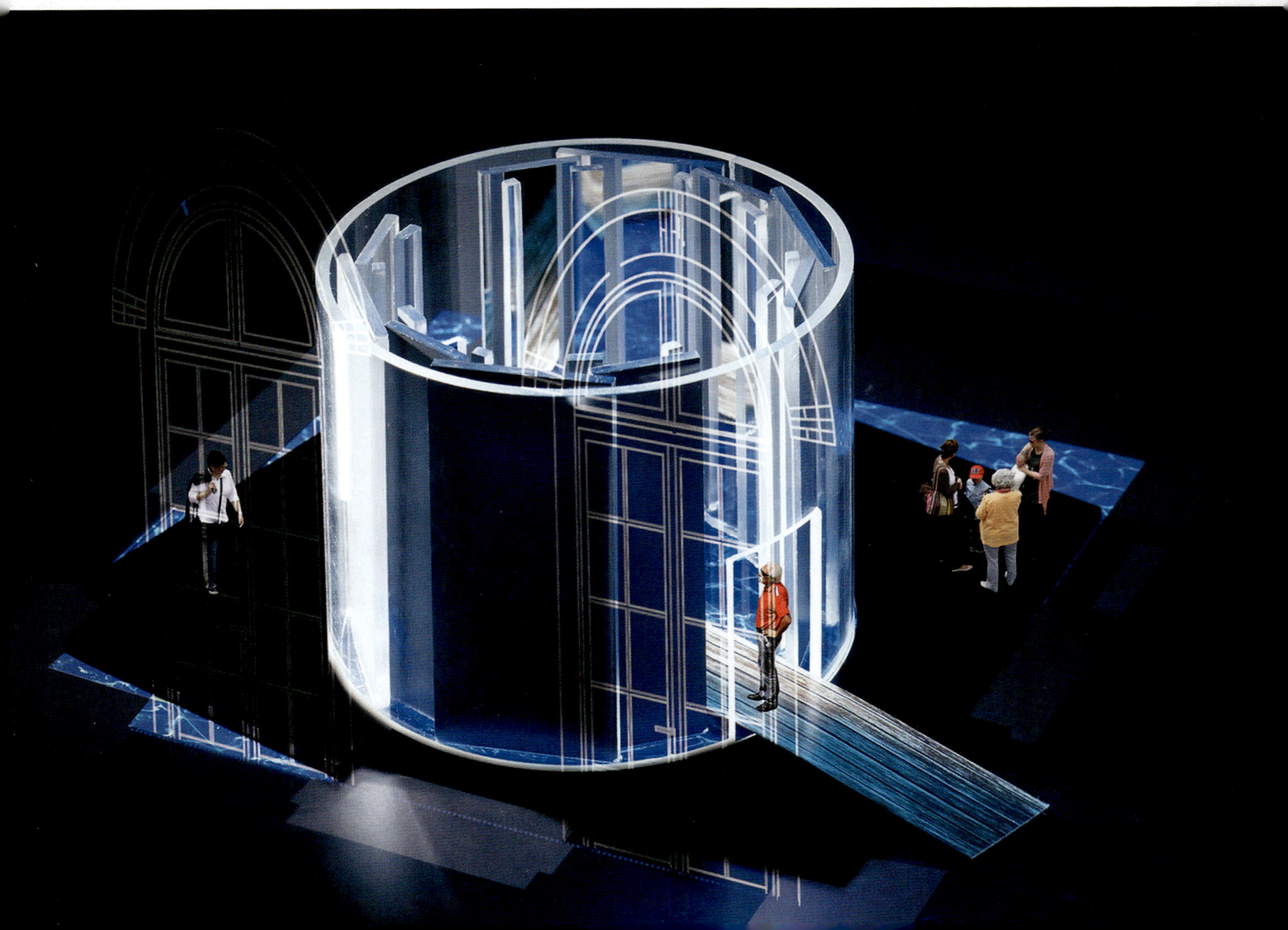

Dritter Akt: Wie der König seine Gegenwelten schuf (Raum 3–6).
Diese Gegenwelten sind Thema des dritten Aktes – in dem die enge Verbindung von Schlossbau und Theaterleidenschaft Ludwigs II. sichtbar wird. Den ersten Raum, der Ludwigs Verherrlichung des christlichen Mittelalters gewidmet ist, überwölbt eine mächtige Sternenkuppel, ein gestalterisches Zitat aus dem Deckenbild des Thronsaals von Neuschwanstein. Die Entstehung dieses berühmtesten aller Königsschlösser sowie die unausgeführten Planungen für die Burg Falkenstein werden in Computeranimationen lebendig, für die Gerd Hirzinger auf Scantechniken aus der Raumfahrttechnologie zurückgegriffen hat. Am besten kann man die Animationen von der Plattform eines in der Raummitte errichteten Turms erleben, der sich in seiner Basis grottenartig öffnet: Zitate von Bühnenbildern aus Wagners romantischen Musikdramen „Lohengrin" und „Tannhäuser", die ihrerseits die Bauten Ludwigs II. beeinflussten. Abgerundet werden diese theatralischen Elemente durch Ludwigs bevorzugte Farbe Blau und durch einen von Richard Wagners Musik bestimmten Raumklang. Während in diesem Abschnitt die Nacht das Leitmotiv bildet, ist es im nächsten Raum eine überdimensionale Sonne, welche die Raumdecke überstrahlt, eine Kuppel anderer Art. Golden glänzend, zitiert sie Motive aus Schloss Herrenchiemsee in Sonnenform, die wiederum dem „Sonnenkönig" Ludwig XIV. huldigen. Die Welt der Bourbonen erlebte Ludwig II. aus eigener Anschauung bei einem Besuch in Versailles, vor allem aber durch intensive Lektüre. Der Bayernkönig im Bücherturm: so auch die zentrale Inszenierung, die die Besucher anhand von Originalen, Hörstationen und vertiefenden Medienstationen in den Kern von Ludwigs Imaginationskunst führen will. Und ganz am Ende dieses Raums und der Enfilade des Obergeschosses öffnet sich die Tür und man blickt in einen der fertig gestellten Prunkräume des Schlosses: den Salon de la Guerre, in dessen Mitte das Symbol für Ludwigs Eskapismus steht: der berühmte Puttenschlitten, mit dem der König einsame Nachtausflüge in die Winterwelt des bayerischen Gebirges unternahm.

Für Ludwigs hohe Auffassung von der Kunst als monarchischer Aufgabe stand neben seinen Schlössern vor allem das Theater. Aber wie lässt sich das Theater in einer Ausstellung präsentieren? Am besten, indem man es in die Ausstellung holt! Hier bietet sich ein Raum an, der bereits in seinen architektonischen Vorbedingungen mit unvollendeten Säulen und Pfeilern an ein Bühnenportal erinnert. Die Besucher können auf einem amphitheatralischen Rund Platz nehmen, während eine wandfüllende Filmprojektion die realen Dimensionen des Raums vergessen lässt. Das symbiotische Verhältnis zwischen Ludwig II. und Richard Wagner sowie die epochale Bedeutung von Wagners Theaterreform werden in einem satirischen Dialog aufbereitet: Christoph Süß, bekannt als Kabarettist und Moderator des Bayerischen Fernsehens, schafft es durch diese ungewöhnliche Näherung, eine schon oft erzählte Geschichte neu erlebbar zu machen, ohne dabei Ludwig II. oder Richard Wagner zu desavouieren: zwei exzentrische Visionäre, ohne die Bayern heute um einiges ärmer wäre. Der Film bezieht auch Ausstellungsobjekte ein und wird so zum multimedialen „Gesamtkunstwerk". Ganz ruhig dann der nächste Raum, der in Form einer klassischen Gemäldegalerie die Fortwirkung von Wagners Musik in der europäischen künstlerischen Avantgarde zum Thema hat.

Vierter Akt: Wie Ludwigs Königreich modern wurde (Raum 7–8).
Ludwig II. war anders als die Norm – und auch sein Königreich wurde als Bestandteil des preußisch dominierten Kaiserreichs als „anders" wahrgenommen: katholisch, latent separatistisch, fremdartig. Die Ambivalenz von Ablehnung und Faszination lässt sich gut am Beispiel einer bayerischen Besonderheit festmachen, die König Ludwig II. stets gefördert hat und die zu den ersten Marksteinen des Ferntourismus in Bayern wurde: die Passionsspiele von Oberammergau. Und so wird der Raum von den ernsten und feierlichen Kostümen dieser Spiele geprägt, die sich auf einer Art Catwalk den Blicken von allen Seiten darbieten. Kontrastiert werden sie mit „Blicken auf Bayern", wie sie in Gemälden der Zeit festgehalten sind: voyeuristisch, klischeebeladen, genrehaft. Der Catwalk zieht sich in den nächsten Raum, wo er in die ganz andere bayerische Realität führt. Die seinerzeitige Modernität des „Standorts Bayern" wird in einem Pavillon für Gewerbeerzeugnisse präsentiert, vergleichbar den damaligen Gewerbeschauen. Hier wird vor Augen geführt: Ludwig II. regierte ein Land zur Zeit der Hochindustrialisierung! Technische Innovation war auch die Grundlage für die Illusionsmaschinen, die er in seine Schlossensembles einbauen ließ. Hierfür stehen beispielhaft der Wintergarten in der Münchner Residenz und die Grotte von Schloss Linderhof, die in ihrer Wirkung auf moderne Stahl- und Glaskonstruktionen, Stromgeneratoren, Wellenmaschinen und chemisch erzeugte Farben angewiesen waren. In 3-D-Animationen wird dies sinnfällig gemacht.

Fünfter Akt: Wie Ludwig starb und zum Mythos wurde (Raum 9–10).
Im nächsten Raum treten die Besucher wie in ein überdimensionales Bilderbuch ein: Die Protagonisten der Ereignisse um die Absetzung Ludwigs II. erscheinen als übergroße Figuren, ihre Ziele und Kernaussagen werden als Sprechblasen abgebildet und der Gang der Ereignisse erscheint in Livetickern auf Bildschirmen. So werden der prozesshafte Ablauf der Geschehnisse ebenso wie die verschiedenen Interessen und Einflüsse nachvollziehbar. Die zugehörigen Exponate erscheinen in Vitrinen gewissermaßen als Beweisstücke in einem Prozess, dessen Ausgang keinem der Beteiligten vor Augen stand. Die Katastrophe, der rätselhafte Tod von Ludwig II. und seinem Arzt Bernhard von Gudden, wird durch auratische Exponate verbild-

licht. Dort bleibt auch Diskussionsraum zur nach wie vor aktuellen Frage nach den Todesursachen. Die Ausstellung referiert Versionen und ihre Indizien; mithilfe von Drehelementen kann man sich den „Fall Ludwig" vergegenwärtigen und sein eigenes Bild zusammensetzen. Und doch bleibt eines gewiss: Hier darf nicht das spekulative Detektivspiel das letzte Wort haben, schließlich stand am Schluss des Spiels der Tod zweier Menschen. Und daher soll das letzte (Bühnen-)Bild nochmals die Konzentration auf das Phänomen Ludwig II. richten.

Die Besucher durchschreiten einen Zylinder, dessen aus Spiegeln bestehende Seitenwände so angeordnet sind, dass sie das Gefühl der Unendlichkeit vermitteln. Über den Köpfen wird als ruhiger filmischer Akzent eine Wasserbewegung projiziert, die wiederum in den Spiegelplatten am Boden ihren Widerpart findet. So steht im letzten Raum der Ausstellung wie am Ende des Schlossrundgangs – ein Spiegelkabinett. Nur in der Vielfalt der Facetten lässt sich eine Figur wie Ludwig II. fassen: ein Kaleidoskop, changierend zwischen Untergang der alten Welt und Übergang zur Moderne. Immer neue Bilder und Interpretationen bilden sich – ebenso wie in den Schloss- und Landschaftspanoramen, die sich der König erbauen ließ.

Und wie findet sich der Ausstellungstitel „Götterdämmerung" wieder? Im gleichnamigen letzten Teil des „Rings des Nibelungen" von Richard Wagner geht die mythische Götterwelt der Vergangenheit zugrunde. Überdeutlich ist die Parallele zum tatsächlichen Macht- und Legitimitätsverlust der europäischen Monarchien im 19. Jahrhundert, die sich nun der medialen Inszenierung, den Erwartungen der bürgerlichen Gesellschaft öffnen mussten. Zwar sollte es noch 30 Jahre dauern, bis diese monarchische Ordnung Mitteleuropas im Ersten Weltkrieg endgültig unterging, doch gerade der Tod Ludwigs II. war ein Menetekel für aufmerksame Zeitgenossen. Und daher erscheint dieses Menetekel als „Schrift an der Wand", in Form einer Zitatcollage. Daraus ein Beispiel: Der Komponist Johannes Brahms schrieb angesichts des (vermutlichen) Selbstmords des österreichischen Thronfolgers Rudolf von Habsburg 1889: „Das Wort: es ist alles schon einmal dagewesen, darf abgeschafft werden! Wie heutzutage die Kaiser und Könige sterben, ist doch neu. In die Luft fliegen, ins Wasser gehen, sich selbst töten, dazu unsre Kaiser Tragödie!" Zar Alexander II. (1881), König Ludwig II. (1886), Kronprinz Rudolf (1889) – Götterdämmerung!

Und doch ging es weiter: Ganz am Ende der Ausstellung steht nochmals eine große Medienwand mit Filmzitaten zu Ludwig II. aus dem 20. Jahrhundert: Ein Mythos findet seine Bilder. Die Figur des Königs wird zu einer Ikone der Moderne, seine Schlösser werden zum Sehnsuchtsort – und zum touristischen Standortfaktor. Aber dazu braucht es keine Ausstellung mehr, das erleben die Besucher am eigenen Leib, wenn sie die Räume verlassen und wieder in den Menschenströmen eines bayerischen „Königsschlosses" stehen.

Peter Wolf

Erster Akt

» Wie Ludwig König wurde

Feuerbach Geschichte eingegangen d. 9 7br

Kronprinz Ludwig – Rollenspiel und Selbstinszenierung

Mit dem neuen Medium der Fotografie verbreitete sich das Bild vom schönen, jungen Kronprinzen und König.

1.01 Fotografien Ludwigs II.
Joseph Albert (1825–1886) (R)
a–i: Bayerische Schlösserverwaltung, München
j: Geheimes Hausarchiv, München

Medienproduktion „Rollenspiel"
Konzeption: Margot Hamm
Drehbuch und Realisierung: Benjamin und
Stefan Ramírez Pérez, Köln

1.01a Kronprinz Ludwig in der Uniform des Bayerischen Infanterie-Leibregiments, 1862
Bayerische Schlösserverwaltung, München (L.II.-Mus. 54)

1.01b Kronprinz Ludwig, 1862/63
Bayerische Schlösserverwaltung, München
(L.II.-Mus. 3373)

1.01c Kronprinz Ludwig mit Zigarette, 1863
Bayerische Schlösserverwaltung, München
(L.II.-Mus. 3375)

1.01d **Kronprinz Ludwig, 1864**
Bayerische Schlösserverwaltung, München
(L.II.-Mus. 3346)

1.01f **König Ludwig II. in bayerischer Generals-uniform, 1864**
Bayerische Schlösserverwaltung, München (L.II.-Mus. 89)

1.01e **König Ludwig II. als Oberstinhaber des 4. Bayerischen Chevauleger-Regiments, 1864**
Bayerische Schlösserverwaltung, München (L.II.-Mus. 87)

1.01g **König Ludwig II., 1865**
Bayerische Schlösserverwaltung, München
(L.II.-Mus. 3374)

1.01h König Ludwig II., 1865
Bayerische Schlösserverwaltung, München
(L.II.-Mus. 96)

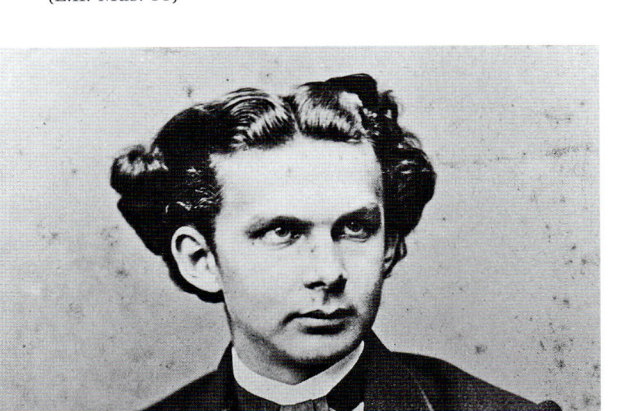

1.01j König Ludwig II. in bayerischer Generalsuniform, 1865
Geheimes Hausarchiv, München
(Wittelsbacher Bildersammlung, König Ludwig II., 17/18)

1.01i König Ludwig II., 1865
Bayerische Schlösserverwaltung,
München (L.II.-Mus. 3357)

Seit Ende der 1850er-Jahre bis zur Thronbesteigung Ludwigs im Jahr 1864 und darüber hinaus fertigte der Hoffotograf Joseph Albert zahlreiche Atelieraufnahmen des Kronprinzen und Königs an. Sie zeigen die Entwicklung des Knaben zum jungen Mann. Dass Ludwig als Jugendlicher an seinem Aussehen interessiert war, lässt sich an seinen variierenden Haartrachten ablesen. Ab 1862 etwa, also mit rund 17 Jahren, trug er seine braunen, eigentlich glatten Haare, gelockt. Einen Kinn- und Oberlippenbart legte er sich mit Mitte 20 zu, vielleicht um davon abzulenken, dass er bereits seine Schneidezähne verlor.

1.01k König Ludwig II., 1867

Geheimes Hausarchiv, München (Wittelsbacher Bildersammlung, König Ludwig II., 63/82c)

Ludwig präsentierte sich auf den frühen Fotografien in verschiedenen Posen. Wie wirkt die Ansicht im Profil? Wie lässig sehe ich mit Zigarette und einem in die Ferne gerichteten Blick aus? Wie sehe ich aus, wenn ich die Augen aufschlage oder mich als „Denker" in Pose setze? Steht mir die dunkle Jacke besser oder gibt der helle Mantel über der dunklen Jacke ein eleganteres Bild?

Seine militärische Laufbahn begann der Kronprinz im November 1861 als Oberleutnant im 2. Infanterie-Regiment. Seitdem ließ er sich auch öfter in Uniformen des königlich-bayerischen Heeres fotografieren, dessen Oberbefehlshaber er werden sollte. Diese Fotografien tragen naturgemäß einen offiziellen Charakter.

Es gibt nur wenige Atelieraufnahmen, die Ludwig in Gesellschaft ablichten. Einmal, 1863, sind es der Bruder Otto und der Cousin Wilhelm von Hessen-Darmstadt, die mit Ludwig posieren (Kat.-Nr. 1.14). Manche offiziellen Aufnahmen zeigen auch das Brüderpaar Ludwig und Otto oder die ganze Königsfamilie. 1867 entsteht das offizielle Verlobungsbild (Kat.-Nr. 1.23), ein zweites zeigt den König neben seiner in ein Buch versunkenen Verlobten.

WIE LUDWIG KÖNIG WURDE

1.01 l   König Ludwig II. in ziviler Kleidung, 1867
Bayerische Schlösserverwaltung, München
(L.II.-Mus. 98)

Fotografien zu verschenken war in Mode gekommen. Ludwig schloss sich diesem Trend an. Er scheint auch selbst fotografiert zu haben; allerdings sind bis heute keine von ihm angefertigten Aufnahmen aufgetaucht. Er schätzte den schon unter seinem Vater tätigen Hoffotografen Joseph Albert, der immer wieder auch Aufnahmen von den Ferienaufenthalten der Königsfamilie in Hohenschwangau machte.

Mit einer Fotografie holte man sich den Herrscher nach Hause – eine neue Errungenschaft, die großen Anklang fand. Ludwigs Porträts verkauften sich in den ersten Tagen nach seiner Thronbesteigung mehrere Tausend Mal.

M. H.

Lit.: Ranke, Joseph Albert; Schmid, König Ludwig II.; Wolf u.a. Götterdämmerung, S. 14 (Verlobungsbild und weitere Abb.)

1.01 m   König Ludwig II. in ziviler Kleidung, 1867
Bayerische Schlösserverwaltung, München
(L.II.-Mus. 93)

1.01 n   König Ludwig II. in ziviler Kleidung, 1867
Bayerische Schlösserverwaltung, München
(L.II.-Mus. 2707 b)

Schlank, jung, gut aussehend: der Oberstinhaber des Kgl. Bayer. 2. Infanterie-Regiments „Kronprinz".

1.02a **Waffenrock des Kronprinzen Ludwig**
Bayern, 1863/64
Wolle, Seide, Metallgespinst, L. 78
Bayerisches Armeemuseum, Ingolstadt (B 1705)

1.02b **Zweispitz mit Kokarde und Aufschrift „Kronprinz" auf der Innenseite**
Bayern, vor 1864
Felbel, Seide, Moiré, 12 x 41
Bayerisches Nationalmuseum, München (T 5468)

Nachdem sein Vater als Maximilian II. den Thron bestiegen hatte und Ludwig zum Kronprinzen erklärt worden war, übernahm er nominell im Jahr 1848 die Inhaberschaft des 2. Infanterie-Regiments „Kronprinz", eine Ehrenstellung, die traditionell vom jeweiligen bayerischen Kronprinzen eingenommen wurde. Im Alter von 16 Jahren trat Ludwig, bereits im Rang eines Oberleutnants, den Dienst in diesem Regiment an. Bereits zwei Jahre später, am 4. Oktober 1863, wurde er zum Oberst befördert und übernahm auch persönlich die Inhaberstelle des Regiments. Mit seiner Thronbesteigung am 11. März 1864 verließ er das Regiment „Kronprinz", um als König sogleich neue militärische Ehrenstellungen einzunehmen. So wurde er noch im gleichen Jahr Inhaber des 4. Chevauleger-Regiments „König" und des 2. Ulanen-Regiments „König", dann im Jahr 1867 Inhaber des 4. Feldartillerie-Regiments „König". Im selben Jahr übernahm er die Inhaberstelle in zwei ausländischen Regimentern, nämlich im kaiserlich russischen St. Petersburger 1. Ulanen-Regiment und im österreichischen k. k. 5. Infanterie-Regiment. Ein Jahr später wurde er zum Chef des Königlich Preußischen 1. Westfälischen Husaren-Regiments Nr. 8 ernannt, das seine Garnison in Paderborn und Neuhaus hatte. Sämtliche Ehrenstellen blieben Ludwig II. bis zu seinem Tod erhalten.

Der Waffenrock zeigt mit der schwarzen Abzeichenfarbe an Kragen und Aufschlägen sowie den vergoldeten Knöpfen die Zugehörigkeit zum 2. Infanterie-Regiment. An den goldenen Tressen am Kragen ist der Rang eines Obersten erkennbar. Demnach stammt der Rock aus der kurzen Zeit, als Kronprinz Ludwig 1863/64 Oberstinhaber dieses Regiments war. *J. K.*

Lit.: von Glasenapp, Generale, Bl. 2a

Ludwig II. gehörte einer der ältesten Dynastien im Deutschen Reich an. Die Fotomontage zeigt ihn im Kreis seiner Familie anlässlich seines 18. Geburtstags.

1.03 **Die Familien des königlichen und herzoglichen Hauses Wittelsbach**
Joseph Albert (1825–1886)
München, um 1863
Fotomontage (R)
Bayerische Schlösserverwaltung, München (L.II.-Mus. 64)

Die Wittelsbacher regierten seit 1180 das Herzogtum Bayern, seit 1. Januar 1806 im Rang von Königen. Die altbayerische Linie der Wittelsbacher war 1777 ausgestorben und Ludwig II. war, wie die drei Könige vor ihm, Nachfahre der Linie Pfalz-Zweibrücken. Neben der regierenden Linie der Wittelsbacher gibt es die Linie der Herzöge in Bayern.

Hoffotograf Joseph Albert setzte das Familienbild aus 29 Einzelporträts zusammen. Die malerische Kulisse bildet der Wintergarten in der Münchner Residenz, den König Maximilian II. hatte errichten lassen. Anlass war vermutlich der 18. Geburtstag des Kronprinzen am 25. August 1863. Ludwig präsentiert sich anlässlich seiner Großjährigkeit in Uniform.

Kronprinz Ludwig

Alle Familienmitglieder, die für Ludwig wichtig waren oder werden sollten, sind hier vereint: die Eltern, König Maximilian II. und Marie von Preußen (1), sein Bruder Otto (2), sein Großvater, König Ludwig I. (3), links neben Ludwig das ehemalige griechische Königspaar, Otto, der Taufpate Ludwigs, mit seiner Frau Amalie von Braunschweig (4), am linken Bildrand sitzt der Nachfolger Ludwigs, Prinz Luitpold (5) mit seinem Sohn Ludwig (6), dem späteren König Ludwig III. Dieser wird der letzte bayerische König sein.

In die rechte Bildhälfte setzte Albert die Familie Herzog Maximilians in Bayern (7). Über Herzog Max, der künstlerisch veranlagt und volkskundlich interessiert war, fand der Kronprinz Zugang zu den Schriften Richard Wagners. Zwei seiner Töchter sollten für Ludwig II. Bedeutung erlangen: Elisabeth, Kaiserin von Österreich (8), und Sophie Charlotte in Bayern (9), seine nachmalige Verlobte. Der Bruder der beiden, Karl Theodor (10), blieb Ludwig zeitlebens ein Freund. *M. H.*

Lit.: Hojer, König Ludwig II.-Museum, S. 234f.

Aus Ludwigs Jugendzeit haben sich Skizzenblätter mit eigenhändigen Zeichnungen und Unterschriftsproben erhalten.

1.04a **Skizzenblatt**
Ludwig II., 1861
Papier, 22,2 x 28,2
Geheimes Hausarchiv, München
(Nachlass Franz von Pfistermeister 11)

40 ERSTER AKT

1.04b Ausgabenzettel des Kronprinzen Ludwig mit eigenhändiger Unterschrift

Mai/Juli 1862
Tinte/Papier, 21,5 x 17
Geheimes Hausarchiv, München
(Kabinettsakten König Maximilians II. 75½)

Schon in der Jugend zeigte sich bei Ludwig künstlerisches Interesse, die Freude an Formen und am Gestalten. In einer Lebensphase, in der die Schrift sich üblicherweise von der erlernten Schulschreibweise zu lösen beginnt und individuelle Züge entwickelt, experimentierte er, wie viele Jugendliche das tun, mit seiner Unterschrift, wobei es ihm neben dem Wunsch, ihr das Merkmal der Einmaligkeit zu verleihen, offenbar auch auf Ausgewogenheit und Schönheit ankam. Auf der Rückseite des Skizzenblatts findet sich ein Schriftzug „Wilhelm". Dieser stammt sehr wahrscheinlich von Prinz Wilhelm von Hessen-Darmstadt, einem angeheirateten Neffen von Ludwigs Tante Mathilde. Zwischen den Prinzen, die die Leidenschaft für das Sprech- und Musiktheater verband, entstand zu dieser Zeit eine lebenslange Freundschaft. Auf das Blatt, das die beiden Freunde wohl hin- und hergereicht haben, kritzelte Kronprinz Ludwig auch einige Zeichnungen, angeregt vielleicht durch Ritterromane (Kampfszene auf einer Brücke) und durch Theaterkostüme, die er in Vorstellungen des Hoftheaters gesehen hatte. Später sollte sich Ludwig als ungeheuer detailversessen erweisen, was die Inneneinrichtung seiner Schlösser wie die Inszenierung der bei seinen Separatvorstellungen aufgeführten Stücke betrifft (vgl. Kap. Dritter Akt).

Ganz anderer Art sind die eigenhändigen Aufzeichnungen, zu denen Ludwig durch die Sparsamkeit seines Vaters König Maximilian II. gezwungen wurde. Um den Sohn den richtigen Umgang mit Geld zu lehren, musste Ludwig nämlich dem Vater über die Verwendung seines knapp bemessenen monatlichen Taschengelds Rechnung legen und diese Ausgabenzettel wie der Kassenbeamte einer Behörde unterschreiben. In der Regel wies diese kleine „Privatschatulle" sowohl in den Monats- wie Jahresetats Überschüsse auf; seit dem Jahr 1862 allerdings brauchte Ludwig das im Lauf des Jahres Ersparte im Dezember für Weihnachtsgeschenke auf. Nach seiner Thronbesteigung gab Ludwig die Rechnungsführung über seine Ausgaben sofort auf. *G. I.*

Lit.: von Böhm, Ludwig II.,
S. 1–11; Haasen, Briefe, S. 7–23;
Müller, Schicksale, S. 23–52

Rechnung für Juli 1862

Datum		Einnahmen		Ausgaben	
		fl	kr	fl	kr
	Geldrest	126	21		
1	Monatsgeld	25	–		
6	Theaterbillete			5	36
15	Almosen			6	–
19	Messer mit rosa Griff			2	–
20	Irden Kanne			1	06
21	Photographie			–	36
"	Chokolade für Partien			2	42
23	Geschenke			1	48
	Summa:	151	21	19	48

Abgleichung	
Einnahmen	151 fl 21 kr
Ausgaben	19 " 48 "
Geldrest	131 fl 33 kr

fl = Gulden
kr = Kreuzer
1 Gulden = 60 Kreuzer

Ludwig II. war leiblichen Genüssen nicht abgeneigt: Pralinen, Champagner und „Laferme".

1.05   Die letzten Zigaretten König Ludwigs II.
Dresden, Compagnie Laferme No. 45, 1886
Schatulle: Paris, um 1870, 8 x 14,5 x 6,5
Sammlung Jean Louis, München (D 11)

Auch wenn Ludwig II. die Zurückgezogenheit und Einsamkeit liebte, so war er durchaus kein Asket. Ob in der Residenz oder auf einsamer Bergtour, auf die kulinarischen Feinheiten der Hofküche wurde dabei nicht verzichtet und bei der Lektüre liebte der König stets einen guten Tropfen und vor allem eine Zigarette seiner sächsischen Lieblingsmarke „Laferme", von der sich, dank Prinz Alphons von Bayern, einige Exemplare erhalten haben.

Wie Prinz Joseph Clemens berichtete, hatte sein Vater nach dem Geschehen in Schloss Berg das Zigarettenetui des Königs an sich genommen, damit es nicht abhanden komme. Bei der Übergabe desselben an die Hofverwaltung habe er die letzten noch darin befindlichen Zigaretten entnommen und fortan in einem kleinen Kästchen im neugotischen Stil aufbewahrt, das der König seiner Braut, Prinzessin Sophie Charlotte in Bayern, der späteren Schwiegermutter des Prinzen, geschenkt hatte. Die Zigaretten waren in einen Umschlag eingehüllt mit der Aufschrift: „Die letzten Cigaretten aus dem Etui des Königs Ludwig II. von Bayern, Berg 6/VII.86".
J. L. S.

Lit.: Schlim, König Ludwig II.

Der König war sich seines guten Aussehens durchaus bewusst und legte Wert auf Körperpflege.

1.06   Parfumflakon König Ludwigs II.
München (?), um 1870
Glas, Silber, 9 x 6 x 3,5
Sammlung Jean Louis, München (D 121)

In seinen Schlössern ließ Ludwig II. geräumige Bäder mit beheizbaren Wasserbecken einbauen. Gepflegtes Aussehen war ihm wichtig. Unfrisiert trat er nicht einmal vor seine Dienerschaft und so ist nicht verwunderlich, dass gerade sein Friseur Hoppe eine nicht unbedeutende Stellung am Hof einnahm. Ludwigs bevorzugtes Parfum, so berichtet zumindest Kaiserin Elisabeth, war „Chypre", eine schwere, süßliche Duftnote, die den König stets umgab. Bezogen hat Ludwig aber auch Parfum von der 1709 gegründeten Firma Johann Maria Farina in Köln, die ihr Geschäft bis heute dort betreibt.
J. L. S.

Erbprinz – Kronprinz – König

Am 25. August 1845 wurde der Stammhalter des Kronprinzen Maximilian und der Kronprinzessin Marie in Schloss Nymphenburg geboren.

1.07a Taufbuch der Hofkuratie Nymphenburg 1843–1851
Feder/Papier/Pappeinband, 34 x 46 (aufgeschlagen)
Archiv des Erzbistums München und Freising, München
(Matrikeln München 434, S. 11)

1.07b Taufbuch der Pfarrei München-St. Margaret 1842–1848
Feder/Papier/Halbledereinband, 35,5 x 52 (aufgeschlagen)
Archiv des Erzbistums München und Freising, München
(Matrikeln München 400, S. 191)

Die kirchlichen Matrikelbücher waren im rechtsrheinischen Bayern bis 1876 die einzigen Personenstandsregister. So dokumentierte kurz nach der Taufe des Erbprinzen der Hofkurat Peter Meyringer die Geburt und die vollzogene Sakramentenspendung im Taufbuch der Hofkuratie Nymphenburg. Gemäß dem vorgedruckten Formular trug er den Namen des Täuflings, die Namen von Hebamme und Geburtshelfern, Namen und Stand der Eltern, den Zeitpunkt von Geburt und Taufe sowie die Paten und den Taufspender ein. Nach den drei Paten – dem Großvater König Ludwig I., dem angeheirateten protestantischen Onkel König Friedrich Wilhelm IV. von Preußen und dem Onkel König Otto von Griechenland – erhielt der Täufling die Vornamen Otto Ludwig Friedrich Wilhelm. Erst ein Befehl Ludwigs I. vom 21. September legte „Ludwig" anstatt „Otto" als Hauptnamen fest, was in der ersten Spalte des Taufeintrags eigens vermerkt ist.

Da die für Schloss Nymphenburg und Umgebung zuständige Hofkuratie damals formell noch zur Pfarrei St. Margaret in Sendling bei München gehörte, wurde die Taufe des Prinzen am Quartalsende an das Sendlinger Pfarramt gemeldet und vom Kooperator Joseph Hofgericht dort ebenfalls in das Taufbuch eingetragen. Um die Bedeutung des Täuflings hervorzuheben, schrieb Hofgericht die Daten groß und senkrecht in die vorgedruckten Spalten. Ans Ende setzte er als Segenswunsch den Psalmvers: „Der Herr hat seinen heiligen Engeln deinetwegen befohlen, dass sich [!] dich auf ihren Händen tragen, damit du nicht etwa deinen Fuß auf einen Stein anstoßest!!!" (Psalm 91,11; vgl. Matthäus 4,6).

R. G.

Lit.: unveröffentlicht

Die Taufe des Erbprinzen fand im Steinernen Saal von Schloss Nymphenburg statt.

1.08 Taufkleid des Erbprinzen Ludwig

München, 1845
Leinen, Baumwolle, gestrickt, 63 x 41–55
Bayerische Schlösserverwaltung, München
(L.II.-Mus. 39)

Mit 101 Kanonenschüssen war der erstgeborene Sohn des bayerischen Thronfolgers Maximilian bei seiner Geburt am 25. August 1845 begrüßt worden. Bereits am nächsten Tag fand die feierliche Taufe statt. In einem gedruckten „Ceremoniel" aus dem Archiv des Erzbistums München und Freising sind der genaue Ablauf der Zeremonie sowie die teilnehmenden Personen festgehalten. Danach war im Saal ein Tauftisch aufgebaut, dem gegenüber die Herrschaften Platz nehmen sollten. Die geladenen Minister und anderen Gäste, die eigens vom regierenden König Ludwig I. hergebeten worden waren, sollten rechts vom Altar stehen, und zwar „in angemessener Entfernung". Der Täufling wurde von der Obersthofmeisterin in das Appartement seiner Großmutter, Königin Therese, gebracht. Von dort ging der Zug der „Allerhöchsten und Höchsten Herrschaften" zum Taufsaal. Die Ecken des Tauftuchs, auf dem der Täufling lag, sollten die vier königlichen Kämmerer halten. Zwei weibliche Personen aus der Kammerbedienung mussten sich für etwaige Notfälle in der Nähe aufhalten. Die Obersthofmeisterin legte den Täufling auf den Altar. Prinz Adalbert, der Onkel Ludwigs, stand neben dem Altar und hielt die Taufkerze. Die Taufe nahm Erzbischof Lothar Anselm von Gebsattel vor. König Ludwig I., Großvater und Pate, beantwortete stellvertretend für die beiden anderen Paten die nach kirchlichem Ritus vorgeschriebenen Fragen und hielt den Täufling während der Zeremonie.

Bei der Taufe wird der Erbprinz das kunstvoll gestrickte Taufkleid getragen haben, das sich sehr gut erhalten hat. Daneben gibt es eine weitere Täuflingsgarnitur, die im Familienbesitz ebenfalls als Taufgarnitur Ludwigs II. überliefert wird. Sie ist rosarot, was bis um 1900 eine Farbe für Jungen war, während Mädchen mit blau assoziiert wurden.

M. H.

Lit.: Hojer, König Ludwig II.-Museum, S. 148f.

Zeitlebens empfand König Ludwig I. zu seinem Enkelsohn Ludwig eine besondere, fast schicksalhafte Verbindung.

1.09 Brief König Ludwigs I. „An den Erstgebohrenen meines Sohnes Max, 6 Tage nach seiner Geburt"

Aschaffenburg, 7. September 1845
Tinte/Papier (R)
Geheimes Hausarchiv, München
(Kabinettsakten König Ludwigs II. 16)

Der bayerische Erbprinz wurde am Montag, 25. August 1845, um 0.30 Uhr in Schloss Nymphenburg geboren; am selben Tag und zur selben Stunde wie 59 Jahre zuvor sein Großvater, König Ludwig I. Der Erbprinz sollte eigentlich den Namen Otto tragen, wie sein Taufpate, König Otto von Griechenland. Dies wurde jedoch auf Wunsch des Großvaters geändert, der die schicksalhafte Konstellation der gleichen Geburtsstunde als göttliche Fügung betrachtete. Fortan hieß der bayerische Thronfolger Ludwig.

Darauf bezieht sich Ludwig I. in einem Gedicht, das er unter dem unmittelbaren Eindruck der Geburt verfasste, aber dem Enkel erst zu seinem 18. Geburtstag überreichte: „Sey mir willkommen, mein Enkel, Du, dessen Name der meine; Tag und Stund' der Geburt, sie hast mit mir du gemein … Bist hingewiesen auf mich von dem Himmel, der andere Ludwig. Lebe in Dir noch fort, lebend schon lange nicht mehr …"

Immer wieder versuchte Ludwig I. auf die Erziehung des Kronprinzen und später auch auf die Entscheidungen des Königs Einfluss zu nehmen. Allerdings konnte er sich nicht immer durchsetzen, so etwa bei seinem Wunsch nach einer Erziehung Ludwigs durch Jesuiten. Auch auf einer der seltenen Auslandsreisen, dem Besuch der Weltausstellung in Paris 1867, begleitete der Großvater seinen Enkel. Das Verhältnis zwischen Ludwig I. und Ludwig II. war – im Gegensatz zum Verhältnis zwischen Vater und Sohn – ungetrübt. *M. H.*

Lit.: von Böhm, Ludwig II., S. 1f., 460f.

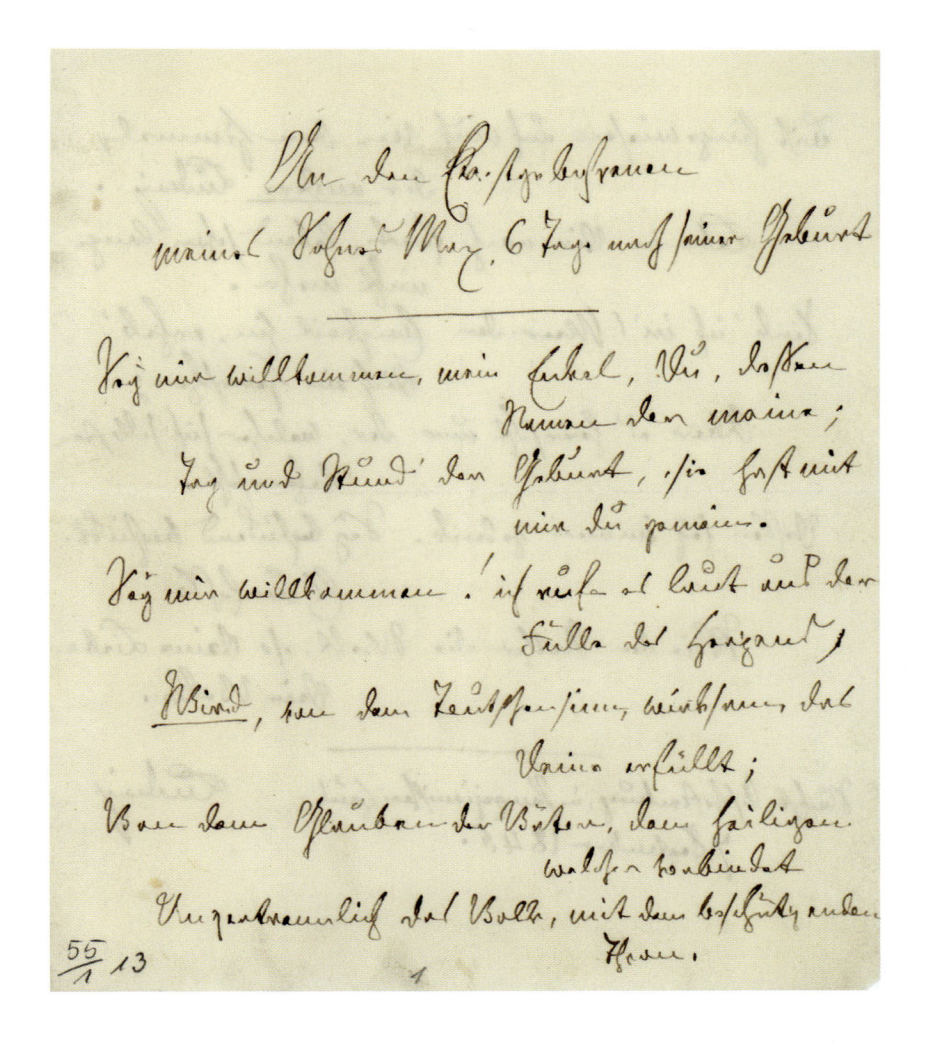

„Schlaf Prinzchen! Schlafe süß! Dir blüht ein Paradies … Holder Liebling, meine Wonne, Schlumm're sanft, des Vaters Bild! Treuer Mutterliebe Sonne leuchte dir ins Innre mild!" – heißt es in einem für Prinz Ludwig komponierten Wiegenlied.

1.10a Erbprinz Ludwig in seinem ersten Lebensjahr
München, 1846
Kolorierte Fotografie nach einer Zeichnung
von Adolf Grotefend (R)
Wittelsbacher Ausgleichsfonds, München
(BSV, L.II.-Mus. 41)

1.10b Kinderschepper aus dem Besitz des bayerischen Königshauses
Nürnberg (?)
Mitte 19. Jahrhundert
Elfenbein, Altsilber,
17,5 x 8
Bayerisches Nationalmuseum, München
(T 5512)

WIE LUDWIG KÖNIG WURDE 45

1.10c **Muslöffel aus dem Besitz des bayerischen Königshauses**
Mitte 19. Jahrhundert
Elfenbein, 15,5 x 3,25
Bayerisches Nationalmuseum, München (T 5515)

1.10d **Babyhäubchen aus dem Besitz des bayerischen Königshauses**
19. Jahrhundert
Nadelspitze mit Tüllgrund, Leinen, cremefarben;
Futter: Seide, Köperbindung, blassrosa;
Bänder: Seide, Atlasbindung, blassrosa; 14 x 13 x 12
Bayerisches Nationalmuseum, München (T 5498)

1.10e **Babyschuhe aus dem Besitz des bayerischen Königshauses**
Mitte 19. Jahrhundert
Seide, gehäkelt, 3 x 3 x 8,8
Bayerisches Nationalmuseum, München (T 5497 a-b)

1.10f **Wiegenlieder für den Kronprinzen für Singstimme und Klavier**
Hörstation
Caspar Ett (1788–1847): „Schlaf Prinzchen! Schlafe süß! …"
Maria Helgath, Mezzosopran; Kilian Sprau, Klavier
Joseph Hartmann Stuntz (1793–1859): „Holder Liebling, meine Wonne …"
Sophia Brommer, Sopran; Kilian Sprau, Klavier

Das Bayerische Nationalmuseum verwahrt einen Bestand mit Babyausstattung aus dem Nachlass der Königinmutter Marie, den Prinzregent Luitpold nach ihrem Tod 1889 dem Museum überstellen ließ. Die Herkunftsgeschichte spricht dafür, dass es sich um Babygarnituren der Prinzen Ludwig und Otto handelt. Eine eindeutige Zuweisung an einen der beiden Königssöhne ist jedoch nicht möglich.

Die textilen Stücke – es gibt noch mehrere Strümpfe und Leibchen sowie weitere Häubchen und Schuhe – sind aufwändig gearbeitet und aus hochwertigem Material. Sie sind nicht stark beansprucht, wurden also nicht lange getragen.

Das früheste Porträt des Erbprinzen zeigt Ludwig mit einem Häubchen, das durchaus dem hier gezeigten Häubchen mit der Rosette entsprechen könnte. Der Knabe hält auch eine, wenngleich etwas anders gearbeitete, Schepper in der Hand, wie sie damals üblich war.

Der Elfenbeingriff der Kinderschepper dient zum Lutschen und Beißen, die Kügelchen in den silbernen Rasseln verursachen bei jeder Bewegung einen Ton.

Zur Geburt des Thronfolgers komponierten die dem Hof verbundenen Komponisten Joseph Hartmann Stuntz und Caspar Ett einfache Wiegenlieder für Klavier und Singstimme. Die Texte stammen von dem Redakteur der „Münchner Politischen Zeitung", Friedrich Beck, und einem unbekannten Dichter namens Greger.

Ludwig wurde nach seiner Geburt einer Amme übergeben, eine bis heute unbekannt gebliebene Bäuerin aus Miesbach. Sie starb im Frühjahr 1846, vermutlich an Meningitis. Es ist anzunehmen, dass sich der gerade halbjährige Ludwig an dieser lebensbedrohlichen Krankheit angesteckt hat, die vielleicht auch Spätfolgen, wie Ludwigs lebenslange Kopfschmerzen, nach sich zog.

Die Stunden, die der Kronprinz bei Mutter oder Vater verbrachte, waren genau festgelegt. Zudem war das Königspaar aufgrund von Repräsentationsverpflichtungen häufig abwesend. Spontane Besuche oder Zuwendungen waren in der Prinzenerziehung, auch des Kleinkindes, nicht vorgesehen. Als Ludwig drei Jahre alt war, kam sein Bruder Otto zur Welt. Das Geschwisterpaar bewohnte gemeinsame Zimmer in der Residenz und teilte sich das Erziehungspersonal.

M.H.

Lit.: Münster, König Ludwig II.; Schmidbauer/Kemper, Rätsel, S. 106–114; Schweiggert, Kronprinz

Die Kindheit des künftigen Königs: Die Erziehung des jungen Prinzen oblag zunächst der von ihm verehrten „Millau".

1.11a **Kronprinz Ludwig mit Trommel und Turm aus Holzbausteinen**
München, 1850
Fotografie, koloriert (R)
Bayerische Schlösserverwaltung, München
(L.II.-Mus. 46)

1.11c **Album der Königin Marie mit eigenen und Zeichnungen ihrer Kinder Ludwig und Otto**
1832–1864
Tinte, Buntstift/Papier, Einband: textil, 21,7 x 28,2
Wittelsbacher Ausgleichsfonds, München
(B VIII 912)

1.11b **Spielzeugpferdefuhrwerk**
Berchtesgaden, um 1852
Holz, Weide, Leder, farbig gefasst, 30,5 x 24,5 x 85
Heimatmuseum Schloss Adelsheim, Berchtesgaden (434)

1.11d **Die Prinzen Ludwig und Otto mit einem Bilderbuch**
Fr. Hohbach (signiert), um 1853/54
Fotografie, koloriert (R)
Geheimes Hausarchiv, München
(Wittelsbacher Bildersammlung, König Ludwig II. 6/6)

1.11e **Sibylle Meilhaus (1814–1881)**
Um 1846/50
Fotografie (R)
Albert Meilhaus

WIE LUDWIG KÖNIG WURDE

1.11f Brief Kronprinz Ludwigs an seine
Erzieherin Sibylle Meilhaus
24. Dezember 1853
Tinte, Buntstift/Papier, 27,5 x 21,8
Geheimes Hausarchiv, München
(Kabinettsakten König Ludwigs II. 2)

1.11g Brief Kronprinz Ludwigs an seine ehemalige
Erzieherin Sibylle von Leonrod, geb. Meilhaus
19. August 1862
Tinte, Buntstift/Papier, 17,2 x 10,7
Geheimes Hausarchiv, München
(Kabinettsakten König Ludwigs II. 2)

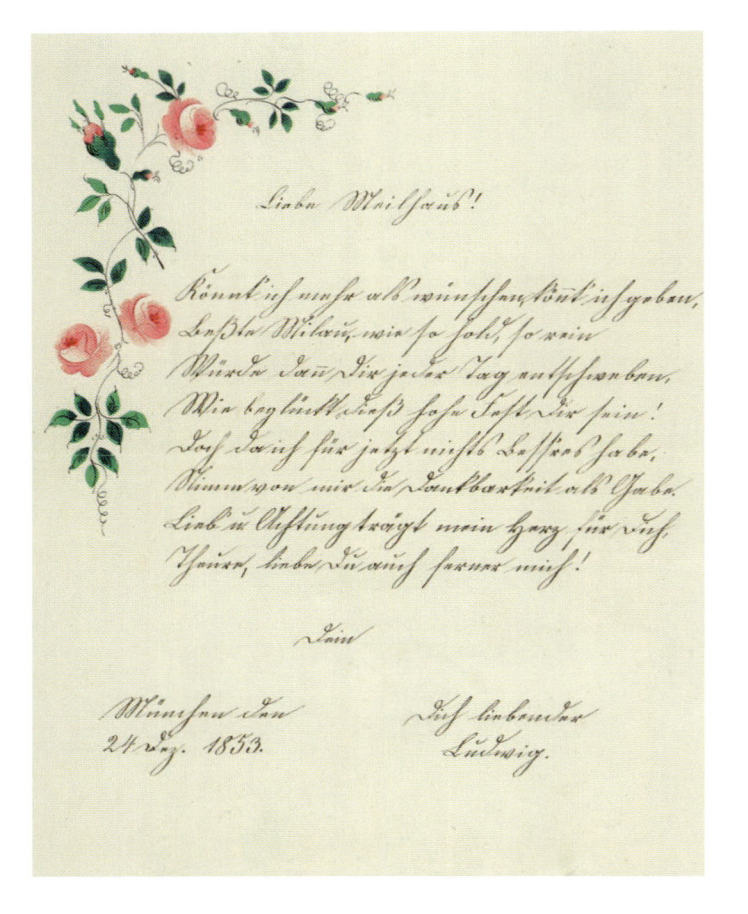

Von Juli 1846 an, kurz vor dem ersten Geburtstag, bis zu seinem 7. Lebensjahr war Sibylle Meilhaus als Erzieherin des Erbprinzen die wichtigste Bezugsperson. Der Kronprinz blieb Zeit seines Lebens mit seiner „Millau", die 1860 Ludwig Freiherrn von Leonrod heiratete, in Verbindung. Als sie 1881 starb, ließ er ihr auf dem katholischen Friedhof in Augsburg ein Grabmal setzen. Einige Kinderbriefe an seine Erzieherin haben sich erhalten, so der Weihnachtsbrief von 1853, in dem Ludwig dichtete: „Könnt' ich mehr als wünschen, könnt' ich geben ... Doch da ich für jetzt nichts Bess'res habe, Nimm von mir die Dankbarkeit als Gabe, Lieb' und Achtung trägt mein Herz für Dich, Theure, liebe Du auch ferner mich!" In einem mehrseitigen Geburtstagsbrief berichtet er über den Aufenthalt der Familie in Berchtesgaden im August 1862. Ludwig war, wie häufig, krank und konnte an manchen Ausflügen nicht teilnehmen. Liebevoll gestaltete er den Brief an seine ehemalige Erzieherin: „... die Enzian, welche Du vor Dir gemalt siehst, malte ich, Otto überfuhr etwas die grünen Blätter ..."

Der Kontakt der Kinder zu Eltern und Großeltern war in der königlichen Familie genau festgelegt. Die Enkelkinder besuchten sonntags ihre Großmutter Therese in der Residenz. Die Mutter Marie traf der Kronprinz, wenn sie nicht auf Reisen war, einmal täglich, häufig beim Essen. Während der Aufenthalte auf dem Land waren die Zusammenkünfte zwangloser. Königin Marie hinterließ ein Album, in das sie Zeichnungen ihrer Kinder einklebte und mit dem Namen des Urhebers versah. So findet sich eine Bleistiftzeichnung von Schloss Hohenschwangau, die Ludwig als 13-Jähriger zeichnete, oder eine Kinderzeichnung mit Wasserfarben, mit der er seinen Eindruck vom Heiligen Grab in der Münchner Asamkirche wiedergab.

M. H.

Lit.: von Böhm, Ludwig II., S. 4f.; Merta, Sibylle von Leonrod; Schweiggert, Kronprinz

Die königliche Familie verbrachte viele Sommer in Berchtesgaden. Manche Anekdoten, die aus den Kindertagen des Kronprinzen weitergetragen wurden, stammen von diesen Ferienaufenthalten. Hier soll Ludwig seinen Bruder Otto im Spiel in Lebensgefahr gebracht haben, als er ihn fesselte und knebelte. Der Vater bestrafte das hart und Ludwig sollen fortan die Aufenthalte in Berchtesgaden verleidet gewesen sein. Aus den Kindertagen in Berchtesgaden hat sich das geschnitzte und bemalte Holzfuhrwerk erhalten, mit dem Kronprinz Ludwig spielte. Die Holzkonstruktion ist wirklichkeitsnah ausgeführt, das Fuhrwerk ist relativ groß, Wagen und Pferde können getrennt werden. Der Schnitzer ist unbekannt. Das Spielzeug ist gut erhalten, sodass anzunehmen ist, dass Ludwig nicht sehr oft damit gespielt hat.

Privatlehrer übernahmen die Erziehung des Kronprinzen. Er hatte täglich rund sieben Stunden Unterricht, dazu Hausarbeiten. Am meisten interessierten ihn Literatur und Sport.

1.12 Tugendspiegel für Kronprinz Ludwig:
„Glaube, Liebe, Hoffnung, Demuth, Aufrichtigkeit, Fleiß, Kleinmuth, üble Laune, Zorn, Genügsamkeit, Gerechtigkeit, Keuschheit, Mäßigkeit, Verschwiegenheit"
Tinte/Papier (R)
Geheimes Hausarchiv, München
(Kabinettsakten König Maximilians II. 75 1/2)

Grundlage der Erziehung des Kronprinzen waren christliche Werte. Nach Überzeugung seines Vaters sollten die christlichen Tugenden, zusammengefasst in Gottesliebe, Nächstenliebe und Selbstachtung, im Mittelpunkt der Erziehung stehen. Maximilian II. bezog sich dabei ausdrücklich auf die „Monita paterna", die väterlichen Ermahnungen des Kurfürsten Maximilian von Bayern aus dem 17. Jahrhundert. Zur täglichen Selbstbefragung verfasste Maximilian II. für seinen Sohn einen Tugendspiegel. Ludwig sollte sich prüfen, inwieweit er zum Beispiel „Gerechtigkeit" geübt oder seine „üble Laune" bezwungen hatte. Als Ideal galt zu dieser Zeit, ein Kind zu Härte und Entsagung zu erziehen, damit es im Leben bestehen konnte.

Über die Erziehung des Kronprinzen bestimmte der Vater. Als Erzieher löste Graf Theodor Basselet de La Rosée am 1. Mai 1854 die Erzieherin der Kindertage, Sibylle Meilhaus, ab. Er blieb bis zur Volljährigkeit bei Ludwig. Ihn unterstützten Major Emil Freiherr von Wulffen, später dann Major Carl von Orff.

Für den Elementarunterricht Ludwigs wurde der Volksschullehrer Michael Klaß ausgewählt. Ihn hatte Maximilian aufgefordert: „… erziehen und unterrichten Sie den Kronprinzen gerade so wie die Kinder der Bürger in der Schule." Dennoch schickte der König seinen Sohn nicht auf ein öffentliches Gymnasium, wie das etwa der spätere preußische König Wilhelm II. erlebte, sondern ließ ihn von Lehrern des Münchner Maximiliansgymnasiums privat unterrichten.

So erhielt Ludwig von 1856 bis zu seiner Volljährigkeit 1863 privaten humanistischen Gymnasialunterricht. Franz Steininger unterrichtete ihn in Latein, Griechisch, Deutsch und Geschichte. Später wurde Griechisch durch Französisch bei Ferdinand Maurice Trautmann ersetzt. Dazu kamen Mathematik und Geografie, Zeichnen bei Leopold Rottmann und Kunstgeschichte bei Karl Trautmann, dem Sohn von Maurice. Die körperliche Ertüchtigung erfolgte durch Turnen sowie Schwimmen und Reiten, die beiden Lieblingssportarten des Kronprinzen. Ab 1859 wurde er auch im Tanzen, Fechten und in Waffenlehre unterwiesen. Für den Religionsunterricht war ab 1853 der Domdechant Georg Carl von Reindl zuständig, den später Abt Daniel Haneberg von St. Bonifaz ablöste. Ludwigs Hauptinteressen galten Literatur, Schauspiel und Musik, wobei er selbst nicht allzu musikalisch war. Dazu kam die Begeisterung für die Natur.

Ludwig war von klein auf an einen minuziös geregelten Tagesablauf gewöhnt. Viele Tagespläne des Kronprinzen haben sich erhalten. Es gibt in der Regel mindestens zwei Versionen pro Jahr, eine für den Winter in München, eine zweite, mit mehr Freizeit, für den Sommeraufenthalt in Nymphenburg und die Ferien in Berchtesgaden oder Hohenschwangau. Wiederkehrende Ereignisse im Jahr waren, neben Geburts- und Namenstagen im Familienkreis, die großen christlichen Feste Ostern und Weihnachten, aber auch die Hofbälle in der Faschingszeit, Jagden und Landpartien.

„Der Kronprinz", so schrieb Graf de La Rosée über seinen Schützling zum 18. Geburtstag, „ist aufgeweckt und sehr begabt, er hat viel gelernt und besitzt schon jetzt Kenntnisse, die weit über das Gewünschte hinausgehen. Er hat eine so reiche Phantasie, wie ich ihresgleichen noch selten bei einem so jungen Mann angetroffen habe. Aber er ist auffahrend und äußerst heftig. Ein mehr als stark entwickelter Eigenwille deutet auf einen Eigensinn, den er vielleicht von seinem Großvater geerbt hat und der sich nur schwer wird meistern lassen."

M. H.

Lit.: Merta, Franz Steininger; Merta, Georg Carl von Reindl; Schweiggert, Kronprinz

---

Mit diesem Kindergewehr wurde Prinz Ludwig bereits früh an der Militärwaffe ausgebildet.

1.13 Kindergewehr Ludwigs II.

Gewehrfabrik Amberg
Stahl, Nussbaum, L. 84,5 bzw. 115 (mit Bajonett),
Kaliber 8,5 mm
Bayerisches Armeemuseum, Ingolstadt (B 6021)

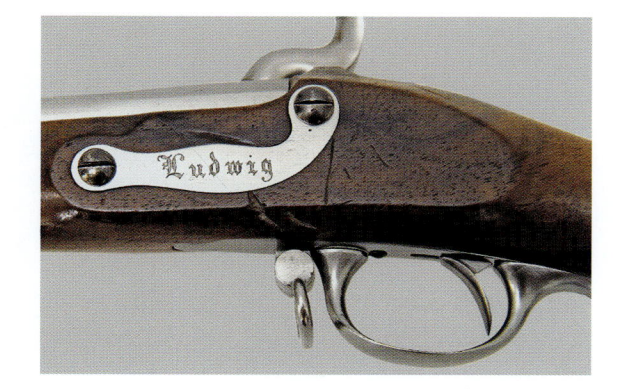

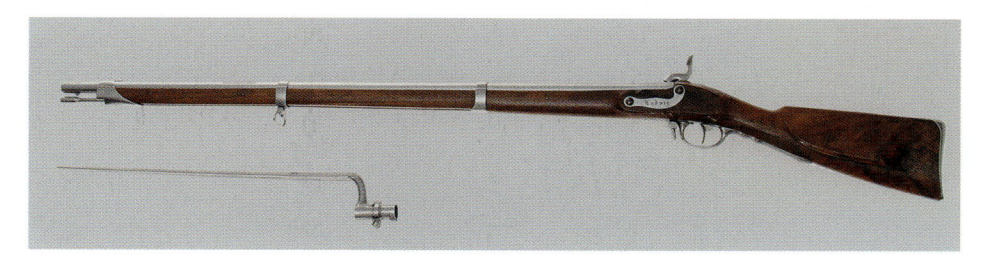

Prinzen erhielten im Rahmen ihrer Erziehung überall in Europa eine militärische Ausbildung. Dazu gehörte natürlich das Tragen einer Uniform, aber auch der Umgang mit Waffen. Das Gewehr für Kronprinz Ludwig entsprach, abgesehen von der Größe, vollkommen dem in der bayerischen Armee eingeführten Infanteriemodell 1842 samt Bajonett. Auch der Hersteller war derselbe: die Königliche Gewehrfabrik Amberg, ein Staatsbetrieb. Das Kaliber betrug annähernd die Hälfte des Rohrdurchmessers des Armeegewehrs (17,8 mm). Qualitativ stand Ludwigs Gewehr allerdings weit über einer gewöhnlichen Militärwaffe, wie man schon an dem ausgesucht schön gemaserten Schaftholz erkennen kann. Um Verletzungen zu vermeiden, hatte man die Spitze des Bajonetts abgestumpft. Davon abgesehen war die Waffe aber vollkommen gebrauchsfähig. Man darf in ihr kein Spielzeug sehen. Vielmehr war sie ein Erziehungsmittel, das dazu beitragen sollte, schon früh eine enge Beziehung des späteren Regenten zur Armee herzustellen, die eine der Hauptstützen des Throns bildete.

D. St.

Zu den engen Freunden des Kronprinzen und Königs gehörte Wilhelm von Hessen-Darmstadt. Besonders verbunden fühlte sich Ludwig auch seinem Bruder Otto.

1.14 Wilhelm von Hessen-Darmstadt, Prinz Otto und Kronprinz Ludwig

Joseph Albert (1825–1886)
München, 1863
Fotografie (R)
Privatsammlung

Eine lebenslange Freundschaft verband Ludwig II. mit seinem gleichaltrigen Cousin Wilhelm von Hessen-Darmstadt (1845–1900). Im Jahr 1861 waren sie sich bei einem Familienbesuch in Darmstadt erstmals begegnet, im Februar 1886 schrieb Wilhelm letztmals an Ludwig.

Wilhelm hielt sich öfter in München auf. Bei einem dieser Besuche, vermutlich im Frühjahr 1863, ließen sich die Vettern zusammen mit Ludwigs jüngerem Bruder Otto im Atelier des Hoffotografen Albert in verschiedenen Posen ablichten. Bekannt sind drei unterschiedliche Aufnahmen. Deutlich wird, dass der Kronprinz – hier bereits mit onduliertem Haar – auch in diesem Kreis eine besondere Stellung einnimmt. Sein Stuhl hat eine reich verzierte, gepolsterte Rückenlehne, während Wilhelm (links) auf einem einfachen Stuhl Platz genommen hat. Ludwig bestimmt über das aufgeschlagene Buch, die beiden anderen blicken auf die von ihm mit der Hand angedeutete Stelle.

M. H.

Lit.: Seitz, Dokument; Spangenberg, Ludwig II.

Für einige Zeit gehörte Paul von Thurn und Taxis zum Freundeskreis Ludwigs.

1.15 Fürst Paul von Thurn und Taxis, ab 1868 Paul von Fels (1843–1879)
Fotografie (R)
Sammlung Marcus Spangenberg, Regensburg

Am 1. Mai 1863 wurde Paul, das dritte Kind von Maximilian Karl von Thurn und Taxis (1802–1871) und Mathilde Sophie von Öttingen-Spielberg, zum Ordonanz-Offizier des fast gleichaltrigen Kronprinzen Ludwig ernannt. Die beiden verband schnell die Liebe zur Kunst und eine enge persönliche Freundschaft. 1865 wurde Paul zum Oberleutnant und Flügeladjutanten befördert, ein Jahr später „unter allergnädigster Anerkennung seiner Dienstleistung" in das 3. Artillerieregiment versetzt. Als Einziger begleitete Paul von Thurn und Taxis den im Jahr 1866 an Abdankung denkenden König Ludwig auf der berühmten Fahrt zu Wagner nach Triebschen.

Fürst Maximilian Karl, der kluge Postorganisator, der sein Haus mit viel Energie und Geschick lenkte und ein ungeduldiger Charakter war, sah mit Sorge, dass sein Sohn sich mehr für die Kunst als für das Postwesen begeisterte. Als Paul sich in Elise Kreuzer, eine „Soubrette des Münchner Volkstheaters", verliebte, kam es zum Bruch zwischen Vater und Sohn und schließlich auch mit dem König. Paul verließ 1867 die bayerische Armee, verzichtete gegen eine jährliche Apanage von 6000 Gulden auf Namen, Titel und Ansprüche seiner Familie gegenüber und heiratete seine Geliebte am 7. Juni 1868 in Astheim im Großherzogtum Hessen-Darmstadt. Als letztes Entgegenkommen erhob Ludwig II. seinen früheren Freund am 19. Juni 1868 als „Paul von Fels" in den bayerischen Adel.

Paul von Fels floh, tief enttäuscht von der Ablehnung durch Ludwig II., in die Schweiz, wo er als Schauspieler sein Glück versuchte, Elise Kreuzer stand weiterhin auf der Bühne. Als Paul erkrankte, verließ ihn seine Frau. Er starb am 10. März 1879 und wurde in Cannes begraben.

Erbprinzessin Helene, Schwester von Kaiserin Elisabeth und Witwe des Fürsten Maximilian Anton von Thurn und Taxis (1831–1867), des Halbbruders von Paul, hatte sich in seinen letzten Lebensjahren um Aussöhnung mit der Familie bemüht, was Paul aber nicht angenommen hatte. Nach seinem Tod beglich Helene seine restlichen Schulden, die letzte Zahlung in Höhe von 8000 Gulden genehmigte Fürst Albert (1867–1952) im Jahr 1890.
P. St.

Quellen und Lit.: Fürst Thurn und Taxis Zentralarchiv, HFS 3070, Archivkorr. 522.5; von Böhm, Ludwig II.; Schad, Cosima Wagner; Spangenberg, Ludwig II.

Das Modell – ein Geschenk Ludwigs II. an Richard Wagner – erinnerte an gemeinsame glückliche Tage in Hohenschwangau.

1.16 Modell von Hohenschwangau
Hohlguss, goldbronziert, 21 x 28,2 x 19,8
Richard-Wagner-Museum, Nationalarchiv der Richard-Wagner-Stiftung, Bayreuth (1950-42-18)

Kurz nach seiner Thronbesteigung ließ Ludwig II. den von ihm verehrten Komponisten Richard Wagner nach München holen. Zweimal hielt sich Richard Wagner in der Gegend von Hohenschwangau auf. Für Ludwigs 19. Geburtstag am 25. August 1864 hatte er eine Morgenmusik mit Ausschnitten aus „Lohengrin" und „Tannhäuser" vorbereitet und eigens einen großen Huldigungsmarsch komponiert. Dieses musikalische Geschenk sollten 80 Militärmusiker unter Generalmusikmeister Peter Streck in Hohenschwangau darbieten. Zur großen Enttäuschung aller Beteiligten konnte die Aufführung jedoch nicht stattfinden, weil Königinmutter Marie unpässlich war. Erst einige Wochen später wurde das Ereignis in der Münchner Residenz nachgeholt.

Der zweite Aufenthalt Wagners in Hohenschwangau war hingegen ungetrübt. Vom 11. bis zum 18. November 1865 wohnte er im so genannten Kavaliers- bzw. Prinzenbau. Der König ging täglich bis elf Uhr seinen Pflichten nach und widmete sich anschließend seinem Gast. Man verbrachte die Tage mit gemeinsamen Spaziergängen und Ausflügen, genoss die täglichen Musikaufführungen morgens und abends. Mit Wagner waren zehn Hautboisten des 1. Infanterie-Regiments unter

1.16

Führung von Musikmeister Siebenkäs angereist. Der König ließ weitere 20 Militärmusiker kommen, sodass die ganze Woche ein Orchester von 30 Mann zur Verfügung stand, das die Bilderwelt von Schloss Hohenschwangau mit Musik – häufig von Richard Wagner und unter seinem eigenen Dirigat – zu einem noch intensiveren Erlebnis werden ließ.

Diese unbeschwerte gemeinsame Zeit sollte bald enden. Im Dezember 1865 musste Wagner auf Drängen der Regierung – und mit nur widerwilliger Zustimmung des Königs – Bayern verlassen. Vermutlich ließ Ludwig II. zur Erinnerung an die Tage in Hohenschwangau dieses Modell des Schlosses anfertigen und machte es Wagner zum Geschenk. Es hat sich zwar bisher kein Beleg gefunden, der genauere Aufschlüsse zuließe, doch bis in seine letzten Briefe erinnert Ludwig immer wieder an die Novembertage des Jahres 1865, „die Wir hier gemeinsam verlebten; es war eine herrliche Zeit!" Die Fotografie aus dem Album der Königinmutter Marie zeigt die Burg Hohenschwangau. *M.H.*

Lit.: Götz/Kolbe, Wagners Welten, S. 254f. Heißerer, Ludwig II., S. 43, 52–54; Münster, König Ludwig II., S. 66–71;

52   ERSTER AKT

Kronprinz Ludwig lernte die Werke Richard Wagners zunächst aus Büchern kennen. Dieser Band mit einer Beschreibung von Wagners Opern hat sich in der Familienbibliothek erhalten.

1.17 Franz Liszt: Richard Wagner's Lohengrin und Tannhäuser mit Musik-Beilagen

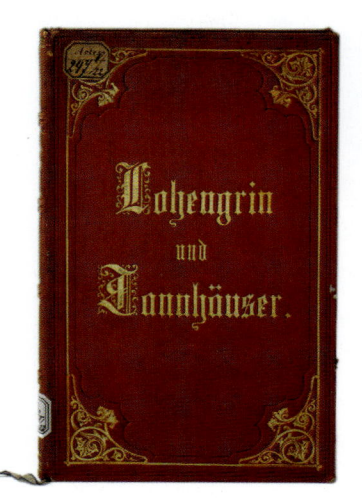

Köln, 1852
Buchdruck, Ledereinband, 22,7 x 14,5
Wittelsbacher Ausgleichsfonds, München
(Bestand Ludwig II., Artes 247 1/22)

Neben Richard Wagner gehörte auch der Komponist, Pianist und Musikschriftsteller Franz Liszt zu den Hauptfiguren der so genannten Neudeutschen Schule. Der in ganz Europa gefeierte Klaviervirtuose übte seit 1848 das Amt des Weimarer Hofkapellmeisters aus. Hier leitete er auch die Uraufführung des „Lohengrin" am 28. August 1850, welcher der Komponist selbst fernbleiben musste. Denn der Revolutionär und Barrikadenkämpfer Richard Wagner war – mit Liszts Hilfe – 1849 ins Schweizer Exil geflohen. Sehr viel später, im Mai 1861 konnte Wagner sein Werk erstmals auf der Opernbühne erleben – im gleichen Jahr, in dem Kronprinz Ludwig von Bayern bei seinem ersten offiziellen Erscheinen im Hof- und Nationaltheater in München den „Lohengrin" hörte und davon völlig verzaubert war.

Aus der Familienbibliothek des Hauses Wittelsbach stammt dieses 1851 in französischer und 1852 in deutscher Sprache erschienene Werk, in dem Franz Liszt mit Verve für Richard Wagners Werke, insbesondere für „Lohengrin" und „Tannhäuser", eintrat. Zugleich propagierte er im Sinne Wagners dessen Idee vom „Gesamtkunstwerk", das auch zum Ideal Ludwigs II. werden sollte: „Wagner war selbst von der Möglichkeit überzeugt, die Poesie, die Musik und vor Allem die Kunst des Tragöden fest und innig zu einem Ganzen verweben und sie dann alle auf der Scene concentriren zu können." (S. 24). *P.W.*

Lit.: Hamburger, Franz Liszt; Müller/Wapnewski, Richard-Wagner-Handbuch; Münster, König Ludwig II.

Unter dem Eindruck, den Richard Wagners Oper „Lohengrin" auf ihn machte, entstanden diese Skizzen des Kronprinzen.

1.18a Schwan an einem Seeufer mit Mauer

Kronprinz Ludwig
25. Februar 1861
Bleistift/Papier, 17,8 x 27,1
Wittelsbacher Ausgleichsfonds, München
(B VIII 910)

1.18b Schwan an einem Seeufer mit Baum

Kronprinz Ludwig (signiert)
8. März 1861
Bleistift/Papier, 21,2 x 30
Geheimes Hausarchiv, München
(Nachlass Franz von Pfistermeister 11)

Ludwig erlebte seine erste Aufführung des „Lohengrin" am 2. Februar 1861 im Münchner Hoftheater unter der Leitung von Franz Lachner und in Begleitung seiner früheren Erzieherin Sibylle von Leonrod, geb. Meilhaus. Die Schwanenrittersage war Ludwig bereits in frühester Kindheit in den Wandgemälden von Hohenschwangau begegnet. Die zweite Aufführung des „Lohengrin", den dieses Mal Ludwig Schnorr von Carolsfeld sang, besuchte Ludwig dann am 16. Juni 1861. In der Folge feierte er diese beiden Tage als seine persönlichen „Lohengrintage". *M.H.*

Lit.: Evers, Ludwig II., S. 81–93; Münster, König Ludwig II., S. 17

Aufenthalte in der Natur bedeuteten Ludwig zeit seines Lebens viel.

1.19a **Schuhe des Kronprinzen Ludwig**
Um 1860
Leder
Wittelsbacher Ausgleichsfonds, München
(Schloss Hohenschwangau, o. Nr.)

1.19b **Bergstock**
Um 1860
Haselnuss
Wittelsbacher Ausgleichsfonds, München
(Schloss Hohenschwangau, o. Nr.)

1.19c **Die Prinzen Ludwig und Otto
in jagdlicher Kleidung**
Joseph Albert (1825–1886)
Hohenschwangau, um 1860
Fotografie (R)
Geheimes Hausarchiv, München (Wittelsbacher
Bildersammlung, König Ludwig II., XII, 8/8)

1.19c

1.19d **Aufbruch zu einer Bergtour mit
Ludwig und Otto**
Joseph Albert (1825–1886)
Um 1858/59, Reproduktion von Hoffotograf Dittmar,
1902 (R)
Geheimes Hausarchiv, München (Wittelsbacher
Bildersammlung, König Ludwig II., XII, 65/84b)

1.19e **Die Prinzen Ludwig und Otto
auf einer Bergtour**
Joseph Albert (1825–1886)
Um 1860
Fotografie (R)
e–k: Wittelsbacher Ausgleichsfonds, München
(Nachlass Königin Marie, Fotoalbum Nr. 77
„Hohenschwangau Musterbuch 1861")

1.19f **Ludwig II. mit einem gefangenen Hecht
in Hohenschwangau**
Joseph Albert (1825–1886)
Hohenschwangau, 1861
Fotografie (R)

1.19g **Königin Marie mit den Söhnen
auf der Schlosstreppe von Hohenschwangau**
Joseph Albert (1825–1886)
Um 1860
Fotografie (R)

1.19h **Ludwig vor der Remise in Hohenschwangau**
Joseph Albert (1825–1886)
Um 1860
Fotografie (R)

1.19i **Schloss Hohenschwangau von Norden,
im Hintergrund der Säuling**
Joseph Albert (1825–1886)
Um 1860/61
Fotografie (R)

1.19j **Kahnfahrt auf dem Alpsee mit
Schloss Hohenschwangau im Hintergrund**
Joseph Albert (1825–1886)
Um 1860/61
Fotografie (R)

1.19k **Spaziergang im Park von Hohenschwangau:**
vorn mit Sonnenschirm Königin Marie, dahinter Ludwig
und Otto, der ein Gewehr umgehängt hat, Gräfin Fugger,
die Hofdame der Königin und zwei Begleiter
Joseph Albert (1825–1886)
Um 1859
Fotografie (R)

Schon Ludwigs Eltern hielten sich gern im Voralpenland auf. König Maximilian II. unternahm mehrtägige Fußwanderungen, überquerte zum Beispiel 1829 die Chiemgauer, Tegernseer und Ammergauer Alpen. Auf einer dieser Touren entdeckte er auch Schloss Hohenschwangau und kaufte es 1832. Königin Marie machte das Berggehen in den gehobenen Kreisen gesellschaftsfähig. Sie kreierte eine eigene bequeme Bergkleidung: Unter dem etwas kürzeren Rock trugen die Damen eine lange Hose. 1844 stiftete Marie den Alpenrosenorden. Um aufgenommen zu werden, musste man mit ihr die „Achsel" in den Allgäuer Bergen bestiegen haben. Im September 1854 bezwang Königin Marie sogar den Watzmann.

Ludwig kam bereits als Säugling, am 10. Oktober 1845, erstmals nach Hohenschwangau. Für die spätere Zeit sind in der Schlosschronik zahlreiche Bergtouren festgehalten, die Ludwig mit seiner Mutter und häufig auch dem Bruder unternahm. Mit zwölf Jahren bestieg er den Säuling (2047 Meter) bei Füssen. An den Großvater, Ludwig I., schrieb er über diesen Ausflug: „... Wir verließen mit der Mutter Hohenschwangau um ½9 Uhr und gelangten gegen 1 Uhr auf die Spitze desselben, die eine sehr schöne Aussicht bietet; unter anderem sieht man München und die Ortlerspitze. Um 4 Uhr machten wir uns auf den Rückweg und waren um 7 Uhr wieder in der Ebene, ohne dass selbst Otto sich übermüdet fühlte" (23. August 1857, zitiert nach von Böhm, Ludwig II., S. 463). Die Fotografien c bis f zeigen die Prinzen, die bei ihren Touren ins Gebirge in der für die Zeit typischen jagdlichen Kleidung, ausgerüstet mit Bergstöcken, den Hut mit der Spielhahnfeder auf dem Kopf, unterwegs waren.

Überhaupt war Ludwig sportlich: Er konnte gut schwimmen und war ein ausgezeichneter und ausdauernder Reiter. Anders als sein Bruder Otto machte er sich aber nichts aus der Jagd. Er fischte lieber, denn: „Ich lese stets beim Fischen, was zu meiner großen Freude sich leicht vereinigen läßt ..." (24. Juli 1863 an Wilhelm von Hessen-Darmstadt). Und war ihm das Anglerglück hold, so war ihm dies durchaus einen Brief wert: So berichtete er seinem Großvater am 22. August 1861: „Neulich fing ich einen achtpfündigen Hecht, was mich so freute, dass ich ihn durch Albert [Hoffotograf Joseph Albert], der sich gerade hier befand, photographieren ließ ..."

Die Schlösser Berchtesgaden, Hohenschwangau und Berg am Starnberger See wurden zu Lieblingssitzen der Familie. Ludwig übernahm aus dem Erbe seines Vaters mehr als zehn Berghütten, in denen er sich ab Mitte der 1870er-Jahre regelmäßig übers Jahr verteilt aufhielt.

In einem Schrank auf Schloss Hohenschwangau werden bis heute die Schuhe und einige Bergstöcke aufbewahrt, die vermutlich Kronprinz Ludwig gehörten. Die Fotografie (c) zeigt Ludwig und seinen Bruder Otto, die sich für den Fotografen zu einer Bergtour gerüstet haben. Aus dieser Serie existieren zwei weitere Bilder. Ungewöhnlich ist, dass Hoffotograf Albert die Prinzen sozusagen live im gebirgigen Gelände (e) aufgenommen hat.

M. H.

Lit.: Freundliche Hinweise des Trachteninformationszentrums des Bezirks Oberbayern, Benediktbeuern. Merta, Bergeshöhen; Seitz, Dokument

1.19e

1.19f

WIE LUDWIG KÖNIG WURDE 55

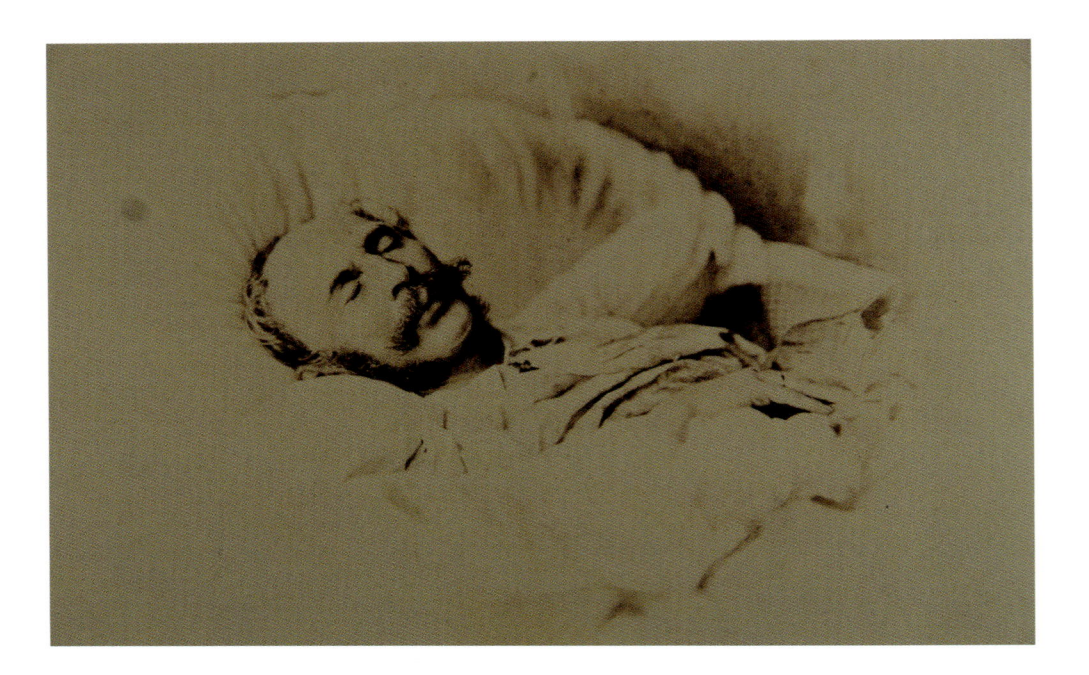

Am 10. März 1864 starb König Maximilian II. völlig unerwartet.

1.20 König Maximilian II. auf dem Totenbett
Joseph Albert (1825–1886)
München, 10. März 1864
Fotografie (R)
Fürst Thurn und Taxis Zentralarchiv TT Hausgeschichte,
Regensburg (E 40.0)

Ein Leichenporträt nach dem Tod eines Königs war Bestandteil des höfischen Zeremoniells. Die Aufnahme anzufertigen gehörte zu den Pflichten des Hoffotografen. Joseph Albert, der Hoffotograf Maximilians II., wurde am Nachmittag des 10. März 1864 in die Residenz gerufen, nachdem der König völlig überraschend gegen 11.45 Uhr gestorben war.

Die Fotografie stieß auf großes Interesse in der Bevölkerung. Der „Münchner Punsch" berichtete am 3. April 1864: „Maximilian II. auf dem Sterbebett, ein paar Stunden nach seiner Entschlafung photographisch aufgenommen, ist bei Albert erschienen. Das ebenso interessante wie gelungene Bild wird überall, wo es ausgestellt ist, förmlich belagert; es ist, als ob jeder Bayer ein Andenken an den Verlust vom 10. März in seinem Hause aufrichten wolle."

Vier Tage nach dem Tod Maximilians II. fand seine Beisetzung in der Münchner Michaelskirche statt. Die zahlreichen Nachrufe hoben hervor, dass seine 16 Regierungsjahre für Bayern Friedensjahre gewesen waren, in denen das Land einen kulturellen und wirtschaftlichen Aufschwung genommen hatte. Am 13. Juli 1864 wurde, nach alter Sitte des Hauses Wittelsbach, das Herz des Verstorbenen in der Gnadenkapelle von Altötting beigesetzt. *M. H.*

Lit.: Hüttl, Ludwig II., S. 9–19; Ranke, Joseph Albert, S. 51f.; Sykora, Tode, S. 159

Der Tod des Vaters zwang Ludwig als 18-Jährigen in die Aufgabe seines Lebens: König.

1.21 Aufzeichnungen Ludwigs II. zum Tod seines Vaters König Maximilian II.
Ludwig II., 1864
Tinte/Papier (R)
Geheimes Hausarchiv, München
(Kabinettsakten König Ludwigs II. 66)

König Maximilian II., zeitlebens kränklich, starb unerwartet mit erst 52 Jahren am 10. März 1864. Ludwig war zu diesem Zeitpunkt 18 Jahre alt und hatte damit gerade das zur Regierungsübernahme erforderliche Alter erreicht. Für die Aufgaben, die nun auf ihn zukamen, war er zwar von Kindheit an erzogen worden, doch hatte die entscheidende Phase der Vorbereitung auf das Herrscheramt eben erst begonnen. Weder hatte er, anders als Vater und Großvater, eine Universität besucht, um Vorlesungen vor allem in den Fächern Recht, Geschichte und Staatswissenschaften zu hören, noch hatte er Gelegenheit gehabt, auf Reisen andere Länder und die dortigen Höfe kennen zu lernen. Auch die für einen Prinzen übliche militärische Ausbildung steckte erst in den Anfängen. Kein Wunder also, dass Ludwig angesichts des Todes seines Vaters zunächst vor allem Hilflosigkeit und Schmerz überfielen. Die von ihm selbst später mehrmals angesprochenen Gefühle des Hasses gegen den eigenen Vater wegen dessen strenger Erziehung sind somit entweder Ausfluss späterer Selbststilisierung zum schlecht behandelten sensiblen Jugendlichen oder aber sie waren angesichts des Todes vorübergehend zurückgetreten. Allerdings begann sich in die Trauer bald auch der Stolz auf seine neue Stellung zu mischen.

Am 12. März bereits erledigte Ludwig II. ab halb neun Uhr Staatsgeschäfte; noch am selben Tag schrieb er in großen Buchstaben auf eine ganze Seite seines Tagebuchs „König". Die mit diesem Amt verbundenen Anforderungen ängstigten ihn freilich auch. Er spürte selbst nur zu gut, dass er schlecht darauf vorbereitet war und empfand die Regierungsaufgaben als eine „schwere Last". Um sie tragen zu können, suchte Ludwig Zuflucht im Gebet, wobei er sich in der Anrede an Gottvater auf Christus den Erlöser berufte. Damit spricht er ein Motiv seiner Religiosität an, das ihn sein Leben lang begleiten sollte. Ludwigs sehr individueller, aus nicht nur kirchlichen Quellen gespeister christlicher Glaube fand seine Mitte im Gedanken der Erlösung durch göttliche Gnade – von daher auch seine immer wiederkehrende Beschäftigung mit dem Parzival-Stoff. Selbst formulierte Gebete um göttlichen Beistand von der Hand Ludwigs finden sich noch öfter in den ersten Wochen der Regierung.

G. I.

Lit.: von Böhm, Ludwig II., S. 12–15

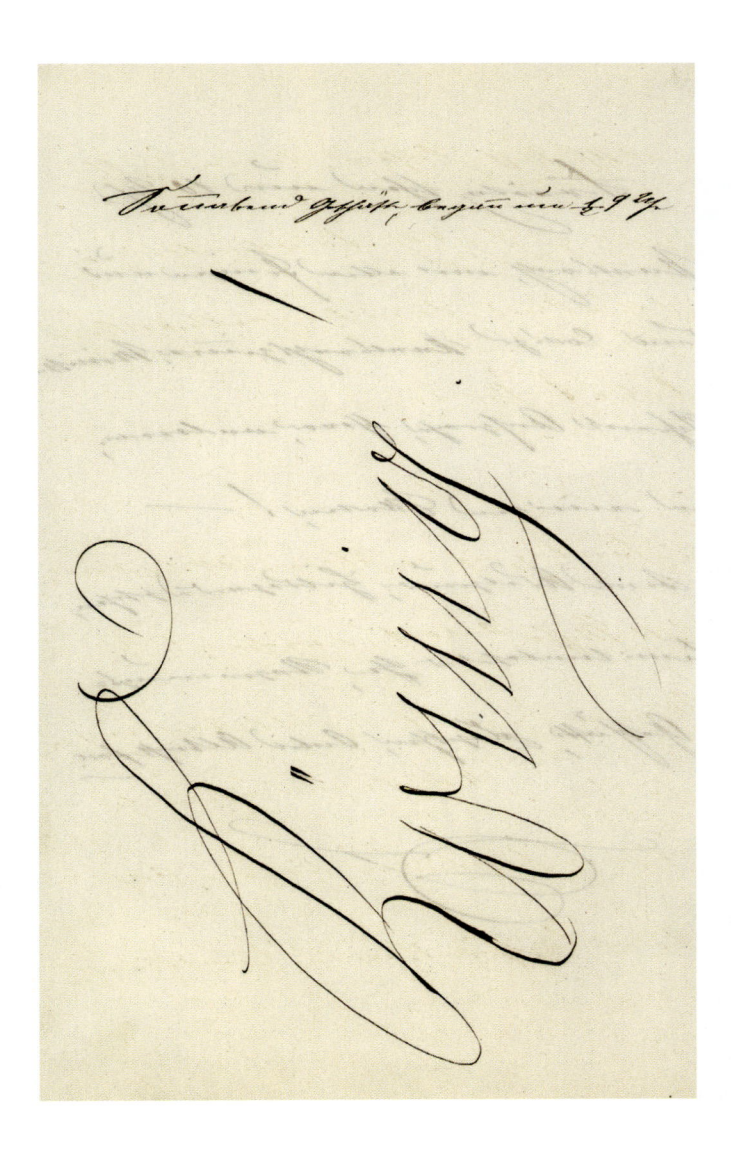

Für das erste offizielle Staatsporträt saß König Ludwig II. nicht selbst Modell. Der Maler musste sich auf Fotografien stützen.

1.22 König Ludwig II. in bayerischer Generalsuniform mit dem Krönungsmantel

Ferdinand Piloty d. J. (1828–1895)
München, 1865
Öl/Leinwand, 240 x 160
Bayerische Schlösserverwaltung, München
(L.II.-Mus. 901)

Eines der bekanntesten Porträts König Ludwigs II. stammt von Ferdinand Piloty. Es zeigt den jungen König in der bayerischen Generalsuniform mit dem Krönungsmantel um die Schultern. Dazu trägt er die beiden Wittelsbacher Hausorden, den Georgiritterorden und den Hubertusorden mit der Kollane. Wie alle wittelsbachischen Könige vor ihm, wurde auch Ludwig II. nicht gekrönt. Königskrone und Krönungsmantel sind jedoch fester Bestandteil der Staatsporträts.

Die Darstellung des jungen Königs vermittelt etwas von den enthusiastischen Beschreibungen, die Zeitgenossen über das Aussehen und die Haltung Ludwigs II. in den ersten Jahren seiner Regierung gaben. So berichtete Justizminister Eduard von Bomhard über gemeinsame Gespräche: „Des Königs Haltung war, bei einem gewissen Grad jugendlich natürlicher Schüchternheit, die ihn bezaubernd zierte, doch majestätisch imponierend …" Das Gemälde wurde gleich nach seiner Entstehung in Fotografien und Reproduktionen weit verbreitet.

Piloty wirkte bereits unter Ludwigs Vater bei der Ausgestaltung des Bayerischen Nationalmuseums und des Maximilianeums mit. Für Ludwig II. arbeitete er in allen Schlössern. In einem späteren Gemälde stellte Piloty den König als Großmeister des Hausritterordens vom heiligen Hubertus dar.

M. H.

Lit.: von Böhm, Ludwig II., S. 15; Hojer, König Ludwig II.-Museum, S. 147, 149–151; Schmid, König Ludwig II., S. 14

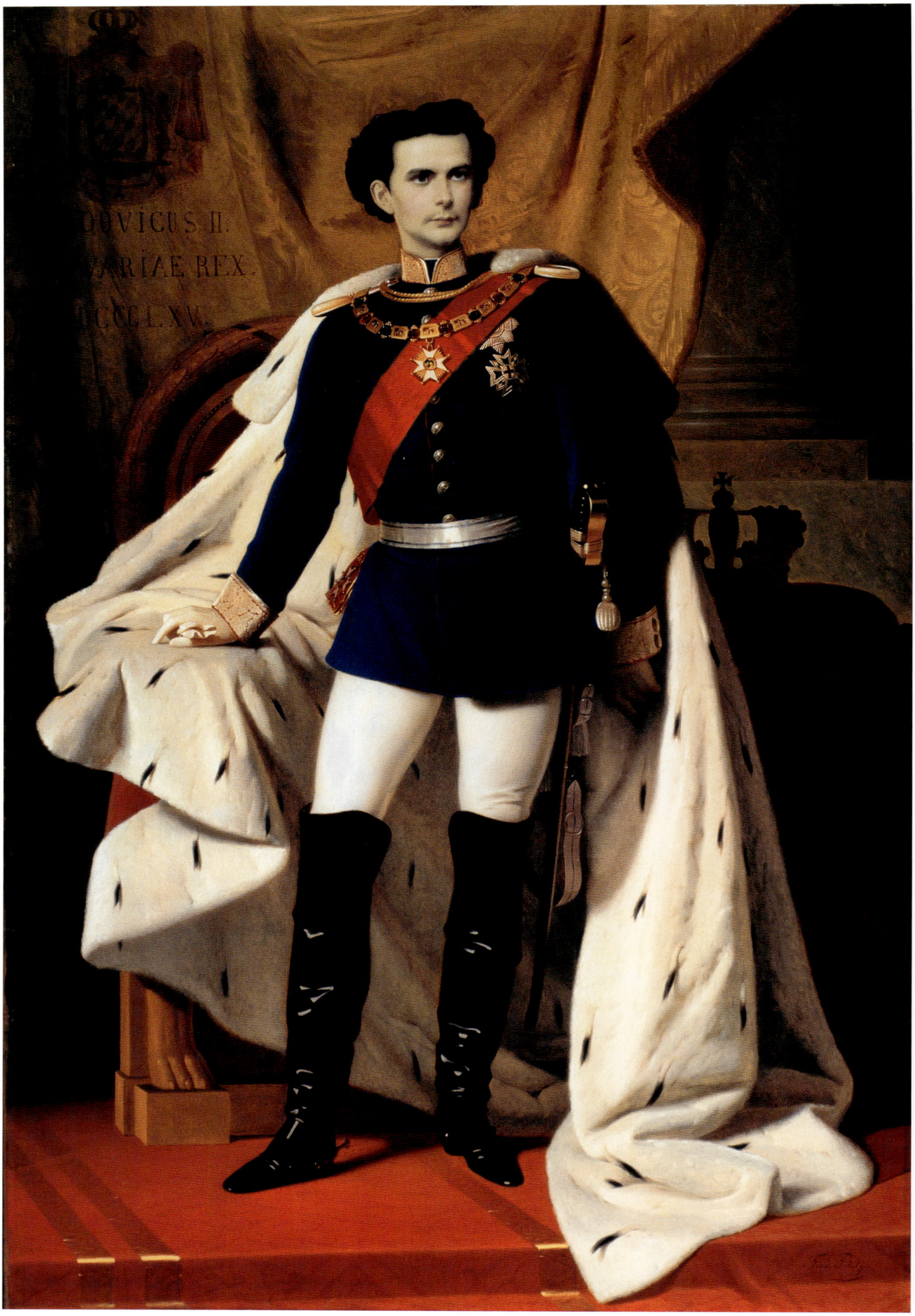

1.22

Eine standesgemäße Heirat und die Fortsetzung der Dynastie gehörten zu den Aufgaben des Königs. Die Hochzeit von König Ludwig II. und Sophie Charlotte, Herzogin in Bayern, sollte im November 1867 stattfinden.

1.23 König Ludwig II. mit seiner Verlobten Sophie Charlotte, Herzogin in Bayern

Joseph Albert (1825–1886)
München, 30. Januar 1867
Fotografie (R)
Geheimes Hausarchiv, München
(Wittelsbacher Bildersammlung, König Ludwig II. 25/28)

Das gemeinsame Interesse für Wagner und seine Werke führte zu einer engeren Freundschaft zwischen Ludwig II. und seiner Großcousine Sophie (1847–1897), der jüngsten Schwester von Elisabeth, Kaiserin von Österreich. Sophie und Ludwig führten einen intensiven Briefwechsel und häufig besuchte der König seine Vertraute in ihrem Elternhaus, in Schloss Possenhofen oder in München. Die beiden nannten sich Elsa und Heinrich in Anlehnung an die weibliche Hauptfigur Elsa und den deutschen König Heinrich, der in Wagners Oper „Lohengrin" über Elsa zu Gericht sitzt. Schließlich intervenierten Sophies Eltern und forderten entweder ein Ende der Beziehung oder die Heirat.

Am 30. Januar 1867 entstand das offizielle Verlobungsbild im Atelier des Hoffotografen Joseph Albert. Die Vorbereitungen zur Hochzeit waren beinahe abgeschlossen, die Räume in der Residenz für die neue Königin ausgestattet, die Krone nach den Wünschen des Bräutigams umgestaltet, als Ludwig am 7. Oktober desselben Jahres die Verlobung löste. Seinem Tagebuch vertraute er an: „Sophie abgeschrieben. Das düstere Bild verweht; nach Freiheit verlangt mich, nach Freiheit dürstet mich, nach Aufleben von qualvollem Alp." Wie so oft spricht Ludwig II. hier mit einem Zitat: Wagners Tannhäuser aus der gleichnamigen Oper verlässt die Liebesgöttin Venus mit den Worten: „... nach Freiheit doch verlange ich, nach Freiheit, Freiheit dürst's mich." Sophie heiratete im Jahr darauf Herzog Ferdinand von Alençon.

M. H.

Lit.: Gebhardt, König Ludwig; Schad, Ludwig II., S. 51–63 (Zitat S. 63); Seitz, Ludwig II., S. 59–65; Wagner, Dichtungen und Schriften, Bd. 2 (Zitat S. 60); zweites Verlobungsbild vgl. in: Wolf u. a., Götterdämmerung, S. 14

Das Hochzeitsgeschenk der Stadt Augsburg für König Ludwig II. und Herzogin Sophie Charlotte.

1.24 Der Augsburger Augustusbrunnen als Tafelaufsatz

Magnus Unsin (1819–1889, Silberarbeiter)
Meisterzeichen: Magnus Unsin (Seling 2007, Nr. 2753)
Beschauzeichen: Pyr und Jahresbuchstabe
(Seling 2007, Nr. 3700)
Augsburg, 1867
Silber, getrieben, gegossen, ziseliert, graviert, teilvergoldet, 90 x 86 x 86
Kunstsammlungen und Museen Augsburg,
Maximilianmuseum (9622)

Nachdem Ludwig II. am 22./23. Januar 1867 seine Verlobung mit Sophie Charlotte, Herzogin in Bayern, bekannt gegeben hatte, beschloss der Augsburger Magistrat am 5. Februar 1867: „Es sey von Abfassung u. Absendung einer Adresse aus Anlaß der Verlobung Umgang zu nehmen, dagegen sey aber ein Hochzeitsgeschenk zu geben, wofür mindestens 3000 fl [Gulden] in Aussicht genommen würden", denn man glaubte, „daß auch andere Städte solche Geschenke geben" und befürchtete „die Unschicklichkeit, hinter diesen Städten zurückzubleiben." (Stadtarchiv Augsburg, Bestand 4, L 116/1)

Auf Empfehlung eines unverzüglich einberufenen Komitees entschied der Magistrat, Ludwig und Sophie einen silbernen Tafelaufsatz in Form des Augustusbrunnens zu schenken. Dieser von Hubert Gerhard geschaffene Prachtbrunnen (1588–1594) auf dem Augsburger Rathausplatz verweist auf die bedeutende Geschichte Augsburgs als römische Gründung und ihre Sonderstellung als Reichsstadt, die nur dem Kaiser unterstand. Die Brunnensäule bekrönt die Statue des Stadtgründers Kaiser Augustus. Das Brunnenbecken schmücken die Allegorien der wichtigsten Augsburger Flüsse, denen die Stadt ihren Wohlstand verdankte: Lech, Wertach, Singold und Brunnenbach. Der Augustusbrunnen ist

Augsburgs Wahrzeichen. Seine Nachbildung als Silberbrunnen, der mit Wasser oder Wein gespeist werden konnte, war somit ein sinnreiches Geschenk. Den Auftrag dafür erhielt der renommierte Augsburger Goldschmied Magnus Unsin. Belief sich bereits sein Kostenvoranschlag auf stattliche 5000 Gulden, so gelangte er in seiner Schlussrechnung vom November 1867 auf einen Betrag von 6533 Gulden. Die Stadt zahlte ihm lediglich 5346 Gulden.

Der gewaltige, auf Vorder- und Rückseite mit einer Königskrone auf einem Kissen verzierte Unterbau enthielt das heute nicht mehr vorhandene aufwändige Rohrleitungswerk. Große Schwierigkeiten bereitete zudem das Triebwerk. Auf den Bau einer Dampfmaschine durch die Maschinenfabrik Augsburg verzichtete man aus Furcht vor einer Explosion. Stattdessen wollte man den Tischbrunnen an eine Wasserleitung im Garten der Münchner Residenz anschließen. Nach einer Planzeichnung des Bauamts sollte der Brunnen bei seiner Überreichung auf einem Tisch stehen, der mit einer Decke aus „14 Ellen brauner Pelluche", die mit den Wappen, den ligierten Initialen Ludwigs und Sophies und Posamenten geschmückt war.

Die Hochzeit wurde mehrfach verschoben und schließlich auf den 12. November 1867 angesetzt. Einen Monat vor diesem Termin wurde dann „die große Neuigkeit" gemeldet, „daß die Verlobung Sr. Mj. des Königs mit Ihrer kgl. Hoh. Der Herzogin Sophie in Bayern rückgängig geworden sey …" (Augsburger Abendzeitung Nr. 281 vom 13.10.1867, S. 1). Die Hochzeit wurde abgesagt. Augsburg hätte mit dem kostbaren Geschenk großen Eindruck gemacht, denn weder die finanziell klamme Residenzstadt München noch beispielsweise Nürnberg oder Regensburg planten Vergleichbares. Dort wollte man lediglich Glückwunschadressen verschicken bzw. sich an der anlässlich der königlichen Vermählung bayernweit vorgesehenen Ausstattung minderbemittelter Brautpaare beteiligen (Schreiben der Stadtarchive München, Nürnberg und Regensburg vom November 2000 an den Verf.). *Ch. E.*

Lit.: Nachruf „Martin Sebald", in: Zeitschrift des Historischen Vereins für Schwaben und Neuburg 18 (1891), S. 103–110, bes. S. 103; Emmendörffer, Geschichte, S. 88f.; Emmendörffer, Maximilianmuseum, S. 140f.; Seling, Augsburger Gold- und Silberschmiede

Die angebliche Romanze zwischen Ludwig II. und seiner Großcousine „Sissi" ist nur ein Mythos. Zwischen ihnen bestand eher eine literarische Freundschaft.

1.25 Elisabeth in Bayern vor Schloss Possenhofen
Karl Theodor von Piloty (1826–1886)
1853
Öl/Leinwand, 155 x 133
Fürst Thurn und Taxis Kunstsammlungen,
Regensburg (StE. 2720)

Pilotys Gemälde gehört zu den schönsten Darstellungen der späteren Kaiserin Elisabeth und zu den eindrucksvollsten Reiterporträts des 19. Jahrhunderts. Karl Theodor von Piloty zählte zu den führenden Münchner Künstlern, er war Akademieprofessor und wurde 1860 von König Maximilian II. geadelt.

Prinzessin Elisabeth in Bayern war von früher Jugend an eine begeisterte Reiterin. Auch als Kaiserin war ihre Leidenschaft für Pferde und den Reitsport ungebrochen. Sie nutzte das Reiten nicht zuletzt, um dem von ihr wenig geliebten strengen Zeremoniell am Wiener Kaiserhof zu entgehen. Mit viel Fleiß und professioneller Unterstützung, unter anderem durch die berühmte Kunstreiterin Elise Renz, wurde Elisabeth zur „intelligentesten Reiterin Europas", so Lady Randolph Churchill. Pferd-Reiter-Gemälde hatten nicht nur darstellerischen Charakter, sie sollten auch Zeugnis vom Können des Reiters ablegen: Der menschliche Geist kontrolliert die Körperkraft des Pferdes, womit deutlich wird, welches Lob Lady Churchill der Kaiserin aussprach.

Prinzessin Elisabeth und ihr Pferd sind dem Betrachter zugewandt. Sie agieren an einem offensichtlich sonnigen Tag – zu erkennen an den Schatten vor Schloss Possenhofen –, im Hintergrund der Starnberger See vor der Bergkulisse. Das Gemälde ist detailliert ausgeführt, vom feinen Gesicht der Reiterin, dem ausdrucksvollen Blick des Pferdes über die Schlossfassade und den sich dort tummelnden Tauben bis zum Brunnenwasser, das wie Sprühregen niedergeht. Die Prinzessin trägt ein ungewöhnlich langes Reitkostüm, weiße Handschuhe, ein blaues Halstuch und einen eleganten schwarzen Hut. Das Haar ist kunstvoll zu zwei Schnecken gesteckt, die Zügel führt sie in der linken, die Gerte hält sie in der rechten Hand.

Das Pferd hat den rechten Vorderhuf erhoben, der Schweif ist aufgerichtet. Das glänzende braune Fell wirkt gepflegt, die Mähne ist sorgfältig auf die rechte Seite gebürstet. Der erhobene Kopf mit den konzentrierten Augen fokussiert den Betrachter aufmerksam, die Ohren sind dabei in Habachtstellung zur Reiterin gerichtet. Elisabeth hält die Zügel des erschreckt wirkenden Pferdes straff, als wollte sie das Tier bremsen. Sie kontrolliert ihr Pferd, zugleich wirken beide sehr vertraut. Die leuchtenden Farben von Pferd und Reiterin kontrastieren den blasser ausgeführten Hintergrund.

Von Kaiserin Elisabeth entstanden zahlreiche Reiterporträts, von Elisabeth als 16-jährige Prinzessin allerdings gibt es nur wenige. Das hier gezeigte Gemälde ist ein Geschenk von Elisabeths Vater, Herzog Max in Bayern, an seinen zukünftigen Schwiegersohn Kaiser Franz Joseph von Österreich. Über Elisabeths Schwester, Erbprinzessin Helene von Thurn und Taxis, kam das Bild in den Besitz des fürstlichen Hauses. P. St.

Lit.: Demberger, Damenportrait; Styra,
Glanz und Gloria

Zweiter Akt

» Wie der König
   Krieg führen musste

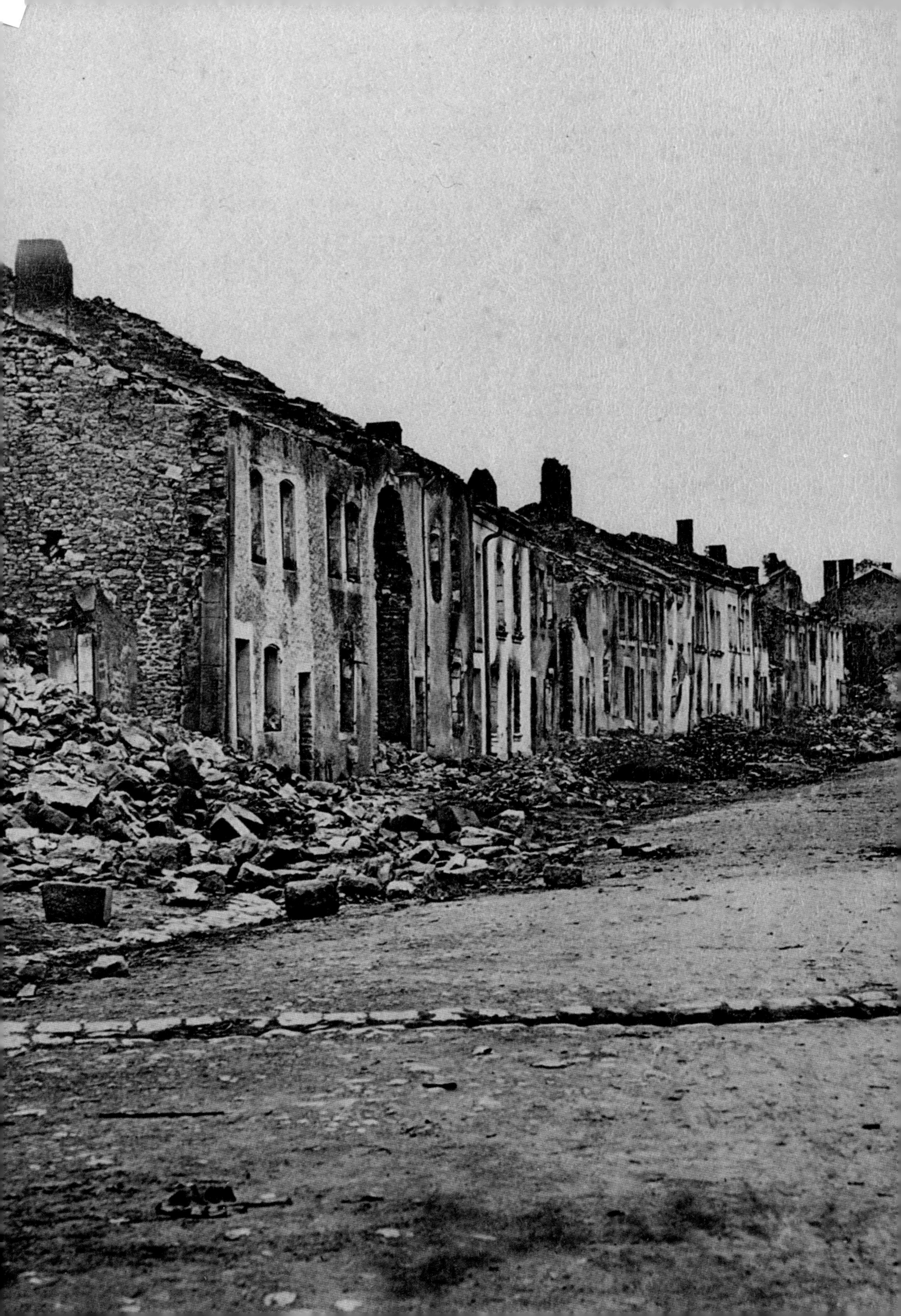

Das Königreich Bayern war ein selbstständiger Staat im Deutschen Bund. Die Figur der Bavaria symbolisiert bis heute die bayerische Eigenstaatlichkeit.

2.01a Bavaria auf der Münchner Theresienwiese
Fotografie (R)
Bayerische Schlösserverwaltung, München

2.01b Der Deutsche Bund 1864
Karte
Haus der Bayerischen Geschichte, Augsburg

Seit der Erhebung zum Königreich 1806 galt es als Hauptaufgabe der Könige Bayerns, die unterschiedlichen Landesteile nach innen zu einen und die staatliche Selbstständigkeit nach außen zu wahren. Der erste bayerische König Max (IV.) I. Joseph empfahl sich den neuen fränkischen und schwäbischen Territorien durch ein umfassendes Reformwerk, das den feudalen Ständestaat in eine moderne konstitutionelle Monarchie verwandelte. Die Verfassung von 1818, die die Konstitution von 1808 ersetzte, betonte in §1 nachdrücklich die Souveränität des jungen Königreichs. Der Nachfolger König Max' I. Joseph, Ludwig I., der Großvater Ludwigs II., wollte diesen Anspruch für seine Untertanen auch sinnlich erfahrbar machen. Im Zuge der im 19. Jahrhundert beliebten Länderallegorien beauftragte er bereits in seiner Kronprinzenzeit Leo von Klenze mit dem Entwurf eines Nationaldenkmals, das schließlich in der Monumentalplastik der Bavaria an der Münchner Theresienwiese zur Ausführung kam. Die Ikonografie der 1850 eingeweihten Bronzestatue nach einem Entwurf von Ludwig von Schwanthaler erschließt sich einfach: Wie kein anderes Symbol versinnbildlicht die wehrhafte Bavaria den Anspruch auf bayerische Eigenstaatlichkeit, die es für die Könige aus der am längsten kontinuierlich regierenden europäischen Dynastie der Wittelsbacher zu erhalten galt.

Seit dem Jahr 1815 war Bayern souveränes Mitglied im Deutschen Bund, einem lockeren Staatenbund aus 38 Einzelstaaten einschließlich Teilen Preußens und des Vielvölkerstaats Österreich. Das Königreich Bayern existierte als drittgrößter Machtfaktor zwischen diesen beiden großen Blöcken, die um die Vorherrschaft im Deutschen Bund stritten.

Wie fast alle Staaten des Deutschen Bundes war Bayern eine Monarchie. Doch im Gegensatz zu den Großmächten Österreich und Preußen erlaubte in Bayern eine Verfassung die – wenngleich sehr begrenzte – politische Mitwirkung der Bürger. Da nur Männer wählen durften, die direkte Steuern zahlten, galt dies lediglich für 18 Prozent der bayerischen Bevölkerung. Nur ein Teil des aus zwei Kammern bestehenden Parlaments wurde gewählt. Neben dem Abgeordnetenhaus gab es die Kammer der erblichen sowie vom König ernannten Reichsräte. Der Landtag verfügte über das Steuerbewilligungsrecht, durfte bei Gesetzen mitwirken und konnte sich in Petitionen an den König wenden, hatte aber keinen Einfluss auf die Regierungsbildung. Allein der König ernannte oder entließ die Minister, die auch nur ihm allein verantwortlich waren. Dies führte in der Regierungszeit Ludwigs II. zu großen Gegensätzen zwischen der patriotisch-konservativen Landtagsmehrheit und der kleindeutsch gesinnten liberalen Regierung. Nach der Reichseinigung 1871 kamen weitere Probleme dazu: Der Monarch zeigte zunehmend weniger Interesse, sich mit den Regierungsgeschäften zu befassen und das Ministerium sah sich wachsender Einflussnahme Bismarcks ausgesetzt.

B. K./A. Th. J.

Lit.: Botzenhart, Regierungstätigkeit; Körner, Staat und Geschichte; Löffler, Stationen; Volkert, Entwicklung; Weis, Begründung

Das Gemälde zeigt die erste große Truppenparade, die König Ludwig II. als Oberbefehlshaber des Heeres 1864 abnahm.

2.02 König Ludwig II. und sein Generalstab

Ludwig Behringer (1824–1903)
München, 1864
Öl/Leinwand, 85,5 x 110 x 5
Bayerische Schlösserverwaltung, München (L.II.-Mus. 8)

Ein Generalstab ist eine dem Feldherrn unmittelbar unterstellte Organisation zur Bewältigung seiner Führungsaufgaben im Krieg wie im Frieden. In Bayern entwickelten sich Vorformen des Generalstabs zwischen 1618 und 1792, dem vorläufigen Ende der Reformmaßnahmen im pfalz-bayerischen Heer. Zwischen den Befreiungskriegen und 1866, einer für Bayern im Wesentlichen unkriegerischen Zeit, gelang zwar der Ausbau des „Generalquartiermeisterstabs" zu einem funktionsfähigen Führungsinstrument, allerdings stießen die jeweiligen Generalquartiermeister (= Generalstabschefs) oft an ihre Grenzen: mangelndes militärisches Verständnis von Herrschern und Politikern, Finanzprobleme, wenig Einsicht in die Erfordernisse einer modernen Kriegführung. Trotz dieser Mängel, vor allem in Ausbildung und Personalwesen, gelang es, den bayerischen Generalstab zu einem – wenngleich nur bedingt – einsatzfähigen Führungsinstrument weiterzuentwickeln und zu einer anerkannten Einrichtung für die Aus- und Weiterbildung der Generalstabsoffiziere auszubauen. Im Frieden ausreichend, erwies er sich bei Mobilmachungen und im Feld als ungenügend. Darüber hinaus konnten in den Großverbänden der Armee (Korps und Divisionen) aber eigene Generalstäbe eingerichtet werden.

Das Gemälde von Ludwig Behringer zeigt Ludwig II. inmitten seines Generalstabs. Vermutlich handelt es sich um die erste große Truppenparade des jungen Königs im September 1864 auf dem Münchner Marsfeld. Der königlich-bayerische Hauptmann und Künstler Ludwig Behringer stellt den König zusammen mit der militärischen Elite des Königreichs dar. Von links nach rechts sind dies: General der Kavallerie Fürst Taxis, Generaldjutant von Laroche, Kriegsminister von Lutz, Herzog Ludwig, Prinz Karl, von Struntz, Prinz Otto, Herzog Karl Theodor, König Otto von Griechenland, Herzog Maximilian, Graf Rechberg, Prinz Adalbert, Prinz Ludwig, Prinz Luitpold, Prinz Leopold, Fürst Taxis, von Hohenhausen, Graf Pappenheim, von Spranner und Freiherr von der Tann. *Th. M.*

Lit.: Hackl, Generalstab; Hojer, König Ludwig II.-Museum, S. 246; Lampert, Ludwig II.

In seinen frühen Regierungsjahren wird Ludwig II. oft in bayerischer Generalsuniform dargestellt.

2.03 Waffenrock König Ludwigs II. als Generalfeldmarschall und Inhaber des Kgl. Bayer. 1. Infanterie-Regiments „König"

Bayern, um 1880
Wolle, Seide, Metallgespinst, L. 85
Bayerisches Armeemuseum, Ingolstadt (H 4118)

König Ludwig I. hatte nach seiner Abdankung 1848 die Inhaberschaft des 1. Infanterie-Regiments bis zu seinem Tod 1868 beibehalten. Obwohl sinngemäß der regierende Monarch diese Stellung einnehmen sollte, übernahm Ludwig II. die Inhaberstelle von seinem Großvater erst am 15. März 1868, vier Jahre nach der Thronbesteigung. Das Regiment hatte seine Garnison in München, sodass sich für den Monarchen zahlreiche Gelegenheiten ergaben, die Truppe bei Besichtigungen und Übungen in Augenschein zu nehmen. 1880 schenkte Ludwig II. dem Offizierskorps ein lebensgroßes Porträt seiner Person in Regimentsuniform sowie drei weitere Porträts früherer Regimentsinhaber. Zum 100-jährigen Regimentsjubiläum, das mit drei Jahren Verzögerung 1881 gefeiert wurde, zeichnete er sein Regiment durch die Verleihung von Fahnenbändern aus.

Der Waffenrock zeigt die 1873 eingeführte, an das preußische Vorbild angelehnte Uniformierung, mit der die Infanterie ihre früheren Regimentsfarben verloren und so genannte brandenburgische Aufschläge erhalten hatte. Nunmehr erschien die Regimentsnummer auf den Schulterstücken, hier auf dem gold-silbernen Geflecht für Generäle mit gekreuzten Marschallstäben für den Rang eines Generalfeldmarschalls. Auch die Rangabzeichen hatte man vom Kragen auf die Schulterstücke verlegt.

J. K.

Lit.: Geschichte des k. b. 1. Infanterie-Regiments König

In diesem Waffenrock ließ sich der preußische Ministerpräsident Bismarck von Franz von Lenbach porträtieren. Dieses Uniformstück wurde zu einem Erkennungszeichen Bismarcks.

2.04 Überrock des Fürsten Otto von Bismarck als General der Kavallerie à la suite des Magdeburgischen Kürassier-Regiments Nr. 7

Deutschland, um 1870
Wolle, Baumwolle, Metallgespinst, L. 104
Bayerisches Nationalmuseum, München (27/696)

Zwar hatte Bismarck 1838/39 seinen einjährigen freiwilligen Dienst bei den preußischen Jägern abgeleistet, doch trat er 1841 nach Erhalt des Offizierspatents zur Landwehr-Kavallerie über und durchlief dort seine weitere militärische Karriere als Landwehroffizier. 1866 wurde er nach der Schlacht bei Königgrätz zum Generalmajor und Chef des 7. Schweren Landwehr-Reiter-Regiments ernannt. Zwei Jahre später wechselte er zur Landwehr-Infanterie und übernahm als Chef ein Regiment. Gleichzeitig trat er ehrenhalber („à la suite") dem Kürassier-Regiment Nr. 7 bei, das eng mit seinem früheren Landwehr-Reiter-Regiment verbunden war. Damit durfte er auch dessen Uniform tragen, ohne eine Planstelle in dem Regiment zu besetzen. Seitdem trug er bei offiziellen Anlässen stets den Überrock des Kürassier-Regiments Nr. 7, ein ebenso schlichtes wie bequemes Kleidungsstück. Zum Entsetzen der Militärs ließ Bismarck den Überrock aber häufig geöffnet, sodass seine zivile Weste hervorsah, und verzichtete auf den vorgeschriebenen Degen. Im Jahr 1876 wurde er zum General der Kavallerie ernannt. 1891 erfolgte seine Ernennung zum Generaloberst der Kavallerie mit dem Rang eines Generalfeldmarschalls. Schließlich wurde er 1894 noch Chef des Kürassier-Regiments, dessen Uniform er über zwei Jahrzehnte lang getragen hatte.

J. K.

Lit.: Bismarck – Preußen

Der preußisch-österreichische Krieg von 1866

Im Machtkampf um die Vorherrschaft im Deutschen Bund zwischen Preußen und Österreich stellte sich Bayern auf die Seite Habsburgs.

2.05 Der preußisch-österreichische Krieg von 1866
Karte
Haus der Bayerischen Geschichte, Augsburg

Bereits 1853 stellte Otto von Bismarck im Hinblick auf das Verhältnis zwischen Österreich und Preußen unmissverständlich fest: „Wir atmen einer dem andern die Luft vor dem Munde fort, einer muß weichen oder vom andern gewichen werden …" Auch das gemeinsame militärische Vorgehen gegen Dänemark 1864 änderte nichts an dem grundsätzlichen Rivalitätsverhältnis der beiden deutschen Staaten.

Die Kriegsziele des von Bismarck mit Kalkül herbeigeführten Kriegs von 1866 waren die Festigung des preußischen Machtbereichs in Norddeutschland und das Ausscheiden Österreichs und somit das Ende des Deutschen Bundes. Ludwig II. musste sich nun politisch positionieren. Mit beiden Herrscherhäusern verwandt, entschied er sich für die Unterstützung der Habsburger und gehörte damit, was die Heeresstärke angeht, zur überlegenen Kriegspartei der 13 bundestreuen Staaten, die gegen die 18 sezessionistischen Staaten die Erhaltung des Deutschen Bundes verteidigten.

Die Bundesarmee war jedoch der militärischen Überlegenheit der Preußen nicht gewachsen. Im Mainfeldzug offenbarten sich rasch die Schwächen der bayerischen Armee. „Nicht eigentlich Furcht vor dem Feinde oder übler Wille", sondern „Zucht, Schule und intelligente Führung sind es, welche fehlen", konstatierte Prinz Luitpold, der spätere Prinzregent, nüchtern. Die Niederlage in der Schlacht von Königgrätz am 3. Juli, an der bayerische Truppenteile nicht teilnahmen, war kriegsentscheidend. Der Krieg von 1866 bedeutete eine endgültige Absage der Mitgliedschaft Österreichs im künftigen Nationalstaat und die Führungsrolle Preußens bei der nationalstaatlichen Einigung war nun unbestritten. B. K.

Lit.: Bayern und seine Armee; Lankes, München; Rumschöttel, Offizierkorps; Stein, Kriegstagebuch

In den Kriegen von 1866 und 1870 zeigte sich die militärische Überlegenheit Preußens.

2.06a Preußische Granate für Geschütz Typ C 61
Gussstahl, Blei, Messing, H. 16,5, Ø 8,3, 3,7 kg (leer)

2.06b Bayerische Rundkugel
Gussstahl, Ø 11,4, 4,02 kg

2.06c Württembergische Granate
Gussstahl, H. 16, Ø 7,5, 3,7 kg

2.06d Gewehrgeschosse
Bayerische und preußische Geschosse, abgefeuert aus Zündnadelgewehr und Vorderlader
Blei, L. 22–27, Ø 14

2.06e Sprengstücke von preußischen Granaten
Gussstahl, Blei
a–e Privatsammlung

Als die Artillerie noch ausschließlich glattläufige Rohre verwendete, also bis etwa 1860, besaßen ihre Geschosse Kugelform, und zwar auch die Sprenggranaten („Bomben"). Im Krieg kamen solche Geschosse nur noch bei Belagerungen aus kurzläufigen Steilfeuergeschützen, den „Mörsern", zum Einsatz.

Im Deutsch-Französischen Krieg wurden fast ausschließlich Geschütze mit gezogenen Rohren verwendet, aus denen Langgranaten verschossen wurden, also Geschosse, deren Länge größer als der Durchmesser war und die sich zur Spitze hin verjüngten. Dort war auch der Zünder eingesetzt. Die preußische Feldartillerie hatte schon zu Beginn der 1860er-Jahre den Übergang zum Hinterlader mit Rohren aus Gußstahl vollzogen, und Bayern folgte diesem Vorbild rasch. Die Züge waren Nuten, die sich spiralförmig durch das Laufinnere zogen. Ihre Aufgabe war es, das Geschoss in Rotation zu versetzen, damit es mit der Spitze voran flog und sich nicht überschlug. Die Granaten der damaligen Hinterlader besaßen einen Bleimantel, der sich beim Gang durch das Rohr in die Züge presste. Er sorgte gleichzeitig dafür, dass keine Treibgase am Geschoss vorbeistreichen konnten. Die französischen Geschütze wurden von vorne geladen und hatten noch Rohre aus Bronze, einem Material, das weniger belastbar als Gussstahl war. Ihre Granaten besaßen Zapfen aus Zink, die genau in die Züge passten. Das deutsche System erwies sich im Krieg als überlegen. D. St.

Lit.: von Sauer, Grundriss

Bayern wurde nach langer Zeit wieder Kriegsschauplatz. Die Brutalisierung des Kriegs zeigte sich in Propagandadrucken wie auch in der Realität der Lazarette.

2.07a Im Curgarten zu Kissingen den 12. Juli 1866
G. Schweitzer
München: P. Haustätter, wohl 1866
Lithografie, 26,5 x 33 (R)
Bayerisches Armeemuseum, Ingolstadt (G 2265)

2.07b Bravourstück eines bayerischen Soldaten
München: Verlag L. Singer
Druckgrafik, 31 x 21 (R)
Bayerisches Armeemuseum, Ingolstadt (G 2523)

Die Ursachen für den Krieg von 1866 lagen in der Auseinandersetzung zwischen Preußen und Österreich um die Führung im Deutschen Bund. Bismarck nutzte die Haltung Österreichs in der Frage um die Verwaltung Schleswig-Holsteins, das Dänemark nach dem Krieg von 1864 hatte abtreten müssen, um die „deutsche Frage" endgültig, das heißt militärisch, zu klären. Die politische Lage war für Preußen äußerst günstig: Österreich in einer schweren Finanzkrise, Frankreich neutral, Italien im Zuge der Irredenta-Bewegung auf der Seite Bismarcks. Österreich wandte sich am 1. Juni 1866 an den Bundestag. Preußen betrachtete dieses Vorgehen als Bruch der Gasteiner Konvention, in der Preußen und Österreich 1865 ihre Einflusssphären in Schleswig-Holstein aufgeteilt hatten. Am 9. Juni marschierten preußische Truppen in Holstein ein, worauf Österreich die Mobilmachung von Bundestruppen gegen Preußen beantragte. Rechnerisch waren sie den Preußen, dem sich lediglich einige militärisch unbedeutende Kleinstaaten angeschlossen hatten, überlegen, denn Bayern, Württemberg, Sachsen, Hannover und einige weitere deutsche Staaten standen Österreich zur Seite. Fünf Tage später stimmte der Bundestag mit 9 zu 6 Stimmen zu.

Der „Deutsche Krieg" – von den Menschen damals als eine ungeheure nationale Katastrophe empfunden – entwickelte sich auf drei getrennten Kriegsschauplätzen: Böhmen, Thüringen/Franken, Italien/Adria. Am 22. Juni überschritten erste preußische Verbände die Grenze zu Böhmen, ab dem 26. Juni kam es zu einer Reihe von Gefechten mit österreichisch-sächsischen Truppen. Bis auf eine Ausnahme gingen jedes Mal die Preußen als Sieger hervor. Nach den Treffen verloren beide Armeen zunächst die Fühlung zueinander. Erst am 2. Juli konnten die Preußen die Dislozierung des Gegners im Raum Königgrätz wieder aufklären. Hier kam es am 3. Juli zur Entscheidungsschlacht, die die Preußen unter König Wilhelm I. und seinem Generalstabschef Helmuth Graf von Moltke, dem eigentlichen Vater der militärischen Erfolge, gewannen. Auf dem thüringischen Kriegsschauplatz wurden die Preußen bei Langensalza am 27. Juni zwar von der hannoverschen Armee zunächst geschlagen, deren Verluste sowie ausbleibender Nachschub zwangen die Hannoveraner aber zwei Tage später zur Kapitulation vor den mittlerweile weit überlegenen Preußen. Die aus Süden kurzfristig bis Suhl gekommenen Bayern mussten vor dem Druck der vorrückenden Preußen wieder bis Franken ausweichen. In Italien hatten die österreichischen Siege bei Custozza und vor Lissa auf den Kriegsverlauf keinen Einfluss. Die

Verluste (Gefallene und Verwundete) beliefen sich auf: Österreich: 1313 Offiziere, 41499 Unteroffiziere und Mannschaften; Preußen: 359 Offiziere, 8794 Unteroffiziere und Mannschaften.

Nach dem Gefecht von Kissingen (10. Juli 1866) waren die Sanitätsdienste der Armeen – zu dieser Zeit und nur kurz nach Solferino (1859) ohnehin erst im Aufbau – mit den 700 preußischen und 570 bayerischen Verwundeten völlig überfordert. Mangels ausreichender Lazarettkapazitäten wurden sie unter anderem im „Curgarten von Kissingen" (a) zwar mit den besten Absichten, medizinisch aber nur sehr notdürftig versorgt.

Beim „Bravourstück eines bayerischen Soldaten" (b) handelt es sich um einen Propagandadruck, der einen bayerischen Soldaten zeigt, der gerade zwei Preußen überwältigt, nachdem er bereits 14 Preußen aus dem Hinterhalt erledigt hatte, wie der zugehörige Text vermerkt.

Th. M.

Lit.: Fontane, Krieg; Müller, Bruderkrieg

Dieser von Fürst Bismarck erzwungene Vertrag stellte die bayerischen Truppen im Kriegsfall unter preußischen Oberbefehl – damit verlor das Königreich Bayern ein Kernelement seiner Souveränität.

2.08a Schutz- und Trutzbündnis zwischen Preußen und Bayern
22. August 1866
Tinte/Papier, 34,7 x 21
Bayerisches Hauptstaatsarchiv, München
(Bayern Urkunden 3621)

2.08b Entwaffnung der österreichischen Truppen im Sommer 1866 im Aschaffenburger Schloss
Fotografie (R)
Bayerisches Landesamt für Denkmalpflege, München
(02020142)

„Herr von Bismarck will aus meinem Königreich eine preußische Provinz machen; es wird leider nach und nach soweit kommen, ohne dass ich es verhindern kann." So äußerte sich Ludwig II. besorgt gegenüber dem französischen Gesandten in München. Das Schutz- und Trutzbündnis vom 22. August 1866 war der Anfang vom Ende der bayerischen Eigenstaatlichkeit und es ist ein Schlüsseldokument im Prozess der Eingliederung des Königreichs Bayern in das künftig entstehende Reich. Die Anfang August beginnenden Friedensverhandlungen in Berlin ließen König und Minister das Schlimmste befürchten. Bismarck hatte durch die Annexion von Nassau, Kurhessen, Hannover und der Freien Stadt Frankfurt gezeigt, dass er durchaus gewillt war, die Früchte des gewonnenen Kriegs zu ernten und auch vor der Depossedierung legitimer Herrscherhäuser nicht zurückschreckte. Im Fall Bayerns bewies Bismarck jedoch diplomatisches Fingerspitzengefühl. „Gottlob, daß Friede ist; glücklicherweise sind die Bedingungen besser, als zu erwarten stand", teilte Ludwig II. Mitte August 1866 seiner Mutter erleichtert mit. Abgesehen von einer Kriegsentschädigung von 30 Millionen Gulden blieb Bayern territorial so gut wie unangetastet: Lediglich das Bezirksamt Gersfeld, das Landgericht Orb und die Exklave Kaulsdorf mussten an Preußen abgetreten werden.

Schwerer wog jedoch der geforderte Vertrag, der in ähnlicher Form mit den anderen Mittelstaaten Württemberg, Baden und Hessen abgeschlossen wurde und der Bayern nun eng an Preußen band und die außenpolitischen Spielräume enorm einschränkte. Neben einer Garantie der Integrität des Gebiets und dem gegenseitigen militärischen Beistand besagte Artikel 2, dass im Kriegsfall der Oberbefehl über die bayerischen Truppen an den preußischen König zu übertragen sei.

Der zunächst geheim gehaltene Vertrag, der 1867 bekannt wurde, löste in Bayern große Irritation aus. Die enge vertragliche Bindung an Preußen wurde von einem Großteil der Bevölkerung abgelehnt, wie die Wahlen zum Zollparlament 1868 zeigten, die der liberalen Partei starke Einbußen brachten und zum Erfolg der Patriotenpartei wurden. Der Führer der patriotischen Fraktion, Edmund Jörg, bezeichnete den Vertrag als „Verzicht auf die Freiheit fernerer politischer Entschließungen". Bereits im Jahr 1870 sollte sich dies beim Ausbruch des Deutsch-Französischen Kriegs bewahrheiten.

Die äußerst seltene Albuminaufnahme aus dem Fundus des Landesamts für Denkmalpflege zeigt die Entwaffnung der österreichischen Truppen in Aschaffenburg. In der unterfränkischen Stadt tobten am 14. Juli 1866 heftige Gefechte und Straßenkämpfe zwischen preußischen und bayerisch-österreichischen

Truppenteilen. Nachdem die Preußen militärisch die Oberhand gewonnen hatten, wurden die gegnerischen Truppen entwaffnet und die sichergestellten Waffen im Innenhof des Schlosses Johannisburg gesammelt. *B.K.*

Lit.: Bosl, Mittelstaaten; Herre, Ende; Huber, Verfassungsgeschichte, Bd. 2, S. 286–289; Tittmann, Krieg

2.08 b

König Ludwig II. besuchte im November 1866 den Kriegsschauplatz. Die Reise wurde zum Triumphzug für den jungen König.

2.09 a Tasse des Königs, Andenken an die Frankenreise König Ludwigs II.
Königliche Porzellan-Manufaktur (KPM)
Berlin, 1847–1849
Porzellan, 13 x 9
Luitpold Graf Wolffskeel

2.09 b Stationen der Frankenreise Ludwigs II. 1866
Karte
Haus der Bayerischen Geschichte, Augsburg

Im Spätherbst 1866 brach Ludwig II. zu einer Reise auf, die in mehrfacher Hinsicht außergewöhnlich war. Die einmonatige Fahrt durch Franken vom 10. November bis zum 10. Dezember 1866 stellt den einzigen zusammenhängenden Zeitraum dar, in dem der König seinen Repräsentationspflichten nachkam, sich dem Volk zeigte und sichtbaren Anteil an den Problemen seiner Untertanen nahm.

Franken war erst im Zuge der napoleonischen Kriege an Bayern gefallen. In der kleinstaatlich strukturierten Region hatte sich der Reichsgedanke besonders lebendig erhalten. Diese Tradition lebte unter bayerischer Herrschaft fort und stand im Gegensatz zu dem auf das Haus Wittelsbach ausgerichteten und auf Eigenstaatlichkeit bedachten Patriotismus der Altbayern. Dazu kam, dass der Norden des Königreichs im preußisch-österreichischen Krieg von 1866 zum Schlachtfeld geworden war und die Kriegsereignisse noch nachwirkten: Frische Gräber verdeutlichten die hohe Zahl der Gefallenen, verwundete Soldaten kurierten in den Lazaretten ihre Verletzungen, Zerstörungen infolge von Straßenkämpfen prägten einige Orte und nicht zuletzt waren die Kosten der Einquartierungen eine Belastung.

Angesichts der Misserfolge der bayerischen Truppen wuchs der Groll gegenüber Armeeführung und Regierung. Um das Ansehen der Monarchie zu heben, wurde Ludwig von seinen Ministern gedrängt, die vom Krieg betroffenen Teile Frankens zu besuchen. Der König, der schon die Begrüßung der heimkehrenden bayerischen Truppen verweigert hatte und mit dem Gedanken des Thronverzichts spielte, ließ sich erst durch nachdrückliche Ermahnungen seines Freundes Richard Wagner zu der Rundreise überreden.

Ludwig II. machte Station in Bayreuth, Hof, Bamberg, Kissingen und Aschaffenburg. Nach einem Abstecher an den verwandten Hof von Darmstadt folgten Würzburg und Nürnberg. Die Aufenthalte liefen meist nach dem gleichen Muster ab: Vor einer Menschenmenge präsentierten Gesangsvereine ein Willkommensständchen, es folgten Besichtigungen, Paraden sowie abendliche Empfänge und Bälle. Der König verteilte Geld an die Armen und verlieh Orden an die Honoratioren. Ausgezeichnet wurde auch Freifrau Karoline von Wolfskeel, die in ihrem Gut Uettingen Verwundete gepflegt hatte. Im Gegenzug bewirtete sie den königlichen Gast mit Schokolade. Die Tasse, aus der Ludwig II. damals trank, wird bis heute als Andenken in der Familie bewahrt.

Die Besuche der Militärspitäler in Aschaffenburg und Würzburg, insbesondere aber die Besichtigung der Schlachtfelder von Kissingen und von Roßbrunn, Helmstadt und Uettingen westlich von Würzburg hinterließen intensive Eindrücke bei dem feinfühligen jungen König, der daraufhin erschüttert auf den abendlichen Theaterbesuch verzichtete.

Fast überall wurde Ludwig II. begeistert aufgenommen. Enttäuscht zeigten sich lediglich die Schweinfurter, denen der König aufgrund einer Erkältung keine Zeit für die Entgegennahme ihrer Ovationen zugestand. Nach seiner Rückkehr nach München unternahm Ludwig II. trotz vielfacher Bitten, Eingaben und Petitionen nie wieder eine ähnliche Reise.

A. Th. J.

Lit.: von Aufsess, Ludwig II.; Blessing, Franken; Nöhbauer, Spuren

---

Zu den Pflichten des Königs gehörte die Verleihung von Orden und Ehrenzeichen.

2.10a Dienstaltersabzeichen für 24 Militärdienstjahre
1865
Bronze, gegossen, Seidenband,
4,9 x 4,6, Band: B. 3,5
Bayerische Schlösserverwaltung,
München (L.II.-Mus. 590)

2.10b Dienstaltersabzeichen für 40 Militärdienstjahre
1865
Silber, gegossen, teilweise
vergoldet und emailliert,
Seidenband, 4,9 x 4,5, Band: B. 3,5
Bayerische Schlösserverwaltung,
München (L.II.-Mus. 584)

2.10c Armeedenkzeichen
1866
Bronze, Seidenband, 5,1 x 3,7 (mit Öse),
Band: B. 3,4
Bayerische Schlösserverwaltung, München (L.II.-Mus. 591)

2.10d Erinnerungszeichen für Zivilärzte
1866
Bronze, 5,2 x 4,4
Bayerische Schlösserverwaltung, München (L.II.-Mus. 595)

2.10e Verdienstkreuz für die Jahre 1870/71
Silber, gegossen, Textil, 4 x 3,3, Band: B. 3,5
Bayerische Schlösserverwaltung, München (L.II.-Mus. 594)

2.10b

Zu sagen, Ludwig II. sei der unmilitärischste aller bayerischen Könige gewesen, ist falsch, doch aus der bekannten Darstellung des Herrschers in bayerischer Uniform (Kat.-Nr. 1.22) auf ein intensives Verhältnis zum Militär zu schließen, trifft ebenso wenig zu. Der junge Monarch mischte sich nicht in konkrete militärische Planungen, 1866 und 1870/71 blieb er den Kriegsschauplätzen – mit Ausnahme seiner Frankenreise (Kat.-Nr. 2.09) – fern. Trotzdem nahm er auf seine Weise Anteil an diesen Kriegen: 1866 gründete Ludwig II. den „Militär-Verdienst-Orden" für herausragende Kriegstaten und er gestattete die Aufnahme von Zivilisten in diesen neuen Orden. 1871 stiftete er das „Verdienstkreuz", bestimmt für „Männer, Frauen und Jungfrauen", die sich im Krieg gegen Frankreich besonders hervorgetan hatten. Zu erwähnen sind auch die verschiedenen Denk- und Ehrenzeichen für 1866, dazu die Dienstaltersabzeichen oder Landwehrdienstauszeichnungen.

Wenngleich Ludwig II. keine explizite Nähe zum Militär zeigte, so gibt es auch Belege für sein Interesse an innerbayerischen militärischen Angelegenheiten. Als beispielsweise die Entscheidung zur Einführung des Werdergewehres (Kat.-Nr. 2.12) anstand, ließ sich der König eine solche Waffe vorlegen, um sie persönlich in Augenschein zu nehmen. Selbst in seinem Herzen sehr wenig „Soldat", betrachtete er die bayerische

Armee indes als „seine", des souveränen Monarchen Armee. Für diese schlug er in den Verhandlungen mit Bismarck um den Beitritt Bayerns zum Deutschen Reich auch die größten Reservatrechte heraus, unter anderem einen eigenen bayerischen Generalstab samt einem „Militärbevollmächtigten" (Militärattaché) in Berlin, vor allem aber die Kommandogewalt über die Streitkräfte im Frieden. Ludwig II. befürwortete auch einen Antrag des Kriegsministers Maillinger zur Gründung des Bayerischen Armeemuseums, die im Jahr 1879 erfolgte. *Th. M.*

Lit.: Schreiber, Orden

Ein Zeugnis bayerischer „Militärspionage" – der Nachbau eines preußischen Zündnadelgewehrs, das als beste Infanteriewaffe ihrer Zeit galt.

2.11 Bayerisches Zündnadelversuchsgewehr
Gewehrfabrik Amberg, um 1850
Stahl, Eisen, Nussbaum, L. 143, Kaliber 15,4 mm
Bayerisches Armeemuseum, Ingolstadt (E 1383)

Bayern versuchte schon frühzeitig, Genaueres über das 1841 eingeführte preußische Zündnadelgewehr zu erfahren, konnte aber den Schleier der Geheimhaltung, der diese Waffe umgab, nicht durchdringen. Das änderte sich, als 1849 beim Feldzug in der Pfalz ein preußischer Soldat in ein bayerisches Lazarett kam. Man zerlegte heimlich sein Gewehr und vermaß es sorgfältig. Die Gewehrfabrik Amberg fertigte daraufhin für Erprobungszwecke mehrere Zündnadelgewehre, wobei bestimmte bayerische Eigentümlichkeiten – die Form der Kolbenbacke und der Laufringe – erhalten blieben. In seinem abschließenden Bericht kam der Direktor der Gewehrfabrik, Major von Podewils, 1855 zu dem Ergebnis, „daß der Erfinder dieser Konstruktion die Anforderungen nicht gekannt hat, welche an ein Militärgewehr gestellt werden müssen". Außerhalb von Preußen war diese Meinung damals die vorherrschende – und das nicht nur in Deutschland. Podewils selbst arbeitete wie viele andere an der Optimierung des Vorderladers. Nach 1860 neigten die Fachkreise mehr und mehr zum von hinten zu ladenden Gewehr, doch die entsprechenden Versuche brachten in Bayern und Österreich bis 1866 kein greifbares Ergebnis. Entscheidend für den preußischen Sieg im Jahr 1866 war aber nicht die bessere Infanteriewaffe, sondern überlegene Ausbildung und Führung. Die Süddeutschen hätten den Krieg auch bei umgekehrten Bewaffnungsverhältnissen verloren. *D. St.*

Lit.: Reckendorf, Handfeuerwaffen

In den Jahrzehnten nach 1840 entwickelte sich die Technik der Handfeuerwaffen mit noch nie dagewesener Dynamik. Man kann sie geradezu als Leitfossilien dieser Epoche der Industrialisierung bezeichnen.

2.12a Werdergewehr M/69
Gewehrfabrik Amberg
Stahl, Nussbaum, L. 130,7, Kaliber 11 mm
Bayerisches Armeemuseum, Ingolstadt (0463-1993)

2.12b Mechanismus zum Werdergewehr
Maschinenfabrik Cramer-Klett
Stahl
Bayerisches Armeemuseum, Ingolstadt (von C 1000)

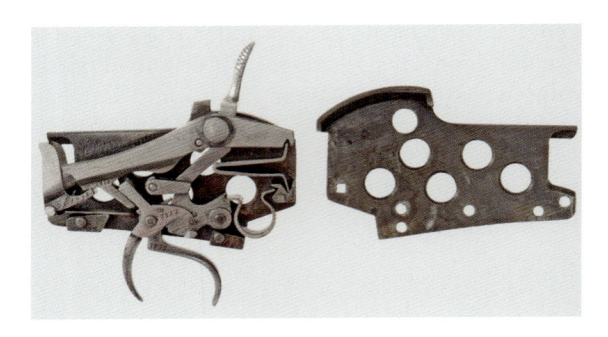

2.12c Funktionsweise des Werdergewehrs
Grafik aus: Das in der Königl. Bayer. Armee adoptierte Rückladungs-System Werder.
Nach dem Original aufgenommen und gezeichnet von Hugo Stadelmann, Amberg 1869,
Blatt 1 (R)
Bayerisches Armeemuseum, Ingolstadt

Die lang diskutierte Frage, ob ein Vorderlader oder ein von hinten zu ladendes Gewehr militärischen Bedürfnissen mehr entspreche, wurde durch den Krieg von 1866 entschieden. Ein Land, dessen Infanterie mit Vorderladern bewaffnet war, galt fortan als so gut wie wehrlos. Bayern beschritt damals einen doppelten Weg: Es rüstete die vorhandenen Vorderlader auf Rückladung um und suchte gleichzeitig nach einem neuen, von hinten zu ladenden Gewehr, das bereits Metallpatronen, also Patronen mit Metallhülsen, verwenden sollte. Das war damals in Europa etwas völlig Neues. Die Herstellung der Hülsenkörper war eine große Herausforderung. Sie wurde in Deutschland erstmals in Bayern gemeistert, und zwar von der Firma Utendörffer in Nürnberg.

Ende des Jahres 1867 trat bei der staatlichen Gewehrfabrik in Amberg eine Kommission militärischer Fachleute zusammen, die den Auftrag hatte, in höchster Eile für die bayerische Armee das beste Gewehr-

2.11

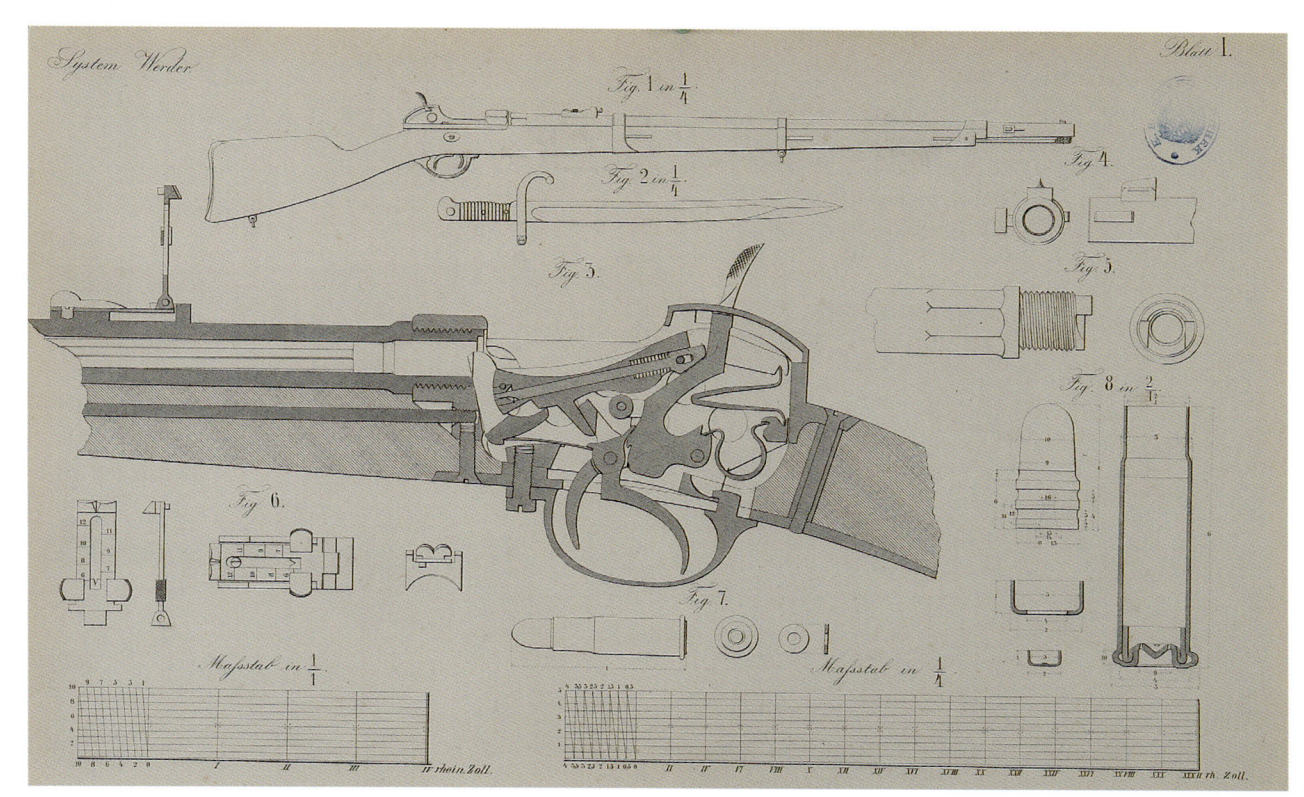

system auszuwählen. Dabei konzentrierte sich die Aufmerksamkeit bald auf eine Waffe, die Ludwig Werder, der technische Direktor der Maschinenfabrik Cramer-Klett in Nürnberg, vorgelegt hatte. Die endgültige Entscheidung fiel nach einem Truppenversuch durch „Allerhöchste Entschließung" des Königs im April 1869, weshalb die offizielle Bezeichnung des Gewehrs auch „Muster 1869" oder später, preußischer Art entsprechend, „M/69" lautete. Das Werdergewehr war die letzte nationalbayerische Militärwaffe.

Die Verschlüsse, damals „Mechanismen" genannt, waren feinmechanische Präzisionserzeugnisse, die nur von modernen Maschinenbaubetrieben erzeugt werden konnten. Die meisten entstanden bei Cramer-Klett und der Maschinenfabrik Augsburg. Die technische Besonderheit von Werders Konstruktion bestand in einem System sorgfältig aufeinander abgestimmter Federn. Nach dem Schuss genügte ein leichter Druck auf den zweiten, vorn im Abzugsbügel angeordneten Drücker, um das Öffnen des Verschlusses und das Auswerfen der leeren Hülse zu bewirken.

Zu Beginn des Kriegs von 1870/71 war erst ein kleiner Teil der Infanterie mit diesem damals modernsten deutschen Gewehr ausgerüstet. Die allgemeine Umbewaffnung erfolgte nach Abschluss des Feldzugs, als die Truppen in ihre Heimatgarnisonen zurückgekehrt waren.

1875 wurden die Werdergewehre für die Patrone M/71 eingerichtet, die soeben in den nichtbayerischen Kontingenten des deutschen Reichsheeres eingeführt worden war. Damit war die einheitliche Munitionsversorgung im Kriegsfall sichergestellt. 1877 begann die Ablösung des Werdergewehrs durch das preußische Modell 71, die bei den aktiven Truppen bis 1882 abgeschlossen war. Insgesamt wurden 127 000 Gewehre M/69 und 25 000 eines als M/69 „neuen Musters" bezeichneten, modifizierten Nachfolgemodells erzeugt.

D. St.

Lit.: Reckendorf, Handfeuerwaffen; Storz, Militärgewehre

Als in Bayern nach 1866 die Entscheidung fiel, ein neues Infanteriegewehr zu beschaffen, wurde auch beschlossen, systemgleiche Kavalleriewaffen einzuführen, also Pistolen und Karabiner.

2.13a Werderkarabiner

Waffenfabrik Francotte, Lüttich
Stahl, Nussbaum, L. 81,6, Kaliber 11 mm
Bayerisches Armeemuseum, Ingolstadt (0847-2002)

2.13b Werderpistole

Greis (München) oder Schönamsgruber (Nürnberg), 1869
Stahl, Nussbaum, L. 40, Kaliber 11 mm
Bayerisches Armeemuseum, Ingolstadt (0938-2002)

Die endgültige Festlegung des Modells einer neuen Waffe für die Kavallerie erfolgte Ende 1870. Die Verschlüsse der Kavalleriewaffen besaßen eine zusätzliche Sicherung, ansonsten waren sie verkleinerte Ausführungen des Gewehrverschlusses. Gleich war auch das Kaliber, allerdings waren die Patronenhülsen kürzer und entsprechend schwächer geladen. Die Karabiner waren für die „Gemeinen", also für die Mannschaftssoldaten der leichten Kavallerie, die Chevaulegers, bestimmt. 4000 Karabiner wurden bei einem belgischen Hersteller in Auftrag gegeben, alle kleinen Verschlüsse kamen von der Maschinenfabrik Augsburg. Der Zusammenbau erfolgte in der Gewehrfabrik Amberg.

Die bayerische Kavallerie erhielt erst 1872 ihre Karabiner. Der Krieg hatte gezeigt, dass auch die Kavallerie eine Langwaffe mit der ballistischen Leistung einer starken Gewehrpatrone benötigte. Deshalb wurden diese Karabiner 1876/77 durch den preußischen Karabiner M/71 ersetzt, der die Patrone des Gewehrs M/71 verwendete. Damit war auch die Munitionsgleichheit von Infanterie und Kavallerie gegeben. Eine Abart des Werderkarabiners, das 1873 eingeführte Gendarmeriegewehr, blieb allerdings bis 1918 (!) in Gebrauch.

Karabiner und Pistole M/69 besaßen gleiche Verschlüsse und verwendeten dieselbe Munition. Mit Pistolen wurden die Unteroffiziere der leichten Kavallerie (Chevaulegers) sowie die gesamte schwere Kavallerie (Kürassiere, Ulanen) bewaffnet. Der Bedarf betrug wie beim Karabiner 4000 Stück. Die Pistolen wurden bei den Büchsenmachern Greis und Schönamsgruber gefertigt, wobei die wichtigsten Komponenten, also Läufe und Verschlüsse, zugeliefert wurden.

Die Waffen tragen keine Herstellermarkierung. Wie die Karabiner gelangten auch die Pistolen erst 1872 zur Truppe. 1876/77 wurden die Mannschaften der schweren Kavallerie mit Karabinern M/71 bewaffnet. Die dadurch frei werdenden Pistolen erhielten Feldartillerie und Train. 700 Karabiner wurden zu Pistolen umgebaut, allerdings nur als „Vorrat". 1880 wurden alle Werderpistolen durch Revolver ersetzt. Die Pistolen wurden gänzlich aus dem Truppengebrauch genommen, sie verschwanden also nicht nur aus der aktiven Truppe, sondern auch aus den Bereitstellungen für den Kriegsfall.

Einschüssige Pistolen für Metallpatronen bilden in der Geschichte der Armeebewaffnung eine Kuriosität. Die Werderpistole verdankte ihre Entstehung dem Streben nach Systemgleichheit aller Handfeuerwaffen, eigentlich ein rückwärtsgewandter Gedanke, der aus der Zeit der Vorderlader stammte. 36 dieser Waffen wurden von der berittenen Mannschaft der Gendarmeriekompanie in München geführt, und das zumindest bis in die 1890er-Jahre.

D. St.

Lit.: Reckendorf, Handfeuerwaffen; Storz, Militärgewehre

Der Deutsch-Französische Krieg 1870/71

Bismarck provozierte 1870 den Krieg mit Frankreich. Mit der Kriegserklärung Frankreichs trat für Bayern der Bündnisfall ein.

2.14a Der Deutsch-Französische Krieg 1870/71
Karte
Haus der Bayerischen Geschichte, Augsburg

2.14b Telegrafischer Mobilmachungsbefehl König Ludwigs II. an Außenminister Bray-Steinburg in französischer Sprache
Berg, 16. Juli 1870, vormittags
Druck/Papier (R)
Bayerisches Hauptstaatsarchiv, München (MA 643 Bl. 147)

Ein militärischer Konflikt zwischen Frankreich und Preußen lag seit dem Ende des preußisch-österreichischen Kriegs von 1866 in der Luft. Als Kriegsgrund diente die spanische Thronkandidatur eines Mitglieds des Hauses Hohenzollern, die von Frankreich heftig abgelehnt wurde. Bismarck instrumentalisierte den eigentlich banalen Konflikt und inszenierte geschickt den Verteidigungsfall. Mit patriotischen Parolen wurde die Bevölkerung auf einen Krieg eingestimmt, der mit der Gefangennahme des französischen Kaisers Napoleon III. in Sedan am 1. September rasch beendet schien. Der Krieg wurde jedoch von der französischen Republik weitergeführt, um erst am 10. Mai 1871 zu enden.

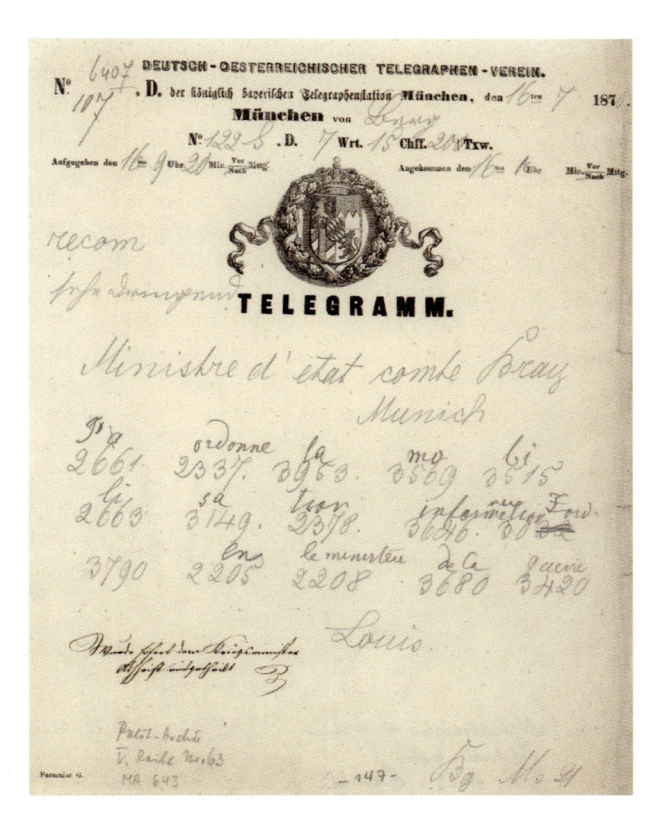

Der Krieg von 1870/71 war bereits ein „industrieller" Krieg, der ohne die industrielle Serienfertigung von Waffen, Munition und sonstigem Gerät so nicht möglich gewesen wäre. Auch die umfangreiche Nutzung von Eisenbahn- und Telegrafennetzen zu Kriegszwecken war neu: So betrieben die deutschen Eisenbahntruppen im Januar 1871 in Frankreich fast 400 Lokomotiven.

Trotz zahlreicher nationaler Willensbekundungen in den Städten standen viele Menschen im Königreich Bayern dem Krieg gegen Frankreich an der Seite Preußens reserviert gegenüber. Gründe hierfür waren zum einen die vor allem in den altbayerischen Landesteilen weit verbreiteten antipreußischen Ressentiments, zum anderen jedoch der Umstand, dass ein Krieg, der wegen der seit 1869 eingeführten allgemeinen Wehrpflicht nun auch die Väter und Söhne vieler Familien betraf, für das agrarisch dominierte Bayern in den arbeitsreichen Sommermonaten problematisch war.

Als erster süddeutscher Staat erkannte Bayern am 16. Juli 1870 den Bündnisfall als gegeben an. Ein Beweggrund hierfür war die Verpflichtung durch das Schutz- und Trutzbündnis (Kat.-Nr. 2.08a), jedoch spielte sicherlich auch die Sorge um die Pfalz eine wichtige Rolle. Mit einem in französischer Sprache, der Sprache der Diplomatie, abgefassten Telegramm beauftragte Ludwig II. – bekanntermaßen ein großer Verehrer der französischen Kultur – die Mobilmachung, nicht ohne sich Sorgen um die Zukunft Bayerns nach Beendigung des Kriegs zu machen. Ludwig nahm den Besuch des preußischen Kronprinzen Friedrich Wilhelm zum Anlass, den dringenden Wunsch nach Erhalt der bayerischen Eigenstaatlichkeit auszusprechen. Nach einer mündlichen Zusage des Kronprinzen versicherte auch der preußische König Wilhelm I. in einem Brief vom 5. August 1870: „Ich danke Ihnen für Ihre offene Aussprache und weiß, daß mein Sohn noch Gelegenheit gefunden hat, Ihnen zu versichern, wie ich mit den Wünschen einverstanden bin, welche Sie in betreff der Selbständigkeit und Integrität Bayerns aussprechen ... Diese meine Gesinnung ... wird durch die treue Waffenbrüderschaft ... zu einer unerschütterlichen Grundlage des Rechtes und der Selbständigkeit eines jeden der verbündeten deutschen Staaten werden." Nur wenige Monate später, am 23. November 1870, trat Bayern dem Norddeutschen Bund bei und Außenminister Bray-Steinburg notierte in sein Tagebuch: „Dies ist der Anfang des neuen Deutschlands und ... das Ende Altbayerns!"

B. K.

Lit.: Busley, Bayern; Doeberl, Bayern; Merta, König Ludwig II.; Rall, König Ludwig II.

Der Sieg der deutschen Truppen in einer der ersten großen Schlachten des Siebzigerkriegs fachte auch in Bayern die nationale Begeisterung an.

2.15 Panorama der Schlacht von Wörth 1870
Otto Faber du Faur (1828–1901)
München, 1881
Öl/Leinwand, ca. je 140 x 290
Bayerisches Armeemuseum, Ingolstadt (C 3090 a–d)

Die Schlachtenmalerei erlebte im 19. Jahrhundert eine letzte Hochzeit. Panoramagemälde sollten dem Betrachter eine Art Standbild des Geschehens in einem „Weitwinkel"-Ausschnitt vermitteln. Die seit dem Krimkrieg eingesetzte Fotografie war aufgrund der langen Belichtungszeiten noch nicht in der Lage, Objekte in Bewegung festzuhalten. „Die Schlacht von Wörth" entstand 1881 und gehört zu den abschließenden Höhepunkten der klassischen Schlachtenmalerei. Otto Faber du Faur stellt die Geschehnisse reportageähnlich dar. Er hatte die Soldatenkarriere an den Nagel gehängt und dann als Zivilist am Siebzigerkrieg teilgenommen.

Die Schlacht von Wörth am 6. August 1870 entwickelte sich eher unbeabsichtigt aus Vorpostengefechten zwischen der am 4. August bei Weißenburg geschlagenen französischen Rheinarmee MacMahons und der deutschen 3. Armee unter dem preußischen Kronprinzen Friedrich Wilhelm, darunter die Truppen der süddeutschen Staaten. Trotz des deutschen Sieges erreichte Moltke sein operatives Ziel, die Vernichtung der Rheinarmee, nur bedingt. Für die öffentliche Meinung in Deutschland war dieser Sieg aber von enormer Bedeutung. Die Verluste beliefen sich auf 10 642 deutsche und über 14 000 französische Soldaten. *Th. M.*

Lit.: Bleibtreu, Schlacht bei Wörth; Fontane, Krieg gegen Frankreich; Horne, Preussen; Muchall-Viebrook, Otto von Faber

Der Krieg von 1870/71 wurde mit modernster Waffentechnik geführt. Dieses Maschinengeschütz war auf bayerischer Seite im Einsatz.

2.16a Kartätschgeschütz Feldl
Maschinenfabrik Augsburg
1869
Stahl/Rotguss, 150 x 158 x 218, Kaliber 11 mm x 50 R
Bayerisches Armeemuseum, Ingolstadt (D 302)

2.16b Grafik zum Feldlgeschütz
Aus: Karl Theodor von Sauer: Atlas zum Grundriss der Waffenlehre, München 1976, Tafel 26 (R)
Bayerisches Armeemuseum, Ingolstadt

Mehrrohrige Waffen wie die hier gezeigte stellen eine Vorstufe der Maschinengewehre dar. Allerdings benötigten sie zur Betätigung des Mechanismus von außen zugeführte Energie, was durch eine Handkurbel geschah. Das Modell von Feldl erzielte auf diese Weise eine maximale Feuergeschwindigkeit von immerhin 450 Schuss pro Minute. Die Munition war die gleiche wie beim Werdergewehr (Kat.-Nr. 2.12f.). Ladestörungen waren hier häufig. Deshalb galt es als besonderer Vorzug dieser Konstruktion, dass sich unbrauchbar gewordene Rohre abschalten ließen, ohne die ganze Waffe lahmzulegen. Nach dem Ausbruch des Deutsch-Französischen Kriegs bestellte Bayern bei der Maschinenfabrik Augsburg zwölf dieser technisch hochkomplexen Geschütze, die in zwei Batterien formiert wurden, von denen jedoch nur eine mit vier Geschützen zum Einsatz kam.

In der Schlacht von Coulmiers am 9. November 1870 verschoss sie 7550 Patronen, allerdings waren danach nur noch drei von 16 Rohren einsatzfähig. Damit galt es als erwiesen, dass diese Waffe für den Feldkrieg unbrauchbar war. Die Batterie wurde aufgelöst.

In den 1890er-Jahren verkaufte Bayern die Kartätschgeschütze über den Hamburger Waffenhändler Spiro nach China. Das Exemplar des Bayerischen Armeemuseums gelangte durch die Truppen, die zur Niederschlagung des Boxeraufstands 1900/01 in China intervenierten, nach Bayern zurück. Die von dort mitgebrachten schweren Holzräder wurden im Museum durch eine leichte, dem ursprünglichen Aussehen entsprechende Stahlkonstruktion ersetzt.

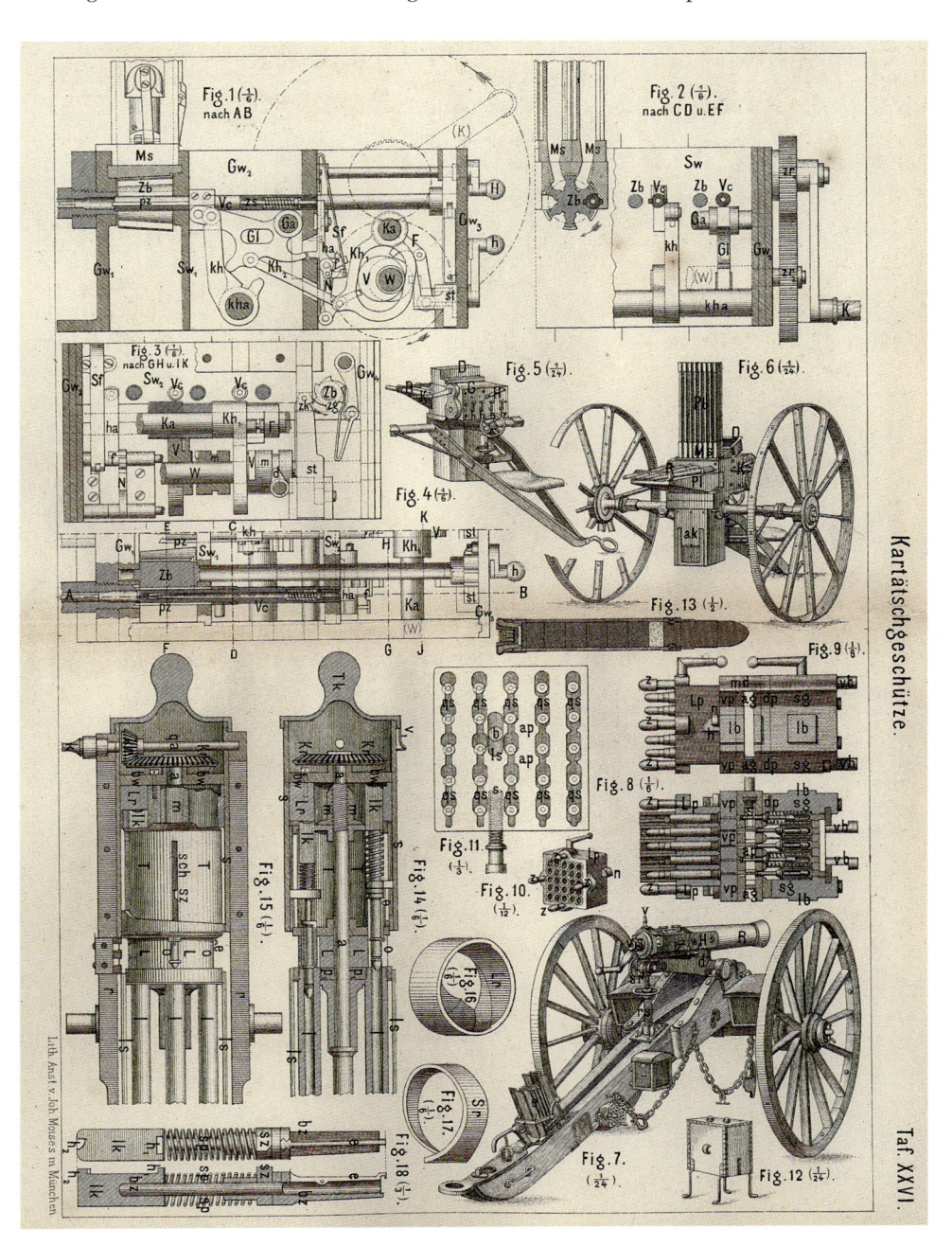

D. St.

Lit.: Wirtgen, Geschichte

Bilder des Krieges: bombardierte französische Städte und militärische Stellungen.

2.17a **Blick auf Straßburg von der Bastion Steintor am Tag der Kapitulation**
Paul Sinner (1838–1925)
Straßburg, 28. September 1870
Fotografie (R)
Rheinisches Bildarchiv, Köln (WRM PH SL 220/296)

2.17b **Ruinen der Ortschaft Châtillon**
Verlag Lucke & Co., Berlin
Fotografie (R)
Bayerisches Armeemuseum, Ingolstadt (G 2110-24)

2.17c **Ruine der Ortschaft Saint-Cloud – Aufnahme 1 und 2**
Verlag Lucke & Co., Berlin
Fotografie (R)
Bayerisches Armeemuseum, Ingolstadt
(G 2110-15 und G 2110-17)

2.17d **Straße nach Sedan in Bazeilles**
Verlag F. Bruckmann, München
Fotografie (R)
Bayerisches Armeemuseum, Ingolstadt (0348-1984-20)

2.17e **Bazeilles, Dorfplatz**
Verlag F. Bruckmann, München
Bayerisches Armeemuseum, Ingolstadt (0348-1984-21)

2.17f **Die Kirche von Bazeilles am 2. September 1870**
Verlag F. Bruckmann, München
Fotografie (R)
Bayerisches Armeemuseum, Ingolstadt (0348-1984-22)

2.17g **Haus des M. Friquet in Bazeilles (zugleich Sterbeort des Major Steiner von k.b. 2.)**
Fotografie (R)
Bayerisches Armeemuseum, Ingolstadt (B 2201)

2.17h **Bayerische Batterie vor Fort Vanvres**
Verlag Lucke & Co., Berlin
Fotografie (R)
Bayerisches Armeemuseum, Ingolstadt (G 2110-23)

2.17i **Bayerische Batterie vor Paris im Januar 1871**
Fotografie (R)
Bayerisches Armeemuseum, Ingolstadt (0369-1984-3)

2.17j **Preußische Batterie vor Paris im Januar 1871**
A. Sarrault
Fotografie (R)
Österreichisches Staatsarchiv – Kriegsarchiv, Wien
(H IV C 297 – 2)

2.17f

2.17i

78 ZWEITER AKT

Durch den technischen Fortschritt in der Waffen- und Kommunikationstechnik erreichten die Kriege des 19. Jahrhunderts ein ungeahntes Ausmaß an Brutalität und Zerstörungskraft. Die Kämpfe hatten die Schlachtfelder verlassen und Einzug in das Hinterland und in die Städte gehalten. Durch die Einführung der allgemeinen Wehrpflicht gerieten die Kriege nun zur nationalen Angelegenheit, die jedermann betraf. Damit stieg das Bedürfnis nach Berichterstattung, für die auch das relativ neue Medium der Fotografie zur Verfügung stand. Es bot die Möglichkeit, die Kriegsgeschehnisse realitätsnah zu dokumentieren. Fotografen reisten an die Front, um den Krieg bildlich festzuhalten. Einer der wenigen deutschen Fotografen, die namentlich bekannt sind, ist der Tübinger Paul Sinner. Er reiste 1870/71 nach Weißenburg, Wörth und Straßburg, um die Kriegsschauplätze zu fotografieren. Die Fotografien wurden als Holzschnitte in Zeitungen veröffentlicht oder in Alben eingeklebt und in relativ geringer Auflage verkauft. Erst in den 1880er-Jahren, als Fotoabzüge günstiger wurden, erreichten Fotografien ein breiteres Publikum.

Auffallend ist die einheitliche Bildsprache der Aufnahmen. Sie zeigen die Schauplätze des Kriegs meist ohne Tote oder Verwundete. Der Schwerpunkt liegt auf zerstörten Gebäuden, oft sieht man auch kleinere Truppenkontingente. Eine andere Bildsprache zeigten hingegen die Aufnahmen der französischen Seite. Hier wurden gezielt Bilder gefallener Soldaten verbreitet, um den Hass auf den Feind zu schüren und so den ab September 1870 einsetzenden „Volkskrieg" zu unterstützen. *C. St.*

Lit.: Becker, Heldengalerie; Parth, Medialisierung; Paul, Bilder, S. 59–102; Wolf u.a., Götterdämmerung (mit weiteren Abbildungen)

In solchen Monturen zogen die bayerischen Infanteristen in den Krieg von 1870/71.

2.18 Soldat des Kgl. Bayer. 10. Infanterie-Regiments „Prinz Ludwig"
Bayern, um 1870
Verschiedene Materialien, H. 188
Bayerisches Armeemuseum,
Ingolstadt (H 13.001, 12237, 19922)

Die bayerische Infanterie trug eine charakteristische hellblaue (so die offizielle Bezeichnung) Uniform, die einen kornblumenblauen Farbton aufwies, der sich deutlich von den dunkelblauen Uniformen anderer deutscher Staaten abhob. Als Unterscheidungszeichen der einzelnen Regimenter dienten die Abzeichenfarben an Kragen und Aufschlägen in Verbindung mit der Knopffarbe, hier karmesinrot mit weißen Knöpfen für das 10. Infanterie-Regiment. Um den Riemen des Tornisters und dem umgehängten Gewehrriemen einen besseren Halt zu geben, trugen die Schultern des Waffenrocks Achselwülste, so genannte Wings, die einheitlich von scharlachroter Farbe waren. Die ebenfalls hellblauen Hosen steckten in halbhohen Stiefeln mit Schnallen, von denen sich jedoch kein Original erhalten hat.

Als Kopfbedeckung diente der für die bayerische Armee typische Raupenhelm, ein aus Leder gefertigter und mit einer „Raupe" aus Wolle versehener Helm nach dem Modell von 1845. Dieser hatte bei einer Höhe von etwa 25 Zentimetern ein Gewicht von 800 Gramm und war mit Schuppenketten aus Messing versehen. Zwar war 1868 ein wesentlich kleineres, fast nur halb so schweres Modell eingeführt worden, doch mussten die Truppen 1870 überwiegend noch dieses ältere Muster tragen.

Ihre Habseligkeiten führten die Soldaten in einem Tornister aus Kalbfell mit sich, dessen Trageriemen vorn am Koppel eingehakt wurden. Neben Leibwäsche, Seife, Bürste und Nähzeug fanden hierin ein Paar Schuhe, eine Mütze und ein Säckchen mit der „eisernen Ration" Platz. In den Seitentaschen wurden zwei Blechbüchsen mit je 20 Patronen untergebracht. Auf die Rückwand des Tornisters schnallte man noch den Feldkessel. Damit erreichte der gepackte Tornister ein Gewicht von etwa 9,5 Kilogramm. Zur weiteren Ausrüstung gehörten ein Brotsack für die Lebensmittel auf der linken und eine gläserne, mit Leder überzogene Feldflasche auf der rechten Seite. Schließlich wurde über die rechte Schulter der zusammengerollte dunkelgraue Mantel schräg vor der Brust („en bandoulière") getragen.

Weitere 40 Patronen führte der Soldat in einer Patronentasche am Koppel unterhalb des Tornisters mit sich. Außerdem trug er links am Koppel in einer Lederscheide das Infanterie-Seitengewehr Modell 1838, das im Feld überwiegend als Werkzeug Verwendung fand, und ein Bajonett, das auf das Gewehr aufgepflanzt werden konnte. Bei dem Gewehr handelte es sich um das Podewilsgewehr Modell 1858, das 1867 zum Hinterlader umgebaut wurde.

Damit belief sich das Gesamtgewicht der Ausrüstung mit Tornister, Helm und Patronentasche auf etwa 17 Kilogramm, wozu noch sechs Kilogramm als Bewaffnung hinzuzurechnen sind. *J.K.*

Lit.: Müller/Braun, Organisation

2.18

Der Krieg von 1870/71 endete nicht mit der Schlacht von Sedan.

2.19a Feldwache Nro II vor der Bayernschanze
H. Müller
Aquarell, 14,5 x 25
Bayerisches Armeemuseum, Ingolstadt (B 6353)

2.19b Erdhüttenlager
H. Müller
Aquarell, 15,5 x 25
Bayerisches Armeemuseum, Ingolstadt (B 6355)

Die zweite Phase des Deutsch-Französischen Kriegs zwischen „Sedan" am 1./2. September 1870 und dem Ende der Belagerung von Paris am 28. Januar 1871 entwickelte sich in einer ganz anderen Weise als die gewohnten, quasi „napoleonisch" geführten Kriege der jüngsten Vergangenheit. Die Kriege von 1864/1866 waren zwar heftig, blutig und verlustreich, insgesamt aber sehr kurz. Sie endeten mit klaren Entscheidungsschlachten zwischen regulären Armeen – und fanden stets in den schönen Jahreszeiten statt. Der Herbst/Winter 1870/71 aber wies in mancher Hinsicht bereits auf den Ersten Weltkrieg voraus: ein nicht enden wollender Stellungs-/Grabenkrieg, unter anderem vor Belfort und Paris, Schlamm, Hunger, Kälte; dazu Gefechte gegen irreguläre, oft nicht zu identifizierende „franctireurs", also Freischärler. Für die obendrein zahlenmäßig unterlegenen deutschen Belagerer von Paris bedeutete all dies eine völlig neue, insbesondere demoralisierende Erfahrung, zumal der Nachschub die logistischen Probleme und die sanitätsdienstliche Versorgung sowie die kampf- und witterungsbedingten Ausfälle nur schwer in den Griff bekam. *Th. M.*

Lit.: Bleibtreu, Paris 1870–1871; Der deutsch-französische Krieg 1870–71; von Moltke, Geschichte

Im Zeitalter der Industrialisierung wurde die Eisenbahn zum Kriegsinstrument.

2.20 a **Gesprengte Brücke bei Loigny**
August Gemming
Aquarell, B. 20,5
Bayerisches Armeemuseum, Ingolstadt (G 2720)

2.20 b **Bahnhofsszene**
August Gemming
Grisaille, B. 19
Bayerisches Armeemuseum, Ingolstadt (G 2719)

Die preußisch-deutschen Erfolge von 1866 und 1870 waren auch auf die gezielte Nutzung der damals verfügbaren modernen Technik sowie auf die überlegene Organisation des Transport- (= Eisenbahn-) und Fernmeldewesens (Telegrafie) zurückzuführen. Auf der strategischen und operativen Ebene gelang es den Preußen, mithilfe ihrer hervorragend ausgebauten und organisierten, damit überlegenen Eisenbahn selbst Großverbände (Korps, Divisionen, Brigaden) schnell an die jeweiligen Fronten zu verlegen und dort zusammenzufassen oder rasch umzugruppieren („getrennt marschieren, vereint schlagen"). Voraussetzung aber war eine durchdachte, vor allem stets intakte und somit verlässliche logistische Infrastruktur. Die Kehrseite: Die Armeen wurden immer abhängiger von deren Funktionieren und immer empfindlicher gegen jedwede Störung oder gar Unterbrechung ihrer Nachschub- und Führungssysteme. Schon eine zerstörte Eisenbahnbrücke, ein gesprengter Bahnhof, eine ausgefallene Telegrafenstation konnten jetzt selbst die raffinierteste militärische Planung über den Haufen werfen. *Th. M.*

Lit.: Der deutsch-französische Krieg 1870–71; Ortenburg, Waffe

WIE DER KÖNIG KRIEG FÜHREN MUSSTE

Die vielen Kriegsopfer führten zur Professionalisierung der Sanitätsversorgung und zur Gründung des Roten Kreuzes 1859.

2.21 Bayerischer Infanterist

Louis Braun (1836–1916)
Um 1870
Öl/Leinwand, 65 x 85
Bayerisches Armeemuseum, Ingolstadt (B 2064)

Erste Ansätze eines organisierten Militärsanitätswesens für alle Kombattanten finden sich im römischen Heer unter Kaiser Augustus, als in befestigten Lagern ein eigenes Gebäude für verwundete und erkrankte Legionäre vorgesehen war. Mit dem Zerfall des Römischen Reichs geriet dieser frühe Truppensanitätsdienst weitgehend in Vergessenheit. Etwa 600 Jahre später ließen sich finanziell gut gestellte Ritter von Leibärzten begleiten – das „Kriegsvolk" indes blieb weitgehend ohne jegliche medizinische Hilfe. Mit den Söldnerheeren des 15. bis 17. Jahrhunderts und erst recht mit dem Aufkommen der stehenden Heere entstand allmählich, grundsätzlich aber immer völlig unzureichend, die „Sanität". Eine Zäsur für den Militärsanitätsdienst bedeuten die Jahre 1859 und 1864. Nach der Schlacht von Solferino 1859 initiierte der Schweizer Henry Dunant angesichts des Leidens Tausender Verwundeter eine spontane Hilfsaktion für – und das ist zu betonen – alle Kriegsparteien. 1864 wurde von zwölf Staaten Europas die „Genfer Konvention zur Verbesserung des Loses der Verwundeten und Kranken bei den im Felde stehenden Armeen" unterzeichnet sowie das „Internationale Komitee vom Roten Kreuz" gegründet, dessen Mitglieder ohne Rücksicht auf die Nationalität Kriegsopfer medizinisch betreuen. Schon 1866 trugen „Sanitäter" das Schutzzeichen, das respektiert wurde. Im Krieg von 1870 hatte Bayern vier Sanitätskompanien im Einsatz. Die Sanitäter, damals als „Kranken"- oder „Blessiertenträger" bezeichnet, wurden in erster Linie aus Berufen rekrutiert, die, wie Bader und Friseure, gewisse medizinische Vorkenntnisse besaßen.

Das Gemälde des berühmten Militärmalers Louis Braun stellt eine Studie dar, die den als Krankenträger in der Sanitätskompanie eingesetzten Infanteristen Max Lehner in zwei verschiedenen Blickwinkeln zeigt, wie die Bezeichnung rechts oben nahelegt: „Max Lehner, Bayerstr. 21/III München (?)". Louis Braun war selbst an den Kriegsschauplätzen von 1866 und 1871 gewesen, wo er Eindrücke für seine Schlachtenbilder und Panoramen sammelte.

Th. M.

Lit.: von Poten, Handbuch

Die Gründung des Roten Kreuzes stellte die ärztliche Versorgung der Verwundeten auf den Schlachtfeldern auf eine neue, der Humanität verpflichtete Ebene.

2.22a **Verbandtasche eines bayerischen Soldaten**
Lackleder, 20 x 27 x 9
Privatsammlung

2.22b **Rotkreuzarmbinde**
Baumwolle, 10 x 19
Privatsammlung

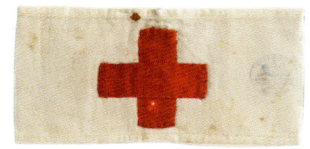

2.22c **Dreiecktuch**
Gabriel Herosé AG, Konstanz
Baumwolle; Basislänge 130, Kathetenlänge 90
Wehrgeschichtliche Lehrsammlung des Sanitätsdienstes der Bundeswehr, München (CAAV 1270)

2.22d **Operationsbesteck eines Arztes um 1870**
Firma Chr. Schmidt, Berlin
Holz, Metall, 59 x 23 x 9
Wehrgeschichtliche Lehrsammlung des Sanitätsdienstes der Bundeswehr, München (CAAV 0580)

2.22e **Schimmelbuschmaske**
Draht, 20 x 10
Wehrgeschichtliche Lehrsammlung des Sanitätsdienstes der Bundeswehr, München (CAAV 3449)

Der Schweizer Arzt Henry Dunant gründete unter dem Eindruck der Schlacht von Solferino von 1859 das Rote Kreuz, das ursprünglich die Versorgung von Kriegsverwundeten, unabhängig, welcher Seite sie angehörten, gewährleisten sollte. Das Königreich Bayern trat der Konvention am 30. Juni 1866 bei.

Aus heutiger Sicht mögen Umfang und Ausstattung dieser zeitgenössischen Verbandtasche zwar spärlich erscheinen, doch zeigt sie einen durchgehenden Trend des 19. Jahrhunderts auf, die sanitätsdienstliche Versorgung der Soldaten zu verbessern. Übliche Verbandmittel waren Charpir, Stoffbinden und Dreiecktücher. Letztere wurden seit den 1860er-Jahren vorwiegend im militärischen Bereich zur Erstversorgung eingesetzt. Die Idee der Tuchverbände hatte zwar bereits 50 Jahre zuvor ein gewisser Mayor aus Lausanne empfohlen, aber erst durch die Initiative von Professor Friedrich von Esmarch, der die Größe der Dreiecktücher festlegte und diese mit Erste-Hilfe-Anleitungen bedrucken ließ, setzte sich ihr Gebrauch durch.

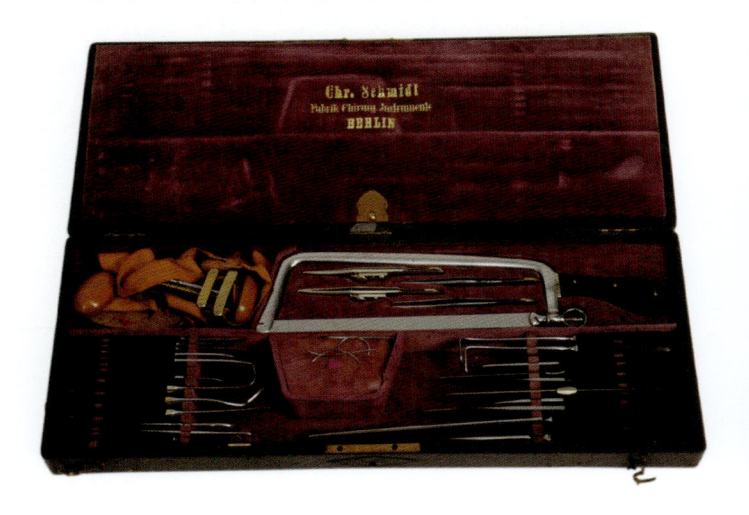

Das hier gezeigte Operationsbesteck ist in seinem Umfang zwar deutlich größer als die meisten anderen Exemplare seiner Zeit, gibt aber dennoch in seiner Ausstattung den medizinisch-wissenschaftlichen Stand einer Epoche wieder, in der die Übertragungswege durch Krankheitserreger noch unbekannt waren. Insbesondere lässt sich dies an den mit nicht sterilisierbaren Holzgriffen versehenen Instrumenten erkennen und an der Tatsache, dass jedes Instrument nur einmal in einem solchen Bestecksatz vorhanden war. Ein und dieselben Instrumente wurden häufig, nach einer groben Reinigung, für mehrere Operationen hintereinander verwendet.

In die Anästhesiemaske – benannt nach Dr. med. Curt Schimmelbusch – wurde Gaze oder Zellstoff eingeklemmt. Die Maske wurde über Mund und Nase des Patienten gestülpt und die Narkose erfolgte mittels Beträufeln der Gaze mit Chloroform oder Äther. Die Schimmelbuschmasken fanden noch bis weit ins 20. Jahrhundert Verwendung.

H. Ko.

Lit.: KVS-Mitteilungen 2 (2008), S. 15

WIE DER KÖNIG KRIEG FÜHREN MUSSTE

„Denke nur, Otto, aus politischen Gründen, gedrängt von allen Seiten, habe ich mich veranlasst sehen müssen, zum Truppeneinzug den Kronprinz von Preußen einzuladen, was mich gerade zur Verzweiflung bringt." So klagte Ludwig II. in einem Brief an seinen Bruder Otto.

2.23a Siegesparade in München vor der Feldherrnhalle
München, 1871
Fotografie (R)
Bayerische Schlösserverwaltung, München

2.23b Deckelkrug auf den Deutsch-Französischen Krieg
Ferdinand Barth (1842–1892)
München, 1871
Ausführung: Fa. J. Lichtinger & Co.
Zinn, H. 20, Ø 10
Münchner Stadtmuseum, Angewandte Kunst (K 40/681)

2.23c Festdekoration des Bahnhofs in Amberg anlässlich der Rückkehr der Truppen aus Frankreich
August 1871
Fotografie (R)
Stadtarchiv Amberg (Fotobestand 601-030-001)

2.23d Zwei bayerische Soldaten huldigen Ludwig II., Wilhelm I. sowie dem Großherzog von Baden
Öl/Blechtafel, 100 x 80
Bayerisches Armeemuseum, Ingolstadt (460/2001)

Trotz der heftigen Abneigung des bayerischen Königs gegen seinen preußischen Vetter wurde die Siegesparade am 16. Juli 1871 in München zum strahlenden Großereignis, das aller Welt die nationale Gesinnung des widerspenstigen Königreichs vor Augen führen sollte. Zum Skandal geriet jedoch die Weigerung Ludwigs II., an der Seite des Kronprinzen am Siegesfestbankett teilzunehmen, das am Abend des nächsten Tages stattfand.

Die heimkehrenden Truppen wurden in den festlich geschmückten bayerischen Städten mit Paraden und anderen Feierlichkeiten empfangen. Deutlich sah man die nationale Stimmung vor allem bei der Beflaggung. Hier konkurrierte die bayerische Fahne mit der Reichsflagge. Die Stadtbevollmächtigten zogen alle Register, um Begeisterung für die nationale Sache zu wecken und zu bewahren: Mit Festumzügen, Festgottesdiensten, -versammlungen, -banketten, -konzerten, -schießen und -feuerwerken wurde ein umfangreiches Repertoire von „Werbemaßnahmen" für das neue Kai-

2.23c

Die Kaiserproklamation

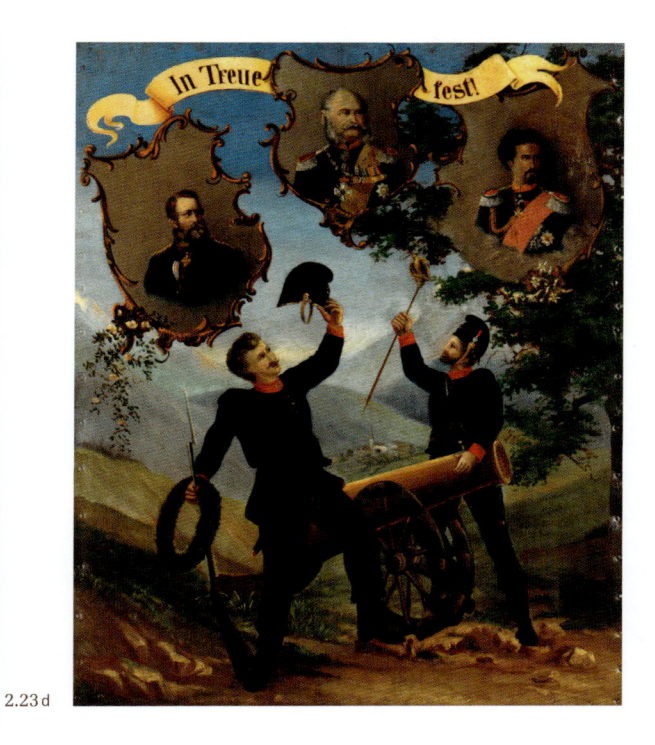

serreich in Gang gesetzt. Dazu gehörte eine Masse populärer Darstellungen, die die bedingungslose Hingabe der vereinigten deutschen Armee an ihre Souveräne vor Augen führte. Alltagsgegenstände, verziert mit nationalen Symbolen und Erinnerungen an den erfolgreichen Waffengang, dienten demselben Zweck. Die Schwungkraft des gewonnenen Kriegs und die integrative Wirkung der gemeinsamen Kriegserfahrung sollten jedoch bald erlahmen, denn der politische Bezugsrahmen vieler Bayern blieb das bayerische Königshaus, dem ihre Loyalität galt. So taten sich Schützenvereine, Veteranenvereine und die städtischen Würdenträger zunehmend schwer, die Bevölkerung für die Feier der Sedantage zu begeistern.

Wie kein anderer drückte Ludwig Thoma die Zerrissenheit der bayerischen Gesellschaft aus: „Ich war der Obhut zweier Onkel anvertraut. Sie hatten zusammen eine kleine Wohnung in der Frauenstraße. Vorne, wo Onkel Joseph, der Sekretär, sein Zimmer hatte, war's ganz altbayerisch, katholisch. Reichsgründung, Liberalismus, Kulturkampf – alles wurde als Untergang der guten alten Zeit betrachtet. Im Zimmer rückwärts, wo Onkel Wilhelm hauste, lebten die Erinnerungen an den 1870er Krieg, an Sedan und Orléans, hier herrschten Freude am neuen Kaiserreiche und temperierter Liberalismus. Freilich war's auch recht gut altbayrisch, und in heroische Töne vom wiedererstandenen Kaisertum mischten sich die anheimelnden Klänge aus dem alten Bockkeller, aus lustigen Münchner Tagen." B. K.

Lit.: Blessing, Staat und Kirche; Erichsen/Brockhoff, Bayern & Preußen & Bayerns Preußen; Fehrenbach, Bedeutung; Freytag, Sedantage; Thoma, Erinnerungen

Finis Bavariae: In die Enge getrieben, verfasste König Ludwig II. den von Bismarck vorformulierten „Kaiserbrief".

2.24 Handschreiben Ludwigs II. an König Wilhelm I. von Preußen

Hohenschwangau, 30. November 1870
Tinte/Papier, 23,5 x 19
Auswärtiges Amt – Politisches Archiv, Berlin
(Aktenband R 672)

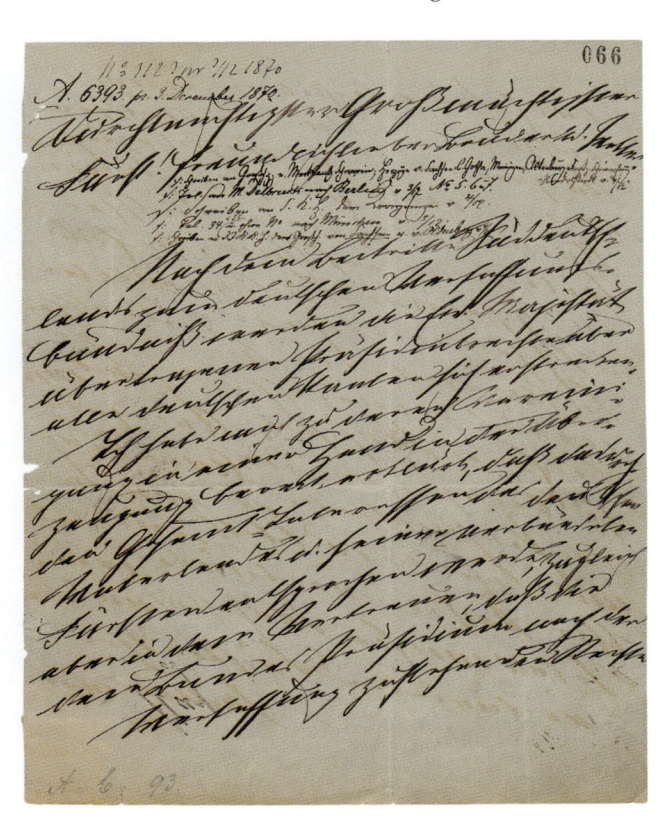

Frühzeitig war Bismarck bestrebt, dem durch Zusammenschluss der nord- und süddeutschen Staaten im Gefolge des sich abzeichnenden Sieges über Frankreich entstehenden Bund durch die Bezeichnungen „Kaiser" und „Reich" mehr „Schwungkraft", wie er es in seinen „Gedanken und Erinnerungen" formulierte, zu verleihen. Der preußische Gesandte in München, Georg von Werthern, verfolgte bereits im Sommer 1870 die Idee, für den Antrag der Kaiserkrone den bayerischen König als zweitmächtigsten der Bundesfürsten zu gewinnen. Bismarck griff den Gedanken auf; Unterstützung fand er bei Graf Holnstein, dem Vertrauten des Königs. Unbedingt sollte eine Initiative aus dem Parlament vermieden werden, war doch das Reich als ein Bund der Fürsten konzipiert. Ludwig II. widerstrebte allerdings die „geradezu herabwürdigende Rolle" zunächst heftig. Erst als ihm Holnstein den fertigen Entwurf von Bismarcks Hand (mit Änderungen des bayerischen Außenministers Graf Bray-Steinburg) vorlegte und ihm in den schwärzesten Farben die Folgen ausmalte, die eine Weigerung angesichts der allgemeinen Stimmung nach sich zöge, entschloss sich Ludwig II., obwohl nach einer Zahnoperation bettlägerig, an Wilhelm zu schreiben. Ein von Holnstein übergebenes, dem Selbstgefühl des Königs in einfühlsamer Weise Rechnung tragendes Schreiben Bismarcks hatte das Seine dazugetan. Die Sache gelang, nachdem ein halbwegs geeignetes Schreibpapier erst hatte gesucht werden müssen. Holnstein, der den Brief in München weisungsgemäß noch dem Kabinettsekretär Eisenhart zur Begutachtung vorlegte, verlor dann keine Zeit und reiste in höchster Eile – eine Strecke weit auf einer requirierten Lokomotive – nach Versailles, wo der Brief bereits am 3. Dezember durch Prinz Luitpold dem preußischen König übergeben wurde.

Bis heute umstritten ist die Frage, ob Bestechung dabei im Spiel war. Der Gesandte von Werthern hatte auf den Geldbedarf des Königs hingewiesen, auch Ludwig selbst hatte offenbar davon gesprochen; sofortige Zusagen scheint Bismarck aber nicht gemacht zu haben. Von einem nachgeraden Verkauf des Kaiserbriefs kann also nicht die Rede sein. Jedoch flossen später über Jahre bis zum Tod des Königs im Geheimen erhebliche Zahlungen aus dem so genannten Welfenfonds an ihn wie auch an Holnstein, deren Grund man mindestens zum Teil im „Kaiserbrief" suchen muss.   *H. K.*

Lit.: Albrecht, König Ludwig II.; Botzenhart, Regierungstätigkeit; Hacker, König Ludwig II. (Zitate S. 938 und 928)

Versailles, Symbol für das französische Königtum, war der Ort der Proklamation des Deutschen Kaiserreichs – aber auch deutsches Truppenlazarett.

2.25a Kaiserproklamation in der Spiegelgalerie in Versailles
Anton von Werner (1843–1915)
Berlin, 1885
Öl/Leinwand (R)
Otto-von-Bismarck-Stiftung, Friedrichsruh

2.25b Die Spiegelgalerie des Schlosses Versailles als deutsches Lazarett
Berlin: Verlag Lucke & Co., 1872
Fotografie (R)
Bayerisches Armeemuseum, Ingolstadt (Foto-Slg.)

Das Schloss Versailles ist ein Ort mit hoher symbolischer Aussagekraft auch für die deutsche Geschichte. Hier fand am 18. Januar 1871 die Proklamation Wilhelms I. von Preußen zum deutschen Kaiser statt. Der Historienmaler Anton von Werner war nach Paris gereist, um diesen geschichtsträchtigen Moment in Notizen und Skizzen einzufangen und später in einem monumentalen Historiengemälde festzuhalten, von dem er zwei weitere Fassungen (1882 und 1885) schuf.

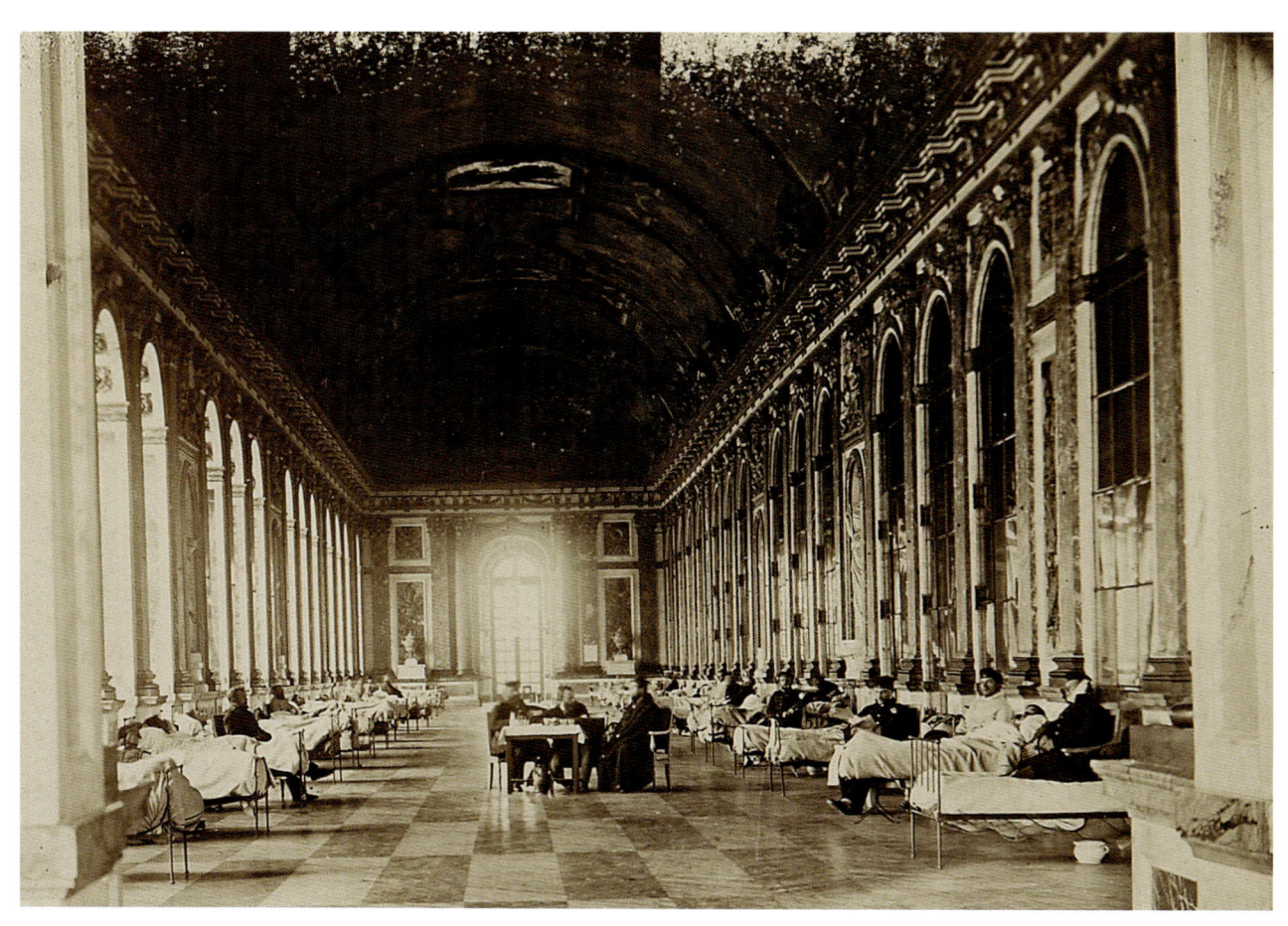

2.25b

Historienbilder der Zeit sollten wie Momentaufnahmen wirken. Inhaltlich vermittelten sie aber nicht die reportagehafte Darstellung der Ereignisse, sie gaben vielmehr eine Deutung des Geschehens. Dies gilt auch für Werners „Kaiserproklamation", dessen Blick auf das Ereignis sich in den verschiedenen Versionen veränderte. Hatte zuerst die deutsche Fürstenversammlung mehr Gewicht, so rückten später Wilhelm I., begleitet vom Kronprinzen, sowie Fürst Bismarck in den Mittelpunkt der Komposition. Die Kaiserproklamation wurde zum Ereignis weniger der deutschen als vielmehr der preußischen Geschichte verklärt.

Versailles war nicht nur Schauplatz der feierlichen Kaiserproklamation. Schon bald nach der Gefangennahme des Schlossherrn, des französischen Kaisers Napoleon III., am 1. September 1870 in Sedan bezog die preußische Oberste Heeresleitung mit König Wilhelm I. und Otto von Bismarck das Hauptquartier in Versailles, am 23. Oktober traf die bayerische Delegation ein. Militär und Diplomaten gaben sich nun die Türklinken in die Hand, wobei nicht vergessen werden darf, dass rund um Paris der Krieg noch heftig tobte. Die Belagerung von Paris dauerte vom 19. September 1870 bis zum 28. Januar 1871 und forderte zahlreiche Todesopfer. Besonders gefürchtet waren bei den deutschen Truppen die französischen Freischärler, die so genannten „franctireurs". Die vielen Verwundeten und Schwerstverwundeten wurden in Lazaretten betreut, die man in den Gebäuden des Schlosses, unter anderem in der Spiegelgalerie, einrichtete.

B. K./C. St.

Lit.: Deuerlein, Gründung; Gaethgens, Anton von Werner; Herre, Anno 70/71

2.25 a

Obwohl der bayerische König die alleinige Kaiserwürde des Hauses Hohenzollern ablehnte, wurde er als Verfasser des „Kaiserbriefs" als „Ludwig der Deutsche" gefeiert.

2.26 Karton zum Siegesdenkmalfries in Berlin
Anton von Werner (1843–1915)
Berlin, 1873
Öl/Leinwand, Ausschnitt (R)
Staatliche Museen zu Berlin, Nationalgalerie (Wv. 1837-7)

Im 1871 proklamierten Kaiserreich sollten Denkmäler den Zusammenhalt der neu geschaffenen deutschen Staatsnation festigen. Eines der ersten dieser Denkmäler war die 1873 eingeweihte Siegessäule in Berlin. Auftraggeber war Wilhelm I. Als Thema hatte sich der Kaiser die „Rückwirkung des Kampfes gegen Frankreich auf die Einigung Deutschlands" erbeten. Vier Mosaikbilder sollten in einem am Fuß der Säule begehbaren Raum die Etappen der Reichseinigung vor Augen führen: Herausforderung, Waffenbrüderschaft, der Deutsche Kaiser und das neue Reich.

Wilhelm I. hatte sich streng verboten, selbst dargestellt zu werden. An zentraler Stelle findet sich deshalb die allegorische Figur der Germania, die den Reichsadler auf ihrem Brustpanzer trägt. Ihren Thron umstehen der preußische Kronprinz Friedrich Wilhelm, General Moltke, General Roon und Reichskanzler Bismarck mit der Proklamationsurkunde in der Hand. Ein in die bayerischen Farben gekleideter Herold, in dessen Zügen man eine Ähnlichkeit mit Ludwig II. sehen könnte, überreicht die Kaiserkrone an Germania.

C. St.

Lit.: Alings, Siegessäule, S. 55–92; Bartmann, Anton von Werner

In einer zehntägigen Redeschlacht wurde im Bayerischen Landtag kontrovers über den Beitritt zum Kaiserreich debattiert.

2.27 Die Landtagsdebatte um deutsche Einheit und bayerische Freiheit

Anja Scheifinger, 2011
Hörstück
Produktion: Bayern 2 (Bayerischer Rundfunk)

Im Januar 1871 waren in Bayern die Weichen in Richtung Reichsbeitritt gestellt: König, Hochadel und Bischöfe hatten sich dafür ausgesprochen. Es fehlte aber noch das Votum des Landtags, der in einer zehntägigen Debatte um die Entscheidung rang. Weitgehend einig war man sich, dass das neue Reich zu zentralistisch und militaristisch, zu wenig freiheitlich und demokratisch war. Die Liberalen wollten dies in Kauf nehmen. Sie sahen vor allem die wirtschaftlichen Vorteile, den Freihandelsraum. Dagegen stemmten sich bis zuletzt die ostbayerischen Patrioten, unterstützt von einigen Unterfranken und Oberbayern. Sie wollten die österreichischen Nachbarn nicht ausschließen und die bayerische Freiheit nicht verlieren.

Dr. Edmund Jörg, Führer der Patriotenpartei, sprach sich für eine europäische Friedensordnung aus und warnte vor einem neuen Krieg gegen Frankreich, der dann ein Weltkrieg sein würde. 48 Abgeordnete blieben ihrer Überzeugung bis zuletzt treu und stimmten gegen den Beitritt. Auch wenn sie unterlagen, lebt ihr Gedankengut im „Europa der Regionen" bis heute fort. *R. L.*

Lit.: Loibl, Streit

Mit der Einführung der Mark als einheitliche Währung im Reich wurde der Verlust der bayerischen Eigenständigkeit handgreiflich.

2.28 Schützenscheibe zur Einführung der Mark

Lorenz Kaim (1813–1885)
Kronach, 1876
Öl/Holz, 48 x 48
Schützengesellschaft Kronach/Deutsches Schützenmuseum, Coburg

„Wohl die teuerste Frucht des Reichsbaumes ist für Bayern das neue Geld", titelte die patriotische Zeitung „Das Bayerische Vaterland" am 31. Januar 1876. Das Bestreben, Maße, Gewichte und Währung zu vereinheitlichen, war seit der Reichsgründung 1871 in vollem Gang. Als letztes Land des neuen Kaiserreichs führte Bayern nur sehr widerstrebend die Markwährung zum 1. Januar 1876 ein. Die Umstellung war mit zahlreichen Schwierigkeiten verbunden, so gab es nicht genug Münzen und es mangelte an Kleingeld, auch die Umrechnung war nur schwierig zu bewerkstelligen. Die Bevölkerung reagierte mit Unwillen, da man vermutete, dass viele Kaufleute die Umstellung zu einer Preiserhöhung nutzten: „Die Bäcker und Metzger bis hinunter zum Kastanienbrater, alle haben sich die Reichswährung zu nutzen gemacht, ja selbst der Verleger der Neuesten Nachrichten erlangt für sein Käsepapier eine erhöhte Abonnements- und Insertionsgebühr", räsonierte die „Neue Volks-Zeitung" am 12. Januar 1876.

Auch der Text auf der Schützenscheibe thematisiert die Umstellung von der gewohnten Gulden- in die Markwährung: „Zum 1. Januar 1876: Weil gekommen sind die Kronen, die Mark, die Siebenerl, die Pfennige und die blanken Nickel,/Müßen verschwinden die Sechser, Groschen, Kreuzer, Pfennig, halb und ganz Guldenstückl." *B. K.*

Lit.: Klose, Ludwig II.; Klose, Münzen; Sprenger, Geld

2.28

WIE DER KÖNIG KRIEG FÜHREN MUSSTE **89**

Besonderen Wert legte Ludwig II. als Regent darauf, auf der neuen Münzwährung dargestellt zu werden. Die größeren Nominale zeigten das Bild des Landesherrn.

2.29 Münzen der Gulden- und der Markwährung

Münzen der Guldenwährung, geprägt bis 1871:
Pfennig, Kreuzer, halber Gulden, Gulden
Münzen der Reichswährung, geprägt ab 1872/73:
1 Pfennig, 1 Mark, 20 Mark
Münzstätte: Königliches Hauptmünzamt, München
Staatliche Münzsammlung, München

Der Einführung der Reichswährung waren mehrere Schritte zur Vereinheitlichung der Währungsverhältnisse in Deutschland vorausgegangen. Im Münchner Münzvertrag von 1837 ordneten die süddeutschen Guldenländer ihre Währungsverhältnisse neu und vereinbarten einheitliche Normen für die Münzen. Der Dresdner Münzvertrag von 1838 brachte die Verbindung der süddeutschen Gulden- mit der norddeutschen Talerwährung. Als gemeinsame Münze wurde ein (wenig handliches und daher unbeliebtes) Stück zu 2 Talern = 3½ Gulden eingeführt. Der Wiener Münzvertrag von 1857 bezog Österreich ein und machte nun den preußischen Taler (in Süddeutschland: 1¾ Gulden) zur gemeinsamen Münze, die von allen Staaten geprägt werden sollte.

Damit begann der Siegeszug des preußischen Talers auch in Süddeutschland. Die Kriege von 1864, 1866 und 1870/71 verstärkten die preußische Vormachtstellung und so war es unausweichlich, dass die deutsche Reichswährung auf dem preußischen Taler beruhen würde. Man wählte jedoch nicht den Taler als neue Währungseinheit. Weil man einen Wert etwa in der Größe des französischen Franc bevorzugte, ging man vom Drittel des Talers aus. Er wurde unter dem Namen Mark – die Gewichtseinheit für Edelmetalle und zugleich der Name der Währung einiger Hansestädte – zur neuen Reichswährung. Nach der modernen Dezimalteilung wurde die Mark in 100 Pfennige eingeteilt.

Die Prägung der neuen Reichsgoldmünzen begann in Preußen bereits 1871, in den anderen Ländern einschließlich Bayern 1872. Erst 1873 wurde dann endgültig entschieden, dass die neue Währung eine reine Goldwährung sein sollte, das heißt der Wert der Währung beruhte allein auf der Relation zum Gold, die Silbermünzen sollten nur noch Scheidemünzen sein.

Vor allem in Bayern gestaltete sich der Übergang zur neuen Währung nicht reibungslos. Da die alten Münzen nicht mehr geprägt werden durften und die Prägung der Scheidemünzen der Reichswährung erst 1873 anlief, kam es in Bayern zu einem akuten Kleingeldmangel. Die krummen Umrechnungskurse (1 Gulden entsprach 1,714285 Mark) erschwerten die Umgewöhnung, manche Händler nutzten das zu Preiserhöhungen. Und hinzu kamen die antipreußischen Ressentiments in Bayern. Die bayerische Presse war voll mit Artikeln, die gegen die neue Währung Stimmung machten. Da erinnert manches an die Umstellung von der D-Mark zum Euro. *D. K.*

Lit.: Klose/Jungmann-Stadler, Königlich Bayerisches Geld; Sprenger, Geld

Die so genannten Reservatrechte, die Bayern von Bismarck gewährt wurden, waren nicht mehr als ein Trostpflaster für den Verlust der Souveränität.

2.30a Bayern im Deutschen Kaiserreich 1871
Karte
Haus der Bayerischen Geschichte, Augsburg

2.30b „Preußens idealer Reichsgedanke"
Karikatur aus: „Die Bremse" vom 4. April 1874
Druckgrafik (R)
Bayerische Staatsbibliothek München

2.30c Reservatrechte
Grafik
Haus der Bayerischen Geschichte, Augsburg

2.30d „Der Seppl als Protestler"
Postkarte (R)
Haus der Bayerischen Geschichte, Augsburg (bapo 775)

2.30e „Bilder ohne Worte"
Karikatur aus: „Die Bremse" vom 4. Januar 1872
Druckgrafik (R)
Haus der Bayerischen Geschichte, Augsburg

Mit der Gründung des Deutschen Reichs 1871 gingen viele Kompetenzen der ehedem souveränen deutschen Staaten an die neue Zentralgewalt über. In zähen Verhandlungen zwischen dem preußischen Kanzler Otto von Bismarck und bayerischen Gesandten hatte man sich in den Novemberverträgen 1870 darauf geeinigt, dem Königreich Bayern als Gegenleistung für den Beitritt zu dem neuen, preußisch dominierten Staatsgebilde ebenso wie für die Proklamation des preußischen Königs zum Deutschen Kaiser einige Ausnahmen zu gewähren. Mehrere Hoheitsrechte, die gemäß der Verfassung von 1871 eigentlich in die Zuständigkeit des Reichs fielen, durfte Bayern selbstständig regulieren, darunter das Niederlassungs- und Heimatrecht, die Bier- und Branntweinbesteuerung, die gesetzlichen Regelungen zu Immobilienversicherungen, die Organisation des Eisenbahnwesens sowie die Verwaltung des Post- und Telegrafenwesens samt den daraus erzielten Einnahmen. Lediglich in Friedenszeiten unterstand die bayerische Armee dem Oberbefehl des bayerischen Königs, im Krieg wurde sie dem Kommando des Kaisers unterstellt. Zu diesen als „Reservatrechte" bezeichneten Befugnissen kamen besondere Mitgliedschaftsrechte des Königreichs Bayern, wie der ständige Sitz oder das Präsidium in einigen Reichsgremien.

Diese Privilegien hatten weniger machtpolitisches Gewicht als vielmehr psychologische Wirkung für das bayerische Selbstverständnis und wurden eifersüchtig gehütet, wie zahlreiche zeitgenössische Karikaturen verdeutlichen. Allein den Einnahmen der Bier- und Branntweinsteuer kam eine gewisse finanzielle Bedeutung zu. Keinesfalls milderten diese Rechte die überwältigende Dominanz Preußens, das als größter Einzelstaat des Deutschen Reichs über rund zwei Drittel an Fläche und Einwohnerzahl verfügte. Dieses Kräfteverhältnis spiegelte sich sowohl im Reichstag als auch im Bundesrat wider, wo Bayern über sechs von 58 Stimmen verfügte. Gegen Preußen konnte nichts entschieden werden. Nur Preußen vermochte mit seinen 17 Bundesratsstimmen eine Verfassungsänderung zu erreichen, wofür eine Sperrminorität von 14 Stimmen reichte.

Neben der Außenpolitik, die in der alleinigen Zuständigkeit des Reichs lag, befasste sich Berlin sukzessive auch mit dem Justizwesen, der Wirtschaftsordnung sowie dem Presse- und Vereinsrecht. Für diese Bereiche der konkurrierenden Zuständigkeit von Reich und Ländern galt nämlich, dass die Teilstaaten die Legislative nur ausübten, solange das Reich von seiner Kompetenz keinen Gebrauch machte. Gemäß dem Grundsatz „Reichsrecht bricht Landesrecht" zog das Reich immer mehr Kompetenzen an sich, weshalb der Reichstag in Berlin an Einfluss gewann, während die Bedeutung der Landtage zurückging.

A. Th. J.

Lit.: Albrecht, Reichsgründung; Huber, Verfassungsgeschichte, Bd. 3, S. 806ff.

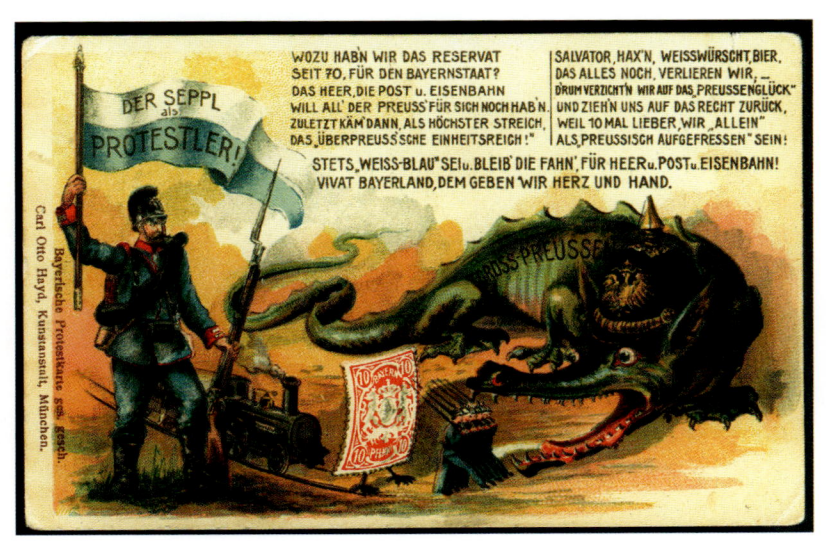

WIE DER KÖNIG KRIEG FÜHREN MUSSTE

Dritter Akt

» Wie der König
seine Gegenwelten schuf

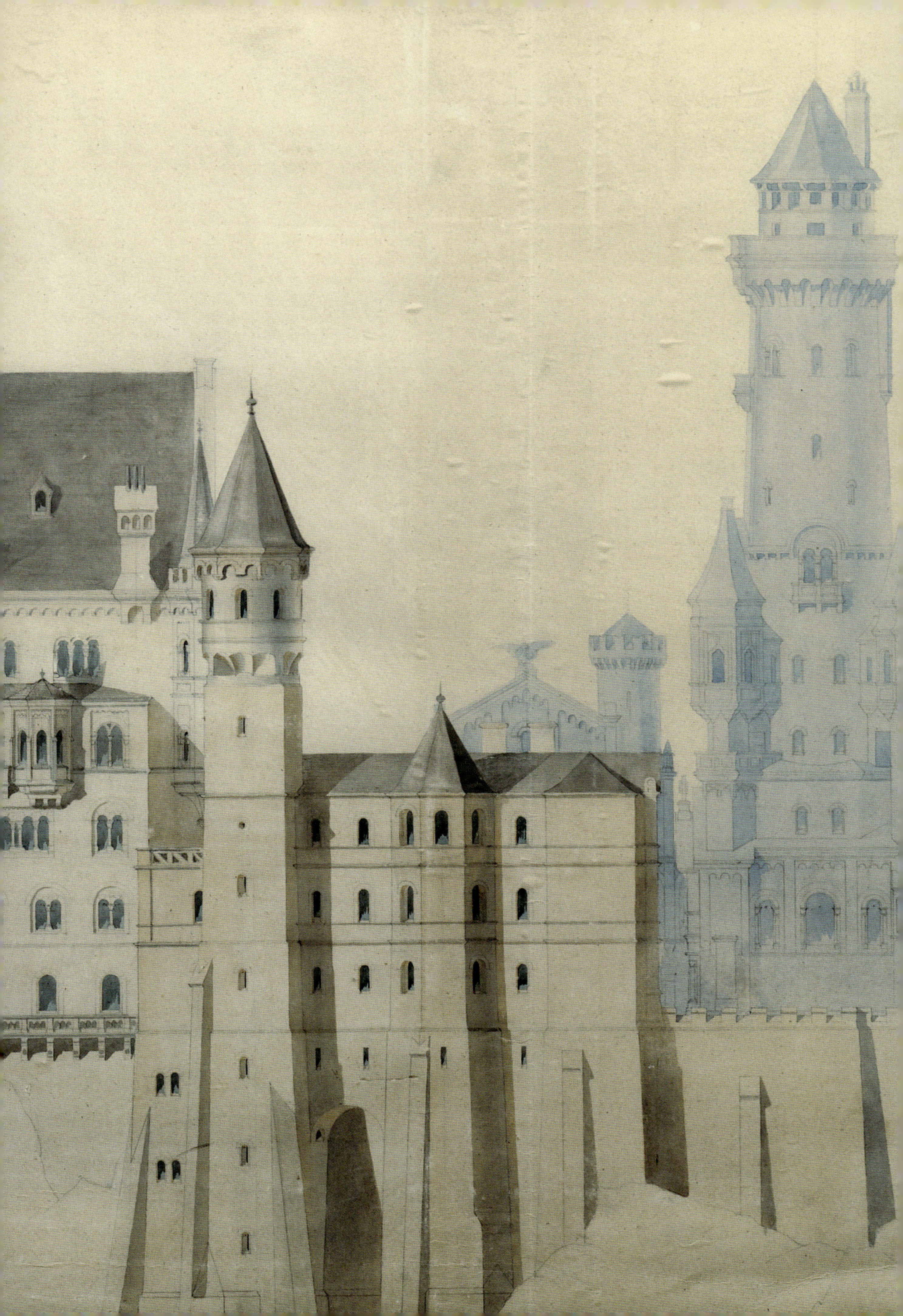

Gebaute Gegenwelt

Die „Königsschlösser" in den bayerischen Bergen leisten einen bedeutenden Beitrag zum Psychogramm Ludwigs II. Sie entstanden nach dem Machtverlust Bayerns im Gefolge des „Deutschen Krieges" 1866, wo sie dem König die Gelegenheit boten, wie ein mittelalterlicher Herrscher – in Neuschwanstein – oder wie ein absolutistischer König – in Herrenchiemsee und Linderhof – zu leben. Dennoch verstand Ludwig II. sich stets als konstitutioneller König von Bayern und bezog sich auf seine, die wittelsbachische, Dynastie. So finden sich in seinen Bauten Bezüge zur gebauten Vergangenheit des eigenen Hauses, selbst in der ganz dem Ancien Régime und speziell Ludwig XIV. geweihten Paraphrase von Schloss Versailles: das Neue Schloss Herrenchiemsee.

Das Spiegelkabinett des dortigen Kleinen Appartements, der Blaue Salon, ist formal dem von François Cuvilliés d. Ä. entworfenen Spiegelkabinett der Reichen Zimmer Kurfürst Karl Albrechts in der Münchner Residenz eng angelehnt; in Versailles gab es keinen vergleichbaren Raum. Spiegelkabinette waren im 18. Jahrhundert ein Schwerpunkt süddeutscher Raumgestaltung. Auch in Schloss Linderhof weist das für Ludwig II. geschaffene Interieur in seiner Fülle und Dichte auf das süddeutsche Rokoko, das unter seinem Ahnen Kurfürst Karl Albrecht zu höchster Blüte gekommen war, weniger auf das französische. Diese Orientierung bewirkte die unvergleichliche originäre Qualität des für Ludwig II. geschaffenen Neurokoko, das im Übrigen von großer Bedeutung für die Entwicklung des Münchner Jugendstils war. In der Nähe von Linderhof wurde ab 1885 mit dem Bau eines Parkschlösschens, des Hubertuspavillons, begonnen, in der Baugestalt eine Paraphrase der Amalienburg im Nymphenburger Schlosspark, die Ludwig II. seit Kindertagen kannte – auch dies ein Bau Karl Albrechts, nachmals Kaiser Karl VII. Offensichtlich suchte Ludwig II. in den letzten Lebensjahren immer stärker den symbolischen Kontakt zur Macht und Legitimation seiner eigenen Ahnen.

Neuschwanstein

Die Anregung für den Bau von Neuschwanstein empfing Ludwig II. im Sommer 1867 beim Besuch zweier wiederaufgebauter Burgen, die Denkmal und Wohnsitz zugleich sein sollten. Zunächst besuchte er, um den Originalschauplatz von Wagners „Tannhäuser" kennen zu lernen, die Wartburg, die Hugo von Ritgen für Großherzog Carl Alexander von Weimar als bewohnbares Denkmal der Landgrafen von Thüringen, als Wirkungsstätte der hl. Elisabeth und als „Kampfplatz der größten deutschen Dichter des Mittelalters" restauriert hatte. Dann zeigte Napoleon III. ihm Pierrefonds, wo Eugène Viollet-le-Duc eine der imposantesten gotischen Burgruinen Frankreichs als Museum und Residenz für den Kaiser wiederherstellte. Im April 1868 fasste Ludwig II. den Plan, die Ruinen von Vorder- und Hinter-Hohenschwangau wieder aufbauen zu lassen. Diese Ruinen in hochromantischer Lage waren bereits von seinem Vater in das System der Spazierwege um den Sommersitz Hohenschwangau einbezogen worden. „Das künftige Schloß soll meiner Absicht nach viel mehr das ächte mittelalterliche Gepräge einer altdeutschen Ritterburg erhalten als das untere Hohenschwangau", schrieb er seinem Vetter Wilhelm von Hessen. Erst vier Wochen später, als die Planungen schon in vollem Gang waren, informierte er Wagner über sein Vorhaben und stellte in Aussicht, der „heilig und unnahbar" gelegene Platz solle „ein würdiger Tempel für den göttlichen Freund, durch den einzig Heil und wahrer Segen der Welt erblühte", werden. Der Freund aber brachte offenbar wenig Verständnis für das Projekt „in steiler Höh', umweht von Himmelsluft" auf; die Gästezimmer wurden nie vollendet und 1879 ordnete der König an, die Wandgemälde in der Burg sollten nicht Wagners Musikdramen, sondern die diesen zugrunde liegenden mittelalterlichen Epen vergegenwärtigen.

Mit der zunehmenden Vereinsamung Ludwigs II. verlagerte sich auch der Interessenschwerpunkt der Dekoration von Neuschwanstein. Ihren Höhepunkt erreichten die den König bewegenden Themen des christlichen Königtums und der Erlösung im Thronsaal. Diesen Denkmalraum ließ der Bauherr, der sich immer stärker mit der Gralssage identifizierte, zunächst nach Schilderungen der sagenhaften Gralshalle in mittelhochdeutschen Epen entwerfen. Sulpiz Boisserée hatte 1834 einen Bezug zwischen dieser Halle und dem gotischen Zentralbau der Klosterkirche in Ettal gesehen, der Gründung Kaiser Ludwigs des Bayern (1330), des einzigen Wittelsbachers, der im Mittelalter Kaiser geworden war. Der dynastische Bezug zur Gralshalle war somit für Ludwig II. ein weiterer Erweis der größeren Anciennität seines Hauses gegenüber den Hohenzollern.

Das ikonografische Programm des Thronsaals, eines der vielschichtigsten des 19. Jahrhunderts, entwarf der belesene König selbst; es bezieht auch die Rechtsgrundlagen des Königtums, antikes und biblisches Recht, ein. Im Verlauf der Planungen ordnete Ludwig II. an, dass der Raum nach dem Vorbild der Hagia Sophia in Konstantinopel und der Allerheiligenhofkirche der Münchner Residenz zu gestalten sei. Auch die Ausmalung der Apsis orientierte sich an einem Kirchenbau, und zwar an der Klosterkirche St. Bonifaz, der Grabkirche seines Großvaters. In Neuschwanstein ist aber das Thema der Apsisgemälde anders: Sechs heilig gesprochene Könige des Mittelalters, unter ihnen sein Namenspatron, Ludwig IX. von Frankreich, sind hier dargestellt. So bildet dieser einzigartige Raum ein dichtes Beziehungsgeflecht aus ferner Geschichte, Religion und Ludwigs II. eigener Dynastie.

Zur letztmöglichen Steigerung eines Weiheraums des Königtums geriet die Raumvision für das Schlafzimmer der geplanten Burg Falkenstein, vor allem das Bett in Formen eines Baldachinaltars. Ein Bett hat mit diesem hieratischen Zusammenhang historisch nichts zu tun. Was Ludwig II. hier kühn und in höchster Qualität vollziehen wollte, war die Verschmelzung von byzantinischem Kaiser, Ludwig IX. dem Heiligen und Ludwig XIV. Nur in dessen absolutistischem Zeremoniell gewann das Bett königliche Bedeutung.

Den direkten Bezug zum Kaiser von Byzanz hatte Ludwig II. schon 1869 mit einem Projekt hergestellt, das er nach Beschreibungen der Palastanlage am Goldenen Horn planen ließ. 1885 ließ er dieses Gebäude in konzentrierter, monumentaler Gestalt nochmals projektieren. Die Kaiser als höchste weltliche Herrscher, nicht nur die beiden aus seiner eigenen Dynastie, wurden angesichts des neuen deutschen Kaisertums der verhassten Hohenzollern für Ludwig II. zum immer stärker beschworenen Ideal seiner eigenen Person. Selten in der Geschichte war eine Überkompensation so schöpferisch.

Uwe Gerd Schatz

Herrenchiemsee – Tempel des absoluten Königtums

1867 entdeckte Ludwig II. für sich Ludwig XIV., den „Roi Soleil", als idealen Herrscher und Inbegriff absoluten Königtums. Angesichts seiner eingeschränkten politischen Möglichkeiten nach 1866 und insbesondere nach 1871 erschien ihm die „Poesie des Königtums" von Gottes Gnaden als eine Gegenposition von mächtiger Strahlkraft. Die Weltausstellung 1867 war der Anlass für eine erste Reise Ludwigs II. nach Paris; 1874 folgte die Besichtigung von Versailles. Mit Feuereifer vertiefte sich der König in Bücher, Bilder, Ansichten und Pläne zu historischen Ereignissen, Bauwerken, Kunst und Kunstgewerbe des französischen Absolutismus. Erste Wirkung zeigten die Reiseeindrücke in der Umgestaltung seiner (1944 zerstörten) Wohnung in der Münchner Residenz im Stil des Neobarock, den er am Hof Napoleons III. kennen gelernt hatte. Hier entstand das erste Schlafzimmer nach dem Vorbild des Paradeschlafzimmers Ludwigs XIV.

Das unter dem Anagramm „Tmeicos Ettal", auch „Meicost Ettal", („l'état c'est moi") 1868 begonnene Versailles-Projekt war zunächst als Rückzugsort im einsamen Graswangtal geplant, und zwar als kleiner Pavillon sowie einer Kapelle nach dem Vorbild der Palastkapelle von Versailles. Die Dimensionen des Projekts dehnten sich jedoch so weit, dass der Bau wegen des Geländereliefs am Linderhof nur mit sehr aufwändigen Substruktionen hätte realisiert werden können. Den Ausweg bot der Erwerb der Insel Herrenwörth im Chiemsee 1873. Hier begann Ludwig II. im Jahr 1878 die Errichtung seines Neu-Versailles: „gewissermaßen ein Tempel des Ruhmes, worin ich das Andenken an König Ludwig XIV. feiern will". Der „Bürgerkönig" Louis-Philippe hatte das von Ludwig XIV. zur größten Schlossanlage der Welt ausgebaute Jagdschlösschen seines Vaters 1837 in ein Museum „zum Ruhme Frankreichs" umgewandelt; das königliche Paradeschlafzimmer wurde darin wie ein Heiligtum Ort der Verehrung Ludwigs XIV. Auch im „Neuen Versailles" Ludwigs II. waren die Kernräume Spiegelgalerie und Paradeschlafzimmer ausschließlich der Erinnerung an Ludwig XIV. gewidmet. Der auf der Insel reichlich vorhandene Platz ermöglichte schließlich die Anlage eines „Petit Appartement", eines Privatappartements für den König, wie es schon Ludwig XV. in Versailles hatte einrichten lassen. Diese Räume griffen retrospektiv Formen der und Erinnerungen an die Epoche Ludwigs XV. auf, mit deren überfeinertem Sinn für das Schöne sich Ludwig II. identifizierte. Das vom König stets geforderte unbedingte Streben nach historischer Treue bedeutete also nicht, dass er Versailles in Herrenchiemsee exakt kopierte. Teils rekonstruierte er verlorene frühere Zustände von Versailles, teils übersteigerte er Größe und Pracht. So entstand in Herrenchiemsee mit dem zentralen Paradeschlafzimmer eine grandiose Neuschöpfung, fast doppelt so groß wie in Versailles, ein „Idealbild einer Chambre de Parade des Sonnenkönigs" (Petzet). Hinter der „balustrade sacrée" erhebt sich wie ein Altar das Prunkbett, das weltweit zum Kostbarsten und Aufwändigsten gehört, was die Textilkünste im 19. Jahrhundert hervorgebracht haben. Darin zu schlafen war nie Ludwigs II. Absicht. Vielmehr wollte der König den ursprünglichen Glanz von Versailles wiedererstehen lassen; daher verzichtete er auf optisch auffällige Bezüge zur bayerischen Königswürde und ließ auch sein eigenes Abbild tilgen.

Die „deutsch" gestimmten Zeitgenossen und insbesondere auch Richard Wagner hatten wenig Verständnis für diese Huldigung an die französischen Könige. Schwer nachvollziehbar war auch, dass Herrenchiemsee weder politischen noch repräsentativen Funktionen dienen sollte. Ludwig II. freilich interessierte sich nicht für die aktuellen Regenten Frankreichs, sondern ausschließlich für die Bourbonen. Ihnen fühlte er sich auch im geistigen Sinn verbunden. Sein Großvater und Taufpate Ludwig I. war von Ludwig XVI. aus der Taufe gehoben worden, sein Geburtstag war der 25. August: der Namenstag des hl. Ludwig, eines Stammvaters der Bourbonen, den Ludwig II. in seinen Schlossausstattungen an unterschiedlichen Orten darstellen ließ.

Herrenchiemsee war dem König vornehmlich gebaute Gedankenwelt, Zufluchtsort, um die „schauderhafte" Zeit, in die er geworfen war, auf einige Momente zu vergessen, Ausweis monarchischer Eigenständigkeit, „Hauptlebensfreude" und synästhetische Realität seines Königtums. Anders als sein Großvater Ludwig I. mied er den direkten Austausch mit den Künstlern. Zur Anregung seiner Fantasie und zur Vermeidung von Störungen des Gesamtbilds forderte der König genaue Pläne und bildhafte Entwürfe. Nächtelang korrigierte er sie bis ins kleinste Detail. Vielfach befahl er Umplanungen am begonnenen Bau, manisch und akribisch trieb er seine Visionen voran. Immer rastloser wurde der König, immer mehr Projekte liefen parallel – und finanziell schließlich aus dem Ruder.

Katharina Heinemann

Von der Burg des Vaters zu eigenen Idealen

Zwei Idealentwürfe vom selben Maler und doch recht verschieden: Sie hatten unterschiedliche Funktionen.

3.01a Idealentwurf für Neuschwanstein
Christian Jank (1833–1888)
München, 1869
Gouache, Aquarellfarben, graue Tusche/Papier, 61,7 x 76,8
Wittelsbacher Ausgleichsfonds, München (B VIII 156)

3.01b Idealentwurf für Falkenstein
Christian Jank (1833–1888)
München, 1883
Gouache, Aquarellfarben/Papier, 100 x 72,7
Bayerische Schlösserverwaltung, München (L.II.-Mus. 503)

Mit beiden Idealentwürfen zu seinen Burgprojekten beauftragte Ludwig II. den Theater- und Bühnenmaler an der Münchner Hofoper, Christian Jank. Der Grund war jedoch nicht nur die generell starke Affinität des Königs zum Theater. Das spätere 19. Jahrhundert war die große Zeit der naturalistischen Reliefbühne. Hatte einst die barocke Kulissenbühne vor allem durch Perspektiven Räume geschaffen, so geschah dies zu Zeiten Ludwigs II. hauptsächlich durch große bemalte Flächen, die in sich perspektivisch angelegt waren. Somit kam den Malern auf der Bühne entscheidende Bedeutung zu – so sehr wie nie zuvor und nie danach. Logische Voraussetzung der Reliefbühne war die Fähigkeit, wirkungs- und effektvolle, quasi plastisch anschauliche Bilder zu schaffen. Diese ebenso emotionale wie präzise Anschaulichkeit war für Ludwig II. zentral wichtig und er forderte sie stets, auch bei jeglichen Detailentwürfen.

Seinem ersten Hofarchitekten Eduard Riedel mangelte es an diesem Talent und so gab es bei den frühen Planungen für Neuschwanstein die Ansichten Janks und die Entwürfe Riedels als klassische Architekturrisse parallel. Seit 1868 fertigte Jank mehrere malerische Ansichten der „Neuen Burg", zunächst direkt am Bestand der mittelalterlichen Ruinenreste am Bauplatz orientiert, dann zunehmend vergrößert. Der große Idealentwurf von 1869, Grundlage aller weiteren Planungen, zeigt die Anlage stark erweitert, auch um neue Gebäude, behält aber die überkommene Position des Palas im Westen und des Bergfrieds im Osten bei. Deutlicher als bei den Vorentwürfen erkennt man hier die vom Bauherrn verlangten Vorbilder, die Wartburg, Pierrefonds, die er beide 1867 besichtigt hatte,

3.01a

aber auch fantasievoll überhöhte Burgendarstellungen in der spätmittelalterlichen Buchmalerei haben offensichtlich eingewirkt.

Der Idealentwurf für Falkenstein ist im Gegensatz dazu nicht am Bauplatz orientiert – und damit auch nicht an der Ausführbarkeit. Auch stand er ganz am Anfang der Idee für eine neue Burg Falkenstein, war also eine das Projekt für Ludwig II. emotional einleitende Vision, die bei den weiteren Planungen keinerlei Rolle mehr spielte. Petzet erkannte 1968 in dem Palas als Vorbild das Rathaus von Löwen in Belgien, im Bergfried den Hauptturm der Nürnberger Burg, was genau zu der historische Motive effektbetont übersteigernden und in der Tat sehr inszenatorischen Komposition passt. Für Ludwig II., der bei seinen Projekten stets Vision und Verwirklichung gemeinsam im Blick hatte, ist dieser Idealentwurf daher recht untypisch. Da die Falkenstein dann entwerfenden Architekten Max Schultze und Julius Hofmann, der zweite Nachfolger Riedels, auch malerisch hervorragende Grafiker waren, konnten sie die verlangte Anschaulichkeit selbst erzielen. Ein Theatermaler wie damals bei Neuschwanstein war hier nicht mehr nötig.

U. G. S.

Lit.: Baumgartner, Träume, S. 77–95; Hojer, König Ludwig II.-Museum, S. 298f.; Petzet, König Ludwig II., S. 176, Kat.-Nr. 324

3.01 b

Maximilian II., der Vater Ludwigs II., hatte Schloss Hohenschwangau als Ort seiner romantischen Mittelaltersehnsucht ausgestalten lassen.

3.02 Hohenschwangau
>Julius Lange (1817–1878)
>Um 1845
>Öl/Leinwand, 142 x 105,5
>Bayerische Schlösserverwaltung, München (L.II.-Mus. 3210)

König Maximilian II. von Bayern hatte das etwas baufällige mittelalterliche Schloss Hohenschwangau in seiner Jugend auf einer Wanderung erstmals gesehen, im April 1829, und war gleich fasziniert. 1832 kaufte er es und ließ es im „gothischen Styl" „wiederaufbauen", bezeichnenderweise unter Leitung eines Malers und Grafikers: Domenico Quaglio. Da die meisten Räume vorhanden waren, lag der Schwerpunkt nicht auf der Architektur, sondern auf sentimental-assoziativer Bildhaftigkeit. Das Schloss wurde außen wie innen „historisch" gestaltet; mittelalterliche Sagen und bayerische Geschichte waren in vielen Wandbildern dargestellt, darunter auch die vom Schwanenritter Lohengrin, eben Bilder der ersehnten poetischen Vergangenheit. Die Räume waren verschiedenen Themen gewidmet. „Ritterfeste" in historischer Gewandung wurden gefeiert. Hier verbrachte die Familie Max II. die Sommerferien, in einer Gebirgslandschaft, die alle romantischen Vorlieben erfüllte: Wildheit, Idylle, Erhabenheit, Einsamkeit.

Das Gemälde zeigt das Schloss stimmungsvoll in diese Aspekte eingebettet. Zwei Rehe vorn am Teichufer verweisen darauf, dass die Romantik hier bereits biedermeierlich gefühlt ist. Die Umgebung wurde auch erwandert, vor allem von Königin Marie, die als erste hochgestellte Dame Berggipfel erstieg. Max II. ließ für sie die Umgebung als Landschaftsgarten anlegen, der auch die beiden Seen einschließt. *U. G. S.*

Lit.: Baumgartner, Hohenschwangau, passim

"Ein neues Schloß für uns und unsere Hofhaltung": Der König plante anfänglich einen Bau, der auch gesellschaftlichen Ansprüchen genügen konnte. Erst mit seiner wachsenden Menschenscheu verwandelte sich Neuschwanstein in eine Einsiedelei.

3.03 Entwurf zur Grundsteinlegungsurkunde für Neuschwanstein

München, 1869
Feder/Pergament, 42,4 x 33,9
Bayerische Schlösserverwaltung, München (Registratur)

Das aufwändig gestaltete Blatt wurde offensichtlich dem König vorgelegt, der mehrere Leerstellen ausfüllen ließ. Der Umfang der Einfügungen erforderte eine neue Reinschrift, für die – den in Blei markierten Zäsuren zufolge – auch der Zeilenfall geändert werden musste. Der als königliche Anordnung formulierte Text bereitet darauf vor, dass Ludwig II. den Grundstein zu seiner Burg nicht selbst legen würde. In der Tat waren bei der offenbar schmucklosen Zeremonie der Grundsteinlegung am 5. September 1869 nur der Architekt und ein Vertreter des Organisators Düfflipp zugegen – den König interessierte das erträumte Ergebnis, nicht der Weg dahin.

Die Formulierung, „an jener Stelle, wo einst die Burgen Vorder- und Hinter-Hohenschwangau ihre Zinnen erhoben, [solle] ein neues Schloß für Uns und Unsere Hofhaltung" erbaut werden, lässt erkennen, dass Ludwig II. von der zwei Jahre zuvor gefassten Idee zum Wiederaufbau der mittelalterlichen Burg ein Stück abgerückt war. So sollte Neuschwanstein die Vorgängeranlage deutlich in der Größe übertreffen.

Bedeutsam ist die Empfehlung des Baus in den „Schutz Gottes, der heiligen Maria, als der Patrona Bavariae, und des hl. Ludwig". Zur Patrona Bavariae wurde die Muttergottes offiziell erst 1913 erhoben, doch hatte der König sich auch 1871 in der Landshuter Trausnitzkapelle als Votant vor der Patrona darstellen lassen.

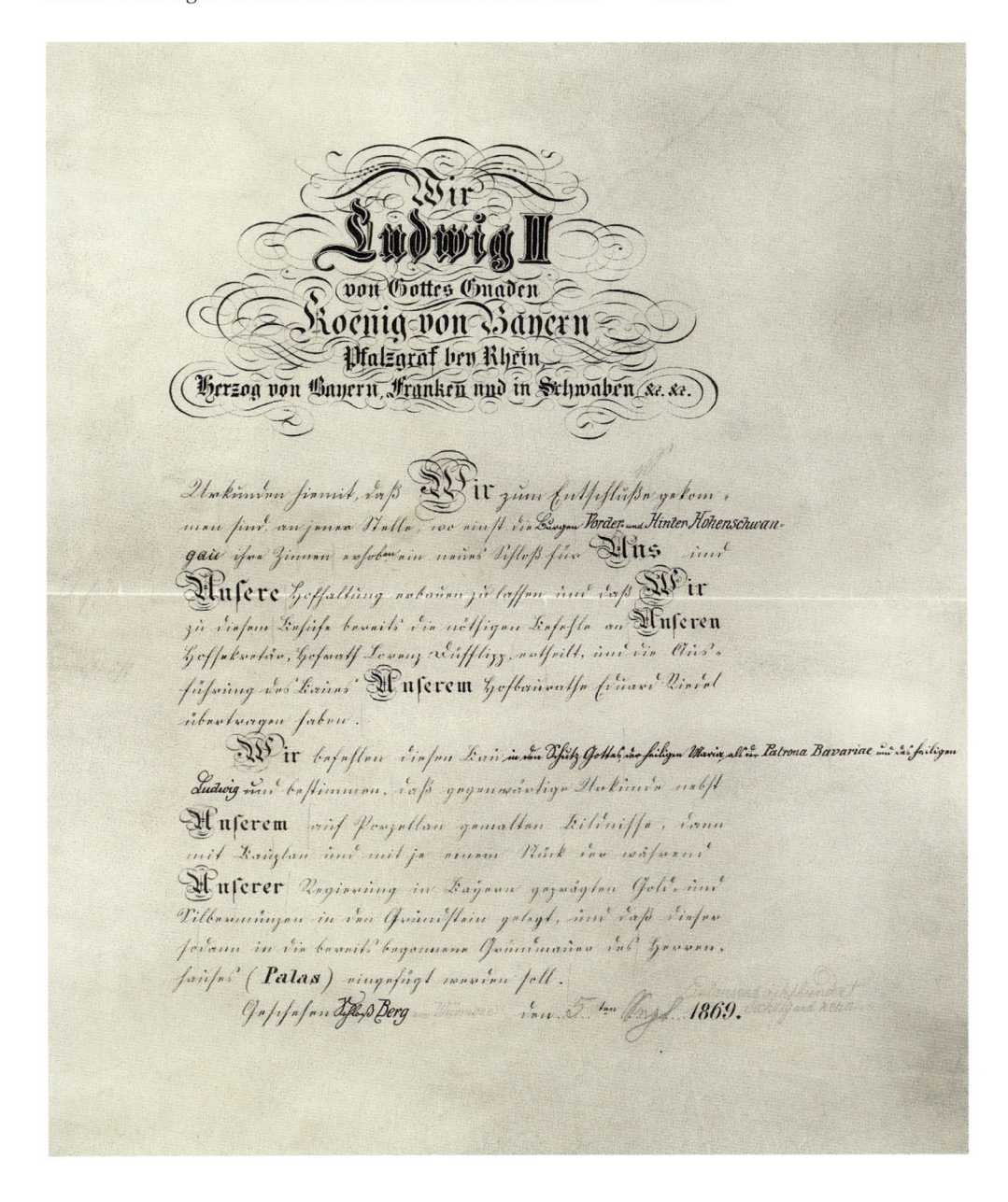

J. E.

Der Schwan als Verweis auf die von den Gralsrittern gesandte Erlösergestalt Lohengrin ist ein Leitmotiv nicht nur der Herrschaft Hohenschwangau, sondern des Selbstverständnisses Ludwigs II. als Herrscher.

3.04 Lohengrins Schwan als Briefbeschwerer einer Schreibgarnitur

Entwurf: Julius Hofmann (1840–1896); Modell: Philipp Perron (1840–1907)
Ausführung: Ferdinand Harrach (1821–1898)
München, 1883
Metall, vergoldet; Email, Lack, mit Steinen besetzt, 25,5 x 23,5 x 17
Bayerische Schlösserverwaltung, München (Neusch. V0048)

Der Briefbeschwerer gehört zu der neoromanischen Schreibgarnitur des Arbeitszimmers in Neuschwanstein, auf die besondere Sorgfalt verwendet wurde. Lohengrins Schwan – kenntlich am Krönchen um den Hals und den Wellen – wird getragen von einem massiven, von lapislazuliblauen Säulen besetzten Sockel, dessen Wände mit dem bayerischen Rautenwappen besetzt sind. Der zugehörige Lohengrin (im Entwurf noch ohne den wiederum dargestellten Schwan) steht auf dem Schreibzeug selbst. Dieses ist durch das Wappen des Königreichs mit Löwen und Krone als Gerät für das Regierungshandeln des Königs von Bayern ausgewiesen.

Die Verbindung von Rautenwappen und Schwan kennzeichnet auch andere Stücke der Garnitur. Auf der Schreibmappe nimmt der Schwan den Platz einer Schildbekrönung ein, über der die Königskrone schwebt.

Lässt sich die Nebeneinanderstellung von Schwan, Löwe und Rauten im Schlafzimmer noch als Anspielung auf die Königsburg in Schwangau interpretieren, so war in der engeren Verbindung in der Schreibgarnitur des Arbeitszimmers wohl mehr gemeint als eine bloße Reminiszenz an Wagners Musikdrama: Der König konnte in die Rolle des Lohengrin schlüpfen und sich mit dem indirekt vom Himmel gesandten Erlöser der Bedrängten identifizieren. Diese Interpretation drängt sich umso stärker auf, als die Wandbilder im Arbeitszimmer von Neuschwanstein eigentlich der Gestalt Tannhäusers gewidmet waren; Lohengrin war Thema des Wohnzimmers.

J. E.

Lit.: Petzet, König Ludwig II., Kat.-Nr. 224, 232, 233;
Schatz/Ulrichs, Neuschwanstein, S. 68 (historische Fotografie mit der ganzen Garnitur)

„Das künftige Schloß soll meiner Absicht nach viel mehr das ächte mittelalterliche Gepräge einer altdeutschen Ritterburg erhalten als das untere Hohenschwangau." (Ludwig II., 25. April 1868)

3.05 Vorentwurf für die „Neue Burg Hohenschwangau"
Christian Jank, 1868
Aquarell/Papier, 46 x 28,1 (Blatt)
Wittelsbacher Ausgleichsfonds, München (B VIII 0152)

Die Visualisierung des wohl frühesten Bauprojekts übernimmt relativ getreu die Disposition der mittelalterlichen Burg mit der räumlichen Trennung zwischen dem in drei Abschnitte geteilten Wohnbau „Vorder-" und dem quadratischem Turm „Hinter-Hohenschwangau", der einen runden Aufbau erhalten sollte. Die Planung basierte zunächst auf einem Aufmaß der Ruinen, dessen Flüchtigkeit schon im Sommer 1868 erkannt wurde: Links vom Turm gab es einen tiefer gelegenen Wirtschaftshof, der hier noch fehlt, und der letzte Bauteil rechts war, dem Felsgrat folgend, leicht abgeknickt. Die Disposition des Vorgängerbaus prägt noch die heutige Burg, obwohl deren Gebäude stark vergrößert und überhöht wurden.

Neuschwanstein wurde ganz bewusst auf eine malerisch-romantische Erscheinung getrimmt, die noch heute ihre Wirkung nicht verfehlt. Der Hintergrund mit Pöllatfall und Marienbrücke ist in dieser grafischen Form mindestens vier Ansichten gemeinsam – drei davon aus der ersten Planungsphase vor der Anfügung des Vorhofs, die vierte, von 1869 bereits mit der fast definitiven Erscheinung der Silhouette (Kat.-Nr. 3.01a). Offenbar war nicht nur die Einbettung in die Landschaft bedeutsam, sondern man beriet mit vergleichbaren Darstellungen gezielt über die pittoreske Silhouette und „den altdeutschen, romantischen Burgenstyl", der dem König vorschwebte. Jedenfalls folgten auf das vorliegende, ein wenig an den Wiederaufbau von Lichtenstein in der Schwäbischen Alb erinnernde Projekt ein weiteres von Jank und eine externe Anregung des Grafen Pocci (?) in anderen gotischen Formen. Erst die Mitte Mai 1868 Richard Wagner mitgeteilte Idee, Reminiszenzen an Bühnenbilder zu „Lohengrin" und „Tannhäuser" zu integrieren, scheint den Ausschlag für die romanische Formensprache Neuschwansteins gegeben zu haben, für die der König sich spätestens Anfang Juni entschieden hatte.

J.E.

Lit.: Baumgartner, Träume, S. 78–88; Erichsen, Ludovicus conservator; Evers, Ludwig II., S. 178–187, Abb. 84f.

Im Lauf der Planung verwandelte sich der Wiederaufbau einer mittelalterlichen Burg
in die Errichtung eines königlichen Schlosses mit Raum für repräsentative Veranstaltungen.

3.06 Neuschwanstein (Bergseite)
Atelier Georg Dollmann, 1884
Feder und Blei, laviert/Papier, 83,5 x 140,2
Bayerische Schlösserverwaltung, München (L.II.-Mus. 409)

Der Aufriss zeigt die bei Planungsschluss vorgesehene Erscheinung der Burg mit dem beim Tod Ludwigs II. noch ausstehenden Bergfried über der Kapelle. Dollmann hat es verstanden, die malerische Detailverliebtheit in Zinnen und Stufengiebel der Entwürfe Riedels und Janks (vgl. Kat.-Nr. 3.01a) zu disziplinieren und dem exponiert gelegenen Bauwerk eine strengere und auch witterungstaugliche Form zu geben. Durch den Verzicht auf den Hauptturm wurde nicht nur die intendierte Silhouette der Burg empfindlich gestört: Dem hohen Treppenturm am Palas fehlt heute ebenso das Gegenüber wie der Palasfassade das Gegengewicht der Kapellenfront, der vom König gewünschte Blick auf die Türme vom Festsaal aus fehlt. Die Gesamtanlage erinnert noch von ferne an die Wartburg, von der auch der polygonale Erker an der Kemenate (Bildmitte) inspiriert ist. Der nun fünfgeschossige Wohnbau enthält von unten nach oben Küche, Dienerzimmer, Gästezimmer, Privaträume des Königs und den Festsaal. Wegen der zunehmenden Menschenscheu Ludwigs II. wurden die Gästezimmer nicht ausgebaut und anstelle der Empfangsräume der zeremoniell nicht nutzbare Thronsaal eingefügt.

J. E.

Von der Wartburg zur Gralsburg: Neuschwansteins Entwicklung

Wie es gewesen war und wie es werden sollte: Die 3-D-Animation zeigt,
was in Neuschwanstein nicht mehr zu sehen ist und was nicht mehr zu Ende gebaut wurde.

3.07 Die Entstehung von Neuschwanstein
Computeranimation
Konzeption: Johannes Erichsen, Uwe G. Schatz,
J. Dudowits, Gerd Hirzinger
Ausführung: Metamatix AG, München

Bei der dreidimensionalen Rekonstruktion verlorener Zustände und der Projektion nicht ausgeführter Planungen gewinnt die CAD-Vergegenwärtigung von Architektur wissenschaftliche Bedeutung. Das Schloss Ludwigs II., das erst nach seinem Tod zur besseren Unterscheidung von Hohenschwangau den Namen Neuschwanstein erhielt, ist nicht verständlich ohne Wissen um die Ruinen der mittelalterlichen Burganlage Alt-Hohenschwangau: Sie waren bedeutender als die Anspielungen auf Bühnenbilder zu Wagners Musikdramen, die lange als Keimzelle der Gestaltung betrachtet wurden, oder die erst spät bedeutsam gewordene Gralsidee.

Die Dreiteilung der Burg in Vorhof, höher gelegenen Haupthof mit Kapelle/Bergfried und den Wohnbau hinter dem Hof war durch die dann abgebrochene gotische Bausubstanz vorgezeichnet, auch wenn die Baumassen schließlich den mittelalterlichen Bestand um ein Vielfaches übertrafen. Andererseits bleibt die Vorstellung des Bauherrn unvollständig ohne Einbeziehung der Teile, die nach 1886 aus Kostengründen nicht mehr ausgeführt wurden: Turm und Kapelle, Maurischer Saal, Ritterbad und Gartenterrasse.

Der Animation liegen einerseits Grundrissskizzen der Ruinen in den Bauakten, die Ansichten des frühen 19. Jahrhunderts und das rekonstruierte Geländerelief (mit Ergänzung der weggesprengten Teile) zugrunde, andererseits jene in der Plansammlung erhaltenen Entwürfe zu den nicht realisierten Bauteilen, die mit den bekannten Daten und Fakten am besten zusammenpassen.

J. E.

Ludwig II. stattete sein Wohnzimmer in Schloss Berg als Weiheraum für die Gestalten Richard Wagners aus.

3.08 Statuette des Lohengrin

Caspar Clemens Zumbusch (1830–1915)
München, 1865
Weißer Marmor, H. 84, Ø 27,5; auf der Vorderseite der Plinthe bez.: Lohengrin
Wittelsbacher Ausgleichsfonds, München (P I 62)

Anfang 1865 gab Ludwig II. bei dem Bildhauer Caspar Zumbusch fünf Statuetten von Helden aus Wagners Musikdramen in Auftrag: Lohengrin, Tristan, Tannhäuser, Fliegender Holländer und Siegfried. Später folgte Walther von Stolzing, 1885 dann noch Parsifal. Alle wurden auf hohen Sockeln im Wohn- und Arbeitszimmer Ludwigs II. in Schloss Berg aufgestellt. Dies erinnert an das „Sanctuarium" von König Max II. im Königsbau der Residenz München, ein Raum, in dem der Vater Ludwigs II. Büsten von ihm verehrter Persönlichkeiten versammelt hatte. In Berg war das also ein Weihe- und Denkmalraum für die mythischen Dramengestalten Wagners. Ludwig II. hatte die Gestaltung und Motivik der Statuetten deutlich mitbestimmt. Am 3. November 1865 telegrafierte er an Zumbusch: „Soeben gelangte die marmorne Lohengrinstatue hierher, welche mich so entzückt, dass es mir ein Bedürfnis ist, Ihnen meine vollkommene Zufriedenheit persönlich auszudrücken …"

Die Statuette ist nach Wagners Bühnenanweisungen mit den schon damals und noch für lange Zeit für die Lohengringestalt kanonischen Motiven gestaltet: Ringpanzer, Wams, Umhang, Schwert, Horn und mit der Gralstaube bekrönter Helm. Dagegen ist die körperliche und geradezu persönliche Nähe des Schwans eine Anweisung Ludwigs II. gewesen. Die Haltung Lohengrins deutet auf die Handlung im I. Akt, 3. Szene: Er tritt an zum Zweikampf für Elsa von Brabant.

U. G. S.

Lit.: Hojer, König Ludwig II.-Museum, S. 275f. mit Literatur- und Quellenangaben

3.08

WIE DER KÖNIG SEINE GEGENWELTEN SCHUF 103

Das Wappen- und Symboltier Ludwigs II. ist hier als dekorative Blumenvase ausgeführt.

3.09 Schwan aus dem Wohnzimmer von Schloss Neuschwanstein
Entwurf: J. L. Wengert
Villeroy & Boch, Mettlach, um 1884
Majolika, farbig gefasst, glasiert, 73 x 94 x 58
Bayerische Schlösserverwaltung, München (Zugangsnr. 260)

Der lebensgroße Schwan, in Imponierhaltung mit aufgestellten Flügeln fein naturalistisch ausgeführt, diente als Vase, wie ein gedecktes Wasserreservoir im Rücken aufweist. Ein solches Gebilde steht in der Tradition von Tafel-, Kamin- und Konsolenaufsätzen. Für die „Neue Burg" Ludwigs II. wurde dieser Schwan denn auch als Bekrönung des Wohnzimmerofens bestellt. Dieser Raum hat als Programm die Lohengrinsage. Ein historischer Aspekt kam hinzu. Jahrhundertelang waren die Grafen von Schwangau Gebietsherren gewesen. Maximilian II. von Bayern, Vater Ludwigs II., hatte deren Sitz, Burg Hohenschwangau, ab 1832 neugotisch ausbauen und ausstatten lassen. Er übernahm das Wappen der lange ausgestorbenen Grafen, das einen steigenden Schwan zeigt, und machte sich damit symbolisch zu deren Nachfolger. Sein Sohn, der viele Sommer mit seinen Eltern in Hohenschwangau verbracht hatte, führte diese Symbolik weiter und so erscheint das Wappen der Grafen von Schwangau mancherorts in den Räumen seiner „Neuen Burg". Kulminationspunkt des Motivs Schwan ist freilich das Wohnzimmer, wo es auch das Ornament durchzieht. Dieser keramische Schwan ist ein anschauliches Beispiel für den völligen Paradigmenwechsel im Burgenbau: Weder er noch sein Standort, ein Kachelofen, haben historisch irgendetwas mit dem in Neuschwanstein zitierten Hochmittelalter zu tun.

U. G. S.

Lit.: Petzet, König Ludwig II., S. 169; Schatz/Ulrichs, Neuschwanstein, S. 66

Bilder der mittelalterlichen Sagengestalt Lohengrin begleiteten Ludwig II. durch sein ganzes Leben.

3.10a Lohengrins Abschied von der Gralsburg
Wandgemälde im Speisezimmer von Schloss Hohenschwangau
Lorenz Quaglio (1793–1869) und Christoph Ruben (1805–1875), 1835
Öl/Putz (R)

3.10b Lohengrin I. Akt: Aue am Ufer der Schelde
Heinrich Döll (1824–1892)
Gouache/Papier, 37,5 x 53,2 (R); r.u. sign.: Heinrich Döll, 1868
Wittelsbacher Ausgleichsfonds, München (B VIII 0906)

3.10c Lohengrins Ankunft
Wandbild im Wohnzimmer von Schloss Neuschwanstein
August von Heckel, 1881
Öl/Rupfen (R)

Von Kindheit an sah Ludwig II. die Bilder der Sage vom Schwanenritter Lohengrin vor sich. Sein Vater Maximilian II. hatte, gleichermaßen romantisch und philologisch-wissenschaftlich orientiert, Hans Ferdinand Maßmann (1797–1874), der einen der ersten Lehrstühle für Germanistik in Deutschland an der Münchener Universität innehatte, um fachliche Beratung bei der Entwicklung des Raum- und Bildprogramms seiner Burg Hohenschwangau gebeten, die er 1832 erworben hatte und neugotisch ausgestalten ließ. Er befolgte den Rat Maßmanns, die mittelalterliche Geschichte Bayerns darzustellen, und bezog auch die lokale Geschichte ein. Die auf Hohenschwangau ansässigen Grafen von Schwangau hatten einen steigenden Schwan im Wappen geführt. Max II. sah sich als deren Nachfolger und übernahm auch dieses Wappen, das in seiner Burg oft erscheint. In den literarischen Vorlagen, die er heranzog – unter anderem die „Altdeutschen und altnordischen Heldensagen" Friedrich Heinrich von der Hagens (Breslau 1816) und die wesentlich bekanntere „Deutsche Heldensage" Wilhelm Grimms –, fand er die Sage von dem Gralsritter Lohengrin, der von einem verzauberten Schwan geleitet wird. Dies gab Max II. die Gelegenheit zu einer für ihn typischen Verschmelzung von romantischer Mittelalterpoesie, Lokalhistorie und Identifikation. Er ließ das Speisezimmer seiner Burg mit Szenen aus dieser Sage ausmalen und ordnete an, dass in der Szene „Lohengrins Abschied von der Gralsburg" der Alpsee mit den Lechtaler Bergen als Schauplatz gezeigt wurde. Dass er damit implizite sein „Hohenschwangau" zur Gralsburg stilisierte, zeigt, dass sein Sohn Ludwig II. manches von ihm geerbt hatte, hier eine hermetische Form von Idealismus. Diese Verschmelzung sollte sich bekanntlich in Neuschwanstein wiederholen – ein dichtes Beziehungsgeflecht aus Assoziationen, Idealen und Obsessionen.

Die Szenen auf dem Aquarell Heinrich Dölls und auf dem Wandbild im Wohnzimmer von Neuschwanstein zeigen die Ankunft Lohengrins in Antwerpen, von Elsa von Brabant als Retter begrüßt. Die erste Opernaufführung, die Kronprinz Ludwig erlebte, war am 2. Februar 1861 der „Lohengrin" Richard Wagners. Die wirkungsmächtige Musik und eindrucksvolle Szenerie begeisterten ihn völlig und überhöhten seine von Kindheit an gepflogene Identifikation mit dem Schwanenritter. Aber Ludwig II. behielt in seiner „Neuen Burg" auch die väterlichen Bezüge zu den Grafen von Schwangau bei: Der Schwan bleibt bei ihm das Wappentier des historischen Ortsadels.

U. G. S.

Lit.: Baumgartner, Hohenschwangau, S. 99ff.; Petzet, Richard Wagner-Bühne, S. 90ff.; Schatz/Ulrichs, Neuschwanstein, S. 62ff.

Bebildertes Mittelalter: Der Gudrun-Zyklus in Neuschwanstein

Ludwig II. ließ in Neuschwanstein Wandbilder getreu nach den Schilderungen mittelalterlicher Sagen, aber in Formen seiner Zeit schaffen.

3.11 **Entwürfe zum Gudrun-Zyklus im Palas von Neuschwanstein**
Wilhelm Hauschild (1827–1887)
1882/83
Aquarell, Vorzeichnung Bleistift
Bayerische Schlösserverwaltung, München

3.11a **Gudrun lebend ans ferne Ufer getragen**
Blatt: 36 x 17,6, Darstellung: 27,7 x 10
(Zugangsnr. 2321-9)

3.11b **Gudruns Brautfahrt**
Blatt: 54 x 40, Darstellung: 46,3 x 28, sign.: WH 1883
unten alt bez. „Gudruns Brautfahrt" (Zugangsnr. 2321-6)

3.11c **Beim Todtenmahl sagt Gudrun Atli, dass er aus den Hirnschalen seiner Söhne trinke und ihre Herzen gegessen habe**
Blatt: 54 x 40, Darstellung: 45 x 34
unten alt mit dem Titel bez. (Zugangsnr. 2321-4)

3.11d **Gudrun fährt nach dem Tode Sigurds zu Thora nach Dänemark**
Blatt: 54 x 40, Darstellung: 43,8 x 29,7
unten alt mit dem Titel bez. (Zugangsnr. 2321-1)

3.11e **Gudrun wirft die Brandfackel in die Burg**
Blatt: 46,7 x 19,5, Darstellung: 39,4 x 11,7, sign.: WH 1882
unten alt mit dem Titel bez. (Zugangsnr. 2321-10)

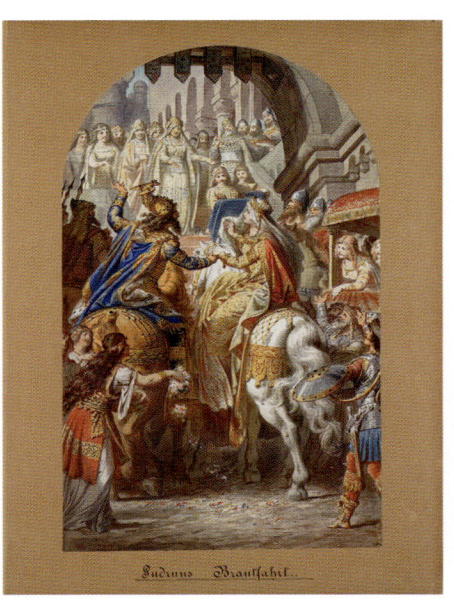

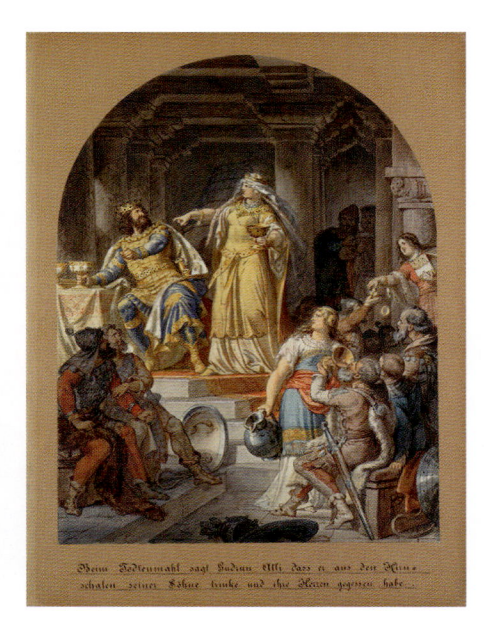

Wie schon sein Vater Maximilian II. bei seinem Schloss Hohenschwangau einen Historiker, beauftragte Ludwig II. einen Kunst- und Literaturhistoriker mit dem Bildprogramm seiner „Neuen Burg", nachmals Neuschwanstein: Hyazinth Holland (1827–1918), den man heute als Mediävisten bezeichnen würde.

Erstmals 1868 formuliert, schuf Holland ein ausführliches Kompendium, das er mehrmals kurzfristig ergänzte, sicher auf Anforderung des vielseitig historisch interessierten Bauherrn. So stellte er ein „Verzeichniß der bedeutendsten mittelhoch-deutschen Dichtungen und Dichter, welche Stoff zu Illustrationen bieten", zusammen, das er in sechs, teils chronologische, teils thematische, Kapitel unterteilte. Aus diesen Vorgaben schöpfte Ludwig II. Vieles noch wurde geändert, was natürlich auch mit den Planänderungen der Raumfolgen zusammenhängt; bis 1882 erstellte Holland wiederholt neue Bildprogramme für die Räume. Für das ganze 4. Obergeschoss waren die Grals- und Parzivalsage vorgesehen, also auch Lohengrin; die Gudrunsage sollte im Gang hinter der Freitreppe im 1. Obergeschoss dargestellt werden. Späterhin sollten die eddischen Sagen, aus denen Richard Wagner neben dem späteren Nibelungenlied die Stoffe für seinen „Ring des Nibelungen" schöpfte, wesentlich mehr Platz erhalten. Im Frühjahr 1882 lieferte Hyazinth Holland das Programm für den Vorplatz im 3. Obergeschoss: die Sigurdsage (im Nibelungenlied Siegfried). Am 11. Oktober 1882 folgte sein Programm zum Vorplatz im 4. Obergeschoss. „... Scenen dieser Gemälde sollen nach Allerhöchster Anordnung aus der Heldensage der aelteren Edda entnommen werden und die Fortsetzung des Bilder-Cyclus des Vorplatzes im 3. Stockwerk bilden ..." Es sollte die Gudrunsage in zehn Bildern sein (im Nibelungenlied Kriemhild), jene Geschichte einer tief verletzten Frau, die grauenhafte Rache nimmt. 1883/84 wurden die Gemälde ausgeführt. Gudrun heiratet nach der Ermordung ihres Mannes Sigurd den Hunnenkönig Atli (Entwurf 3.33 und 3.35), um ihn für ihre Rache an den Mördern zu benutzen. Atli jedoch ermordet ihre Brüder aus Habgier. Gudrun tötet daraufhin zuerst seine Söhne (Entwurf 3.34), dann ihn, und steckt sein Schloss in Brand (Entwurf 3.36). Nach vollendeter Tat springt sie ins Meer, um sich zu töten, wird jedoch von den Wellen lebend an die Küste von König Jonakurs Land getragen (Entwurf 3.32).

Schon 1879 hatte Ludwig II. angeordnet: „Die Bilder in der neuen Burg sollen nach der Sage und nicht nach der Wagnerschen Angabe gemacht werden", und dies kontrollierte er bei jedem einzelnen Entwurf erneut. Die von ihm geforderte historisch präzise, detailgenaue Darstellung hat der Maler auf diesen Entwürfen mit Lebendigkeit umgesetzt. Sie konnten mithilfe einer Spende 2009 von der Bayerischen Schlösserverwaltung aus Privatbesitz erworben werden. In der Bayerischen Landesausstellung 2011 werden sie erstmals der Öffentlichkeit präsentiert. *U. G. S.*

Lit.: Unveröffentlicht

Musikdramatisches Mittelalter: Richard Wagners „Tannhäuser" und „Lohengrin"

Dieser bislang unbekannte Entwurf war zur Vorlage bei Ludwig II. gefertigt worden und der König genehmigte die Ausführung.

3.12 Entwurf für den Bühnenprospekt „Tannhäuser im Venusberg"

August von Heckel (1824–1883)
1877
Öl/Leinwand, Vorzeichnung Bleistift, 89 x 131; sign.: u.l. A. v. Heckel inv.
Bayerische Schlösserverwaltung, München (Zugangsnr. 2452)

Die „Grotte" (Kat.-Nr. 4.60a) im Park von Schloss Linderhof, eigentlich eine riesige künstliche Höhle, wurde genau nach den Bühnenanweisungen Richard Wagners zum 1. Akt, Szenen 1 und 2, seiner Oper „Tannhäuser" errichtet, wo die Gestalt und die Szenerie ausführlich beschrieben sind. Es ist die Heimstatt der Venus, in der mittelalterlichen Tannhäusersage im Hörselberg bei Eisenach verortet. Wagner hat sie mit tanzenden Nymphen und Jünglingen, singenden Sirenen, Bacchantinnen, Satyrn, Faunen und Amoretten antikisch bevölkert: „… Ein Zug von Bacchantinnen kommt … in wildem Tanze dahergebraust; sie durchziehen mit trunkenen Gebärden die Gruppen der Nymphen und liebenden Paare, welche durch sie bald zu größerem Ungestüme hingerissen werden." Wagners erotisch aufgeladene Atmosphäre, zu der man sich die entfesselte Musik vorstellen soll, die bei der Uraufführung 1845 teils Begeisterung, teils Abscheu hervorrief, hat der Maler hier in zeittypisch sentimental-gefälliger Manier ins Bild gesetzt. Auf dem riesigen Bühnenprospekt der Grotte, den August von Heckel exakt nach diesem Entwurf umsetzte, wirkt die Szenerie deutlich ernster, unbedingter – was auch Wagners Intentionen entspricht. Das bislang unbekannte Gemälde ist, wie seine feine und wirkungsvolle Ausarbeitung und vor allem die Signatur unten links „A. v. H. inv[enit]" erweisen, der Entwurf zur Vorlage bei Ludwig II. gewesen. Er konnte von der Bayerischen Schlösserverwaltung 2009 mithilfe einer Spende erworben werden und wird in der Bayerischen Landesausstellung 2011 erstmals der Öffentlichkeit präsentiert.

U. G. S.

Lit.: Unveröffentlicht

Das Bühnenbildmodell wurde für Ludwig II. mit einem effektvoll hinterleuchtbaren Hintergrund gefertigt.

3.13 Bühnenbildmodell zum 3. Aufzug der Oper „Tannhäuser"

Heinrich Döll (1824–1892)
München, 1866
Holz, Tusche, Blei, Aquarellfarben und Gouache/Karton, 42,5 x 58,7 x 52,4
Bayerische Schlösserverwaltung, München (L.II.-Mus. 751)

Ludwig II., dem Theater eng verbunden, ließ Bühnenbildmodelle für die von ihm angeordneten Inszenierungen in größerer Anzahl fertigen, weil sie seine stetige Forderung nach ebenso imaginierender wie präziser Vergegenwärtigung zu erfüllen vermochten. Entsprechend hoch ist die Qualität dieser kleinen Bühnenbilder, die, aus dem Nachlass des Königs stammend, einen besonders wichtigen und seltenen Bestand des Ludwig II.-Museums bilden.

Das hier gezeigte entstand für die Münchner Neuinszenierung des „Tannhäuser" am 1. August 1867 und zeigt die 1. Szene im 3. Akt, „Herbstliches Tal vor der Wartburg", in der die Rompilger zurückkehren. Elisabeth von Thüringen, vor einem Bildstock kniend, blickt zu der Gruppe, um Tannhäuser zu suchen. Das ist ein Simultanbild: In Wagners Handlung ziehen erst die Pilger singend vorbei, Elisabeth hat Tannhäuser nicht unter ihnen gesehen und beginnt dann, allein auf der Bühne, mit ihrem Gebet („Allmächt'ge Jungfrau, hör mein Flehen …"), das im 19. Jahrhundert eines der populärsten deutschen Gesangsstücke war. Die zeittypische Reliefbühne ist mit einem Bogen, zwei Waldkulissen, einem Versatzstück als waldiger Hügel und dem großen Hintergrundprospekt mit der Wartburg gestaltet. Das Gebäude, mit der Breitseite gezeigt, weist bei diesem Modell eine Besonderheit auf: Es ist auf Transparentpapier gezeichnet, um es hinterleuchten zu können. Diese sehr wirkungsvolle Gestaltung ist typisch für den stark optisch empfindenden Ludwig II. *U. G. S.*

Lit.: Petzet, Richard-Wagner-Bühne, S. 124–126, 757

Ludwig II. ließ sich 1876 eine Kombination von Gralshalle, Denkmalraum und Thronsaal entwerfen.

3.14 Vorentwurf zum Thronsaal in Neuschwanstein
Eduard Ille (1823–1900)
1876 (R)
Aquarell und Deckfarben über Feder/Papier, 50 x 39,7
Bez. v. u.: E.[duard] Ille 1876.
Bayerische Schlösserverwaltung, München (L.II.-Mus. 418)

Diesen Denkmalraum des christlichen Königtums ließ der Bauherr, der sich zunehmend mit der Gralssage identifizierte, 1876, angeregt von Schilderungen der sagenhaften mittelalterlichen Gralshalle, entwerfen; daher stammt auch die ritterliche Figurenstaffage.

Ludwig II. ordnete an, dass der Raum nach dem Vorbild der Allerheiligenhofkirche der Münchner Residenz zu gestalten sei. Diese Kirche hatte sein Großvater, König Ludwig I., ab 1826 errichten lassen; von dort stammt vor allem die Gestaltung der Seitenwände mit den überkuppelten Säulenarkaden. Ein weiterer Bezug zu seinem Großvater ist die Thronapsis, deren malerische Komposition direkt von der Apsis der Klosterkirche St. Bonifaz übernommen wurde, bis 1850 von Ludwig I. als seine Grabkirche errichtet. Hier in Neuschwanstein ist aber das Thema der Apsisgemälde ein anderes: sechs heilig gesprochene Könige, unter ihnen der hl. Ludwig IX. von Frankreich, Stammvater der Bourbonen und Namenspatron beider bayerischen Könige Ludwig, die ja auch beide am Tag des Heiligen, dem 25. August, geboren wurden. So bildet dieser einzigartige Raum ein dichtes Beziehungsgeflecht aus ferner Geschichte, Religion und Ludwigs II. eigener Dynastie. Ab 1881 wurde er in ähnlicher Form gebaut. Die Engel mit den Wappen der bayerischen Landesteile und die Löwen mit den Rautenwappen beidseits des Thronbaldachins allerdings wurden nicht ausgeführt.

U. G. S.

Lit.: Baumgartner, Träume, S. 95; Baumstark/Koch, Der Gral, S. 170f.

Der Gral als Symbol von Reinheit und Erlösung wurde für Ludwig II. in seinen letzten Jahren immer wichtiger.

3.15 So genanntes Tagebuch König Ludwigs II. mit Porzellanplattengemälde

Vergoldete Bronze, graviert; Porzellan; Kalbsleder, goldgepresst; Papier mit Goldschnitt;
Einband und Bindung erneuert; Buch 29,5 x 24,9 x 4,5; Platte 20,4 x 14,9;
bez. u.l.: C.G. (für Carl Grünwedel); (1815–1895)
Bayerische Schlösserverwaltung, München (ResMü. F.V.III Bd.VII fol.1375 Nr. A 1145)

Das Buch trägt auf der Vorderseite einen flachen, vergoldeten Rahmen, dessen Ornament mit Rollwerk, Akanthus und Putten der Spätrenaissance angelehnt ist. Das Bild zeigt hingegen einen gotisierenden Zentralbau.

Der Mythos vom Heiligen Gral, der wohl folgenreichste des europäischen Mittelalters, beschäftigte seit Beginn des 19. Jahrhunderts nicht nur die Romantiker, sondern auch Mediävisten und Architekten. Mittelhochdeutsche Epen des 13. und 14. Jahrhunderts schildern den „Tempel", in dem der Gral mit dem Blut Christi verwahrt wird, meist als Zentralbau. Die Gotikverehrer sahen in ihm den „Urdom" und so entstanden etliche idealisierte bildliche und architektonische „Rekonstruktionen". Die umfangreichste, das Hauptwerk der Münchener „Gothiker", ist ein Entwurf von 1834 zur Ruhmeshalle Ludwigs I. Hier auf Porzellan ist ein Gemälde des Eduard von Steinle von 1884 zitiert (seit 1887 in der Neuen Pinakothek München).

Für Ludwig II. bekam der Gralsmythos in seinen letzten Lebensjahren immer größere, auch sehr persönliche, Bedeutung: Erlösung von Sünden durch Entsagung und katholischen Glauben, der hier im Bild durch Heiligen Geist, Hostie, Messkelch und nazarenische Engel stark symbolisiert ist.

Richard Wagner identifizierte Ludwig II. mit „Parsifal", Gegenstand seines letzten Werks, Ludwig II. seine „Neue Burg" (nachmals Neuschwanstein) als „Gralsburg". Das späte Tagebuch Ludwigs II. ist seit seinem Tod verschollen; die hier eingebundenen Seiten sind unbenutzt.

U. G. S.

Lit.: Hojer, König Ludwig II.-Museum, S. 410f.
mit Literatur- und Quellenangaben

Ludwig II. plante für seinen Thronsaal in Neuschwanstein einen Thron mit Baldachin nach byzantinischen Vorbildern.

3.16 Thron mit Baldachin für den Thronsaal von Neuschwanstein

Julius Hofmann (1840–1896)
1884
Aquarellfarben, Gouache, Pinselgold/
Papier, 74,6 x 50,1 (Blatt)
Bayerische Schlösserverwaltung, München
(L.II.-Mus. 1704 k/1)

Dieser Entwurf ist der letzte von mehreren Vorschlägen für einen Thron im Thronsaal von Neuschwanstein. Julius Hofmann, seit September 1884 Hofarchitekt Ludwigs II., hatte 1883 bereits einen Baldachin von eher klassizistischer Gestalt entworfen. Hier nun sind deutliche Anklänge an Vorbilder aus Byzanz zu erkennen, in der Ornamentik, der Motivik eines Altarziboriums, am deutlichsten in der abschließenden, mit Strahlenkranz hinterfangenen Krone. Das Bildprogramm des Baldachingewölbes befahl Ludwig II. nach dem Vorbild des Ziboriums des Arnolfo di Cambio in San Paolo fuori le mura in Rom; sein Großvater Ludwig I. hatte diese Kirche als ein Vorbild für seine Grabeskirche St. Bonifaz in München genommen, aus der Ludwig II. in seinem Thronsaal die Apsiskomposition zitierte. Und in der Apsis sollte der Thronbaldachin errichtet werden. Der Thron selbst, ganz vergoldet und mit großen farbigen Glassteinen inkrustiert, ist sehr stark byzantinisch-sakral orientiert. Die gesamte Komposition evoziert den Kaiser von Byzanz. Auf der Rückenlehne finden sich jedoch leuchtend weiß, bekrönt und von Strahlenkranz hinterfangen die Initialen des Bauherrn und amtierenden Königs von Bayern: „L II". In gleicher Gestalt, aber rot, erscheinen sie nochmals im frontalen Giebelfeld des Baldachins. Man erkennt auch hier nicht nur ein Beispiel seines Herrscherideals, sondern auch ein Zeugnis des eigenen Kaiseranspruchs Ludwigs II. gegen Hohenzollern.

U. G. S.

Lit.: Baumgartner, Träume, S. 99; Spangenberg, Thronsaal, S. 28f.

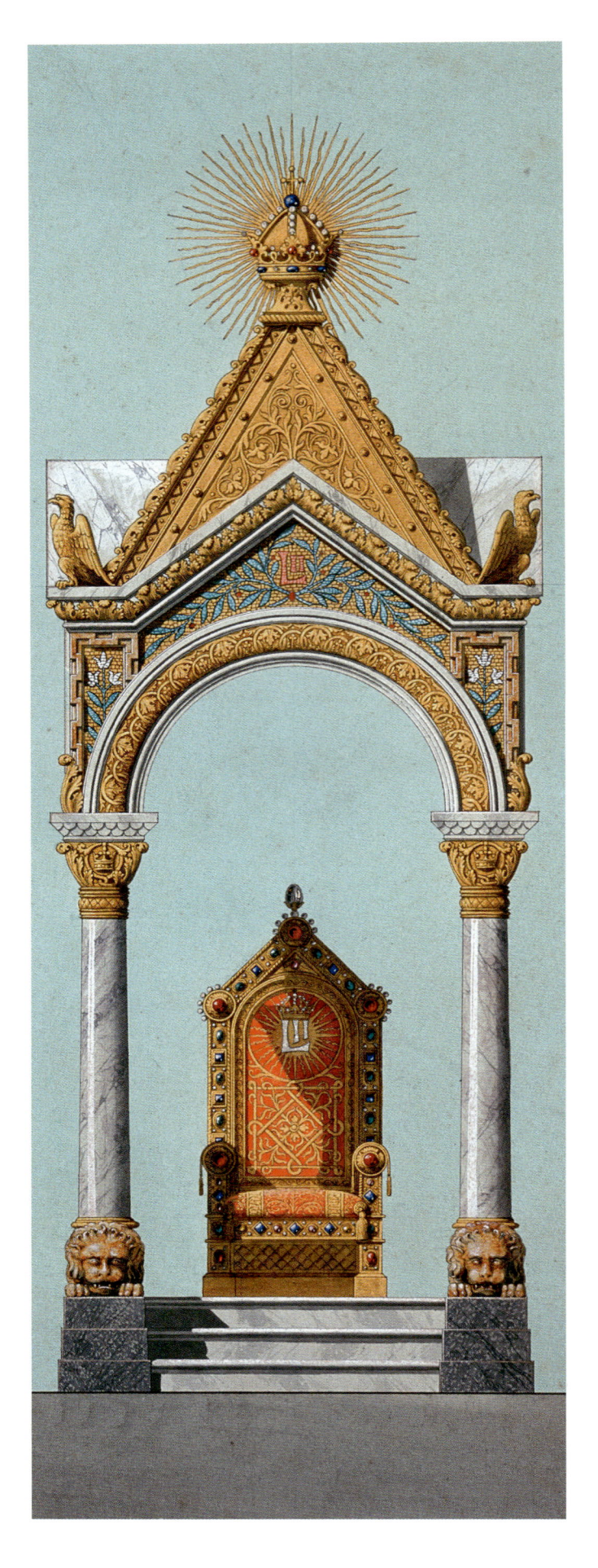

Vision Burg Falkenstein

Das letzte Burgprojekt Ludwigs II. steht in diesem Modell wirklichkeitsnah vor Augen; darauf legte dieser Bauherr stets großen Wert.

3.17 **Modell Falkenstein**
Max Schultze (1845–1926)
Regensburg, 1884
Burg und obere Felsteile:
Holz, farbig gefasst;
Bergoberfläche: Gips, gefasst,
mit Moos kaschiert,
139 x 102 x 166, Maßstab 1:100
Bayerische Schlösserverwaltung,
München (L.II.-Mus. 516)

Ludwig II. kaufte im Mai 1884 inkognito, um Aufsehen und Preistreiberei zu vermeiden, von der Gemeinde Pfronten im Allgäu die mittelalterliche Burgruine Falkenstein und beauftragte Max Schultze, den Hofarchitekten des Fürsten von Thurn und Taxis, mit den weiteren Planungen für sein Projekt einer Burg Falkenstein. Zunächst fertigte Schultze ein Modell der Ruine (Inv.-Nr. L.II.-Mus. 502), das durch hohe Detailtreue dokumentarische Qualität hat. Nachdem der königlich bayerische Hofbaumeister Georg Dollmann mit einem einfachen, direkt an der Ruine orientierten Vorprojekt in Ungnade gefallen war, bemühte sich Schultze am Modell sichtlich, auf dem kleinen Bauplatz eine reiche, vielfältige Baugestalt zu erzielen. Besonders gelungen ist an dieser Architekturkomposition, ganz im Sinne des Malerischen Historismus, die völlig gleichwertige Rundansichtigkeit. Es gibt keine Hauptfassade und keine Seiten. Vor allem ist dies erreicht, indem der Palas nicht mehr, wie auf Janks Idealentwurf von 1883 oder auch in Neuschwanstein, einen Kubus bildet, sondern in drei zueinander geordnete Baukörper aufgeteilt ist. Die Ruine Falkenstein steht sehr exponiert und sie ist, anders als Neuschwanstein, von allen Seiten viele Kilometer weit sichtbar. Die neue Burg hätte enorme Fernwirkung erzielt. Ludwig II. war mit Schultzes Projekt sehr zufrieden; dieser aber zog sich zurück, als er bemerkte, dass für seine Pläne kein Geld mehr vorhanden sein würde. Der neue bayerische Hofbaumeister Julius Hofmann übernahm das Projekt.

U. G. S.

Lit.: Hojer, König Ludwig II.-Museum, S. 301f. mit Literatur- und Quellenangaben

Im Schlafzimmer von Falkenstein wollte Ludwig II. einen Weiheraum des Herrschertums schaffen, der mittelalterliches und absolutistisches Königtum vereint hätte.

3.18a **Ansicht des Schlafzimmers der geplanten Burg Falkenstein**
Max Schultze (1845–1926) und
August Spieß (1841–1923) (Figuren)
Regensburg, 1885
Öl/Holz, 92 x 79,5 (mit Rahmen)
Bayerische Schlösserverwaltung, München
(L.II.-Mus. 3057)

3.18b **Querschnitt des Schlafzimmers der geplanten Burg Falkenstein**
Max Schultze (1845–1926) und
August Spieß (1841–1923) (Figuren)
Regensburg, 1885
Aquarellfarben und Pinselgold/Papier, 48,2 x 61,7
Bayerische Schlösserverwaltung, München (L.II.-Mus. 519)

Der Fürstlich Thurn und Taxis'sche Oberbaurat Max Schultze entwickelte nach den Vorgaben des Bauherrn die gesamten Innenräume im „gothischen Stil" mit Rippengewölben; so auch zunächst das Schlafzimmer, das laut Entwurf von 1884 ein nur mäßig großer rechteckiger Raum mit einem polygonalen Bettalkoven werden sollte. Das Bildprogramm des Raums sollte Liebespaare aus den mittelalterlichen Epen zeigen, die Richard Wagner für seine Musikdramen herangezogen hatte: Venus und Tannhäuser, Siegfried und Brünnhilde, Tristan und Isolde (die auch im Schlafzimmer von Neuschwanstein dargestellt sind), Elsa und Lohengrin, Parzival und Condwiramur, Gahmuret und Herzeloide (die Eltern Parzivals). Wie bei allen Entwürfen sparte der Architekt die Figurenfelder aus, die der versierte Maler August Spieß anschließend ausführte.

3.18a

Ludwig II. befahl recht bald mit genauen Angaben ein ganz anderes Schlafzimmer. Die Entwürfe Schultzes aus dem Spätjahr 1884 zeigen einen quadratischen Raum in byzantinischen Formen mit Blendarkaden, einer zentralen blauen Kuppel mit goldenen Sternen und einer Apsis mit Baldachinbett. Dies ist eine Kombination von Schlafzimmer und dem Thronsaal Neuschwansteins. Ansicht und Querschnitt von 1885 zeigen das Konzept nochmals erweitert. Vier Arkaden tragen die nun 14 Meter hohe blaue Mittelkuppel. Die Säulen unter den Gurtbögen sind nach Anordnung Ludwigs II. aus der Markuskirche in Venedig zitiert – auch sein Großvater Ludwig I. hatte in seiner Allerheiligenhofkirche architektonische Zitate aus San Marco verlangt.

Die Wände sind vollständig mit Goldmosaik inkrustiert. Vorne rechts steht ein Thronsessel, über dem zwei der sagenumwobenen Liebespaare im Wandbild erscheinen. Unter der Kuppel sind Tugendallegorien dargestellt. Vor der mittleren Bettapsis, die mit Vorhängen vom Raum abgetrennt ist, schwebt ein weißer Falke, der, aus Alabaster gefertigt, ein Nachtlicht aufnehmen und leuchten sollte. Der Querschnitt zeigt die drei Apsiden: in der linken Apside ein Flügelaltar mit Kniebank, in der rechten ein Waschtisch in Formen eines Tabernakels (Kat.-Nr. 3.20), im Zentrum das Bett in Formen eines byzantinischen Baldachinaltars mit stilistischen Anklängen der Florentiner Frührenaissance, der Bettkasten als Mensa mit Figurenreliefs gestaltet, flankiert von zwei hohen Standleuchtern. In der Apsiskalotte ist die thronende Mutter Gottes mit dem Jesuskind dargestellt, nach einer Ikone in der Hagia Sophia. Die flankierenden Engel sind, ebenfalls auf Befehl Ludwigs II., Zitate aus der Allerheiligenhofkirche seines Großvaters.

Diese Raumvision ist die letztmögliche Steigerung eines Weiheraums des Königtums. Der Waschtisch als Taufstein, vor allem das Bett als Altar, sind eigentlich blasphemisch. Man bedenke: ein Bett hat mit diesem hieratischen Zusammenhang historisch nichts zu tun. Was Ludwig II. hier kühn und in höchster Qualität vollziehen wollte, ist die Verschmelzung von byzantinischem Kaiser, Ludwig IX. dem Heiligen und Ludwig XIV. Nur in dessen absolutistischem Zeremoniell hatte ein Bett königliche Bedeutung. Eine faszinierende Conclusio aller Ideale des späten Ludwig II. *U. G. S.*

Lit.: Baumgartner, Träume, S. 114ff.; Hojer, König Ludwig II.-Museum, S. 302ff.

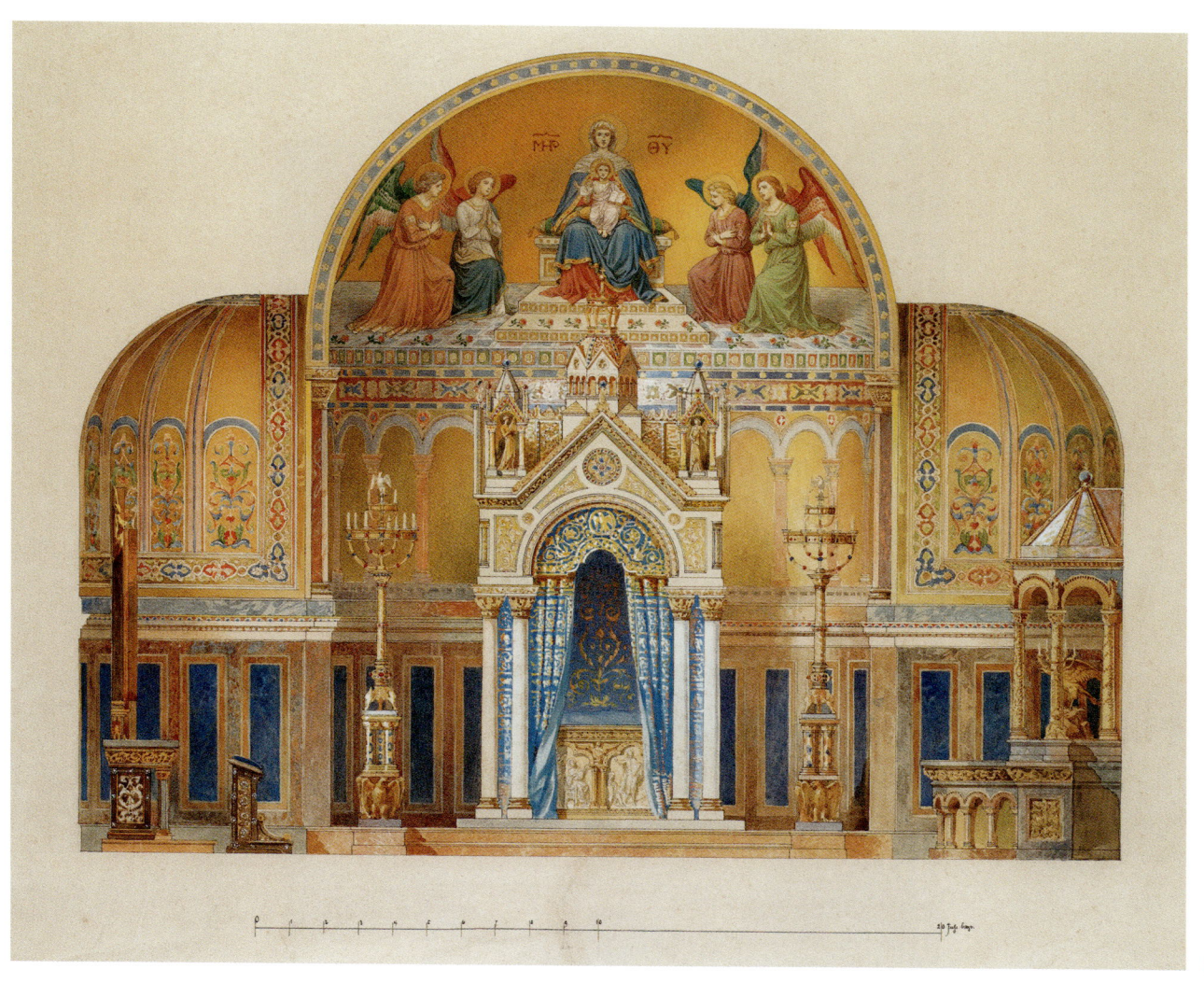

3.18 b

Ludwig II. ließ für sein Schlafzimmer in Falkenstein einen Mosaikboden aus dem Kaiserpalast von Byzanz zitieren.

3.19 Grundriss des Schlafzimmers von Falkenstein mit Fußbodenmosaik

Max Schultze (1845–1926)
1885
Tusche/Feder, Aquarellfarben, Gouache,
Pinselgold/Papier, 117,4 x 69,5
Bayerische Schlösserverwaltung, München (L.II.-Mus. 523)

Der prachtvolle und minutiöse Entwurf zeigt das Schlafzimmer in der Planung vom Sommer 1885, mit 22 Meter Länge und 13 Meter Breite, unten den Hauptraum mit vier Arkadenbögen, oben die drei Apsiden mit dem zentralen Bett, dem Altar links und dem Waschtisch rechts. Der Mosaikfußboden musste auf Befehl Ludwigs II. genau nach einer Schilderung des Bodens im Schlafzimmer des Kaiserpalastes von Byzanz gestaltet werden. Das entsprechende Buch – „Johann Heinrich Krause, Die Byzantiner des Mittelalters in ihrem Staats-, Hof- und Privatleben …, Halle 1869" – stellte Ludwig dem Architekten zur Verfügung: Dort ist ausgeführt: „In der Mitte brüstete sich ein Pfau … Der stolze Vogel der Here war in seinem Kreis von karrarischem Marmor eingeschlossen … Außerhalb … waren vier dahin rinnende Bächlein aus grünem thessalischem Marmor veranschaulicht … In den vier von den Bächen eingeschlossenen Feldern waren vier Adler dargestellt …" Anders als im Thronsaal von Neuschwanstein, dessen Boden nach eigenen Vorstellungen Ludwigs II. gestaltet wurde, war hier ein komplettes Zitat geplant. Auch in seinen beiden byzantinischen Palastprojekten für das Graswangtal von 1869 und 1885 ließ Ludwig II. den Kaiserpalast von Byzanz zitieren, allerdings nur motivisch. Hier, in diesem Weiheraum des Herrschertums, wird in dem exakten Zitat deutlich, dass auch sein eigener Kaiseranspruch ausgedrückt werden sollte, den er in Konkurrenz zu Hohenzollern stellte.

U. G. S.

Lit.: Baumgartner, Träume, S. 118, 130

Ludwig II. ließ für sein Schlafzimmer in Falkenstein einen Waschtisch nach dem Vorbild eines Tabernakels in San Marco, Venedig, entwerfen.

3.20 Ansicht des Waschtisches für das Schlafzimmer von Falkenstein

Max Schultze (1845–1926) und
August Spieß (1841–1923) (Figuren)
1885
Feder mit Sepia/Papier, 67 x 54;
sign. u.r.: Max Schultze fec. 1885
Wittelsbacher Ausgleichsfonds, München (B VIII 247)

Die perspektivische Ansicht zeigt sehr detailreich, wie der Bauherr es stets forderte, den „Waschtisch" in einer der Seitenapsiden des Falkensteiner Schlafzimmers. Ludwig II. befahl auch hier ein Vorbild: einen Tabernakel in der Markuskirche in Venedig. An der ausgerundeten Mensa sind in Säulenarkaden Heiligenfiguren gezeigt. Im Tabernakelaufsatz, gestaltet als runder Säulenbaldachin, steht auf einem Wasserbecken ein Vogel mit gespreizten Flügeln, das alte Symbol Christi als Phoenix, davor, in die Mensa eingetieft, das runde Waschbecken, deutlich nach dem Vorbild historischer liturgischer Lavabos gestaltet. Die Gefäße mussten direkt nach dem Vorbild von Vasa Sacra aus dem Kirchenschatz von San Marco entworfen werden. Hierzu sind auch mehrere Einzelentwürfe erhalten. Aus einer Weinkanne wurde hier eine Kanne für Waschwasser, aus Salbgefäßen wurden Parfümflakon und Pomadetöpfchen, aus einer Pyxis (Hostienbehältnis) wurde ein Schwammbehälter und aus einem Abendmahlskelch ein Zahnputzbecher. Die beiden auf der Mensa seitlich platzierten Kerzenleuchter zitieren romanische Altarleuchter, der Standspiegel vorne links ist historischen Kanontafeln (Lesestänger) nachgebildet.

Dieser Entwurf zeigt in besonderer Konsequenz, mit welcher Unbedingtheit Ludwig II. in seinen letzten Jahren die geistliche Überhöhung, ja Heiligung, seines Königtums beschwor. Die Profanierung des Sakralen ist hier aber auch ein anschauliches Indiz für die Sakralisierung der Kunst im 19. Jahrhundert.

U. G. S.

Lit.: Baumgartner, Träume, S. 127

Was Ludwig II. nicht mehr vergönnt war, ist dem Besucher der Ausstellung möglich: ein Gang durch die Burg Falkenstein.

3.21 Computeranimation Burg Falkenstein

Konzept und Ausführung: Prof. Dr. Gerd Hirzinger/
Metamatix AG, München

Das Projekt einer neuen Burg Falkenstein war bei der extrem ausgesetzten Lage des Bauplatzes, bei der enormen Fernwirkung, die der Bau gehabt hätte, und vor allem bei dem hochmögenden, fantasiereichen und vielschichtigen Programm der Räume ausgesprochen visionär. Daher ist dieses Projekt für eine virtuelle, also auch visionär vergegenwärtigende Darstellung, wie eine CAD-Animation sie bieten kann, ideal geeignet. Aus der entscheidenden Planungsphase 1885 haben sich für die Haupträume der Burg prächtige farbige und sehr präzise perspektivisch angelegte Entwürfe erhalten, die der Architekt Max Schultze und der Maler August Spieß gemeinsam geschaffen haben. Diese ermöglichen es dem Betrachter besonders gut, sich gehend oder sanft schwebend in die fantastische Bildwelt dieses einzigartigen Projekts hineinzuversetzen. In dem kompakten, rundansichtigen und malerisch komponierten Bau sollten im Erdgeschoss Küche und Dienerschaftsräume eingebaut werden. Der 1. Stock sollte die Wohnräume des Königs aufnehmen, Vorzimmer, Speisezimmer, Arbeitszimmer und Schlafzimmer. Den ganzen 2. Stock sollte ein Festsaal umfassen, den Ludwig II. nach dem Vorbild eines Saales der spätgotischen Albrechtsburg in Meißen gestaltet haben wollte.

Höhepunkt der Anlage ist das Schlafzimmer, als einziger Raum nicht in gotischen Formen entworfen, sondern ein byzantinischer Kirchenraum als Denkmal des Königtums, darin dem Thronsaal von Neuschwanstein verwandt.

U. G. S.

Der Kaiserpalast von Byzanz

Ludwig II. griff 1885 noch einmal seine Idee eines byzantinischen Palastes auf.

3.22 **Seitenansicht eines byzantinischen Palastes**
Julius Hofmann (1840–1896)
1885 (R)
Aquarellfarben, Tusche, Feder/Papier, 66 x 96,5; sign. u.r.: München im August 1885,
Jul. Hofmann/Kgl. Hofbaurath; oben bez.: Seiten–Ansicht
Bayerische Schlösserverwaltung, München (L.II.-Mus. 543)

Bereits 1869 hatte sich Ludwig II. von Georg Dollmann ein umfängliches Projekt zu einem byzantinischen Palast ausarbeiten lassen. Aus der selben Zeit finden sich im Nachlass Ludwigs II. sehr umfangreiche und minuziöse Exzerpte über das Zeremoniell am byzantinischen Kaiserhof. Der Architekt hatte sich nach zwei Beschreibungen des Kaiserpalastes von Byzanz zu richten, die der Bauherr ihm zusandte: Joseph von Hammer, Constantinopolis und der Bosporus …, Pest 1822 und J. H. Krause, Die Byzantiner des Mittelalters in ihrem Haus-, Hof- und Privatleben …, Halle 1869, letzteres gerade eben erschienen. In dem Projekt gruppierte Dollmann die geschilderten und verlangten Bauten, darunter Basilica, Capella und Triclinium, freistehend, durch offene Arkadengänge verbunden, um einen riesigen rechteckigen Innenhof, das Ganze einem Landschaftspark eingefügt. Das Projekt von Dollmanns Nachfolger Hofmann aus dem Jahr 1885 weist die Gebäudeteile und Räume des historischen Vorbilds ebenso auf und war auch für dieselbe Umgegend, das Graswangtal nahe Linderhof, vorgesehen; hier aber sind die Bauten kompakt zueinandergestellt und der Innenhof geschlossen. Stilistisch hat Hofmann sich eng an historischen Architekturen von Byzanz orientiert. Am 23. August 1885 sandte er Ludwig II. seine Entwürfe mit einer Beschreibung: „Die Seiten-Ansicht zeigt links den großen Thurm, an welchem sich das Herrenhaus mit dem Triclinium anschließt, dann die Kirche, und im Hintergrunde den Thronsaalbau …"

Die Anlage wirkt festungsartig und monumental. Die Kirche rechts verweist in ihrer harten, kristallinen Struktur bereits auf Architekturen des Neoklassizismus.

U. G. S.

Lit.: Baumgartner, Träume, S. 229–242; Hojer, König Ludwig II.-Museum, S. 444f.

Herrenchiemsee – Tempel des absoluten Königtums

Durch die 1867 einsetzende intensive Beschäftigung mit den französischen Königen des Absolutismus verstärkte sich das Majestätsbewusstsein des bayerischen Königs.

3.23 **„Andenken an Ludwig XIV."**
Ludwig II. König von Bayern (1845–1886)
Grammersberg, 8. Juli 1869
Brief mit eigenhändiger Unterschrift, 22 x 14
Bayerische Schlösserverwaltung, München
(L.II.-Mus. Korr. Düfflipp)

1867 entdeckte der bislang vor allem an Themen der deutschen Mythologie und Dichtung interessierte Ludwig II. die Gestalt des „Roi Soleil" als idealer Herrscher und Inbegriff des absoluten Königtums von Gottes Gnaden. In seinem Tagebuch erwähnt er im März 1867 seine ausführliche Lektüre über die Bourbonen: „Über Ludwig XIV. gelesen, Herrschergewalt, Zeit der Blüthe, des Glanzes des Königtums; Allmacht, Glorie der Majestät, königliche Gottheit." In der eingeschränkten politischen Situation nach dem Deutschen Krieg 1866 bot ihm der Traum vom Absolutismus eine neue Perspektive. Wie nahe Ludwig II. sich dem „Grand Roi Louis XIV." fühlte, zeigt seine Anweisung vom 8. Juli 1869 an Kabinettsekretär Düfflipp, möglichst rasch einen Sachverständigen nach Paris zu senden, „um ein von mir, im Medaillon zu tragendes Andenken an Ludwig XIV. ausfindig zu machen". Wie vom Abbild eines geliebten Menschen oder eines verehrten Nothelfers versprach er sich von einer Art Relikt des Großen Königs offenbar inneren Halt und eine Stärkung des eigenen „König-Gefühls".

K. H.

Lit.: Evers, Ludwig II., S. 164 (Tagebucheinträge)

Ludwig II. besaß mehrere Büsten Ludwigs XIV. – seinem Ideal des Herrschers von Gottes Gnaden.

3.24 **König Ludwig XIV. von Frankreich**
Gian Lorenzo Bernini (1598–1680)
Musées impériaux, Atelier de moulage du Louvre
Paris, 1868
Gipsabguss, 105 x 105 x 46
Wittelsbacher Ausgleichsfonds, München (P IV 49)

Seinem Herrscheridol, dem absolutistischen König Ludwig XIV. von Frankreich, huldigte Ludwig II. auch beim Umbau seiner Wohnung im nordwestlichen Eckpavillon der Münchner Residenz ab 1867. Der König wünschte den „prunkvollen, erhabenen Styl, wie er zur Zeit Ludwigs XIV. der herrschende war", schloss sich damit allerdings auch an eine aktuelle Strömung historistischer Innenarchitektur an, die er bei seinem ersten Pariser Aufenthalt im Juli 1867 kennengelernt hatte. Büsten Ludwigs XIV. nach Antoine Coysevox fanden in der Münchner Wohnung im Arbeitszimmer neben dem Schreibtisch und im Schlafzimmer neben dem Bett des Königs Aufstellung. 1868 erfolgte eine Zahlung von 152 Gulden an die Generaldirektion der kaiserlichen Museen in Paris für Modell, Form und Abguss der Büste Ludwigs XIV. aus dem Schloss Versailles. Hier muss es sich um den vorliegenden Gipsabguss der seinerzeit viel bewunderten Büste Ludwigs XIV. handeln.

Bernini hatte das Bildnis des 27-jährigen französischen Königs 1665 bewusst als Ausdruck des Königlichen, der Schönheit und erhabenen Größe konzipiert. Im Zuge der Verlagerung der französischen Residenz nach Versailles hatte die Büste 1684 Aufstellung im Salon de Diane des königlichen Appartements gefunden, wo sie Ludwig II. auf seiner zweiten Parisreise 1874 im Original besichtigen konnte (Abb. rechts S. 119). K. H.

Lit.: Unveröffentlicht; Milovanic/Maral, Louis XIV., S. 378–381, Kat.-Nr. 265; Rionnet, L'Atelier de moulage, S. 314, Kat.-Nr. 1506; Ludwig II. am 11. November 1867 an Hofsekretär Düfflipp, zitiert nach Petzet, Träume, S. 28; Begleichung der Auslagen Friedrich Schwabs, bayerischer Konsul in Paris, 1868, zitiert nach Kurda, Michael Wagmüller, S. 215

König Ludwig II. rezipierte Versailles als Denkmal des Königtums Ludwigs XIV.

3.25 a Souvenirs historiques des Résidences Royales de France, Bd. 1: Palais de Versailles
Jean Vatout (1791–1848)
Paris, 1837
Buch, 22 x 14,5
Bayerische Staatsbibliothek München (Bibl.Mont.2594-1)

3.25 b Jean Vatout: Souvenirs historiques des Résidences Royales de France (Übersetzung)
München, um 1870
Manuskript, 23,5 x 38
Wittelsbacher Ausgleichsfonds, München (Bestand Ludwig II., Manuskript 45)

3.25 c „Chambre à coucher de Louis XIV" „Galerie de Louis XIV"
Aus: Souvenir d' une Promenade à Versailles
Charles Gavard (Verlag), E. Lejeune (Zeichnung), Achard/Bertin (Diagrafie), Hibon (Stich)
Paris, 1838 (1843)
Kupferstiche, 36,4 x 54,5 bzw. 54,5 x 36,4
Wittelsbacher Ausgleichsfonds, München (Bestand Ludwig II., Mappe 6c)

3.25 c

Versailles war im Zuge der französischen Revolution entleert worden. Wiederherstellungsversuche Kaiser Napoleons I. sowie der Bourbonenkönige der Restauration hatten keinen Erfolg. Erst der nach der Julirevolution von 1830 eingesetzte „Bürgerkönig" Louis-Philippe begann 1833 umfangreiche Erneuerungsarbeiten in Versailles und öffnete vier Jahre später das Schloss als Nationaldenkmal. Die Grands Appartements und das Appartement du Roi bekamen eine neu – meist aus Beständen anderer Schlösser – zusammengestellte Ausstattung, die den Glanz der Monarchie veranschaulichen sollte. Als Schwerpunkt wurden aber die „Galeries Historiques" des „Musée de l'Histoire de France" geschaffen, das mit über 3000 neu gemalten Historien- und Schlachtenbildern, vorhandenen Porträts und Skulpturen die glorreiche Geschichte Frankreichs darstellen sollte. Das Schloss war den ruhmreichen Taten aller Epochen gewidmet – „À Toutes les Gloires de la France", wie die Widmungsinschrift in den Ostgiebeln lautet. Damit verfolgte man die Absicht, die verfeindeten Parteien des Landes – Monarchisten, Bonapartisten, Republikaner, Bürgerliche – zu versöhnen und zu einen.

Die Erneuerung Versailles' wurde von breit angelegten Publikationsprojekten begleitet. Mit Versailles begann 1837 die 13-teilige Reihe „Souvenirs historiques des Résidences Royales de France" des königlichen Bibliothekars und Präsidenten der Kommission der historischen Monumente, Jean Vatout, über die unter Louis-Philippe restaurierten Schlösser. Anekdotenreich schildert er ein verklärendes Bild vom Leben bei Hof. Mit welcher Bedeutung das königliche Appartement unter Louis-Philippe aufgeladen wurde, veranschaulicht das die nachmalige Nutzung durch Louis XV ignorierende Kapitel zum Paradeschlafzimmer, das im Umfeld Ludwigs II. übersetzt vorlag: „Seit Ludwig XIV. hat kein Regent in diesem Zimmer geschlafen: Aus Pietät vor dem Andenken des großen Königs ist es geblieben wie eines jener Heiligthümer (sanctuaires), die man an den Festtagen schmückt und der öffentlichen Verehrung weiht (qu'on expose à la vénération publique)."

Ab 1838 erschien im Verlag von Charles Gavard ein 23-bändiges Werk, die „Galéries Historiques", die das Museum erläutern und in Kupferstichen wiedergeben. Der erste Band enthält unter anderem 33 Innenansichten von Versailles. Diese wurden unter dem Titel „Souvenir d'une Promenade à Versailles" als Sonderdruck verkauft – auch Ludwig II. besaß ein Exemplar. Ein Detail der Ausstattung zeigt, wie Louis-Philippe das Paradeschlafzimmer zum Symbol der Monarchie machte: Die Funeralinsignien Ludwigs XVIII. wurden ohne jeden historischen Bezug rechts hinter der Balustrade präsentiert. 1857 waren sie wieder entfernt worden, da sie einen Anziehungspunkt für Monarchisten bildeten. S.W.

Lit.: Gaehtgens, Versailles, S. 47–65; Kreisel, Schlösser, S. 49, 55; Meyer, Ameublement; Meyer, Mobilier

Als praktische Vorlage für Ludwigs II. Versailles-Projekt diente dem Baubüro ein Standardwerk zur klassischen Architektur der französischen Monarchie.

3.26 Architecture françoise ou recueil des plans, élévations, coupes et profils des églises, maisons royales, palais…, Bd. IV
Jacques-François Blondel (1705–1774)
Paris, 1756
Buch, 51 x 35,5
Bayerische Staatsbibliothek München (Rar. 581-4)

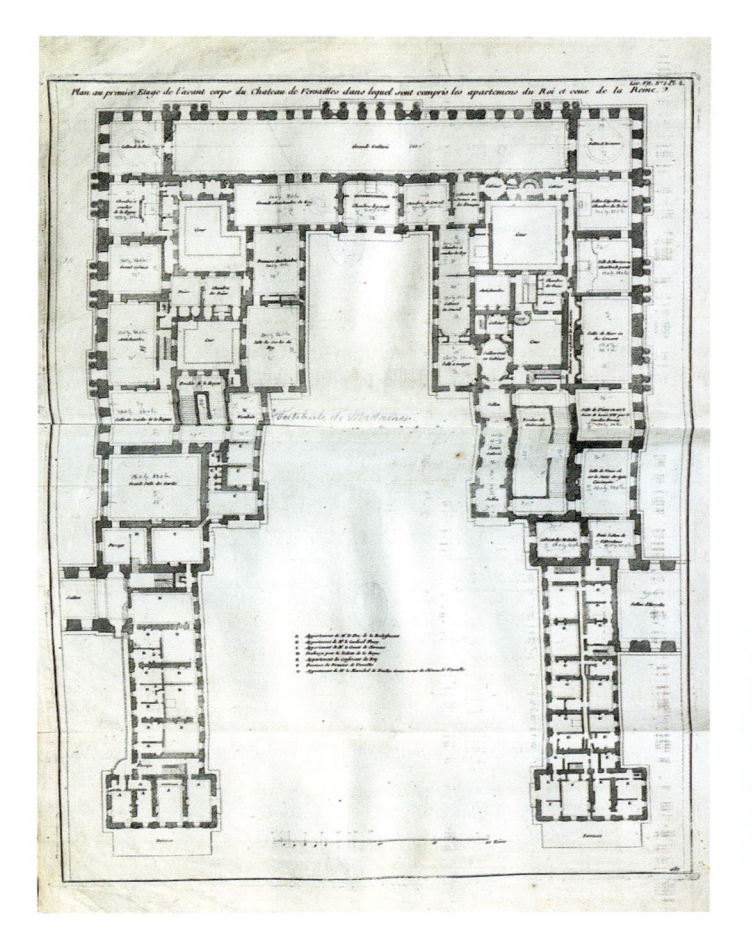

Das vierbändige Werk Jacques-François Blondels ist eine der wichtigsten Darstellungen der klassischen französischen Architektur des 17. und 18. Jahrhunderts. Der Verfasser war ein Enkel Nicolas-François Blondels (1618–1686), des ersten Direktors der 1671 gegründeten Académie Royale d'Architecture, deren Aufgabe die Prägung und Verbreitung eines nationalen Architekturstils war, der Glanz und Macht des Staates und der Monarchie verkörpern sollte. Kupferstichtafeln zeigen bedeutende Staatsbauten wie das Hôtel des Invalides, den Louvre, den Tuilerienpalast, Kirchen und zahlreiche Pariser Adelspalais. Den Höhepunkt und Abschluss des Werks bildet Versailles. Dabei werden sämtliche Grund- und Fassadenrisse erläutert sowie die Baugeschichte und die damalige Ausstattung und Nutzung beschrieben. Auch der Park mit allen Bau- und Kunstwerken wird behandelt.

Das hier gezeigte Exemplar trägt auf dem Einband das Allianzwappen des Kurhauses Pfalz-Sulzbach in der vor 1777 gültigen Form mit dem Monogramm Karl Theodors. Es befand sich im 19. Jahrhundert in der Münchner Hofbibliothek. Auf mehreren Grundrissen wurde dem originalen Maßstab in französischen Toises mit Bleistift eine Skala in bayerischen Fuß hinzugefügt. Bei zwei Tafeln sind die Maße der Räume, dem Grundriss für Herrenchiemsee von 1883 (Kat.-Nr. 3.33) entsprechend, in bayerischen Fuß eingetragen. Offenbar wurde Blondels Architekturgeschichte bei der Planung für den Schlossbau Ludwigs II. verwendet. Eine Pause nach dem gezeigten Grundriss (Bayerische Schlösserverwaltung, München, L.II.-Mus. 361) wurde mit Angaben für den Fotografen versehen, der in Versailles Aufnahmen für den König machen sollte. S. W.

Lit.: Hubala, Klassik; Petzet, König Ludwig II., S. 210, Kat.-Nr. 750; Petzet, Träume, S. 225; Rauch, Herrenchiemsee

---

Ludwig II. vergegenwärtigte sich sein Vorbild Ludwig XIV., indem er sich mit Darstellungen entscheidender Ereignisse aus dessen Königtum umgab.

3.27a Louis XIV. et son siècle, Bd. 2

    Alexandre Dumas (1802–1870)
    Paris, 1854 (Erstausgabe 1844/45)
    Buch, 27 x 18
    Bayerische Staatsbibliothek München (4 Gall.g. 83 k-2)

3.27b Dessertteller mit dem Auftritt Ludwigs XIV. vor dem Pariser Parlament 1655

    Meißen, um 1870
    Malerei des Mittelbilds: Carl Grünwedel (1815–1895)
    München, um 1870
    Porzellanteller, Ø 23,5
    Bayerische Schlösserverwaltung, München (L.II.-Mus. 3170)

Seit 1867 beschäftigte sich Ludwig II. intensiv mit dem Ancien Régime. Er besaß nicht nur unzählige Werke zur Kunst- und Baugeschichte, sondern auch populäre Literatur, die seine Fantasie über diese Epoche anregte. Darunter fallen Dumas' Biografien Ludwigs XIV., XV. und XVI., die als historische Romane Persönlichkeiten und Hofleben in Versailles schildern, bebildert mit genrehaften Illustrationen und Kupferstichen zu militärischen und zeremoniellen Ereignissen. Typisch für Dumas' Charakterisierung Ludwigs XIV. ist sein Konzept der „Großen Männer", die über einen unbedingten, nahezu übernatürlichen Herrschaftswillen verfügen.

Ludwig II. stellte diese Werke auch dem königlichen Baubüro zur Verfügung. Dort, wo für wichtige Themen der malerischen Ausstattung keine zeitgenössischen Vorlagen zur Verfügung standen, wurde auch auf solche Illustrationen des 19. Jahrhunderts zurückgegriffen, zumal sehr viele Motive benötigt wurden, wenn – wie im Fall des hier angesprochenen Services – allein 100 Dessertteller vorgesehen waren.

Als Vorlage diente aus Dumas' Werk beispielsweise die Illustration mit dem symbolträchtigen Auftritt des jungen Königs Ludwig XIV. vor dem Pariser Parlament 1655, bei dem er den legendären Satz „L'état c'est moi" geäußert haben soll: Ludwig XIV. hatte zuvor durch sein bloßes Erscheinen im Parlament die Bewilligung von Steuern durchgesetzt, erfuhr aber dann, dass die Abgeordneten diese wieder anfochten. So berief er das Parlament erneut ein und erschien, von der Jagd kommend, das Zeremoniell missachtend, die Hetzpeitsche noch unter dem Arm, und forderte, dass „seine Ausführungen künftig beachtet und nicht diskutiert werden", womit er seinen unbedingten Anspruch auf die absolute Herrschaft deutlich machte. S. W.

Lit.: Milovanovic, Cérémonies; Schmid, Konzeption, S. 219–238; Seelig, Service

Um die Bedeutung seiner eigenen Dynastie zu bekräftigen, postulierte Ludwig II. eine Traditionslinie zu Kurfürst Max Emanuel von Bayern (1662–1726).

3.28 Entwurf zu einem Porzellantellerbild „Max Emanuel in Versailles"
Joseph Watter (1838–1913)
München, um 1878
Aquarell/Papier, 21,2 x 18,6 (Blatt)
Wittelsbacher Ausgleichsfonds, München (B VIII 0519)

Kurfürst Max Emanuel von Bayern erhoffte nach dem Erlöschen der Dynastie der spanischen Habsburger für seinen Sohn Joseph Ferdinand den spanischen Thron. Damit wäre das Haus Wittelsbach zur Weltmacht aufgestiegen. Der frühe Tod des Sohns machte diesen Plan jedoch zunichte. Am Ende des Spanischen Erbfolgekriegs stand Kurbayern schließlich mit Frankreich auf der Seite der Verlierer. Max Emanuel verbrachte das Jahrzehnt nach der Niederlage von Höchstädt 1704 in den Niederlanden und in Frankreich. Das anspruchsvolle höfische Leben mit all seinen Facetten – Oper, Feste, Theaterbesuche, Kunstaufträge, selbst anspruchsvolle Bauvorhaben – führte der Bayer auch im Exil weiter. 1715 in München zurück, ging Max Emanuel nonchalant über seine politischen Niederlagen hinweg, konnten sie doch, wie die Namen Effner und Cuvilliés zeigen, kulturell in einen Gewinn für die höfische Kultur Bayerns umgemünzt werden. König Ludwig II. stellte sich mit dem Motiv „Max Emanuel in einer Barke im Garten von Schloss Versailles" in eine Traditionslinie mit diesem großen Bauherrn, dem Nymphenburg und Schleißheim zu verdanken sind.

Die korrigierenden Anmerkungen des Königs auf dem Entwurf zeigen das Expertenwissen Ludwigs II. So dürfe die Fahne des französischen Königs an der Barke nicht rot und blau sein, sondern müsse goldene Lilien auf weißem Grund, also die Farben der Bourbonen, tragen.

K. H.

Lit.: Jahreskalender 2011 des Bayerischen Staatsministeriums der Finanzen, S. 22; Erichsen/Heinemann, Brennpunkt Europas

---

Die Sonne galt Ludwig XIV. als das „zweifellos eindrücklichste und schönste Bild des Herrschers" – ihr Motiv ist wie in Versailles auch in Herrenchiemsee allgegenwärtig.

3.29a Entwurf für ein „Schlüsselschild" des Paradeschlafzimmers in Herrenchiemsee
Georg Dollmann (1830–1895)
München, Januar 1880
Zeichnung/Karton, Tusche über Blei, aquarelliert,
51,8 x 34,2 (Blatt)
Bayerische Schlösserverwaltung, München
(L.II.-Mus. 2465/e)

3.29b „Schlüsselschild" mit Türknauf aus Schloss Herrenchiemsee
München, um 1880
Messing, feuervergoldet, 37,5 x 9 x 4,5
Bayerische Schlösserverwaltung, München
(ohne Inv.-Nr.)

König Ludwig II. ließ sich die Entwürfe für alle Einzelheiten der Schlossausstattung vorlegen. Oft kritisierte er die geplante Ausführung als nicht detailliert und fein genug. Oder er verlangte nachahmende Übersteigerung des Versailler Vorbilds, beispielsweise bei den Entwürfen zu den Türfüllungen des Paradeschlafzimmers, die das Versailler Leitmotiv des Sonnenhaupts wiedergeben sollten.

Dazu ließ er übermitteln: „Die Strahlen der Sonne seien nicht fein genug gemalt. Das Gesicht der Sonne habe nicht genug Ähnlichkeit mit jenem auf den Versailler Türen, namentlich wären die Haare nicht so wie dort geordnet. Um die Sonne herum befindet sich zuviel Weiß, überhaupt würde es reicher aussehen, wenn die Reliefverzierung[en] in Gold auf goldenem Grund geschnitzt würden."

3.29a

Der von dem Architekten Dollmann 1880 signierte Entwurf für ein Schlüsselschild stimmt bis ins Detail mit den in Herrenchiemsee ausgeführten Beschlägen überein, sodass man hier von einer Werkzeichnung sprechen kann, welche die Versailler Ikonografie im Sinne des bayerischen Königs abwandelte: Unten ziert den Beschlag das von Ludwig II. übernommene doppelte, ligierte „L" Ludwigs XIV. von Frankreich. Füllhörner rahmen den unteren Knauf, darüber folgt im Lorbeerkranz das Versailler Sonnenhaupt. Oben bildet jedoch die bayerische Krone den Abschluss. Bei dem hier gezeigten ausgeführten Beschlag ist deren Kreuz allerdings abgebrochen. K. H.

3.29b

Lit.: Baumgartner, Träume, S. 154, Nr. 268 (Zeichnung); Petzet, König Ludwig II., S. 204, Kat.-Nr. 675 (Zeichnung); Brief Hornig an Bürkel, 24. Dezember 1877 (Bayerische Staatsbibliothek München), zitiert nach Hacker, Ludwig II., S. 272

Ein Bild von einem Schloss: Herrenchiemsee und Versailles als Denkmäler

Am Anfang seiner Bauplanungen zu Ehren der Bourbonen wollte König Ludwig II. beim Linderhof im Graswangtal die Ludwig dem Heiligen geweihte Versailler Palastkapelle nachbauen.

3.30a Konzeptskizze zur Lage von Kapelle und Pavillon am Linderhof

König Ludwig II. (1845–1886), eigenhändig
Hohenschwangau, Ende November 1868
Bleistift, Feder/Papier, 14,5 x 20
Beschriftung: Garten/Pavillon/Bassin/Kapelle/Stallung/(Gitter)/u. Küche
Bayerische Schlösserverwaltung, München
(L.II.-Mus. Korr. Düfflipp)

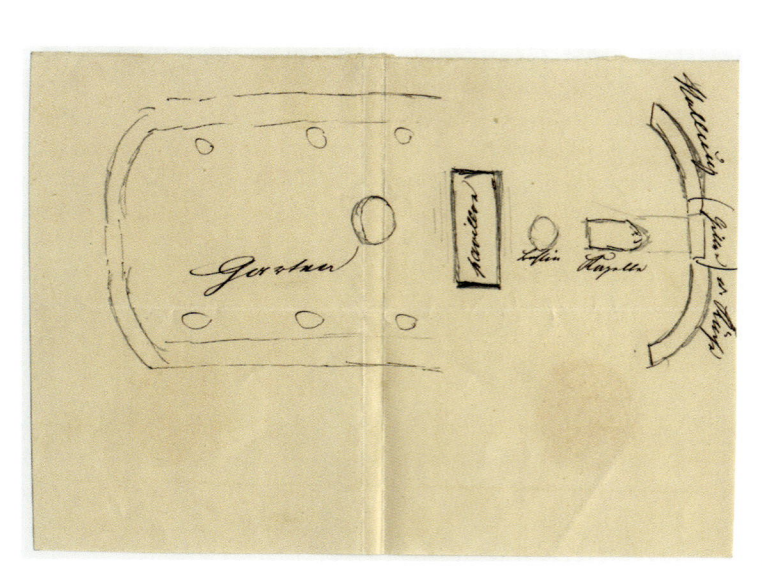

3.30a

124 DRITTER AKT

3.30 b Entwurf zur Seitenfassade der in Linderhof geplanten Kapelle

Georg Dollmann (1830–1895)
München, 1869
Federzeichnung, laviert/Papier, 24,4 x 35,8
Bayerische Schlösserverwaltung, München
(L.II.-Mus. 2340c/1)

Am Anfang der unter der Bezeichnung „Tmeicos Ettal" laufenden Bauplanungen Ludwigs II. am Gehöft Linderhof bei Kloster Ettal stand eine Kapelle. Das geht aus seinem Tagebucheintrag vom 3. November 1868 – „Platz für die neu zu errichtende Kapelle abgesteckt …" – und aus einem Brief an Hofsekretär Dünflipp vom 28. hervor: „Ich möchte nun in der Nähe der am Linderhof zu errichtenden Kapelle ebenfalls einen kleinen Pavillon mir erbauen und einen nicht zu großen Garten im Renaissance-Styl mir anlegen lassen." Die dem Brief beigelegte und hier erstmals präsentierte eigenhändige Skizze (b) zeigt, dass der Pavillon so ausgerichtet werden sollte, dass der Blick aus dem Schlafzimmer auf die Hauptfassade der Kapelle fiele. Den hohen Rang der Kapelle für Ludwig II. bestätigt ein Brief an Dünflipp vom 24. Januar 1869: „Sehr viel liegt mir daran, die Pläne für die Kapelle am Linderhof baldigst vorgelegt zu erhalten, betreiben Sie die Zeichnungen von Dollmann und Seitz…" Ein bislang unbeachteter Plansatz mit zwei Grundrissen sowie zwei Entwürfen für West- und Südfassade zeigt, dass der frei stehende, 24 Meter lange Bau die Versailler Palastkapelle zitieren sollte. Eine Kostenplanung vom 1. Dezember 1868 führt für die innere Ausschmückung „Marmor und Gold" auf.

Der Name „Tmeicos Ettal" ist ein Anagramm der vermeintlichen Devise Ludwigs XIV., „L'état c'est moi", die Ludwig II. mit dem Namen des 1330 von Kaiser Ludwig dem Bayern gegründeten Klosters verquickte. Die Ettaler Kirche, ein Zentralbau, war in Ludwigs II. Vorstellung „nach dem Plane des Gralstempels zu Mont Salvat" gebaut worden (Brief an Wagner vom 21. Juni 1865 sowie zahlreiche Tagebucheinträge). Die Kapelle von Versailles ist eine barocke Neufassung der Sainte Chapelle in Paris, der Hofkapelle König Ludwigs des Heiligen, die dieser von 1241 bis 1248 als Schrein für seine Passionsreliquien hatte errichten lassen. Diese Parallelen – Gral und Passionsreliquien, kaiserliche und königliche Stiftungen – könnten für den Wunsch, das mit der Kapelle initiierte Versailles-Projekt in der Nähe von Ettal zu verwirklichen, eine Rolle gespielt haben.

Zugleich verehrte Ludwig II. die französische Königin Marie Antoinette gerade in Linderhof und Ettal. Im Tagebucheintrag vom 3. November 1868 folgt ein Zitat aus Schillers „Braut von Messina": „ … und an der Stelle, wo der Mord geschah, kann sühnend sich ein Gotteshaus erheben." 1877 oder 1878 verknüpfte der König die dieser Textstelle bei Schiller unmittelbar vorangehenden Zeilen in seinem Tagebuch mit der „Hoffnung auf Erlösung durch das unschuldig vergossene königliche Blut" (Marie Antoinettes und Ludwigs XVI.). 1880 ließ Ludwig II., wie in den Jahren zuvor, am Todestag Marie Antoinettes in Ettal eine Gedenkmesse lesen.

So wie seine in Tagebucheinträgen überlieferten Anrufungen der Bourbonenkönige könnte der geplante Nachbau der Versailler Kapelle im Sinne von Ludwigs Hoffnung auf göttlichen Beistand im Ringen um das ideale Königtum interpretiert werden. Ab 1870 sollte die Kapelle dem Schloss integriert werden. Zugleich ließ Ludwig II. die 1684 vom Ettaler Abt Roman Schretler gebaute Kapelle des Linderhofs renovieren.

S. W.

Lit.: Merta, Tagebücher, S. 337f. (dort die Einträge vom 3. November 1868 und 1877/78); Brief an Dünflipp, 28. November 1868, zitiert nach von Böhm, Ludwig II., S. 752f.; Brief an Dünflipp 28. November 1868, zitiert nach Baumgartner, Träume, S. 133; Brief an Dünflipp 24. Januar 1869, zitiert nach Baumgartner, Träume, S. 170 (Anm. 8, irrtümliche Identifikation der 1868 geplanten Kapelle mit den späteren Zentralbauprojekten für Linderhof); Brief an Wagner 21. Juni 1865, zitiert nach Evers, Ludwig II., S. 204; Rauch, Herrenchiemsee, S. 28–31; Petzet, Gralswelt

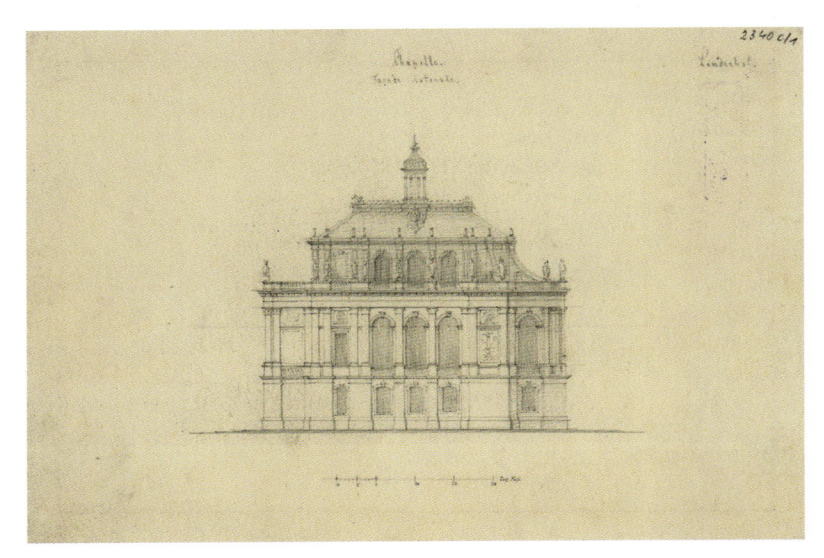

3.30 b

Der König strebte nach dem idealen Versailles – Entwurfszeichnungen zur Korrektur halfen ihm dabei, es zu konkretisieren. Die Computeranimation macht diesen Prozess anschaulich.

3.31 Die Entstehung des Neuen Schlosses Herrenchiemsee

Computeranimation
Konzept: Sybe Wartena
Realisierung: p.Medien, München
Bayerische Schlösserverwaltung, München

Im Herbst 1868 begann Ludwig II. die Planung für sein an Versailles orientiertes Bauprojekt. Immer neue Korrekturen führten bis 1883 zu 18 aufeinander aufbauenden Entwurfstadien. Nachdem 1868 im „Projekt I" (Kat.-Nr. 3.32) nur die Kernräume von Versailles – Spiegelgalerie und Paradeschlafzimmer – verkleinert zitiert worden waren, wurden bis 1873 weitere Trakte übernommen: die den Marmorhof einfassenden Flügel (ab „Projekt IV", 1869), die versetzt parallel zum Haupttrakt geführten Seitenflügel und die Kapelle sowie die Zirkelbauten für die Marställe (ab „Projekt VII", 1870). Obwohl alles in der Größe reduziert werden sollte, wäre die Anlage zu groß geworden, um sie, wie beabsichtigt, im engen Graswangtal zu bauen.

Den Ausweg bot der Erwerb der Herreninsel im Chiemsee im September 1873, wohin das Projekt nun transferiert wurde. Auf der Insel konnte die Gesamtanlage von Versailles in wesentlichen Punkten kopiert werden. Jetzt wurde es sogar möglich, in den Flügeln am Hof doppelte Raumfluchten anzulegen und damit die in Versailles durch die Baugeschichte bedingte Differenzierung zwischen den Grands Appartements für Königin und König im äußeren Umlauf und dem zum Hof orientierten Appartement du Roi zu übernehmen.

Zuerst hatte Ludwig II. den „Pavillon" zu seiner eigenen Benutzung vorgesehen. Dann jedoch wurden, parallel mit der Neuausstattung des Königshäuschens 1869 und dem Anbau 1870, der in der Folge zum heutigen Schloss Linderhof erweitert wurde, die Raumbezeichnungen in den Plänen französisch, Ofen sowie Abort des Schlafzimmers wurden gestrichen: „Tmeicos Ettal" wurde damit zum Denkmal bestimmt, während der Anbau des Königshäuschens im Sinne eines „Trianon", des königlichen Rückzugsorts im Versailler Park, zum Wohnen diente. Mit der neuen Anordnung auf der Herreninsel vollzog Ludwig II. die Disposition Ludwigs XV. in Versailles nach, der sich 1737 den nördlichen, privaten Teil des Appartement du Roi als bequemeres Wohnappartement („Petit Appartement") hatte einrichten lassen und die zentralen Räume nur noch für zeremonielle Zwecke nutzte. Entsprechend blieb in Herrenchiemsee das Paradeschlafzimmer „Sanktuarium" Ludwigs XIV., als das es in Versailles später galt. Wie zuvor Linderhof, ließ der König das Privatappartement in seinem Lieblingsstil, einem historistisch interpretierten Louis XV oder Rokoko ausstatten, das er für das neue Versailles anfangs noch abgelehnt hatte.

Am Ende der Planung war zwar der Gesamtgrundriss grundsätzlich übernommen, doch beinhaltete das Bild eines idealen Versailles im Sinne König Ludwigs II. gleichermaßen die exakte Kopie, die Rekonstruktion verlorener Zustände, die Vergrößerung der Räume und die für das 19. Jahrhundert charakteristische Purifizierung.

Die Computeranimation zeigt fünf der Planungsstadien. Mit Entwurfszeichnungen der Fassaden aus dem Jahr 1869 sowie Werkzeichnungen zum Ausführungsentwurf von 1883 wird die jeweils vorgesehene Erscheinung des Schlosses visualisiert. Beim Tod des Königs 1886 waren neben den drei heute noch stehenden Flügeln der nördliche Seitenflügel und der nördliche so genannte Wohnungsflügel im Rohbau ausgeführt, der südliche Seitenflügel fundamentiert. Diese Teile wurden 1907 wieder abgetragen. *S.W.*

Lit.: Petzet, Gebaute Träume, S. 225–232; Rauch, Räume, S. 60–73

1 Prunktreppenhaus (Abb. S. 134)

Paradezimmer/Appartement du Roi
2 Gardesaal/Salle des Gardes du Roi
3 Erstes Vorzimmer/Première Antichambre
4 Zweites Vorzimmer/Salon de l'Œil de Bœuf
5 Paradeschlafzimmer/Chambre de Parade
6 Beratungssaal/Cabinet du Conseil

7 Friedenssaal/Salon de la Paix
8 Spiegelgalerie/Galerie des Glaces
9 Kriegssaal/Salon de la Guerre

Kleines Appartement/Petit Appartement
10 Schlafzimmer Ludwigs II./Chambre à coucher du Roi
11 Toilette-Kabinett/Cabinet de Garde-robe
12 Arbeitszimmer des Königs/Cabinet du Conseil
13 Blauer Salon/Antichambre
14 Speisezimmer/Salle à manger
15 Porzellankabinett/Salon oval ou Cabinet
16 Kleine Galerie/Petite Galerie

17 Nördliches Treppenhaus (im Rohbau verblieben, Abb. S. 133)

Grand Appartement du Roi (im Rohbau verblieben)
18 Salon de l'Abondance
19 Salle de Venus
20 Salle de Diane
21 Salle de Mars
22 Salle de Mercure
23 Salon d'Apollon

24 Vestibule
25 Grande Salle des Gardes

Grand Appartement de la Reine (im Rohbau verblieben)
26 Salle des Gardes de la Reine
27 Antichambre
28 Grand cabinet
29 Chambre à Coucher de la Reine

Blick auf die Gartenfassade

Gartenfront

Marmorhof

Spiegelgalerie (8)

Kriegssaal (9)

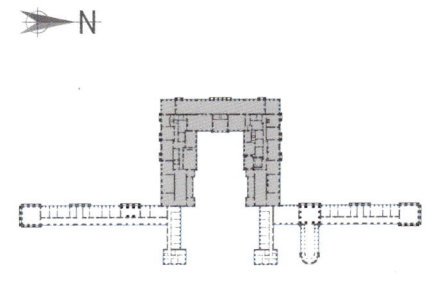

Gesamtgrundriss der geplanten Anlage

Marmorhof

Schlafzimmer Ludwigs II. im Kleinen Appartement (10)

Für sich selbst wollte Ludwig II. im Graswangtal zunächst nur einen privaten Rückzugsort „nach bescheidenen Dimensionen".

3.32 Grundriss des Obergeschosses eines an Versailles orientierten „Pavillons" im Graswangtal

Georg Dollmann (1830–1895)
München, 1868
Bleistift/Papier, laviert, 29 x 40,7
Bayerische Schlösserverwaltung, München
(L.II.-Mus. 2341b)

Ende November 1868 teilte Ludwig II. seinem Hofsekretär Düfflipp die Absicht mit, „in der Nähe der am Linderhof zu errichtenden Kapelle" ein von Versailles inspiriertes Schlösschen „nach bescheidenen Dimensionen" bauen zu lassen: „Für mich brauche ich nur drei etwas reicher und eleganter ausgestattete Zimmer, die nötigen Dienstwohnungen sollen natürlich ganz einfach werden." Die Idee des Königs ist im vorliegenden, möglicherweise erst nachträglich als „Projekt I 1868" bezeichneten Grundriss dargestellt.

Die Anlage der Galerie mit seitlichen Salons und die Fassadenbildung auf der westlichen Gartenseite sowie die Disposition des zentralen, nach Osten ausgerichteten Schlafzimmers zitieren deutlich das Vorbild Versailles, obwohl die Galerie mit 72 x 22 Fuß auf diesem Plan noch erheblich kleiner war als die französische, welche 251 x 36 (bayerische) Fuß misst. Am 17. Dezember 1868 forderte der König, dass die Spiegelgalerie größer und dass weitere Merkmale der Anlage von Versailles übernommen werden sollten: „Vom Hof aus besteigt man linker Seite die Treppe, kommt dann in das Dienstvorzimmer, durch dasselbe in das Œil de bœuf, in das Schlafgemach, das Arbeits- und das Speisezimmer …" In den folgenden Plänen wurden diese Wünsche umgesetzt.

Die Raumbezeichnungen auf dem hier gezeigten Plan sind in Deutsch eingetragen: ein Indiz dafür, dass die Wohnfunktion den Denkmalcharakter noch überwog. Im Erdgeschoß sind Dienerschaftsräume und „Fremdenzimmer" vorgesehen, im Obergeschoss, das Schlafzimmer flankierend, links Büffet, Speisezimmer sowie Wohn- oder Schreibzimmer, rechts Arbeitszimmer und Dienstzimmer.

S. W.

Lit.: Anweisung des Königs an das Hofsekretariat vom 17. Dezember 1868, zitiert nach von Böhm, Ludwig II., S. 753, 756; Baumgartner, Träume, S. 137; Petzet, Träume, S. 224; Rauch, Herrenchiemsee, S. 51

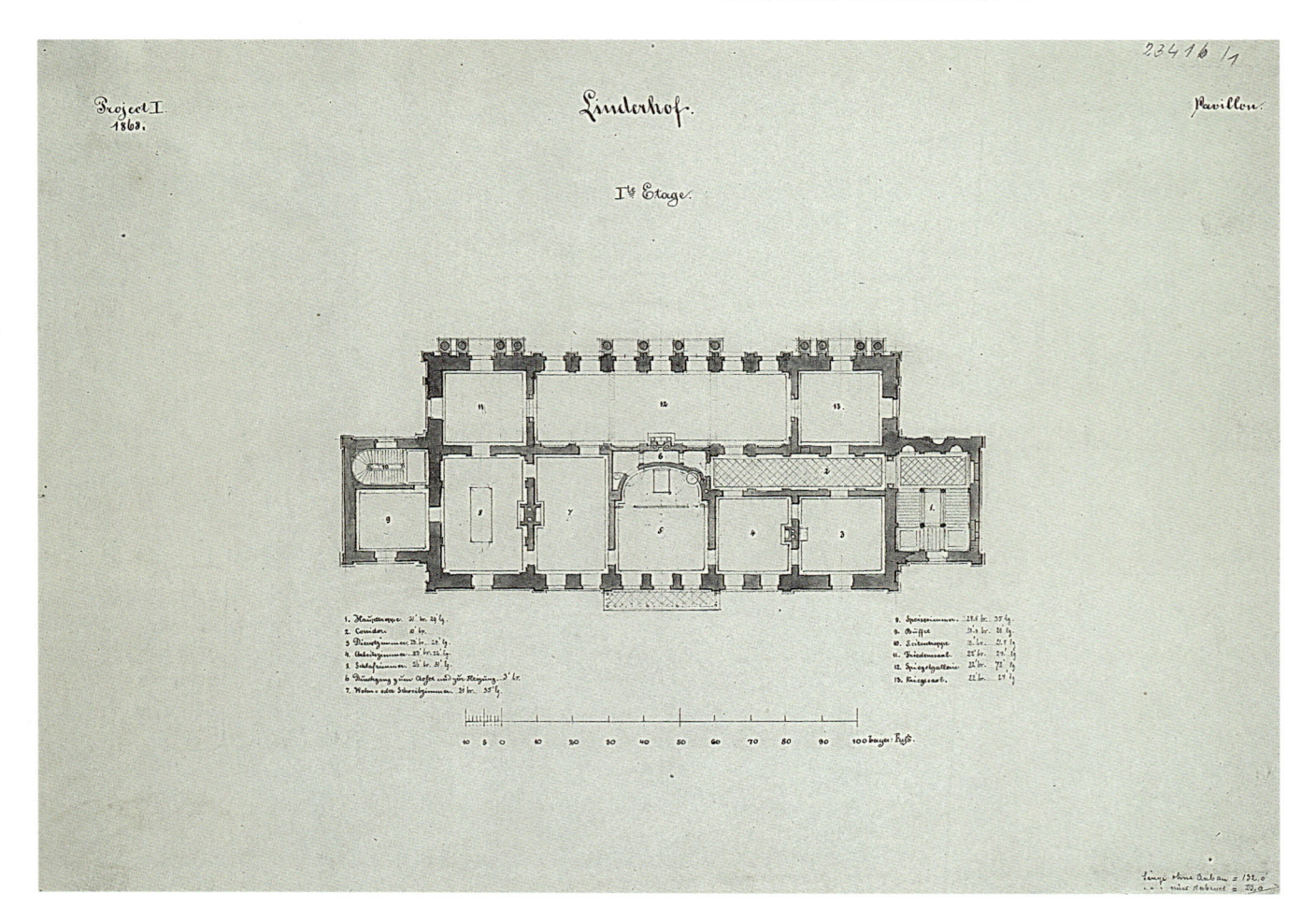

Der neue Bauplatz auf der Insel Herrenwörth führte zu immer größeren Dimensionen, bis die Anlage von Versailles nahezu vollständig übernommen war.

3.33 Uebersichts-Plan des ersten Stockwerkes im Kg. Schloss Herrenchiemsee
Georg Dollmann (1830–1895)
München, Februar 1883
Feder/Papier, farbig angelegt und laviert, 73,5 x 71
Bayerische Schlösserverwaltung, München
(L.II.-Mus. 1523/2)

Der Architekt Georg Dollmann war von Anfang an für das neue Versailles König Ludwigs II. zuständig. 1875, 1877 und 1878 fuhr er in dessen Auftrag zu Studienzwecken nach Frankreich. Dollmann wurde im Herbst 1881 vom König zum Hofoberbaudirektor ernannt und in den persönlichen Adelsstand erhoben. Als es ihm 1884 jedoch nicht gelang, Firmen, die nicht mehr bezahlt werden konnten, zu weiteren Leistungen zu veranlassen, wurde er durch seinen langjährigen Mitarbeiter Julius Hofmann ersetzt. Noch im Juni 1883 hatte Dollmann eine umfangreiche Beschreibung der fertig ausgestatteten Räume und der weiteren Bauplanung verfasst. Für den König ist auch der hier gezeigte „nach allerhöchster Anordnung ergänzte" Ausführungsgrundriss entstanden. Dollmann versah ihn mit einer Legende, welche Maßangaben der Räume von Herrenchiemsee und Versailles gegeneinanderstellt. Maßverhältnisse waren dem König sehr wichtig und er hatte Dollmann bereits 1879, als er merkte, dass die Herrenchiemseer Spiegelgalerie acht Fuß länger geworden war als die in Versailles, gerügt, er solle sich ja „keine eigene Willkürlichkeit zuschulden kommen lassen". Es blieb jedoch bei der Grundfläche der Spiegelgalerie von 258 x 36 bayerischen Fuß gegenüber 251 x 36 bayerischen Fuß in Versailles (in der Legende verwendete Dollmann – für Versailles irreführend – ein anderes Fußmaß, weshalb er nur 240 Fuß angibt). Auch fast alle anderen Räume in Herrenchiemsee sind größer als beim Vorbild.

Eine offene Frage ist, wie die Grands Appartements in den äußeren Raumfluchten hätten ausgestattet werden sollen. Das des Königs auf der Nordseite sollte 1889 vollendet werden. Für das der Königin im Süden war noch kein Termin vorgesehen. Die Übernahme von Bett und Balustrade in der Chambre à coucher de la Reine aus dem Versailler Grundriss deutet, ebenso wie die Wandvorlagen im Grand Appartement du Roi, darauf hin, dass eine Kopie beabsichtigt war.
S.W.

Lit.: Petzet, Träume, S.. 226, 230, 235; Petzet/Neumeister, Welt, S. 133; Rauch, Herrenchiemsee

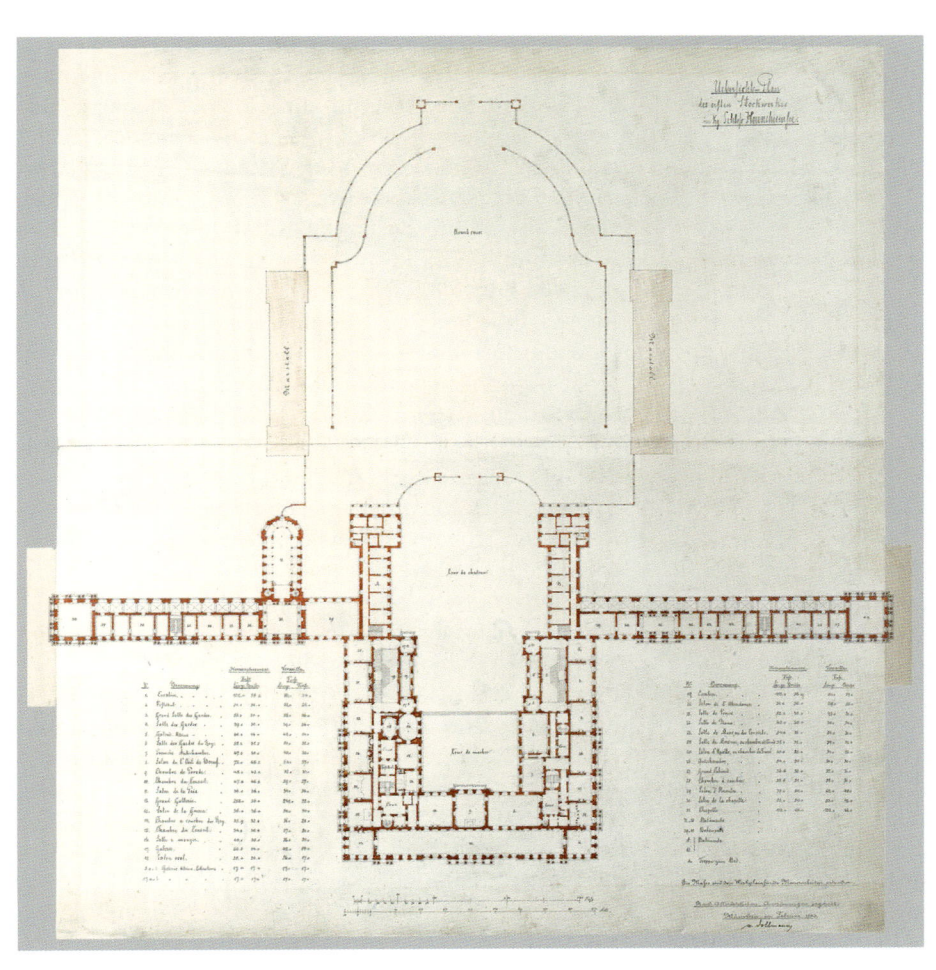

VUE DU CHATEAU DE VERSAILLES
Prise du Côté de la Terrasse vis à vis la Chappelle

3.34 a

Die Gartenfassade von Schloss Herrenchiemsee ist eine fast exakte Kopie der Versailler Gartenfassade.

3.34a **Vue du château de Versailles**
Jacques Rigaud (1680–1754)
Paris, um 1720
Kupferstich, 51 x 72,4
Bayerische Schlösserverwaltung, München
(L.II.-Mus. 2588a)

3.34b **Entwurf der Fassade von Schloss Herrenchiemsee mit Ansatz der Flügelbauten**
Georg Dollmann (1830–1895)
München, Februar 1875
Zeichnung, Aquarell, 44,1 x 89,7
Bayerische Schlösserverwaltung, München (L.II.-Mus. 328)

Die Gartenfassade von Versailles ist nicht in einem Guss entstanden. Das Aufrisssystem setzt die berühmte Ostfassade des Louvre von Claude Perrault von 1667 voraus, eines der Initialwerke der klassischen französischen Architektur. Es war von Louis Le Vau von 1668 bis 1671 mit der „Enveloppe" eingeführt worden. Dies ist der Ummantelungsbau, der das hufeisenförmige Schlösschen Ludwigs XIII. von 1632/34, das Ludwig XIV. 1661 erstmals hatte überarbeiten lassen, großzügig umschließt. In der Enveloppe waren parallel zu den älteren Petits Appartements am Hof die Grands Appartements der Königin und des Königs untergebracht. An der Gartenseite waren die beiden großen Trakte durch eine Terrasse von elf Fensterachsen Breite getrennt, nur das von Arkaden gegliederte, rustizierte Sockelgeschoß lief durch. Erst von 1678 bis 1684 wurden die Kopfbauten von Jules Hardouin-Mansart durch das Schließen der Terrasse und den Einbau der Spiegelgalerie miteinander verbunden, wodurch aus einer in der Tiefe gestaffelten Schauseite eine monumentale, geschlossene Front wurde. Die großen Rundbogenfenster des Hauptgeschoßes ersetzten etwas kleinere, rechteckige mit Blendfeldern darüber. Drei Avants Corps, die im Sockelgeschoß durch Vorsprünge, im Hauptgeschoß durch ionische Säulen – statt Pilastern – und im Mezzanin durch Skulpturen ausgezeichnet sind, gliedern die Fassade leicht, Doppelpilaster markieren die Kanten der ehemaligen Kopfbauten. Diese Zäsuren der Fassade sind über der abschließenden Balustrade von großen Trophäen bekrönt. Die Wirkung der ausgedehnten Fassade wird durch ihre Verdreifachung in Gestalt der Seitenflügel, die zu gleicher Zeit hinzugefügt wurden, ins Riesenhafte gesteigert.

Georg Dollmann kopierte die Versailler Fassade fast exakt, wobei auch die aus der Baugeschichte resultierenden, schon vom Architekturhistoriker Blondel kritisierten Doppelpilaster an den ehemaligen Kanten übernommen wurden. Eine Bereicherung sind die ornamentalen Reliefs an den Fenstern im Mezzanin. Eine Rekonstruktion sind die Trophäen auf der Balustrade, die in Versailles unter Napoleon I. wegen Baufälligkeit entfernt worden waren. Einen Akt der Vervollkommnung hingegen vollzog Ludwig II. an den Hoffassaden. Während man in Versailles die Pläne, auch die Hoffassaden des Baus Ludwigs XIII. durch solche nach dem viel monumentaleren Schema Mansarts zu ersetzen, nicht ausgeführt hatte, wurde Herrenchiemsee auch auf der Hofseite mit solchen Fassaden versehen.

3.34 b

Wenngleich auch für Herrenchiemsee ein in Grundzügen Versailles entsprechender Park vorgesehen war, macht der französische Stich den wesentlichen Unterschied deutlich: Der Versailler Park ist von einer höfischen Gesellschaft bevölkert; er dient auch zeremoniellen Funktionen. Auf der Insel Herrenchiemsee wollte der menschenscheue König bei seinen Aufenthalten allenfalls einzelne, ausgewählte Gäste empfangen. S.W.

Lit.: Blondel, Architecture, S. 137f.; Petzet, Träume, S. 228; Rauch, Herrenchiemsee, S. 78f.

Obwohl in Versailles schon 1752 abgerissen, rekonstruierte man in Herrenchiemsee die für das absolutistische Hofzeremoniell hoch bedeutende Gesandtentreppe.

3.35a Ansicht der Gesandtentreppe in Versailles

J. M. Chevotet, L. Surugues
Paris, 1723
Kupferstich, 55,4 x 77,2 (Blatt), 41 x 64 (Platte)
Bayerische Schlösserverwaltung, München (L.II.-Mus. 2589)

3.35b Entwurf zum südlichen Prunktreppenhaus in Herrenchiemsee

Georg Dollmann (1830–1895)
München, 24. August 1878
Federzeichnung, aquarelliert, 45,1 x 71,9 (Blatt)
Bayerische Schlösserverwaltung, München (L.II.-Mus. 330)

Die berühmte Versailler Gesandtentreppe mit ihren gegenläufigen Treppenrampen war die erste Treppe in Frankreich mit großem Repräsentationsbereich. Sie wurde ab 1674 im Nordflügel errichtet, 1676/78 unter Charles Le Brun ausgestattet, jedoch bereits 1752 wieder abgebrochen, wenngleich in der Druckgrafik sehr gut dokumentiert. Im Südflügel befand sich eine Schachttreppe, der Escalier de la Reine (Treppe der Königin).

Bis 1873 wechselte die Planung Dollmanns für die Prunktreppenhäuser in Herrenchiemsee mehrfach zwischen der Übernahme dieser unsymmetrischen Disposition und der Doppelung der Gesandtentreppe, der ersten monumentalen Prunktreppe in der französischen Architektur. Die Entscheidung fiel zugunsten der vereinheitlichenden, purifizierenden Lösung.

Vollendet wurde in Herrenchiemsee nur das Prunktreppenhaus des Südflügels; das nördliche war im Bauzeitenplan für 1886 vorgesehen. Über das südliche Treppenhaus gelangt der heutige Besucher zu den Paradezimmern im Haupttrakt. Gleichzeitig bildet es den Zugang zu den im Rohbauzustand verbliebenen, nach Süden gerichteten und nach Versailler Vorbild in den Herrenchiemseer Plänen als Grand Appartement de la Reine bezeichneten Räumen.

Das Gegenstück im Nordflügel leitet nicht nur zum hofseitig gelegenen Privatappartement Ludwigs II., sondern auch zum nach Norden orientierten Grand Appartement du Roi. Für das Bildprogramm der nördlichen Treppe sind keine Entwürfe überliefert. Allerdings schlug der Maler Hauschild in einem undatierten Schreiben für das „II. Treppenhaus, welches die l'escalier d'embassadeur correspondieren soll", in Be-

WIE DER KÖNIG SEINE GEGENWELTEN SCHUF

Vue interieure du Grand Escalier de Versailles *Prospectus interioris majorum Scallarum Versaliarum*

3.35 a

zug auf „die anzubringenden Bilder in Rücksicht auf Charakter und Zweck einer Treppe, welche den Zugang zu den kgl. Gemächern vermittelt, spezifisch bayerische Darstellungen" vor, worunter er Szenen zu den „vier Volksstämme(n) Bayern, Schwaben, Franken, Pfälzer" verstand – ein Vorschlag, den Ludwig II. sicher nicht akzeptiert hätte.

Dollmann übernahm die Architektur für seinen Entwurf des südlichen Treppenhauses aus dem Kupferstich von J. M. Chevotets, „Vue interieure du Grand Escalier de Versailles". Deutlich sind jedoch die Unterschiede im Bildprogramm: Der Diana-Brunnen und die Apollo-Büste im Zentrum stehen für ein irenisches Programm, während das Versailler Vorbild König Ludwig XIV. von Frankreich als siegreichen Feldherrn präsentiert. Hier zogen die Botschafter ein, wenn sie vom König zur Audienz empfangen wurden. Eine derartige zeremonielle Funktion war in Herrenchiemsee von vornherein nicht vorgesehen. Mit ausgeprägtem Sinn für Proportion und Dekorum bestimmte Ludwig II. jedoch auf dem ihm vorgelegten Entwurf Dollmanns, dass im Zentrum anstelle einer Büste eine Statue Apollos aufgestellt werden solle.

Bei aller Anlehnung an Versailles handelt es sich bei der Treppe in Herrenchiemsee um ein „geradezu charakteristisches Bauwerk des 19. Jahrhunderts" (Kreisel): Das zeigen der bewusste Rückgriff auf eine historische Schöpfung, die helle Beleuchtung durch ein im Verhältnis zum Versailler Oberlicht beinahe doppelt so langes Glasdach, die bunte Wirkung durch die vielfarbige Marmor- und Stuckmarmorverkleidung, die üppige Malerei im Stil Makarts, die weiß leuchtenden, bewegten Stuckfiguren der Gesimszone. Den geradezu grellen Eindruck, den das Treppenhaus bei Tag macht, hatte Ludwig II. vermutlich nie vor Augen. Seine Besuche zu Kontrolle und Genuss der Wirkung der auf Kunstlicht konzipierten Räume fanden im Dunkeln bei Kerzenschein statt.

K. H.

Lit.: Baumgartner, Träume, S. 131, Nr. 228 (Zeichnung), S. 145, Nr. 254 (Kupferstich); Kreisel, Schlösser, S. 53f.; Petzet, Träume, S. 240f.; Rauch, Schloss Herrenchiemsee, S. 43; Geheimes Hausarchiv, München, Akten des Oberhofmeisterstabs, Act 801, Mappe 11, Aufgesetztes Schreiben von Hauschild, zitiert nach Rauch, Herrenchiemsee, S. 300f., Quelle 134

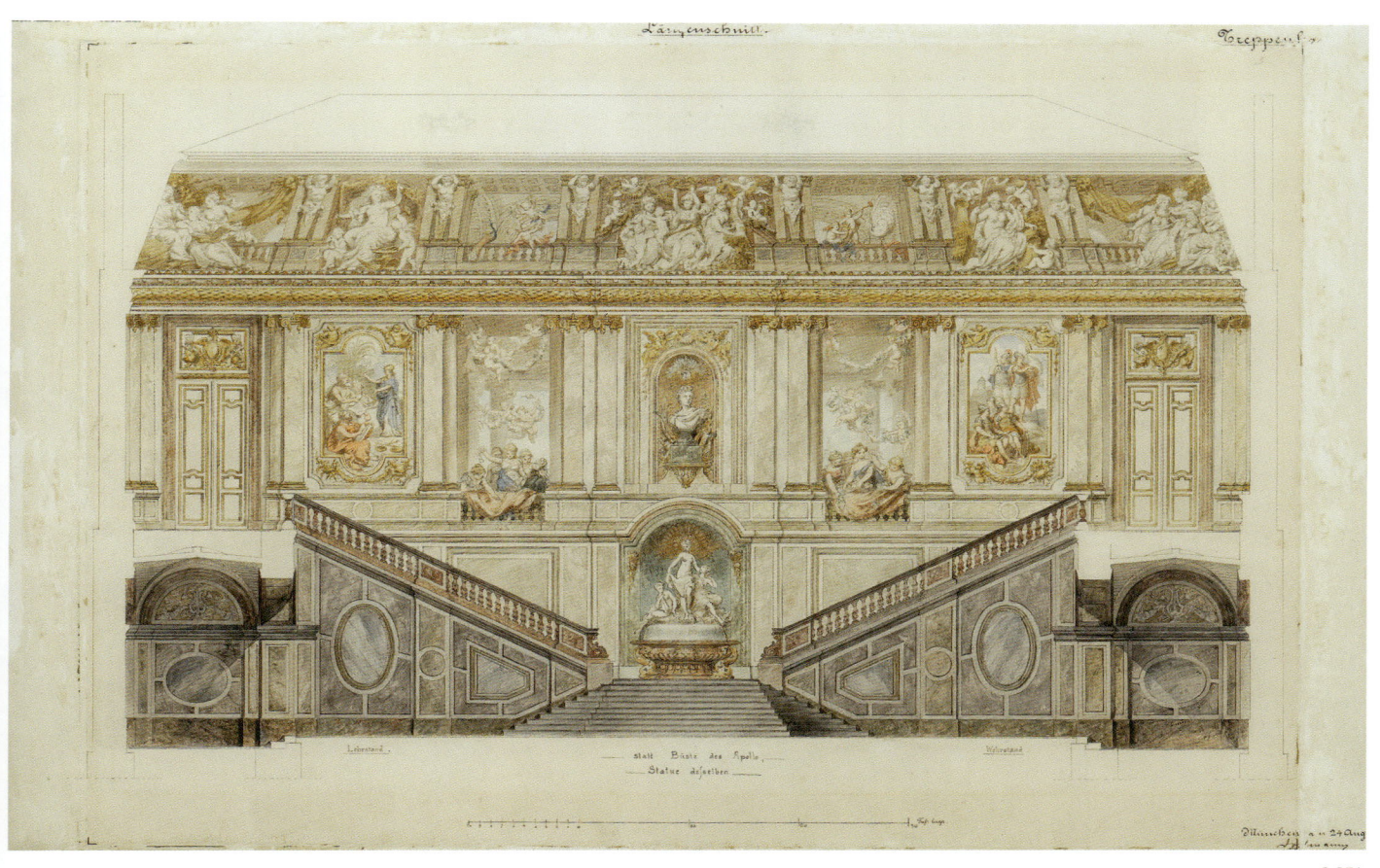

3.35 b

WIE DER KÖNIG SEINE GEGENWELTEN SCHUF

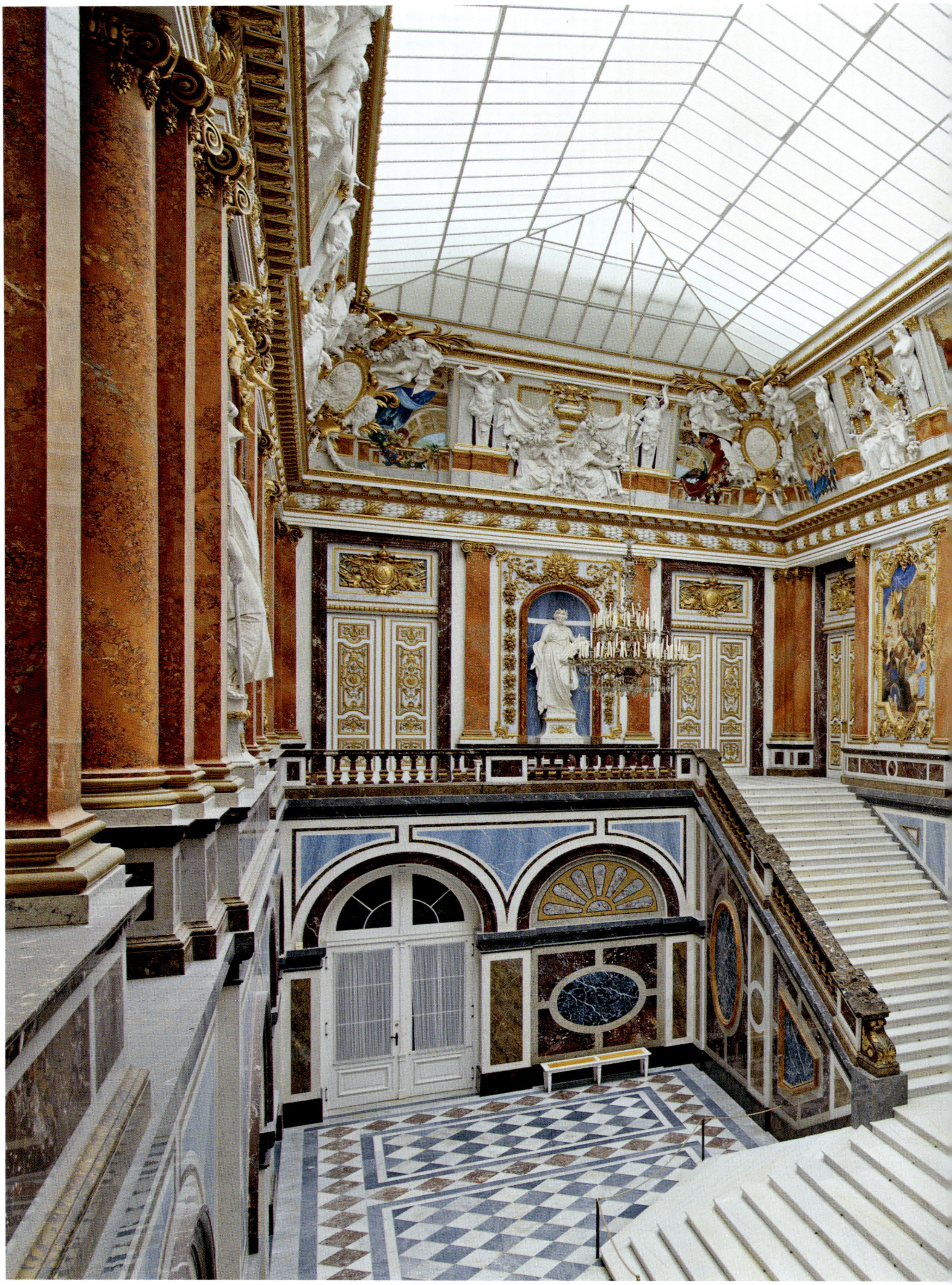

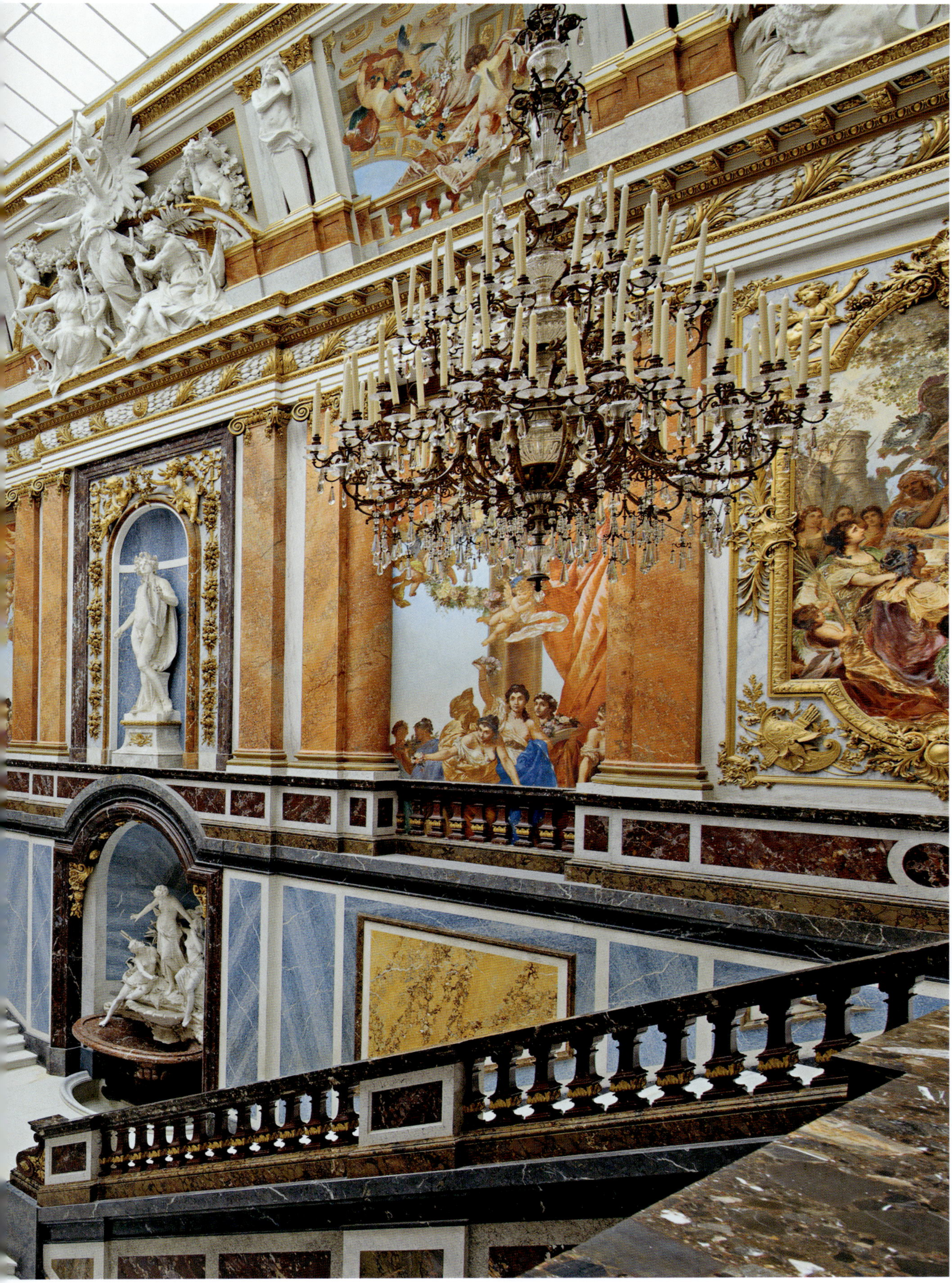

Die Spiegelgalerie – in Versailles Ausdruck der Vormacht Ludwigs XIV. in Europa –
sollte in Herrenchiemsee ganz allein für Ludwig II. in ihrem ursprünglichen Glanz wiedererstehen.

3.36a Ansicht der Galerie des Glaces in Versailles
Um 1875
Fotografie, Albuminpapier,
97,5 x 61,9
Wittelsbacher Ausgleichsfonds,
München
(Bestand Ludwig II., Mappe 14a)

Erst von 1678 bis 1684 ließ Ludwig XIV. anstelle der Terrasse und der Kabinette des Königspaars die Spiegelgalerie mit den flankierenden Salons de la Guerre und de la Paix anlegen. Das Bildprogramm von Charles Le Brun (1681–1684) feiert die diplomatischen und militärischen Erfolge des Königs, vom Beginn der so genannten Alleinregierung 1661 bis zum Frieden von Nimwegen 1678, als Frankreich die Vorherrschaft in Europa errungen hatte.

Zur oft mühsamen Rekonstruktion der früheren Ausstattung und Nutzung des Versailler Schlosses ließ Ludwig II. alle verfügbaren historischen Ansichten und Beschreibungen heranziehen. Für die Erfassung des aktuellen Zustands schickte er nicht nur Maler und Architekten nach Versailles, sondern ließ auch Fotografien von den Räumen machen. Mit großem Aufwand erstellte Entwürfe und Modelle wurden wechselseitig fürs Theater und für die Planung der Herrenchiemseer Prunkräume herangezogen. Auf der Bühne konnte die Wirkung von Ausstattung und Raumproportion erprobt werden.

Die hier gezeigte, zu einem ungewöhnlich großen Format montierte Fotografie der Längswand der Versailler Galerie, zu der ein Gegenstück mit der Fensterfront existiert, weist zahlreiche Gebrauchsspuren auf. Sie diente wohl im Baubüro als Arbeitsgrundlage. Die Fotografie nach einem verschollenen Bühnenbildmodell Christian Janks für die Separatvorstellung „Das Alter eines großen Königs" von Lockroy und Arnould, in der Übersetzung von Fresenius in München am 7. November 1873 erstmals aufgeführt, zeigt nicht nur die Deckenmalerei, sondern mit Kandelabern, antiken Statuen und Büsten auch einen frühen Rekonstruktionsversuch der seit der französischen Revoluti-

3.36b Fotografie nach einem Bühnenbildmodell der Spiegelgalerie in Versailles

Joseph Albert (1825–1886)
Entwurf Bühnenbild: Christian Jank (1833–1888), signiert und datiert auf Karton
München, 1873
Fotografie, Albuminpapier/Karton, 60,3 x 83,2
Wittelsbacher Ausgleichsfonds, München (B VIII 0747)

on fast vollständig verlorenen frühen Ausstattung der Spiegelgalerie. Ludwig II. war mit der von dem Maler Christian Jank und dem Atelier Albrecht durch Retuschen und mehrfache Ablichtungen entwickelten Aufnahme recht zufrieden, kritisierte allerdings die enge Staffelung der Kandelaber (ein Leuchtertypus, der erst 1769 unter Ludwig XV. für Versailles geschaffen worden war), da sie Spiegel und Fenster zu sehr verdeckten.

Als Ludwig II. die vollendete Galerie im September 1881 besichtigte und mithilfe französischer Kupferstiche feststellen musste, dass zwei Bilder an der Decke vertauscht waren, reagierte er äußerst verstimmt. Auch missfielen ihm das nach seinem Empfinden zu helle Kolorit und die plastische Ausführung der in Versailles teilweise nur als Trompe l'œil gemalten Rahmendekoration. Einwände interessierten ihn nicht:

„Mache es Herr Oberhofbaudirektor (Dollmann) wie er wolle. Er sei Schuld daß es so gebaut ist, es müsse genauso werden, wie S.M. es haben wollen. Was in Versailles plastisch ist, müsse es auch da sein und was dort gemalt, müsse auch da und zwar ganz fein gemalt sein." (3. Juni 1882, Korrespondenz Bürkel)   K. H.

Lit.: Kreisel, Schlösser, S. 57; Hesse, Architektur, S. 75–81; Lemoine, Château de Versailles, S. 52–55; Lemoine, Einleitung; Ranke, Joseph Albert; Petzet, Architektur, S. 51f.; Petzet, König Ludwig II., S. 212, Kat.-Nr. 769, S. 61f. (Korrespondenz Düfflipp und Bürkel zitiert nach Petzet)

WIE DER KÖNIG SEINE GEGENWELTEN SCHUF

Ein Sanktuarium: Das Paradeschlafzimmer für Ludwig XIV.

Die Rekonstruktion der ursprünglichen Ausstattung des Paradeschlafzimmers Ludwigs XIV. setzte Ludwig II. für die Bühne ein.

3.37 Bühnenbildmodell der Chambre de Parade in Versailles

Angelo II. Quaglio (1829–1890)
München, 1873
Holz, Mischtechnik/Karton und Papier, 40,4 x 53,8 x 36,7
Bayerische Schlösserverwaltung, München (L.II.-Mus. 1072)

Das Modell zeigt das Schlafzimmer König Ludwigs XIV. von Frankreich in Versailles für das von Ludwig II. in Auftrag gegebene, 1873 und 1875 aufgeführte Drama „Das Alter eines großen Königs" nach Lockroy und Arnould. Das Modell sollte detailliert und sorgfältig ausgeführt werden, da Ludwig es aufzubewahren gedachte.

Das 1715, in den letzten Lebensmonaten des Sonnenkönigs spielende Stück bot eine hervorragende Möglichkeit, die Versailler Prunkräume auf die Bühne zu bringen. Wie Ludwig II. wusste, hatte Ludwig XIV. erst 1701 das im Zentrum der Anlage nach Osten gerichtete frühere Ankleidezimmer des Königs als Schlafzimmer bezogen.

Grundlage für die architektonische Gliederung des Bühnenraums war ein Kupferstich (Kat.-Nr. 3.25c) des unter Louis-Philippe 1834 bis 1837 geschaffenen Zustands. Mit dem Ziel einer historisch korrekten Vorstellung des Raums und des Bettalkovens ersetzte Quaglio Teile der beweglichen Ausstattung, die in der Beschreibung Vatouts als Notlösungen der musealen Rekonstruktion bezeichnet werden (Kat.-Nr. 3.25a). So finden sich im Modell seitlich des Betts die beiden bei Vatout erwähnten Gemälde „Johannes auf Patmos" (links) und „König David mit der Harfe" (rechts), die nach der französischen Revolution in den Louvre gelangt und in Versailles durch zwei weniger wertvolle Gemälde ersetzt worden waren.

Auch beim Bett weicht das Modell von der Präsentation in Versailles unter Louis-Philippe ab (Kat.-Nr. 3.38a). Es folgt der Beschreibung des historischen Bettes bei Vatout, deutlich erkennbar am Motiv der Flügelbeschneidung Amors auf der Bettrückwand. Franz von Seitz, der leitende Dekorateur des Hoftheaters, hatte das Bett für die Planung des neuen Versailles Ludwigs II. bereits um 1869 entworfen und lieferte sicherlich auch das kleine Bett für das Bühnenbildmodell.

Anhand dieses Bühnenbildentwurfs lässt sich nachvollziehen, dass für die Bühnenraumgestaltung einerseits Angaben aus zuverlässig erscheinenden Quellen akkurat übernommen wurden, andererseits jedoch bei nicht überzeugenden Rekonstruktionen auf der Basis publizierter Quellen entwickelte Neuschöpfungen zum Einsatz kamen. Entgegen der Annahme, dass die Theatermodelle den Bauprojekten Ludwigs II. immer vorangegangen seien, wurde hier umgekehrt mit dem Bettmodell ein Ausstattungsentwurf aus der schon viel weiter gediehenen Architekturplanung (Kat.-Nr. 3.39) für das Theater übernommen.

K. H.

Lit.: Hommel, Separatvorstellungen, S. 69, 293–296, 308f.; Lemoine, Einleitung; Meyer, Ameublement; Milovanovic, Peintures; Petzet, Architektur, S. 52; Petzet, Träume, S. 234

„Vatout, Versailles, Delobel" – Die Bettentwurfplanung für das Paradeschlafzimmer trieb Ludwig II. bereits im Dezember 1869 mit großem Nachdruck voran.

3.38a Die Chambre de Parade in Versailles
Versailles, um 1870
Fotografie/Karton, 43 x 54,1 (Karton)
Bayerische Schlösserverwaltung, München
(L.II.-Mus. 2583/d)

3.38b Entwurf für das Paradebett des Prunkschlafzimmers – Vorderansicht
Franz von Seitz (1817–1883)
München, 1869
Gouache mit Goldhöhungen/Papier,
55 x 39,5
Bayerische Schlösserverwaltung, München
(ohne Inv.-Nr.)

Bei der musealen Wiedereinrichtung der Chambre de Parade Ludwigs XIV., die unter König Louis-Philippe von 1834 bis 1837 vorgenommen wurde, bildete insbesondere das Prunkbett ein Desiderat. Zwar wusste man von dem prächtigen Bett Ludwigs XIV., das dieser von 1682 bis 1701 in der Salle de Mercure, seinem damaligen Paradeschlafzimmer, verwendet hatte, doch war weder von diesem noch von dem 1701 in der neu bezogenen Chambre de Parade aufgestellten Bett etwas erhalten. So erklärt sich, dass Louis-Philippe Behangteile eines Bettes aus dem frühen 18. Jahrhundert ankaufte, die schon Ludwig XVIII. (reg. 1814–1824) und Karl X. (reg. 1824–1830) als angeblich zum berühmten Bett Ludwigs XIV. gehörend angeboten worden waren. Das neu zusammengestellte Bett, das auf der hier gezeigten Fotografie aus der Vorlagensammlung Ludwigs II. zu sehen ist, war für Ludwigs II. Geschmack aber einfach zu schlicht.

WIE DER KÖNIG SEINE GEGENWELTEN SCHUF

Die Tagebuchaufzeichnungen Ludwigs II. zeigen, dass der König Vatouts Werk über Versailles kannte (Kat.-Nr. 3.25). Dort wird das museale Flickwerk als glücklich wiedergewonnenes Bett Ludwigs XIV. gepriesen. So seien nur einige der Stickereien vertauscht und Teile der Bekrönung ersetzt worden. Vom Holzwerk, das in Wahrheit 1834 neu angefertigt worden war, hieß es, es sei in den königlichen Depots aufgefunden worden, ebenso Teile der Textilien. Gleichzeitig jedoch publizierte Vatout die historische Beschreibung eines gewissen De Soucy, der das Bett aus der Salle de Mercure, an dem der Hoftapissier Simon Delobel zwölf Jahre gearbeitet habe, als unerhörten Gipfel der Stickkunst feierte.

Ludwig II. beschloss, dieses berühmte Bett nachschöpfen zu lassen; eine Übersetzung der detailreichen Beschreibung ins Deutsche hat sich aus königlichem Besitz erhalten. Beauftragt wurde Franz von Seitz, künstlerischer Direktor des Hof- und Nationaltheaters. Auf einen ersten, textgetreuen Entwurf mit vier Stützen (Typus „à la française") folgte der hier gezeigte („à la duchesse"), bei dem der Baldachin nur hinten am Kopfende gestützt wird. Die reichen, neobarocken Formen übersteigern den Stil Louis XIV zum Beispiel im rhythmisierten Kontur des Baldachinbehangs oder in den Pfosten, die eher an französische Betten aus der Louis-Philippe-Zeit erinnern. 1872 löste ein Entwurf im Stil des Neorokoko diesen neobarocken Bettentwurf ab (Kat.-Nr. 3.39).

Die Planung in Gold- und Silberstickerei auf goldenem Grund und das ikonografische Programm gehen auf De Soucys Beschreibung zurück. Sehr nah daran orientiert ist auch die Gestaltung der Rückwand, die – mit Ausnahme der hier noch fehlenden Polychromie – für die Ausführung gültig bleiben sollte: „Zwei Harpyen mit Oberkörpern von Amoretten, deren Unterleib in Blattwerk und Ranken endet ... stützen vier kleine goldene Säulen, von denen Blumengirlanden in natürlichen Farben, Gold und Silber herabhängen. Sie kreuzen sich ... in der Mitte der Schäfte, wo sich Trophäen der Waffen der wichtigsten Götter befinden. Die vier Säulen stützen ein Gebälk, das sich in der Mitte als Rundbogen erhebt, um Platz zu machen für einen kleinen Pavillon ... Zwei kleine Amoretten heben die beiden Seiten des Vorhangs dieses Pavillons, und zeigen ein großes, mit der Nadel in sehr schönen Farben gemaltes Bild – die Flügelbeschneidung Amors." *S. W.*

Lit.: Evers, Tod, S. 265f.; Grein, Tagebuchaufzeichnungen, S. 5; Meyer, Ameublement, S. 94; Meyer, Mobilier, S. 65; Petzet, König Ludwig II., S. 203, Kat.-Nr. 663; Vatout, Palais de Versailles, S. 81–83, S. 424; Veron-Denise, Somptueux lit

Mit dem grandios übersteigerten Paradeschlafzimmer schuf Ludwig II. einen Weiheort für Ludwig XIV.

3.39 Entwurf für die Chambre de Parade in Herrenchiemsee

Wilhelm Hauschild (1827–1887)
München, 1873
Öl/Leinwand, 110 x 151,5
Bayerische Schlösserverwaltung, München

Aus Vatouts Beschreibung von 1837 geht hervor, dass das Schlafzimmer Ludwigs XIV. als eine Art Heiligtum galt (Kat.-Nr. 3.25). Ludwig II. rezipierte diese Vorstellung der Chambre de Parade als Ort der Verehrung Ludwigs XIV. und maß diesem Raum als Symbol des absoluten Königtums und Ort der ranghöchsten Audienzen (Lever und Coucher) eine höhere Bedeutung bei als dem eigentlichen Thronsaal, dem Salon d'Apollon. Dieser verblieb in Herrenchiemsee im Rohbauzustand, während das Paradeschlafzimmer gemeinsam mit der Spiegelgalerie bereits im September 1881 vollendet werden konnte.

Die ersten Entwürfe für das Prunkschlafzimmer um 1870 folgten strikt dem Vorbild in Versailles. Die geringe Raumtiefe des Schlafzimmers Ludwigs XIV., die aus der verwickelten Baugeschichte resultierte, rügte Blondel 1756 als nicht angemessen (Kat.-Nr. 3.26). Schon 1872 hatte Georg Dollman für das Schlafzimmer eine völlig neue Form gefunden, die vom ursprünglichen Vorbild weit abwich. Inspirationsquelle war der Stich von Paulus Decker im „Fürstlichen Baumeister" (1711), der einen theatralischen Thronsaal mit Lünettenfenstern und kleinen Balkonbalustraden davor zeigt. Es ist bezeichnend, dass der Raum in Herrenchiemsee schließlich fast doppelt so groß geriet wie in Versailles (rund 170 statt 88 Quadratmeter) und auch ein Stück tiefer (14 statt 9,70 Meter).

Es ging Ludwig II. beim Schlafzimmer nicht um eine getreue Kopie, sondern um eine das Original übersteigernde Neuschöpfung, die den einstigen glanzvollen Ruhm, la Gloire, angemessen und in sich stimmig zum Ausdruck bringen sollte. Der gemalte Genehmigungsentwurf mit seiner in vielen Teilen endgültigen Ausstattung ist „gewissermaßen das Idealbild einer ,Chambre de Parade' des Sonnenkönigs" (Petzet).

Von überhöhender Wirkung sind die Rundbögen oder Lünetten, die sich über dem Hauptgesims in der Attikazone in der großen Hohlkehle befinden und zum Deckengemälde überleiten, auf dem Ludwig II. den Olymp, den Götterhimmel, darstellen ließ. Das Bett steht nicht vor einer geraden Wand, sondern in einer abgerundeten Nische, die nicht wie in Versailles durch eine gerade, sondern durch eine geschwungene Balustrade vom Raum abgetrennt ist. Für die gekurvte Balustrade könnte das Paradeschlafzimmer Kurfürst Karl Albrechts in der Münchner Residenz Anregung gewesen sein, ebenso für die überreich mit goldener Reliefstickerei verzierten roten Wandbespannungen. Auf die frei stehenden Säulen zur Abtrennung der Bettnische

3.39

vom restlichen Raum wurde in der Ausführung jedoch verzichtet. Über dem Bettbaldachin wacht nicht „La France" mit Zepter und Lorbeer, an Schild und Siegestrophäen gelehnt, sondern „Bavaria" (mit dem kaum wahrnehmbaren bayerischen Löwen) mit Zepter und Friedenspalme in den Händen und von Personifikationen der Wachsamkeit, Klugheit sowie der königlichen Gewalt und Pracht begleitet. *K. H.*

Lit.: Unveröffentlicht. Der von der Bayerischen Schlösserverwaltung mithilfe eines Sponsors erworbene Entwurf wird hier erstmals präsentiert. Blondel, Architecture, S. 123; Dollmann, Beschreibung, zitiert nach Rauch, Herrenchiemsee, Quellenanhang, S. 279–281; Evers, Tod, S. 259–268; Grein, Tagebuchaufzeichnungen, S. 59; Katalog der Kunstgegenstände, Gemälde, Marmor-Statuen, Bronze und Porzellan etc. aus dem von Herrn Commerzienrat Geo Ehni erworbenen berühmten Nachlass. Versteigerung zu Stuttgart in der Gewerbehalle, Montag, den 1. Oktober 1888 und die folgenden Tage …, Stuttgart 1888, Nr. 1102, hier datiert 1873; Petzet, Träume, S. 233–235; Rauch, Herrenchiemsee, S. 58f.

Kostensteigerungen ließen Ludwig II. vor Änderungen seiner Pläne nicht zurückschrecken. Mit ausgeprägtem Sinn für das Dekorum suchte er das perfekte Bild.

3.40a **Löwe**

Holz, vergoldet, 84 x 70 x 30
Bayerische Schlösserverwaltung, München
(L.II.-Mus., Depot HCH, ohne Inv.-Nr.)

3.40b **Entwurf für den geänderten Pilaster der Bettbalustrade**

München, Juni 1883
Zeichnung/Blei, Tusche, aquarelliert, Goldhöhung,
25,7 x 31 (Blatt)
Bayerische Schlösserverwaltung, München
(L.II.-Mus. 1530/1)

Ludwig II. war von der Idee einer perfekten Inszenierung besessen. Schloss Herrenchiemsee sollte das Ideal des absoluten Königtums darstellen, das für ihn Versailles und die französischen Könige Ludwig XIV., XV., XVI. verkörperten. Da das Ideal des „wahren" Königtums per se unerreichbar und sprachlich nicht fassbar war, dienten ihm die Schlossbauten als Annäherung an diese höchste Vorstellung. Richtig zufrieden konnte er somit nie sein. Höchst ungehalten reagierte Ludwig II., wenn er in der Ausführung Abweichungen von seiner Auffassung feststellte. Da er den direkten Austausch mit den Künstlern mied, forderte er zur Anregung seiner Fantasie und zur Vermeidung von „Bildstörungen" bis ins kleinste Detail ausgearbeitete Pläne und Entwürfe, die er genau studierte und mit Änderungsvorschlägen versah. Aber seine ursprünglichen Vorstellungen konnten sich im Verlauf der Bau- und Ausstattungsarbeiten auch wandeln. Insgesamt gilt, dass er Änderungen ohne Rücksicht auf dadurch verursachte Kostensteigerungen verlangte.

Oft zitiertes Beispiel ist das Deckengemälde in der Chambre de Parade in Schloss Herrenchiemsee. Eduard Schwoiser musste auf Befehl des Königs die Gesichtszüge Ludwigs II., die er dem Apoll verliehen hatte, durch die Ludwigs XIV. ersetzen. Auch die Löwen mit dem bayerischen Wappen an der Balustrade des Paradeschlafzimmers mussten zwei Jahre nach Fertigstellung ausgetauscht werden: „Alles was Bayrisch ist müsse in Chiemsee entfernt werden. So die Löwen an der Balustrade." Der Entwurf von 1883 zeigt den neuen Pilaster mit dem doppelten „L", das Ludwig II. vom Sonnenkönig übernommen hatte, sodass es beide Herrscher meinen konnte. Von Inkonsequenz zeugt die Verwendung der französischen Lilienkrone; der Aufsatz auf dem Baldachin des Paradebetts in demselben Raum behielt die bayerische Königskrone. K. H.

Lit.: Kammerlakai Mayr an Hofsekretär Bürkel, Hohenschwangau, 29. Dezember 1882, Korrespondenz Bürkel, zitiert nach Petzet, Architektur, S. 44; Kreisel, Herrenchiemsee, Einlegeblatt zu S. 63; (dort erstmals ausgestellt zwei vergoldete Löwen); Petzet, Träume, S. 235; Rauch, Symbolismus (Abb. Deckengemälde Herrenchiemsee, S. 175)

3.40 b

3.40 a

Wie ein Altar erhebt sich jenseits der „balustrade sacrée" des Paradeschlafzimmers das Prunkbett.

3.41 Das Prunkbett des Paradeschlafzimmers in Herrenchiemsee
Computeranimation
Konzept: Sybe Wartena; Ausführung: p.Medien, München
Bayerische Schlösserverwaltung, München

Das neue, in Andenken an den französischen König zu schaffende Bett sollte dem verlorenen Bett Ludwigs XIV. an Pracht ebenbürtig sein, das heißt, es sollte der Gipfel des künstlerisch und handwerklich Möglichen in der Stickkunst des 19. Jahrhunderts werden. Bereits die Zeitgenossen Ludwigs II. waren von „seinem Anblick förmlich geblendet".

Architekt Georg Dollmann fand 1872 mit seiner neuen Raumidee für das Paradeschlafzimmer (Kat.-Nr. 3.39) auch einen passenden geschweiften Betttypus von imposanten sechs Metern Höhe. Obgleich das Atelier Dora und Mathilde Jörres bereits 1875 mit der Ausführung der reichen textilen Dekoration begonnen hatte, wurden dem König noch bis 1878 Entwürfe für die Vollendung des Prunkbettes vorgelegt. Für Entwürfe und Ausführung der figürlichen Szenen war Wilhelm Hauschild verantwortlich. August Schultze entwarf die ornamental-architektonischen Einfassungen. Die Bildhauerarbeiten lieferte Philipp Perron 1877 und 1878. Noch 1881 musste er den Aufsatz am Kopfende

3.41

nach dem neobarocken Bett von 1834 in Versailles umändern (Kat.-Nr. 3.38a).

Hauptthema des Prunkbettes ist wie bei seinem berühmten Vorbild die Macht der Venus. Die Darstellung mit der Flügelbeschneidung Amors durch die Nymphen bildet das Kernstück der Dekoration. Diese polychrome Nadelmalerei kann mit einem zweiflügeligen Vorhang verdeckt werden, auf dem links das Wirken der Venus und rechts Jupiter und Ganymed dargestellt sind. Zu dieser Staffierung gehören die Vorhänge der Längsseiten, die innen Nadelmalereien mit dem Triumphzug Amors (links) und der Huldigung der Venus (rechts) zeigen. Die Außenseiten dieser Seitenvorhänge bestehen aus Goldbrokat. Von der historischen Beschreibung des Bettes Ludwigs XIV. inspiriert ist schließlich die Paradedecke mit einer gestickten Venusbüste und der Szene „Amoretten führen Mars der Venus zu", ebenso der Betthimmel mit dem „Bad der Venus" in Gold- und Silberstickerei auf Goldgrund. Der „Sieg der Liebe" wird auch im Mittelrelief des Fußendes aufgegriffen: „Amor übergibt Venus die Waffen der Götter", also die Keule des Herkules, die Kriegsfackel des Mars, den Dreizack Neptuns und das Blitzbündel Jupiters. An den Innenseiten der Baldachinbehänge bändigen Amoretten Untiere.

Anscheinend waren um 1875 an den Längsseiten nur Goldvorhänge vorgesehen, die vom Baldachin zwischen den doppelten, ebenso goldgestickten Behängen herabhängen sollten (Kat.-Nr. 3.43). Damit wäre die Wirkung des Bettes, mit Ausnahme der bunten Rückwand, ganz von Gold und Silber bestimmt gewesen und hätte auch hierin der historischen Beschreibung De Soucys entsprochen.

Vielleicht angeregt durch die religiösen Darstellungen, mit denen das Bett des französischen Königs ergänzt wurde, wünschte König Ludwig II. ein religiöses Wechselmotiv. Für diese Nadelmalerei, die Ludwig XIV. zeigt, wie er sich unter den Schutz der Muttergottes und des hl. Ludwig stellt, gab es eigens einen blauen, gesternten Betthimmel, der den ständigen Betthimmel mit der „Venus im Bade" verdeckt hätte (Kat.-Nr. 3.44).

Es muss betont werden, dass Ludwig II. dieses Prunkbett, das unter der erhöht montierten Zierdecke sogar mit einer Rosshaarmatratze aufwarten kann, keinesfalls für seine eigene Benutzung vorsah. Es war eine Hommage des bayerischen Königs – deutlich erkennbar an den Kroninsignien auf dem Baldachin – an Ludwig XIV., Idealbild des absoluten Herrschers, mit dem Ludwig II. sich verbunden sah.

K. H./S. W.

Lit.: Bettbeschreibung Herrenchiemsee – Versailles, Manusc. 45, Wittelsbacher Ausgleichsfonds, München; Vatout, Le palais de Versailles, S. 422–427; Dollmann, Georg: Beschreibung des kgl. Schloßbaues in Herrenchiemsee, 14. Juni 1883, nach: Rauch, Herrenchiemsee, S. 275–286, 280f.; Gmelin, Details, Taf. 76; Kreisel, Herrenchiemsee, S. 19; Schick, Möbel, S. 228; Steinberger, Chiemsee, S. 43

3.42a

3.42b

Wie beim berühmten Bett Ludwigs XIV. in Versailles verweisen die mythologischen Darstellungen des Prunkbettes im Paradeschlafzimmer von Schloss Herrenchiemsee auf die Macht der Venus.

3.42a Nymphen beschneiden Amor die Flügel
Entwurf für die Bettrückwand im
Paradeschlafzimmer Herrenchiemsee
Szene: Wilhelm Hauschild (1827–1887)
München, 1876/77
Gouache mit Goldhöhungen/Karton, 62,7 x 46,6
Bayerische Schlösserverwaltung, München
(L.II.-Mus. 2473/b)

3.42b Venus im Olymp, Jupiter und Ganymed
Entwurf für die beiden Vorhänge zur Bettrückwand im
Paradeschlafzimmer Herrenchiemsee
Szenen: Wilhelm Hauschild (1827–1887)
München, 1876/77
Gouache mit Goldhöhungen/Karton, 73 x 49,5
Bayerische Schlösserverwaltung, München
(L.II.-Mus. 2473e/1)

Umrahmt von einer neobarocken Arkade, die in goldener und silberner Reliefstickerei umgesetzt werden sollte, zeigt der Rückwandentwurf des Prunkbetts in leuchtenden Pastelltönen eine in Nadelmalerei vorgesehene galante Szene, die wie eine Neo-Rokoko-Porzellanmalerei wirkt: Dem auf Rosen schlummernden Amor werden von koketten Nymphen die Pfeile zerbrochen und die Flügel gestutzt. Die Anregung für das Sujet bot De Soucys Beschreibung des Prunkbetts Ludwigs XIV. Allerdings deutet jener Amor als kleinen Gott, der nur zu schlafen vorgibt und siegesgewiss lächelnd auf Rache an den von Liebesleid geplagten Nymphen sinnt. Im historistischen Entwurf Hauschilds wirkt Amor dagegen eher harmlos, dafür aber umso süßer.

Von der Beschreibung De Soucys sind auch die Rückwandvorhänge des zweiten hier präsentierten Entwurfs inspiriert: Sie wandeln den Themenkreis der „Macht der Venus über die ganze Welt" ab, der sich dort in vier gemalten Medaillonanhängern fand (Die Macht der Venus im Himmel, dargestellt durch Jupiter, der von Ganymeds Schönheit betört ist; auf der Erde durch die Schönheit des Frühlings, den Amoretten mit Blumen schmücken; auf dem Wasser durch Venus, die von Delphinen und Tritonen getragen wird; in der Unterwelt durch Pluto, der Proserpina entführt). In Herrenchiemsee wurde daraus links die im Olymp gefeierte Venus und der auf Erden mit Rosen bekränzte Frühling, rechts der Göttervater Jupiter, der den wegen seiner Schönheit entführten Ganymed liebkost.

K. H./S. W.

Lit.: De Soucy: Ameublement du Roi, pour son Grand Appartement de Versailles, fait par Simon Delobel, tapissier et valet de chambre de sa Majesté et garde des meubles de la reine, abgedruckt in: Vatout, Le palais de Versailles, S. 424f.; Schick, Möbel, S. 113–121, 228

Für König Ludwig II. schufen die Münchner Stickateliers Meisterwerke der Gold- und Seidenstickerei.

3.43 Goldvorhang des Prunkbettes im Paradeschlafzimmer in Schloss Herrenchiemsee

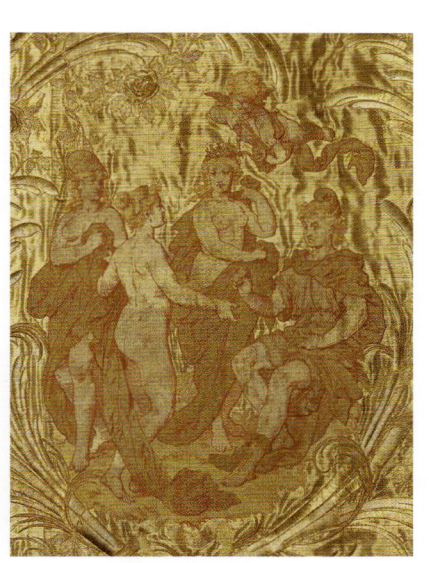

Dora und Mathilde Jörres, Atelier München, zwischen 1875 und 1881
Goldlamé mit Reliefstickereien in Gold und Silber sowie Anlegetechnik in Gold mit polychromer Seide; Posamentenborte in Gold; rückwärtiges Futter: naturfarbenes Leinen, 541 x 172 (mit Fransen)
Bayerische Schlösserverwaltung, München (T 216-219 HCH)

WIE DER KÖNIG SEINE GEGENWELTEN SCHUF

Zwischen 1875 und 1881 erfolgten die Abschlagszahlungen der königlichen Kabinettskasse an das Atelier Mathilde Jörres für die Gold- und Buntstickereien am Prunkbett. Darin enthalten waren die Nadelmalereien für die Längsseiten des Bettes (48 000 Mark). Zu diesen verzeichnete Georg Dollmann am 22. Februar 1878, dass die Kartons für die „Vollendung der Malereien an den beiden *inneren verschiebbaren* Vorhängen des Prachtbettes für Herrenchiemsee" genehmigt seien. Die Kabinettskasse vermerkt auch die Zahlung von 36 000 Mark für „die 4 *feststehenden* goldenen Vorhänge mit Medaillons, Gold auf Goldgrund, Silber- und Goldreliefs" (Hervorhebung von den Verfassern).

Diese Goldvorhänge sind seit vielen Jahren im Depot verwahrt. Zur Zeit Ludwigs II. und sicher über die Mitte des 20. Jahrhunderts hinaus waren an den Längsseiten des Bettes nicht nur die heute noch am Baldachin hängenden, oben genannten Nadelmalereien montiert, sondern auch zwei von vier Goldvorhängen. Dies entsprach nicht der ursprünglichen Planung, die – wie meist bei Ludwig II. – zunehmend opulenter wurde. Vermutlich sollten die Längsseiten des Prunkbettes zunächst nur vom Kopfende her von jeweils zwei Rücken an Rücken montierten Goldvorhängen mit Darstellungen zum „Leben der Venus", dem Generalthema des Bettes, geschlossen werden. Das Bett Ludwigs XIV. übersteigernd, kamen dann die großformatigen seitlichen Nadelmalereien und die gestickten Rückwandvorhänge hinzu, sodass eine gestalterische Einheit mit dem Hauptbild des schlafenden Amor an der Bettrückwand entstand (Kat.-Nr. 3.42). Die Goldvorhänge wiederum stellten eine stilistische Verbindung her zwischen den goldgeschnitzten Medaillons von Fuß- und Kopfteil, der goldenen Bettrückwandarkade, der Paradedecke mit der „Büste der Venus", dem Betthimmel mit dem „Bad der Venus", den Silber- und Goldstickereien der Baldachinbehänge und dem das Bett umgebenden abgerundeten Raum mit goldener, ornamentaler Stickerei auf roter Samtbespannung.

In Gold gestickte Pfeilköcher des Liebesgottes, goldene Rosen und fantastische Vögel zieren jeden der vier Goldvorhänge. Goldene Palmzweige bilden jeweils drei große Medaillons. Diejenigen des hier präsentierten, aufwändig restaurierten Goldvorhangs zeigen, von oben nach unten (s. S. 145), „Herkules und Omphale", „das Urteil des Paris" und „Venus und Vulkan". Die drei kleinen Medaillons in der Bordüre sind dem übermütigen Treiben Amors gewidmet, der Psyche verschleiert, sie fesselt und ihr die Augen verschließt.

K. H./S. W.

Lit.: Entwurf zu den Goldvorhängen des Paradebettes in Herrenchiemsee, Wilhelm Hauschild, um 1875, Gold-Camaieu/Karton, 88,5 x 62, Bayerische Schlösserverwaltung, München, L.II.-Mus. 2470/a (dieser Entwurf auch nachgewiesen bei Petzet, Ludwig II., Kat.-Nr. 670); Versailles – Herrenwörth, Bettbeschreibung, Manusc. 45, Wittelsbacher Ausgleichsfonds; 1966er Inventar (bei der Inv.-Nr. zu den vier Goldvorhängen heißt es: „Jetzige Aufstellung: Paradeschlafzimmer, Bemerkungen: Deponiert Rohbau Nord I. Stock"); Gmelin, Details, Tafel 76: Fotografie des Paradeschlafzimmers Herrenchiemsee von Joseph Albert; Kreisel, Amtlicher Führer Herrenchiemsee, 1937, S. 19 („reichste Goldstickereien auf den Außenseiten"); Rauch, Herrenchiemsee, S. 272, Quellenanhang (Brief von Dollmann vom 22. Februar 1878); Schick, Möbel, S. 228f., Kat.-Nr. 127; Steinberger, Chiemsee; Steinberger, Führer, S. 13

Ein Wechselstück für das Paradebett von Herrenchiemsee zeigt, dass Ludwig II. auch in der absoluten Monarchie die Verpflichtung auf den göttlichen Willen und zur Friedfertigkeit erkannte.

3.44 Ludwig XIV. weiht der Muttergottes seine Krone („Le vœu de Louis XIV")

Atelier Mathilde Jörres, nach Wilhelm Hauschild (?)
München, zwischen 1875 und 1881
Nadelmalerei in farbiger Seide, 180 x 144
Bayerische Schlösserverwaltung, München (Zug. 667)

Für das Kopfteil des Paradebettes wurde neben der erotischen Darstellung „Nymphen beschneiden die Flügel Amors" ein religiös gestimmtes Wechselstück bestellt. Hier kniet der junge Ludwig XIV. im Krönungsmantel unter einem (von den Gestalten von Glaube und Hoffnung getragenen) Baldachin in Form einer französischen Königskrone vor der Muttergottes, die ihm auf Wolken erscheint. Der König leistet sein Gelübde und reicht ihr seine Krone, für die er einen Ölzweig erhält. Das Jesuskind weist auf die Taube des Hl. Geistes, die aus dem Himmel die Ampulle mit dem heiligen Salböl der französischen Könige herabbringt. Aus den Wolken reicht der hl. Ludwig seinem Nachfolger den Lorbeerkranz des Siegers. Die auf dem Boden verstreuten Rosen deuten wohl auf die Unbeflecktheit Mariens („rosa sine spina"). Zu dieser Szene gehörte ein Einsatzstück im Betthimmel mit goldenen Sternen auf blauer Seide.

In einer kritischen politischen Situation hatte König Ludwig XIII. von Frankreich 1638 sich selbst, Staat, Krone und Untertanen feierlich unter den Schutz der hl. Jungfrau gestellt, um Frieden zu gewinnen; sein zwölfjähriger Sohn Ludwig XIV. wiederholte dieses Gelöbnis 1650. Diese Szene ist dargestellt in einem Gemälde von Philippe de Champaigne (s. Abb. S. 146), das der Nadelmalerei als Anregung gedient hat. Bedeutsam sind die zweifellos von Ludwig II. angeordneten inhaltlichen Erweiterungen beim Textil: die Taube mit der Ampulle, die Gestalt des hl. Ludwig sowie die Auszeichnungen durch Ölzweig und Kranz. Die Ampulle verweist auf die himmlische Legitimation des französischen Königtums, in dessen Nachfolge Ludwig II. sich kraft Namen und Patenschaftsverhältnis zu den Bourbonen sah. So ist der Weiheakt als Bestätigung einer Herrschaft „von Gottes Gnaden" zu verstehen. Der Ölzweig verheißt Frieden, der Lorbeerkranz in diesem Zusammenhang wohl Sieghaftigkeit durch Friedfertigkeit: ein Hinweis auf die pazifistischen Neigungen des Auftraggebers.

Das Textil ist ein Schlüsselstück für das Verständnis der bourbonischen Tradition bei Ludwig II., insofern es die Vorstellung vom politischen Vorbildcharakter des französischen Absolutismus relativiert: Auch ein absoluter Monarch ist auf Gottes Willen verpflichtet und kann sich so unter die heiligen Könige einreihen. Die Nadelmalerei wurde in Herrenchiemsee aber offenbar nicht montiert, sondern 1888 aus dem Nachlass des Königs versteigert.

J. E.

Lit.: Unveröffentlicht; vgl. Evers, Tod, S. 267; Auktion Ehni 1888, Nr. 1160; Schick, Möbel, S. 118, 228, Kat.-Nr. 127; Rosenberg, Poussin, Kat.-Nr. 20

Der sehr gläubige Katholik Ludwig II. ließ seinen Namensheiligen Ludwig IX. von Frankreich öfter darstellen und identifizierte sich stark mit ihm.

3.45 Glasfenster in der Kapelle von Linderhof: Ludwig IX. der Heilige
Kunstanstalt Franz Xaver Zettler, München 1870/71 (R)

Der Ettaler Abt Roman Schretler ließ 1684 östlich neben dem schon damals alten, dem Kloster gehörenden Lynder-Hof eine kleine einschiffige Kirche mit hölzernem Dachreiter errichten. Ein jüngeres Nebengebäude dieses Gutshofs in nächster Nähe der Kirche nutzte der Vater Ludwigs II. für Jagdaufenthalte und später bewohnte es der Sohn. Es wurde der Kern seiner „Königlichen Villa". 1870/71 ließ Ludwig II. den einfachen spätbarocken Kirchenraum neu ausstatten. Der Raum erhielt ein Rippengewölbe, dunkelblau gefasst und mit goldenen Sternen besetzt. Den bauzeitlichen barocken Altar beließ Ludwig II. Neue Glasfenster wurden eingefügt. Die beiden Fenster im Chor beidseits des Altars zeigen Richard I. (Löwenherz) von England und Ludwig IX. den Heiligen, Namensheiliger Ludwigs II. Der mittelalterliche Ludwig IX. steht im hermelingefütterten, dunkelblauen und mit den bourbonischen Lilien besetzten Mantel auf einem Postament und in einem Rahmen, deren Ornament französischen Vorlagen des frühen 18. Jahrhunderts entlehnt ist – also eine typisch stilpluralistische Komposition. Die Darstellung ist fein detailliert und formal perfekt. Der Großvater Ludwigs II. hatte die Wiederentstehung der Glasmalerei stark gefördert und München zu einem ihrer wichtigsten Zentren gemacht, weltberühmt und weltweit beauftragt; so auch F. X. Zettler. Ludwig II. hat Zettlers Werkstatt mehrmals herangezogen, auch mit weiteren Glasgemälden Ludwigs IX. in der Kapelle in Neuschwanstein und in der Kapelle von Vorderriss. *U. G. S.*

Lit.: Schmidt/Hojer, Amtlicher Führer Schloss Linderhof, S. 75f.

Gedenkrituale und Anverwandlungen an die Bourbonen

Ludwig II. schuf sich mit dem königlichen Privatschlafzimmer ein Amalgam aus Elementen des Louis XV und des Rokoko Kaiser Karls VII. in der Münchner Residenz.

3.46 Schlafzimmer Ludwigs II.:
Entwurf für den Konsoltisch
mit Büste Ludwigs XV.
Franz Paul Stulberger
München, 1882
Aquarell mit Gold über Feder/Papier,
56,8 x 44,2
Bayerische Schlösserverwaltung,
München (L.II.-Mus. 2458a)

Die Paradezimmer waren ausschließlich dem Andenken Ludwigs XIV. gewidmet. Das Kleine Appartement hingegen war als Wohnappartement König Ludwigs II. bestimmt und zugleich auf Ludwig XV. von Frankreich bezogen. Dieser hatte in Versailles die entsprechenden Räume als privates Wohnappartement umgestalten lassen. Damit die Räume „ganz treu im Style des achtzehnten Jahrhunderts werden", ordnete Ludwig II. an, „einen ganz verlässigen Menschen aus(zu)suchen und denselben nach Paris (zu) schicken, dass derjenige im Louvre alles genau ansieht. In Paris existiert eine Art Museum von einem Herrn v. Doubel, in London eine solche Sammlung von einem Lord Hertford ... Das schönste von diesen beiden Sammlungen soll der betreffende aufschreiben." Nicht die Räume selbst, sondern einzelne hervorragende Ausstattungsstücke sollten also exakt nach französischen Vorbildern kopiert werden, wie die Uhren und der berühmte Schreibtisch Ludwigs XV. oder das Schreibzeug der Marie Antoinette, die als kostbare „Erinnerungsstücke" dienten.

Für die Dekoration des Schlafzimmers war jedoch das süddeutsche Rokoko ausschlaggebend. Detailgenau zeigt das zur Vorlage beim König bestimmte Blatt den am Pfeiler zwischen den Fenstern aufzustellenden Konsoltisch, dessen wertvolle Lapislazuliplatte der Grundfarbe des Raums folgt. Präzise führt das Blatt die Aufstellung von Philipp Perrons Marmorbüste Ludwigs XV. zwischen Venus und Amor, flankiert von zwei zehnflammigen Rokokoleuchtern, vor. Stilistisch knüpft der Tischentwurf an die Formensprache des Linderhofer Neorokoko an; die Ausführung orientierte sich stärker an Konsoltischen François Cuvilliés' in der Münchner Residenz.

Der Konsoltisch steht im Schlafzimmer unter dem Trumeauspiegel, dem Bett gegenüber. Die Positionierung der Büste vor dem Spiegel kann im Sinne einer Anverwandlung Ludwigs II. an König Ludwig XV. gedeutet werden: Beim Erwachen würde der König sein eigenes Spiegelbild von der Büste Ludwigs XV. überlagert sehen.

S. W.

Lit.: Brief Ludwigs II. vom 3. Juni 1879 an Hofsekretär Bürkel, zitiert nach Petzet, Träume, S. 244; Petzet, Ludwig II., S. 202, Kat.-Nr. 648; Rauch, Herrenchiemsee, S. 147f.

Ludwig II. verehrte Ludwig XIV. als triumphierenden Überwinder des Bösen, der den gottgewollten Frieden bringt.

3.47 Schlafzimmer Ludwigs II. in Herrenchiemsee: Vorentwurf zum Bett Ludwigs II.

Julius Hofmann (1840–1896),
Wilhelm Hauschild (1827–1887)
(Rückwand)
München, 1883
Aquarell, Gouache mit Gold/Papier,
51,1 x 35,6 (Blatt)
Bayerische Schlösserverwaltung,
München (L.II.-Mus. 2521/a)

Im Gegensatz zur rot-goldenen Farbstimmung der Chambre de Parade erscheint das königliche Privatschlafzimmer in Ludwigs II. Lieblingsfarbe Blau. Das Bett steht auf einem Podest mit goldenen Sternen auf blauem Grund, die Außenseiten der Bettvorhänge und die Wandpanele schimmern in „Lapislazuli-blauem Gold-Moirée". Auf dem Bettbaldachin prangt das doppelte „L", das Ludwig II. von Ludwig XIV. als Monogramm übernommen hatte. Seitlich des Fußendes sind Venus und Adonis dargestellt, die, zwar nicht auf der Zeichnung, aber in der vollplastischen Ausführung Philipp Perrons äußerst naturalistisch gestaltet sind. Die erotisch-mythologischen Motive werden mit der geschnitzt gedachten strahlenden Sonne des Betthauptes kombiniert, der wiederum das goldene Deckenrelief mit Apoll im Sonnenwagen zuzuordnen ist.

Vorlage für die Nadelmalerei der Bettrückwand bildete Charles Le Bruns „Thèse de la Guerre" (1677). Das Thesenblatt zum Holländischen Krieg feierte Ludwig XIV. als Bezwinger seiner Feinde und Bringer des wahren Friedens. Die als „Apotheose des Sonnenkönigs" bekannte Darstellung nach Le Brun ist auf den hier nicht sichtbaren Betthimmel zu beziehen. Dort bringt die von Nimbus und Wolken umgebene, silber auf blau gestickte Taube des Hl. Geistes die Ampulle mit dem Salböl der französischen Könige.

Das königliche Schlafzimmer hat Ludwig II. nur ein einziges Mal bewohnt, vom 7. bis 16. September 1885. Ein Wechselmotiv mit einem „in feinster Stickerei ausgeführte(n) Bild ‚Christus am Kreuze'" wurde 1886 anstatt Zahlung an das Atelier Jörres zurückgegeben.

K. H.

Lit.: Ludwig II. an Bürkel, Juni 1879, zitiert nach Schick, Möbel, S. 127; Schick, Möbel, S. 126f., 231f., Kat.-Nr. 147 (mit früheren Literaturangaben); Milovanovic/Maral, Louis XIV., S. 202, 395 (Kat.-Nr. 70, Charles Le Brun, Esquisse pour la thèse de la Guerre, Öl/Leinwand, 1677, Budapest, Musée des Beaux Arts); Petzet, Träume, S. 242–247; Schmid/Knirr, Amtlicher Führer Herrenchiemsee, S. 104–106

Theater- und Schlossbauten ermöglichten dem König, sich in das Hofleben der Epoche Ludwigs XV. hineinzuversetzen.

3.48a Theaterkostüm: Rock König Ludwigs XV.

Entwurf: Franz Seitz (1817–1883)
München, um 1870/75
Blauer Seidensamt, reich bestickt mit Silber- und Goldlahn, Kantillen und Pailletten, Strassknöpfe, Atlasfutter, Rückenlänge: 121, Rückenweite: 41
Bayerisches Nationalmuseum, München (88/274)

3.48b Figurine Ludwigs XV. im Hoffestanzug

Kostümentwurf: Franz Seitz (1817–1883)
Um 1870/75 (R)
Wittelsbacher Ausgleichsfonds, München (B VIII 236)

„Ganz ohne Aufsehen möchten Euer Hochwohlgeboren, nur auf kurze Zeit, aus dem Theater einige Hüte und ein schönes, vollständiges Kostüm aus der späteren Periode Ludwigs XV. recht bald hierher senden", schrieb Kammerlakai Walter am 30. Dezember 1875 aus Hohenschwangau an Hofsekretär Düfflipp. Ob Ludwig II. den hier gezeigten, von Franz Seitz entworfenen „Hoffestanzug" auch selbst tragen wollte, ist ungewiss. Offenbar hat sich der König häufiger Kostüme schicken lassen aus den von ihm beauftragten Theaterstücken zur französischen Geschichte im Zeitalter der Bourbonen. Bei seinen seit den frühen 1870er-Jahren üblichen nächtlichen Schlitten- und Kutschfahrten um Linderhof und Neuschwanstein waren Begleiter und Pferde einheitlich im Stil des 18. Jahrhunderts kostümiert. Es gibt Berichte, wonach Ludwig II. sich manchmal in einen blauen Samtmantel gehüllt habe, ein Samtbarett mit mächtiger weißer Straußenfeder auf dem Haupt. Meist jedoch trug er nur seinen pelzgefütterten Zivilmantel.   K. H.

Lit.: Ludwig II., Brief vom 30. Dezember 1875, zitiert nach Petzet, Architektur, S. 58, Anm. 56; Hacker, Ludwig II., S. 263f.

„Eine Art von religiösem Kultus weihe ich dem Andenken dieser schönen, so tief unglücklichen Fürstin ... deren Natur so durch und durch erhaben und königlich war, auf dem ersten Thron der Christenheit gleich wie im tiefsten Elend."

3.49a Marie Antoinette, Königin von Frankreich
Um 1884
Büste: Carraramarmor, H. 88; Stele: Marmor
(Rosé de Tunis) mit Bronzebeschlägen, H. 146,5
Bayerische Schlösserverwaltung, München
(P 58 HCH [Büste], P 59 HCH [Stele])

3.49b Entwurf für die Westwand des Toilettekabinetts
Franz Paul Stulberger, 1883
Aquarellierte Zeichnung (R)
Bayerische Schlösserverwaltung, München
(L.II.-Mus. 367)

Kurz nach seinem Besuch der fertig ausgestatteten Haupträume, also der Spiegelgalerie und des Paradeschlafzimmers, Ende September 1881 gab Ludwig II. den Befehl zu einer Umplanung im Privatappartement: Dem Schlafzimmer sollte als gefangener Raum ein Toilettekabinett angefügt werden. An der entsprechenden Stelle hatte schon Ludwig XVI. in Versailles ein vertäfeltes Garderobekabinett einbauen lassen. Passend sind in Herrenchiemsee die Vertäfelungen im Stil Louis XVI gehalten. Neben Waschtisch, Ofen und Chaiselongue ist die Büste Marie Antoinettes das wichtigste Ausstattungsstück. Es handelt sich um eine Kopie nach Louis Simon Boizot (1743–1809), der vorwiegend als Modelleur für die Porzellanmanufaktur Sèvres bekannt ist.

Ludwig II. ließ auch in der Münchner Residenz, in Schloss Berg und in Linderhof Büsten Marie Antoinettes aufstellen. Für Linderhof ist überliefert, dass der König „vor einer Büste der Königin Marie Antoinette ... stets das Haupt entblößte und deren Wangen streichelte".

Marie Antoinette und Ludwig XVI. nahmen in Ludwigs II. Idee vom Königtum von Gottes Gnaden zentrale Positionen ein. Ihre Hinrichtung sah er als eine Art Sündenfall, als fundamentalen Anschlag auf die gottgewollte Weltordnung: „Nie dürfen Untertanen ihre Herrscher bestrafen, auf Erden ist kein Richter über sie." Mehrere Tagebucheinträge an ihrem jeweiligen Todestag (16. Oktober und 21. Januar 1793) belegen, dass Ludwig II. ihrem „unschuldig vergossenen königlichen Blut" sühnende Kraft beimaß.

S. W.

Lit.: Brief Ludwigs II., Juli 1874 an seine frühere Erzieherin, Sibylle Freifrau von Leonrod, geb. Meilhaus, zitiert nach Hacker, Ludwig II., S. 265, vgl. auch S. 265–267; Baumgartner, Ludwig II., S. 30; Grein, Tagebuchaufzeichnungen; Kurda, Michael Wagmüller; Merta, Tagebücher, S. 337f., 348, 361; Picquenard, Catalogue Boizot, S. 100–102; Rauch, Herrenchiemsee, S. 148–150, 324; Wöbking, Tod, S. 314

Ungereimte Poesie

„Oh Sehnsucht, Sehnsucht, du hältst das Weltall zusammen, du bist doch das beste am Leben. Ach, wer keine Sehnsucht mehr fühlt, ist wert zu sterben, zu faulen! Oh mein Gott, erhalte mir die Sehnsucht!"

3.50a Ernst von Possart als Narziss
Fotografie von Edgar Hanfstaengl
Ehem. Archiv Franz Hanfstaengl, München (R)

3.50b Wackelkopfpagode
München, 2. Hälfte 19. Jahrhundert
Gips gefasst, 48,5 x 28,5 x 29,5
Bayerische Schlösserverwaltung,
München (Ny 142)

„Narziß" von Albert Emil Brachvogel (Uraufführung 1856) war wohl das von Ludwig II. meistgesehene Schauspiel. Von 1865 bis 1885 wurde „Narziß" regelmäßig am 9. Mai – dem Todestag Ludwigs XV. – aufgeführt, und zwar stets mit dem vom König hochgeschätzten Ernst von Possart als Hauptdarsteller. Höhepunkt des Stücks ist der „Pagodenmonolog", in dem Narziss, der genial-wahnhafte Neffe des Komponisten Rameau, in einer Mischung von Weltschmerz und sich selbst verzehrender Liebe eine chinesische Nippesfigur befragt, die zu den konträren Ansichten des Fragenden über den Sinn des Lebens immer nur nicken kann. Endlich stößt Narziss die Figur vom Tisch. Possart selbst ließ sich in dieser Szene von Edgar Hanfstaengl fotografieren. Er betrachtet eine Gipspagode, von der nicht zu entscheiden ist, ob sie zum Fundus des Fotografen gehörte oder ob Possart diesen Typus für seine Zerstörungsaktion auf der Bühne verwendete. Zwei Exemplare dieser Pagode unbekannter Provenienz haben sich bei der Bayerischen Schlösserverwaltung erhalten.

Ludwig II. scheint gerade vom Pagodenmonolog besonders fasziniert worden zu sein, denn er brachte ein Porträt Possarts in dieser Szene an sich und nahm es zur Aufführung mit in die Loge. Die Attitüde des Narziss, trotz seiner Zweifel an der realen Welt an Idealen und Sehnsüchten als belebenden Elementen festzuhalten, dürfte in ihm einen verwandten Nerv getroffen haben. Heute gibt die Figur Anlass, von Ludwig II. unbeantwortete Fragen zu thematisieren.

J. E.

Lit.: Brachvogel, Albert Emil: Narziß, Leipzig o. J. (1857); Erichsen, Ein König auf dem Theater (in diesem Band S. 11; mit Zitat des Monologs); Hommel, Separatvorstellungen, S. 64–68, 344f.; Petzet, Träume, S. 28f.; von Possart, Erstrebtes und Erlebtes, S. 207f., 269–277

Der Mantel des Königs ist ein authentisches Zeugnis für Ludwigs Stilisierung seines Erscheinungsbildes in seinem letzten Lebensjahrzehnt.

3.51 Zivilmantel König Ludwigs II.

Fritz Schulze
München, um 1880–1886
Oberstoff: anthrazitgrau melierter Wollwalk; Kragen- und Ärmelbesatz: blauschwarzer Seidensamt; Futter: schwarze Seide, mit brauner Baumwolle wattiert, die Innenseite in Rauten abgesteppt, die Ärmel in Streifen; Zwischenfutter: Wolle, Leinen; Besatz (Flechttressen): schwarze Seide (Vorderkante, Brusttasche), grüne Wolle (Patten und Eingriff Seitentaschen); Knöpfe: schwarze Seide, Metall- und Pappkern; Länge hintere Mitte: 121, Schulterbreite: 21, Ärmellänge außen: 63; Etikett unter dem Aufhänger: „FRITZ SCHULZE/MÜNCHEN"
Bayerische Schlösserverwaltung, München (ohne Inv.-Nr.)

Der schwere Lodenmantel mit rückwärtigem Gehschlitz, zehn doppelreihig angeordneten Knöpfen und einem Knebelverschluss am Samtkragen wird nur durch eine Stehbrusttasche links, zwei Frankfurter Taschen mit Patten in Hüfthöhe und Kantenbesatz in Schwarz und Grün akzentuiert. Die Provenienz des durch Mottenbefall, Lagerung und spätere Reparaturen sehr schadhaften Mantels ist unklar. Sowohl die Größe als auch das Modell entsprechen aber dem Stoffmantel auf späten Fotografien Ludwigs II.: Porträts des Königs zusammen mit dem Schauspieler Joseph Kainz aus dem Atelier A. Synnberg in Luzern vom Juli 1881 sowie Aufnahmen des Münchner Hoffotografen Joseph Albert um 1883 bis 1886 (Kat.-Nr. 5.09b). Gemäß Etikett wurde der Mantel vom königlich bayerischen Hoflieferanten Fritz Schulze hergestellt, der in der Münchner Maximilianstraße 34 ein Konfektionsgeschäft für Herren und Damen, spezialisiert auf Loden, besaß. 1899 bestätigte Schulze einer Frau Ziegler, dass der in ihrem Besitz befindliche „Paletot" tatsächlich aus der Garderobe weiland seiner Majestät Ludwigs II. stamme; sämtliche Kleider für den verstorbenen König seien, so Schulze, in seinem Geschäft angefertigt worden (Bayerische Schlösserverwaltung, Rep.Reg. 131a/3). Auch der Biograf Gottfried von Böhm berichtet, der König habe „fast immer den bekannten Überzieher Münchner Schnitts" getragen. Durch die nach dem Tod Ludwigs II. verbreiteten Fotografien (Kat.-Nr. 5.01b) prägte der schlichte, dunkle Lodenmantel das „private" Bild des von körperlichen und psychischen Problemen gezeichneten bayerischen Königs im Kontrast zu den mit höchstem Anspruch realisierten Schlossausstattungen und Prunkgefährten. S. H.

Lit.: Wöbking, Tod, S. 273

Dieser für Ludwig II. geschaffene Schlitten ist ein komplexes, virtuoses Kunstwerk mit tragischer Aussage.

3.52 Gala-Schlitten mit Putten König Ludwigs II.

München, 1872/73
Holz, Eisen, Bronze, Leder, Glas, Samt mit Metallfäden, Ölfarben, Ölvergoldung, Lacke, Hermelinfelle, 289 x 153 x 330,5, Spurweite 118
Entwurf: Franz Seitz (1817–1883); Gestell und Kasten: Johann Michael, Joseph und Julius Mayer; Wagner: Peter Meurer; Schmied: Michael Regner; Sattler: Oskar Obermayr; Bildhauer: Syrius Eberle; Ornamentschnitzer: Peter Karg; Fassungen: August Frisch; Gemälde: Heinrich Freiherr von Pechmann; Metallarbeiten: Johann Stroblberger; Stickerei: Heinrich Alckens

Bez. auf zwei vorne vergoldeten Messingschildern beidseits im Kasten: „Auf allerhöchsten Befehl Seiner Majestät des Königs Ludwig II von Bayern/wurde dieser Schlitten von dem kgl. Hofsattler und Wagenfabrikanten Joh. Mich. Mayer, nach dem/Entwurfe des kgl. Director Franz Seitz erbaut. Die figürlichen Bildhauerarbeiten wurden von S. Eberle/die ornamentalen von P. Karg ausgeführt. Die Bilder malte Frhr. v. Pechmann die Stickerei lieferte/ H. Alckens und die Metallarbeiten Joh. Stroblberger. Sämmtliche Arbeiten wurden in München gefertigt./Begonnen wurde der Schlitten am 1ten April 1872 vollendet am 30. November 1872."

Bez. auf ovalem vergoldetem Messingschild auf dem Deckel des Sitzkastens: „Bei/dem Baue dieses Schlittens/ waren hauptsächlich betheiliget/Joseph u. Julius Mayer, Wagenfabrikantens Söhne/ Peter Meurer, Wagner/Michael Regner, Schmied/August Frisch, Lakierer/Oskar Obermayr, Sattler."

Bayerische Schlösserverwaltung, Marstallmuseum, München (WAF S 1 [1923], B 7 [1933])

WIE DER KÖNIG SEINE GEGENWELTEN SCHUF

Von Kindheit an kannte Ludwig II. die prachtvollen spätbarocken Gefährte seiner Vorfahren, darunter auch Schlitten mit vollplastischen Figuren. 1867 ließ er die Kutsche, mit der Kurfürst Karl Albrecht 1742 in Frankfurt zu seiner Krönung zum Kaiser Karl VII. gefahren war, als Hochzeitskutsche für sich renovieren. Das war der erste direkte Bezug auf seinen kaiserlichen Vorfahren, dem später etliche folgen sollten. Seit 1870 entstanden für Ludwig II. mehrere Kutschen und Schlitten, an denen die Vorbilder des 18. Jahrhunderts phantasmagorisch übersteigert wurden. Der sichtliche Stolz aller Ausführenden seines „Gala-Schlitten mit Putten" war sehr berechtigt: Die kunsthandwerkliche Qualität übertrifft alle Vorbilder. Zwei Illusionsprinzipien des Rokoko: das Verschleiern des Konstruktiven mit dem Ornament und das Festhalten des Augenblicks im Figürlichen sind hier virtuos vollendet. Wie so oft in seiner Kunst, haben die absolute Unbedingtheit Ludwigs II. und seine daraus folgenden sehr hohen Ansprüche und Forderungen auch hier Exzellentes und Einzigartiges erschaffen helfen.

Zumal an den beiden Prunkkutschen Ludwigs II. erscheinen die alten Symbole und Allegorien der Herrschermacht, wie Genien, Viktorien, vor allem aber die Krone, in vordem nie gekannter Dichte, Größe und Fülle. Schon im Spätbarock waren Prunkgefährte wichtige Herrschersymbole gewesen; bei Ludwig II. aber wurden sie zu Beschwörungen seiner in der Wirklichkeit von 1866 und 1870/71 immer mehr geschwundenen Königsmacht. Hier, beim größten seiner vier Schlitten, sind diese Symbole auf die Vorderseite konzentriert: Putten tragen Herrschafts- und Ruhmessymbole, Schwert, Zepter und Lorbeerkranz, zuoberst eine Krone, und zeigen sich dadurch als Genien. „Getragen" wird der Schlittenkasten von Wasserwesen aus der Götterwelt der Antike, vorn eine lebensgroße Nereide, seitlich zwei Muschelhörner blasende Tritonen. Nach Vorbildern des 18. Jahrhunderts wurden für die Pferde prachtvolle Geschirre und Sättel, für die Bereiter Kostüme gefertigt. Die Geschirre sind vollständig erhalten und sind im Marstallmuseum in Schloss Nymphenburg zusammen mit den anderen Gefährten Ludwigs II. zu sehen. 1885 wurden die Seitenlampen und die verglaste Krone elektrifiziert (Kat.-Nr. 4.52f.). Drei Glühbirnen wurden von einer Chromschwefelsäurebatterie gespeist, die im Sitzkasten untergebracht war. Der Schalter wurde an der Rückseite des Kastens angebracht, sodass der rücklings sitzende Kutscher ihn betätigen konnte. Das ganze Ensemble war eine zwar illusionäre, aber mit allen, auch modernsten technischen, Mitteln perfektionierte, faszinierende Beschwörung barocken, „wirklichen", Königtums. Ludwig II. war seit den späteren 1870er-Jahren großenteils nachts unterwegs. Seine Gefährte benutzte er nur im Gebirge, im weiten Umfeld seiner Bauten, in seiner Gegenwelt, die er seit 1869 errichtet hatte. Dazu gehörten auch Wege und Straßen, die nur für ihn und seine Fahrten angelegt worden waren. Seine Prunkgefährte konnten nicht mehr öffentlich repräsentieren wie einst ihre Vorbilder, weil kaum jemand sie zu Gesicht bekam. Die Krone leuchtete nur noch für ihn.

U. G. S.

Lit.: Wackernagel, Staats- und Galawagen, S. 258–263

Kein Wagner ohne Ludwig – kein Ludwig ohne Wagner

Großes Theater – Ludwig II. und Richard Wagner

Schon die Zeitgenossen empfanden die „Separatvorstellungen" Ludwigs II. als bemerkenswert. So stellte der amerikanische Schriftsteller Mark Twain nach seiner Europareise 1878 fest: „Der König von Bayern ... liebt die Oper, liebt sie aber nicht in Gegenwart des Publikums." Wie die prächtigen Theaterbauten des 19. Jahrhunderts heute noch vor Augen führen, dienten Foyers und Zuschauerraum nicht nur dem Kunstgenuss, sondern ebenso der Repräsentation und gesellschaftlicher Etikette. Das Münchner Hof- und Nationaltheater bot einem Publikum von etwa 2000 Menschen Platz, das seine Aufmerksamkeit auch der Königsloge zukommen ließ. Genau dies aber machte es dem empfindlichen und menschenscheuen König unmöglich, sich in der Weise der unmittelbaren Illusion hinzugeben, die er im Theater suchte. Dazu kam, dass Ludwig II. größten Wert auf „historisch korrekte" Visualisierungen des Bühnengeschehens legte, wohl auch, um sich selbst in seine Gegenwelten integrieren zu können – ähnlich wie in den begehbaren Bühnenbildern seiner Schlossbauten. So boten Vorstellungen ohne störende Zuschauer seiner Fantasie weitaus breiteren Raum als es der „normale" Theaterbetrieb zugelassen hätte.

Das Zitat von Mark Twain leistet allerdings dem Missverständnis Vorschub, Ludwig II. habe sich nur Opernwerke in Privatvorstellungen aufführen lassen. Tatsächlich nahm das Schauspiel etwa drei Viertel des Repertoires jener 209 dokumentierten Vorstellungen ein, die Ludwig II. im Münchner Residenz- bzw. Hof- und Nationaltheater mehr oder weniger allein genoss. Viele der Schauspiele waren der Welt des Ancien Régime gewidmet. Für Ballettaufführungen bestellte Ludwig II. eigene Kompositionen im Stil barocker Musik, etwa von Max Zenger (1837–1911), dem Dirigenten des Münchner Oratorienvereins. Von den 21 aufgeführten Opern stammte über die Hälfte von Richard Wagner, doch finden sich auch andere (von Wagner als „Opernroutine" verabscheute) Stücke, vornehmlich solche mit orientalisierenden Sujets: „Der König von Lahore" (1879) des bereits in den musikalischen Impressionismus überleitenden Franzosen Jules Massenet (1842–1912), der damalige Welterfolg mit dezidiert jüdischer Thematik „Die Königin von Saba" (1880) des Österreichers Karl Goldmark (1830–1915) oder auch Giuseppe Verdis (1813–1901) in Ägypten spielende „Aida". Diesem Seelendrama mit abschließendem Liebestod wurde bei der Aufführung vom 8. Mai 1878 zu Wagners Missfallen ausgerechnet dessen „Siegfried-Idyll" vorangestellt.

Auch wenn Wagner und sein Werk zweifellos Fixsterne in Ludwigs Leben waren, zeigt diese Episode, dass der König nach den ersten Zerwürfnissen mit dem Komponisten und insbesondere nach dem massiven Streit um die Münchner Uraufführung des „Rheingold" 1869 auch im Bereich der Kunst und der Oper seine eigenen Vorstellungen durchzusetzen wusste. Das galt übrigens auch für die latente und immer wieder durch scharfe Äußerungen belegte Judenfeindschaft Richard Wagners, der Ludwig II. stets entgegentrat, ein König, der insbesondere wegen seiner Reformgesetze von den jüdischen Gemeinden in Bayern hoch geschätzt war.

Ungewöhnlich genug, hatte sich Kronprinz Ludwig bereits als idealistischer Jüngling insbesondere für Wagners theoretische Schriften begeistert, vor allem für das revolutionäre „Kunstwerk der Zukunft". Wagners ästhetische Utopien zielten darauf ab, die vereinzelten „Kunstbestandteile", die das aktuelle bürgerliche Zeitalter pflegte, zu überwinden und zum Ideal eines „Gesamtkunstwerks" zu gelangen, als dessen Vorbild er die griechische Tragödie sah. Der Kunst kommt dabei eine sowohl religiöse als auch eminent politische Bedeutung zu. Nachdem der junge König Wagner 1864 zunächst von allen finanziellen Sorgen befreit und zu sich nach München geholt hatte, verfasste Wagner einige Essays, die bewusst „zur Belehrung" Ludwigs dienen sollten, so etwa die Schrift „Über Staat und Religion". Hierin bekräftigte Wagner seine früheren Theorien, betonte nun aber zusätzlich – teilweise in der Diktion Schopenhauers – die Instanz des Monarchen als Verkörperung des „allgemeinen Willens". Diesem erkennt er die Aufgabe zu, sich als Entsagender, ungeachtet eigener Bedürfnisse, dem Staatsvolk aufzuopfern und dafür Erlösung im Reich der Kunst zu finden. Die Kunst aber setze „den bewußten Wahn an die Stelle der Realität". Und weiter: „Das Werk der edelsten Kunst wird von ihm gern zugelassen werden, um, an die Stelle des Ernstes des Lebens tretend, ihm die Wirklichkeit wohltätig in den Wahn aufzulösen ..."

Bewusster Wahn: Hier finden Ludwigs bereits in den ersten Regierungsjahren zu erkennende Fluchttendenzen in eine kunstbestimmte Gegenwelt ihre theoretische Rechtfertigung. Kein Wunder, dass die Ministerialbürokratie und der Hof Richard Wagner zu fürchten begannen, der dem 18-jährigen Monarchen solche Flausen in den Kopf setzte. Dies, die vergleichsweise hohe finanzielle Apanage und vor allem direkte politische Einflussnahmen führten schließlich zu einer Pressekampagne gegen Wagner und einem Ultimatum des Kabinetts an Ludwig II., der im Dezember 1865 den Komponisten bitten musste, Bayern „für einige Monate" zu verlassen. Ungeachtet dieser zeitweise schrillen Begleitmusik ermöglichten die reichen Zuwendungen Ludwigs, dass Wagner seine kompositorische Arbeit in der Schweiz fortsetzen konnte. Sein Werk freilich blieb in München präsent, sodass die Stadt durch musterhafte Aufführungen in den Rang musikalischer Weltmetropolen aufzurücken begann. Um hierfür geeignete Musiker auch in Bayern ausbilden zu können, wurde 1867 auf Vorschlag Wagners und von Ludwig II. privat finanziert die Königlich bayerische Musikschule unter der Leitung Hans von Bülows begründet – die heutige Hochschule für Musik und Theater.

Musik- und theatergeschichtlich Epoche machend war die Uraufführung der „Handlung in drei Aufzügen Tristan und Isolde" am 10. Juni 1865 im Münchner Hof- und Nationaltheater. Das nach 77 Proben in Wien als unaufführbar abgesetzte Werk mit seinen neuartigen Klangwelten und seinen chromatischen Ekstasen wurde unter dem Dirigat Hans von Bülows auf die Bühne gebracht. Aus ganz Europa waren Wagner-Enthusiasten zu diesem Ereignis an die Isar gereist. Drei Jahre später, am 21. Juni 1868, fand, ebenfalls in München, die triumphale Uraufführung der „Meistersinger von Nürnberg" statt. Auf Wunsch König Ludwigs II. saß Richard Wagner in der Königsloge und nahm von der Brüstung aus die Ovationen des Publikums entgegen. Zweifellos war das ein Bruch der Hofetikette, die einem so auf seine Würde bedachten Monarchen wie Ludwig II. bewusst gewesen sein muss. Vermutlich inszenierte er hier einen Augenblick, den man nachträglich als Zenit seines Kunstkönigtums bezeichnen könnte: Er selbst als König tritt in den Hintergrund, gibt der Kunst als seiner vornehmsten und eigentlichen Aufgabe den Vorzug vor dem Staat, ganz wie Hans Sachs in seiner programmatischen Schlussansprache singt: „... zerging in Dunst / das heil'ge röm'sche Reich, / uns bliebe gleich die heil'ge deutsche Kunst!" – Dies alles geschah in national aufgeheizter Atmosphäre, angesichts der preußischen Politik, die auf ein neu begründetes Kaiserreich nach dem Konzept Bismarcks hinauslief. Ein deutlicheres Zeichen, dass er seine Aufgabe darin sah, gemeinsam mit Wagner Deutschland im Zeichen der Kunst zu einigen, hätte Ludwig II. nicht setzen können. Zwei Jahre später sollten der Krieg von 1870/71 und die Proklamation des Hohenzollern Wilhelm zum deutschen Kaiser dieser Illusion, den – in Wagners Diktion – „bewußten Wahn" an die Stelle wahnhafter Realpolitik setzen zu können, ein Ende bereiten.

Bei aller psychologischen Feinzeichnung des inneren Dramas der Protagonisten ist Wagners Werk immer auch politisch zu verstehen. Dies manifestierte sich insbesondere in seiner Idee der „Festspiele", in deren Rahmen er mit dem „Ring des Nibelungen" sein „Kunstwerk der Zukunft" in einem „Theatergebäude der Zukunft" aufgeführt sehen wollte. Bei diesem Bau sollte nicht die Architektur, sondern die Inszenierung des Werks im Vordergrund stehen. Jenseits des üblichen Theaterrepertoires und in einer kleineren deutschen Stadt ohne großstädtisch-bürgerliches Publikum würde ein solcher Bau entstehen, einfach aus Holz gefügt, der Zuschauerraum amphitheatralisch eingerichtet, unter Verzicht auf repräsentative Logen. In diesem schon 1862 formulierten Programm erkennt man das 1876 verwirklichte Bayreuther Festspielhaus wieder – nicht aber den von Ludwig II. favorisierten Münchner Monumentalbau, zu dem der Architekt Gottfried Semper (1803–1879) den Entwurf geliefert hatte.

Das endgültige Scheitern dieses Projekts im Jahr 1868 bedeutete eine Niederlage für Ludwig II., der sich nun vermehrt seinen Schlossbauten zuwandte, während Richard Wagner an seine ursprüngliche Konzeption anknüpfen konnte, auch wenn sein Bayreuther Festspieltheater zwischenzeitlich an Geldmangel zu scheitern drohte. Bismarck blieb für die Bitten aus Bayreuth taub, der Verkauf von Patronatscheinen erbrachte weniger als gehofft. Schließlich ließ sich König Ludwig II. doch noch zu einer Zwischenfinanzierung überreden. Die Uraufführung aller vier Werke des „Rings" im Sommer 1876 brachte Wagner dann den Triumph seiner Utopie: Nicht der Künstler antichambriert bei Fürstlichkeiten und Zelebritäten, vielmehr reisen diese aus ihren Residenzen zum „Meister" und seinen Festspielen in die fränkische Provinz. Doch dies war nur der äußere Schein. Künstlerisch war Wagner von den Festaufführungen enttäuscht und finanziell war er fast ruiniert. Nach langen Verhandlungen half Ludwig II. erneut mit einem verzinslichen Darlehen, das mit Tantiemen aus Wagners Werken abgetragen werden musste. Damit lässt sich auch eine der Legenden um Ludwig II. relativieren: Sicherlich war die Förderung Wagners, seines Lebensstils und seiner Werke aufwändig, doch im Verhältnis zu den Baukosten der Schlösser waren diese Beträge gering und wurden überdies durch Rechteübertragungen und Tantiemen zurückgeführt.

Ungeachtet aller Auseinandersetzungen und Versöhnungen zwischen Ludwig II. und Richard Wagner ist festzuhalten, dass die Beziehung zwischen König und Komponist über Jahrzehnte eine historisch wohl einmalige Symbiose im Dienste der Kunst darstellte, die weit über ein mäzenatisches Verhältnis oder bloße Schwärmerei für den Schwanenritter „Lohengrin" hinausging. Insofern ist Ludwigs Kommentar zu Hofsekretär Bürkel beim Tod Wagners im Jahr 1883 ganz wörtlich zu nehmen: „Den Künstler, um welchen jetzt die ganze Welt trauert, habe ich ... der Welt gerettet." Tatsächlich hätte Wagner und damit einer der bedeutendsten – und umstrittensten – Komponisten des 19. Jahrhunderts sein Werk ohne das viel zitierte wittelsbachische „Kulturkönigtum" Ludwigs II. kaum abschließen können, der „Ring" wäre vermutlich nicht vollständig, „Meistersinger" und „Parsifal" wohl ungeschrieben, sicher gäbe es keine Bayreuther Festspiele. Und es war die Förderung von Wagners Musik, die Ludwig II. in Frankreich und bald im Europa der Jahrhundertwende als „Künstlerkönig" populär machte. So endet Paul Verlaines berühmtes Sonett auf Ludwig II.: „Salut à votre très unique apothéose, / Et que votre âme ait son fier cortège, or et fer, / Sur un air magnifique et joyeux de Wagner." „Nur Sie allein sind würdig der Apotheose, und Ihre Seele sei geleitet von getragner / und prächtiger und jubelnder Musik von Wagner."

Peter Wolf

Lit.: Münster, König Ludwig II.; Schmitt, Geschichte; Ther, Mitte; Twain, Tramp, S. 39; Wagner-Handbuch, S. 172 (Zitat Bürkel); Wagner, Dichtungen und Schriften, Bd. 4, S. 212, Bd. 8, S. 245f.

Effekte, Effekte: Die große Illusion in Bayerns Königsschlössern, Wagners Theaterreform und schließlich sogar die Filmmusik der Traumfabrik von Hollywood werden zu Themen eines multimedialen kabarettistischen Streitgesprächs.

3.53 **Ludwig – Wagner. Ein satirischer Dialog**
Herrenchiemsee, Salzburg 2011
Darsteller: Christoph Süß (Ludwig II.),
Franck Adrian Holzkamp (Richard Wagner)
Idee: Caroline Sternberg
Drehbuch: Christoph Süß
Produktion: Stefan Aglassinger, Salzburg

Die schwärmerische Begeisterung Kronprinz Ludwigs für Richard Wagner, dessen „Rettung" aus großer finanzieller Not durch den jugendlichen Monarchen, ihre gemeinsamen Projekte, Zerwürfnisse, Versöhnungen, Triumphe und Entfremdungen vereinen roman- und märchenhafte Elemente und wurden entsprechend häufig erzählt, nicht zuletzt in den großen Filmepen über Ludwig II. Auch für die Bayerische Landesausstellung 2011 wird das Verhältnis von König und Künstler in einer filmischen Annäherung beleuchtet. Das Drehbuch stammt vom Kabarettisten und Moderator Christoph Süß, der auch als Darsteller in eine Rolle schlüpft, die an die Stereotypen von Ludwig II. erinnert. In einem satirischen Dialog, zeitlich irgendwo zwischen dem 19. Jahrhundert und der heutigen Gegenwart angesiedelt, räsonieren Ludwig II. und Wagner über ihr Verhältnis, ihre Leistungen und Wirkungen bis in ferne Zukunft. Dabei wird deutlich: Bei allen Anfeindungen und bei aller Exzentrizität haben der Kunst liebende König und der revolutionäre Theaterreformer Bleibendes geleistet, nicht nur bayern-, sondern weltweit. P.W./C. St.

„Ich kann keine Illusion im Theater haben, solange die Leute mich unausgesetzt anstarren und mit ihren Operngläsern jede meiner Mienen verfolgen. Ich will selbst schauen und kein Schauobjekt für die Menge sein." (Ludwig II. nach den Erinnerungen des Schauspielers Ernst von Possart)

3.54 **Bühnenbildmodell zu „Léonard der Perückenmacher" (2. Akt: Foyer der Oper)**
Angelo II. Quaglio (1829–1890), 1873
Holz, Feder, laviert/Papier, 40,5 x 55,5 x 33 (Kastenmaße)
Deutsches Theatermuseum, München
(V/IX Slg.Qu. Nr.14/67/1–15 bzw. F 1819)

Die außerordentliche Vorliebe, die Ludwig II. für das Leben der Bourbonen hegte, fand ihren Niederschlag auch in der Auswahl von Stücken, die er sich zwischen 1871 und 1885 unter Ausschluss der Öffentlichkeit als Separatvorstellungen zeigen ließ. Sein Hofdramaturg August Fresenius übersetzte für ihn zum Beispiel die von den Vaudeville-Erfolgsautoren Dumanoir und Clairville 1847 geschriebene Komödie „Léonard le perruquier". Darin gerät der gleichermaßen naive wie geltungssüchtige Perückenmacher Léonard ins Räderwerk jener nach historischen Ereignissen gezeichneten Intrigen um Macht und Geltung zwischen Comtesse Dubarry, der Mätresse Ludwigs XV., und deren Erzfeind, dem Herzog von Choiseul.

Das Bühnenbildmodell für den zweiten Akt zeigt – den Angaben im erhaltenen Manuskript folgend – den „Korridor der ersten Ranglogen in der großen Oper". Ohne die zeitgenössischen Pariser Opernspielstätten im Palais Royal oder in Schloss Versailles konkret wiederzugeben, fügt das historisierende Modell Elemente aus dem Formenkanon des Barock und Rokoko zusammen, sodass der Charakter eines üppig ausgestatteten Ambientes des 18. Jahrhunderts entsteht. Der in der Szene nur ausschnitthaft durch die schmalen Türspalte der Privatlogen und die geöffneten Flügeltüren sich erschließende Innenraum des Theaters weist jene architektonischen Details auf, die der Betrachter als typische Elemente des Barocktheaters, durchaus auch als Wiederholung des Münchner Cuvilliés-Theaters, identifizieren kann: von Kolossalsäulen gerahmte Proszeniumslogen, hell erleuchtete, reich verzierte Ränge, rote Draperien, golden ornamentierte Brüstungen und die durch einen prächtig bemalten Vorhang noch geschlossene Bühne mit muschelförmigem Soufflierkasten.

Im Logenumgang geben vor Vorstellungsbeginn der Oper „Hyppolit und Aricia" – die Uraufführung des umstrittenen Werks fand am 1. Oktober 1733 in der Académie Royale de Musique in Paris statt – höfische Damen und Herren in komödiantischer Emsigkeit ihre Mutmaßungen über den Komponisten Rameau, den Librettisten Pellegrin, die Favoritin Madame Dubarry oder den Minister Choiseul zum Besten: Wer steht in der Gunst des Königs, wer fällt in Ungnade? Das raffinierte Bühnenbild setzt das Spiel vom Sehen und Gesehenwerden, das sich vor allem im hintergründig angelegten Zuschauerraum ereignet, gekonnt in Szene.

Im nahezu menschenleeren Cuvilliés-Theater ließ sich Ludwig II. mit dieser Komödie justament jene Situation vorspielen, derer er sich durch die Separatvorstellungen zunehmend zu entziehen suchte: In dem von François Cuvilliés als „Theater im Theater" konzipierten Raum agierte eine sensationsgierige Hofgesellschaft auf der Bühne und es bleibt zu fragen, ob gerade die in diesem Stück angelegten Doppelungen und Similaritäten dem König das unterhaltsame Erlebnis einer durch ihn selbst gleichermaßen spielerisch wie kontrolliert inszenierten Verschiebung der für ihn schmerzlichen Wirklichkeit ermöglichten. Anders als die meisten Separatvorstellungen erlebte dieses Lustspiel nur zwei Aufführungen, am 17. und am 23. April 1873. *S. d. P.*

Lit.: Fresenius, August: unveröffentlichtes handschriftliches Manuskript zu Léonard der Perückenmacher, Bayerische Staatsbibliothek München Cgm 6693, 84 S., S. 25ff; Anonyme Handzeichnung zum Bühnenbild von Léonard, der Perückenmacher, II. Akt, in: Christen, Adolf: Fundusbuch. Deutsches Theatermuseum (IV 1510/BA 4 3); Autié, Léonard; Hommel, Separatvorstellungen, S. 63; Petzet, König Ludwig II., S. 101, 182; de Ponte, Bühnenpraxis, S. 116, 120, 182

Hinter der überirdischen Aura des heiligen Grals in Wagners Bühnenweihfestspiel steckte eine Glühbirne, die bei der Uraufführung 1882 gerade erst erfunden war.

3.55a Gralskelch der Bayreuther „Parsifal"-Aufführungen 1888–1911

Ernest von Dyck
Bayreuth, 1888 (Nachbildung)
Metall, Glas, Steinbesatz, 39 x 20 x 20
Richard-Wagner-Museum/Nationalarchiv der Richard-Wagner-Stiftung, Bayreuth (Bi 2015)

3.55b Parsifal. Scenische Bilder nach den für die Bayreuther Aufführung gefertigten Decorations- und Costümskizzen der Herren Gebr. Brückner und P. Joukovsky, 3. Act, 3. Szene

Leipzig: Verlag von Erwin Schloemp, 2. verb. Aufl. 1883
Lichtdruck von Naumann & Schroeder, 1883 (R)
Deutsches Theatermuseum, München (IV/2712)

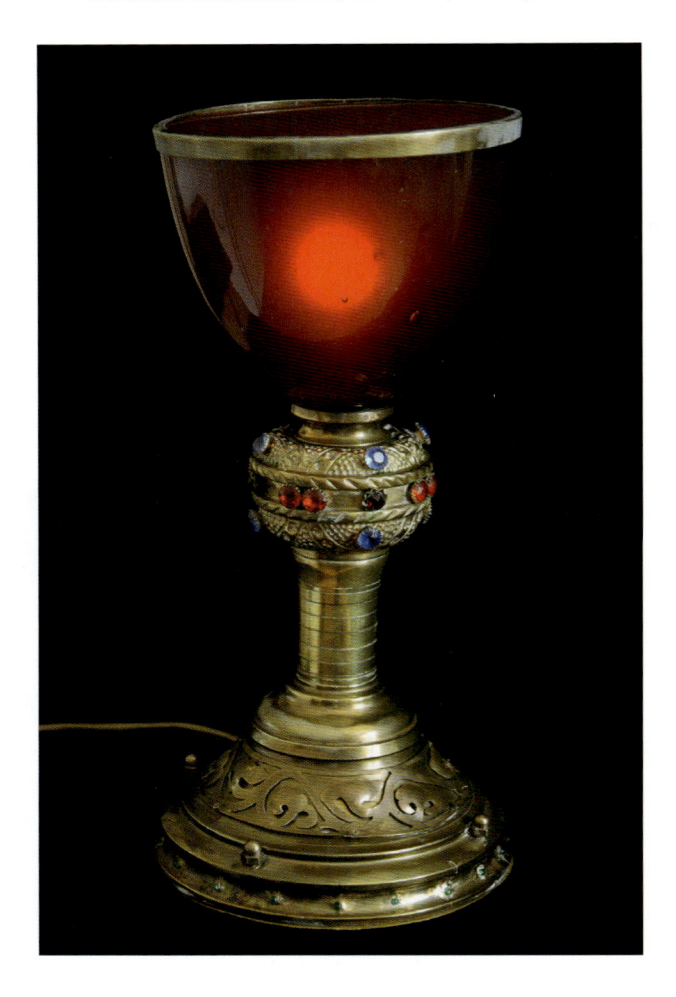

Der Gralskelch ist ein zentrales Symbol in Richard Wagners Bühnenweihfestspiel „Parsifal". Der Gral steht für Erlösung und greift klassische Merkmale des Abendmahls- bzw. Messkelchs auf. Der bei der Uraufführung 1882 verwendete Kelch unterschied sich nur minimal von später verwendeten Versionen. Der erste Gralskelch ist nur als Zeichnung erhalten. Die Schale war etwas weiter geformt als die des ab 1888 verwendeten Exemplars von Ernest von Dyck.

Um die Wirkung des Kelchs zu steigern, sollte das Gefäß im ersten und dritten Akt in purpurnem Licht erglühen. Dafür wurden bereits ab der Uraufführung 1882 elektrische Illuminationseffekte eingesetzt. Im Gralskelch befand sich eine Glühlampe, die durch eine Leitung mit einer im Tabernakel der Bühnendekoration verborgenen Batterie verbunden war. Mit einer Klemme musste im richtigen Moment der Kontakt hergestellt werden. Ein Flüssigkeitswiderstand sorgte für das langsame Erglimmen und Erlöschen. Dazu strahlte elektrisches Licht von oben und verlieh der Szene eine überirdische Wirkung. Der Effekt erregte von Beginn an die Gemüter, zumal vielen die technischen Hintergründe der eben erst erfundenen Elektrizität nicht bekannt waren.

Die Motive der Wagner-Opern wurden auch über populäre Druckgrafik weit verbreitet und zeugen von der Wagner-Begeisterung ihrer Zeit. *C. St.*

Lit.: Baumann, Bühnentechnik, S. 146f.; Baumstark/Koch, Gral, S. 193–195, Kat.-Nr. 20, 21, 23

„Hier ist erreicht, dass dem Zuschauer der Gedanke, dass er einem durch technische Apparate geleiteten Maschinenwesen gegenüberstehe, gar nicht in den Sinn kommt ..." (Otto Porges, 1876)

3.56a Die schwimmenden Rheintöchter
London, 1886
Abbildung bei Julien Adolphe: Richard Wagner: Sa vie et ses oevres. Paris, London 1886, Grafik (R)
Richard-Wagner-Museum/Nationalarchiv der Richard-Wagner-Stiftung, Bayreuth (N1183)

3.56b Das „Rheingold", 1. Szene
Josef Hoffmann (1831–1904)
Rheingrund mit den Rheintöchtern und Alberich, Szenenillustration für König Ludwig II.
Wien, 1878
Fotografie (R)
Bayerische Schlösserverwaltung, München

3.56c Minna Lammert, Lilli und Marie Lehmann als Rheintöchter
Joseph Albert (1825–1886)
Bayreuth, 1876
Fotografie (R)
Richard-Wagner-Museum/Nationalarchiv der Richard-Wagner-Stiftung, Bayreuth (N2649)

3.56a

Das „Rheingold" beginnt – nicht nur musikalisch ungewöhnlich mit den 136 Takten des Orchestervorspiels, das sich aus einem einzigen Es-Dur Akkord entwickelt – mit einer spektakulären Szene: Die Töchter des Rheins, die Hüterinnen des verborgenen Goldschatzes, dessen sich Alberich bemächtigen wird, tummeln sich in den Tiefen der Fluten. Für diese Szene entwickelte Wagner eine effektvolle Inszenierungsidee. In der von Wagner so nicht gewünschten, aber von Ludwig II. durchgesetzten Münchner Uraufführung von 1869 sollten die Sängerinnen auf spezielle Holzwagen geschnallt werden, während Musiker zusammen mit Bühnenarbeitern die Wagen im Takt bewegten. Mehrere Bühnenprospekte und Lichtprojektionen erzeugten den Effekt des wogenden Wassers, der auch von der Musik evoziert wird.

Die Bühnenmaschinerie hatte allerdings ihre Tücken. Die „Rheintöchter" der Münchner Uraufführung weigerten sich, auf die Wagen zu steigen, weil sie die Höhe fürchteten. An ihre Stelle traten Balletteusen, während die Sängerinnen hinter der Bühne agierten. Bei der „Rheingold"-Aufführung in Bayreuth von 1876 wagten sich die Sängerinnen dann in die bis zu sieben Meter hohen Wagen.

Zwar waren die starke Geräuschentwicklung und die Schwerfälligkeit der Schwimmwägen problematisch, doch die Kühnheit der Inszenierung, eine Szene von der Dauer eines herkömmlichen Opernaktes von „schwimmenden" Darstellerinnen bestreiten zu lassen, fesselte das Publikum.   *C. St.*

Lit.: Baumann, Bühnentechnik, S. 188–192

Das Modell gibt eine Vorstellung davon, wie der Illusionseffekt in der „Tiefe des Rheins" zustandekam.

3.57 Bühnenbildmodell zu „Rheingold" (1. Akt, 1. Bild: In der Tiefe des Rheins)
Angelo II. Quaglio (1829–1890), um 1878
Holz, Feder, laviert/Papier, 42 x 55,3 x 35,5 (Kastenmaße)
Deutsches Theatermuseum, München
(V/IX Slg.Qu.14/93/1–13 bzw. F 1822)

Angelo II. Quaglio schuf als Hoftheatermaler unter König Ludwig II. zahlreiche Dekorationen für die Münchner Ur- und Erstaufführungen der Werke Richard Wagners. Das wohl um 1878 im Zusammenhang mit der Münchner Neuinszenierung entstandene, aus Angelo II. Quaglios Werkstatt stammende Modell zu „Rheingold" entspricht weitgehend den Dekorationsentwürfen, die Heinrich Döll für das Bild zur Uraufführung 1869 und zur Neuinszenierung 1878 realisierte. Es zeigt die Unterwasserlandschaft des Rheins, inmitten derer das legendäre Gold auf einem Riff liegt. Die Bau- und Funktionsweise der Dekoration verdeutlicht sich durch die parallel zueinander positionierten, bemalten Schleier, Bogenkulissen und Versatzstücke. Darüber hinaus simuliert das Modell unter Verwendung effektvoller Materialien in Kombination mit lavierter Federzeichnung das atmosphärische Zusammenwirken von Dekoration und Licht.

Auf der realen Bühne erzeugte man über die regelbare Gaszufuhr eine changierende Beleuchtung der graugrün gemalten Partien von Felsen und schwimmenden Pflanzenranken. Das Modell ist durchaus als konkreter Verbesserungsvorschlag auf die königliche Kritik denkbar. Innerhalb der gezeigten Ton-in-Ton-Darstellung des diffusen Lichtes eines schwerelosen Tiefenraums wurde nämlich die von Ludwig II. als „lampenhaft" bemängelte Beleuchtung des Goldes dahingehend abgeändert, dass nun schwach goldene, von einer Schlagmetalloberfläche herrührende Lichtreflexe jenen geheimnisumwobenen Glanz verursachen, der die angestrebte perfekte Illusion erzeugt.   *S. d. P.*

Lit.: Bauer, Richard Wagner; Baumann, Licht; Nölle, Richard Wagner; Petzet, Richard Wagner-Bühne; Wilk, König Ludwig II.

3.57

Die Umsetzung von Wagners Regieanweisungen stellte höchste Anforderungen an die zeitgenössische Bühnentechnik.

3.58a **Walkürenpferd**
Bayreuth, 1896
Holz, 80 x 125 x 32
Richard-Wagner-Museum/Nationalarchiv
der Richard-Wagner-Stiftung, Bayreuth (Bi 1269)

3.58b **Entwürfe für Projektionsbilder der reitenden Walküren**
Carl Emil Doepler (1824–1905)
Bayreuth, um 1876
Bleistift/Papier, 58,5 x 58,5 (R)
Richard-Wagner-Museum/Nationalarchiv der
Richard-Wagner-Stiftung, Bayreuth (N3200-2,3,4,6a)

3.58c **„Die Walküre", 3. Akt, Wotan
(Fort jetzt von hier! Meidet den Felsen!)**
Theodor Pixis (1831–1907)
München, 1870
Druckgrafik (R)
Wittelsbacher Ausgleichsfonds, München (B IV 135)

3.58d **Kaschierte Walkürenpferde**
Bayreuth, 1896
Fotografie (R)
Richard-Wagner-Museum/Nationalarchiv der
Richard-Wagner-Stiftung, Bayreuth (N702-6)

Der Ritt der Walküren stellt – nicht nur musikalisch – eines der berühmtesten Motive des Wagner'schen Opernwerks dar. Die Darstellung der durch die Lüfte jagenden Walküren in der gleichnamigen Oper war für die Bühnentechnik ein Problem, denn diese Illusion ließ sich nur schwer erzeugen. Wagner hatte hier wohl an eine Projektion gedacht. So sollten bereits bei der Uraufführung der „Walküre" 1870 in München Projektionsbilder verwendet werden, doch König Ludwig II. bestand auf der realistischeren Variante, in der Stallknechte auf Pferden am Bühnenhintergrund vorbeiritten. Der Erfolg war nicht durchschlagend. So hieß es 1870 im „Musikalischen Wochenblatt": „... eine gewöhnliche

3.58a

WIE DER KÖNIG SEINE GEGENWELTEN SCHUF 163

laterna magica hätte hier – richtig aufgestellt – wahrscheinlich sicherer und – wegen der Möglichkeiten der längeren Dauer des Lichteffectes – auch kräftiger gewirkt."

1876 zur Aufführung des „Rings des Nibelungen" in Bayreuth insistierte Wagner dann auf dem Einsatz von Lichtbildern. In Hamburg wurde für die hohe Summe von 4000 Mark ein Projektionsapparat bestellt. Carl Emil Doepler, eigentlich für die Kostüme verantwortlich, lieferte die Entwürfe für die Glasplatten. Doch der für die Bühnenmaschinerie verantwortliche Carl Brandt blieb skeptisch und schlug vor, von den Projektionen abzusehen, zumal sich die Bilder zum Rand der Bühne hin verzerrten. Brandt behielt Recht und die Presse kritisierte die „primitiven Nebelbilder".

Als Cosima Wagner nach dem Tod ihres Mannes 1896 nochmals die „Walküre" inszenierte, erprobte sie eine dritte Möglichkeit, die bereits in Paris realisiert worden war. Im hinteren Bühnenraum wurde ein Gerüst errichtet, auf dem von Knaben gerittene Holzpferde auf Laufbändern gezogen wurden. Vor dem Gestell war ein hellblau gemalter Schleier gespannt, auf den Wolkenbewegungen projiziert wurden. Auch hier erhob sich Kritik. Ein Bayreuther Rezensent fand die Lösung „verunglückt, sie war zu steif". Die technischen Möglichkeiten, eine perfekte Illusion zu erzeugen – das zeigt der Ritt der Walküren besonders deutlich –, waren zu diesem Zeitpunkt noch nicht ausreichend gegeben.   C. St.

Lit.: Baumann, Bühnentechnik, S. 232–238, 202f.;
Eger, Richard-Wagner-Museum, S. 59

3.58c

Für Ludwig II. wurden die Figuren aus Wagners Musikdramen zu Identifikationsgestalten.

3.59 Parzival
Eduard Ille (1823–1900)
München, 1869
Tempera/Papier, 87 x 132
Wittelsbacher Ausgleichsfonds, München (B I 513)

Das Gemälde ist Teil eines Zyklus, den Eduard Ille sowie Heinrich und August Spieß für Ludwig II. zwischen 1865 und 1869 ausführten. Der König ließ die Gemälde in seinem Wohnbereich in Schloss Berg aufhängen. Der Münchner Germanist und Kunsthistoriker Hyazinth Holland entwarf vermutlich das Konzept zum Thema „Aus deutscher Sage und Geschichte". Die Sujets waren eng an die Opern Richard Wagners angelehnt.

Das Bildprogramm des Gemäldes „Parzival" entspricht dem literarischen Vorbild des mittelalterlichen Versepos von Wolfram von Eschenbach. Die Dreieinigkeit nimmt den Mittelpunkt des Bildes ein. In kleinteiligen Szenen, die durch Säulen gegliedert sind, wird die Geschichte Parzivals geschildert, der als Unwissender dazu auserkoren ist, Gralskönig zu werden.

Ludwig II. identifizierte sich mit den Helden der Wagner'schen Opern. Vor allem die Figur des Parzival wurde für ihn zum zentralen Motiv seines Königtums. Im April 1865 berichtete Wagner Ludwig II. erstmalig von dem Projekt „Parsifal". Wagner setzte den jungen König mit dieser Erlöserfigur gleich, für Ludwig II. wurde damit Wagners Parsifal „Identitätsfigur mit Vorbildcharakter". Konnte die neu erbaute Burg Neuschwanstein seine Gralsburg werden?

C. St.

Lit.: Baumstark/Koch, Gral, S. 161, Kat.-Nr. 8; Heißerer, Ludwig II., S. 48–58; von Kobell, König Ludwig II., S. 421; Kolbe, Wagners Welten, S. 274, Kat.-Nr. 390; Naegele, Parsifals Mission

DRITTER AKT

Top arcade panels:
- **HERZELAIDE · PARZIVAL**
- **JESCHUTE · PARZIVAL**
- **PARZIVAL · SIGUNE**

Fort ritt er, ach, zu weiten Freuden,
Zu Boden sank Frau Herzeleide.
Es brach ihr treues Mütterherz
Im Übermaß von Leid und Schmerz.

Ein fiel die Lehr der Mutter ein,
Daß Weibes Ring zu empfahen sei'n.
Harrum streifet flink, ohn' Verstand,
Den Ring von Frau Jeschuten Hand.

Hört Dich heut' auch bittern Schmerzen,
Vor Dich nur, Herr Kurt in Margen,
Der fest verschloß Dich Dein Lieb,
Und Dir versicht der treue Hand!

Main panel:

PARZIVAL · HERZ · DAMEN · GRAMAFLANZ ... **FELIS PELRAPEIRE · GAMURET · PARZIVAL**

Condwiramur, die süße Braut,
Legt dem geliebten Gatten traut
Als Morgengabe Burg und Land
In seine Hand.

Wolfram von Eschenbach

Durch Gottes Lieb und Wunderkraft
ward so die edle Ritterschaft
gespeiset von dem heiligen Gral.
Wohl schaut und ahnte Parzival
das Wunder, das sich zugetragen,
doch wagt er nicht, darum zu fragen.

Nein, besser ist's, wenn ich mich trenne,
zumal ich Den mit Haß nur nenne,
auf den ihr Herz mit Liebe schaut,
und Dessen Hilf' es ganz vertraut,
Der mir versagt doch seine Gnaden,
und nur mit Sorgen mich beladen.

Wärt Ihr des rechten Glaubens
und tröstet Euch schon der Höchste,
gegendet wär', was Euch bedrängt,
und jede Bande schnell gesprengt,
naht Gottes Hilfe Eurer Q...

WIE DER KÖNIG SEINE GEGENWELTEN SCHUF

Wagners Wirkung in Europa

Viele Zeitgenossen – auch König Ludwig II. – verstanden Wagners Hauptwerke als Spiegel ihrer aus den Fugen geratenen Welt.

3.60 „Das Rheingold", Freie Gegend auf Bergeshöhen mit der Burg Walhall, 4. Bild, Einzug der Götter in Walhall
Josef Hoffmann (1831–1904), Wien 1876
Öl/Leinwand, 82,5 x 187,5
Richard-Wagner-Museum/Nationalarchiv
der Richard-Wagner-Stiftung, Bayreuth (Bi 1895 [1])

Der „Ring des Nibelungen" thematisiert den Kampf um Macht und Einfluss. In der dargestellten Szene des „Rheingolds", dem ersten Teil der Ringtetralogie, sind die wichtigsten Entscheidungen schon gefallen. Göttervater Wotan wird des alle Macht verleihenden Rings habhaft, allerdings um den Preis vertraglicher Bindungen und eines veritablen Raubes. So ziehen die Götter nun schuldbeladen in die Burg Walhall ein, die aus dem Nebel auftaucht. Der „Ring des Nibelungen" zeigt eine mythische Welt in der Krise, die in ihrer Symbolhaftigkeit auf jede Zeit übertragen werden kann. Der Ring ist mit einem Fluch versehen, vor dem nicht einmal die Götter geschützt sind. In der „Götterdämmerung", dem letzten Teil des „Rings", bricht das überlebte Reich der Götter in sich zusammen.

Der politische Aspekt des Werks war auch für Ludwig II. von großer Bedeutung. Wagner hatte um 1850 in theoretischen Schriften eine weitreichende Gesellschaftskritik formuliert, in der er eine grundlegende ästhetische Neufundierung des Staates forderte. Seine Vision war der freie Mensch, der sich ohne Barrieren entfalten kann: Vorbild für die Figur des „Siegfried". Dies stand in Gegensatz zur industrialisierten Welt mit ihren strikten Arbeitsvorgaben und Zwängen. Eben die mythischen Alternativen in den Werken Richard Wagners faszinierten die Zeitgenossen und Ludwig II., der für die Aufführungen des „Rings des Nibelungen" in München ein eigenes Festspielhaus errichten wollte. Er wohnte auch den Generalproben 1876 in Bayreuth sowie der dritten Aufführung am 28. August 1876 bei. Um die Szenen genau studieren zu können, hatte der König vorab die Entwürfe des Theatermalers Josef Hoffmann eingesehen und dann vermutlich 1876 die großformatigen Versionen erworben. Hoffmann hatte bereits 1874 eine Reihe kleinformatiger Skizzen geschaffen, um seine Vorstellungen zu veranschaulichen, während die Großformate von 1876 wohl die endgültigen Bühnenbilder darstellen.

C. St.

Lit.: Bauer, Josef Hoffmann, S. 95–101; Veltzke, Mythos, S. 21

Für die Neuinszenierung seiner geliebten Jugendoper „Lohengrin" ließ Ludwig II. im Jahr 1866 minuziöse Bühnenbildmodelle fertigen.

3.61 Bühnenbildmodell zum 2. Aufzug der Oper „Lohengrin"

Angelo II. Quaglio (1829–1890)
München, 1866
Aquarell, Vorzeichnung mit Tusche/Feder/Papier, Holz; Kasten: 50 x 48,5 x 62,6;
Bodenplatte: 43 x 59
Bayerische Schlösserverwaltung, München (L.II.-Mus. 741)

Für das Jahr 1867 ordnete Ludwig II. eine Neuinszenierung der „Romantischen Oper" Lohengrin an und gewann Richard Wagner zu einer persönlichen Mitwirkung. Am 16. Juni 1867 fand die Premiere in Anwesenheit von Ludwig II. und seiner Verlobten Sophie Charlotte statt.

Das Modell folgt genau Wagners Bühnenanweisung für den 2. Aufzug: „In der Burg von Antwerpen: in der Mitte des Hintergrundes der Palas (Ritterwohnung), die Kemenate (Frauenwohnung) im Vordergrund links; rechts im Vordergrund die Pforte des Münsters; ebenda im Hintergrund das Turmtor." Anders als in Wagners Anweisung ist im Modell genau auf den einheitlichen romanischen Stil geachtet, den alle Gebäude zeigen; dies entspricht der stets historisch genauen Vergegenwärtigung, die Ludwig II. verlangte.

Der Palas in der Mitte ist von hinten beleuchtbar angelegt, um die Wirkung des Modells als kleines Bühnenbild zu verstärken. Gezeigt ist die Szene, in der Elsa auf dem Söller gerade das berühmte „Euch Lüften, die mein Klagen …" gesungen hat und vom Hof her ihre Widersacherin Ortrud Elsas elegische Stimmung nutzt, um sich bei ihr wieder einzuschmeicheln. Der Palas und das Münsterportal in der Mitte sowie die Kemenate links sind die „Reminiszenzen" an Lohengrin, wie Ludwig II. es nannte, die er im Oberen Hof seines Schlosses Neuschwanstein später errichten ließ.

U. G. S.

Lit.: Hojer, König Ludwig II.-Museum, S. 281f.; Petzet, Richard-Wagner-Bühne, S. 82–105, 752

Mit seinem Konzept vom Gesamtkunstwerk sprach Wagner alle Sinne seines Publikums an: Dichtung, Musik, Malerei.

3.62 Tannhäuser im Venusberg

Eugène Delacroix (1798–1863)
Paris, 1861
Gouache/Papier, 54 x 71,9
Coninx-Stiftung, Zürich (9383)

Der auf internationale Anerkennung bedachte Richard Wagner war daran interessiert, auch an der Pariser Oper, dem Zentrum des europäischen Musiklebens, zu reüssieren. 1861 wurde seine 1845 in Dresden uraufgeführte Oper „Tannhäuser oder der Sängerkrieg auf der Wartburg" in Paris gezeigt. Nach 164 Proben endete die Darbietung am 13. März 1861 mit einem Skandal. Es sollte der wohl größte Theaterskandal seiner Zeit werden, ausgelöst durch Mitglieder des Jockey-Clubs. Deren Clique hatte das an der Pariser Oper übliche Ballettstück im 2. Akt vermisst. Enttäuscht zog Wagner den „Tannhäuser" nach der dritten Aufführung zurück und kehrte der Pariser Bühne den Rücken. Doch auch wenn er beim tonangebenden Theaterpublikum in Paris nicht den erwünschten Erfolg hatte, fanden seine Werke in Intellektuellenkreisen großen Anklang. Der sich der Liebe zu Venus hingebende Tannhäuser wurde zum Symbol freier Erotik und Sexualität.

Es waren dem Dichter Charles Baudelaire zufolge eine „geistige Wirkung", eine „Extase aus Sinnenlust und Erkenntnis", „fern der irdischen Welt", die Wagners Werke hervorriefen. Dies überzeugte große Teile der künstlerischen Avantgarde Frankreichs und beförderte eine bis in das 20. Jahrhundert reichende Bewegung des Wagnerianismus sowohl im Land als auch über die Grenzen Frankreichs hinaus. Wagner wurde hier zum Sinnbild künstlerischer Befreiung. Entsprechend schrieb Emile Zola 1885/86: „Die haben Delacroix ausgejohlt … Die haben Courbet ausgejohlt … die pfeifen Wagner aus."

Ein bildlicher Beleg für die Wagnerverehrung in Frankreich ist Eugène Delacroix' Darstellung von Tannhäuser im Venusberg. Sie zeigt den Helden in der in ein rötlich flimmerndes Licht getauchten Venusgrotte. Als orientalische Odaliske gebettet, lauscht die Göttin dem Abschiedsgesang des Minnesängers Tannhäuser.   *C. St.*

Lit.: Götz/Kolbe, Wagners Welten, S. 89f.; Metken, Richard Wagner, S. 733–735; Weigel u. a., Tannhäuser, S. 170–174

Auch Maler des französischen Impressionismus waren von dem Zusammenspiel von Licht, Farbe und Musik in den Aufführungen der Wagner'schen Werke fasziniert.

3.63 Rheingold, erste Szene
Henri Fantin-Latour (1836–1904)
Paris, 1888
Öl/Leinwand, 115 x 77
Hamburger Kunsthalle (HK-5274)

Mit der Gründung der „Revue Wagnerienne" 1885 besaß die Wagnerbewegung in Frankreich ein zentrales Organ, das die Interpretation Wagners quasi zur Wissenschaft erhob. Dies zeigen etwa die Überlegungen zur Frage, was die Kennzeichen einer „Wagner'schen Malerei" sein könnten. Der Kunsttheoretiker Theodor Wyzewa unterschied dabei zwei Möglichkeiten der Darstellung, einmal die naturgetreue Wiedergabe von Gegenständen, einmal die Wiedergabe von Empfindungen.

Der ersten Variante entsprechend, versuchte Henri Fantin-Latour in seinem Gemälde „Rheingold" von 1888 die spektakuläre erste Szene des Musikdramas möglichst realitätsgetreu wiederzugeben. Er schuf nach der Erstaufführung in Bayreuth 1876 eine Lithografie zum Thema, im folgenden Jahr ein Pastell und 1888 ein Gemälde. In allen Versionen zeigt der Maler dieselbe Seite des Bühnenaufbaus. Rechts oben erscheint im Ausschnitt der Felsen, auf dessen Spitze sich – durch das spotlightartig herabstrahlende Licht angedeutet – der Goldschatz befindet. Links sind weitere Gesteinsformationen angedeutet, dazwischen tummeln sich die Rheintöchter und der Zwerg Alberich. Durch die Lichtführung werfen die Felsen tiefe Schatten. Zahlreiche Zwischentöne in der Farbigkeit ersetzen harte Kontraste und versuchen damit der Wagner'schen Komposition zu entsprechen, deren Harmonik durch die besonderen orchestralen Farbtöne und verzögerte Dissonanzauflösungen mit Halbtonverbindungen gekennzeichnet ist. Aber auch der Inszenierung will diese Malweise entgegenkommen, die die changierenden Farben des sonnenbestrahlten Wassers durch transparente blaue und grüne Tücher andeutet.

Fantin-Latour wollte den sinnlichen Eindruck, den die Szene in Bayreuth auf ihn gemacht hatte, in malerischer Form wiedergeben: „Ich habe nichts Zauberhafteres, nichts Schöneres, nichts Gelungeneres in meinen Erinnerungen."

C. St.

Lit.: Müller, Wagner, S. 707–709; Wilson-Heesemann, Henri Fantin-Latours „Rheingold", S. 103–116

Nach der Gründung des deutschen Kaiserreichs wuchs das Bedürfnis nach nationalen Identitätssymbolen. Wagners Bayreuther Festspielhaus wurde vor diesem Hintergrund immer mehr zum nationalen Denkmal, wie auch seine Werke zunehmend als nationale Mythen verstanden wurden.

3.64 Walkürenritt
Hermann Hendrich (1854–1931)
Berlin/Schreiberhau, 1906
Öl/Leinwand, 151 x 100
Staatliche Museen zu Berlin, Nationalgalerie
(A III 617)

In seinem Gemälde „Walkürenritt" spielt Hermann Hendrich auf Motive der Wagner'schen Ringtetralogie an. Die Walküren, die gefallene Krieger nach Walhall bringen, sind schemenhaft am Firmament zu erkennen. Links im Hintergrund sieht man einen breiten Flusslauf, in dem man den Rhein vermuten könnte, der als Streitpunkt zwischen Frankreich und seinen deutschen Nachbarländern zum Symbol des deutschen Nationalismus wurde. In den vom Sturm gebogenen Baumkronen könnte man einen Hinweis auf die umkämpften Ufer des Flusses sehen, in dem der sagenhafte Hort der Nibelungen verborgen liegt, der ein weiteres Motiv im Werk Richard Wagners darstellt. In seinem Werk wählte Hermann Hendrich Sujets, wie sie in deutsch-nationalen Kreisen der wilhelmischen Zeit beliebt waren. Im Gründungsaufruf des 1907 von Hendrich gegründeten Werdandi-Bundes heißt es: „Nur dann vermag die todkranke deutsche Kunst zu gesunden, wenn die harte Germanenfaust aus völkischen Empfindungswuchten mythisch-mächtige Walkürenwolken gestaltet …" Im Nationalismus, wie ihn Hermann Hendrich vertrat, klingen bereits die fatalen Stereotypen an, die nur gut 20 Jahre später in die Katastrophe führen sollten. *C. St.*

Lit.: Kolbe, Hermann Hendrich; Lückewerth, Hermann Hendrich, S. 190–230; Parr, Werdandi-Bund; Simplicissimus 12/54 (23.3.1908), S. 855; Veltzke, Mythos, S. 1–93

Mit dem Festspielhaus in Bayreuth erbaute sich Wagner – finanziell unterstützt von Ludwig II. – den idealen Aufführungsort für seine Werke.

3.65 Modell des Bayreuther Festspielhauses
Johann Flierl
Würzburg, 2011
Haus der Bayerischen Geschichte, Augsburg

Mit seinen Festspielen wollte Richard Wagner eine Reform des zeitgenössischen Opernbetriebs erreichen. Er propagierte eine Neufundierung des Theaters als ernst zu nehmendem Ort der Kunst. Dabei berief er sich auf die antike Tragödie. Der Mythos stellte für ihn den Urstoff des Dramas dar, Dichtung und Musik sollten miteinander verschmelzen. Die Kunst, der fast religiöse „Weihe" zukommt, sollte alle Menschen gleichermaßen erreichen, ungeachtet gesellschaftlicher Hierarchien. Auch Wagners ideale Vorstellung des Theaterbaus, die er im 1876 eröffneten Festspielhaus in Bayreuth verwirklichte, entsprach diesen Idealen.

Klare Formen prägen das in schlichter Holzbauweise errichtete Festspielhaus. Beim Eintreten fehlt das übliche repräsentative Foyer. Der Zuschauerraum stellt eine „epochale Schöpfung" dar, da erstmals nicht gesellschaftliche Konventionen sondern künstlerische Gesichtspunkte für seine Gestaltung ausschlaggebend waren. So verzichtete Wagner, abgesehen von der später errichteten Königsloge, weitgehend auf Logen und Ränge. Alles sollte sich auf das Bühnengeschehen konzentrieren. Die am Amphitheater orientierte Anordnung der Sitzreihen ermöglicht gute Sichtverhältnisse für das ganze Publikum. Das doppelte Proszenium und die Verjüngung des zweiten Bühnenrahmens lassen den Bühnenraum größer erscheinen. Um die Wirkung der Bühne zu steigern, ließ Wagner im Theaterraum das Licht löschen, sodass die Theaterbesucher ganz auf das Bühnengeschehen konzentriert waren. Auch das Orchester ist nicht sichtbar, da es unter das Bühnenniveau versenkt und durch einen Schalldeckel verdeckt ist. Auf diese Weise war das Hör- und Seherlebnis für die Zeitgenossen einzigartig: Die Musik ertönte „unsichtbar" – wie im 20. Jahrhundert in den Kinosälen. *C. St.*

Lit.: Baumann, Bühnentechnik, S. 257–363; Habel, Festspielhaus, S. 303–405

Mit dem Bau des Prinzregententheaters standen zwei „Wagnerstandorte" zur Verfügung: München und Bayreuth.

3.66 Kampf der Zentauren

Emil Preetorius (1883–1973)
München, um 1905
Öl/Leinwand, 61,2 × 129,3
Bayerische Theaterakademie August Everding im Prinzregententheater, München

Das Gemälde gibt den Streit von Cosima, der Witwe Richard Wagners, mit dem Generalintendanten der Bayerischen Hoftheater, Ernst von Possart, in allegorischer Form wieder. Die beiden Kontrahenten erscheinen als Zentauren, die im Begriff sind, einen Kampf auszutragen. Hinter Ernst von Possart links oben ist in der Ferne das Münchner Prinzregententheater zu erkennen, während hinter Cosima Wagner rechts oben das Bayreuther Festspielhaus erscheint.

Um die Jahrhundertwende wurde in München die Idee des Festspielhauses neu aufgegriffen. Ludwig II. hatte 1865 ein Festspielhaus für die Aufführung der Wagner'schen Werke bauen wollen, doch er war am Widerstand der Öffentlichkeit und eigentlich auch Richard Wagners gescheitert. Auf die Initiative des Hoftheaterdirektors und Schauspielers Ernst von Possart und seines Vorgängers Max von Perfall wurde in München ab 1900 das Prinzregententheater unweit der Stelle erbaut, an der Ludwig II. sein Festspielhaus geplant hatte.

Zu diesem Zeitpunkt hatte die Begeisterung für das Werk Wagners ihren Höhepunkt erreicht. Wagners Vorstellungen von einem Festspielhaus wurden nun in München in einem an das Bayreuther Festspielhaus angelehnten Theaterbau verwirklicht, der auch Elemente der Repräsentation wie zum Beispiel prachtvolle Foyers enthielt. Der Theaterraum ging, wie in Bayreuth, vom Amphitheater aus. Dort wurde das Münchner Unterfangen übrigens höchst kritisch gesehen, konnte aber letztendlich nicht verhindert werden. *C. St.*

Lit.: Kolbe, Wagners Welten, S. 285–288, Kat.-Nr. 415; Petzet, Richard Wagner-Bühne, S. 315; Schläder/Braunmüller, Tradition, S. 9–28

Vierter Akt

» Wie Ludwigs Königreich
modern wurde

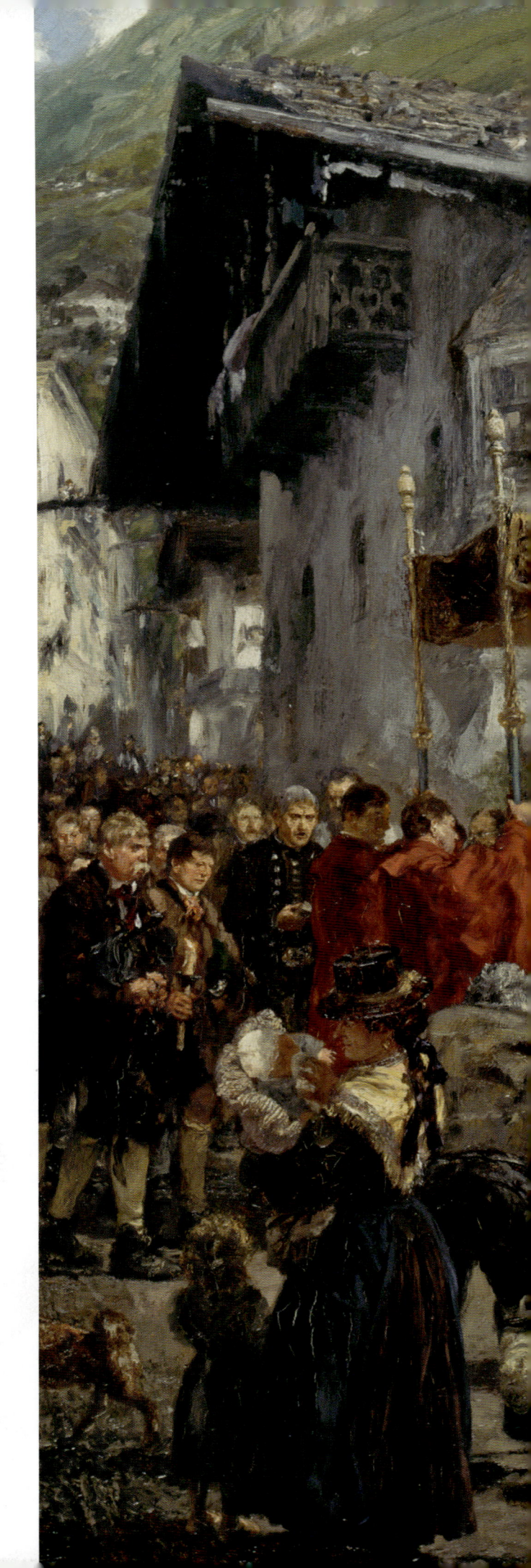

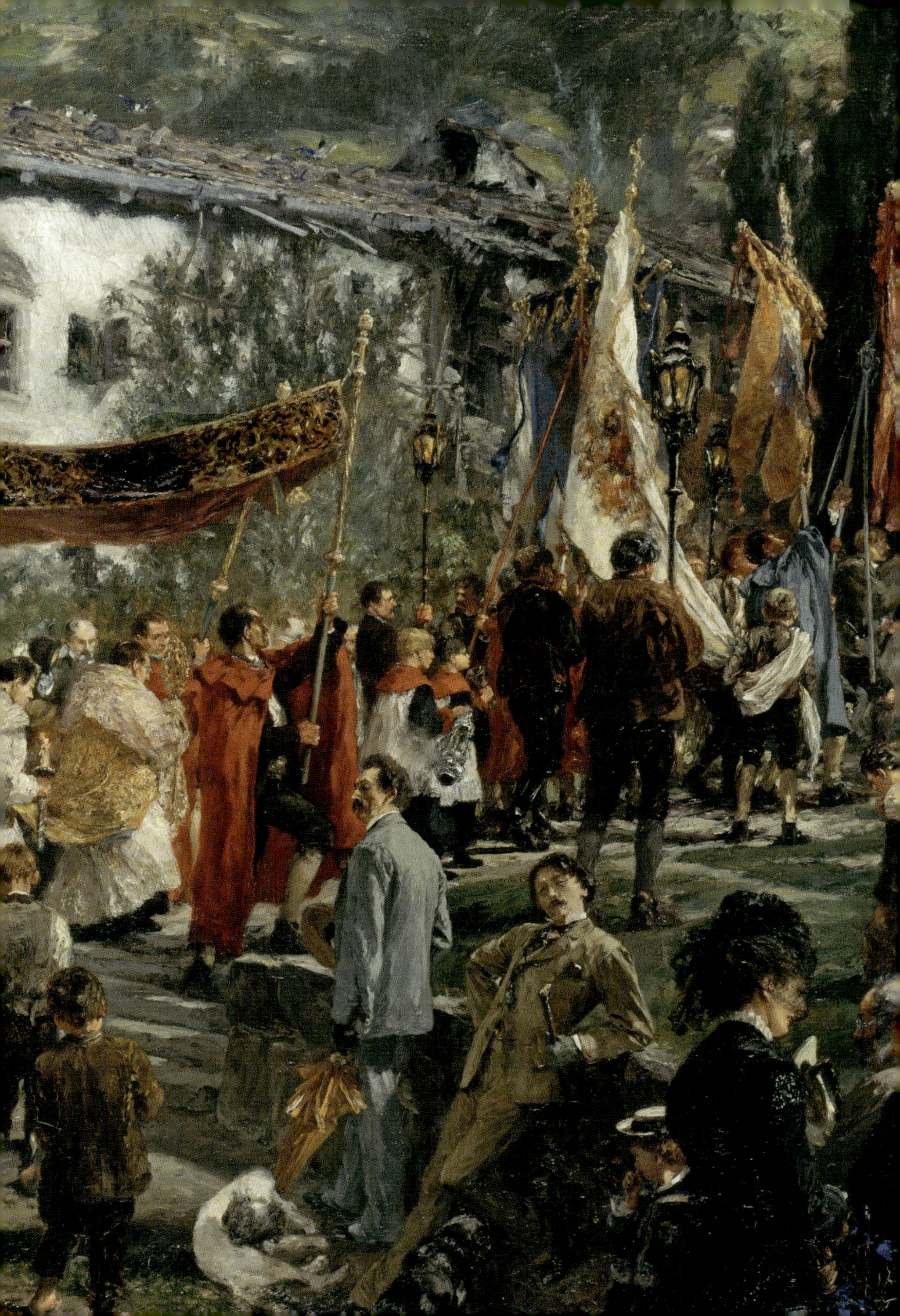

Bayern im Reich: rückständig oder nur anders?

Der städtische Sommerfrischler posiert vor der „Kulisse" einer Fronleichnamsprozession: Wie wird das alpenländische Bayern gesehen?

4.01 Fronleichnamsprozession in Hofgastein
Adolph von Menzel (1815–1905)
Berlin, 1880
Öl/Leinwand, 51,3 x 70,2
Bayerische Staatsgemäldesammlungen, München/
Leihgabe der Bundesrepublik Deutschland (L 817)

Der Berliner Maler Adolph Menzel reiste ab 1852 in den Sommermonaten häufig nach Bayern und Österreich, insbesondere nach Hofgastein. Sein bekanntes Gemälde „Fronleichnamsprozession" hält Eindrücke seiner Sommeraufenthalte fest – ein markantes Beispiel für den distanzierten „Blick von außen" auf das Leben der alpenländischen Bevölkerung. Die Prozession der Gläubigen zieht zur Kirche, links vorne sieht man die Einheimischen ins Gebet vertieft, während die Kurgäste, mit wenigen Ausnahmen, dem Geschehen als unbeteiligte Betrachter folgen. Einige unterhalten sich, andere wenden sich gelangweilt ab.

Menzels Gemälde will kein Abbild der Wirklichkeit sein, den Ort des Geschehens setzte der Maler aus Versatzstücken verschiedener Ansichten und Skizzen zusammen. Es ging ihm vielmehr um die Darstellung der Entwicklung, die der zunehmend vom Fremdenverkehr erschlossene Alpenraum nahm. Die Landbevölkerung profitierte von der Sehnsucht der in den Alpenraum strömenden Sommerfrischler nach einem Leben im Einklang mit der Natur, unberührt von den Verwerfungen der modernen Zeit. Die einheimische Bevölkerung erfüllte diese Erwartungshaltung der Besucher aus der Stadt und zeigte sich traditionsverbunden. Prozessionen und Wallfahrten wurden, unabhängig von ihrer religiösen Bedeutung, zu Anziehungspunkten für Touristen, die sie wie ein Schauspiel betrachteten. Adolph Menzel brachte diese Entwicklung in seinem Gemälde auf den Punkt: Das traditionsverbundene Ereignis wird zur Attraktion für die Fremden, während seine religiöse Bedeutung in den Hintergrund tritt.

C. St.

Lit.: Gockerell, Bayernbild, S. 271–306; Jensen, Adolph Menzel, S. 37; Kaiser, Adolph Menzel, S. 120; Wirth, Menzel

„Seelentrost inmitten des Zersetzungsprocesses" (Eduard Devrient): Oberammergau entwickelte in der Zeit Ludwigs II. zunehmend große Anziehungskraft auch auf auswärtige Gäste. Der König stand dem Passionsspiel wohlwollend gegenüber und förderte es finanziell und ideell.

4.02a Die Kreuzigung im Passionsspiel 1871
    Joseph Albert (1825–1886)
    Oberammergau/München, 1871
    Fotografie (R)

4.02b Der Transport der Kreuzigungsgruppe über den Ettaler Berg
    Sachs und Vordermayer
    Partenkirchen, 1875
    Holzstich, aus: Die Gartenlaube 1875 (R)
    Sammlung Jean Louis, München

4.02c König Ludwig II. vor der Kreuzigungsgruppe in Oberammergau
    Michael Zeno Diemer (1867–1939)
    Nach 1890
    Farblithografie/Postkarte (R)

4.02d Der Kreuzeszug im Passionsspiel 1880
    B. Johannes
    Oberammergau/Partenkirchen, 1880
    Fotografie (R)
    a, c, d: Gemeindearchiv Oberammergau

4.02b

WIE LUDWIGS KÖNIGREICH MODERN WURDE

„Wir haben Uns bewogen gefunden, zur dauernden Erinnerung an die kunstsinnige und allerwärts rühmend anerkannte Pflege des altehrwürdigen Passionsspiels, den ergreifenden Vorgang des Versöhnungstodes Unseres Herrn und Heilandes durch bewährte Künstlerhand in Stein ausführen zu lassen und soll dieses nunmehr glücklich vollendete und aufgestellte Denkmal als offenkundiger Beweis Unseres besonderen Königlichen Wohlwollens der den Sitten ihrer Väter treuen Gemeinde Oberammergau als Geschenk zu bleibendem Eigenthum andurch überwiesen sein." So lautet der Text der von Ludwig II. am 12. Oktober 1875 in Schloss Berg unterzeichneten Schenkungsurkunde für die von Johann von Halbig geschaffene monumentale Kreuzigungsgruppe, die am 15. Oktober 1875 auf dem Osterbichl bei Oberammergau durch Freiherrn von La Roche als Vertreter des Königs feierlich enthüllt und übergeben und durch den Münchner Erzbischof Gregor von Scherr geweiht wurde.

Der König erfüllte damit ein Versprechen, das er unter dem Eindruck der Separatvorstellung des Passionsspiels gemacht hatte, der er mit kleiner Begleitung am 25. September 1871 von Linderhof aus zwischen acht und elf sowie 13 und 17 Uhr beigewohnt hatte. Kurz darauf empfing und beschenkte Ludwig die Hauptdarsteller, stiftete 1000 Gulden an die Gemeinde und beauftragte den Hoffotografen Joseph Albert damit, am 30. September 1871 alle lebenden Bilder sowie mehrere Spielszenen – insgesamt 60 Fotografien – aufzunehmen. Die Aufnahmen durfte John P. Jackson in seinem „Album of the Passion-Play at Oberammergau", Munich/London 1874, verwenden.

Am 24. Juni 1871 waren die wegen des Ausbruchs des Krieges gegen Frankreich nach 17 Aufführungen unterbrochenen Passionsspiele in Oberammergau mit königlicher Erlaubnis wieder aufgenommen worden. Zirka 40 000 Besucher – viele von ihnen aus England und Amerika – sahen die 18 Vorstellungen bis zum 24. September. Für patriotisch begeisterte deutsche Besucher symbolisierte das fromme Spiel ähnlich wie der Kölner Dom die mittelalterliche Einheit Deutschlands und die Gemeinde selbst annoncierte in der Zeitschrift „Germania": „Möge das Passionsspiel, dieses Erbtheil aus altdeutscher Zeit, recht viele deutsche Brüder aus Nord und Süd in Liebe vereinigt sehen als Glieder des wiedererstandenen deutschen Reiches."

Der Ammergau war für den König bekanntes Terrain. Hier hatte Kaiser Ludwig der Bayer Ettal gestiftet, hier war Ludwigs Vater seit 1838 zu Gamsjagden am Kofel gewesen, hier befand sich das „Königshäuschen" Linderhof, das Ludwig II. ab 1870 zur Schlossanlage der „Königlichen Villa" ausbauen ließ. Eine geschnitzte Spielzeugfestung und 150 Soldaten aus Oberammergau hatten die Prinzen Ludwig und Otto 1851 von ihrer Großmutter Königin Therese zu Weihnachten geschenkt bekommen, weitere 200 Soldaten im folgenden Jahr. Das Passionsspiel 1860 hatte Ludwig mit seiner Mutter Königin Marie und seinem Bruder Otto am 19. August gesehen und auch als König interessierte sich Ludwig für die Geschichte und Kultur der Gegend und ihrer Bewohner. So besuchte er am 3. Januar 1872 die in der Kirche St. Peter und Paul aufgestellte große Weihnachtskrippe und stiftete nach einem Besuch des Theaterstücks „Die Stiftung Ettals" am 20. Oktober 1873 in Oberammergau ein Glasfenster mit dem Motiv Kaiser Ludwigs des Bayern. Von 1878 bis 1883 kam Ludwig immer in den Abendstunden des 15. Oktober, dem Geburtstag seiner Mutter, zu einsamer Andacht und zum Gebet vor der von ihm gestifteten Kreuzigungsgruppe auf dem Osterbichl in Oberammergau.

Die Großskulptur war in zweijähriger Arbeit aus riesigen Blöcken Kelheimer Marmors in der Münchner Werkstatt des damals hoch gerühmten und international gefragten Bildhauer-Professors Johann von Halbig (1814–1882) entstanden. Ab 2. August 1875 wurde sie auf einem eigens dafür gebauten Schwerlastwagen von einem Straßenlokomobil in einem viel bestaunten „Triumphzug" über Starnberg, Weilheim, Eschenlohe, Oberau, den Ettaler Berg und Ettal nach Oberammergau gebracht, wo sie am 16. August feierlich in Empfang genommen wurde. Der Text der Schenkungsurkunde, der Tenor der Festansprachen zur Enthüllung und Weihung des Denkmals, Art und Ablauf der Feierlichkeiten, ebenso wie die vom König selbst ausgewählten Inschriften – „Errichtet im Jahre 1875 den kunstsinnigen und den Sitten der Väter treuen Oberammergauern von König Ludwig II. zur Erinnerung an die Passionsspiele" – betonen den hohen Stellenwert, der christlichem und besonders katholisch geprägtem Traditionsbewusstsein hier beigemessen wurde.

Die Aufgeschlossenheit und Geneigtheit Ludwigs gegenüber dem Oberammergauer Passionsspiel, dessen über 100 000 Zuschauer im Aufführungsjahr 1880 natürlich auch Ausweis kirchlicher Selbstbehauptung im Kulturkampf waren, steht bis zu einem gewissen Grad im Gegensatz zur Entschlossenheit, mit der der König an seinen Rechten als Herr der Landeskirche festhielt und die liberalen Positionen seiner Ministerien in der Auseinandersetzung zwischen Staat und Kirche unterstützte.

M. He.

Lit.: 200 Jahre Königreich Bayern; Henker u.a., Passionsspiele; Klinner, König Ludwig II.

Das Oberammergauer Passionsspiel zog im Jahr 2010 rund eine halbe Million Menschen an.

4.03 Kostüme der Oberammergauer Passion 2010
Stefan Hageneier
Kostüme: Ezechiel, Nathanael, Archelaus, Judas,
ein Engel und zwei Wächter der jüdischen Tempelwache
Gemeinde Oberammergau

Am Beginn der Oberammergauer Passionsspiele steht ein Gelübde aus der Zeit des Dreißigjährigen Kriegs. Während des Schwedeneinfalls war Bayern von einer verheerenden Pestepidemie heimgesucht worden, der in Oberammergau mehr als 80 Menschen zum Opfer fielen. In der Hoffnung auf die Hilfe Gottes gelobten 1633 die Gemeindevorsteher, „die Passions-Tragödie alle zehn Jahre zu halten", wenn das Dorf von der Pest befreit würde. Die Seuche kam zum Stillstand und bereits 1634 lösten die Oberammergauer ihr Versprechen zum ersten Mal ein, verlegten das Spiel ab 1680 jedoch auf die runden Zehnerjahre. Im ausgehenden 19. Jahrhundert erlangten die Oberammergauer Passionsspiele weltweite Berühmtheit.

Im Jahr 2010 fanden die 41. Passionsspiele statt. Spielleiter Christian Stückl steht seit 1990 für eine konsequente Erneuerung und zeitgemäße Umsetzung des Passionsspiels. Der Bühnenbildner Stefan Hageneier zeichnete, wie schon 2000, für Bühnenbild und Kostüme verantwortlich. Über 2000 Oberammergauer Laiendarsteller, Sänger und Musiker spielten in 102 Vorstellungen vor rund einer halben Million Zuschauern aus der ganzen Welt „den Passion", wie die traditionelle Bezeichnung lautet.

Die Abbildung zeigt Judas, der mit den Gegnern Jesu und der bewaffneten Tempelwache zum Ölberg kommt, um den Messias festzunehmen. *C. W.*

Auch wenn in Bayern der Kulturkampf vergleichsweise weniger heftig verlief, so offenbarte er die tiefen Gräben innerhalb der Gesellschaft.

4.04a Kirchenverfolgung durch Teufel und Bismarck
Aus: „Die Bremse", 11. Oktober 1873
Karikatur (R)
Bayerische Staatsbibliothek München

4.04b Eintritt ins Deutsche Reich
Aus: „Die Bremse", 19. September 1873
Karikatur (R)
Bayerische Staatsbibliothek München

4.04c Konfessionelle Verteilung im Deutschen Reich und in Bayern
Karte
Haus der Bayerischen Geschichte, Augsburg

„Sie sind fromm und gläubig, die Leute hier zu Lande, die gefüllten Kirchen an Sonn- und Feiertagen, die Zahl derer, die sich zum Beichtstuhl, zu Wallfahrt und Procession drängen, bezeugen es." Die Leipziger Schriftstellerin Marie Lipsius zeigte sich, wie viele andere Besucher beeindruckt von der Urwüchsigkeit und Vitalität, aber auch von der Religiosität der Bayern – ein Wesenszug, der in der Fremdwahrnehmung bis heute Bestandteil des Bayernbildes ist.

Doch in der scheinbaren Idylle rumorte es heftig, denn die Gesellschaft Bayerns war gespalten. Ein eindrucksvolles Beispiel für Verbitterung und Lagerbildung ist etwa das von R. von der Donau 1870 herausgegebene „Liberale Schimpflexikon", das „ein ganzes Tausend fortschrittlicher Schmähworte gegen Alles, was katholisch ist, und darum auch gegen die patriotischen Bayern und das bayerische Landvolk" aus liberalen Presseerzeugnissen auflisten konnte. Die patriotische Presse konterte mit einer Vielzahl von Karikaturen, in denen Bismarck als Stellvertreter des Leibhaftigen dargestellt und der hohe Preis beklagt wurde, den das überwiegend katholische Bayern mit dem Eintritt in ein protestantisches Kaiserreich zu zahlen hatte. Hauptkontrahenten waren die Anhänger der liberalen Fortschrittspartei auf der einen und die konservativen Patrioten auf der anderen Seite. Die Krux war, dass die Patriotenpartei zwar ab 1869 die Mehrheit im Landtag besaß, die Fortschrittspartei jedoch die Minister stellte. Dass Ludwig II. sein politisches Vertrauen den Liberalen gewährte, war zum einen in seiner Angst vor einer Parlamentarisierung begründet, zum anderen aber auch in seiner Ablehnung „ultramontaner" Einflüsse. Er wollte sich nicht der Macht Roms jenseits der Alpen ausliefern.

Es geht wohl nicht!

Der Teufel: Na, was treibt Ihr denn da miteinander?
Er: Det Kirchle da genirt mich, det muss mir weg!
Der Teufel: So? Geht mir auch so. Hab' 1800 Jahre daran gearbeitet, sie wegzubringen. Na, wissen Sie, wenn es Ihnen gelingt, dann tret' ich Ihnen meine Stelle ab!

4.04a

In der zweiten Hälfte des 19. Jahrhunderts erfuhren im katholischen Bayern insbesondere die Marienverehrung und das blühende Wallfahrtswesen eine Intensivierung. Der so genannte Kulturkampf war unter anderem durch die Beschlüsse des Ersten Vatikanischen Konzils 1869/70 ausgelöst worden, wobei der päpstliche Unfehlbarkeitsanspruch auch von Teilen der Katholiken nicht mitgetragen wurde. Ein prominentes Beispiel hierfür ist der Münchner Kirchenhistoriker Ignaz von Döllinger. Die im Kulturkampf ergriffenen Maßnahmen, die als Reichsgesetze Geltung erlangten, sind rasch aufgelistet: Der Kanzelparagraf von 1871 – der im Übrigen vom bayerischen Staatsminister des Innern für Kirchen- und Schulangelegenheiten Johann von Lutz eingebracht wurde – untersagte Priestern bei Strafandrohung die politische Agitation von der Kanzel herab. 1872 verbot das Jesuitengesetz die Niederlassung der Jesuiten in Deutschland. 1873 ersetzte man im Rahmen des Schulaufsichtsgesetzes die geistliche durch die staatliche Schulaufsicht und ab 1875 war die Zivilehe juristisch verbindlich. Der Kulturkampf, der auch als „Investiturstreit des 19. Jahrhunderts" (Peter Stadler) bezeichnet wird, verlor mit dem Tod von Papst Pius IX. im Jahr 1878 wesentlich an Schärfe, hinterließ jedoch gesellschaftlich und politisch seine Wirkungen, die bis ins 20. Jahrhundert fortdauern sollten.   B. K.

Lit.: Bischof, Theologie; von der Donau, R.: Liberales Schimpflexikon, München 1870; Korff, Kulturkampf; Lipsius, Hochgebirge, S. 132

Votivgaben, Wallfahrten, Feldumgänge prägten das Leben in den katholischen Landesteilen Bayerns.

4.05 Votivfigur eines Knaben

Bamberg?, 1894
Wachs, Textilien, Holz u. a., 64 (Figur),
76,5 x 40 x 29 (Vitrine)
Wallfahrtsmuseum Gößweinstein (00004)

Die Figur des dreijährigen Jungen gehört zu den lebensgroßen, bekleideten Wachsmenschen, die etwa von der Mitte des 19. bis in die Mitte des 20. Jahrhunderts als Votivgaben dargebracht wurden. Sie repräsentieren in besonderem Maße die in Not geratenen Personen, vor allem, wenn deren Kleidung oder Haar verwendet wurden. Der Samtanzug mit Spitzenkragen, den der Votivjunge trägt, kam nach dem 1886 erschienenen und 1888 ins Deutsche übersetzten Erfolgsroman „Der kleine Lord" in Mode.

Der kleine Johann Hussenether stammte aus einer Familie reicher Bauern. Sein Vater war Bürgermeister von Hauptendorf bei Herzogenaurach. Eine Pockenimpfung hatte bei dem Dreijährigen hohes Fieber und Krampfanfälle ausgelöst. Die Gebetserhörung, nach der die Figur dargebracht wurde, war nicht von Dauer. Der Junge starb 1907 mit 16 Jahren an den Spätfolgen der Impfung.

Nur noch in 16 Orten Unter- und Oberfrankens sind derartige Votivfiguren bekannt. Gößweinstein hat mit über 100 Objekten, vom Wickelkind bis zum Erwachsenen, den weitaus größten Bestand; gut ein Viertel ist dauerhaft im Wallfahrtsmuseum neben der Basilika zu besichtigen. Ein wichtiges Produktionszentrum dieser Figuren war Bamberg. Nach zwei Briefen aus dem Gößweinsteiner Pfarrarchiv stellte auch die königl. bayer. Hofwachswarenfabrik und Wachsbleiche Joseph Gautsch in München derartige Votive her und schickte 1904 eine weiß gekleidete Mädchenfigur im Auftrag einer Kundin per Bahn zur Wallfahrtskirche der Heiligsten Dreifaltigkeit in Gößweinstein. R. U.

Lit.: Pfistermeister, Wachs, Bd. 2, S. 115–119; Ritz, Kinder-Wachsvotive; Urban, Wallfahrtsmuseum Gößweinstein, S. 22–27

Mit dieser Darstellung einer im sonntäglichen Frieden ruhenden Austragsbäuerin erfüllte der Maler die Sehnsucht seines städtischen Publikums nach der Geborgenheit im einfachen Leben, in Tradition und Religion.

4.06 Bildnis einer alten Frau

Gottfried Franz (1836–1905)
München, 1871
Öl/Leinwand, 99,7 x 73,9
Landesmuseum Mainz (607)

Das Gemälde von Gottfried Franz zeigt eine alte Frau in Tracht, die sich – insbesondere aufgrund der mit einer Scheitelschleife versehenen Haube – in das nördliche Oberbayern lokalisieren lässt. Die Dargestellte ist in ihrem Lehnstuhl in sich zusammengesunken und scheint zu schlafen. In ihren Händen hält sie ein Buch, vermutlich ein Gebetbuch, in dem sie mit dem Finger die Stelle markiert, in der sie gerade noch gelesen hat. Auf einer Holzbalustrade links ist ihr Strickzeug abgelegt, rechts neben ihr steht ein Korb mit Näharbeit. Das an der Wand hängende Kreuz ist ein beherrschendes Element der Szene. Die vor allem auf dem Land lebendigen Formen der Volksfrömmigkeit, wie Prozessionen und Wallfahrten, wurden ebenso wie Sitten und Bräuche zum Sujet der Maler.

Dabei greift der junge Maler aus Mainz, der 1870 ein Studium an der Münchner Akademie begann, weniger auf das klassische Genrebild seiner Zeit zurück. Er konzentriert vielmehr seinen Bildausschnitt ganz auf die Figur, deren Hände und Gesichtspartie er besonders herausarbeitet. Damit erinnert das Gemälde an die späteren Darstellungen Wilhelm Leibls, die durch ihre „kühne Originalität unter so vielem zahmen und konventionellen Zeug" (Friedrich Pecht, 1883) hervorstachen und weithin Berühmtheit erlangten. *C. St.*

Lit.: Freundliche Hinweise von Stefan Hirsch, Bezirk Oberbayern; Bruckmanns Lexikon der Münchner Kunst, Bd. 1, S. 366; Czymmek/Lenz, Wilhelm Leibl, S. 343f.; Gockerell, Bayernbild, S. 36

Wild – urig – gesellig

„Hund samma scho": Die Herausforderung der Obrigkeit durch Wilderer, Schmuggler, Haberer gehört zum „Mythos Bayern".

4.07 Toter Wildschütz im Hochgebirge
Adolf Eberle (1843–1914)
München, 1880 (?)
Öl/Leinwand, Ø 60
Deutsches Jagd- und Fischereimuseum, München (6473)

Das Gemälde zeigt einen abgestürzten Wilderer, der rücklings auf einem Felsen liegt, neben sich Gewehr, Hut und Bergstock. Als Kennzeichen des Wilderers ziert den Hut eine gewilderte Spielhahnfeder. Nach vorne gerichtet, signalisiert sie den „Schneid", also den Mut, des tollkühnen Wilderers. Passend zum Thema nimmt das Gemälde die Form einer Schützenscheibe auf. Vor allem in München entstanden ab der Mitte des 19. Jahrhunderts unzählige Wildererdarstellungen. Auch Adolf Eberle spezialisierte sich auf Tier- und Jägerbilder, die durch die neuen Techniken der Reproduktion weite Verbreitung fanden.

Der aus der bäuerlichen Schicht stammende Wilderer nahm im Lauf des 19. Jahrhunderts in der Literatur – etwa bei Ludwig Ganghofer – und in der Kunst Züge eines „edlen" Räubers und Sozialrebellen an. Das Wilderermotiv bildet einen zentralen Aspekt des Bayernklischees. Bürgerliche Kreise zeigten sich fasziniert vom romantischen Motiv des kühnen Wilderers, der sich mit geschwärztem Gesicht in den Bergwäldern auf die Pirsch begibt und die Obrigkeit herausfordert. Großes Aufsehen erregte in der Regierungszeit Ludwigs II. der Tod des Wilderers Georg Jennerwein, der am 6. November 1877 hinterrücks erschossen wurde. Kontrovers diskutiert wird bis heute, ob das Wildern lediglich einen Akt der Verzweiflung darstellte, mit dem arme Familien ihre Ernährungslage zu verbessern suchten, oder ob es sich um ein Stück bäuerlicher Protestkultur handelte. *C. St.*

Lit.: Bruckmanns Lexikon der Münchner Kunst, Bd. 1, S. 261; Girtler, Wilderer, S. 24; Hetzenauer u.a., Mythos Wilderer, S. 23; Schindler, Wilderer; Weiß, Wilderer

---

Sujets wie diese Rauferei faszinierten Publikum wie Kritik:
„… wie zwei sprungbereite Tiger stehen sich die beiden Ringer gegenüber."

4.08 Ringkampf
Franz von Defregger (1835–1921)
München, 1870
Öl/Leinwand, 113 x 161
Wallraf-Richartz-Museum & Fondation Corboud, Köln (1233)

Defreggers Gemälde zeigt eine Scheune, in der ein Kampf stattfindet. Gebannt blicken die Zuschauer auf die zwei in der Mitte stehenden Gegner, die im Begriff sind, sich anzugreifen. Auch zwei andere Ringer haben sich bereits zu diesem Sonntagnachmittagsvergnügen postiert. Mit gekonnter Lichtführung hebt Defregger die zentrale Szene hervor, der umliegende Raum verschwindet im Dunkeln.

Defreggers Darstellungen des Tiroler Volkslebens waren beim Münchner Kunstpublikum höchst beliebt. Dabei diente das „Tirolische" als Synonym für alle alpinen Sujets. 1869 hatte Defregger – noch als Schüler an der Münchner Kunstakademie – sein erstes Gemälde mit großem Erfolg ausgestellt. 1870 folgte der „Ringkampf", der in den großen Kunstausstellungen in München, Wien und Hamburg präsentiert wurde.

4.08

Defregger ging es in seinen Gemälden nicht um die Darstellung der Realität. Seine inszenierten Szenen der bäuerlichen Lebenswelt zeigen ein zugleich idealisiertes und heroisiertes Bild des Landlebens, das in Zeiten der Industrialisierung vor allem das städtische Publikum beeindruckte. Die alpenländische Lebenswelt gewann etwas Exotisches und Defregger als geborener Tiroler konnte diese Themen besonders „naturnah" wiedergeben, wie die zeitgenössische Kritik feststellte.

C. St.

Lit.: Defregger, Defregger, S. 7–32; Franz von Defregger und sein Kreis, S. 82, Kat.-Nr. 6; von Lützow, Ringkampf, S. 116; Rosenberg, Defregger, S. 17

Nicht nur der König, auch die Bürger schufen sich eine Gegenwelt: ein Stück Agrarromantik im bürgerlichen Salon.

4.09a Die Spieler
Karl Heinrich Hermann Lindenschmit (1857–1939)
München, um 1900
Öl/Leinwand, 58,5 x 85,8
Bayerische Staatsgemäldesammlungen, Neue Pinakothek, München (8241)

4.09b Heuernte im Hochgebirgstal
Robert August Rudolf Schietzold (1842–1908)
München, um 1900
Öl/Leinwand, 110,3 x 85
Museum Georg Schäfer, Schweinfurt (MSG 44)

In der zweiten Jahrhunderthälfte des frühen 19. Jahrhunderts erreichte die Landschaftsmalerei in München einen Höhepunkt an Popularität. Die Werke der Maler, die den Sommer im bayerischen Oberland verbrachten, wo sie ihre Motive fanden, wurden nun auf den großen Kunstausstellungen im Glaspalast gezeigt und in den Galerien zum Kauf angeboten.

Für Maler, die jenseits offizieller Aufträge tätig waren, bot die bayerische Hauptstadt gute Absatzmöglichkeiten. Die Akademie, die einen hervorragenden Ruf genoss, tat ein Übriges. Auch der Leipziger Robert August Schietzold und der Frankfurter Karl Lindenschmit versuchten nach der akademischen Ausbildung auf dem freien Kunstmarkt Fuß zu fassen. Schietzold spezialisierte sich auf Landschaften, während Lindenschmit das bäuerliche Genre vorzog. Schietzolds „Heuernte im Hochgebirgstal" zeigt einen von Ochsen gezogenen Heuwagen, auf den gerade Heu geladen wird. Im Hintergrund dominiert der enge Taldurchbruch mit den dahinterliegenden schneebedeckten Bergen. Bei den „Spielern" von Karl Lindenschmit handelt es sich vermutlich um eine Wirtshausszene, wie der Bierkrug nahelegt. Drei Männer haben am Tisch zu einem Kartenspiel Platz genommen. Weder die Kleidung der Personen noch das Interieur lassen eine genaue Verortung zu.

Die Szenen zeigen ein idealisiertes Bild des Landlebens, das in Wirklichkeit für den Großteil der auf dem Land lebenden Menschen im 19. Jahrhundert hart und voller Entbehrungen war. Die Sujets bedienen das Bedürfnis des wohlhabenden städtischen Bürgertums nach ländlicher Idylle, in der man ein unverfälschtes Leben in und mit der Natur als Gegenentwurf zu Industrialisierung und Moderne zu finden meinte.

4.09 a

Bilder dieser Art fanden auch über die neuen Vervielfältigungstechniken als populäre Grafiken weite Verbreitung. Auch in der Literatur wurde das Bild des heilen Landlebens dem der Großstadt gegenübergestellt. Der Begründer des Dorfromans, Berthold Auerbach, beschrieb dies so: „Wie glücklich sind diese Menschen in der Stetigkeit ihrer Arbeit ... ihre Arbeit ist so fest und unausgesetzt wie das ewige Schaffen der Natur, der sie dienen." – eine Vorstellung, die schon bald in den sozialkritischen Romanen des Realismus und Naturalismus, bei Lena Christ und Ludwig Anzengruber etwa, ein Korrektiv erfahren sollte. *C. St.*

Lit.: Bruckmanns Lexikon der Münchner Kunst, Bd. 4, S. 41f.; Gockerell, Bayernbild, S. 272; Ludwig, Malerei, S. 207–209; Weber-Kellermann, Landleben, S. 55–62, 388–401

4.09 b

WIE LUDWIGS KÖNIGREICH MODERN WURDE

Der Münchner Biergarten ist bis heute das Symbol für bayerische Lebensart: zwanglose Geselligkeit, heitere Atmosphäre und eine kühle Maß.

4.10 Am Chinesischen Turm im Englischen Garten zu München

Fritz Schider (1846–1907)
München, um 1873
Öl/Leinwand, 140 x 111
Kunstmuseum Basel (Birmann-Fonds 1904 [542])

Der aus Salzburg stammende Kunststudent Fritz Schider malte 1873 eine Serie von Darstellungen des Wirtsgartens am Chinesischen Turm in München. Erhalten haben sich davon zwei leicht variierende Gemälde und drei Vorstudien.

Bayern war gesellig, auch und vor allem in den großen Städten. Im Sommer pulsierte das Leben in den Münchner Wirtsgärten. Wie heute konnte man dort mitgebrachte Speisen verzehren und sich das kühle Bier in den eigenen Krug füllen lassen. Der böhmische Schriftsteller Jan Neruda stellte 1863 in seinen „Reisebildern" fest: „Der Münchner ist in seinen Bedürfnissen bescheiden, nur beim Biertrinken nicht. Bier ist der wichtigste Gesprächsgegenstand." In der Münchner Genremalerei des 19. Jahrhunderts waren Biergärten beliebte Motive, die das Bild vom geselligen Leben der Bayern, wie es bis heute existiert, verbreiteten.

Diese Wirtshauskultur faszinierte auch Fritz Schider. München war zu diesem Zeitpunkt eine der großen europäischen Kunstmetropolen. Dazu trugen die Akademie als Unterrichtsstätte sowie die ab 1869 veranstalteten internationalen Kunstausstellungen wesentlich bei. Hier wurden erstrangige Werke der europäischen Kunst präsentiert, wie 1869 etwa Bilder des französischen Impressionisten Edouard Manet. Auf diese Weise kamen die Grundsätze der französischen „Freilichtmalerei" nach München. Schiders Darstellung des Wirtsgartens am Chinesischen Turm spiegelt die Beschäftigung mit den von Frankreich ausgehenden Neuerungen wider. So richtet der Maler in seinem Gemälde sein Auge auf die atmosphärischen Reize, wenn er den sonnenbestrahlten chinesischen Turm und die die Kühle des Halbschattens genießenden Wirtshausbesucher nur schemenhaft andeutet.

C. St.

Lit.: Bruckmanns Lexikon der Münchner Kunst, Bd. 4, S. 33–37; Diem, Fritz Schider; Lenz, Max Liebermann, S. 71f.; Petzet, Wilhelm Leibl, S. 38

Nur in Bayern trinkt man Bier literweise.

4.11a Kontrollnormal: MVETTER EINER BAYRISCHEN MASS, 43 CVBISCHE DECIMAL ZOHL INHALTENT
Um 1810
Messing, 23 x 17, Volumen: 1,056 l
Bayerisches Landesamt für Maß und Gewicht, München

4.11b Bayerische Maß
Namensbeschriftung: Racherding
Eichzeichen von Nacheichungen: nachträglich aufgekratzte Eichmarkierung bei 1,069 Liter, darüber A; nachträglich aufgekratzte Eichmarkierung bei 1,0 Liter, darunter xxxx
Um 1860
Ton, handgedreht, mit eingezogener Lippe, 23 x 17
Siegfried Rübensaal, Thann, Gemeinde Lengdorf

4.11c Reichsmaß mit herstellerseitig angebrachter Eichmarkierung L bei 1 Liter
Um 1885
Ton glasiert, M 187 am Boden beschriftet, 21 x 17
Siegfried Rübensaal, Thann, Gemeinde Lengdorf

Bis zum 19. Jahrhundert herrschte innerhalb der deutschen Staaten eine große Verwirrung der Maße und Gewichte, wodurch der Handel stark behindert wurde. Fast jede Landschaft, jede Stadt hatte ihr eigenes Maßsystem entwickelt. Auch um ein Zusammengehörigkeitsgefühl im 1806 entstandenen Königreich Bayern zu entwickeln, erließ König Max I. Joseph am 28. Februar 1809 eine Verordnung, „die Einführung eines gleichen Maß-, Gewicht- und Münzfußes im Königreiche Baiern betreffend": „Die Verschiedenheit der Maße und Gewichte, die Wir in allen Theilen Unsers Königreiches wahrnehmen, erschwert nicht allein den Verkehr im Inlande, sondern auch das Kommerz in das Ausland; und Unsern sämtlichen Unterthanen ist demnach Einförmigkeit in Maßen und Gewichten ein grosses Bedürfniß." (Königlich-Baierisches Regierungsblatt vom 11.3.1809, S. 474)

Neben Einheiten für Länge, Fläche, Getreidemaße, Gewichte und Medizinalgewichte wurde festgelegt: „Für die Flüssigkeiten ist die Maßkanne die Einheit. Eine Maßkanne hält 43 baierische Dezimal-Kubikzolle. Ein Eimer hält 64 Maß[kannen], oder 2 Kubikfuße und 752 Dezimal-Kubikzolle." Diese Verordnung basierte auf dem altbairischen Fuß (29,18 cm) und dem Münchner oder baierischen Pfund (560 g). Die bairische Maß hatte somit einen Inhalt von umgerechnet 1,069 Liter.

Für die schwierige Rückführung der zahlreichen örtlich üblichen Maße wurden sämtliche Generalkreiskommissariate, Landgerichte, Rentämter, Städte und Märkte mit Muttermaßen und Gewichten ausgestattet. Diese waren nur zum „Abaichen" der Normalmaße durch die Verifikatoren, die Eichmeister, in den Eichämtern bestimmt.

Eine 1860 von Bayern beantragte Bundeskommission, der auch der Physiker und Dozent Ludwigs II., Philipp von Jolly, angehörte, einigte sich 1865, unter Beteiligung Preußens, auf ein einheitliches deutsches Maß- und Gewichtssystem. Infolge der kriegerischen Ereignisse des Jahres 1866 konnte König Ludwig II. erst am 29. April 1869 die Königlich Bayerische Maß- und Gewichtsordnung ausfertigen: „Die Grundlage des Maßes und Gewichtes ist das Meter mit decimaler Theilung und Vervielfachung. Körpermaße: Die Grundlage bildet das Kubikmeter. Die Einheit ist der tausendste Theil eines Kubikmeters oder ein Kubikdecimeter und heißt das Liter." (Gesetzblatt für das Königreich Bayern Nr. 50 vom 7.5.1869, S. 853) Mit dem Inkrafttreten am 1. Januar 1872 wurde im gesamten Königreich Bayern das Liter die Einheit für die Maß.

In Hunderttausende Steinzeugmaßkrüge wurden nun hilfsweise „Eichstriche" eingekratzt oder eingeschliffen und mit A, E, M, K, X oder xxxx versehen. Manche Krüge wurden, gewissermaßen zur Vorsicht, auf Bayerische Maß und auf Reichsmaß geeicht. Die Höhendifferenz der beiden „Eichstriche" entspricht dem Unterschied von 6,9 cm³, um die „amtlich verordnet" weniger Bier ausgeschenkt wurde.

H. W.

Lit.: Kramm, Messen; Rübensaal, Bierkrug

WIE LUDWIGS KÖNIGREICH MODERN WURDE 187

Städtisches und ländliches Leben: In den beliebten Zinnfigurenserien der Zeit wird die Vielfalt Bayerns sichtbar.

4.12a Diorama „Nürnberger Stadtpark"
Offizin Ernst Heinrichsen, Nürnberg
Neugüsse aus historischen Formen, graviert 1887,
bemalt 1988 von Inge Claus-Jansen, Nürnberg
Zinn, Holz/Papier, 21 x 70 x 38
Spielzeugmuseum Nürnberg (1992.1124)

4.12b Aufstellung „Dorfleben"
Offizin Allgeyer
Fürth, um 1850–1880
Zinn, 10 x 50 x 25
Sammlung Erich Eder, Dachau

Kaum ein Spielzeug fand im 19. Jahrhundert eine solch massenhafte Verbreitung wie die Zinnfigur. Mehr als 60 Hersteller ließen dabei Nürnberg und Fürth zum Mekka der Zinnfigurenwelt werden. Zu den herausragenden Firmen zählten in Nürnberg Ernst Heinrichsen (gegründet 1839) und die Fürther Offizin Allgeyer, deren Anfänge ins 18. Jahrhundert zurückgehen.

Die beiden ausgestellten Szenerien belegen in hervorragender Weise, dass trotz der Dominanz der militärischen Themen in den Jahren nach der Reichsgründung auch zeitgemäße zivile Motive ihre Abnehmer fanden. Detailliert und farbenfroh führten sie den Kindern aus vermögenden Schichten im Spiel ganz unterschiedliche Lebenswelten vor Augen. Schlendernde Flaneure, lustwandelnde Paare, herausgeputzte Familien, sittsam spielende Kinder und fröhliche Kaffeerunden vor der Kulisse eines schmucken Restaurants in gepflegter Parkatmosphäre: Heinrichsen entwarf mit dieser Szene das perfekte Sonntagsidyll großstädtisch-bürgerlichen Lebens. Nürnberger Bürgerkinder konnten hier sogar Facetten ihrer Heimatstadt entdecken: Die Pferdebahn ist ein getreues Abbild jenes modernen Verkehrsmittels, das in Nürnberg erstmals 1882 durch die Straßen fuhr. Und das farbig lithografierte Hintergrundbild zeigt das 1884/85 erbaute Stadtparkrestaurant.

Altbayerisches Dorfleben bildet hingegen die Aufstellung aus der Offizin Allgeyer ab: Vor der Kulisse beidseitig bemalter Bauernhäuser tummeln sich eine Fülle von Einzelfiguren und fantasievollen Gruppen. Vielfältig ist die abgebildete Tierwelt: Neben Pferden, Kühen, Schafen, Hunden, Hühnern und Tauben sind ein Pfau, ein Storch und zwei Bienenkörbe zu entdecken. Dorfbewohner in traditioneller Tracht sind bei der Arbeit zu sehen: Da wird Butter gestampft, frisches Gras und Obst nach Hause geschleppt und Garben werden gebunden, während Bierfässer willkommene Erfrischung verheißen. Von besonderem Reiz sind Figurengruppen wie der fröhliche Tanz um den Apfelbaum oder der stolze Großvater mit dem Enkel auf den Knien. Allgeyer vermittelt mit dieser Szenerie das Bild eines heiteren Landlebens, in dem sich Arbeit und Muße harmonisch ergänzen. Dies passt perfekt zu den idyllischen Vorstellungen, die das städtische Bürgertum, geschult an Illustriertenklischees à la „Gartenlaube", vom Leben auf dem Lande hegte und bei der jährlichen „Sommerfrische" auch zu finden hoffte. Wie fremd sich Stadt- und Landbewohner dann aber oft gegenüber traten, hat Allgeyer mit psychologischem Gespür in Zinn gegossen: Ein steifer Herr mit grauem Gehrock und schwarzem Zylinder steht etwas verloren inmitten des bunten Treibens. Es ist ein Sommerfrischler, der wie von Geisterhand aus dem Stadtpark auf den Dorfplatz versetzt wirkt – ein Fremdkörper in einer ihm unbekannten Welt.

H. Sch.

Lit.: Schwarz, Paradestücke; Schraudolph, Allgeyer; Sulzer, Zinn-Compositions-Figuren; Tschoeke, Lust und Lieb, S. 224ff.

4.12a

4.12b

Ludwig ist Bayern – Bayern ist Ludwig.

4.13 a **Pfeifenkopf mit Ludwig II.-Dekor**
Porzellan, L. 10,3

4.13 b **Charivari mit dem Porträt Ludwigs II.**
Um 1890
Horn, L. 33

4.13 c **Bierkrug mit Neuschwansteinmotiv**
Vor 1895
Ton, glasiert, H. 17,2, Ø 10,1
a–c Sammlung Marcus Spangenberg, Regensburg

Die Popularität Ludwigs II. in der Bevölkerung war zu seinen Lebzeiten stark schwankend und nur in den Orten im bayerischen Oberland relativ stabil, in denen sich der Monarch überwiegend aufhielt und seine Bauvorhaben in die Tat umsetzte. Doch der tragische Tod des Königs 1886 führte zu einer Wandlung der realen Person in ein Über-Dasein, in eine Figur, ein Symbol. Der nun unsterbliche König wurde mit einem idealen Staat Bayern auf eine Stufe gestellt, die nicht zuletzt an die Souveränität des Landes anknüpfte, die es mit der Reichseinigung 1871 verloren hatte. Es entstand eine Art Volksbewegung, bei der die Sympathie für den Außenseiter eine große Rolle spielte und spielt.

Von daher erklärt sich auch die Präsenz des Königsporträts auf zahlreichen Alltagsgegenständen: auf Bierkrügen, Pfeifenköpfen, Jagdmessern und Schützenscheiben, in der Tracht und als einfach gerahmtes Bild an der Wand. Was sich bis in das 21. Jahrhundert vielfach aus Tradition gehalten hat, war in den Anfangsjahren vor allem Ausdruck der Sympathie für den König, aber auch des Protests gegen die zunehmend auf Berlin und das Deutsche Reich ausgerichtete Politik unter dem Nachfolger Ludwigs II., Prinzregent Luitpold. Nicht zuletzt mit populären Liedern drang die Vorstellung vom einsamen König, der sein Bayernland so sehr liebte, in die Herzen und Köpfe der Menschen.

Die jegliche historische Wahrheit ausklammernde Bewunderung und Gleichsetzung des Königs mit dem Bayern der „guten alten Zeit" hat die Landesgrenzen spätestens nach dem Zweiten Weltkrieg überschritten. König Ludwig II. von Bayern wurde zu einem Namen mit weltberühmtem Klang, ob als „Märchenkönig", „Mad King" oder „Fairy Tale King" im englischen Sprachraum, „Ludwig Nisse" in Japan oder „Roi fou" für die Franzosen.

Auch wenn der Bekanntheitsgrad Ludwigs II. von Bier, Lederhose, BMW, dem 1. FC Bayern München, dem Oktoberfest und nicht zuletzt von seinem eigenen Bauwerk, Schloss Neuschwanstein, übertroffen wird, sind der König und sein Porträt prägend genug, um vom bayerischen Tourismusmarketing als Aushängeschild des Freistaats genutzt zu werden. *M. Sp.*

Lit.: Prinz, König Ludwig II.; Spangenberg, Grüße; Spangenberg, Sujet; Spangenberg, Ursprünge

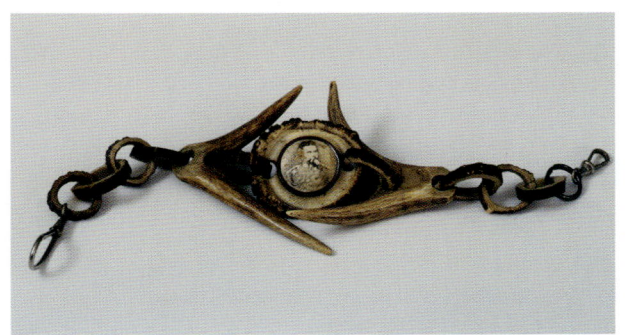

WIE LUDWIGS KÖNIGREICH MODERN WURDE

Wirtschaftlicher Aufbruch

Das Leben nimmt Fahrt auf.

4.14a Brandtaucher
(Wilhelm Bauer auf seinem U-Boot)
Aus: Gartenlaube, 1850
Grafik (R)
Sammlung Jean Louis, München

4.14b Josef Stangl, Gründungsmitglied des Münchner Velociped-Clubs von 1869
Fotografie (R)
Stadtarchiv München

4.14c Der an einem Seil geführte Ballon für Aussichtsfahrten über Paris
Aus: Über Land und Meer, Nr. 52, 1878
Grafik (R)
Sammlung Jean Louis, München

4.14d Dampftrambahn in Nymphenburg
Um 1890
Postkarte (R)
Sammlung Jean Louis, München

4.14e Carl Benz am Steuer seines Patentmotorwagens, neben ihm sein späterer kaufmännischer Leiter
1886
Fotografie (R)
Mercedes-Benz-Museum, Stuttgart (A 33374)

4.14f Lilienthal-Luftsprung in Derwitz
1891
Fotografie (R)
Otto Lilienthal Museum, Anklam (F0019LF)

4.14g Das Luftschiff „Zeppelin" überfliegt Nürnberg
Nürnberg, 27. August 1909
Fotografie (R)
Stadtarchiv Nürnberg (A 47-KS-45-10)

4.14h Doppeldecker über Neuschwanstein
Um 1915
Postkarte (R)
Sammlung Jean Louis, München

Bereits 1769 entwickelte der Franzose Nicolas Cugnot im Auftrag des Kriegsministeriums den ersten Dampfwagen. 1770 fanden erste Fahrten mit dem Wagen statt, bei denen Geschwindigkeiten von 3 bis 4,5 km/h erreicht wurden. Ab 1807 baute der Amerikaner Robert Fulton die ersten brauchbaren Dampfschiffe, nachdem er 1801 das U-Boot „Nautilus" entworfen hatte. Durch den Bau befestigter Chausseen und Fortschritte im Wagenbau konnten die Reisezeiten deutlich gesenkt werden; um 1830 lag die maximale Reisegeschwindigkeit in Preußen bei etwa 10 km/h. 1835, zehn Jahre nach der Eröffnung der weltweit ersten Eisenbahnlinie Stockton–Darlington, nahm zwischen Nürnberg und Fürth die erste Eisenbahnlinie in Deutschland ihren Betrieb auf (Kat.-Nr. 4.15). Der Zug mit der Lokomotive „Adler" und mehreren Wagen erreichte eine maximale Reisegeschwindigkeit von 30 km/h. 30 Jahre später fuhren in Berlin erstmals Pferdestraßenbahnen, die in den wachsenden Großstädten zum wichtigsten innerstädtischen Massenverkehrsmittel wurden. Daneben kamen Pferdeomnibusse zum Einsatz. Das Jahr 1866 stellt einen Meilenstein in der Geschichte des modernen Fahrrads dar, als auf der Weltausstellung in Paris erstmals ein Modell mit Tretkurbel vorgestellt wurde. Wenig später wurden die Hochräder gefertigt, die man anfangs als Sportgeräte nutzte (Kat.-Nr. 4.16). 18 Jahre später setzte mit der Entwicklung des Niederrads durch die Firma Starley & Sutton in Coventry der Aufstieg des Fahrrads zum Massenprodukt ein. Auch in Deutschland entwickelte sich das Fahrrad vom Sportgerät zum Verkehrsmittel. Am 29. Januar 1886 ließ Carl Friedrich Benz das Benzinauto patentieren – ein dreirädriges Fahrzeug mit Verbrennungsmotor und elektrischer Zündung, das erstmals in Mannheim fuhr und bis zu 18 km/h schnell war.

4.14c

Ab 1891 unternahm Otto Lilienthal Flugversuche mit einem Gleitflugapparat in Berlin. Er entwickelte als Erster ein Flugzeug zur Serienreife. Im Jahr 1898 ließ Ferdinand von Zeppelin sein Starrluftschiff patentieren, am 2. Juli 1900 stieg der erste „Zeppelin" auf. In Berlin wurde 1902 die erste U-Bahn-Linie in Deutschland in Betrieb genommen. Ein Jahr später testeten die Brüder Wright in North Carolina (USA) als Erste erfolgreich ein Flugzeug mit Motor. Die häufigste Konstruktion für die weiterentwickelten Motorflugzeuge wurde der Doppeldecker.

Am Vorabend des Ersten Weltkriegs umfasste das deutsche Eisenbahnnetz rund 62 000 Kilometer und war damit das größte und dichteste Netz in Europa. Auf Deutschlands Straßen fuhren 1914 rund 52 500 Autos. Am 5. Februar 1919 führte die Deutsche Luftreederei (DLR) den ersten Linienflug zum Posttransport zwischen Berlin und Weimar durch. Wenig später, am 1. März 1919, wurde der Passagierverkehr per Flugzeug zwischen Berlin und Hamburg sowie Berlin und Warnemünde aufgenommen. U. B.

Lit.: Borscheid, Tempo-Virus; Roth, Jahrhundert

Am 7. Dezember 1835 um 9 Uhr früh setzte sich am Nürnberger Plärrer der Eröffnungszug der ersten deutschen Eisenbahn in Richtung Fürth in Bewegung.

4.15 **Erste Eisenbahnfahrt Nürnberg–Fürth**
1835
Druckgrafik (R)
Fotosammlung DB Museum, Nürnberg (ND658-79)

Dem Bau der ersten deutschen Eisenbahn gingen in Nürnberg intensive Diskussionen darüber voraus, wie das lokale Verkehrssystem verbessert werden könnte. Die Region war wirtschaftlich im Niedergang begriffen, den Schlüssel zu einer Änderung dieser Situation sahen viele Kaufleute in der Weiterentwicklung des Verkehrssystems. Nachdem König Ludwig I. sich Ende der 1820er-Jahre für den Main-Donau-Kanal und gegen die Eisenbahn entschieden hatte, ergriff das Nürnberg-Fürther Großbürgertum selbst die Initiative und gründete eine Aktiengesellschaft zum Bau der ersten Eisenbahnstrecke zwischen Nürnberg und Fürth. Mit der Herstellung der Wagen beauftragten die Initiatoren der Bahn lokale Firmen. Die erste Lokomotive „Adler" wurde bei der renommierten Fabrik von Robert Stephenson im englischen Newcastle bestellt und gebaut. Per Lastkahn, Fuhrwerk und Maultier gelangte sie, in Einzelteile zerlegt, auf einer mehrwöchigen Reise nach Nürnberg, wo sie in der Werkstatt von Wilhelm Spaeth zusammengesetzt wurde. Nach der Inbetriebnahme erwies sich die Eisenbahn als wirtschaftlich sehr erfolgreich: Bereits im ersten Jahr transportierte sie die enorme Zahl von 475 219 Passagieren. U. B./R. M.

Lit.: Der Adler; Asmus, Ludwigs-Eisenbahn; Mertens, Entstehung; Mück, Eisenbahn

Ursprünglich ein Luxusgegenstand, wurde das Fahrrad in seiner Weiterentwicklung zum Fortbewegungsmittel für jedermann.

4.16 Hochrad
Velocipedfabrik Goldschmidt & Pirzer (Expresswerke)
Neumarkt, um 1885/86
Metall, Leder, Kautschuk, 152 x 169 x 80
Stadtmuseum Neumarkt i. d. OPf.

Wie viele bahnbrechende Erfindungen hat auch das Fahrrad mehrere Väter. Am bekanntesten ist Karl Freiherr von Drais (1785–1851), der auf einen Weg sann, um die Kraft der Pferde durch die Kraft der Menschen zu ersetzen, da die Pferdehaltung teuer war. Konkreter Auslöser war die große Missernte von 1816/17, bei der die Haferpreise in die Höhe schnellten. Lange war das „Velociped-Reiten" auf dem Sattel des Stahlrosses Adel und wohlhabendem Bürgertum vorbehalten. Es war eine Art Sport, die Geschick und Mut erforderte. Im letzten Viertel des 19. Jahrhunderts jedoch wurde das Rad so weiterentwickelt, dass es sich zum Massenverkehrsmittel eignete. Wesentliche Verbesserungen wurden in den 1860er-Jahren erzielt. Besonders verdient machte sich der Schweinfurter Instrumentenbauer Philipp Moritz Fischer (1812–1890), der neben Pierre Michaux (1813–1883) als Erfinder des Pedalkurbelantriebs gilt. Sein Sohn, Friedrich Fischer (1849–1899), begründete 1883 mit der Entwicklung der ersten Kugelschleifmaschine die Schweinfurter Kugellagerindustrie. Neben Nähmaschinen und Fahrrädern produzierte die heute zum INA-Konzern zählende FAG vornehmlich Kugellager und -schleifmaschinen.

Viele Mechaniker interessierten sich nun für die Herstellung des zukunftsträchtigen Fahrrads. 1863 erhielt etwa Joseph Goldschmidt im oberpfälzischen Neumarkt eine Konzession zur Führung eines Eisenwarenhandels. Er widmete sich zunächst der Herstellung von Kochherden. Über den Kaufmannslehrling Carl Marschütz – den späteren Gründer der Nürnberger Velocipedfabrik und Hersteller des Hercules-Rades – lernte Goldschmidt den Amberger Mechaniker Eduard Pirzer kennen. 1884 gründeten sie die Velocipedfabrik Goldschmidt & Pirzer in Neumarkt, die sich mit ihren 16 Arbeitern auf die Herstellung von Hochrädern spezialisierte. Diese Räder mit übergroßem Vorderrad hatten im Vergleich zu den Draisinen den Vorteil, dass höhere Geschwindigkeiten erreicht werden konnten. Beliebt waren die Velociped-Rennen mit diesen nicht ungefährlichen „Rennmaschinen". Seit den späten 80er-Jahren des 19. Jahrhunderts verdrängten jedoch die nach dem Prinzip der Übersetzung funktionierenden, wesentlich einfacher zu handhabenden „Safeties", also die Sicherheits- bzw. Niederräder, die Hochräder.

B. K.

Lit.: Poll, Fahrrad; Steinmann, Velocipede

Bayern holt auf: In der Regierungszeit Ludwigs II. fand die wirtschaftliche Entwicklung Anschluss an die hoch industrialisierten Staaten Deutschlands.

4.17a **Wirtschaft in Bayern**
Karte
Haus der Bayerischen Geschichte, Augsburg

4.17b **Entwicklung des Eisenbahnnetzes, demografische Entwicklungen**
Medienstation
Haus der Bayerischen Geschichte, Augsburg

Das Königreich, insbesondere Altbayern, war stark agrarisch geprägt. Die wichtigsten landwirtschaftlichen Erzeugnisse waren Getreide, in den Mittelgebirgen Holz, in Unterfranken und der Pfalz Wein sowie Hopfen und das daraus erzeugte Bier. Unter den Bodenschätzen hatten das Salzvorkommen in Berchtesgaden, die Grafitmine in Wegscheid und der Solnhofener Kalkstein die größte wirtschaftliche Bedeutung. Mangel herrschte jedoch an den für die Frühindustrialisierung bedeutsamen Bodenschätzen, denn die Kohleminen in Penzberg und Hausham in Oberbayern sowie in St. Ingbert in der Pfalz und die Eisenerzgruben in der Oberpfalz verfügten nur über geringe Kapazitäten.

Um der Rohstoffknappheit zu begegnen, musste man sich auf Produkte spezialisieren, bei denen die Arbeitskosten gegenüber den Materialkosten überwogen, also Erzeugnisse von hohem Veredelungsgrad herstellen. Das erforderte gut ausgebildete Arbeitskräfte und erklärt, warum die Industrialisierung Bayerns in traditionellen Handwerkszentren ihren Ausgang nahm.

In den städtisch strukturierten Gebieten Frankens, Schwabens und der Rheinpfalz, insbesondere in den ehemaligen Reichsstädten, hatten Handwerk und Handel seit Jahrhunderten eine wichtige Rolle gespielt. Hier boten Erfindergeist und finanzielle Risikobereitschaft einen fruchtbaren Nährboden für Fabrikgründungen. So bildeten sich Nürnberg und Augsburg neben der Hauptstadt München als industrielle Zentren heraus. Dazu kamen punktuell Gebiete in Oberfranken, Schwaben und in der Pfalz, wo die Verlagsweberei bereits verbreitet gewesen war.

Ein weiteres Problem warf die Marktferne des Binnenlandes Bayern auf. Das Schiff stellte das wichtigste Verkehrsmittel dar, weshalb man mit dem Bau des Main-Donau-Kanals unter König Ludwig I. auf den Ausbau der Wasserstraßen gesetzt hatte. Den eigentlichen Motor der Industrialisierung bildete dann jedoch der 1835 einsetzende Eisenbahnbau. Einerseits zogen Bau und Betrieb Zulieferfirmen, insbesondere im Maschinenbau, an und andererseits ermöglichte die Eisenbahn einen schnellen und leistungsfähigen Personen- und Gütertransport. Ebenso förderlich für den Warenaustausch war der Abbau der Zollschranken durch die Gründung des Deutschen Zollvereins 1834, sodass in den 1840er-Jahren die Industrialisierung an Dynamik gewann.

Der Maschinenbau entfaltete sich in Augsburg, Nürnberg, München und Zweibrücken. Textilindustrie entstand in Augsburg und im südlichen Schwaben sowie in Oberfranken und in der Rheinpfalz. Die Elektroindustrie konzentrierte sich in Nürnberg. In der Oberpfalz und in Oberfranken wurden Glas und Porzellan hergestellt. Die chemische Industrie entwickelte sich in Ludwigshafen, München, Schweinfurt, Nürnberg und Kaiserslautern.

In einigen Bereichen behaupteten sich bayerische Unternehmen mit ihren hochwertigen Produkten an der Spitze des Weltmarkts. Zu nennen sind hier die Scheinwerfer von Schuckert aus Nürnberg, die Kühlaggregate von Linde, die Schnellpressen von Koenig & Bauer in Würzburg, die Schnellzuglokomotiven von Maffei sowie die Lokalbahnlokomotiven von Krauss in München. Und nicht zuletzt die Schlösser Ludwigs II. in den von ihm so geschätzten Alpen, aber auch eine Reihe von Heilbädern gewannen Bedeutung für einen neuen – wenngleich anfangs noch bescheidenen – Wirtschaftsfaktor: den Tourismus.

A.Th.J.

Lit.: Amthor, Industriegeographie; Götschmann, Wirtschaftsgeschichte, S. 175–231; Kramer, Gründerzeiten; Spilker, Gewerbe; Winkler, Innovationsleistungen

---

Auf den Landesgewerbeausstellungen wurden die neuesten Erfindungen bayerischer Unternehmen dem faszinierten Publikum vor Augen geführt.

4.18 **Plakat zur Landesgewerbeschau 1882 in Nürnberg**
Otto Rieth (1858–1911)
Farblithografie (R)
Germanisches Nationalmuseum, Nürnberg (P-LGA 090)

Seit dem Erfolg der ersten Weltausstellung in London 1851 wurden diese großen, internationalen „Messen" immer beliebter. Die „kleinen Schwestern" der Weltausstellungen, die Landesgewerbeschauen, dienten als Schaufenster für die Welt, in denen man Leistungsfähigkeit und Innovationskraft des eigenen Landes vorstellte.

Nürnberg wollte als zweitgrößte Stadt Bayerns seine Bedeutung als industrielles Zentrum des Königreichs demonstrieren und war in den Jahren 1882, 1896 und 1906 gleich dreimal Schauplatz großer Industrieausstellungen.

Rund zwei Millionen Besucher bestaunten zwischen 14. Mai und 15. Oktober 1882 auf dem Maxfeld die breite Produktpalette aus den acht bayerischen Kreisen mit insgesamt 2414 Ausstellern. In den von Adolf Gnauth entworfenen Ausstellungshallen wurden die Erzeugnisse in aufwändigen, fantasievollen Inszenierungen präsentiert. Vor allem auf dem Gebiet des Maschinenwesens und der jungen Elektrotechnik wurde den Besuchern vorgeführt, dass der Ruf Bayerns als rückständiger Agrarstaat der Vergangenheit angehörte. Das Protektorat hatte König Ludwig II. übernommen, ohne die Ausstellung jedoch zu besuchen. Die Verleihung der König-Ludwig-Medaille für die innovativsten Produkte sollte leistungssteigernde Anreize schaffen.

Modern und neu war auch die Bewerbung der Landesgewerbeschau durch das von Otto Rieth entworfene und als Farblithografie gedruckte Ausstellungsplakat. In der Bildmitte thront Bavaria mit dem Zahnrad an ihrer Seite als Symbol des Fortschritts und Gewerbefleißes ihrer Bürger. *B. K.*

Lit.: Bayerische Landes-, Industrie-, Gewerbe- und Kunst-Ausstellung in Nürnberg 1882. Offizieller Führer durch die Ausstellung, Nürnberg 1882; Kerhoff, Landesausstellungen; Pallin-Lange, Industrieschauen

4.18

Leitsektor der Industrialisierung war auch in Bayern der Maschinenbau als Zulieferer für das Eisenbahnwesen.

4.19a Eisenbahn auf der Münchner Großhesseloher Brücke
1857
Fotografie (R)
Historisches Archiv
der MAN Augsburg
(Neg. Nr. 725-13-18)

4.19b **Bayerische Ostbahn, Strecke Neumarkt–Regensburg: Tunnelbau bei Endorf**
   Johann Laifle
   Regensburg, 10. November 1871
   Fotografie (R)
   Fotosammlung DB Museum, Nürnberg
   (Nürnberg, Verkehrsarchiv, F 38, M 21-9)

4.19c **Münchner Hauptbahnhof**
   Um 1890
   Fotografie (R)
   Deutsches Museum, München (Archiv R 2647/19)

4.19d **Belegschaft der Firma Maffei mit ihrer 500. Lokomotive**
   Joseph Albert (1825–1886)
   München, 1864
   Fotografie (R)
   Münchner Stadtmuseum (C 85/41)

„Eisenbahnen sind zwar nötig. Soviel Eisenbahnen jedoch, wie man sie jetzt vorschlägt, sind kaum nötig und teilweise sogar schädlich ... Ich halte dafür, dass das Glück der Völker nicht in der Menge ihrer Eisenbahnen liegt ... Man soll mir die idyllische Einsamkeit und die romantische Natur ... nicht durch Eisenbahnen und Fabriken stören." So äußerte sich Ludwig II. unmissverständlich gegenüber dem Journalisten Anton Memminger über ein neues Eisenbahnprojekt, das durch das Allgäu von Füssen nach Innsbruck führen sollte. Der König stand dem raschen Ausbau des Eisenbahnnetzes, ähnlich wie sein Großvater Ludwig I., nicht sehr positiv gegenüber; er nutzte das neue Verkehrsmittel jedoch bereits intensiv. Das Streckennetz wuchs dennoch zügig, im Todesjahr Ludwigs II., 1886, besaß das Königreich Bayern mit 5149 Schienenkilometern immerhin rund ein Siebtel des Gesamtbahnnetzes des Deutschen Reichs.

Der Eisenbahnbau war in mehrerlei Hinsicht Initialzündung und Motor für die Industrialisierung in Bayern: Die Verbesserung der Verkehrs- und Transportwege von Menschen und Waren und die neuen Finanzierungsmöglichkeiten durch die Gründung von Aktiengesellschaften waren der Wirtschaft höchst förderlich. Der Bedarf an Lokomotiven und Schienen hatte für den Leitsektor der Industrialisierung, den Maschinenbau, große Bedeutung. Doch auch der Bau von Eisenbahnbrücken, Tunneln, Bahnhofsgebäuden war ein Wirtschaftsfaktor von nicht zu unterschätzender Wichtigkeit und oftmals eine große technische Herausforderung. Landschaftliche Hindernisse wie Flüsse und Berge wurden durch Brücken und Tunnel überwunden. Als technische Meisterleistung gilt die Großhesseloher Brücke in München, die zum Zeitpunkt ihrer Fertigstellung 1857 die zweithöchste Brücke der Welt war.

Mit dem Eisenbahnbau in Bayern verbindet man die großen Augsburger und Nürnberger Maschinenbaufirmen, die 1898 unter Heinrich von Buz zur „Vereinigten Maschinenfabrik Augsburg und Nürnberg A.G.", der späteren MAN, fusionierten. Auch die Unternehmen von Georg Krauß, Joseph Anton von Maffei und Theodor von Cramer-Klett verbinden sich mit dem Eisenbahnbau. Maffei erwarb 1838 ein Stahl- und Eisenfabrikanwesen in der Münchner Hirschau, das er zur „Bildungsanstalt für den Lokomotivbau" umwandelte. Die erste bayerische Lokomotive, der „Münchner", wurde im Oktober 1841 fertig gestellt, 1864 konnten die Werksarbeiter bereits die 500. Lokomotive präsentieren.
   B. K.

Lit.: Götschmann, Wirtschaftsgeschichte, S. 205–210; Eisenbahn in Bayern 1835–2010; Laufer/Ottomeyer, Gründerzeit 1848–1871; Lenger, Handbuch; Memminger, Bayernkönig

---

Die Nürnberger Tradition der Spielwarenherstellung greift mit dem Thema der Eisenbahn die Entwicklungen ihrer Zeit auf.

4.20a **Modell der BING Dampfmaschine ATLAS**
   Firma Gebrüder Bing
   Nürnberg, um 1900
   Metall, 19 x 18 x 15,5

4.20b **Modell eines Spiritus-Bodenläufers**
   Firma Gebrüder Bing
   Nürnberg, um 1882
   Metall, 20 x 10 x 50,
   Spurweite 64 mm

WIE LUDWIGS KÖNIGREICH MODERN WURDE

4.20 c Postkarte der Nürnberger Metall- und Lackierwarenfabrik Gebrüder Bing

Nürnberg, 1899
Druck/Papier 18 x 14
a–c Privatsammlung

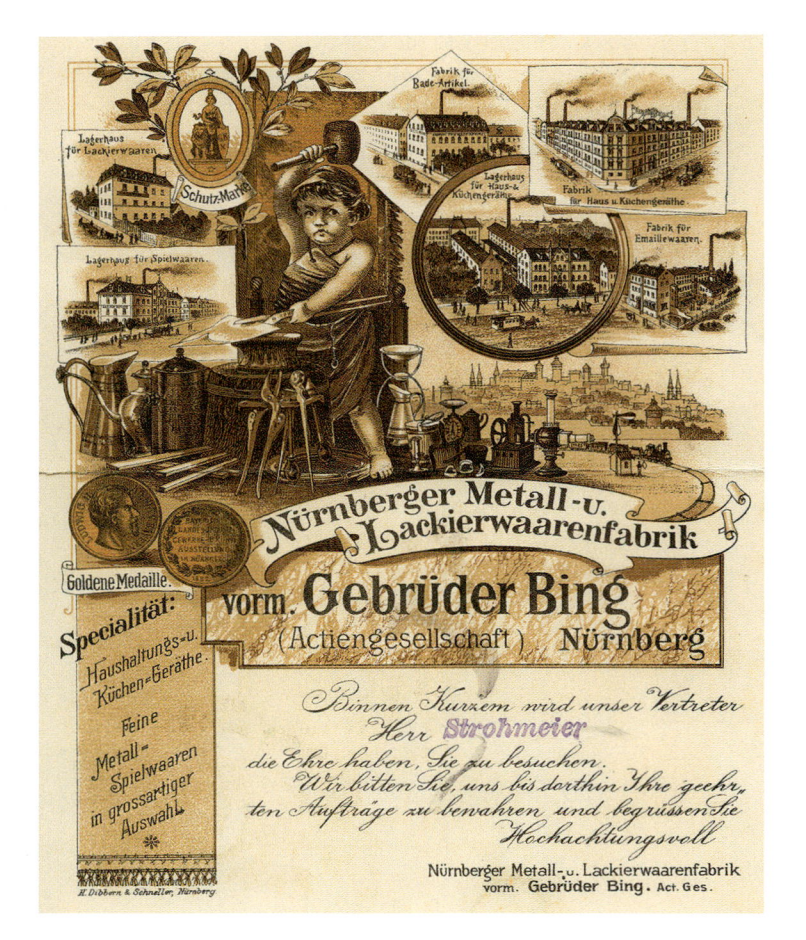

Ignaz und Adolf Bing gründeten 1866 in Nürnberg ein Großhandelsunternehmen, das Waren aus Preußen, Sachsen, Württemberg und Bayern bezog, in den Handel brachte und weiterverkaufte. Da sie als Wiederverkäufer nicht zu den Industrieausstellungen in Nürnberg zugelassen waren, eröffneten die Brüder Bing 1879 eine eigene Fabrikationsstätte unter dem Namen „Nürnberger Metallwarenfabrik Gebrüder Bing". Die Produktion beschränkte sich auf Spielwaren, einfache Eisenbahnen und Dampfmaschinen, die es dem interessierten Kinde ermöglichten, sich näher mit der Funktionsweise dieser technischen Wunderwerke zu beschäftigen.

Das Bing'sche Unternehmen entwickelte sich vorzüglich und war auf dem Gebiet der Spielwarenherstellung bald erfolgreich. 1880 wurde die erste Million Umsatz erreicht. 1882 beschäftigte man bereits mehrere 100 Arbeiter. Bei der 1882 in Nürnberg veranstalteten Bayerischen Landes-, Gewerbe-, Industrie- und Kunstausstellung konnten die Gebrüder Bing ihre Leistungsfähigkeit zeigen. Sie mieteten die größte Ausstellungsfläche aller Aussteller. Ihre Firma war mit Kollektionen sehr gut ausgeführter, detailreich gestalteter Blech- und Lackierwaren vertreten. Zu ihrem umfassenden Angebot an Spielwaren gehörten Dampfeisenbahnen, Bodenläufer und Uhrwerksbahnen. Ein dampfgetriebener Bodenläufereisenbahnzug aus dieser Zeit ist das gezeigte Modell, ebenso die Dampfmaschine, Modell Atlas. Der Bodenläuferzug wird mit flüssigem Spiritus beheizt. Nach Erreichen des erforderlichen Dampfdrucks im Kessel setzt sich der Zug auf dem Boden, ohne gleisgebunden zu sein, in Bewegung. Mit einem im Führerhaus installierten Hebel kann die Vorderachse verstellt werden, sodass es möglich ist, im Kreis zu fahren.

Auch die Dampfmaschine Atlas hat – den großen Vorbildern entsprechend – alle zum Betrieb nötigen Einrichtungen: Wasserkessel, Dampfpfeife, Flammenbrenner, Sicherheitsventil, Fliehkraftregler, Schwungrad, Kamin usw.

Die Teilnahme der Firma Bing an der Landesausstellung erwies sich als erfolgreich. Der Nürnberger Firma wurde von König Ludwig II. die Goldene Medaille „für Einführung eines neuen Industriezweiges, vorzüglichen Leistungen in technischer Beziehung und Fortschritte in der Fabrikation" verliehen. Die Gebrüder Bing intensivierten ihre Bemühungen um Abnehmer und gingen moderne Wege in der Kundenbindung. So wurden Vertreterbesuche durch die Zusendung von Postkarten angekündigt. Auf den Karten warb man mit der Goldenen Medaille sowie mit Hinweisen auf die Produktpalette und Bildern der ausgedehnten Produktionsstätten. Kurz vor dem Ersten Weltkrieg stieg die Firma, die 1895 in die Aktiengesellschaft „Nürnberger Metall- und Lackierwarenfabrik vorm. Gebrüder Bing" umgewandelt worden war, mit mehr als 4000 Beschäftigten zum größten Spielzeughersteller der Welt auf.   *R. R.*

Lit.: Bing, Aus meinem Leben; Jeanmaire, Bing; Metzger/Ammermann, Autos

4.20 a

Durch die industrielle Fertigung von Ziegeln wurde die auf dem Land vorherrschende Holzbauweise verdrängt.

4.21a **Ziegel im deutschen Reichsformat**
> Bayerischer Wald, ab 1872
> Lehm, 25 x 12 x 6,5
> Ziegel- und Kalkmuseum Flintsbach, Winzer

4.21b **Ziegelschlagerpartie bei Deggendorf**
> Um 1885
> Fotografie (R)
> Deutsches Museum, München, Archiv (BN 38124)

Die zweite Hälfte des 19. Jahrhunderts brachte große Veränderungen in der Bauweise – Bayern „versteinerte" sowohl an Wänden wie an Dächern. Deutlich zu sehen war dies vor allem in den Dörfern des Königreichs, in denen die stroh- bzw. holzschindelgedeckten Holzbauten zunehmend steinernen Häusern mit Mauer- und Dachziegeln wichen. Ziegel wurden nun zu einem enorm nachgefragten Produkt, vielerorts prägten die qualmenden Schlote der Ziegeleien das Bild. Der Bauboom und die steigende Nachfrage nach Ziegeln verursachten einen großen Arbeitskräftebedarf, den man insbesondere mit italienischen Wanderarbeitern aus der Region Udine im Friaul zu decken versuchte.

Ein Zentrum der bayerischen Ziegelherstellung war der Bayerische Wald. Die Produktion von Ziegeln war sehr arbeitsaufwändig und konnte nur zwischen April und Oktober durchgeführt werden, also gerade in der Jahreszeit, in der man auch jede Hand in der Landwirtschaft brauchte. Oft verdingten sich ganze Ziegelschlagerpartien, bei denen jeder für einen speziellen Arbeitsschritt zuständig war. Kinderarbeit spielte hier noch lange eine große Rolle. Der Begriff des „Ziegelschlagens" bezieht sich auf den Vorgang, bei dem der Ziegelschläger den Model kräftig auf den mit Lehm bedeckten Ziegeltisch schlägt, um den Lehm möglichst blasenfrei in die Form zu schlagen.

Die Flintsbacher Kalk- und Ziegelbrennerei nahm 1884 ihren Betrieb mit einem modernen Ringofen auf. Die industrielle Ziegelfertigung setzte sich durch. Das Ziegelschlagen mit dem Handstrich wurde zunehmend durch eine serielle Herstellung mittels automatischer Ziegelpressen ersetzt.

Im Zuge der Vereinheitlichungstendenzen des jungen Kaiserreichs wurde auch die Größe der Ziegel normiert. Seit 1872 mussten die vorher unterschiedlichen Formate dem so genannten Reichsformat von 25 x 12 x 6,5 cm weichen. *B. K.*

Lit.: Gattinger, Ziegelarbeiter, S. 241–270; Sobeck, Flintsbach; Vollhardt, Ziegelarbeiter

---

Mit der Pflasterung der zentralen Straßen und Plätze in den Städten verbesserte sich die Infrastruktur entscheidend.

4.22a **„Bischofsmütze"**
> Bayern, um 1870
> Granit, 15 x 24 x 25
> Granitzentrum Bayerischer Wald, Hauzenberg

4.22b **Errichtung der Deffernikbachbrücke bei Ludwigsthal im Zuge des Baus der Waldbahn Plattling–Deggendorf–Bayerisch Eisenstein**
> 1876
> Fotografie (R)
> Fotosammlung DB Museum, Nürnberg (NN 168968)

Die Bischofsmütze ist ein Pflastersteinsonderformat. Sie diente dem gestalterisch und technisch einwandfreien seitlichen Abschluss von Pflasterflächen. An den satteldachförmigen Schrägen wurden die siebenzölligen (österreichisches Zollmaß: 1 Zoll = 26 mm) „Wiener Würfel" angesetzt. Die hier gezeigte Bischofsmütze lag seit etwa 1870 in einer Münchner Gasse und wurde 2010 im Zuge einer Tiefbaumaßnahme ausgebaut.

WIE LUDWIGS KÖNIGREICH MODERN WURDE

4.22a

Das 19. Jahrhundert war für das Granitgewerbe in Bayern eine Zeit des großen Aufbruchs. Seit dem ausgehenden 18. Jahrhundert hatte der Stein das Holz im ländlichen Hausbau immer mehr verdrängt, auch durch obrigkeitliche Anordnungen: Holz war knapp und Gebäude sollten feuersicherer werden. Architekten und Künstler entdeckten den Granit als edles und dauerhaftes, „zu Prachtbauten sich eignende[s] Gestein". Säulen, Treppenstufen, Sockelquader – Werksteine aller Art wurden aus Granit gefertigt und in den Städten verbaut. Ein früher Höhepunkt war 1844 der Großauftrag für die Säulen der Kelheimer Befreiungshalle – eine Art Entwicklungshilfe für den schon immer strukturschwachen Bayerischen Wald.

Das Natursteingewerbe blühte nun auf. Mit dem Verkaufsschlager Granitpflaster und mit dem Eisenbahnbau kam der Stein dann richtig ins Rollen. In der Mitte des 19. Jahrhunderts begann der Siegeszug der harten „Wiener Würfel". Die österreichische Hauptstadt war Vorreiter gewesen. Seit 1811 wurden in Wien für die Straßenpflasterung nur mehr Granitwürfel verwendet. Die gewaltige Nachfrage führte dort schnell zu Regulierungsmaßnahmen. Die Normierung des „Wiener Würfels" mit fünf oder sieben Zoll Kantenlänge erlaubte Massenproduktion und Lagerhaltung. So gut wie alle Städte der Habsburger Monarchie sowie Deutschlands übernahmen die Wiener Pflastersteinformate.

Der Eisenbahnbau brachte einen riesigen Granitboom. Unmengen an Werk- und Bruchsteinen für Bahnhöfe, Brücken, Böschungen, Durchlässe und „Steinwürfe" für die Gleistrassen wurden benötigt. Ein Bahnanschluss wiederum brachte die stark von den Transportmöglichkeiten abhängige Granitindustrie erst so richtig in Schwung, wie etwa das Beispiel Vilshofen zeigt: Mit der Eröffnung der Eisenbahnlinie Straubing–Passau im Jahr 1860 war der schnelle Transportweg in Richtung Landeshauptstadt geschaffen. Für das Jahr 1866 wird berichtet, dass aus den Brüchen nahe Vilshofen Granitpflastersteine nach München, aber auch nach Freising und Landshut geliefert wurden. In den Vilshofener Steinbrüchen arbeiteten zu dieser Zeit 200 Steinhauer, 80 Taglöhner und 20 Schmiede. 1871 eröffnete ein Vilshofener Unternehmer einen Steinbruch am Fürstensteiner Schlossberg. Dort waren bald 40 Arbeiter in Lohn. Neben Wiener Würfeln für die Landeshauptstadt wurden hier auch Werksteine für den Granitsockel des Schlosses Herrenchiemsee gefertigt.

Jahr für Jahr eröffneten neue Betriebe; die Granitindustrie wurde zum mächtigen regionalen Wirtschaftsfaktor. Der Eisenbahnanschluss war dabei zum entscheidenden Standortvorteil für Granitbetriebe geworden. Die Granitstadt Hauzenberg wurde beispielsweise erst 1904 mit der Bahn erschlossen. Dann aber nahm die Entwicklung rasch ihren Lauf, das neu gegründete Unternehmen Kusser brachte es binnen Kurzem zum größten Pflastersteinproduzenten im Deutschen Reich.

W. H.

Lit.: Angerer, Naturstein; Helm, Granit; Helm/Ortmeier, Steinreich; Ortmeier, Aussicht; Praxl, Haupternährungsquelle

4.22b

Der Industrialisierungsprozess ließ auch die ländlichen Gebiete nicht unberührt.

4.23a Lokomobil eines Dampfpfluggespanns
Landtechnikmuseum Gödöllö, Ungarn
Metall, 46 x 34 x 88
Niederbayerisches Landwirtschaftsmuseum, Regen

4.23b Dampfpfluggespann
1958
Fotografie (R)
Haus der Bayerischen Geschichte, Augsburg
(ka 07758)

4.23c Julius Adolph Stöckhardt: Der chemische Ackersmann
Leipzig 1872
Druck (R)
Niederbayerisches Landwirtschaftsmuseum, Regen

Aufgrund des Anstiegs der Bevölkerungszahlen in Bayern – zwischen 1852 bis 1890 von vier auf fünf Millionen Menschen – war eine Produktivitätssteigerung im Bereich der landwirtschaftlichen Erzeugnisse dringend geboten. Landwirtschaft war in der Regierungszeit Ludwigs II. noch zum allergrößten Teil Handarbeit, doch bahnte sich die Technisierung der bäuerlichen Arbeit bereits an. Erste Fabriken für landwirtschaftliche Maschinen entstanden: 1859 Engelbert Buxbaum in Augsburg, 1862 Josef Esterer in Altötting sowie Magnus und Karl Epple in Sonthofen, 1867 Heinrich Lanz in Mannheim und 1883 Hans Glas anfangs in Pilsting und später in Dingolfing.

Um dem Arbeitskräftemangel zu begegnen, der durch die Abwanderung vieler Menschen in die wachsenden Städte zunahm, suchte man nach technischen Mitteln, um die Handarbeit zu ersetzen. Die Dampfmaschine schien hierfür besonders geeignet. Die ersten von Dampftraktoren über Seilzüge bewegten Pflüge (System Fowler) wurden ab 1871 auf den Thurn und Taxis'schen Gütern bei Regensburg und später auch auf dem Maffei'schen Gut Freiham bei München eingesetzt. Weiter verbreitet waren einfachere, von Pferden gezogene Dampflokomobile zum Antrieb von Dreschmaschinen. Genossenschaften und Lohnunternehmer ermöglichten auch größeren landwirtschaftlichen Betrieben den Einsatz dieser Neuerung, die für kleinere Bauern lange unerschwinglich blieb.

Eine weitere Möglichkeit der Effektivitätssteigerung bot die gezielte Düngung der landwirtschaftlichen Nutzflächen. Auch wenn die Düngemittelindustrie um die Jahrhundertmitte noch in den Kinderschuhen steckte, waren aufgrund der sich nun durchsetzenden ganzjährigen Stallhaltung und dem damit anfallenden Stallmist, der als Dünger genutzt werden konnte, leichte Anstiege der Produktivität zu verzeichnen. Die Erträge von Roggen und Weizen nahmen zwischen 1850 und 1870 etwa um 25 Prozent zu. Die Herstellung von Handelsdünger auf Phosphatbasis, die auf den Forschungen des Chemikers Justus von Liebig basierte, wurde in größerem Maße in den 1870er-Jahren aufgenommen. Sie fand in Bayern nur zögerlich Verwendung. 1858 wurde die erste deutsche Superphosphatfabrik in Heufeld bei Bad Aibling gegründet.

An die neuen Produktionsweisen und technischen Möglichkeiten mussten die Bauern erst herangeführt werden. Seit 1861 gab es in Bayern Winterschulen, die Vorläufer der heutigen Landwirtschaftsschulen, die entsprechendes Wissen vermittelten. Auch mit Fachzeitungen, wie dem seit 1855 von Julius Adolph Stöckhardt herausgegebenen „Chemischen Ackersmann" wurden Bauern mit den Innovationen vertraut gemacht.

B. K./A. Th. J.

Lit.: Bedal, Göpel; Bitsch, Mechanisierung; Henker/Brockhoff, Bauern in Bayern, S. 202–213; Kuntz, Dampfpflug

4.23a

Mit einer zentralen Wasserversorgung, einer Schwemmkanalisation und dem zentralen Schlachthof in Sendling machte Max von Pettenkofer das München der Zeit Ludwigs II. zu einer der saubersten Städte Europas.

4.24a **Kiesel- bzw. Lehmboden aus der Stadt München**
Glasröhrchen, 30,7 x 10
Deutsches Museum, München
(17134 und 17135)

4.24b **Max von Pettenkofer (1818–1901)**
Fotografie (R)
Bayerische Staatsbibliothek München/Porträtsammlung
(port-001585)

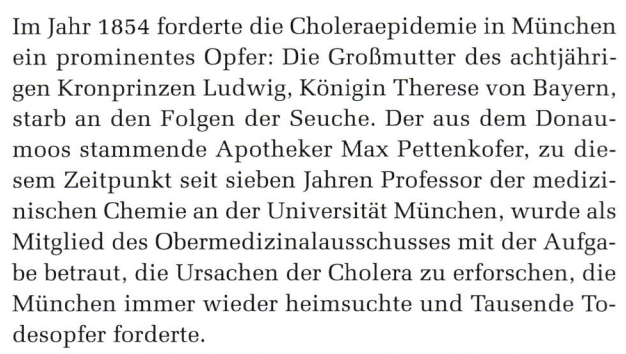

4.24a

Im Jahr 1854 forderte die Choleraepidemie in München ein prominentes Opfer: Die Großmutter des achtjährigen Kronprinzen Ludwig, Königin Therese von Bayern, starb an den Folgen der Seuche. Der aus dem Donaumoos stammende Apotheker Max Pettenkofer, zu diesem Zeitpunkt seit sieben Jahren Professor der medizinischen Chemie an der Universität München, wurde als Mitglied des Obermedizinalausschusses mit der Aufgabe betraut, die Ursachen der Cholera zu erforschen, die München immer wieder heimsuchte und Tausende Todesopfer forderte.

Pettenkofer ging davon aus, dass nicht ein einzelner Erreger, sondern die Beschaffenheit des Bodens der Schlüssel zur Ursache für den Ausbruch der Cholera sei. Hierüber lieferte er sich mit seinem Berliner Kollegen Robert Koch eine heftige Kontroverse, in deren Verlauf er zum Beweis 1892 sogar eine mit Cholerabakterien verseuchte Lösung trank, was er unbeschadet überstand.

Max Pettenkofer erklomm rasch die Karriereleiter: 1865 Rektor der Universität München und erster deutscher Professor für Hygiene, 1876 Gründer des ersten deutschen Hygieneinstituts, 1883 Erhebung in den erblichen Adelsstand und von 1890 bis 1899 Präsident der Bayerischen Akademie der Wissenschaften.

Das wissenschaftliche Lebenswerk Pettenkofers war breit gefächert und umfasste eine große Palette von Forschungen: von der Zement- und Münzherstellung über die Entdeckung des Stoffwechselprodukts Kreatinin, den Gallensäurenachweis, die Leuchtgasherstellung bis hin zur Entwicklung von Fleischextrakt zusammen mit seinem Kollegen Justus von Liebig (Kat.-Nr. 4.27). Die Segnungen der Kupfer-Amalgam-Zahnfüllung, an deren Entwicklung Pettenkofer wesentlich beteiligt war, dürfte Ludwig II. am eigenen Leibe erfahren haben.

Max von Pettenkofers bahnbrechende Leistung lag jedoch auf dem Gebiet der Hygiene, die er als selbstständigen Wissenschaftszweig etablierte. Mit naturwissenschaftlichen Experimenten versuchte er Erkenntnisse über Grund und Ausbreitung der Cholera zu bekommen. Die Bodenproben stammen aus München-Aubing und beinhalten zum einen Kies aus dem Ortsteil, in dem sich die gefährliche Durchfallerkrankung ausgebreitet hatte, und zum anderen Lehm aus einem choleraresistenten Ortsteil Aubings. Auch wenn Pettenkofer im Hinblick auf die Cholera irrte, so sind seine Verdienste um die Hygiene unbestreitbar. 1885 entstand auf sein Betreiben hin die Abteilung Stadtentwässerung, die die Einführung der Schwemmkanalisation 1899 betrieb. Zur Verbesserung der Wasserqualität trug auch der von Pettenkofer initiierte Bau eines zentralen Münchner Schlachthofs bei, der von 1876 bis 1878 errichtet wurde.

B. K.

Lit.: Helle Köpfe; Henker u. a., Bavaria–Germania–Europa; Jahn, Cholera; Wieninger, Max von Pettenkofer

---

Mit der Gründung der BASF wurde das zur damals bayerischen Pfalz gehörende Ludwigshafen zum führenden Chemiestandort.

4.25a **Farbmusterkarte der Anilinfarbenfabrik Rudolf Knosp**
Stuttgart, 1869
Nachbildung, 1960er-Jahre
Pappe, Wolle, Baumwolle/Papier, 23,5 x 11,5
BASF SE, Ludwigshafen am Rhein

4.25b **Patenturkunde für Methylenblau**
1878, ausgestellt in Berlin
Papier (R)
BASF, Unternehmensarchiv, Ludwigshafen am Rhein

4.25c **Heinrich Caro**
Um 1880
Fotografie (R)
BASF, Unternehmensarchiv, Ludwigshafen am Rhein

200 VIERTER AKT

Der aus Ludwigsburg stammende Rudolf (von) Knosp (1820–1897) gründete 1845, nach seiner Ausbildung bei einer Stuttgarter Textilfarbenhandlung, zusammen mit einem Apotheker in Cannstatt seine eigene Farbenfabrik, die er 1846 nach Stuttgart verlegte. Durch autodidaktische Versuche gelang es Knosp, die Methode der Indigoextraktion zu verbessern. Ab 1859 übernahm er für sieben Jahre den Alleinvertrieb des ersten synthetischen Farbstoffs Mauvein (Anilinviolett) von der englischen Firma Perkin und entwickelte selbst den Farbstoff Fuchsin (Anilinrot). Damit wurde Knosp zu einem der Pioniere der Anilinfarbstoffindustrie und konnte seine Stuttgarter Firma bedeutend ausbauen. Auf der Pariser Weltausstellung von 1867 wurden seine synthetischen Farben mit der Goldmedaille ausgezeichnet, wie auf dem Deckblatt der Farbmusterkarte hervorgehoben wird. Zwischen 1871 und 1873 übertrug Knosp aufgrund des zunehmenden Konkurrenzdrucks schrittweise seine Produktionsverfahren und -rechte an die in Ludwigshafen (Pfalz) durch Friedrich Engelhorn gegründete Badische Anilin- und Sodafabrik (BASF), der sich ab 1873 auch der Stuttgarter Farbenfabrikant Gustav Siegle anschloss. Nach diesen Fusionen entwickelte sich die BASF zum weltweit führenden chemisch-pharmazeutischen Unternehmen. Knosp war von 1873 bis zu seinem Tod 1897 Vorsitzender des Aufsichtsrats, während Siegle bis 1889 die Verkaufsabteilung der BASF leitete. W. B.

Lit.: Burgmair u. a., Emil Kraepelin, S. 240;
Neue Deutsche Biographie 12, S. 227f. (A. Wankmüller)

Mit den neu erfundenen chemischen Farbstoffen wurde die Welt bunter. Auch Ludwig II. forderte Methylenblau für die Grotte in Linderhof an.

4.26 Methylenblau
20. Jahrhundert
Farbpulver in Chemikalienflasche, Glas, H. 21,5, Ø 10
Max-Planck-Institut für Psychiatrie, Historisches Archiv, München

Die rasch wachsende wirtschaftliche Bedeutung der chemischen Industrie seit der Mitte des 19. Jahrhunderts beruhte maßgeblich auf synthetischen Farbstoffen. Ihre Herstellung war einerseits vom Kenntnisfortschritt der organischen Chemie abhängig, andererseits erweiterte die industrielle Farbstoffsynthese auch die wissenschaftlichen Untersuchungsmethoden und theoretischen Konzepte der Medizin und Biologie. Darüber hinaus erkannten die Unternehmer, dass die Grundstoffe und die Verfahrenstechnik der Farbstoffsynthese auch für die Entwicklung von neuartigen Arzneimitteln eingesetzt werden können. Auf diesem zusätzlich erschlossenen Markt etablierten sich viele der bis heute international bekannten pharmazeutischen Firmen; insbesondere galt die deutsche chemische Industrie als „Apotheke der Welt".

Auf der Suche nach besseren synthetischen Äquivalenten natürlich vorkommender Farbstoffe stellte im Jahr 1876 Heinrich Caro (1834–1910), leitender Chemiker der Badischen Anilin- und Sodafabrik (BASF) in Ludwigshafen, erstmals Methylenblau her. Die genaue Aufklärung seiner Struktur sowie die Optimierung des Herstellungsverfahrens erfolgten 1883 durch den Heidelberger Chemiker August Heinrich Bernthsen (1855–1931). Aufgrund seines chemischen Grundkörpers zählt Methylenblau zu den so genannten Thiazinfarben.

4.25 a

4.26

Zu den Substanzen, die Ludwig II. für die Färbung der Lampengläser zur Illumination der Venusgrotte in Schloss Linderhof 1879 bei der BASF persönlich anforderte, gehörte auch Methylenblau; jedoch stellte ihn die Farbwirkung nicht zufrieden, da er ein „tiefes Blau" erwartete.

Im letzten Drittel des 19. Jahrhunderts war es nicht ungewöhnlich, auch die Eignung der neuen synthetischen Farbstoffe als Arzneimittel zu untersuchen. Bei einer derartigen Studie bemerkte der italienische Psychiater Pietro Bodoni aus Genua bereits 1899, dass durch Methylenblau die Symptome von Psychosen günstig beeinflusst werden können. Dieses Ergebnis wurde von der Medizin zunächst nicht weiterverfolgt. Jedoch griffen die Forschungsabteilungen pharmazeutischer Unternehmen in Deutschland, Frankreich und der Schweiz seit den 1930er-Jahren die so genannte Phenothiazinstruktur von Methylenblau wieder auf und entwickelten daraus Substanzen, die sich auch als wirksame Psychopharmaka erwiesen. Somit lassen sich nahezu alle Arzneimittel, die seit den 1950er-Jahren zur Behandlung von Psychosen und schweren Depressionen eingeführt wurden, letztlich aus Methylenblau ableiten.

M. M. W.

Lit.: Schlim, König Ludwig II., S. 97–112; Weber, Entwicklung

---

Auch Nahrungsmittel wurden nun industriell erzeugt.

4.27a Glasgefäß für „Liebig Fleischbrüh-Würfel"
Um 1905
Glas, Gesamthöhe 27,2
Deutsches Museum, München
(2000-607)

4.27b Justus von Liebig (1803–1893)
Fotografie (R)
Bayerische Staatsbibliothek München/
Porträtsammlung
(port-008814)

In den späten 1840er-Jahren wurde Europa zum letzten Mal von einer großen Hungerkrise heimgesucht. Wetterunbilden führten zu Missernten, sodass die Ernteerträge die Bedürfnisse der stetig wachsenden Bevölkerung nicht mehr zu decken vermochten. Den Sohn eines Darmstädter Farbenhändlers, Justus Liebig, beschäftigte schon in jungen Jahren die Pflanzenchemie und die Frage nach der Ertragssteigerung von Feldfrüchten – ein Aspekt, der für das agrarisch geprägte Bayern von großer Bedeutung war.

Auf Drängen des Münchner Chemikers Max von Pettenkofer (Kat.-Nr. 4.24) wurde der mittlerweile europaweit anerkannte Chemiker Justus von Liebig (1845 geadelt) von König Maximilian II. 1852 nach München geholt. Liebig wurde ein neues chemisches Laboratorium zur Verfügung gestellt, von dem er sich optimale Arbeitsbedingungen versprach. Der Chemiker begeisterte die Münchner Hofgesellschaft mit seinen kurzweiligen Experimentalvorlesungen, die trotz mancher Pannen lehrreich waren. 1859 wurde Liebig zum Präsidenten der Bayerischen Akademie der Wissenschaften ernannt. Auch Ludwig II. zählte zu Liebigs Schülern, als er seine kurze Studienzeit 1863/64 mit Vorlesungen in Chemie begann, die er jedoch mit der Thronbesteigung abbrechen musste.

Die Bandbreite von Liebigs Forschungsgebieten ist beeindruckend: von der neuen Herstellungsmethode von Silberspiegeln über die Entwicklung des Phosphatdüngers, die Entdeckung des Chloroforms und des auch von Ludwig II. oft benutzten synthetischen Schlafmittels Chloralhydrat bis hin zu zukunftsweisenden Grundlagenforschungen – mit Justus von Liebig wurde München das Zentrum der chemischen Forschung in Deutschland.

Liebigs innovative Erkenntnisse und Entwicklungen, die er selbst nicht zuletzt als Beitrag zur Lösung der sozialen Frage verstand, wiesen in die Moderne und sie waren ein Segen für die Bevölkerung: Liebig entwickelte spezielle Säuglingsnahrung als Ersatz für die Muttermilch, Backpulver für die rationelle Herstellung großer Mengen Brot für die Armee – August Oetker vermarktete diese Erfindung Liebigs ab 1892.

Den größten Erfolg hatte jedoch „Liebigs Fleischextrakt". Die dahinterstehende Idee war die Nutzung der Fleischreste bei den massenhaft anfallenden Rinderhäuten in Südamerika, die er mit Ingenieur Georg Christian Giebert seit 1864 industriell verwertete. Auch wenn manche Forscher den Nährstoffgehalt und den Wert dieses Fleischextrakts als Krankenkost bestritten, so gab der Erfolg Justus von Liebig recht: Das Produkt wurde bald ein Verkaufsschlager und ist auch heute noch erhältlich. Erfolgreicher wurde jedoch die pflanzliche Variante, die Julius Maggi 1886 nach derselben Methode auf der Basis von Hülsenfrüchten entwickelte.

B. K.

Lit.: Brock, Justus von Liebig; Schwenk, Sternstunden, S. 233–256; Teuteberg, Rolle

Die von Carl von Linde ursprünglich für das Brauwesen entwickelte Kältetechnik revolutionierte die Vorratshaltung bei Lebensmitteln und ermöglichte den Export verderblicher Waren.

4.28 Modell der ersten Ammoniakkompressionskältemaschine
Carl von Linde (1842–1934)
Entwickelt 1876, gebaut um 1928
80 x 65 x 58,5, 78 kg
Deutsches Museum, München (62814)

1868 erhielt der erst 26-jährige Carl Linde eine Professur für theoretische Maschinenlehre an der Polytechnischen Schule in München. 1872 begann er mit finanzieller Unterstützung des Münchner Großbrauers Gabriel Sedlmayr (1811–1891), der eine zuverlässige Kühlung seiner Gärkeller wünschte, in der Spatenbrauerei mit dem Bau einer Kompressionskältemaschine. Das Kompressionsverfahren beruht auf dem Prinzip, dass in einem geschlossenen Kreislauf ein dampfförmiges Kältemittel unter hohem Druck zunächst verflüssigt wird und anschließend bei reduziertem Druck wieder vom flüssigen in den gasförmigen Zustand wechselt und dabei seiner Umgebung Wärme entzieht. Dieses Funktionsprinzip war damals schon länger bekannt. Allerdings war es in der Praxis noch keinem Ingenieur gelungen, den erforderlichen hohen Druck zu beherrschen und die beweglichen Pumpenteile des Kompressors gegen das Austreten des Kühlmittels abzudichten.

Trotz enormer Probleme – eine erste, 1874 in Gang gesetzte Maschine explodierte aufgrund des austretenden hochentzündlichen Kältemittels und verletzte einen Arbeiter schwer – gab Linde nicht auf. Auf der Basis eines veränderten Kompressors konstruierte er eine zweite Maschine, die er durch den Einsatz von Glyzerin als wirksame Sperrflüssigkeit gegen Gasaustritte und durch die Verwendung von nicht explosivem Ammoniak als Kältemittel entscheidend optimierte. Das am 25. März 1876 zum bayerischen Patent angemeldete Aggregat bestand den Praxistest und wurde von der Maschinenfabrik Augsburg in Serie gebaut. Das hier gezeigte Modell ist ein Nachbau dieser ersten kommerziell genutzten Kältemaschine. Mit seiner Epoche machenden technischen Innovation schuf Linde nicht nur die Voraussetzung für den heute in jedem Haushalt selbstverständlichen Kühlschrank, sondern auch die Grundlage für weitere Fortschritte in der Lebensmittel- und chemischen Industrie. *R. W.*

Lit.: Dienel, Ingenieure; Hård, Machines; Jung, Bedeutung

Die erste Konservenfabrik Süddeutschlands.

4.29 Konservendose mit Inhalt
Konservenfabrik Johannes Eckart
1. Drittel 20. Jahrhundert
Blech, Papier, H. 18,4, Ø 8
Familienarchiv Eckart

Johannes Eckart (1840–1899) eröffnete am 2. Mai 1868 in München im Haus Salvatorplatz 2 die erste Konservenfabrik Süddeutschlands, die zweite in Deutschland überhaupt. Am Beginn stand die Herstellung von Fruchtsäften, für die Eckart spezielle Konservierungsverfahren einsetzte. Die Qualität der Produkte war so überzeugend, dass die Getränke auch exportiert wurden, unter anderem nach Wien und Prag.

Neben der florierenden Fruchtsaftproduktion baute Eckart eine Marmeladenfabrikation auf und beschäftigte sich mit neuartigen Konservierungstechniken wie der Konservendose. Von den zahlreichen Erfindungen, die der engagierte Unternehmer in diesem Zusammenhang machte, sei das „Conservensalz" erwähnt, mit dessen Hilfe es gelang, frische Meeresfrüchte und Seefische aus den Küstengebieten nach München zu bringen. Zum Siegeszug der Konservendose trug nicht

WIE LUDWIGS KÖNIGREICH MODERN WURDE

zuletzt die Truppenversorgung im Krieg 1870/71 bei, bei der sich diese Art der Haltbarmachung von Lebensmitteln bewährt hatte. 1883 nahm die „1. Münchner Dampf-Conserven-Fabrik" offiziell ihren Betrieb auf. Hergestellt wurde unter anderem „Touristenproviant", ein Brotaufstrich aus Fleisch und gemahlenen Hülsenfrüchten, der auch als „Feldkost" zum Proviant der Soldaten im Manöver gehörte. Für Seereisen, aber auch zur Versorgung der deutschen Schutztruppen in den Kolonien gab es tropenfeste Gemüse- und Fleischkonserven.

Auf seinem 1894 erworbenen Landgut Grub entwickelte Johannes Eckart den feldmäßig betriebenen Gemüseanbau für die Konservenfabrik, widmete sich der Viehzucht und eröffnete die erste Geflügelfarm Bayerns. 1899 wurden die neuen Fabrikgebäude am Jakobsplatz 3 bezogen. Das erlebte der Firmengründer allerdings nicht mehr, der am 26. November 1899 starb. Seine Söhne Friedrich und Otto hielten das Unternehmen auf Erfolgskurs und wurden 1902 zu königlich bayerischen Hoflieferanten ernannt. 1964 stellte die Konservenfabrik Johannes Eckart die Produktion ein. *B. Ko.*

Am 17. Januar 1867 besuchte König Ludwig II. die Münchner Löwenbrauerei. Er ließ sich vom Besitzer Ludwig Brey (1821–1897) den Betrieb zeigen, trank mit dem Brauer ein Bier, überreichte ihm sein Bild mit dem königlichen Autogramm und spendete der 240 Mann starken Belegschaft eine größere Geldsumme.

4.30a Bierflasche der Aktienbrauerei zum Löwenbräu
München, um 1890
Glas, Bügelverschluss, H. 31, Ø 9
Bayerisches Wirtschaftsarchiv, München (F 2)

4.30b Gärkeller der Aktienbrauerei zum Löwenbräu
München, um 1890
Fotografie (R)
Bayerisches Wirtschaftsarchiv, München

Die Aufmerksamkeit des Königs auf das Brauwesen war wohlbegründet. Mit einer Jahresproduktion von etwa 100 000 Hektoliter Bier, wobei bereits ein Fünftel außerhalb der Stadtgrenzen Absatz fand, stand die Löwenbrauerei gleichauf mit der benachbarten Spatenbrauerei an der Spitze der zahlreichen Münchner Braustätten. 1872 erfolgte die Umwandlung des Unternehmens in eine Aktiengesellschaft mit einem Grundkapital von 4,2 Millionen Mark, das 1887 auf 5,4 Millionen Mark erhöht wurde. Der breite Kapitalzufluss ermöglichte die Umstellung des Betriebs von einer noch weitgehend handwerklich geprägten Braustätte zum industriellen Großbetrieb. Vor allem der gesteigerte Einsatz von Dampfkraft und die 1883 vollzogene Einführung der künstlichen Kühlung mit Linde-Eismaschinen (Kat.-Nr. 4.28) bewirkten eine rasante Aufwärtsentwicklung.

Mit einem Bierausstoß von über 500 000 Hektoliter rückte die „Aktienbrauerei zum Löwenbräu" 1889 an die Spitze des bayerischen Braugewerbes. Mit fast 800 Beschäftigten und einer Produktion von über 850 000 Hektoliter im Braujahr 1911/12 zählte sie nun zu den führenden Brauereien Deutschlands. Schon ab 1886 wurde kontinuierlich die Hälfte des erzeugten Bieres außerhalb Münchens abgesetzt, weshalb das Unternehmen sich 1906 als „größte deutsche Exportbrauerei" bezeichnen konnte. Die Masse des Gerstensafts erreichte den Verbraucher im traditionellen Holzfass. Im boomenden Versandgeschäft kamen ab 1885 verstärkt Glasflaschen zum Einsatz. Aufgrund seiner hervorragenden Haltbarkeit in pasteurisierter Form war Bier in Flaschenabfüllung für den Überseeversand, speziell in tropische Gebiete, bestens geeignet. Als Flaschenbier wurde „Löwenbräu" im Kaiserreich zur Weltmarke, die auf allen Kontinenten konsumiert wurde und auf internationalen Ausstellungen höchste Auszeichnungen erhielt. *R. W.*

Lit.: Behringer, Löwenbräu; Dihm, Entwicklung; Schäder, Brauindustrie

4.30a

4.30b

Die Welt wird kleiner: Exotische Produkte von weit her werden in den Kolonialwarengeschäften angeboten.

4.31 Transportkiste der Kolonialwarenhandlung Franz Kathreiner's Nachfolger, München
Um 1890
Holz, 26,7 x 45,5 x 34,5
Bayerisches Wirtschaftsarchiv, München (F 68, 333)

1870 erwarb der aus dem oberfränkischen Lichtenfels stammende Emil Wilhelm (1844–1919) in München eine 1829 von Franz Kathreiner (1794–1866) gegründete kleine Kolonial- und Farbwarenhandlung. Seit seinem sechsten Lebensjahr Vollwaise, hatte Wilhelm sich mit 26 Jahren zum selbstständigen Kaufmann emporgearbeitet. Unter der Firmierung „Franz Kathreiner's Nachfolger" führte er das Einzelhandelsgeschäft mit anfänglich drei Beschäftigten fort, erweiterte es aber sogleich um einen Großhandel mit Kolonialwaren. Die Einführung der Gewerbefreiheit in Bayern 1868 bewirkte in der Branche eine starke Vermehrung der Detailgeschäfte und bot deshalb einem geschäftstüchtigen Großhändler lukrative Möglichkeiten.

1876 trat der aus Stuttgart zugezogene Kaufmann Adolf Brougier (1844–1934) als Kompagnon mit frischem Geld in die Firma ein. Mit der Einrichtung einer Gewürzmühle, einer Kaffeerösterei und einer Konservenfabrik erfolgte die Ausweitung vom Handels- zum Produktionsunternehmen mit starker Expansionstendenz. Allein der Handel mit Importgütern – insbesondere mit Bohnenkaffee, Tee, Gewürzen, Südfrüchten, Reis, Kakao, Fisch- und Rauchwaren –, daneben mit Inlandsprodukten wie Zucker, Pflanzenölen, Fettwaren, Waschartikeln, Kerzen, Schokolade, Wein und Spirituosen aller Art verzehnfachte sich zwischen 1877 und 1888. Die Zahl der Beschäftigten stieg auf über 90. Vor dem Ersten Weltkrieg schließlich galt das Unternehmen als größtes Geschäft der Kolonialwarenbranche in Deutschland. *R.W.*

Lit.: Glaser, Wirtschaftsbürgertum; Kathreiner 1829–1979; Winkler, Waisenkind

Ein bis heute bestehendes Kolonialwarengeschäft ist die Firma Dallmayr in München.

4.32 Empfehlungskarte des kgl. bayerischen Hoflieferanten Dallmayr
1886
Druckgrafik (R)
Alois Dallmayr KG, München

Die Geschichte der Firma Dallmayr als Spezereienhandel lässt sich bis in das Jahr 1700 zurückverfolgen. Namengebend und zukunftsweisend wurde jedoch die Eröffnung des Geschäftshauses in der Dienerstraße 4 durch Alois Dallmayr aus Wolnzach im Jahr 1870. Dallmayr, der sein Geschäft zeittypisch „Kolonialwarengeschäft" nannte, erfüllte die Bedürfnisse der feinen Münchner Gesellschaft nach gehobenen Waren wie Südfrüchten, Gewürzen, Reis, Tee, Kakao und Kaffee. Bereits 1879 wurde ihm der begehrte Titel eines königlich bayerischen Hoflieferanten verliehen.

Mit exotischen Waren aus den Kolonien, wie sie auf der Empfehlungskarte zu sehen sind, demonstrierten die Oberschichten Weltläufigkeit, Geschmack und Wohlstand. Zu Dallmayrs Kundenkreis zählte auch König Ludwig II. Bei seinem Tod hatten sich aufgrund der vorangegangenen Zahlungsschwierigkeiten des Königs immerhin 5000 Mark Schulden bei Dallmayr angehäuft, wie aus der Gläubigerliste hervorgeht. Prinzregent Luitpold ließ es sich jedoch angelegen sein, alle Verbindlichkeiten Ludwigs II. zu tilgen.

Dallmayr, der 1887 wegen des Neubaus des Rathauses die Straßenseite wechselte und sein Geschäft vergrößerte, blieb der Erfolg treu. 1895 kaufte der Münchner Brauereisohn Anton Randlkofer mit seiner Frau Therese das königlich bayerische Feinkostgeschäft im Herzen Münchens. Es war vor allem Therese Randlkofer, die das Delikatessengeschäft Dallmayr zum exportierenden Unternehmen machte und Auszeichnung um Auszeichnung sammelte. Bis heute exportiert Dallmayr seine Feinkosterzeugnisse in die ganze Welt und das Münchner Stammhaus zieht jährlich etwa eineinhalb Millionen Käufer und Schaulustige in seinen Bann. *B.K.*

Lit.: Döpper, München, S. 96f.; Kamp, Alltag; Kosler, Hoflieferanten, S. 28f.; Krauss, Hoflieferanten, S. 207–218

Das Textilgewerbe hat eine große Tradition in Augsburg. Im 19. Jahrhundert entwickelte sich die Stadt zu einem der Zentren der deutschen Textilindustrie.

4.33 Musterbuch
Augsburg, 1886
Ledereinband, Stoff/Papier, 47 x 30
Staatliches Textil- und Industriemuseum, Augsburg
(4187; NRK 187)

Die Kattundruckerei Schöppler & Hartmann zählt zu einem der wenigen Augsburger Betriebe, die den Sprung von der vorindustriellen Produktion in die Industrialisierung schafften. Ausschlaggebend hierfür war mit Karl Ludwig Forster (1788–1877) eine herausragende Unternehmerpersönlichkeit, der technische Innovationen geradezu anzog. Mit dem Chemiker Johann Gottfried Dingler, dem Herausgeber des berühmten polytechnischen Journals, arbeitete er erfolgreich an der Mechanisierung des Druckvorgangs und der Erfindung neuer, auch schon chemischer Farben. Einen besonderen Fortschritt stellte dabei die Verwendung von synthetischem Alizarin dar, das als Ersatz für Krapp diente (Kat.-Nr. 4.25f.). Damit setzte man die Tradition der Augsburger Türkischrotfärberei mit modernen Mitteln fort. Verwendet wurde dieses Verfahren auch bei Dekorationsstoffen, wie das vorliegende Musterbuch aus dem Jahr 1886 zeigt. Sechs Jahre zuvor war die Stoffdruckerei in eine Aktiengesellschaft umgewandelt worden und firmierte seither als Neue Augsburger Kattunfabrik. Fast für ein Jahrhundert sollte sie noch zu den deutschen Renommierbetrieben auf dem textilen Sektor zählen. Ihre vielen Hundert Musterbücher bildeten den Grundstock für das 2010 eröffnete Staatliche Textil- und Industriemuseum in Augsburg. R. L.

Lit: Kluge, Stoff, S. 35, 57; Loibl, Anfänge, S. 23ff.

Mit der Erfindung der Nähmaschine wurde Kleidung zur Konfektionsware. Oft in Heimarbeit entwickelte sich die kostengünstige Teilefertigung.

4.34a Doppel-Steppstich-Nähmaschine
Gebr. Kayser
Kaiserslautern, um 1884
Metall/Holz, 30,4 x 44 x 22
Nähmaschinenmuseum, Erzabtei St. Ottilien (82)

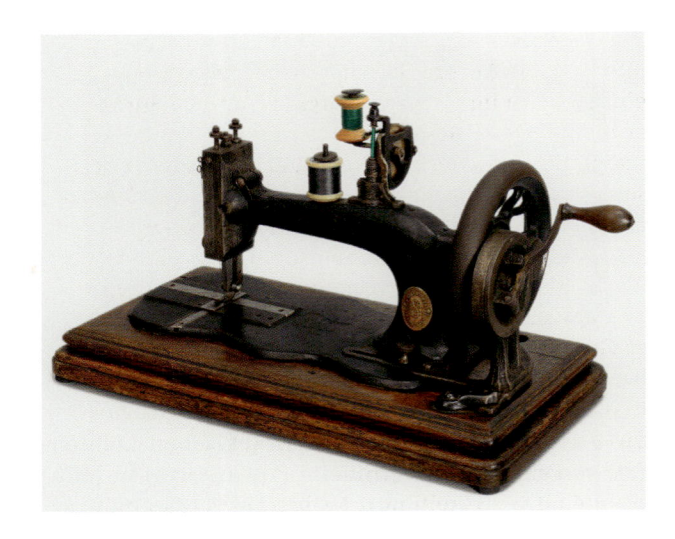

4.34b Schneiderwerkstatt von Eva und Adam Dotter
Aschaffenburg, 1908
Fotografie (R)
Stadt- und Stiftsarchiv Aschaffenburg

4.34c Zeitgenössischer Modegeschmack
Grafik, um 1880 (R)
Seemann Henschel GmbH & Co. KG, Leipzig

4.33

Die Textilindustrie war eine der Schlüsselindustrien der bayerischen Wirtschaft. Barchent und Leinen wurden seit dem Spätmittelalter aus Schwaben in alle Welt exportiert. Im 18. Jahrhundert gehörte die Erfindung der Spinnmaschine zu den Initialzündungen der Industrialisierung. Seit dem 18. Jahrhundert hatte man nach Möglichkeiten gesucht, die Handnähbewegung mechanisch zu imitieren. 1845 gelang es dem amerikanischen Mechaniker Elias Howe, eine Nähmaschine herzustellen, die Ober- und Unterfaden miteinander verschlang und 300 Stiche pro Minute ausführte, während eine Näherin im gleichen Zeitraum rund 50 Stiche erreichte. Das Patent auf die Erfindung der Nähmaschine ging jedoch – vom mittellosen Howe zeit seines Lebens angefochten – an Isaac Merritt Singer, der zudem als Erfinder der Ratenzahlung gilt.

Ein Zentrum der Nähmaschinenfabrikation war das damals zu Bayern gehörende pfälzische Kaiserslautern, wo der Blechinstrumentenbauer Georg Michael Pfaff seit 1862 Nähmaschinen herstellte. Ab 1865 stiegen die Gebrüder Kayser in die Nähmaschinenproduktion ein. Wie dies für die Frühzeit der Industrialisierung typisch war, fertigten sie zudem Fahrräder.

Mit der Verbreitung der Nähmaschine kam es im Bereich der Bekleidung zu einer „Demokratisierung des Konsums". Viele Frauen fertigten in Heimarbeit, oft unter Mithilfe sämtlicher Familienmitglieder, im Rahmen des Verlagssystems Kleidung im Akkord zu niedrigen Löhnen. Oft wurde die Nähmaschine vom Verleger zur Verfügung gestellt und die Frauen konnten die Kosten für ihr Arbeitsgerät mittels Ratenzahlung abstottern.

Die nun möglich gewordene industrielle Fertigung wirkte sich bald dahingehend aus, dass Kleidung nicht mehr ausschließlich vom ortsansässigen Schneider bzw. Störschneider „maßgeschneidert", sondern zunehmend als Konfektionsware erworben wurde. Die Massenfertigung hatte eine Bedarfssteigerung zur Folge und änderte das Bekleidungsverhalten breiter Bevölkerungsschichten gravierend. Textilien wurden billiger und Moden wechselten schneller. So beklagten schon die Autoren der Landesbeschreibung „Bavaria" aus den Jahren 1860 bis 1868 den Rückgang regionaler Trachten zugunsten konfektionierter Massenware. *B. K.*

Lit.: Bäckmann, Nähen; Götschmann, Wirtschaftsgeschichte; Hausen, Fortschritt; Loibl, Textillandschaft

Die königlich privilegierte Glashütte Theresienthal belieferte die Höfe in ganz Europa mit herausragenden High-end-Produkten.

4.35 **Goldrubin-Weinservice „König Ludwig II."**
Theresienthal
Glas, Karaffe: H. 18,8
Museumsschlösschen Theresienthal, Zwiesel

Goldrubin ist das edelste, teuerste und komplizierteste Glas. Die Färbung entsteht durch die Einlagerung mikroskopisch kleiner Goldkristalle, in denen sich das Licht bricht. Das metallische Gold wird in Königswasser, einer Mischung aus konzentrierter Salz- und Salpetersäure, gelöst und als Goldchlorid der Glasschmelze beigemischt.

Bei den hier gezeigten Goldrubinrömern und der Karaffe handelt es sich um mundgeblasene Innenüberfanggläser, das heißt um Zweischichtengläser: Rubinglas als Grundglas, Kristallglas als Überfang (zweite Schicht). Die Karaffe hat am Hals einen Flächenschliff und ist, ebenso wie die Weinrömer, aufwändig mit Poliergold im Stil des Rokoko bemalt. König Ludwig I. gewährte der Glashütte Theresienthal in Zwiesel ein Privileg zur Herstellung von Rubinglas. Die Glashütte durfte den Namen der Königin tragen.

Ludwig II., der die transparente Eleganz der Gläser aus Theresienthal besonders liebte, stattete auch sein Schloss Linderhof mit Gläsern aus Theresienthal aus. Das Lieblingsservice des Königs soll dieses Goldrubin-Weinservice gewesen sein. *M. Ha.*

Lit.: Freundliche Hinweise von Willi Steger, Riedlhütte, und Max Hannes, Kristallglasmanufaktur Theresienthal, Zwiesel; Haller/Pscheidt, Theresienthal; Sippell, Theresienthal; Wolf, Gold

Firmen, die besonders hochwertige Produkte herstellten, konnten zu königlich bayerischen „Hoflieferanten"
ernannt werden und damit eine zahlungskräftige Kundschaft gewinnen.

4.36a Ein Paar Damenabendhandschuhe
Königlich bayerischer Hoflieferant Roeckl
München, um 1870
Zickenvelour; Kurbelnähte, 3 Aufnähte am Handrücken,
Spitzeneinsätze, 12 paspelierte Knopflöcher innen,
40 x 10,05

4.36b Etui für Damenhandschuhe mit Handschuhweiter Modell Nr. L 116
Um 1870
Messing, Kristallglas, Leder, Seide, Elfenbein, 30 x 8 x 2,5

4.36c Firmenlogo der Firma Roeckl (R)
a–c Roeckl Handschuhe & Accessoires GmbH & Co. KG,
München

4.36d Vergoldeter Nachen, vorgesehen für die Grotte in Schloss Linderhof
Fotografie (R)
Firma Radspieler, München

4.36e Salon im Palais Arco
München, um 1850
Aquarell (R)
Maximilian Graf von und zu Arco-Zinneberg, Moos

Ludwig II. hatte ein Faible für elegante Handschuhe. Schon in seiner Kronprinzenzeit kaufte er häufig Handschuhe, wie aus seinen akribisch geführten Ausgabenbüchern hervorgeht (Kat.-Nr. 1.04b). Handschuhe gehörten zum Dresscode von Adel und gehobenem Bürgertum. Dies und auch der große Bedarf der bayerischen Armee an Handschuhen kam dem Säcklermeister Jakob Roeckl zugute, der 1839 eine Handschuhmacherei in der Münchner Kaufingergasse eröffnete. Er war es auch, der ein spezielles Gerbverfahren zur Fertigung von feinen Glacéhandschuhen entwickelte. Sein Betrieb prosperierte, bereits um die Jahrhundertmitte eröffnete er erste Verkaufsfilialen.

Der Sohn des Firmengründers, Christian, gehörte einer neuen Generation von Unternehmern der Gründerzeit an. Nach Auslandsaufenthalten und einer fundierten kaufmännischen Ausbildung übernahm er die Firma. Der glühende Wagner-Verehrer erwarb das riesige Firmenareal an der Isartalstraße und ließ dort das so genannte Roeckl-Schloss erbauen. Es entstand ein Firmenimperium, das seinen Mitarbeitern bereits in den 1870er-Jahren, vor der Bismarck'schen Sozialversicherung, umfangreiche Wohlfahrtsmaßnahmen garantierte.

4.36d

Unter seinem Nachfolger, Heinrich Roeckl, der 1893 den Hoftitel beantragte und auch den Kommerzienrattitel verliehen bekam, war die Handschuhfabrik nach der Lokomotivfabrik Krauss-Maffei das zweitgrößte Münchner Unternehmen. Die Firma Roeckl wird heute in der sechsten Generation weitergeführt.

Die oberarmlangen Glacéhandschuhe aus Ziegenleder sind ein Beispiel aus dem großen Sortiment an Handschuhen, das Roeckl bereithielt. Die exquisiten Stücke wurden in aufwändig gearbeiteten Etuis, hier mit Messingrahmen und schwerem Kristallglasdeckel und ausgepolstert mit blauer Seide, angeboten. Meist war ein Handschuhweiter, wie hier aus Elfenbein, integriert, der dazu diente, die Finger der Handschuhe zu weiten, damit sie sich wie eine zweite Haut um die Hände des Trägers schmiegen.

Zum Kreis der königlich bayerischen Hoflieferanten gehörte auch die heute noch bestehende Münchner Traditionsfirma Radspieler. Der Firmengründer Joseph Radspieler war ursprünglich spezialisiert auf das Vergolden von Bilder- und Spiegelrahmen. Ludwig II. verlieh ihm 1865 den Titel eines königlichen „Hofvergolders" und erhob ihn 1876 in den persönlichen Adelsstand. Das Unternehmen profitierte sehr von der Bautätigkeit des Königs und erhielt vielerlei Aufträge, wie etwa das Vergolden des Nachens für die Grotte in Schloss Linderhof. *B.K.*

Lit.: Krauss, Hoflieferanten, S. 96–110, 159–172; Trautmann, Handschuhfabrik J. Roeckl

4.36 a

4.36 b

In den Bereichen von Optik und Fotografie gehörte München zu den führenden Zentren.

4.37 a Fotoapparat mit Weitwinkelobjektiv, Aplanat 11 mm
Firma C. A. Steinheil
München, um 1886
Nussbaumholz, Leinenbalg, Glas, Messing, Eisen,
27 x 22 x 37 (ausgeklappt), 27 x 22 x 10 (eingeklappt als Reisekamera)
Haus der Fotografie Dr.-Robert-Gerlich-Museum, Burghausen (A 1386)

4.37 b Verpackung für Gelatineplatten von Otto Perutz
Firma Perutz
München, um 1900
Pappe, 10 x 13 x 2,5
Haus der Fotografie Dr.-Robert-Gerlich-Museum, Burghausen

4.37 c Prinz Leopold von Bayern in Rüstung
Um 1870
Fotografie (R)
Schirmer/Mosel Verlag GmbH, München

Carl August von Steinheil (1801–1870) gehört zu den interessantesten Forscherpersönlichkeiten, die im 19. Jahrhundert in Bayern tätig waren. Schon kurz nachdem Louis Daguerre 1837 die erste Fotografie der Welt anfertigte, lichtete Steinheil, Professor für Mathematik und Physik an der Münchner Universität, mit einer tubusförmigen Kamera aus verschiebbaren Pappröhren verschiedene Münchner Motive auf Papiernegativen ab. Diese im Juli 1838 entstandenen Bilder gelten als die ältesten deutschen Fotografien. Steinheil, der sich insbesondere auf dem Gebiet der Optik und der Telegrafie einen Namen gemacht hatte, gründete 1855 eine optische Werkstätte, die spätere Optisch-Astronomische Anstalt Steinheil & Söhne. 1865 wurde hier das erste so genannte Aplanat entwickelt – ein optisches System aus vier paarweise angeordneten Linsen, das

4.37 c

Verzeichnungen und Farbfehler auf den Fotografien stark verminderte. In den Anfängen der Fotografie wurden die Aufnahmen in einem technisch aufwändigen Nassverfahren mit Kollodium hergestellt. Gegen Ende des 19. Jahrhunderts setzte sich das Trockenverfahren durch, bei dem Platten aus Albumin oder Gelatine zum Einsatz kamen. Der Chemiker Otto Perutz (1847–1922) entwickelte innovative Platten für dieses Verfahren. Er gründete 1882 in München die Otto Perutz Trockenplattenfabrik, aus der die Perutz-Photowerke hervorgingen, die 1964 von AGFA übernommen wurden.

Die Perutz'schen Perorto-Platten besaßen eine höhere Lichtempfindlichkeit und gaben die Farben besser wieder. Ende des 19. Jahrhunderts wurden Perutz-Platten für die ersten Röntgenaufnahmen verwendet und auch in der beginnenden Filmindustrie fanden Perutz-Filme Verwendung. Perutz war auch lange Zeit Betriebsdirektor der Aktiengesellschaft für chemische und landwirtschaftlich-chemische Fabrikate in München/Heufeld, der heutigen Süd-Chemie AG.

Der Siegeszug der Fotografie machte auch vor den Herrscherhäusern nicht Halt. Die Fotografie fand Eingang in die Porträtkunst. Repräsentative, zunehmend aber auch „privatere" Fotografien wurden als Mittel eingesetzt, um Öffentlichkeit herzustellen und Herrschaft medial erfahrbar zu machen. Ludwig II. interessierte sich für die Fotografie. In jungen Jahren fotografierte er auch selbst (Kat.-Nr. 1.01).

Der Fotograf und Chemiker Joseph Albert wurde unter König Maximilian II. zum Hoffotografen ernannt. Er bannte zahlreiche Angehörige der Wittelsbacher Familie auf seine Fotoplatten. Die meisten der heute bekannten Porträtfotografien von Ludwig II. wurden von ihm aufgenommen. In der gezeigten Fotografie spiegelt sich Albert in der blinkenden Rüstung von Prinz Leopold (1846–1930), dem Cousin Ludwigs II. und Schwiegersohn von Kaiserin Elisabeth von Österreich. *B. K.*

Lit.: Gernsheim, Geschichte; Hundert Jahre technische Erfindungen; Ranke, Joseph Albert

Für den scharfen Durchblick sorgte die Firma Rodenstock mit ihrer Erfindung der Diaphragmagläser.

4.38a Lesebrille der Optisch-oculistischen Anstalt G. Rodenstock
München, um 1887
Metall/Glas, B. 11,8
Bayerisches Wirtschaftsarchiv, München (F 74, 2345)

4.38b Preisverzeichnis der Optisch-oculistischen Anstalt G. Rodenstock
1887 (R)
Bayerisches Wirtschaftsarchiv, München (F 74, 168)

Im Jahr 1877 ließ sich der aus Ershausen im Eichsfeld (Thüringen) stammende Josef Rodenstock (1846–1932), der bereits an seinem Heimatort zusammen mit seinem Vater Georg eine kleine Fabrikation mathematischer und physikalischer Instrumente betrieb, in Würzburg nieder und eröffnete dort eine feinmechanische Werkstätte. Neben Barometern, Präzisionswaagen sowie verschiedenen Messinstrumenten, die vor allem von der örtlichen Universität bezogen wurden, fertigte er Brillengläser und -fassungen. 1880 beschäftigte er schon 25 Mitarbeiter.

Seinen Aufstieg zum bekanntesten Fabrikanten der optischen Industrie in Bayern begründete Rodenstock 1879 mit der Entwicklung seiner „Diaphragmagläser". Da Brillengläser im 19. Jahrhundert erheblich kleiner waren als heute, lagen die Ränder sehr viel stärker im Blickfeld und ihre Reflexe störten das Sehen bisweilen nicht unerheblich. Rodenstock löste das Problem, indem er in den Rand der Brillengläser eine Nut schliff, diese schwarz färbte und so die störenden Spiegelungen an den Rändern unterdrückte. Eine weitere Innovation auf dem Gebiet der Augenoptik gelang ihm 1881 mit der Entwicklung eines „Brillen-Anmess-Apparates". Dieses Gerät gewährleistete erstmals eine exakte Untersuchung und Messung an den Augen als Voraussetzung für eine optimale individuelle Brillenanfertigung. 1883 schließlich brachte Josef Rodenstock ein verbessertes Scheibenrefraktometer auf den Markt, mit dem beim Optiker unterschiedliche Glasstärken für beide Augen einzeln durchprobiert werden konnten. Darüber hinaus erweiterte Rodenstock die Produktpalette seiner Werkstätten auf Feldstecher, Operngläser, Zwicker und Schutzbrillen.

1883 übersiedelte der Würzburger Fabrikant mit einer Verkaufsfiliale nach München, um hier einen größeren Absatzmarkt zu erschließen. Da in der Landeshauptstadt der Bedarf an qualifizierten Arbeitskräften leichter zu decken war, verlegte er im Jahr darauf auch die Fabrikation vom Main an die Isar und beschäftigte dort bald 120 Arbeiter. 1887 umfasste der Produktkatalog des Unternehmens bereits 118 Seiten. Im Jahr 1890 startete Rodenstock die Produktion von Fotoapparaten und -objektiven und bediente damit die stark steigende Nachfrage der aufblühenden Fotografie. Ein Netz von 17 Verkaufsstellen in ganz Deutschland sowie Vertriebsniederlassungen in der Schweiz, in Luxemburg, Böhmen und weiteren Nachbarländern unterstützten seit 1885 den Absatz und verschafften der Marke Rodenstock einen glänzenden internationalen Ruf. *R. W.*

Lit.: Gelius, Rodenstock; Reder/Roeseling, AugenBlicke; Rodenstock, Qualität

---

Fürth, die „Stadt der Spiegel", war eines der wichtigsten Produktionszentren der deutschen Spiegelglasindustrie.

4.39 Briefkopf der Firma N. Wiederer & Co.
1919
Druck/Papier (R)
Stadtarchiv Fürth

WIE LUDWIGS KÖNIGREICH MODERN WURDE

In den 50er-Jahren des 19. Jahrhunderts bot die Fürther Spiegelindustrie mit 25 Unternehmen ca. 1600 Menschen Arbeit. Spiegel waren nicht nur als edle Einrichtungsgegenstände und Accessoires von solventen Kunden gefragt, sondern spielten auch in der Optik – etwa für die Fotografie oder in der Telegrafie – eine wichtige Rolle. Das Rohglas bezogen die Fürther Spiegelfabrikanten aus dem Böhmer- und dem Bayerischen Wald. Das Schleifen und Polieren – oft von Schleifmühlen oder Polierwerken in der Oberpfalz bewerkstelligt –, das Belegen und Einrahmen waren die wesentlichen Arbeitsschritte der Spiegelfabrikation. Die Arbeitsbedingungen für die Spiegelbeleger waren aufgrund des ständigen Umgangs mit Quecksilber enorm ungesund. Die Herstellungstechnik von Spiegeln wurde revolutioniert durch das 1856 von Justus von Liebig (Kat.-Nr. 4.27) entwickelte Nassversilberungsverfahren, das das ältere Amalgamverfahren ablöste, bei dem polierte Glasplatten mit quecksilberbeschichteten Zinnfolien hinterlegt wurden. Aufgrund der höheren Produktionskosten und der Weigerung vieler Firmen, in das neue Verfahren zu investieren, sollte es aber noch über 30 Jahre dauern, bis das Liebig'sche Verfahren in Fürth allgemein gebräuchlich wurde.

Die 1859 gegründete Firma Wiederer war die größte bayerische Spiegelfabrik. Die guten Standortbedingungen, wie die Anbindung an ein Schienennetz durch eigenen Gleisanschluss, und die Nutzung modernster Produktionsmethoden machten die Firma Wiederer zum Global Player, der seine Spitzenprodukte – Spezialität des Hauses waren kostbare Venezianerspiegel – vor allem in die USA lieferte. *B. K.*

Lit.: Ohm, Fürth; Schraudolph, Handwerkerort

Im Jahr 1880 erschienen in Bayern bereits 273 Zeitungen mit einer Auflagenzahl von über 640 000 Exemplaren.

4.40 Neueste Nachrichten und Münchner Anzeiger
17. September 1882
Druck/Papier (R)
Bayerische Staatsbibliothek München

Die sich beschleunigende Verstädterung, zunehmender Wohlstand, die wachsende Lesefähigkeit der Bevölkerung, das erhöhte Interesse an Presseerzeugnissen, aber auch die neuen technischen Möglichkeiten durch Telegrafie und Schnelldruckverfahren verursachten in den 60/70er-Jahren des 19. Jahrhunderts einen regelrechten Zeitungsboom. Die seit 1848 erscheinenden „Neuesten Nachrichten" (nach 1886 „Münch(e)ner Neueste Nachrichten") zählten in der Zeit Ludwigs II. zu den auflagenstärksten Tageszeitungen Bayerns, zeitweise sogar des Deutschen Reichs. Während die „Münchner Neuesten Nachrichten" vor allem vom gebildeten städtischen Bürgertum gelesen wurde, bevorzugte das ländlich-katholische Publikum eher die „Augsburger Post Zeitung" oder das „Neue Münchner Tagblatt", denn: auch in der Zeitungslandschaft spiegelte sich die politische und gesellschaftliche Spaltung zwischen Liberalen und Patrioten wider.

Die als Sprachrohr der Liberalen und somit reichs- und regierungsfreundlich geltenden „Münchner Neuesten Nachrichten" konnten vor allem unter ihrem prominenten Verleger Georg Hirth ihre Auflagenzahl kontinuierlich steigern. Wurden sie 1856 in einer Auflagenstärke von 11 000 Exemplaren gedruckt, so waren es 1889 bereits 70 000 Zeitungen, die täglich ausgeliefert wurden. *B. K.*

Lit.: Hoser, Münchner Neueste Nachrichten; Schosser, Presse; Ursel, Journalisten

---

Fach- und Schulbuchverlage machten Wissen der breiten Bevölkerung zugänglich.

4.41a Eugen von Lommel:
Wind und Wetter.
Gemeinfassliche
Darstellung
der Meteorologie
München: Verlag R.
Oldenbourg, 1873
Buchdruck, 340 S., 18 x 12,5
Bayerisches Wirtschaftsarchiv,
München (F 5)

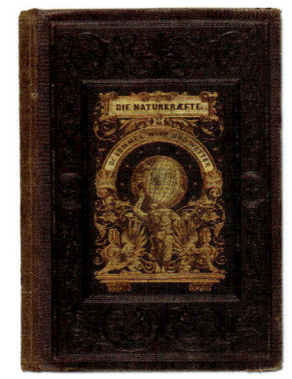

4.41b Verlagsgründer Rudolf Oldenbourg mit seinen Söhnen im Kreis der Angestellten
Um 1880
Fotocollage (R)
Bayerisches Wirtschaftsarchiv, München (F 5, 881)

Nach beruflichen Stationen in Jena, in London und in Frankfurt am Main übernahm der aus Leipzig stammende Buchhändler Rudolf Oldenbourg (1811–1903) 1836 die Geschäftsleitung der Münchner Filiale des berühmten Stuttgarter Verlagshauses Cotta. Als Repräsentant des wichtigsten ortsansässigen Verlags machte der erst 26-Jährige eine gute Figur. Andauernder geschäftlicher Erfolg sowie die in langen Jahren gewachsene Berufserfahrung weckten schließlich den immer dringlicheren Wunsch nach unternehmerischer Selbstständigkeit.

Einen ersten Schritt dazu vollzog Rudolf Oldenbourg 1858, als er auf eigene Rechnung das „Journal für Gasbeleuchtung" herausbrachte – eine der ersten technischen Fachzeitschriften in Deutschland. 1865/66 folgten mit der „Zeitschrift für Biologie" und dem „Repertorium für physikalische Technik" zwei weitere branchenspezifische Periodika, die den rasanten technischen Fortschritt des Industriezeitalters als wichtige Informationsquelle begleiteten. 1869 kaufte Rudolf Oldenbourg das Münchner Geschäft des Stuttgarter Verlages Cotta. Zu den erworbenen Verlagsrechten und Beständen zählte neben Quelleneditionen der Bayerischen Akademie der Wissenschaften und Schmellers „Bayerischem Wörterbuch" auch die 1858 begründete „Historische Zeitschrift". Das zentrale Fachorgan der deutschen Geschichtswissenschaft, das noch heute bei Oldenbourg erscheint, versammelte als Mitarbeiter die Crème der damaligen Historiografie. Mit dem ersten Herausgeber der „Historischen Zeitschrift", Heinrich von Sybel (1817–1895), verband den Münchner Verleger zudem eine enge persönliche Freundschaft.

1873 schließlich erwarb Rudolf Oldenbourg vom Regensburger Verleger Friedrich Pustet (1798–1882) den ehemaligen „Königlich-bayerischen Zentralschulbücherverlag". Neben dem zügig ausgebauten Technikbereich bildete der Schulbuchsektor fortan eine weitere Säule des Geschäfts. Sie verschaffte dem Unternehmen eine führende Stellung in der bayerischen Verlagslandschaft und sicherte ihm durch den kontinuierlichen Absatz großer Stückzahlen über lange Zeiträume hin hohe Erträge. Von den seit der Firmengründung 1858 bis 1908 veröffentlichten 1398 Neuerscheinungen entfielen 480 auf die Schulbücher, 467 auf die Geisteswissenschaften und 451 auf die Technik. Die Bilanzsumme verdreifachte sich von 1873 bis 1885 von 0,49 auf 1,56 Millionen Mark.

Zu den ersten eigenen Projekten, die Rudolf Oldenbourg nach dem Erwerb der Cotta'schen Filiale 1869 realisierte, zählte die bis 1880 auf 30 Bände angewachsene Reihe „Die Naturkräfte. Eine naturwissenschaftliche Volksbibliothek". Renommierte Fachautoren vermittelten darin einem breiten Publikum in leicht verständlicher Diktion den damaligen Wissensstand verschiedener naturwissenschaftlicher Disziplinen. Den 1873 erschienenen 10. Band über die Grundbegriffe der Meteorologie verfasste Eugen von Lommel (1837–1899), der seit 1868 an der Universität Erlangen den Lehrstuhl für Experimentalphysik innehatte.

R. W.

Lit.: Oldenbourg, Oldenbourg; Hohlfeld, Werden; Wittmann, Wissen

---

Die technische Voraussetzung für den Weg in die moderne Wissens- und Mediengesellschaft war die Druckmaschine.

4.42 Rotationspresse von 1876
Koenig & Bauer
Fotografie (R)
Koenig & Bauer AG, Würzburg

Die Wiege der Rotationsdruckmaschine stand in der Würzburger Schnellpressenfabrik, die der Drucker Koenig und der Mechaniker Bauer im Jahr 1817 im Kloster Oberzell bei Würzburg gründeten. Nach längeren Aufenthalten in England entwarf Andreas Bauer 1840 eine neuartige Konstruktion, nämlich eine Schnellpresse, die anstelle der bis dahin typischen „Eisenbahnbewegung" zum ersten Mal mit dem Prinzip der Kreisbewegung zum Antrieb des Druckstocks arbeitete. Somit konnte die Druckzahl beträchtlich gesteigert werden. Die Rotationspresse eignete sich zudem in besonderer Weise für den Zeitungsdruck.

Die Firma prosperierte unter den Söhnen Bauers, 1872 beschäftigte die Fabrik bereits über 440 Arbeiter. Das heute noch bestehende und weltweit agierende Würzburger Unternehmen Koenig & Bauer gilt als eine der ältesten Firmen zur Druckmaschinenherstellung der Welt.

B. K.

Lit.: Allwang, Metallindustrie; Schmidt, Koenig & Bauer; Wagner, Friedrich Koenig

Mit Geräten dieser Art begann die Erfolgsgeschichte des Telefons.

4.43 Siemens-Hörer gerader Form
Siemens & Halske
Berlin, 1878
Holz, Leder, Messing, Porzellan, H. 19,5, Ø 11
Siemens Corporate Archives, München (02428)

Nach frühen Versuchen von Philipp Reis (1834–1874) konstruierte der Amerikaner Alexander Graham Bell (1847–1922) ein gebrauchsfähiges Einhandtelefon mit Empfänger und Sender, das sich auf Anhieb durchsetzte. In Deutschland beauftragte der Generalpostmeister Heinrich von Stephan (1831–1897) nach ersten Versuchen mit Telefonen Bells schon 1877 den mit ihm befreundeten Werner von Siemens mit dem Bau eigener Fernsprecher. Durch konstruktive Veränderungen des Bell-Telefons konnte Siemens & Halske noch im gleichen Jahr die Lautübertragung deutlich verbessern und größere Reichweiten erzielen (Patent-Nr. 2355 vom 14. Dezember 1877).

Der Siemens-Hörer in Form einer Hantel war als Tischgerät konstruiert und wurde gleichzeitig zum Sprechen und Hören verwendet, indem man den lederbezogenen Griff wechselnd an das Ohr und vor den Mund hielt. Oben am Hörer befand sich die aus verzinktem Eisenblech hergestellte Membran, im Inneren ein starker hufeisenförmiger Magnet aus Wolframstahl. An der Sprechstelle mussten noch eine Batterie für den Anrufstrom und ein Induktionswecker vorhanden sein. Das Gewicht des Hörers betrug ca. 800 Gramm.

Da Siemens & Halske den Preis niedrig ansetzte und die Reichspost mit ihrem Staatsmonopol für Telegrafie und Telefonie nur Siemens-Apparate ankaufte, kam es in den ersten Monaten zu einer stürmischen Entwicklung der Produktion. In zunehmendem Maße nutzten auch Firmen und Privatpersonen die Fernsprecher. In Berlin gab es 1885 bereits über 4300 Telefonanschlüsse. Bei jährlichen Benutzungsgebühren in Höhe von mindestens 200 Mark blieb das Telefon allerdings lange ein Luxusartikel.
W. F.

Lit.: Brill, Werner von Siemens; Jörges/Gold, Telefone

Ab 1883 gehörte das Telefon in größeren Unternehmen bereits zum Alltag.

4.44 Erstes Telefonbuch der Stadt München
1883
Buchdruck, 28 S., 24,5 x 17,4
Bayerisches Wirtschaftsarchiv, München (F 5, 891)

Im Gegensatz zu den Vereinigten Staaten, wo im Januar 1883 bereits über 50 000 Fernsprechteilnehmer registriert waren, verlief die Entwicklung in Europa und Deutschland langsamer. Verantwortlich dafür war die Monopolstellung der staatlichen Postverwaltungen, die eine privatwirtschaftliche Initiative bei der Einführung des neuen Kommunikationsmittels ausschloss. Als die Bell Telephon-Company 1880 der Stadt München die Einrichtung eines Fernsprechnetzes offerierte, musste die Kommune das verlockende Angebot deshalb ablehnen.

Erst im Herbst 1882 begann in der Landeshauptstadt in staatlicher Regie der Aufbau des Leitungsnetzes, das noch rein oberirdisch über die Dächer geführt wurde. Nachdem das erste bayerische Telefonnetz mit neun Teilnehmern am 1. Dezember 1882 in Ludwigshafen gestartet war, nahm das Ortsfernsprechnetz in München am 1. Mai 1883 mit 145 Anschlüssen den regulären Betrieb auf. Das auf fünf Jahre verpflichtende Abonnement kostete den Teilnehmer im Jahr 150 Mark – gemessen am damaligen Monatseinkommen einer Durchschnittsfamilie von 80 Mark ein stolzer Preis, weshalb das Telefonbuch neben öffentlichen Stellen fast ausschließlich größere Wirtschaftsunternehmen verzeichnet.
R. W.

Lit.: Berling, Jubiläum; Horstmann, Fernsprecher; Maderholz, München

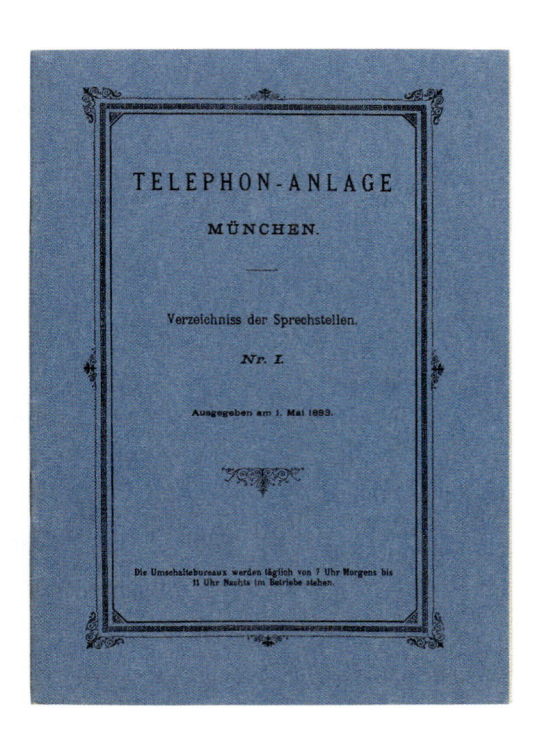

Zum Preis von einer gut eingeschenkten Maß Bier konnte man im München des Jahres 1885 fünf Minuten lang telefonieren.

4.45 **Bayerische Telefonbillets für öffentliche Sprechstellen**
Ab 1891
Druck/Papier, 7,5 x 4–6
Museumstiftung für Post und Telekommunikation, Nürnberg

Damit auch Menschen ohne eigenes Telefon das neue Kommunikationsmedium nutzen konnten, wurden seit 1883 Telefonbillets zur Nutzung öffentlicher Fernsprecher verkauft. In der Regel durfte man pro Billet fünf Minuten lang telefonieren. Dies war jedoch ein Luxus, den sich nicht jeder leisten konnte: 1885 hatte man in München für fünf Minuten 25 Pfennige zu bezahlen, dies entsprach in etwa dem Preis von 1½ Liter Bier oder einem Laib Brot. B. K.

Lit.: Bott, Leben und Arbeiten, S. 98; Historische Wertedatei: www.genealogienetz.de

---

Typisch für Bayern war das Entstehen einer ländlichen Industriearbeiterschaft im Rahmen einer agrarischen Welt.

4.46 **Andreas Esterer mit Arbeitern seiner Fabrik für Landmaschinen**
Altötting, 1875
Fotografie (R)
Bayerisches Wirtschaftsarchiv, München

Die fortschreitende Industrialisierung Bayerns in der Ära König Ludwigs II. erfasste nicht nur die großen Städte, sondern in Teilen auch das Land. Ein Beispiel dafür ist die Maschinenfabrik Esterer in Altötting. 1862 eröffnete Josef Esterer (1796–1877), der es als Landwirt, Getreidehändler und Fuhrunternehmer zu einigem Wohlstand gebracht hatte, im vorgerückten Alter von 65 Jahren eine Eisengießerei mit einer mechanischen Werkstätte. Er produzierte Geräte für den landwirtschaftlichen Bedarf wie handbetriebene Dresch- und Futterschneidmaschinen sowie Bauteile für Mühlen und Sägewerke. Der zweite Sohn des Gründers, Andreas Esterer (1844–1911; 2. Reihe ganz rechts), absolvierte ab 1871 eine zweijährige Mechanikerausbildung bei der Maschinenfabrik Epple & Buxbaum in Augsburg, der damals größten Landmaschinenfabrik Bayerns.

Der aufkommende Gesindemangel Ende der 1870er-Jahre beschleunigte die Mechanisierung der Landwirtschaft. Neben Sägegattern für das im südlichen Altbayern stark verbreitete Holz verarbeitende Gewerbe brachte Esterer nun Dreschwagen und vor allem Lokomobile auf den Markt – kleine bewegliche Dampfmaschinen, die über eine Transmission flexibel zum Antrieb von landwirtschaftlichen Geräten eingesetzt werden konnten. Obwohl der Produktionsstandort Altötting bis 1897 über keinen Bahnanschluss verfügte und die Branche nicht von krisenhaften Abschwüngen verschont blieb, erfuhr der Betrieb eine imposante Aufwärtsentwicklung. Die Zahl der Arbeiter wuchs von 20 im Jahr 1873 auf über 260 vor der Jahrhundertwende. 1899 führte der ungebremste Kapitalbedarf zur Umwandlung in eine Aktiengesellschaft. Noch heute ist Esterer einer der weltweit führenden Anbieter von Sägetechnologie. R. W.

Lit.: 100 Jahre Maschinenfabrik Esterer AG, Passau 1962; Borgmann, Maschinenfabrik Esterer; Hölscher, Dampflokomobile

In den Wohnquartieren der Arbeiterschaft in den Industriestädten wurde die soziale Not sichtbar.

4.47 a **Maschinenhalle im alten Werk der Maschinenfabrik Augsburg-Nürnberg AG (MAN) in Wöhrd, im Vordergrund die Meister Brösel und Dötsch**
Nürnberg, 1890
Fotografie (R)
Historisches Archiv der MAN Augsburg

4.47 b **Montage der Eisengerüstteile für einen gedeckten Güterwagen im Werk Gustavsburg bei Mainz der Maschinenbau Actien Gesellschaft Nürnberg**
Gustavsburg bei Mainz, 1897
Fotografie (R)
Historisches Archiv der MAN Augsburg
(Neg.-Nr. 1552-13-10)

4.47 c **Fabrikhalle des Oldenbourg Verlags**
München, 1889
Fotografie (R)
Bayerisches Wirtschaftsarchiv, München

4.47 d **Frauenarbeit bei der Firma Schuckert**
Nürnberg, um 1900
Fotografie (R)
Siemens Corporate Archives, München

4.47 e **Arbeiterwohnhäuser der Firma Faber in Stein**
Fotografie aus: Deutsche Industrie und Deutsche Kultur
Jahrgang VIII/10 (1911) (R)
Archiv Faber-Castell, Stein

4.47 f **Abbruch der Stadtmauer am Maxtor in Nürnberg**
Ferdinand Schmidt, 1840–1909
Nürnberg, 1870/71
Fotografie (R)
Stadtarchiv Nürnberg (A 47-58-07)

4.47 g **Mehrfamilienarbeiterhaus, „Herberge" in München-Haidhausen**
Franz Paul Burgholzer
München, um 1900
Fotografie (R)
Bayerisches Landesamt für Denkmalpflege, München

4.47 h **Straßendemonstration von Textilarbeitern in Augsburg**
Augsburg, 16. Februar 1914
Fotografie (R)
Stadtarchiv Augsburg (AK 10, 1624)

4.47 i **Arbeiterschaft mit Lehrlingen des Alten Werks am Laufertorgraben**
Nürnberg, 1891
Fotografie (R)
Historisches Archiv der MAN Augsburg
(Foto-Nr. 1401, Neg.-Nr. 260)

4.47 a

4.47 i

4.47 b

4.47 e

4.47 d

4.47 g

Infolge des Bevölkerungswachstums im 19. Jahrhundert sahen sich viele Landarbeiter gezwungen, auf der Suche nach Arbeit ihre Heimat zu verlassen. Eine Alternative zur Auswanderung boten vor allem ab den 1840er-Jahren die wachsenden Städte, wo in den vielerorts entstehenden Fabriken Arbeit zu finden war. Die Landflucht wurde noch beschleunigt, als die Mechanisierung gegen Ende des Jahrhunderts auch die Landwirtschaft erreichte und den Bedarf an Arbeitskräften im Agrarsektor reduzierte.

In Bayern verzeichneten insbesondere die Industriezentren München, Nürnberg, Augsburg, Fürth, Kaiserslautern und Ludwigshafen einen enormen Anstieg der Einwohnerzahlen. Die Verstädterung stellte ein gravierendes soziales Problem dar, denn es fehlte an preisgünstigem Wohnraum. Mit der Wohnungsnot einher gingen überhöhte Mieten und katastrophale hygienische Zustände in überfüllten Unterkünften. Nur wenige Unternehmer ließen Wohnhäuser für ihre Beschäftigten errichten.

Das Überangebot an billigen Arbeitskräften drückte die Löhne und viele Arbeiterfamilien waren darauf angewiesen, dass auch Frau und Kinder einer Erwerbstätigkeit nachgingen. Lange Arbeitszeiten, ungesicherte und damit gefährliche Maschinen und gesundheitsschädliche Tätigkeiten belasteten die Fabrikarbeiter. Eine neue städtische Unterschicht aus weitgehend rechtlosen Proletariern war entstanden.

Als sich ab den 1860er-Jahren die ersten Arbeitervereine gründeten, wurden diese nur geduldet. Erst die 1873 verkündete Koalitionsfreiheit erlaubte die Bildung von Gewerkschaften. Streiks waren nicht das einzige Mittel im Kampf der Arbeiter um bessere Lebensbedingungen. Der Beitritt der meisten bayerischen Arbeitervereine zur im Vorjahr gegründeten Sozialdemokratischen Arbeiterpartei stellte 1870 einen wichtigen Schritt auf dem Weg zur parlamentarischen Vertretung der Arbeiterschaft dar. Allerdings sollte es noch bis 1881 dauern, bis mit dem gelernten Schlosser Karl Grillenberger der erste bayerische Arbeiter in den Berliner Reichstag einzog. Bereits seit 1873 hatte der Sozialdemokrat aus Nürnberg die Redaktion der Arbeiterzeitung „Fränkische Tagespost" geleitet.

Die politische Organisation der Arbeiterschaft war der Beweggrund für Bismarcks Sozialgesetze. Nach dem Prinzip von Zuckerbrot und Peitsche verbot er 1878 die Sozialistische Arbeiterpartei, führte aber auch gesetzliche Sozialversicherungen ein: 1883 die Krankenversicherung, 1884 die Unfallversicherung sowie 1889 die Invaliden- und Altersversicherung. Damit war erreicht, dass in Not geratene Arbeitnehmer nicht mehr als Bittsteller auf Almosen angewiesen waren, sondern einen Anspruch auf Unterstützung hatten.

A. Th. J.

Lit.: Albrecht, Reichsgründung, S. 330–362; Döring, Arbeits- und Lebensbedingungen; Ritter/Tenfelde, Arbeiter

In den ersten Regierungsjahren König Ludwigs II. wurden überfällige Reformgesetze verabschiedet.

4.48 Soziale Reformen in der Zeit König Ludwigs II.
Grafik
Haus der Bayerischen Geschichte, Augsburg

Der Pauperismus, die Schattenseite der industriellen Revolution, zeigte sich in Bayern nicht so virulent wie in anderen Staaten. Die Verelendung der Unterschichten wurde hier abgemildert durch einen vergleichsweise langsamen Industrialisierungsprozess als Folge einer restriktiven Gesetzgebung, etwa durch die späte Einführung der Gewerbefreiheit. Dennoch stellten auch in Bayern Armut, schlechte Arbeitsbedingungen in den Fabriken, Landflucht und Wohnungsnot drängende gesellschaftliche Probleme dar.

Der Anpassungsdruck infolge der Niederlage gegen Preußen im preußisch-österreichischen Krieg führte 1868/69 zur Auflösung des Reformstaus durch eine Reihe liberaler Gesetze. So galten von da an auch in Bayern Gewerbefreiheit und Freizügigkeit, Beschränkungen bei Eheschließungen entfielen, Ausnahmen von der Wehrpflicht wurden beseitigt und die kommunale Selbstverwaltung gewährt. Gleichzeitig übertrug man den Gemeinden die Sorge für arbeitsunfähige Arme.

Sozialleistungen, die vereinzelt von Arbeitgebern oder Kirchen gewährt wurden, bewirkten wenig. Das galt ebenso für die Mildtätigkeit Ludwigs II., der großzügig Geldgeschenke an Arme verteilte und 1871 den wittelsbachischen Hausritterorden vom Heiligen Georg zur Übernahme karitativer Aufgaben verpflichtete. Der Vermeidung der häufigen Arbeitsunfälle durch ungesicherte Maschinen in den Fabriken sollte die Verschärfung von Gewerbeaufsicht und Betriebsinspektionen 1878 dienen. Eine spürbare Verbesserung der Lebensbedingungen von Arbeitern brachten erst die Sozialgesetze Bismarcks in den 1880er-Jahren. A.Th.J.

Lit.: Botzenhart, Regierungstätigkeit; Hesse, Sozialgesetzgebung; Kittner, Arbeitskampf; Rumschöttel, Ludwig II.

München nahm mit Oskar von Miller in der Entwicklung der Elektrotechnik eine Vorreiterrolle ein.

4.49a Künstlicher Wasserfall, angetrieben mit Strom aus der Fernleitung Miesbach–München
Druckgrafik aus: La Lumière Électrique 5, 1883, Bd. 8, S. 131 (R)
Deutsches Museum, München (Archiv, DM, 1904 A1187))

4.49b Ansichten der Elektrizitätsausstellung in München 1882
Druckgrafik aus: La Lumière Électrique 5, 1883, Bd. 10, S. 365, 103, 133 (R)
Siemens Corporate Archives, München (FS I 23)

4.49c Skizze der Ausstellungsräume im Glaspalast
1882
Druckgrafik (R)
Siemens Corporate Archives, München (9045)

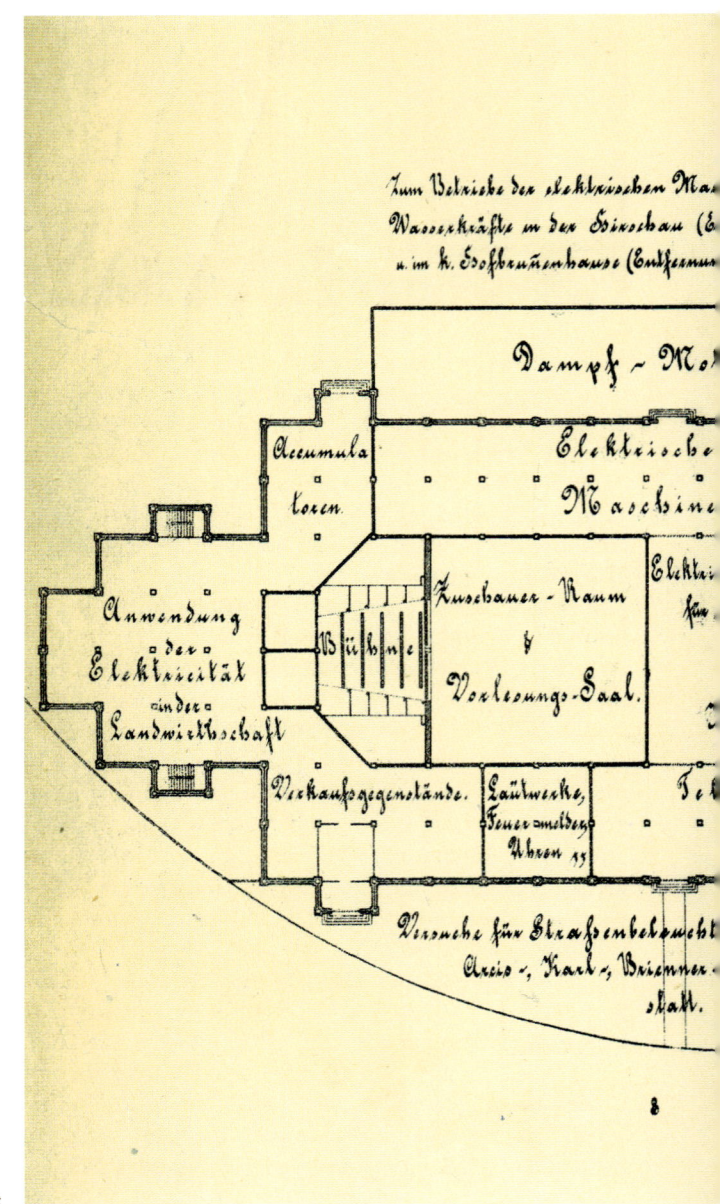

4.49d Generatoren der Firma S. Schuckert
Druckgrafik aus: La Lumière Électrique 5, 1883, Bd. 10, S. 363 (R)
Siemens Corporate Archives, München (PB III 6019)

Ein Jahr nach der weltweit ersten elektrotechnischen Messe in Paris 1881 organisierte der junge Bauingenieur Oskar von Miller (1855–1934) eine Elektrizitätsausstellung im Münchner Glaspalast. Das Ziel war, dem Fachmann wie dem Laien ein Bild vom Stand der Elektrotechnik und ihrer Anwendung zu vermitteln. Das Publikum sollte dabei die Produkte der einzelnen Anbieter direkt vergleichen können. Wie eine Skizze

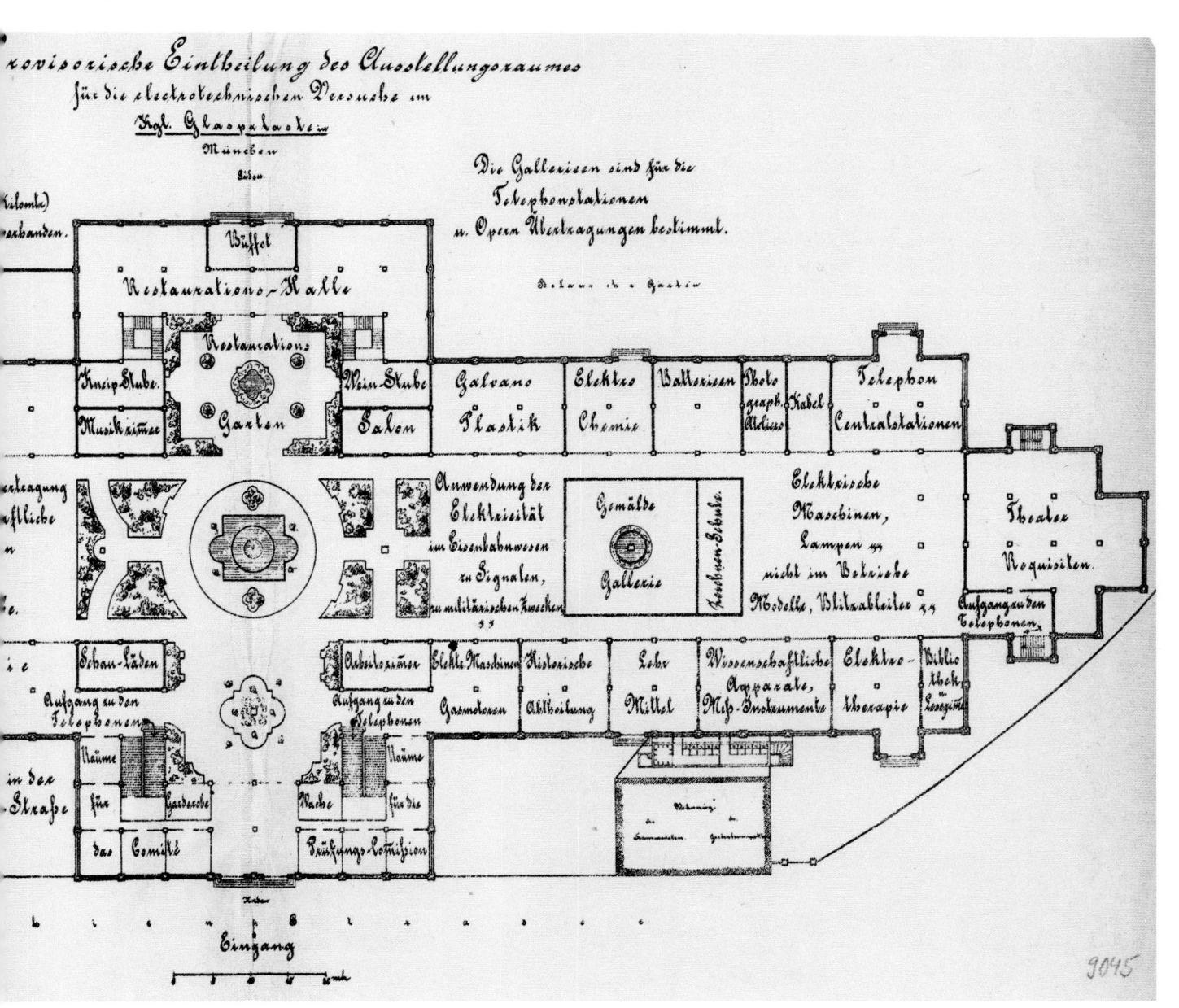

4.49a

WIE LUDWIGS KÖNIGREICH MODERN WURDE

verdeutlicht, gliederte sich das Ausstellungsgebäude nicht nach Messeständen der Firmen, sondern nach Themengebieten. Diese ungewöhnliche Organisation führte zur Absage einiger renommierter Unternehmen wie Siemens & Halske, Felten & Guilleaume und Gebr. Naglo.

Bewusst setzte die Ausstellung auf die Popularisierung der Elektrizität. Dazu wurden elektrisch beleuchtete Repräsentationsräume eingerichtet: Theater, Gaststätte, Gemäldegalerie, Kapelle. Gerade die Theaterbeleuchtung fand auf dem Hintergrund verheerender Theaterbrände im 19. Jahrhundert, meist verursacht durch Gaslicht, großen Anklang. Publikumswirksame Elemente wie die Übertragung von Opernaufführungen über Telefon förderten eine positive Einstellung gegenüber der Elektrizität. Auch die Beleuchtung öffentlicher Straßen und Plätze trug zur Anerkennung der Vorzüge des elektrischen Stroms gegenüber dem Gaslicht bei. Zu den optischen Highlights gehörte die Illuminierung der Türme der Münchner Frauenkirche. Sie wurden von der Firma S. Schuckert vom Dach des Glaspalastes mit Reflektoren angestrahlt.

Höhepunkt der Ausstellung war das technische Experiment der Übertragung von Gleichstrom auf weite Strecken. Galt bisher das Prinzip, dass Strom an der Stelle erzeugt werden musste, wo er verbraucht wurde, zeigte die gelungene Übertragung das Potenzial moderner Elektrizitätsnetze auf. Den in Miesbach erzeugten Strom leitete man über Telegrafendrähte nach München in den Glaspalast, eine Strecke von 57 Kilometern. Hier trieb der Strom spektakulär einen künstlichen Wasserfall an. Zwar funktionierte der Versuch nur für wenige Stunden, doch gaukelten die Ausstellungsmacher den Besuchern einen weiterhin sprudelnden Wasserfall vor, indem sie versteckt einen Generator zuschalteten! Wenngleich es bei dem von Marcel Deprez (1843–1918) konzipierten Experiment hohe Leitungsverluste gab und es wegen der hohen Spannung zu vielfachen Störungen kam, gilt die Gleichstromübertragung von 1882 als Meilenstein in der Geschichte der Elektrotechnik.

Ein ähnliches Experiment der Stromübertragung – allerdings nur über eine Strecke von zehn Kilometern von der Hirschau zum Glaspalast, wo der Strom zwei leerlaufende Dreschmaschinen der Firma Epple antrieb – demonstrierte das Nürnberger Unternehmen S. Schuckert. Bei einer zweiten Kraftübertragung versorgte Schuckert eine mechanische Werkstatt der Firma Alois Zettler mit Strom. Die Firma präsentierte auch einen transportablen Beleuchtungsturm mit einer Differenzialbogenlampe, der ein- und ausgefahren werden konnte. Angetrieben wurde die Beleuchtung durch eine angekoppelte Dampfmaschine der Firma Messthaler & Comp.

W. F.

Lit.: Offizieller Bericht über die im Königlichen Glaspalaste zu München 1882 ... stattgehabte Internationale Elektricitäts-Ausstellung verbunden mit elektrotechnischen Versuchen, München 1883, bes. S. 101ff., 131ff.; Füßl, Oskar von Miller, S. 47–68; Lehmhaus, Miesbach-München

---

Mit den neu erfundenen Lichtquellen machte die „lichthungrige" Gesellschaft die Nacht zum Tag.

4.50a **Elektrische Bogenlampe für den Münchner Hauptbahnhof**
Siemens & Halske
Berlin, 1878
Metall, Glas, H. 142, Ø 51, 30 kg
Siemens Corporate Archives, München (12070)

4.50b **Reihenschlussgleichstromgenerator für die Bogenlampe**
Siemens & Halske
Berlin, um 1880
Metall, 48 x 58 x 29
Siemens Corporate Archives, München (11620)

4.49b

4.50b

4.50c **Beleuchtung des Zentralbahnhofs in München mit Bogenlampen**
Georg Böttger (1821–1901)
1880
Fotografie (R)
Siemens Corporate Archives, München (EB VII 5)

4.50d **Theaterzettel des Hof- und Nationaltheaters in München**
18. Januar 1885
Grafik (R)
Siemens Corporate Archives, München (35.Lk.276)

Nachdem Werner von Siemens 1866 mit seiner Dynamomaschine das dynamoelektrische Prinzip demonstriert hatte, waren die Erwartungen groß, nahezu unbegrenzt elektrischen Strom billig produzieren zu können. Allerdings wurden erst die seit 1867 mit so genannten Jablochkoff-Kerzen ausgestatteten Bogenlampen zur Konkurrenz für das Gaslicht. Das helle, fast grelle Bogenlicht kam anfangs nur für die Beleuchtung von Straßen und Plätzen sowie großen Fabrikhallen in Frage. Als erster elektrisch beleuchteter Bahnhof in Deutschland gilt der Münchner Zentralbahnhof, dessen vierschiffige Mittelhalle im Zuge des Großumbaus (1876–1884) im Jahr 1879 elektrifiziert wurde. Zum Einsatz kam eine Beleuchtungsanlage der Firma Siemens & Halske, die bis 1883 auf insgesamt 50 Bogenlampen mit je 360 Kerzen erweitert wurde.

WIE LUDWIGS KÖNIGREICH MODERN WURDE 221

Dabei handelte es sich um Differenzialkohlebogenlampen, die der Siemens-Ingenieur Friedrich von Hefner-Alteneck (1845–1904) konstruiert hatte. Mit dieser Technik war es möglich, mehrere Lampen zusammenzuschalten und den vorher ungleichmäßigen Abbrand der beiden Kohlestäbe in der Lampe automatisch zu regulieren. Aufgehängt waren sie über den Bahnsteigen. Das milchige Glas sollte den grellen Charakter des Bogenlichts mildern. Die Metallfassung war im Stil der Zeit verziert. Als Antrieb für die Beleuchtungsanlage dienten mehrere Dynamomaschinen, so genannte Reihenschlussgleichstromgeneratoren. Die älteren Typen („Modell D") waren ursprünglich so gebaut, dass die Magnetkerne horizontal angeordnet waren. Bei der späteren Version (b) sind die Lamellen, durch die das Magnetfeld erzeugt wird, über und unter der sich drehenden Eisentrommel, dem Anker, zu sehen.

Der Münchner Hoffotograf Georg Böttger hielt 1880 den modernisierten Münchner Zentralbahnhof in mehreren Aufnahmen fest, auf denen auch die Bogenlampen zu erkennen sind.

Mit den von dem amerikanischen Erfinder Thomas A. Edison (1847–1931) konstruierten und bei der Internationalen Elektrizitätsausstellung in Paris 1881 vorgestellten Glühlampen mit Kohlefaden hielt die Elektrizität dann auch in Theatern, Restaurants und Hotels Einzug. Ihr Licht glich eher dem sanften Gaslicht als den grellen Bogenlampen. Der Deutschen Edison-Gesellschaft, der späteren AEG, gelang mit der erfolgreichen Beleuchtung verschiedener Münchner Theater ein Prestigeerfolg. 1884 erstrahlte das Münchner Residenztheater im elektrischen Licht, Anfang 1885 folgte das Hof- und Nationaltheater anlässlich der Aufführung des „Trompeters von Säckingen" (d).

Über die Kosten der frühen elektrischen Beleuchtung im Vergleich zum Gaslicht gibt es widersprüchliche Angaben. In der Gesamtanschaffung war das elektrische Licht deutlich teurer, ein Nachteil, der durch das gleichmäßig helle und geruchlose Glühlicht aufgewogen wurde. *W. F.*

Lit.: Abele, Lichtbogenlampe; Kittler, Handbuch; Lindner, Strom

Mit den ersten Glühbirnen eroberte die Elektrizität langsam die privaten Haushalte.

4.51a Kohlefadenglühlampe mit Blumendekor
Siemens & Halske
Berlin, um 1886
Glas, lackiert und bemalt, Baumwollfaden, Metall, Steinmehl, H. 14, Ø 5
Siemens Corporate Archives, München (08911)

4.51b Frühe Kohlefadenglühlampe
Siemens & Halske
Berlin, um 1883
Glas, Metall, Steinmehl, H. 13, Ø 6,5
Siemens Corporate Archives, München (08909)

Die erste elektrotechnische Ausstellung in Paris 1881 mit den dort präsentierten Kohlefadenlampen Edisons leitete den Übergang von Bogen- zu Glühlampen ein. Für Deutschland erwarb die Deutsche Edison-Gesellschaft das Recht, eigene Lampen, Fassungen, Beleuchtungskörper und Zentralstationen zur Versorgung kleiner Straßenbezirke zu bauen. Siemens & Halske bezog anfangs die Glühlampen von Edison, errichtete dann ab 1882 in Berlin eine eigene Fabrik. Wurden dort 1886 ca. 600 000 Stück gefertigt, stieg 1895 die Zahl bereits auf drei bis vier Millionen. Ähnlich progressiv entwickelte sich die Produktion bei anderen Herstellern wie zum Beispiel Philips.

Bei den Exponaten handelt es sich um birnen- bzw. kugelförmige Kohlefadenlampen, deren Glaskörper durchsichtig bzw. stark bemalt ist. Das dekorative Element spielte anfangs eine große Rolle, da die elektrische Beleuchtung lange Zeit ein Luxusgut war. Im Gegensatz zu den bis heute bekannten Glühlampen mit Schraubgewinde, wie sie Edison entwickelt hatte, haben die Exponate so genannte Swan-Fassungen ohne Schraubung mit zwei isolierten Auslegern, an denen innen die Platindrähte angeschmolzen waren. Die Ausleger wurden dann in die Fassung eingesteckt und verhakt, ähnlich modernen Halogenlampen.

Die Glühlampe war Teil eines aufeinander abgestimmten elektrischen Systems: Der Strom wurde in Block- und Zentralstationen erzeugt, über eigene Leitungsnetze verteilt, um dann die angeschlossenen Glühlampen über ebenfalls neu konstruierte Schalter zu zünden. *W. F.*

Lit.: Wulf, Geschichte

Ludwig II. und die Technik

Der Puttenschlitten König Ludwigs II. war das wohl erste elektrisch beleuchtete Fahrzeug im Land.

4.52 **Glühlampe aus dem Schlitten Ludwigs II.**
  Bayern (?), um 1880
  Sammlung Jean Louis, München (D 18)

Bei der Beleuchtung des Schlittens handelte es sich bereits um echte Glühbirnen mit Platinfaden. Da Edison seine Kohlefadenglühlampe erst 1879 erfunden hatte und sie mit Generatoren und nicht mit Batterien betrieb, der Schlitten aber zu dieser Zeit elektrifiziert wurde, ist zu vermuten, dass es sich um eine besonders frühe Anwendung einer Glühbirne – vielleicht aus regionaler Herstellung – gehandelt hat. Da diese Glühlampen mit Batteriebetrieb in ihren Konstruktionsmerkmalen häufig wechselten, ist eine genaue Zuordnung allerdings nicht mehr möglich.

Die Glühbirnen befanden sich in der Krone und in den beiden Laternen des königlichen Schlittens. Die Batterie dazu war in einem geräumigen Kasten unter dem Sitzkissen untergebracht. Dieser Kasten war zum Schutz vor Batteriesäure mit Bleiblech ausgeschlagen und über eine ebenfalls bleibeschlagene Klappe zu öffnen. Die Anordnung lässt auf eine Batterie aus Einzelelementen schließen, in die ätzende Flüssigkeiten eingefüllt wurden. Wahrscheinlich handelte es sich um Bunsenelemente mit Chromschwefelsäure, wie sie damals gerne verwendet wurden. Der Schalter zum An- und Ausknipsen der Lampen befand sich an der Rücklehne des Schlittens und war von dem hier sitzenden Lakaien zu bedienen.
J. L. S.

Lit.: Schlim, Ludwig II.

WIE LUDWIGS KÖNIGREICH MODERN WURDE

Der einsame König inmitten der nächtlichen Szenerie eines Winterwalds in den bayerischen Bergen – das ist der Stoff, aus dem die Träume sind.

4.53 Ludwig II. auf nächtlicher Schlittenfahrt
Um 1910
Postkarte (R)
Haus der Bayerischen Geschichte, Augsburg (bapo-04990)

Zahlreiche Bildpostkarten, die Ende des 19. Jahrhunderts aufkamen, bedienten sich der Bildsprache des tragischen, einsamen Märchenkönigs in alpiner Landschaft. Sie wirkten stark emotional und wurden vor allem in den touristischen Hochburgen der Ludwigschlösser gerne gekauft. Als Vorlage diente ein Gemälde, das R. Wenig im Jahr 1880 vollendete. Es zeigt eine Schlittenfahrt des Königs von Schloss Neuschwanstein über den Schützensteig nach Linderhof (vgl. auch Kat.-Nr. 3.52).

Die nächtlichen Schlittenfahrten Ludwigs II. im elektrifizierten Puttenschlitten erregten große Aufmerksamkeit. Zu einem Zeitpunkt, an dem die Zeitungen nahezu täglich über die Finanzkrise des bayerischen Königs berichteten, findet sich in der Frankfurter Zeitung vom 26. Januar 1886 die Beschreibung einer solchen Fahrt: „Der Winter ist in unserem Gebirge mit seiner ganzen Pracht eingezogen … Am schönsten ist es in dieser Zeit in Linderhof, dem geheimnisvollen Trianon des Königs Ludwig. Auch bequemer ist in Linderhof und Umgebung der Verkehr als anderswo in den Bergen; denn Hunderte von Arbeitern sind täglich beschäftigt, insbesondere die herrliche Straße von Schnee freizuhalten … Wie ein Zaubermärchen begegnet dem Wanderer hier und da die wunderbare Erscheinung des königlichen Schlittens, der meistens in stiller Nacht durch den Wald dahinfliegt. Man denke sich einen goldenen Schlitten mit Krone und Wappen, und mit einem vergoldeten Coupe, der die Form eines Schwanes mit aufgeblähten Flügeln hat … Wie ein Blitz fliegt der goldene Schlitten vorüber, so dass man kaum Zeit hat, die Brillanten-Agraffe an dem Künstlerhute des Königs, oder die Uniform des jungen Chevaulegers neben ihm ins Auge zu fassen. Bald ist die Erscheinung hinter einer Biegung der Straße verschwunden." B.K.

Lit.: Petzet, König Ludwig II., bes. S. 53–57; Spangenberg, Sujet; Sykora, Kitsch-König

Aus dem Schloss Neuschwanstein hat sich eine Telefonanlage aus den Anfängen des Fernsprechwesens erhalten.

4.54 „König-Ludwig-II.-Apparat"
Firma Friedrich Reiner
München, 1885
Holz, Metall, Textilien, 123 x 33,8 x 24,2
Museum für Kommunikation Frankfurt, (5.2001.145)

Der 26. Oktober 1877 kann als Geburtstag des Fernsprechers in Deutschland gelten, nachdem Fernsprechversuche zwischen dem Generalpostamt Berlin, Leipziger Straße 15, und dem Generaltelegraphenamt Berlin, Französische Straße 33, erfolgreich verlaufen waren. Das Fernsprechwesen im Deutschen Reich entwickelte sich rasant, wobei die Reichstelegraphenverwaltung Preußens (RTV) eine führende Stellung einnahm und „standardisierte, genormte Fernsprecher" für das deutsche Kaiserreich entwickelte.

Bayern hatte sich in der Verfassung des Deutschen Reichs von 1871 in Artikel 50 die Zuständigkeit für das Post- und Fernmeldewesen als Reservatrecht erhalten und schlug nun eigene Wege in der technischen Entwicklung, der Formgebung der Fernsprecher und den Vermittlungseinrichtungen ein. In den 1895 erschienenen „Beschreibungen und Abbildungen der von der Kgl. bayerischen Telegraphenverwaltung im Telephonbetrieb verwendeten Apparate" wird einleitend ausgeführt: „Die Telephonie bezweckt, das gesprochene Wort mittels des elektrischen Stromes nach einem entfernten Ort zu übertragen. Zum Erreichen dieses Zweckes dienen Telephonapparate, welche die durch die menschlichen Sprechorgane erzeugten Schallwellen in elektrische Stromwellen umwandeln und am entfernten Orte, wohin sie auf besonderen Leitungen fortgepflanzt werden, neue Schallwellen hervorbringen, welche den ursprünglichen genau entsprechen. Es besteht demnach eine einfache Telephonanlage aus der Leitung und je einem Telephonapparate an dem Ende der Leitung. Sollen mehrere Personen nach Bedürfnis paarweise in mündlichen Verkehr treten, so müssen zentral geeignete Umschaltapparate aufgestellt werden (Vermittlung), welche die beliebige Verbindung der Leitungen untereinander gestattet."

Bei der hier gezeigten Fernsprechwandstation, gefunden im Schloss Neuschwanstein, handelt es sich um ein frühes Exemplar, das um 1885 von der Telephonfabrik Friedrich Reiner in München gebaut wurde. Die Station weist alle technischen Betriebselemente eines Fernsprechers dieser Zeit auf: oben auf dem Wandbrett die Blitzschutzvorrichtung, die den Teilnehmer vor Überspannungen, zum Beispiel Blitzeinschlag in die Fernsprechleitung, durch Erdung schützte; darunter das „ältere Wechselstrom-Läutewerk, Modell Reiner", das bei Anruf den Gesprächswunsch des externen Teilnehmers, über das Vermittlungsamt weitergeleitet, akustisch signalisierte. Darunter ist die Sprecheinrichtung angeordnet, das Kohlewalzenmikrofon nach ADER und der Hakenumschalter, der nach Abnehmen des Hörers links den Sprechstromanschluss unter Entnahme des Stroms aus zwei Batterien herstellt. Bei den Hörern handelt es sich um zwei bayerische „Neumeyer-Hörtelephone" von 1886. Die Batterien, gewöhnliche Leclanche-Elemente, befinden sich im Batterieholzkasten zuunterst.

Im Nussbaumholzgehäuse ist der Kurbelinduktor, ein kleiner Generator, untergebracht, der nach Drehen der frontal angebrachten Kurbel eine Wechselstromspannung von ca. 60 Volt erzeugt. Dadurch wird der Wechselstromwecker in der Vermittlungsstelle zum Ertönen gebracht und so dem Vermittlungsbeamten der Gesprächswunsch signalisiert. Die Verbindung der beiden Fernsprechteilnehmer wird dann durch Einschieben der entsprechenden Leitungsstecker in Klinken „gestöpselt". Damit ist die Verbindung hergestellt und das Gespräch der Teilnehmer kann beginnen. Das Gesprächsende wird durch nochmaliges Betätigen des Kurbelinduktors angekündigt, es wird „abgeläutet". Die gestöpselte Verbindung wird getrennt.

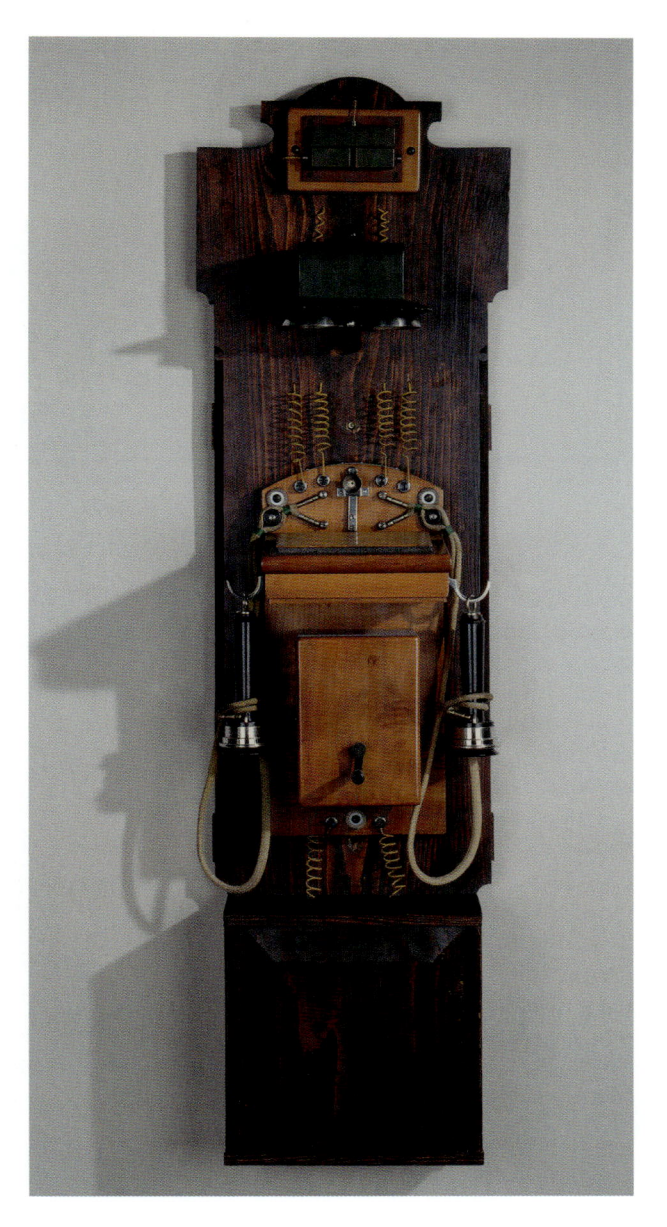

R. R.

In den Schlössern und bei seinen Ausstattungsprojekten Ludwigs II. kam die modernste Bautechnik zum Einsatz, zum Beispiel Stahl-Glas-Konstruktionen.

4.55a

4.55a **Wintergarten Ludwigs II., Blick über den See des Wintergartens in der Südostecke des Quertrakts**
Joseph Albert (1825–1886)
München, 1871
Fotografie (R)
Bayerische Schlösserverwaltung, München
(Mus.-Alt. Grafik und Plane, I f, 1/109)

4.55b **Baustelle Neuschwanstein, 1880**
Fotografie (R)
Wittelsbacher Ausgleichsfonds, München
(Fotoalbum Nr. 460 „Cabinet-Album. Ansichten von Bayern", 1873–1883)

4.55c **Der Wintergarten am Odeonsplatz**
Hubert Köhler
München, um 1880
Chromolithografie (R)
Sammlung Jean Louis, München

4.55d **Marienbrücke**
1866
Fotografie (R)
Historisches Archiv der MAN Augsburg
(Foto Nr. 2077, Archivplan Nr. 352)

4.55e **Der Wintergarten der Münchner Residenz**
3-D-Animation
Konzeption: Prof. Gerd Hirzinger,
Metamatix AG, München, 2011

4.55c

Für die erste große Industrie-Ausstellung in München im Jahr 1854 unter König Maximilian II. wurde eine Konstruktion aus den modernen Materialien Eisen und Glas errichtet. Mit diesem neuartigen „Glaspalast" sollte insbesondere der industrielle Fortschritt in Bayern vorgeführt werden.

Auch König Ludwig II. bediente sich dieser modernen Errungenschaft, als er den unter seinem Vater angelegten Holzsteg über die Pöllatschlucht bei Hohenschwangau durch eine filigrane Eisenkonstruktion ersetzen ließ. Dieser Steg, die bis heute begehbare „Marienbrücke", ist in seiner Art ein gelungenes Beispiel für eine der Natur angepasste Bauweise. Auch in der weiteren Bautätigkeit Ludwigs II. spielte die Eisenkonstruktion eine große Rolle. So ließ er drei Jahre nach seiner Thronbesteigung in der Münchner Residenz einen eisernen Dachpavillon im Anschluss an das Königsappartement errichten. Dieser Pavillon entsprach mehr

4.55b

der Idee einer verglasten Terrasse als der eines Wintergartens, wie ihn Maximilian II. zwischen Königsbau und Nationaltheater hatte bauen lassen. Aus dem kleinen Pavillon wurde eine selbsttragende Konstruktion aus Eisenrippen, die den gesamten Dachbereich des westlichen Festsaalbaus überspannte, in der sich Ludwigs Fantasie frei entfalten konnte. Auf diese Weise entstand eine der „bezauberndsten Gegenden am Fuße des Himalaya".

Doch damit war die Nutzung der modernen Eisenkonstruktion für Ludwig II. noch lange nicht erschöpft. Als der König in Neuschwanstein, das in konventioneller Bauweise aus Backstein mit Steinverkleidung errichtet wurde, während des Baus eine Erweiterung des Thronsaals wünschte, mussten dafür aus statischen Gründen in die Decke gewaltige eiserne Doppel-T-Träger eingefügt werden. Zur besseren Verteilung des Gewichts wurden die Säulen des Thronsaals nicht aus Stein oder Mauerwerk, sondern aus gusseisernen, mit Scagliola verkleideten Rohren hergestellt. Auch die große mittlere Kuppel besteht aus einem Eisengerüst mit Strohgeflecht, das von beiden Seiten mit Putz versehen wurde. Die Unterseite, die die Decke zum Thronsaal bildet, wurde mit einem Himmel und Sterne darstellenden Deckengemälde verziert.

Auch die künstliche Grotte in Schloss Linderhof (Kat.-Nr. 4.60) wäre ohne das tragende Gerüst aus Eisen kaum denkbar und in Schloss Herrenchiemsee kann man bis heute im Treppenhaus die filigrane Glaskuppel bewundern, die mithilfe einer Eisenkonstruktion errichtet wurde.

J. L. S.

4.56

König Ludwig II. überwand jedes logistische Problem durch den Einsatz modernster Technik.

4.56 **Der königliche Schleppdampfer im Hafen von Herrenchiemsee**
Um 1885
Fotografie (R)
Sammlung Jean Louis, München

Um die enormen Transportprobleme beim Bau des Schlosses Herrenchiemsee bewältigen zu können, wurde 1878 die Maschinenfabrik Hirschau (J. A. Maffei) von der königlichen Hofbauintendanz mit dem Bau eines Schleppdampfers beauftragt. Dieser sollte die mit Baumaterialien beladenen Schleppkähne vom Chiemseeufer aus zum so genannten Ziegelsteg am westlichen Ufer der Herreninsel verbringen. Von hier aus brachte man sie mittels eines Dampfzugs zur eigentlichen Baustelle. Das Boot wurde innerhalb von sechs Monaten in Stock am Chiemsee gebaut, von wo aus es seinen Dienst antrat.

Nach dem Tod König Ludwigs II. wurden ab August 1886 die Schlösser zur Besichtigung freigegeben. Die Firma Feßler, die den Personenschiffsverkehr auf dem Chiemsee betrieb, ließ dazu 1887 einen größeren Passagierdampfer bauen. Bis zur Fertigstellung dieses Schiffs scheint der frühere Lastdampfer die Neugierigen zur Insel gebracht zu haben, wozu laut Überlieferung die Schleppkähne mit Bänken versehen wurden. Später kam der Lastdampfer nach Rosenheim, wo er auf dem Inn als Schlepper eingesetzt werden sollte. Allerdings erwies er sich in der Strömung des Inns als zu schwach. Nach einem Umbau durch die Firma Maffei wurde das Schiff dann am unteren Inn von Simbach aus zum Steintransport für die Uferbefestigung eingesetzt. Hier verliert sich seine Spur.

J. L. S.

4.55 d

Das „Janusköpfige" in den Projekten Ludwigs II.: neueste Technik im barocken Gewand.

4.57 Salon- und Terrassenwagen Ludwigs II.
Zustand 1889
Fotografie (R)
Fotosammlung DB Museum, Nürnberg (NN 085057)

Bereits zur Zeit Maximilians II. gab es am bayerischen Hof besondere Eisenbahnwagen für die königliche Familie, die nach dem Tod seines Vaters in den Besitz Ludwigs II. übergingen. An dem schlichten Hofzug seines Vaters, 1860 von Klett & Co. gebaut, ließ der junge Monarch wesentliche Veränderungen vornehmen. Am 16. Juli 1865 bestellte er einen zusätzlichen „offenen Wagen", der nach nur vier Monaten Bauzeit von der Firma Klett & Co. fertig gestellt wurde. Dieser Terrassenwagen war für Ausflugsfahrten im Sommer bestimmt.

1868 ließ Ludwig II. auf dem Dach des Salonwagens eine 50 Zentimeter hohe Krone anbringen. Noch im selben Jahr erteilte er den Auftrag, den Wagen im Stil Ludwigs XIV. von Frankreich auszuschmücken. Wie bei seinen Bauprojekten inszenierte Ludwig in seinem Salonwagen die Welt des Absolutismus, wie sie seinem Herrscherverständnis entsprach.

Der praktische Nutzen der in technischer Hinsicht sehr modernen Prunkwagen war für ihn eher zweitrangig. Vermutlich hat er den Hofzug nur selten benutzt. Mit dem Ende der Monarchie 1918 gelangte der Zug in das Verkehrsmuseum Nürnberg. U. B.

Lit.: Bartelsheim, Versailles auf Rädern; Bock/Gottwaldt, Regierungszüge; Wackernagel, Staats- und Galawagen

Die Nacht in der Grotte von Linderhof wurde elektrisch erhellt.

4.58 Gleichstromgenerator Nr. 82
der Firma Schuckert für Schloss Linderhof
Nürnberg, 1878
Metall, 60 x 80 x 38, 237 kg
Siemens Corporate Archives, München (0140)

1875 erteilte König Ludwig II. den Befehl zum Bau der „Blauen Grotte" in Schloss Linderhof. Diese wurde ab 1878 mit einer elektrischen Beleuchtung ergänzt, ausgeführt von der Nürnberger Firma S. Schuckert. Die ersten drei Maschinen für drei Bogenlampen wurden 1878 installiert.

Die Firma Schuckert war ein Newcomer auf dem Gebiet der Elektrotechnik. Erst seit 1874 baute sie Dynamos, die sich auf dem Markt rasch durchsetzten. Gemeinsam mit dem ebenfalls neuen Unternehmen Gramme in Paris lieferte Schuckert für Linderhof bis 1881 insgesamt 24 Generatoren für 24 Bogenlampen.

Ein Prüfbericht von 1878 attestierte den ersten Maschinen, darunter dem Generator Nr. 82 von Schuckert, eine hohe Effizienz, hielt aber auch fest, dass das Zusammenspiel von Beleuchtung und Einrichtung der Grotte durchaus noch verbesserungswürdig sei. Wenngleich den Prüfern die blau eingefärbten Gläser der Laternen gut gefielen, war der König über die Farbgestaltung wenig begeistert (Kat.-Nr. 4.26). Er beauftragte andere Elektrotechniker und den Chemiker Adolf von Baeyer (1835–1917), weitere Versuche durchzuführen, bis das Glas der gewünschten Blautönung in der Farbe des Lapislazuli entspreche. Baeyer führte 1879 mit seinem Kollegen Heinrich Caro darüber eine längere Korrespondenz, letztlich blieb seine Versuchsserie aber erfolglos.

W. F.

Quellen und Lit.: Briefe von Baeyer an Caro, Deutsches Museum, Archiv, HS 1671–1675; Krätz, Blau

Die in Linderhof aufgenommene Fotografie zeigt das erste „Elektrizitätswerk" in Bayern.

4.59 **Generatorraum für die Grotte in Schloss Linderhof**
Um 1880
Fotografie (R)
Deutsches Museum, München (Archiv)

Da zum Betrieb der ersten in Schloss Linderhof eingesetzten Kohlebogenlampen jeweils ein eigener Generator und eine eigene Dampfmaschine zum Antrieb erforderlich waren, mussten im Schloss ein Generatorraum und ein Raum für Dampfmaschinen eingebaut werden. Von hier aus erfolgte die Beleuchtung der Grotte und des Maurischen Kiosk. In kurzen Abständen wurde die elektrische Anlage in Schloss Linderhof mehrfach erneuert. Die komplizierte Technik des Einzelantriebs – 24 Generatoren für 24 Bogenlampen – war bald überholt. Da die Maschinen später so konstruiert waren, dass sie eine höhere Leistung erzielten, als für eine Lampe notwendig war, wurden schon seit 1878 mehrere Lampen über eine „Teilung des Lichts" zusammengeschaltet; so war der Betrieb einer Lampenreihe im Netz möglich.

Im Vordergrund links ist eine Gleichstrommaschine der Bauart Gramme zu erkennen. Eine solche wurde 1912 von der Staatlichen Schlösserverwaltung dem Deutschen Museum gestiftet, wo sie heute in der Abteilung Starkstromtechnik ausgestellt ist.

W. F.

An der Grotte von Linderhof wird sichtbar, dass hinter der königlichen Gegenwelt modernste Technik stand.

4.60a Grotte von Linderhof
3-D-Animation
Konzeption: Prof. Gerd Hirzinger, Metamatix AG,
München, 2011

4.60b Relikte aus der Grotte in Linderhof
Glasscheibe: Rotes Überfangglas, 28 x 24,5 x 0,2
Stück einer Blatt- und Rosenblütengirlande: Gips,
farbig gefasst, 13 x 50 x 26
Stück einer Stalaktite: Stuck, über Holzkern, L. 29, Ø 8,5
Stück eines Kalkvorhangs: Stuck/Rupfen, 17 x 9 x 7
Bayerische Schlösserverwaltung, München

4.60c Ansicht der Venusgrotte in Linderhof
in blauer Beleuchtung
Heinrich Breling (1849–1914)
München, 1881
Aquarell, 23 x 33,2 (R)
Wittelsbacher Ausgleichsfonds, München (L.II.-Mus. 2168)

Drei Architekten waren mit der Ausführung von Ludwigs II. Plan einer Venusgrotte im Schlosspark Linderhof betraut: Hofbaudirektor Georg Dollmann mit dem Rohbau, Carl von Effner mit der Bauleitung und Landschaftsplastiker August Dirigel mit der Gestaltung des Innenraums. Am Abhang des Hennenbergs sollte eine künstliche Grotte von 90 Meter Länge und bis zu 14 Meter Höhe entstehen (Kat.-Nr. 3.12f.).

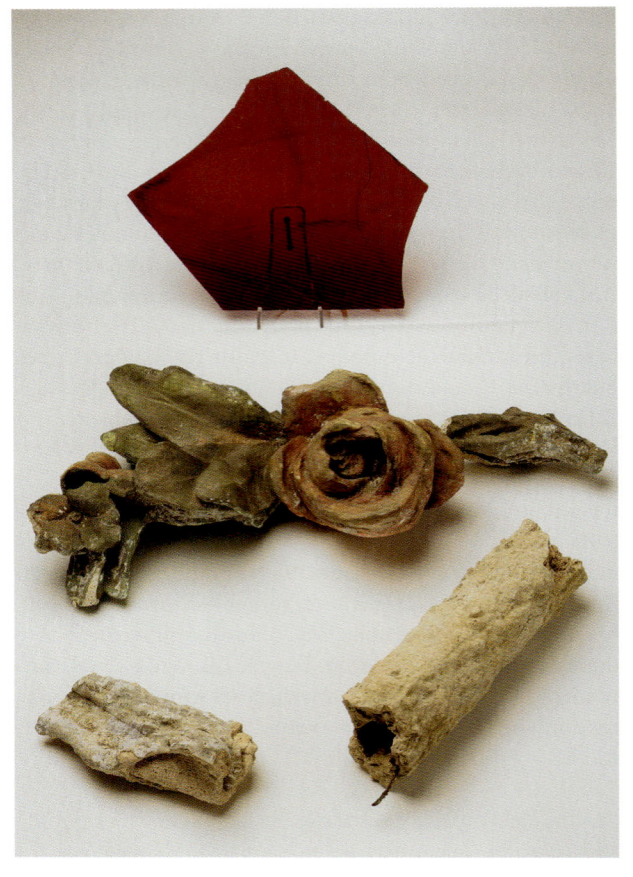

4.60b

4.60c

230 VIERTER AKT

Die Bauarbeiten begannen 1876 und dauerten lediglich eineinhalb Jahre. Der Rohbau wurde aus Ziegelmauern aufgeführt, die sich in der Form eines Halbrunds an den Felsen lehnen – ähnlich dem in dieser Zeit gängigen Verfahren, Tunnel, wie etwa den Gotthardtunnel, auszumauern. Die dem Hang abgewandte Seite wurde unter bepflanztem Erdreich verborgen, sodass sich der Bau harmonisch in die Landschaft einfügt.

Um im Inneren den Anschein plastischer Felsen zu erwecken, bediente man sich einer speziellen Technik aus dem Bühnenbau. Stahlgerüste wurden an Haken aufgehängt, mit einem feinmaschigen Drahtgitter überzogen und mit sackleinenen Tüchern bespannt, die mit Romanzement, einem Gemisch aus Zement und Muschelkalk, bestrichen wurden. Das beigefügte Spießglas, seit der Barockzeit in Bühnenbildern verwendet, ergab den Effekt glitzernder Kristalle in den Felswänden.

Für die Stalaktiten benötigte man Holzkerne, die leicht genug waren, um sie in großer Zahl an die Decke hängen zu können. In der Mitte des Sees stützt eine als Tropfsteinsäule verkleidete Stahlgussäule mit 28 Zentimeter Durchmesser das Dach, das bereits sechs Jahre später ausgebessert werden musste, da das feuchte Klima in der Grotte und die großen Temperaturunterschiede zur Umgebung der Konstruktion stark zusetzten.

Die Grotte sollte auf Wunsch des Königs auch im Inneren bepflanzt werden. Das erwies sich aufgrund des fehlenden Sonnenlichts und der hohen Luftfeuchtigkeit als schwierig. Man behalf sich mit „künstliche[n] Palmen, Rosen- und Schlingpflanzen-Guirlanden" aus Gips, von denen nur mehr wenig erhalten ist.

Die Inbetriebnahme der Grotte war sehr aufwändig. Wenn sich der König zum Besuch ansagte, mussten alle Apparaturen kontrolliert werden, die Gasbehälter wurden befüllt, die Beleuchtung und die Stromgeneratoren überprüft. Das in den künstlichen See eingeleitete Wasser wurde mittels der holzbefeuerten Seeheizung erwärmt. Plante Ludwig II. ein Bad im See, musste das Wasser gefiltert werden, was rund 36 Stunden in Anspruch nahm. Um eine Erwärmung der Luft in der Grotte auf ca. 20 Grad zu erreichen, wurden sieben Öfen befeuert.

Den größten Effekt in diesem „Illusionstheater" (J. L. Schlim) aber erzielte die Beleuchtung. Die – meist nächtlichen – Aufenthalte in der Grotte verband der König oft mit einem Diner oder einem Sängervortrag, obligatorisch jedoch war die Vorführung der Illuminationsapparaturen in allen fünf Farben. Dabei waren bis zu 20 Arbeiter als „Beleuchter" damit beschäftigt, die bunt gefärbten Glasschalen in einer Art Beleuchtungskasten zu arrangieren. Zum Einsatz kamen Kohlebogenlampen. Der Zauber, den ein solches Lichtspiel entwickeln musste, ist heute nur mehr zu erahnen. *M. L.*

Lit.: Petzet/Neumeister, Welt, S. 69–76; Praxmarer/Adam, König Ludwig II., S. 92–98; Schlim, König Ludwig II., S. 97–112

Max Thomas Edelmann realisierte mit seinem Erfindungsgeist die artifiziellen Träume des Königs.

4.61 Signierschablone des Physikalisch Mechanischen Instituts M. Th. Edelmann
Um 1870
Messing, 21 x 37
Dr. Max Edelmann, Inning am Ammersee

Max Thomas Edelmann gehört zu den naturwissenschaftlichen Pionieren der so genannten Gründerzeit, die mit ihren Erfindungen und Unternehmungen wichtige Impulse im chemischen, physikalisch-mechanischen und elektrotechnischen Bereich setzten. Erst 23-jährig, erklomm der 1845 in Ingolstadt geborene Edelmann nach dem Studium an der Universität München die akademische Karriereleiter. An der von Ludwig II. im Jahr 1868 gegründeten Polytechnischen Hochschule in München wurde Edelmann noch im Gründungsjahr Assistent und 1881 Privatdozent, 1894 wurde er zum Professor ernannt. Das eigentliche wirtschaftliche Standbein Edelmanns war jedoch sein bereits 1863 gegründetes Physikalisch Mechanisches Institut, in dem führende Physiker wie Hermann von Helmholtz, Wilhelm von Beetz oder Johann von Lamont Präzisions- und Messapparaturen entwickelten und herstellten. Edelmann konstruierte eine Innenpoldynamomaschine – ein Vorläufer von Schuckerts Elektromotor –, ferner ein Instrument zur Ablesung der Stromstärke, Skalenfernrohre und vieles mehr.

WIE LUDWIGS KÖNIGREICH MODERN WURDE

Künstlichen „Sonnenauf- und -untergang, Mondschein, Regenbogen, elektrisches Licht, Donner, Blitz, Wind- und Wasserrausch-Maschine" begehrte Ludwig II. in einem Schreiben an Kabinettsekretär Pfistermeister im Juli 1865 für seine diversen Ausstattungsprojekte. Max Thomas Edelmann wurde mit der Realisierung einiger dieser Wünsche des Königs betraut. Für Ludwigs Zimmer in Schloss Hohenschwangau entwickelte er einen künstlichen Mond, auch an der technischen Ausgestaltung der Venusgrotte in Linderhof war Edelmann beteiligt. Im Jahr 1878 verbrachte er immer wieder Zeit in Linderhof, um gemeinsam mit dem Maler Stöger einen Weg zu finden, das ultimative Blau der Grotte von Capri zu imitieren. Auch die Wellenmaschine, die sanfte Wogen auf den künstlichen See der Grotte zaubern sollte, wenn sich der König im goldenen Nachen (Kat.-Nr. 4.58, 4.60) rudern ließ, war eine Entwicklung der Firma Edelmann, die bereits im Wintergarten der Residenz in München ihren Dienst getan hatte.

Max Thomas Edelmann war eng verbunden mit der Münchner Künstlerszene seiner Zeit. Er gehörte als erster „Nicht-Künstler" der 1873 von Franz von Lenbach und Lorenz Gedon gegründeten Künstlergesellschaft „Allotria" an. Edelmann war ein maßgeblicher Förderer des Bayerischen Nationalmuseums und des Künstlerhauses. Er starb 1913 in München. *B.K.*

Lit.: Gedon, Lorenz Gedon; Hacker, Ludwig II., S. 255f.; Körner, Enzyklopädie, Bd. 1, S. 420; Schlim, Ludwig II.

Bereits zu Lebzeiten wurde das Konterfei Ludwigs II. für Werbezwecke eingesetzt. Der König wurde zur Marke.

4.62a **König-Ludwig-Kaffee der Firma August Stürzer, München**
Papier, 20,5 x 12 x 6

4.62b **König-Ludwig-Kaffee-Sammelmarken**
Papier, oval, 6,5 x 4,8

4.62c **Suppenlöffel als Treuepreis für den Kauf von König-Ludwig-Kaffee**
Metall, 20,5

4.62d **Handzettel „Sehr geehrte Hausfrau" zum König-Ludwig-Kaffee**
Papier, 8 x 13,5

4.62e **Tasse mit Untertasse**
Porzellan, 8 x 8,5 bzw. Ø 16
a–e Firma August Stürzer
München, um 1910
Sammlung Spangenberg, Regensburg

König Ludwig II. ist weltweit auf allen nur denkbaren Bildträgern abgebildet: auf künstlichen Fingernägeln, Golfbällen, Krawatten, Satellitenschüsseln, Seifen, Seidenkorsagen, Toilettendeckeln, Uhren und vielem mehr. Von der „Roulade Ludwig II." über Alkoholika bis hin zu Kräutertees und Schokolade tragen Lebensmittel, vornehmlich in Deutschland, seinen königlichen Namen; aber auch Feuerwerkskörper, Flugballons, Festzelte und Schiffsschaukeln schmücken sich mit dem Beinamen „König Ludwig". Im Vergleich dazu wirken Ludwig-Apotheken, -Gaststätten und -Hotels beinahe uninspiriert. Das Bedürfnis, mit dem Verwenden von Namen und/oder Bild Ludwigs II. eine monarchische Aura zu schaffen, setzte schon zu Lebzeiten des Königs ein und wirkt bis in das 21. Jahrhundert fort: Dieser bayerische König ist zu einer Marke geworden.

Mit dem Tod Ludwigs II. tauchte dessen Abbild vermehrt auf Erzeugnissen aus Bayern auf, um Kaufanreize zu schaffen: Die Hersteller der Zigarrenmarke „Wittelsbacher" bedienten sich ebenso des Konterfeis wie eine Seifenfabrik ihre „Bayerische Königsseife", „rein, mild und hautverschönernd", mit dem offiziellen Amtsporträt des Königs in Uniform versah.

Als besonders wirkungsvoll erwies sich die kombinierte Bild- und Wortmarke. So benannten um die Wende vom 19. zum 20. Jahrhundert die Kaffeefabrik August Stürzer und der Hersteller für Feigenkaffee Georg Wöhrle ihre Artikel nach dem Monarchen und bildeten auf den Verpackungen sein Porträt ab. Die beiden in München ansässigen Firmen ergriffen umfangreiche Werbemaßnahmen mit Plakaten, Sammelbilderalben, Werbegeschenken und vielem mehr. Georg Wöhrles Feigenkaffee wurde bis in die 1970er-Jahre unter diesem Namen verkauft, während sich die Spuren des König-Ludwig-Kaffees von August Stürzer nach dem Zweiten Weltkrieg verlieren.

Auch ein Nachfahre Ludwigs II., Luitpold Prinz von Bayern, Geschäftsführer der „König-Ludwig-Schlossbrauerei-Kaltenberg", bringt seit Jahrzehnten unter dem Label „König Ludwig" mehrere Biersorten auf den Markt. Diese versteht der Urenkel des letzten regierenden Bayernkönigs ebenso als Premiumprodukte wie die Artikel, denen er in Lizenz das Führen der eingetragenen Marke „König Ludwig" mit Königsporträt einräumt. So bilden mit diesem Erscheinungsbild in postmonarchischen Zeiten Bekleidung, Back- und Fleischwaren, Käse, Marmelade, Schnaps, ein Eau de Toilette und anderes mehr einen hochpreisigen Warenkorb, der edle Zutaten bzw. Materialien und Qualität verspricht. Gemeinsam ist ihnen ein emotionaler Markenauftritt und ein prägnantes Produktdesign. *M. Sp.*

Lit.: Spangenberg, Sujet; Spangenberg, Ursprünge

Eines der ersten Ludwig-Souvenirs war ein Schwan.

4.63 **Miniatur des Majolikaschwans aus Neuschwanstein**
Neufaldersleben, Thüringen 1886
Majolika, Pappschachtel, Schwan: 10 x 12,5,
Schachtel: 14,5 x 14,5 x 10
Sammlung Jean Louis, München (D 25)

Laut Überlieferung des Prinzen Joseph Clemens von Bayern soll König Ludwig II. diese Miniaturen des Majolikaschwans aus Neuschwanstein 1885 noch selbst in Auftrag gegeben haben, als Geschenk an Freunde und Besucher. Ausgeliefert wurden die Schwäne allerdings erst nach dem Tod des Königs und sie wurden, wie vieles aus seinem Nachlass, meistbietend verkauft. In einem Schlossführer von Herrenchiemsee aus dem Jahr 1889 wird für das Souvenir geworben: „Den Besuchern der Königsschlösser empfehle ich als schönste Erinnerung an ‚Neuschwanstein' den dem dort sich befindlichen Originale nachgebildeten, künstlerisch in Majolika ausgeführten ‚Schwan' – Preis incl. eleganter Packung: nur 3 Mark – Zu haben bei F. Speiser (Kiosk hinterm Bahnhof) Prien und auf den Chiemseedampfschiffen."

Da die Mutter von Prinz Joseph Clemens von Bayern, Prinzessin Louise, die Tochter der ehemaligen Verlobten des Königs, nach dem Tod Ludwigs II. eine Rundreise zu den Königsschlössern unternahm, die sie in Briefen an ihre Mutter Sophie Charlotte ausgiebig beschreibt, dürfte dieser Schwan wohl über sie seinen Weg in die Sammlung ihres Sohnes gefunden haben.

J. L. S.

Fünfter Akt

》 Wie Ludwig starb
und zum Mythos wurde

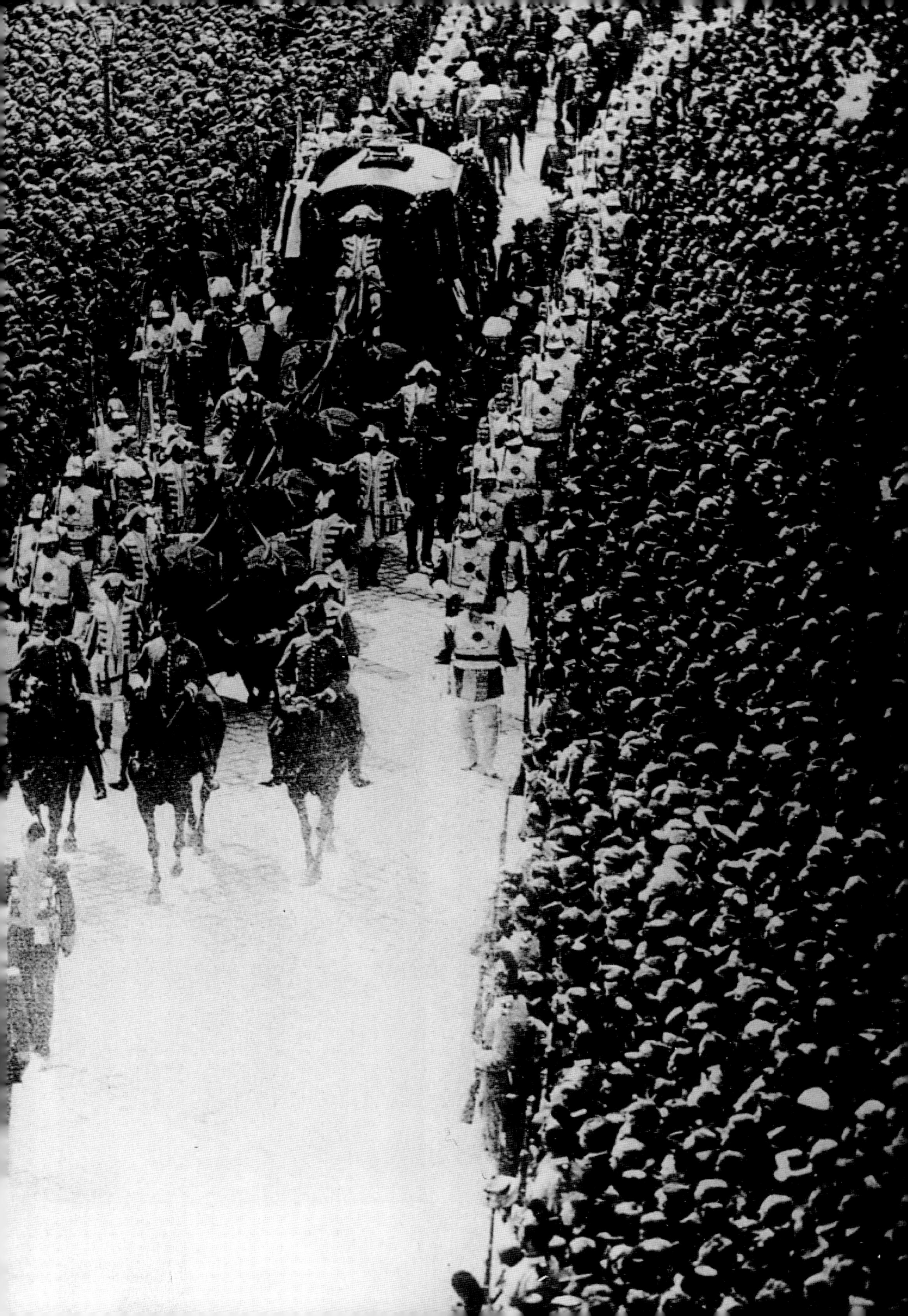

Der König in den letzten Jahren

Ab den frühen 1880er-Jahren zog sich Ludwig II. immer stärker zurück und brach den Kontakt zur Außenwelt weitgehend ab.

5.01a Gehrock König Ludwigs II.
Hofschneider Fritz Schulze
München, um 1882/1885
Oberstoff: Wolle, gewebt, Rücken: 97 x 43, Ärmellänge 64
Bayerisches Nationalmuseum, München (T 5954)

5.01b Drei Fotografien König Ludwigs II.
Joseph Albert (1825–1886)
Hohenschwangau, 1883/85
Fotografie (R)
Geheimes Hausarchiv, München (Wittelsbacher Bildersammlung, König Ludwig II. 38/46a; 38/46b; 38/46c)

Die Fotografien Ludwigs aus seinen letzten Lebensjahren ähneln sich stark. Sein Hoffotograf Joseph Albert porträtierte ihn in einem schweren schwarzen Tuchmantel, unter dem ein weißes Hemd mit schwarzer Schleife hervorschaut. Sofern der Hut mit abgebildet wurde, ist dieser seitlich mit einer sternförmigen Brillantagraffe geschmückt (WB 38/46c, rechts unten). Vermutlich wurden diese Fotografien über Jahre hinweg aufgenommen. Die unterschiedliche Barttracht weist darauf hin. Die Fotografie WB 38/46a (links unten) dürfte aus der Zeit um 1883 stammen, da Ludwigs Aussehen einer Aufnahme ähnelt, die auf seiner 1881 zusammen mit dem Schauspieler Joseph Kainz unternommenen Schweizreise entstanden war (Kat.-Nr. 5.09b). Hatte er sich in jungen Jahren in vielfältigen Posen ablichten lassen und diese Bilder, wie andere Herrscher, verschenkt oder auch zum Verkauf freigegeben, so waren die Fotografien später privaten Charakters.

Aus dieser Zeit hat sich auch ein Gehrock mit zugehöriger Hose und Weste erhalten. Ein Etikett in der Hose weist den Schneider Fritz Schulze als Hofschneider aus, zu dem dieser 1882 ernannt worden war (Kat.-Nr. 3.51).

Ludwig II. bestach als junger Mann durch sein gutes Aussehen. So erinnerte sich der dem König nahestehende Dramatiker Karl von Heigel: „Zunächst gewann der neue Fürst die Menge durch seine Schönheit … Von großen dunklen Augen und ihrem schwärmerischen Ausdruck waren zumal die Frauen bezaubert." 20 Jahre später war er ein Mann von stattlicher Erscheinung, er wog bei 191 cm Körpergröße 120 kg, wie der Obduktionsbericht vermerkt. Der Rückzug des Königs aus der Öffentlichkeit muss auch im Zusammenhang mit der Tatsache gesehen werden, dass er beinahe alle Zähne verloren hatte und trotz einer Prothese im Oberkiefer nur schwer verständlich sprechen konnte. Marie Valerie, die Tochter der zeitlebens auf ihre überschlanke Figur bedachten Kaiserin Elisabeth, schrieb 1880 über den bayerischen König in ihrem Tagebuch: „O! Dicker König … Er spricht sehr schnell und undeutlich …"

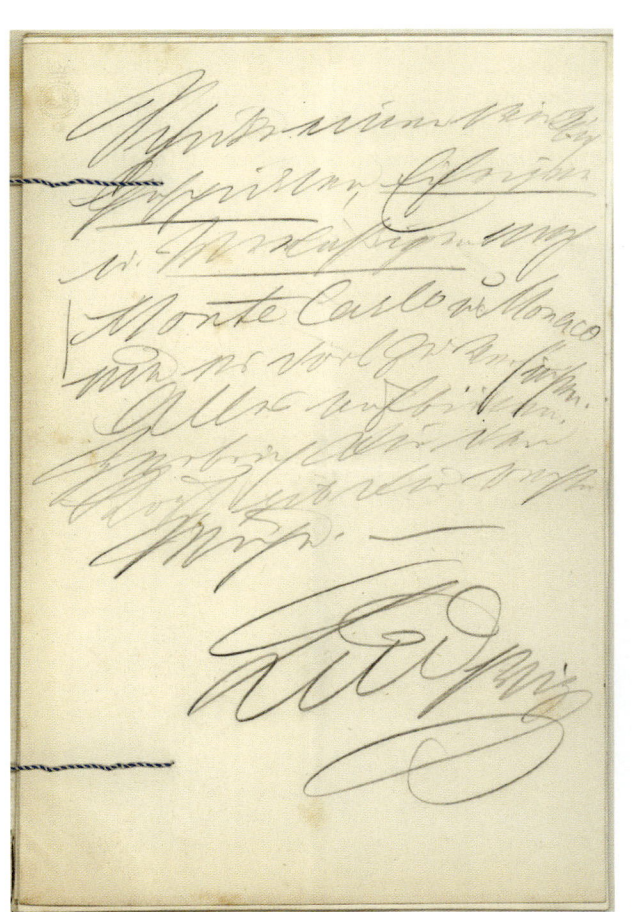

Noch 1885 war ein neues offizielles Porträt des Königs für Behörden und öffentliche Stellen angeboten worden. Nach seinem Tod aber waren vor allem die „privaten Fotografien" des Königs begehrt. Im „Münchner Fremdenblatt" vom 29. Juni 1886 warb der Hoffotograf Joseph Albert mit der „letzten Originalaufnahme" des Königs, „aufgenommen im Winter in Hohenschwangau".

M. H./C. St.

Lit.: Ranke, Joseph Albert, S. 134f., Kat.-Nr. 53f.; Schad, Tagebuch; Schmid, König Ludwig II., S. 173–181; Sternberg, Ludwig II.; Wöbking, Tod, S. 186

Auf Tausenden Notizzetteln gab Ludwig II. in den letzten Jahren seine Anweisungen und Befehle weiter.

5.02 **Kammerbefehle König Ludwigs II.**
Ludwig II.
1885/86
Bleistift/Papier, 14 Blätter, 22 x 14, angeheftet
an einem Protokoll
Geheimes Hausarchiv, München
(Ministerium des Königlichen Hauses 193)

Im Lauf seines Lebens entwickelte Ludwig II. eine immer schärfer ausgeprägte Menschenscheu. Da er seit 1883/84 keine Beamten in verantwortlicher Stellung mehr empfing, lief sein Kontakt zur Außenwelt durch die Hand des Kammerlakaien Lorenz Mayr. Zuletzt wollte der König aber auch diesen so wenig wie möglich sehen. Daher schrieb er seine Wünsche eigenhändig mit Bleistift auf Zettel, die unter der Türe hindurchgeschoben wurden. Diese „Kammerbefehle" betrafen persönliche Bedürfnisse des Königs wie die Bestellung des Friseurs oder eines Zahnarztes ebenso wie den Fortgang seiner Bauten oder Staatsangelegenheiten. Soweit erforderlich, musste Mayr den Inhalt der Zettel dann in förmliche Schreiben umsetzen, die er im Auftrag des Königs an den Kabinetts- bzw. Hofsekretär sandte. Auch sämtliche Anträge der Ministerien und der Hofbehörden erreichten den König nur schriftlich. Zwar hat Ludwig II. die Vorlagen bis zuletzt zuverlässig unterschrieben, doch entsprach eine derartige Regierungsmethode nicht den Vorstellungen der Staatsrechtslehre vom Funktionieren einer konstitutionellen Monarchie, für die der stete Kontakt des Königs mit den Staatsministern, die dem Landtag für die Verfassungs- und Gesetzmäßigkeit der Regierungsmaßnahmen verantwortlich waren, zumindest als der Normalfall galt.

G. I.

König Ludwigs Traum vom Fliegen.

5.03 a Skizze zur Ballonseilbahn über den Alpsee aus dem Gutachten Georg Dollmanns
1869/70
Tinte/Papier (R)
Geheimes Hausarchiv, München
(Kabinettsakten König Ludwigs II. 362)

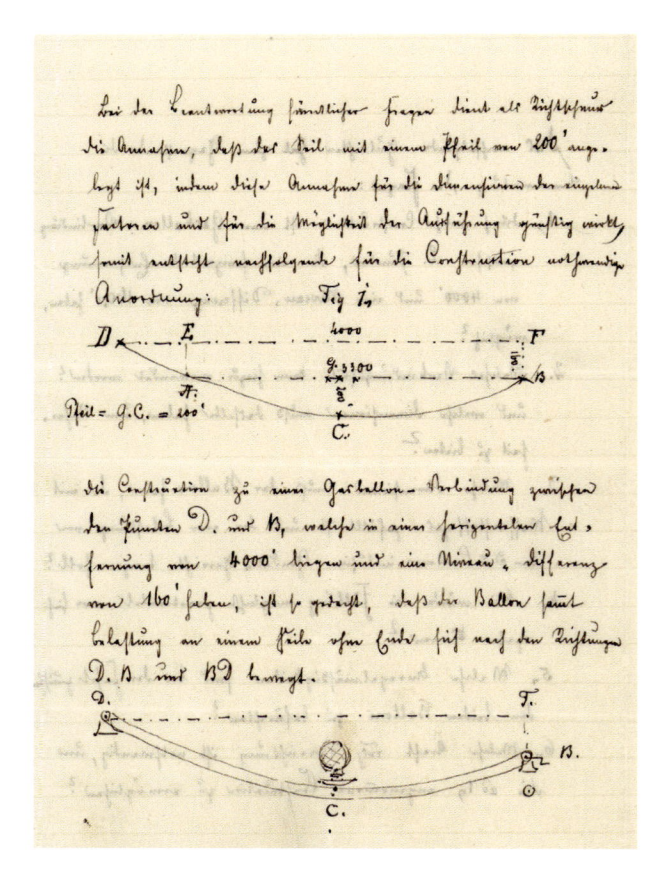

5.03 b Ballonseilbahn über den Alpsee
3-D-Animation
Konzeption und Programmierung: Prof. Dr. Gerd Hirzinger, Metamatix AG, München

Im Sommer 1869 reifte in Ludwig II. der Wunsch, sich in Hohenschwangau ein Fluggerät bauen zu lassen. Von der Plattform des Schlosshofs aus sollte eine – wohl in Gestalt eines Pfaus konstruierte – Gondel zur Sperbersau geführt werden. Da die Flugroute quer über den Alpsee geplant war, ergab sich das Problem fehlender Stützen, was ein Durchhängen des Seils auf diese Entfernung zur Folge gehabt hätte. Um dem entgegenzuwirken, entstand der Plan, die am Seil befestigte Gondel an einen Ballon zu hängen, damit diese während der Fahrt über das freie Gelände angehoben würde. Die Ausführung des Projekts vertraute Ludwig II. seinem Bühnenmaschinisten Friedrich Brandt und dem Architekten Georg Dollmann an. Doch scheiterte das Vorhaben an zwei Schwachpunkten: dem Einfluss starker Winde auf die Bewegung des Ballons und dem Fehlen eines geeigneten Seils für eine solche Distanz.

Dass dieser Plan Ludwigs II., eine „Flugmaschine" für Fahrten über den Alpsee anfertigen zu lassen, im späteren ärztlichen Gutachten gegen ihn als Indiz für seine „überwuchernde und die Schranken der Wirklichkeit und Möglichkeit ganz außer Acht lassende[ ] Phantasie" abqualifiziert wurde, erscheint aus heutiger Sicht – zumal es sich bei seiner Flugmaschine eher um eine Seilbahn handelte – fast als Ironie der Geschichte. Kurz nach seinem Tod nahm die Entwicklung von Flugzeugen rasant an Fahrt auf – bereits 1894 stellte Otto Lilienthal seinen „Normalsegelapparat" in Serie her.
J. L. S.

Ludwig II. plante ab 1885 auch noch ein chinesisches Symbol seiner Kaiseransprüche – eine in sich logische Ergänzung.

5.04 Entwurf zu einem chinesischen Sommerpalast für Ludwig II. – Seitenansicht

Julius Hofmann
München, 1886
Aquarellfarben; Vorzeichnung Tusche/Feder, 41,5 x 95
Bez. oben mittig: Project/zu einem chinesischen/Sommerpalast; sign. und dat. u.r.: München, im Januar 1886./J. Hofmann
Bayerische Schlösserverwaltung, München (L.II.-Mus. 541)

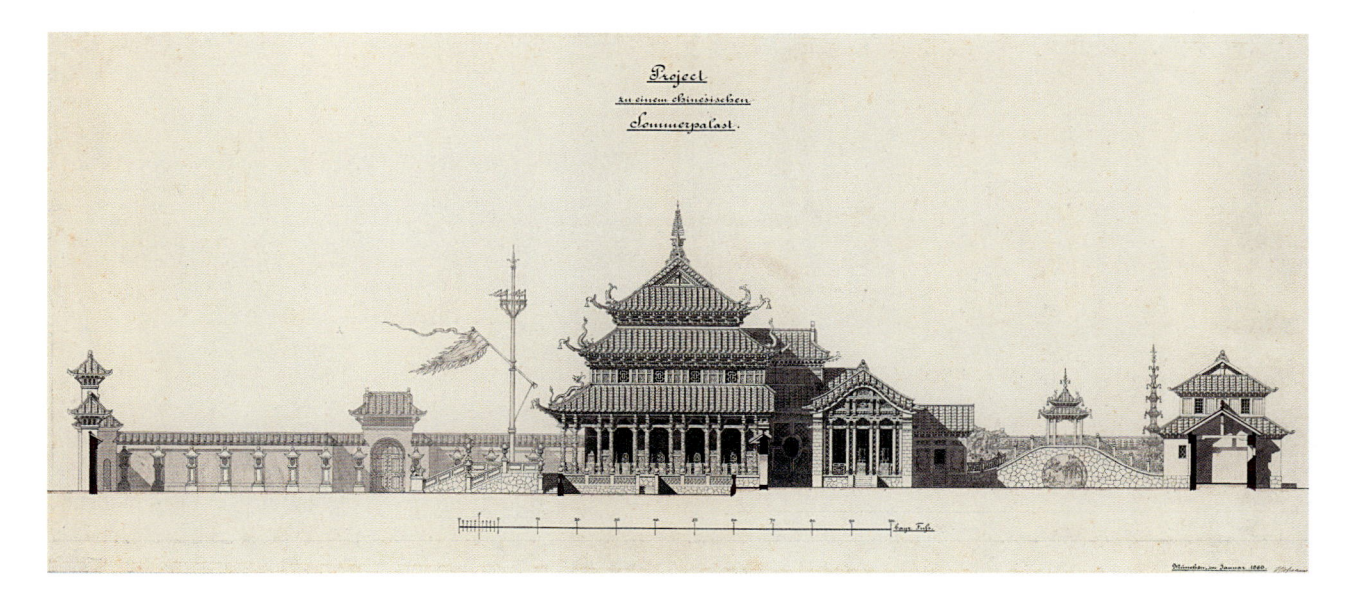

Der chinesische Sommerpalast war das letzte Bauvorhaben Ludwigs II. Wie Exzerpte aus seinem Nachlass zeigen, hatte er für dieses Projekt französische Beschreibungen des Sommerpalasts Yuen Ming Yuen des Kaisers K'ang Hsi und des Winterpalasts in Peking mit seinem Thronsaal heranziehen lassen. Julius Hofmann fertigte außer dieser Seitenansicht einen Grundriss und eine handschriftliche Baubeschreibung. Im Grundriss ist die Palastanlage in einen ummauerten Garten eingebettet.

Ludwig II., der sich mit der chinesischen Kultur schon länger befasst hatte und auch chinesisches Porzellan sammelte, interessierte sich in seinen letzten Jahren sehr für das besonders von kruden Unterwerfungsriten geprägte kaiserliche Hofzeremoniell Chinas. Der Entwurf zeigt, dass Hofmann sich anhand von Bildpublikationen genau in die Formen chinesischer Architektur und ihrer Ausstattung eingearbeitet hatte. Ludwig II. hatte den Ort seines chinesischen Sommerpalasts bereits bestimmt: den großen ebenen Wiesengrund am Nordostufer des Plansees, in landschaftlich grandioser Lage; übrigens auf österreichischem Gebiet. Hier wäre sein Bauen also ganz ins Private übergegangen. Die Nachricht vom Tod seines Königs erhielt Julius Hofmann, als er gerade an einem weiteren Entwurf zu diesem Projekt arbeitete.

U. G. S.

Lit.: Baumgartner, Träume, S. 223–228; Hojer, König Ludwig II.-Museum, S. 445

Ludwig II. ließ sich am 12. Mai 1885 das fantasievolle und bilderreiche indische Drama „Urvasi" aufführen. Dies war die letzte der insgesamt 209 Separatvorstellungen für Ludwig II.

5.05 Bühnenentwurf zu „Urvasi"

Carlo Brioschi
Gouache/Papier, 55,2 x 80,8
Bayerische Schlösserverwaltung, München
(L.II.-Mus. 760)

„Urvasi" ist ein Schauspiel des bekanntesten im 4./5. Jahrhundert tätigen Sanskritdichters Kalidasa, verfasst nach einer hinduistischen Legende. Bereits 1861 erschien „Urvasi", ins Deutsche übersetzt und „metrisch bearbeitet" von Edmund Lobedanz, bei Brockhaus in Leipzig. Es handelt in fünf Akten von dem asketischen König Pururavas, der von der schönen Apsara (Himmelsbotin) Urvasi verführt wird und in Liebe zu ihr entbrennt. Der märchenartige, sehr fantasie- und facettenreiche Stoff enthält auch Motive, die aus dem mittelalterlichen Sagenkreis um Parzival und seinen Sohn Lohengrin bekannt sind. So erklärt sich das Interesse Ludwigs II. an diesem Werk, zumal es außer dem Problemkreis von Verführung und Entsagung auch den Widerstreit zwischen körperlicher und unkörperlicher Liebe enthält, der Ludwig II. mit den Jahren immer stärker beschäftigte.

5.05

Der Bühnenentwurf zeigt eine Szenerie des 3. Aufzugs: ein Mogulpalast in einer Gebirgslandschaft mit Wasserfall und See. Die häufig wechselnden und sehr unterschiedlichen Schauplätze des Stücks ermöglichten den Ausführenden, die durch die extremen Ansprüche Ludwigs II. zu weltberühmter Qualität entwickelten Illusionskünste des bayerischen Hoftheaters glänzen zu lassen. *U. G. S.*

Lit.: Hojer, König Ludwig II.-Museum, S. 275; Petzet, Ludwig II., S. 65f., 218f.

Mit einem kleinen Kreis von Menschen aus seiner Umgebung blieb Ludwig II. noch in Verbindung.

5.06a Brosche mit Porträt König Ludwigs II. und zugehörigem Handzettel von Königin Marie

1886
Gold, Perlen, blauvioletter Schmuckstein, weißer Schmuckstein, Rocailleumrahmung mit fünf Perlen, Ø 9,4
Wittelsbacher Ausgleichsfonds, München
(SCH I 54 [Ny.])

240 FÜNFTER AKT

5.06b **Armreif**
   Geschenk Ludwigs II. an die Infantin Maria de la Paz
   Wohl 1883
   Edelmetall, Saphir, Diamanten
   Privatbesitz

5.06c **Prinz Ludwig Ferdinand in Bayern mit seiner Frau Maria de la Paz**
   Fotografie (R)
   Geheimes Hausarchiv, München (Wittelsbacher Bildersammlung, Prinz Ludwig Ferdinand 19/19 a)

5.06d **Herzog Carl Theodor in Bayern**
   Fotografie (R)
   Bayerische Staatsbibliothek München/Porträtsammlung (port-008054)

5.06e **Alfred Graf von Dürckheim-Montmartin**
   Joseph Albert (1825–1886)
   Um 1886
   Fotografie (R)
   Stadtarchiv München (CH 1886/14/3)

5.06f **Krawattennadel**
   Geschenk Ludwigs II. an Alfred Graf von Dürckheim-Montmartin
   Um 1880
   Gold, Email, Diamanten, L. 8, Ø 1,5
   Privatbesitz

„Das Geschenkemachen überhaupt ist … bei Seiner Majestät zur Manie geworden", berichtete der österreichische Gesandte, Graf von Trauttmansdorff, 1868 dem Wiener Hof. Auch wenn Großzügigkeit eine Charaktereigenschaft war, die zum königlichen Habitus gehörte, so bezeugen viele Anekdoten die außergewöhnliche Freigiebigkeit Ludwigs II. Im Zusammenhang mit der Schuldenkrise wurde zunehmend Kritik am allzu generösen Gebaren des Königs laut. Gottfried von Böhm wollte gar neben Bauvorhaben und Separatvorstellungen in den teuren Geschenken eine der drei Hauptursachen der Verschuldung Ludwigs II. sehen. Nicht zuletzt aufgrund seiner zurückgezogenen Lebensweise trugen die königlichen Gunstbeweise in Form von Geschenken dazu bei, Beziehungen aufrechtzuerhalten.

Auch wenn Ludwig kein konfliktfreies Verhältnis zu seiner Mutter hatte, machte er ihr kostbare Geschenke. Die Brosche mit seinem Porträt, die der König seiner Mutter zu Ostern 1886 verehrte, dürfte eines der letzten Geschenke des Sohnes an die Mutter gewesen sein, die er am 15. Oktober 1885 anlässlich ihres 60. Geburtstags zum letzten Mal gesehen hatte. Auf einem Zettel vermerkte die Königin: „Von ihm [Ludwig II.] zu Ostern erhalten Elbingenalp 25. April 1886".

Während das Verhältnis zu den fast gleichaltrigen Vettern Ludwig und Leopold, den Söhnen Luitpolds, immer wieder durch Kränkungen und aufgrund des desaströsen Zustands des Familienvermögens schweren Belastungsproben ausgesetzt war, gab es zwei Großcousins, die sich der Sympathie des Königs erfreuten. Besonders schätzte Ludwig Herzog Carl Theodor in Bayern, den Bruder der Kaiserin Elisabeth und seiner ehemaligen Verlobten, Sophie Charlotte. Mit dem bekannten Augenarzt stand Ludwig in engem brieflichen Austausch. Auch Herzog Ludwig Ferdinand und seine spanische Frau Maria de la Paz gehörten zu den wenigen Familienmitgliedern, mit denen Ludwig II. bis zum Schluss Briefkontakt hielt.

Der König hielt sich zum letzten Mal im Mai 1885 in München auf. Dem Hofleben in der Residenzstadt fehlte der königliche Mittelpunkt und umgekehrt hatte auch Ludwig II. selbst nicht mehr viele persönliche Verbindungen zum Hochadel. Eine Ausnahme bildete sein Flügeladjutant Alfred Graf von Dürckheim-Montmartin. Der Neffe des Zentrumsabgeordneten und Patriotenführers Arbogast von Franckenstein und enge Vertraute Ludwigs in den letzten Lebensmonaten war auch in Neuschwanstein anwesend, als die erste Kommission zur Inverwahrnahme des Königs am 10. Juni 1886 eintraf (Kat.-Nr. 5.25). Dürckheim versuchte Ludwig II. zur Gegenwehr zu überreden. Der König sollte entweder außer Landes fliehen oder sich nach München begeben, um dort Landtagsmitglieder und Bevölkerung persönlich von seiner geistigen Gesundheit zu überzeugen. Dies blieb jedoch erfolglos. Dürckheim wurde umgehend nach München berufen und dort in ein Militärgefängnis überstellt, das er jedoch bereits am 15. Juni 1886 auf Fürsprache Bismarcks wieder verlassen konnte.

B. K. / J. B.

Lit.: Adalbert Prinz von Bayern, Residenz; von Aretin, Franckenstein, S. 206–224; von Böhm, Ludwig II.; von Dürckheim-Montmartin, Notizen; Leopold Prinz von Bayern, Lebenserinnerungen; Sexau, Fürst

5.06b

Ein unbekanntes, aber persönliches Porträt Ludwigs II. stellt diese Zeichnung der Gräfin Pocci dar.

5.C7 Porträt Ludwigs II.
Gräfin Maria Elisabeth Pocci (1835–1913)
München, 1882
Bleistift/Papier, 21 x 15,5
Sammlung Jean Louis, München (G 102)

Auf der Rückseite der Zeichnung ist vermerkt: „Die Zeichnerin war die Tochter des Hofzeremonienmeisters, Hofmusikintendanten, Oberkämmerers, Dichters, Malers, Zeichners und Komponisten Franz, Graf von Pocci, geboren 1835. Sie war eine vorzügliche Porträtistin.

Eines der wenigen ungeschminkten Porträts Ludwigs II. bei dem die basedowsche Krankheit und auch das träumerische Wesen sichtbar wird. Geschenk von Ludwig von Kobell 1884."

Interessant an dieser Zeichnung ist, dass sich der König von Gräfin Pocci unfrisiert porträtieren ließ, was darauf schließen lässt, dass sie Zugang auch zum privaten Bereich Ludwigs II. gehabt haben muss – ein enormer Vertrauensbeweis des als scheu geltenden Königs und ein Beleg dafür, dass er ihm liebgewonnene Personen durchaus in seiner Nähe duldete.

J. L. S.

Lit.: A. Bettelheims Biografisches Jahrbuch und Deutscher Nekrolog 18 (1913), S. 131–135; Malerwerke des 19. Jahrhunderts, Bd. 2/1; Thieme/Becker, Bd. 27, S. 168

Auch die Favoriten Ludwigs II. wurden mit Geschenken bedacht.

5.08a Pfauenanhänger
Geschenk an
Max Sedlmayer (1851–1916)
Gold, emailliert, 4 x 2,5 x 2
Sammlung Joss, Rosenheim

5.08b Max Sedlmayer
Fotografie (R)
Um 1880
Sammlung Joss, Rosenheim

242 FÜNFTER AKT

In den letzten Jahren, als der König sich immer mehr abschottete, waren Kammerdiener und Stallpersonal nahezu die einzigen Kontaktpersonen Ludwigs II., doch auch diese Verbindungen waren nicht konfliktfrei. So wichen etwa die anfängliche Bewunderung und schwärmerische Zuneigung des Königs zu seinem Bediensteten Max Sedlmayer, der Bereiter im königlichen Reitstall war, bald einer Ernüchterung und es kam zum Bruch. Dieser Verlauf der Beziehung kann als typisch für Ludwig II. gesehen werden.

Die homoerotischen Neigungen Ludwigs II. werden heute kaum mehr angezweifelt. Bereits kurz nach Regierungsantritt kamen im Jahr 1866 Gerüchte um die enge Beziehung des Königs zu den Reitknechten Völk auf, mit denen Ludwig ungewöhnlich viel Zeit verbrachte. Die Verlobung mit Sophie Charlotte in Bayern im Januar 1867, die wenige Monate später von Ludwig II. wieder gelöst wurde, hatten die Mutmaßungen um die Vorlieben des Königs nur kurzzeitig zum Verstummen gebracht.

Ludwig selbst hatte im Hinblick auf Sexualität starke Schuldgefühle, was angesichts der rigiden Moralvorstellungen seiner Zeit nicht verwundert. Doch das Thema gewann über die persönliche Dimension hinaus auch eine politische. Gesellschaftlich geächtet und von medizinischer Seite als pathologisch eingestuft, war Homosexualität im 19. Jahrhundert extrem ehrmindernd und wurde nach der Reichsgründung auch in Bayern strafrechtlich verfolgt. Bei der Entmachtung Ludwigs II. bildete dies neben der Finanzmisere einen wichtigen Aspekt, befürchtete man doch großen Ansehensverlust für die Monarchie. Die Gerüchte um die homoerotischen Neigungen des Königs waren in den Monaten vor der Entmachtung immer lauter geworden, in den Wirtshäusern kolportiere man Geschichten über das seltsame Verhalten des „Herrn Huber", wie man den König nannte, um der Anschuldigung der Majestätsbeleidigung zu entgehen. „Es ist ihnen bekannt, dass König Ludwig neuerdings in seiner Zuneigung zu dem jüngeren Stallpersonal sehr energisch geworden ist … Ich fürchte eine unglückliche Konstellation von nicht deckbaren Schulden mit einem öffentlichen Skandale zur Bockbier-Zeit von besoffenen Lustbuben zu Pferde", berichtete der preußische Gesandtschaftssekretär Philipp Fürst zu Eulenburg-Hertefeld im Mai 1885 Herbert von Bismarck.   B. K./J. B.

Lit.: Eulenburg-Hertefeld, Ende König Ludwigs II., bes. S. 136–138; Häfner, König; Herrn, Männerbegehren; ders., Urning; Holzschuh, Paradies; Reichold, Ludwig II.

Eine Vielzahl kostbarer Geschenke und Ehrengaben des Königs erhielten auch Künstler, vor allem Sänger und Schauspieler.

5.09a **Geldbörse mit Silberschnalle**
Geschenk an Joseph Kainz
Textil, Silber, 12 x 8 x 2,5
Richard-Wagner-Museum/Nationalarchiv der
Richard-Wagner-Stiftung, Bayreuth (Bi 3245)

5.09b **Ludwig II. und Joseph Kainz**
Atelier Synnberg
Luzern, 1881
Fotografie (R)
Sammlung Joss, Rosenheim

„Der König hat mich bei den soeben beendeten 6 Separatvorstellungen wieder mit Geschenken überhäuft: 1 Brillantring – 1 goldener Renaissancebecher – 1 Busennadel mit Rubinen und Brillanten – 2 dto Manschettenknöpfe – 1 Medaillon von Türkisen – 2 Mansch. Knöpfe – 1 massiv silbernes Petschaft mit Steinen und Figuren", zählte der Schauspieler und spätere Hoftheaterintendant Ernst von Possart 1877 einem Bekannten auf. Possart war es auch, der 1880 den jungen österreichischen Schauspieler Joseph Kainz nach München holte. Ludwig II. wurde bei einer Separatvorstellung von Victor Hugos „Marion de Lorme" am 30. April 1881 auf den Mimen aufmerksam, der den Didier spielte. Beeindruckt von der Schauspielkunst des jungen Mannes, lud der König „Didier" im Juni 1881 nach Linderhof ein und verpflichtete ihn zu einer Reise in die Schweiz an die Originalschauplätze von Schillers „Wilhelm Tell". Hier, zum Beispiel auf der Tellsplatte und im Rütlihaus, sollte Kainz Passagen aus Schillers Werk rezitieren.

Die Reise endete für beide enttäuschend, konnte doch der Schauspieler die Erwartungen, die Ludwig II. an ihn stellte, nicht erfüllen. Kainz war den ungewohnten körperlichen Strapazen langer alpiner Wanderungen und den unausgesetzten Forderungen des Königs nach emphatischem Deklamieren nicht gewachsen und verweigerte sich aus Erschöpfung und Übermüdung. Damit überschritt er die unsichtbare Grenze zwischen

König und „Untertan" – ein Verhalten, das ihm Ludwig II. nicht verzieh.

Am Ende der Reise, die vom 27. Juni bis zum 14. Juli 1881 dauerte, ließ Ludwig im Atelier Synnberg in Luzern zwei Fotografien von sich und Joseph Kainz anfertigen. Es handelt sich dabei um eine der seltenen Gelegenheiten, bei denen sich der König zusammen mit anderen Personen ablichten ließ. Die beiden Erinnerungsfotos – einmal Ludwig stehend, einmal sitzend – waren nicht für die Öffentlichkeit gedacht. Als sie aber dann doch publik wurden, sorgte man dafür, dass die Hand, die Kainz auf die Schulter des Königs gelegt hat, durch Retusche entfernt wurde. Bei dem hier gezeigten Bild handelt es sich hingegen um eine der wenigen erhaltenen Originalaufnahmen.

1883 verließ Kainz München, nachdem er noch in zwei weiteren Separatvorstellungen des Königs aufgetreten war. Eine Audienz zum Abschied wurde ihm von Ludwig II. verweigert. Joseph Kainz feierte in seiner weiteren Karriere große Erfolge und gilt als einer der größten deutschsprachigen Theaterschauspieler.

Die Schweizreise wurde 1993 unter dem Titel „Ludwig 1881" von den Brüdern Donatello und Fosco Dubini verfilmt mit Helmut Berger – wie bereits in Viscontis „Ludwig" – als König und Max Tidof als Joseph Kainz.

B. K. / J. B.

Lit.: Bahr, Briefe; Eloesser, Kainz; Hacker, Ludwig II., S. 245f.; Hutzler, König Ludwig; Reichold, Ludwig II.

Auf seinen Ausfahrten beschenkte der König auch die Bevölkerung großzügig.

5.10a Taschenuhr
Vor 1874
Mit gravierter Widmungsinschrift: „Geschenk Sr. Majestät Ludwig II. von Bayern, München den 7. November 1874"
Gold, Stahl, Messing, H. 6,5, Ø 4,4
Bayerische Schlösserverwaltung, München (L.II.-Mus. 3187)

5.10b Menagère für Salz und Pfeffer
Geschenk für einen Diener
Porzellan, bemalt, innen vergoldet, 7,8 x 19, Löffel: L. 10
Münchner Stadtmuseum (K2002/16,1-3)

„Er war der erste Wittelsbacher, der sein Leben fast ausschließlich in ihren Gauen verbrachte und den Bauern viel von seiner Pracht und Größe sinnfällig zeigte", befand der Schriftsteller Oskar Maria Graf (1894–1967), der in unmittelbarer Nähe von Schloss Berg aufwuchs, in seiner Biografie „Das Leben meiner Mutter".

Während sich die Münchner Bevölkerung schon bald enttäuscht vom König abwandte, zumal dieser seine repräsentativen Pflichten gänzlich vernachlässigte, kursierte bereits zu Lebzeiten Ludwigs II. im alpinen Raum eine Fülle von Anekdoten über die Großzügigkeit des Königs. Nach seinem tragischen Tod trug dies rasch zur Mythenbildung um den unglücklichen „Märchenkönig" bei. Beispielhaft ist der ab Juli 1886 er-

Ein persönliches Geschenk des Königs wird oft über Generationen in Ehren gehalten.

5.11a Ring für den Vorreiter Fritz Schwegler
Um 1886
Gold, blaues Email, 14 Brillanten, Ø 3
Sammlung Joss, Rosenheim

5.11b Fritz Schwegler
Fotografie, 1961 (R)
Haus der Bayerischen Geschichte, Augsburg

schienene Kolportageroman „Der Weg zum Glück" von Karl May, in dem Ludwig II. als Wohltäter der bäuerlichen Bevölkerung auftritt. Tatsächlich verteilte der König bei seinen Ausfahrten oft Geschenke an seine Untertanen in Form von Geld, doch auch immer wieder Uhren und andere wertvolle Schmuckstücke. „Seine Majestät haben gestern so viel verschenkt, dass meine Kasse fast völlig erschöpft ist. Ich erlaube mir daher, Ihnen eine Quittung von 2000 Mark zu übersenden", schrieb Richard Hornig vom Königshaus am Schachen im August 1877 an Hofsekretär von Düfflipp.

Auch der Dienerschaft wurden Geschenke gemacht, so die hier gezeigte Menagère in Form eines Schwanenpaars. Zur Weihnachtszeit glich das Billardzimmer einem „Basar von höchster Pracht", wie es Ludwigs Biograf, der Legationsrat im Kabinettssekretariat Gottfried von Böhm, beschreibt. Diese Großzügigkeit erregte jedoch insbesondere nach dem Bekanntwerden der finanziellen Misere des Königs zunehmend das Missfallen der Presse. Neben der Verschwendung stand der Vorwurf der Günstlingswirtschaft im Zusammenhang mit dem Aufenthalt der Reitersoldaten bei Hofe im Raum. Positiv bewertete es dagegen die Zeitgenossin Luise von Kobell: „Die Christbescherungen Ludwigs II. brachten einen Hauptzug im Charakter des Königs, anderen Freude zu machen, zur Geltung."

B. K./J. B.

Lit.: Hanslik, Verehrung; Hausner, Ludwig II.; Hollweck, König; von Kobell, Könige von Bayern

Als Ludwig II. am 12. Juni 1886 frühmorgens von Neuschwanstein nach Berg verbracht wurde, ritt der Vorreiter Fritz Schwegler neben der königlichen Kutsche. Zu diesem Zeitpunkt war er seit sieben Jahren im Hofdienst, den er als 13-Jähriger im königlichen Marstall begonnen hatte. Der begehrte Dienst war vermutlich von dem Kammerdiener Lorenz Mayr vermittelt worden, dem Firmpaten Schweglers. Nach einer dreijährigen „Lehrzeit" in der Münchner Residenz nahm Schwegler, angetan mit Zopfperücke und Rokokokostüm, an vielen nächtlichen Ausfahrten Ludwigs II. teil (Kat.-Nr. 3.48b). Manchmal half er auch beim Servieren der Mahlzeiten aus.

Schweglers Äußerungen über den Hofdienst und seinen Dienstherrn, König Ludwig II., stehen in Gegensatz zu den Aussagen seines Firmpaten Lorenz Mayr, die für das zur Entmündigung führende psychiatrische Gutachten verwendet wurden. Schwegler bestätigte zwar, dass die Dienerschaft in gebeugter Haltung rückwärtsgehend das Zimmer verlassen musste – ein Zeremoniell aus absolutistischer Zeit –, er berichtete von verschiedentlichen Zornesausbrüchen des Königs, aber auch von seiner Großzügigkeit. So durfte sich Schwegler seinen Aussagen zufolge drei wertvolle Geschenke aus einer Glasvitrine auswählen, nämlich den hier gezeigten Ring, eine Krawattennadel und eine Uhr.

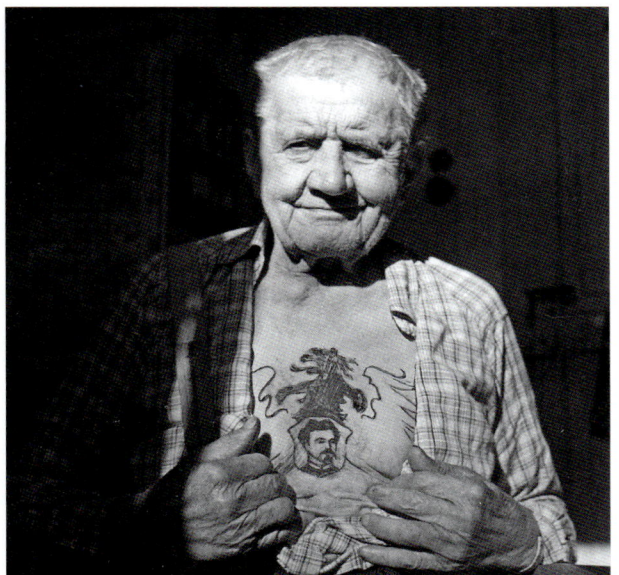

5.11 b

Der ehemalige Vorreiter blieb zeit seines Lebens ein glühender Verehrer des Königs – und es war ein langes Leben, denn er konnte im Alter von 95 Jahren noch den 75. Todestags Ludwigs II. begehen. Als Zeichen seiner Verehrung ließ sich Fritz Schwegler kurz nach dem Tod des Königs dessen Bild auf die Brust tätowieren. Die Vorzeichnung soll Franz von Lenbach persönlich angefertigt haben. B. K. / J. B.

Lit.: Joss, König Ludwig II.; Schwegler, Vorreiter, S. 66–68; Wöbking, Tod, S. 376–383

„... es wird noch viel mehr gesagt und geredet, als gedruckt wird." Diese Einschätzung konnte der Leser dem patriotisch-königstreuen „Bayerischen Vaterland" vom 22. Juli 1885 entnehmen.

5.12a **König Ludwig II. als Lohengrin**
Karikatur aus: „Der Floh" vom 30. August 1885 (R)
Bayerische Staatsbibliothek München

5.12b **Der König in Nöthen**
Karikatur aus: „Illustr. Wiener Wespen" vom 12. Mai 1886 (R)
Bayerisches Hauptstaatsarchiv, München (MA 99838)

5.12c **Schreckensruf des Königs von Bayern beim Anblick der leeren Kabinets-Kassa**
Karikatur aus: „Kikeriki" vom 16. Mai 1886 (R)
Bayerisches Hauptstaatsarchiv, München (MA 99838)

5.12d **Acta des kgl. Gesammt-Staats-Ministeriums. Zeitungsartikel über Seine Majestät den König Ludwig II. und über Hofverhältnisse betr. 1885–1886**
Druck/Papier (R)
Bayerisches Hauptstaatsarchiv, München (MA 99838)

Die Gerüchteküche um den sich immer mehr isolierenden König verstummte seit Sommer 1885 nicht mehr. Allerhand Andeutungen über die mangelnde Repräsentation, die desolate Finanzsituation und den Aufenthalt von Reitersoldaten am königlichen Hof waren in den in- und ausländischen Zeitungen zu lesen. Der Flügeladjutant Ludwigs II., Graf Dürckheim-Montmartin, wunderte sich: „Während des Winters und Frühjahrs 1886 verliert sich plötzlich die Loyalität und Diskretion in der Besprechung der Privatangelegenheiten des Königs. Zeitungsartikel hierüber mehren sich, zuerst in ausländischen Zeitungen, dann aber gehen sie auch in bayerische Blätter über."

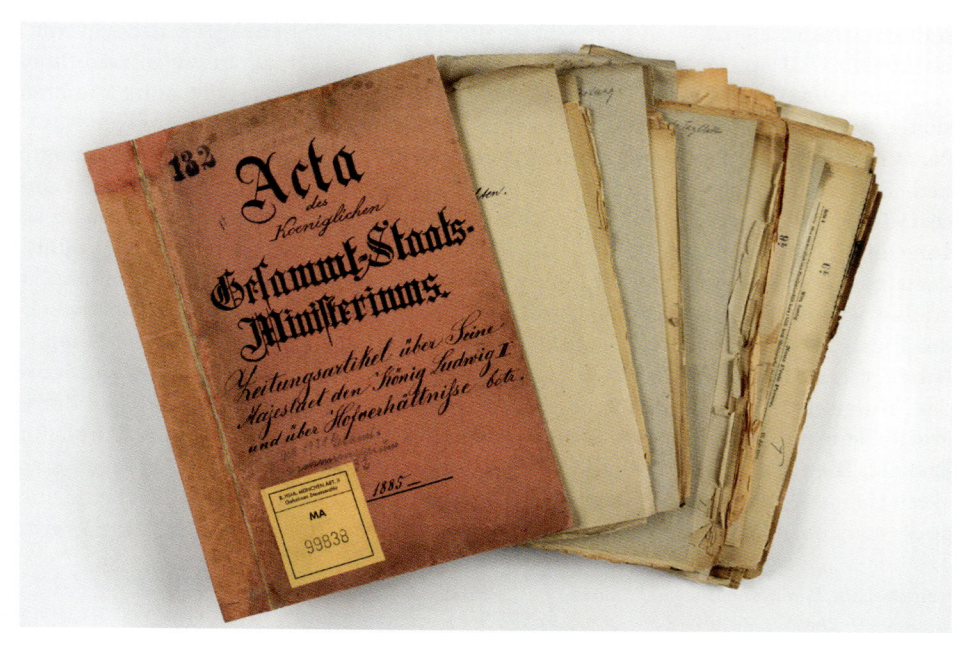

5.12 d

Nachdem die akute Finanzkrise Ludwigs II. vom Frühjahr 1884 zunächst beigelegt werden konnte, waren die Schulden des Königs nach nur einem Jahr im Sommer 1885 wiederum auf über 14 Millionen Mark angewachsen. Das Ausmaß der Verschuldung wurde nun auch in den Zeitungen thematisiert und immer mehr Gerüchte über das ungewöhnliche Privatleben des Königs wurden verbreitet. Mit den homoerotischen Neigungen Ludwigs war man bisher diskret umgegangen, doch der Aufenthalt zahlreicher Reitersoldaten in der Umgebung des Königs bot nun Anlass, schwerwiegende Anschuldigungen zu erheben. Meist zitierten die Journalisten dabei die „Frankfurter Zeitung", die ungewöhnlich gut über die Zustände am bayerischen Hof informiert war. Das Reichspressegesetz vom 7. Mai 1874 und die Reichsstrafprozessordnung vom 18. August 1879 sicherten zwar de jure Pressefreiheit zu, eine behördliche Überwachung von Journalisten und Redaktionen war jedoch Usus. Ab Sommer 1885 verlor sich allerdings das Interesse des Innenministeriums, behördlich gegen die offene Kritik am König vorzugehen. Auch wenn das Gesamtministerium im September 1885 eine „Ehrenerklärung" in den Zeitungen abdrucken ließ, die Ludwig II. ausdrücklich in Schutz nahm, verstummten die Gerüchte nicht mehr. Der König selbst, der ab Mai 1885 die Residenzstadt München mied, leistete keine aktive Gegenwehr gegen Schmähungen. Manche Zeitgenossen, wie der Gesandtschaftssekretär Philipp von Eulenburg, vermuteten eine zielgerichtete Pressekampagne, mit der die Bevölkerung möglicherweise auf das Ende der Regentschaft Ludwigs II. vorbereitet werden sollte: „Im Publikum wußte man von den Vorgängen wenig. Wohl las man mit Erstaunen und Unruhe die in der Presse auftauchenden Gerüchte über einen totalen Zusammenbruch des königlichen Vermögens, aber man verstand nicht, daß die Serie von Artikeln über die Geschichte der Königlichen Cabinettskassa in den Münchener Neuesten Nachrichten eine inspirierte Vorbereitung auf den Abschluß unmöglicher und unhaltbarer Zustände an höchster Stelle waren."

Vor allem in den ausländischen Zeitungen wurde der Skandal am bayerischen Königshof zum Thema Nummer eins. In österreichischen Magazinen fanden sich Karikaturen, die insbesondere die Verschuldung des Königs thematisierten. Die despektierliche Darstellung des bayerischen Monarchen als „Witzfigur" schien zunehmend die Monarchie zu gefährden. Auch in der französischen, italienischen und englischen Presse setzte man sich mit den Gerüchten um Ludwig II. intensiv auseinander. Diese Artikel wurden seit Juli 1885 im Ministerium des Äußern gesammelt – möglicherweise bereits mit der Intention, dieses Material im Falle eines Entmündigungsverfahrens Ludwigs II. zu verwerten.
B. K./J. B.

Lit.: von Aretin, Franckenstein; von Böhm, Ludwig II.; von Dürckheim-Montmartin, Notizen; Ursel, Journalisten

Die Finanzkrise – Koalition gegen den König

Die Kosten der aufwändigen Schlossbauten führten zur massiven Überschuldung der königlichen Kabinettskasse.

5.13a Finanzminister Emil Freiherr von Riedel
Bernhard Dittmar
Um 1886
Fotografie (R)
Haus der Bayerischen Geschichte, Augsburg (BA-9321099)

5.13b Liste der Schuldner Ludwigs II.
1884
Feder/Papier (R)
Bayerisches Hauptstaatsarchiv, München (MF 671/71)

Die Bauprojekte Ludwigs II. wurden nicht aus dem Staatshaushalt, sondern aus seiner eigenen Hof- und Kabinettskasse finanziert. Aus der seit 1834 so genannten Zivilliste, die die Kosten der königlichen Haus- und Hofhaltung decken sollte, standen Ludwig II. im Jahr 1880 ungefähr 4,5 Millionen Mark zur Verfügung. Verantwortlich für die Regelung der Finanzen waren die Hofsekretäre und der Finanzminister; von 1877 bis 1904 war dies der fränkische Jurist Emil von Riedel. Seit Mitte der 1870er-Jahre geriet Ludwig II. mit seinen großen Bauprojekten mehr und mehr in die Schuldenspirale. Die Außenstände der königlichen Kabinettskasse wuchsen bis Anfang 1884 auf 8,25 Millionen Mark an. Als der König Finanzminister Riedel mit der Beschaffung weiterer Geldmittel beauftragte, bekam die zunächst private finanzielle Misere der Kabinettskasse eine staatlich-politische Dimension.

Riedel, der dem König in einem Brief vom 18. April 1884 unmissverständlich den Ernst der Lage vor Augen hielt, gelang es in zähen Verhandlungen, von den mit dem Familienvermögen bürgenden engsten Verwandten ein Darlehen über 7,5 Millionen Mark bei einem Bankenkonsortium zu bekommen. Zusammen mit der Million, die ihm Bismarck als Sonderzahlung gewährte, wäre die Schuldenkrise behoben gewesen. Der bis in das Jahr 1901 aufgestellte Tilgungsplan hätte jedoch ein Ende der Bauprojekte Ludwigs verlangt. Dass der König dazu nicht bereit war, bewiesen der geheime Ankauf der Burgruine Falkenstein im Mai 1884 und neue Baupläne. Das zur Schuldentilgung gewährte Darlehen wurde zum Weiterbau verwendet, sodass sich die Schulden ein Jahr später mit insgesamt 14 Millionen Mark fast verdoppelt hatten. Es entspann sich nun eine rege Korrespondenz zwischen König und Riedel, in der Ludwig II. seinem Finanzminister immer wieder mit Entlassung oder mit dem eigenen Selbstmord drohte, während Riedel den König zu einem Sparkurs zu bewegen versuchte. Die Vernichtung zahlreicher Handwerkerexistenzen und ein König auf der Gant würden das Ansehen der Krone nachhaltig schädigen, so die Argumentation des Ministers.

5.13 a

In den folgenden Monaten, als die Finanzkrise des Königs breiten Widerhall in der Presse fand, versuchte Ludwig II. verzweifelt an Geld zu gelangen. Immer wieder erwähnt wird seine Idee, einen Bankraub zu organisieren. Nachdem gegen Ende 1885 einige Handwerker Klage eingereicht hatten und eine Zwangsvollstreckung drohte, spitzte sich die Lage zu. Während Ludwig auf Bismarcks Vorschlag hin überlegte, dem Landtag eine Vorlage zur Regelung der Finanzen zu machen, suchte man in politischen Kreisen seit dem Frühjahr 1886 nach einer Möglichkeit, die Regentschaft einzuleiten bzw. den König zum Abdanken zu bewegen.

B. K. / J. B.

Lit.: von Aretin, Erbschaft; Jungmann-Stadler, Schuldenkrise; Krauss, Hoflieferanten, bes. S. 40–50; Möckl, Ludwig II.; von Rummel, Ludwig II.

5.13 b

Das Haus Wittelsbach war unmittelbar von der Verschuldung des Königs betroffen.

5.14   **Prinzregent Luitpold in Generalsuniform**
August 1885
Fotografie (R)
Bayerische Staatsbibliothek München/Porträtsammlung
(port-009026)

Dem 1821 geborenen Prinzen Luitpold, dritter Sohn König Ludwigs I., war zunächst die nach 1803 auch in katholischen (wie vorher schon in protestantischen) Fürstenhäusern üblich gewordene Karriere als Offizier vorgezeichnet. Er trat seinen Dienst, was eher ungewöhnlich war, bei der bürgerlich geprägten Artillerie an und stieg rasch in der Rangfolge nach oben. Im Krieg von 1866 war er Divisionskommandeur. Im Jahr 1869 ernannte Ludwig II. den Onkel, den er ansonsten wenig schätzte, zum Generalinspekteur der bayerischen Armee, ein Amt, das damals lediglich die Aufgabe beinhaltete, die militärische Ausbildung aller Truppen zu überwachen. Durch das in der Reichsverfassung verankerte Inspektionsrecht des Deutschen Kaisers und der von ihm ernannten Armeeinspekteure wurde dies 1871 weitestgehend hinfällig. Luitpold widmete sich seitdem am liebsten der Jagd und dem Sammeln von Gemälden. Immer häufiger nahm aber auch er in Vertretung des öffentlichkeitsscheuen Königs repräsentative Aufgaben wahr, die er mit Pflichttreue und ungezwungener Eleganz erledigte. Zur Übernahme der Regentschaft musste er erst durch die Minister gedrängt werden, nachdem er sich von der Geisteskrankheit Ludwigs II. hatte überzeugen lassen. G. I.

Lit.: Möckl, Prinzregentenzeit; Schrott, Prinzregent

Der Liberale Johann von Lutz war für fast eine Generation der führende Politiker Bayerns.

5.15   **Johann Freiherr von Lutz**
1886
Fotografie (R)
Stadtarchiv München (K 1886/Blatt Nr. 317a)

„Es sind heutzutage nicht die Monarchen, welche absolut regieren, sondern die Bürokraten", legt man Otto von Bismarck in den Mund. Vom Machtzuwachs des Verwaltungsapparats und der Ministerialbürokratie im 19. Jahrhundert profitierte auch Johann Lutz. Im unterfränkischen Münnerstadt in bescheidenen Verhältnissen aufgewachsen, machte der begabte Jurist schon früh auf sich aufmerksam. Lutz begann 1862 als Ministerialassessor am bayerischen Justizministerium seine Karriere, die erfolgreich und ohne Brüche vonstattenging. 1866 verlieh Ludwig II. ihm den persönlichen Adelstitel, dem 1880 die Erhebung in den erblichen Adel und 1883 in den Freiherrnstand folgte. Als Staatsminister des Innern für Kirchen- und Schulangelegenheiten war Lutz, der als klassischer Vertreter des bayerischen Beamtenliberalismus gilt und bis zu seinem Tod 23 Jahre lang durchgehend ein Ministeramt bekleidete, die führende Politikerpersönlichkeit der liberalen Fortschrittspartei. 1880 wurde er Vorsitzender des Ministerrats.

Die Motive, die Lutz bei der Entmündigung Ludwigs II. antrieben, werden bis heute kontrovers beurteilt. Ob aus patriotischer Gesinnung heraus oder aus Angst um seinen Ministerposten – sicher ist: Seit Luitpold, dessen politische Sympathien der Landtagsmehrheit der Patrioten galten, Lutz die Beibehaltung eines liberalen Ministeriums im Falle einer Regentschaft zugesagt hatte, war dieser die treibende Kraft im Verfahren. Der Hauptvorwurf, Lutz hätte so gehandelt, weil Ludwig sich den Anschein gab, patriotische Minister berufen zu wollen, trifft jedoch nur bedingt zu. Eine politische Alternative zum liberalen Ministerium zu finden, war für Ludwig II. unrealistisch. Der Führer der Patrioten, Georg Arbogast von Franckenstein, weigerte sich, in der verfahrenen „Königskrise" einen Ministerposten anzunehmen. Auch die Sondierungsgespräche des Leibfriseurs Hoppe, den König Ludwig II. mit der Regierungsbildung beauftragte, waren ergebnislos geblieben. Lutz darf somit neben Motiven des persönlichen Ehrgeizes sicherlich auch die Sorge um den Erhalt der konstitutionellen Monarchie unterstellt werden.

B. K. / J. B.

Lit.: von Aretin, Franckenstein, S. 206–224; Grasser, Johann Freiherr von Lutz; Johann von Lutz 1826–1890; Möckl, Ludwig II.; Möckl, Prinzregentenzeit

---

Der führende Irrenarzt Bayerns, der auch Ludwigs Bruder Otto betreute, beobachtete den Geisteszustand des Königs seit Jahren.

5.16 **Bernhard von Gudden**
Joseph Albert (1825–1886)
München, 1886
Fotografie (R)
Stadtarchiv München (CH 1886/20/1)

Bernhard von Gudden, 1824 in Kleve geboren, gilt als einer der führenden Psychiater seiner Zeit in Deutschland. Er war ein früher Verfechter des „No-Restraint-Prinzips", das psychisch Kranken ein möglichst hohes Maß an Selbstbestimmung zugesteht. Zwangsmaßnahmen wie Fesselung und die Anwendung von Gewalt, wie es damals üblich war, wurden abgelehnt. Vor allem durch bahnbrechende neurologische Forschungen zur Hirnanatomie machte sich Gudden einen Namen. Er leitete die Kreisirrenanstalt Werneck und die bekannte Irrenanstalt in Burghölzli bei Zürich, bevor er 1872 nach München berufen wurde, wo er den Lehrstuhl für Psychiatrie innehatte und als Direktor der Kreisirrenanstalt von Oberbayern wirkte. Man sah in ihm auch den geeigneten Experten für die Behandlung psychisch erkrankter Mitglieder der Königsfamilie. So betreute er als Arzt lange Jahre Ludwigs Bruder Otto. Die intime Kenntnis der Krankengeschichte Ottos spielte eine große Rolle bei der Beurteilung Ludwigs II. durch Gudden. Der Psychiater vermutete einen starken familiären Zusammenhang und war überzeugt, dass Ludwig II. an derselben Krankheit litt wie sein Bruder. Dies diagnostizierte er auch in dem Gutachten vom 8. Juni 1886, das zur Absetzung des Königs führte. Gudden war auch Mitglied der Kommission, die den König internierte. Dass der Gutachter nach der Entmündigung Ludwigs II. dessen ärztliche Behandlung übernahm, ist aus heutiger Sicht nicht unproblematisch. Am 13. Juni 1886 fand Gudden zusammen mit seinem königlichen Patienten im Starnberger See den Tod.

J. B. / B. K.

Lit.: Burgmair/Weber, Otto von Bayern; Burgmair/Weber, Psychiatrie; Gudden, Bernhard von Gudden; Steinberg, Bernhard von Gudden; Steinberg/Hippius, Todestag

Auch Ludwigs handschriftliche Befehle wurden als Indizien für seine Unzurechnungsfähigkeit hergenommen.

5.17a Handschreiben Ludwigs II. an Karl Hesselschwerdt

Undatiert, vermutlich Herbst 1885
Feder/Papier
Sammlung Joss, Rosenheim

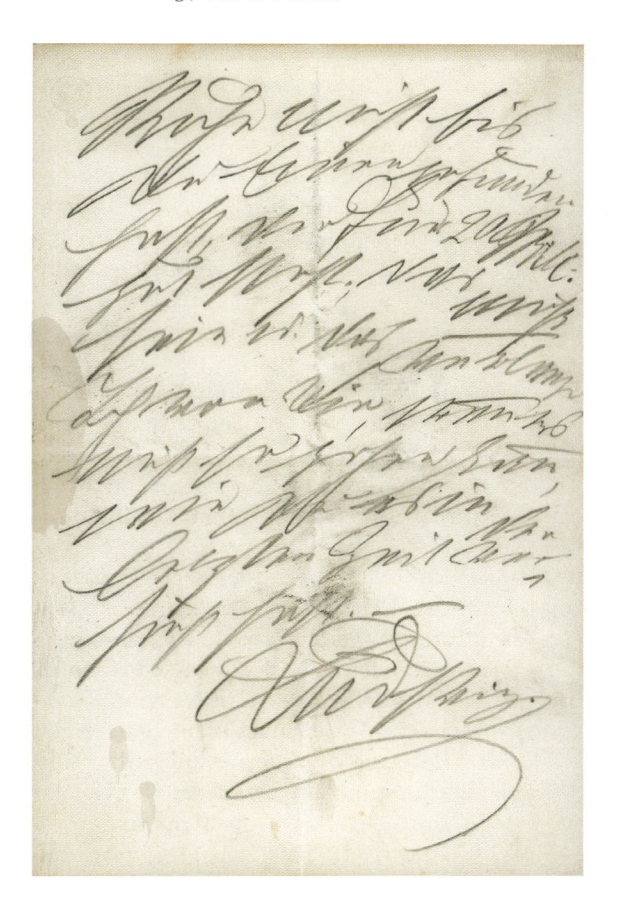

5.17b Verschlüsseltes Telegramm von Richard Hornig an Hofsekretär Bürkel

Späte 1870er-Jahre
Bleistift/Papier, 20 x 20,7
Sammlung Joss, Rosenheim

Die Menschenscheu des Königs steigerte sich seit der für Ludwig traumatisch wirkenden Reichsgründung 1871 immer mehr. Auch wenn Ludwig seine Regierungsarbeit korrekt und verantwortungsbewusst erledigte, so mied er mehr und mehr den persönlichen Kontakt mit Menschen, seien es Standesgenossen, Minister oder auch die Dienerschaft. Der direkte Kontakt zum Kabinettssekretariat – dem Scharnier zwischen König und Ministern – entfiel seit 1883/84 und wurde durch königliche Handschreiben ersetzt, die Ludwigs Aufträge beinhalteten (Kat.-Nr. 5.02). Die wichtigsten Empfänger der oft fahrig wirkenden Handschreiben waren der Marstallfourier Karl Hesselschwerdt, Kammerdiener Lorenz Mayr und Richard Hornig, der vom Bereiter zum Privatsekretär aufgestiegen war. Sie erhielten vielerlei Aufträge von der Kreditvermittlung bis zur Bestrafung von unbotmäßigen Dienstboten. Im vorliegenden Handschreiben an Hesselschwerdt fordert Ludwig II.: „Ruhe nicht bis Du Einen gefunden hast, der für 20 Mill. gut steht; das muß sein u. das verlage Ich von Dir, wenn es nicht so gehen kann, wie Du es in der letzten Zeit versucht hast. Ludwig." Das Handschreiben gehört in den Kontext der verzweifelten Suche nach Geldmitteln, die der König ab Herbst 1885 zur Weiterführung seiner Schlossprojekte benötigte.

Auch verschlüsselte Telegramme wurden versendet, in denen es oft nur um die Anschaffung von Geschenken und Waren und die Übersendung an den jeweiligen Aufenthaltsort des Königs ging, wie hier in dem Telegramm des Richard Hornig an Hofsekretär Bürkel, der später im Entmündigungsverfahren gegen den König aussagen sollte.

Karl Hesselschwerdt, der am 18. Mai 1886 in der Privatwohnung von Minister von Lutz umfassende Aussagen gegen den König zu Protokoll gab, stellte dem Gutachter Bernhard von Gudden eine Vielzahl der Handschreiben zur Verfügung, die ein bezeichnendes Licht auf die psychische Verfassung des Königs werfen sollten. 1999 wurden aus dem Besitz von Hesselschwerdts Urenkelin 27 dieser Handschreiben des Königs versteigert.

B. K./J. B.

Lit.: Freundlicher Hinweis von Dr. Rupert Hacker, München; Botzenhart, Regierungstätigkeit; Holzschuh, Paradies

Das Schlüsseldokument und die legale Basis für die Entmachtung Ludwigs II.: das ärztliche Gutachen.

5.18 Ärztliches Gutachten über den Geisteszustand Seiner Majestät des Königs Ludwig II. von Bayern

München, 8. Juni 1886
Tinte/Papier, 45 S., 33,1 x 21
Geheimes Hausarchiv, München (MKH 197)

Im Sommer 1885 wurde mehr und mehr die Frage nach der geistigen Gesundheit des Königs laut. Die Schuldenkrise Ludwigs II., seine selbst auferlegte Isolierung und schließlich die Gerüchte um seinen als unmoralisch empfundenen Lebenswandel lieferten immer neue Anlässe zu Spekulationen. Als die Situation politisch immer brisanter wurde und ein öffentlicher Skandal drohte, veranlasste der Ministerrat am 20. März 1886, die „Gesundheitsverhältnisse" von Ludwig II. zu überprüfen. Am 23. März teilte der mit einem Gutachten beauftragte Psychiater Professor Bernhard von Gudden dem Vorsitzenden des Ministerrats, Freiherrn von Lutz, mit, dass er den König für „originär verrückt" halte. Im Auftrag der Regierung sichtete Gudden Aktenmaterial und befragte die Dienerschaft des Königs. Eine persönliche Untersuchung Ludwigs II. fand nicht statt, weil diese allen Beteiligten im Hinblick auf die verfassungsrechtlich geschützte Stellung des Königs (§ 1, Abs. 2: „Die Person des Königs ist heilig und unantastbar …") unvorstellbar erschien. Am 8. Juni 1886 lag das Gutachten in schriftlicher Form vor. Neben Gudden hatten es drei weitere führende Nervenärzte, Friedrich Wilhelm Hagen, Hubert Grashey, der Schwiegersohn Guddens, sowie Max Hubrich, unterzeichnet. Sie kamen zu dem Ergebnis, dass Ludwig II. „in sehr weit vorgeschrittenem Grade seelengestört" sei und an „Paranoia (Verrücktheit)" leide, was wohl der heutigen Diagnose von Schizophrenie entspricht. Der König wurde für „unheilbar" erklärt und ein „weiterer Verfall der geistigen Kräfte mit Sicherheit" prognostiziert. „Die freie Willensbestimmung Seiner Majestät" sei „vollständig ausgeschlossen". Ludwig II. sei an der Ausübung der Regierung verhindert, „nicht nur länger als ein Jahr, sondern für die ganze Lebenszeit". Diese Formulierungen lieferten die verfassungsrechtlichen Voraussetzungen (Titel II § 11 der Verfassung von 1818), um den König seines Amtes zu entheben. Am 9. Juni 1886 wurde Ludwig II. für abgesetzt erklärt und die Regentschaft seines Onkels Luitpold proklamiert. Die Diskussion über das Vorgehen der Gutachter und ihre Diagnose dauert bis heute an. Dabei ist auf den Stand der Psychiatrie im 19. Jahrhundert zu verweisen und nicht zuletzt auch auf die grundsätzliche Problematik der psychiatrischen Diagnostik und Prognostik.

J. B. / B. K.

Lit.: Förstl, Patient; Gauweiler, Bernhard von Gudden; Hacker, Königskrise; Immler, Entmachtung; Schmidbauer/Kempert, Rätsel; Steinberg, Bernhard von Gudden; Steinberg/Hippius, Todestag; Wöbking, Tod, S. 306–318 (Edition des Gutachtens); von Zerssen, Märchenkönig

Ludwigs jüngerer Bruder Otto war seit den 1870er-Jahren geisteskrank und stand deshalb nicht für die Nachfolge zur Verfügung.

5.19a Bayerns Stolz – Bayerns Leid
Postkarte
Haus der Bayerischen Geschichte, Augsburg (hapo-04913)

5.19b König Otto von Bayern
Nach 1910
Fotografie (R)
Geheimes Hausarchiv, München
(Nachlass König Ludwig III. 248)

Prinz Otto, der 1848 geborene jüngere Bruder König Ludwigs II., galt in seiner Jugend als der leutseligere der beiden Söhne König Maximilians II. und seiner Gemahlin Marie, geb. Prinzessin von Preußen. Von heiterem Temperament, fand Otto Freude an der Jagd und der leichten Muse. Mit Vorliebe besuchte er das Aktientheater am Gärtnerplatz, in dem vor allem Operetten aufgeführt wurden. Schon mit 17 Jahren zeigten sich freilich erste Anzeichen eines Nervenleidens in Form von Halluzinationen und Zwangsvorstellungen, die zu bizarren Verhaltensweisen führten. Dass Otto in der für nachgeborene Prinzen üblichen Weise zum Offiziersberuf bestimmt worden war, erwies sich als verhängnisvoll, denn Erlebnisse im Krieg 1866 scheinen ihn zusätzlich traumatisiert zu haben. Den Krieg 1870/71 machte er als Oberst im Hauptquartier mit. Er vertrat Ludwig II. am 18. Januar 1871 bei der Kaiserproklamation in Versailles, die er als kalte Demonstration preußischer Macht und Herabwürdigung Bayerns empfand. Seit dem Winter 1871/72 galt Otto wegen einer Verschlimmerung seines Leidens als dauernder Aufsicht bedürftig, doch hofften die behandelnden Ärzte noch auf Heilung. Der Hof hatte sich zunächst bemüht, die Krankheit des Prinzen vor der Öffentlichkeit zu verbergen. Dies war aber nicht mehr möglich, nachdem Otto an Fronleichnam 1875 während des Gottesdienstes in den Dom gestürmt war, um den Erzbischof und das versammelte Volk öffentlich um Verzeihung seiner Sünden anzuflehen. In der Folgezeit wurde Otto in verschiedenen Schlössern, ab 1881 endgültig in dem speziell für ihn eingerichteten Fürstenried interniert, denn zu den Symptomen waren Tobsuchtsanfälle hinzugetreten; eine eindeutige Diagnose seiner Krankheit ist bis heute nicht gelungen.

Zwar hatte Ludwig II. 1878 durch die Einsetzung von Kuratoren seinen Bruder de facto entmündigt, doch eine amtliche Feststellung seiner Unzurechnungsfähigkeit erfolgte erst am 15. Juni 1886 als rechtliche Voraussetzung der Fortsetzung der Regentschaft des Prinzen Luitpold, nun für den geisteskranken König Otto. Einzelne Pressestimmen bezweifelten, dass Otto König werden könne, da er nicht in der Lage sei, den vorgeschriebenen Eid auf die Verfassung zu leisten. Gemäß dem damals führenden bayerischen Staatsrechtslehrer Max von Seydel fiel die Krone beim Tod des Königs dem nächsten Verwandten automatisch zu, dieser müsse sich aber über ihre Annahme erklären und den Eid leisten, sobald er dazu in der Lage sei. Ungeklärt blieb, was bei einem dazu auf Dauer unfähigen Thronerben zu geschehen hatte. Die Erörterung dieser staatsrechtlichen Frage erübrigte sich jedoch angesichts des festen Willens des Prinzen Luitpold, lediglich Regent, nicht König sein zu wollen.   G. I.

Lit.: von Aretin, Erbschaft, S. 11–31;
Müller, Rätsel, S. 140–145, 294–304;
Schweiggert, Schattenkönig

Bayern entwickelte in der zweiten Hälfte des 19. Jahrhunderts ein modernes System psychiatrischer Versorgung.

5.20a Die ehemalige Kreisirrenanstalt Werneck
Fotografie, 2011 (R)
Bezirk Unterfranken, Würzburg

5.20b Kreisirrenanstalt München
Fotografie (R)
Stadtarchiv München

Im Lauf des 19. Jahrhunderts etablierte sich die Psychiatrie als eigenständige Wissenschaft. Wurden über Jahrhunderte Geisteskranke unter oft menschenunwürdigen Bedingungen in Narrentürme oder Siechenhäuser weggesperrt, so bemühten sich nun Ärzte um Diagnose, Therapie und Heilung. Aus dem ausgegrenzten Irren wurde ein Patient. König Maximilian II., der selbst unter depressiven Verstimmungen litt, sah es als Aufgabe, in allen Landesteilen moderne Irrenanstalten zu errichten. Bis 1886 war mit 24 Anstalten in staatlicher, kirchlicher und privater Trägerschaft ein flächendeckendes System entstanden, das zu den modernsten psychiatrischen Versorgungsstrukturen in Europa zählte.

Schloss Werneck in Unterfranken wurde ab 1853 zur Kreisirrenanstalt umgebaut. 1855 wurde der erst 31-jährige Bernhard Gudden zum Direktor ernannt. Er lebte mit seiner Familie zusammen mit den Patienten in Schloss Werneck. Die räumliche Nähe und die Vertrautheit mit den Patienten standen im Einklang mit dem therapeutischen Ansatz, psychisch Kranken möglichst viel Selbstbestimmung zuzugestehen, ihnen sinnvolle Betätigungsfelder zu schaffen und auf psychische und physische Gewalt zu verzichten. Hubert Grashey, der 1867 in Werneck tätig war, beschrieb die Stimmung rückblickend: „Wer Werneck damals besuchte, war erstaunt über das außerordentlich große Maß von Freiheit, welches er [Gudden] seinen Kranken innerhalb und außerhalb der Anstalt gewährte. Sobald er einen Patienten genauer kannte, machte er einen Versuch mit freier Behandlung, gewährte ihm freien Ausgang in den Park und später freien Ausgang außerhalb der Anstalt." In Fachkreisen sorgte Gudden mit seinen Untersuchungen zu den so genannten Ohrhämatomen bei geistig Behinderten, die vielfach auftraten, für große Aufregung. Er konnte nachweisen, dass die Blutergüsse an den Ohren keineswegs eine Begleiterscheinung psychischer Erkrankungen waren, sondern von Misshandlungen der Pfleger herrührten.

1872 wurde Gudden auf den Lehrstuhl für Psychiatrie in München berufen und zum Direktor der 1856 eröffneten oberbayerischen Kreisirrenanstalt ernannt. Gudden trieb deren Erweiterung voran und machte München zu einem international beachteten hirnpathologischen Forschungszentrum.   *J. B. / B. K.*

Lit.: Bösch, Bernhard von Gudden; Burgmair/Weber, Psychiatrie; Gudden, Bernhard von Gudden; Steinberg, Bernhard von Gudden

Bernhard von Guddens Nachruhm als Hirnanatom beruht auf dem von seinem Schwiegersohn herausgegebenen Tafelwerk.

5.21a Rudolf von Grashey: Bernhard von Gudden's Gesammelte und Hinterlassene Abhandlungen
2 Bände, Verlag von J. F. Bergmann, Wiesbaden 1889
Max-Planck-Institut für Psychiatrie, Historisches Archiv, München

5.21b Gewebepräparate
Franz Nissl (1860–1919)
1900/04
Menschliches Gehirn, zur mikroskopischen Untersuchung mit Mikrotom geschnitten, gefärbt und in Paraffin eingebettet, auf originalen so genannten „Münchner Tabletts", im originalen hölzernen Transportkasten, 17,5 x 38 x 23,5
Max-Planck-Institut für Psychiatrie, Historisches Archiv, München

Der Psychiater Hubert von Grashey gab knapp drei Jahre nach dem tragischen Tod seines Schwiegervaters und Amtsvorgängers Bernhard von Gudden dessen publizierte wissenschaftliche Arbeiten in einer zweibändigen Großquartausgabe mit zahlreichen Illustrationen heraus. Der erste Band vereinigt, nach den vorangestellten Nekrologen Grasheys auf Gudden, die Beiträge Bernhard von Guddens, von denen nur sein Aufsatz über das „verbesserte Mikrotom" mit einer Abbildung ausgestattet ist (S. 137). Gudden und sein Assistent August Forel hatten ein Mikrotom konstruiert, mit dem mikroskopierbare Präparate von Organen in ihrer gesamten Ausdehnung hergestellt werden konnten. Diese Innovation ermöglichte erstmals in der Geschichte der Medizintechnik einen umfassenden Einblick in die Gewebestruktur eines Organs und begründete Guddens Ruf als Neuerer der Pathologie. Der zweite Band wurde ausschließlich als Tafelband gestaltet. Diese Abbildungen stammen sämtlich von Guddens viertem Sohn, dem Kunstmaler und Grafiker Rudolf Gudden (1863–1935), der auf 41 Kupfertiefdrucktafeln Teilansichten des menschlichen Skeletts sowie von anatomischen und hirnpathologischen Sektionsbefunden mit höchster Präzision wiedergab.

Für die ausgezeichnete Druckqualität der Abbildungen zeichnete die von 1865 bis 1896 mit einer Filiale in München etablierte Kunstdruckanstalt von Friedrich Felsing (1838–1893) verantwortlich. Felsing entstammte einer bedeutenden Darmstädter Druckerfamilie, die sich seit der Bekanntschaft mit dem Chemiker Justus von Liebig auf hochwertige Künstlerdrucke und auf die Illustration naturwissenschaftlicher Werke spezialisiert hatte. Felsings Druckerei prosperierte schnell, da sie Aufträge sowohl vom Münchner wie auch vom Kölner Kunstverein und zahlreichen in München ansässigen Künstlern erhielt. Der anfangs beachtliche wirtschaftliche Erfolg fand jedoch ein jähes Ende, als Felsing erkrankte und Ende der 1880er-Jahre wegen Geisteskrankheit entmündigt wurde. Vielleicht kannten Gudden und Grashey Felsing als Patienten der Oberbayerischen Kreisirrenanstalt und gaben deshalb seiner Druckerei den Auftrag für die Illustrationen.

Die Herausgabe der beiden Bände muss somit als ein Unternehmen zur Darstellung der Familie Gudden-Grashey gewertet werden. Grashey war daran gelegen, dem Textband seine Sichtweise auf die Lebensleistung seines Schwiegervaters und seine Selbstrechtfertigung bezüglich dessen unaufgeklärtem Tod voranzustellen. Die Grafiken von Guddens Sohn unterstrichen einmal mehr die hohe wissenschaftliche Bedeutung des Psychiaters und Neuropathologen. Die Visualisierung wissenschaftlicher Forschungsergebnisse, die für die Neuropathologie besonders wichtig war, erfuhr hier eine spezifische Wendung, insofern der künstlerisch tätige Sohn seinem Vater mit diesen Darstellungen ein Denkmal setzte.

Die Neuroanatomie und -pathologie, die vor allem auf der mikroskopischen Untersuchung von gefärbten Gehirnpräparaten beruhte, stellte in der zweiten Hälfte des 19. Jahrhunderts die wichtigste Grundlagenwissenschaft der Psychiatrie und Neurologie dar. Zu den bedeutendsten Vertretern dieser Forschungsrichtung in Deutschland zählte Franz Nissl. Bereits während seines Medizinstudiums in München entwickelte er ab 1884 richtungsweisende Verfahren zur Darstellung von Nervenzellen, wozu er unter anderem Methylenblau verwendete (Kat.-Nr. 4.26). Auch während seiner Tätigkeit als „Prinzenarzt" in Schloss Fürstenried, das heißt als behandelnder Psychiater des psychisch schwer erkrankten Prinzen Otto von Bayern, des Bruders von König Ludwig II., setzte er seine neuropathologischen Studien fort. Nach seiner psychiatrischen Ausbildung an der Oberbayerischen Kreisirrenanstalt in München bei Bernhard von Gudden war Nissl ab 1889 an der Städtischen Irrenanstalt in Frankfurt am Main tätig gewesen. 1895 wurde er Mitarbeiter von Emil Kraepelin in Heidelberg, dem er 1903 als Direktor der dortigen psychiatrischen Universitätsklinik nachfolgte.

Die gezeigten Gehirnpräparate stammen aus dieser Zeit und wurden von Nissl persönlich angefertigt. Seit 1918 leitete er die histopathologische Abteilung der Deutschen Forschungsanstalt für Psychiatrie in München, dem heutigen Max-Planck-Institut für Psychiatrie.

W. B. / M. M. W.

Lit.: Burgmair/Weber, Otto von Bayern; Gudden, Bernhard von Gudden, S. 74; Marhenke, Die Felsings, S. 25f.; Otremba, Rudolf Gudden

Die Inverwahrnahme des Königs

Die Absetzung des Königs nimmt Gestalt an, am 10. Juni 1886 wurde die Bevölkerung informiert.

5.22a Proklamation der Regentschaft
Augsburger Postzeitung vom 10. Juni 1886
Zeitungsdruck (R)
Sammlung Jean Louis, München

5.22b Die Bevölkerung erfährt von der Proklamation des Prinzregenten Luitpold
Juni 1886
Zeitgenössischer Illustriertenbericht (R)
Sammlung Jean Louis, München

Seit dem Spätsommer 1885 gab es Sondierungsgespräche zwischen dem Vorsitzenden des Ministerrats, Freiherrn von Lutz, und dem nächsten Agnaten, Prinz Luitpold, in denen man nach einem verfassungsrechtlich legalen Weg suchte, die Königsherrschaft Ludwigs II. zu beenden. Eine freiwillige Abdankung des Königs – wie im Falle des preußischen Königs Friedrich Wilhelm IV. im Jahr 1858 – hielt man für wenig realistisch. Die einzig juristische Grundlage für die Errichtung der Regentschaft in der Verfassung von 1818 fand sich in Titel II, §11: „Sollte der Monarch durch irgendeine Ursache, die in ihrer Wirkung länger als ein Jahr dauert, an der Ausübung der Regierung gehindert werden, und für diesen Fall nicht selbst Vorsehung getroffen haben, oder treffen können, so findet mit Zustimmung der Stände, welchen die Verhinderungs-Ursachen anzuzeigen sind, gleichfalls die für den Fall der Minderjährigkeit bestimmte gesetzliche Regentschaft statt."

Beurteilte man das Verhalten des Königs schon seit längerer Zeit als auffällig, so tat man sich doch nicht leicht, ihn tatsächlich für geisteskrank zu erklären und damit seine Entmachtung einzuleiten. Zu Ferdinand von Miller äußerte sich Prinz Luitpold im Sommer 1885: „Man hat mir die Übernahme der Regentschaft nahegelegt. Das werde ich aber nie tun, bis

Extrablatt.
Augsburger Postzeitung.
Donnerstag, den 10. Juni 1886.

Verantwortlicher Redacteur: Alphons Planer in Augsburg. — Druck und Verlag des Literarischen Instituts von Dr. M. Huttler in Augsburg.

Proklamation.

München, 10. Juni.

Das heutige Gesetz- und Verordnungsblatt enthält folgende Proklamation des Prinzen Luitpold:

Im Namen Seiner Majestät des Königs!

Unser Königliches Haus Bayern, sein treubewährtes Volk ist nach Gottes unerforschlichem Rathschlusse von dem erschütternden Ereignisse betroffen worden, daß Unser vielgeliebter Neffe, Unser Allerdurchlauchtigster König Ludwig II., an einem schweren Leiden erkrankt ist, welches Allerhöchstdenselben an der Ausübung der Regierung auf längere Zeit im Sinne des Titels II, Paragraph 11 der Verfassungsurkunde hindert. Da Seine Majestät der König für diesen Fall Allerhöchst selbst weder Vorsehung getroffen haben noch dermalen treffen können, und da ferners über Unseren vielgeliebten Neffen, Se. Königliche Hoheit, den Prinzen Otto von Bayern, ein schon länger andauerndes Leiden verhängt ist, welches Jhm die Uebernahme der Regentschaft unmöglich macht, so legen Uns die Bestimmungen der Verfassungsurkunde als nächstberufenem Agnaten die traurige Pflicht auf, die Reichsverwesung zu übernehmen. Indem Wir dieses, vom tiefsten Schmerze ergriffen, öffentlich kund und zu wissen thun, verfügen Wir hiemit in Gemäßheit des Tit. II §§ 11 und 16 der Verfassungsurkunde die Einberufung des Landtags auf Dienstag, den 15. Juni l. Jrs. Die kgl. Kreisregierungen werden beauftragt, sofort alle aus ihrem Kreise berufenen Abgeordneten für die zweite Kammer unter abschriftlicher Mittheilung dieser öffentlichen Ausschreibung aufzufordern, sich rechtzeitig in der Haupt- und Residenzstadt einzufinden.

München, 10. Juni 1886.

Luitpold, Prinz von Bayern.

v. Lutz. v. Fäustle. v. Riedel. v. Crailsheim. v. Feilitzsch. v. Heinleth.

Auf höchsten Befehl der Ministerialrath im Staatsministerium des Innern v. Neumayr.

München, 10. Juni. Nach Empfang der Deputation ist Se. Maj. der König mitten in der Nacht nach Linderhof gefahren. Zu Curatoren der Civilliste sind die Reichsräthe Graf Törring und Graf Holnstein ausersehen. Zur Begutachtung über den Gesundheitszustand Sr. Maj. des Königs waren berufen: der k. Obermedicinalrath, Director der Kreisirrenanstalt für Oberbayern, Dr. v. Gudden, der kgl. Hofrath, a. o. Prof. und Director der Kreisirrenanstalt für Mittelfranken, Dr. Hagen, der ord. öff. Prof. der Psychiatrie an der kgl. Universität zu Würzburg, Dr. Grashey, und der Director der Kreisirrenanstalt von Unterfranken und Aschaffenburg, Dr. Hubrich.

5.22a

---

nicht von allen Ärzten die Krankheit genau festgelegt ist." Schließlich war es der Psychiater Bernhard von Gudden, der den Prinzen Luitpold und Ministerratsvorsitzenden von Lutz von der Geisteskrankheit Ludwigs II. überzeugte und bereit war, dies auch in einem schriftlichen Gutachten zu bescheinigen.

In juristischer Hinsicht herrschte jedoch immer noch Unklarheit darüber, wer letztendlich die Initiative für die Einleitung der Regentschaft zu ergreifen habe. Die Entmündigung wurde schließlich im Rahmen der Sitzungen des königlichen Gesamtstaatsministeriums unter Vorsitz von Prinz Luitpold beschlossen. Die der Regentschaftsproklamation vorangehenden Beratungen fanden zwischen dem 7. und 9. Juni 1886 statt. Als am 9. Juni das medizinische Gutachten vorlag, das die Regierungsunfähigkeit Ludwigs II. bestätigte, erklärten die Minister, dass nun alle Voraussetzungen zur Übernahme der Regentschaft gegeben seien, und beauftragten eine Kommission, die den König internieren sollte.

Am 10. Juni schließlich wurde die Proklamation, in der die Regentschaft bekannt gegeben wurde, verkündet, in den großen Zeitungen veröffentlicht und durch Plakatanschläge der Bevölkerung zur Kenntnis gebracht. In der von Prinz Luitpold und den sechs Staatsministern unterzeichneten Proklamation wurde erklärt, dass ein „schweres Leiden" den König an „der Ausübung der Regierung auf längere Zeit" hindere und aufgrund der ebenfalls schweren Erkrankung des Prinzen Otto nunmehr Luitpold die Reichsverwesung übernehme. Als man König Ludwig II. am 12. Juni 1886 nach Schloss Berg brachte, stand die Zustimmung des Landtags noch aus. Zu der angekündigten Einberufung des Landtags am 15. Juni kam es aufgrund der sich im Folgenden überstürzenden Ereignisse jedoch nicht mehr.

B. K. / J. B.

Lit.: Gauweiler, Bernhard von Gudden; Immler, Entmachtung; Möckl, Prinzregentenzeit, S. 136f.; Wöbking, Tod, bes. S. 76–93

Die Bedeutung der Telegrafie und die dadurch möglich gewordene schnelle Informationsübermittlung kann bei den Vorgängen um die Entmachtung Ludwigs II. nicht hoch genug eingeschätzt werden.

5.23a Telegrafenregister Hohenschwangau. Einträge betreffend die Entmachtung König Ludwigs II.

Hohenschwangau 1852–1893
Feder/Papier, 42 x 29,5 x 6
Museumsstiftung Post und Telekommunikation, Nürnberg
(XXIII.Tel 3b)

5.23b Telegramm des Freiherrn von Crailsheim an Freiherrn von Lutz vom 10. Juni 1886, 5.30 Uhr

Vordruck der Telegrafenstation München
Papier, Ledereinband, 19,7 x 20,8
Geheimes Hausarchiv, München (MKH 192)

Die bereits unter König Maximilian II. bestehende Telegrafenstelle in Hohenschwangau war lediglich zu den Zeiten besetzt, in denen sich der König im Schloss aufhielt. Am 2. Juni 1886 wurde die Telegrafenstation in Betrieb genommen, da Ludwig II. seinen Aufenthalt von Linderhof nach Neuschwanstein verlegte.

Die Telegrafenstelle als Zentralort der Kommunikation und Verbindung zur Residenzstadt gewann an Bedeutung, als die erste Staatskommission am 9. Juni 1886 nach Hohenschwangau reiste, um dort den König von der Regentschaft Luitpolds zu unterrichten und ihn nach Linderhof zu bringen. Diese erste Kommission bestand aus dem Minister des Innern, Freiherrn von Crailsheim, den Kuratoren Graf von Holnstein und Graf von Toerring-Jettenbach, dem künftigen Kavalier des Königs, Oberstleutnant Freiherrn von Washington, den Ärzten Professor Gudden und dessen Assistenten Dr. Müller, dem geheimen Legationsrat Dr. Rumpler als Protokollführer und vier Pflegern.

Während in den bayerischen Städten bereits am Morgen des 10. Juni 1886 die Regentschaftsproklamation des Prinzen Luitpold verkündet wurde, wusste man in Hohenschwangau und Umgebung noch nicht genau, wie es um die Machtverhältnisse bestellt war. Auch wenn der in Hohenschwangau diensthabende Telegrafist Brummer seit 5.45 Uhr telegrafisch über die Regentschaft informiert war und den Befehl hatte, alle Depeschen an König Ludwig nun Crailsheim vorzulegen, geriet Brummer aufgrund der unklaren Lage im Zuge der Festsetzung der ersten Kommission (Kat.-Nr. 5.25) in einen Loyalitätskonflikt.

Crailsheim telegrafierte am 10. Juni um 5.30 Uhr morgens nach München an den Vorsitzenden des Ministerrats, Freiherrn von Lutz, und berichtete ihm von der gescheiterten Inverwahrnahme des Königs. Kurze Zeit später wurde Crailsheim zusammen mit den anderen Mitgliedern der Staatskommission auf Ludwigs II. Befehl hin verhaftet. Die Situation war prekär, stand doch der Vorwurf des Hochverrats im Raum. Im Lauf des Vormittags änderte sich die Lage: Was für die Schwangauer Bevölkerung zunächst nach Putsch und Staatsstreich ausgesehen hatte, bekam nun durch tele-

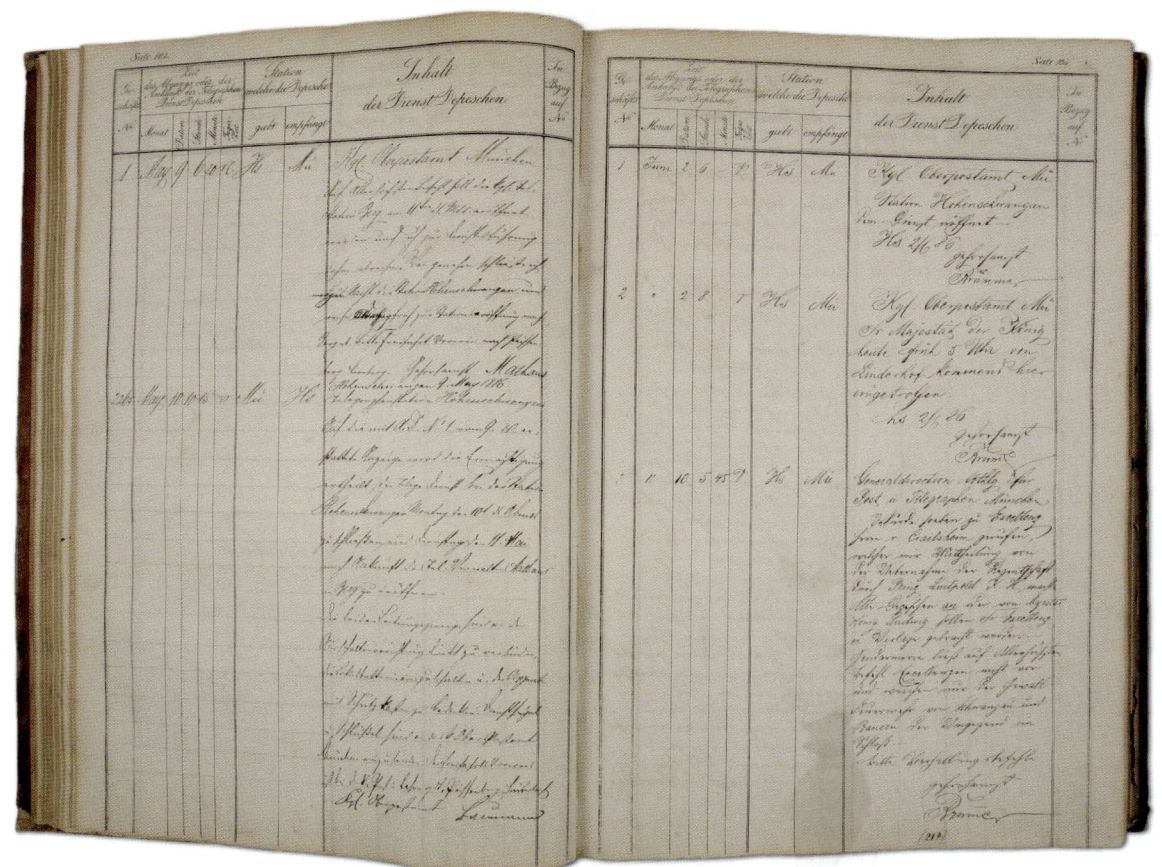

5.23a

WIE LUDWIG STARB UND ZUM MYTHOS WURDE

grafische Weisungen aus München juristische Legitimation. Die Abordnung von Münchner Gendarmen, die zur Ablösung der Füssener Gendarmerie eintraf, trug das Ihrige zur Klärung der Situation bei.

Auch Ludwig II. versuchte sich auf Anraten seines Flügeladjutanten Dürckheim-Montmartin (Kat.-Nr. 5.06) telegrafisch Gehör und Hilfe von außen zu verschaffen. Da Brummer aber keine Telegramme des abgesetzten Königs mehr versenden durfte, wurden telegrafische Hilferufe an Georg Arbogast von Franckenstein, an Geheimsekretär Haiß, an das Kemptner Jägerbataillon und an Fürst Bismarck von Reutte in Tirol aus aufgegeben. Sie konnten jedoch den Gang der Dinge und die Verbringung Ludwigs II. nach Schloss Berg in der Nacht vom 11. auf den 12. Juni 1886 nicht mehr aufhalten.

B. K./ J. B.

Lit.: Bott, Leben, S. 91f.; Büttner, Neuschwanstein; Steiner, Ferdinand Boppeler; Wöbking, Tod, S. 86–97

Mit Telegrafen dieser Art wurde die sensationelle Nachricht von der Absetzung des Königs verbreitet.

5.24 Hughes-Telegraf
Firma Wetzler, Pfronten, um 1900
Holz, Metall, 143 x 75 x 55
Privatsammlung

Nachdem Samuel Morse 1837 die Erfindung seines elektrischen Telegrafen vorgestellt und diese Form der schnellen, drahtgebundenen Kommunikation mit dem Punkt-Strich-Code weltweit überzeugt hatte, wurde national und international in den folgenden Jahren ein Leitungssystem aufgebaut, das eine schnelle, interurbane Kommunikation ermöglichte. In Bayern beschloss die Regierung noch unter König Ludwig I. der „Herstellung von elektrischen Telegrafen näherzutreten". Auf der ersten Telegrafenlinie von München nach Salzburg und weiter nach Wien wurde im Januar 1850 der Betrieb für Staatstelegramme aufgenommen.

Der Apparat von Morse erforderte die Beherrschung eines Punkt-Strich-Codes, des so genannten Morse-Alphabets. Um die Bedienung zu vereinfachen, wurde ein Gerät angestrebt, das Buchstaben auch als Buchstaben, ohne die zeitraubende Dechiffrierung, übertragen konnte. Angeregt durch die Erfolge seines Landsmannes Morse beschäftigte sich Eduard Hughes (1831–1900) mit der Konstruktion eines Typendrucktelegrafen. 1854 war seine Erfindung so weit ausgereift, dass sie erste Praxistests bestehen konnte: Ein Typenrad mit erhabenen Buchstaben, Zahlen und Satzzeichen wird durch ein mechanisches Werk in schnelle Umdrehung versetzt. Synchron dazu, also mit derselben Geschwindigkeit und Phasenlage, läuft das Typenrad beim Empfänger. Bei der Tastatur orientierte sich Hughes an den schwarzen und weißen Tasten des Klaviers. Pro Zeichen war eine Taste vorgesehen. Ein geschickter Telegrafist soll in der Lage gewesen sein, bis zu 40 Wörter pro Minute zu senden. Bereits 1855 erhielt Hughes ein französisches Patent auf seine Erfindung. Ausgehend von Italien und Deutschland, verbreitete sich der Hughes-Telegraf rasch über den europäischen Kontinent. Ab 1868 war er im internationalen Telegrafenverkehr Europas eingeführt.

Zu den Reservatrechten, die sich Bayern bei der Gründung des Deutschen Reichs sicherte, gehörte auch das Post- und Telegrafenwesen. Dies hatte zur Folge, dass Bayern in der Entwicklung von Telefonapparaten und Telegrafen eigene Wege ging. Der hier gezeigte Hughes-Apparat wurde von der Allgäuer Firma H. Wetzler konstruiert und gebaut. Die erhaltenen Konstruktionspläne weisen ihn anhand der Zeichnungsblätter 14, 22 und 34 als bayerisches Modell aus.

R. R.

Lit.: Feyerabend, Telegraph; Fürst, Weltreich; Ludwig, Reichstelegraphist; Naturwissenschaft und Technik; Schormaier/Baumann, Telegraph

Seit 2. Juni 1886 hielt sich König Ludwig II. in Neuschwanstein auf. Eine Woche später, in der Nacht vom 9. auf den 10. Juni scheiterte eine aus München angereiste Staatskommission bei dem Versuch, den König in Verwahr zu nehmen.

5.25 a **Schloss Neuschwanstein**
1886
Fotografie (R)
Wittelsbacher Ausgleichsfonds, München (Album 11)

5.25 b **Graffito des inhaftierten Grafen Holnstein im Torbau des Schlosses Neuschwanstein**
Fotografie (R)
Martin Irl, Holnstein-Archiv, Schwarzenfeld (OPf.)

„Die Memoires von Hornig – Ziegler – Reg:rat Müller werden so erschöpfend, daß den Leuten die noch zweifeln – die Haare zu Berg stehen werden über diesen Grad von Krankheit ... Mittwoch 9ten wird die Proklamation erlassen – 10 [ten] gehen ... Crailsheim ich & Dr. Guten [Gudden] ans Hoflager ... nach Eröffnung durch Crailsheim treten wir in Function & richten den reduzierten Hof ein. 16ten sind die Kammern dann einberufen – so der Schlachtplan – daß ich bis dahin zimlich aufgeregt bin kannst du dir denken zurück geht es nicht mehr – nur heißt es an Alles zu denken, damit es keine dummheit giebt, denn das wäre bös." Mit diesem in der Münchner Monacensia erhaltenen Brief informierte der Kgl. Bayer. Oberststallmeister und Reichsrat Maximilian Karl Theodor Graf von Holnstein aus Bayern seine Frau am 4. Juni 1886 über den Stand der Dinge im Hinblick auf die geplante Entmündigung König Ludwigs II. Am Nachmittag des 9. Juni 1886 reiste die Staatskommission nach Hohenschwangau, um dem König den Eintritt der Reichsverwesung und die Übernahme der Regentschaft durch Prinz Luitpold zu eröffnen. Die Ankunft in Hohenschwangau erfolgte gegen 22.30 Uhr.

Am 10. Juni inspizierte Graf Holnstein nachts gegen ein Uhr den Pferdestall in Hohenschwangau. Leibkutscher Osterholzer wollte gerade die Pferde für die Ausfahrt des Königs einspannen. Der Oberststallmeister sprach Osterholzer an, weil dieser entgegen der Vorschrift einen Vollbart trug. Osterholzer sagte: „Majestät hat es mir erlaubt wegen meinem Halsleiden, den Vollbart stehn zu lassen", worauf Graf Holnstein sagte: „Majestät hat nichts mehr zu befehlen! Prinz Luitpold ist jetzt Regent!" Durch diese Unvorsichtigkeit erfuhr der König von Kutscher Osterholzer den Zweck der Anwesenheit der Kommission. Schloss Neuschwanstein wurde in Alarmbereitschaft versetzt. Gegen drei Uhr nachts fuhr die Entmündigungskommission nach Neuschwanstein. Vor dem Schlossportal wurde sie von Gendarmen mit schussbereiten Gewehren, Feuerwehrleuten und etlichen Einheimischen empfangen. Nachdem die Einlassversuche der Kommission ohne Erfolg blieben, kehrten die Herren unverrichteter Dinge nach Hohenschwangau zurück. König Ludwig II. gab Gendarmeriewachtmeister Ferdinand Boppeler den Befehl, die Kommission sofort zu verhaften. Gegen sechs Uhr morgens vollzog der Wachtmeister die Festnahme der Kommission. Graf Holnstein bat Boppeler auf dem Weg nach Neuschwanstein um Schutz vor der versammelten Bevölkerung, die eine drohende Haltung einnahm. Boppeler versicherte, dass seine Autorität ausreichen würde, um die aufgebrachten Leute in Schach zu halten. Die Kommissionsmitglieder wurden in den ersten Stock des Torbaus von Schloss Neuschwanstein gebracht. Es war Einzelhaft angeordnet, die jedoch nicht vollzogen wurde. Graf Holnstein und Graf Toerring-Jettenbach schrieben, wie es Inhaftierte häufig tun, ihre Namen an die Wand. Der Name „Holnstein" mit dem Inhaftierungsdatum „10/6 86" kam zum Vorschein, als die Wandverkleidung 1998 entfernt wurde.

Nachdem die am Morgen des 10. Juni in München verkündete Regentschaftsproklamation des Prinzen Luitpold telegrafisch nach Hohenschwangau durchgegeben war, wurde die Entmündigungskommission gegen Mittag frei gelassen. Die Herren traten am Nachmittag des gleichen Tages die Rückfahrt nach München an.

Graf Holnstein zeigte sich gegenüber Ferdinand Boppeler dankbar. Bis zum Tod des Wachtmeisters übersandte er diesem alljährlich einen Geldbetrag von 100 Mark als Weihnachtsgabe. *M. I.*

Lit.: Niederschrift eines anonymen Zeitgenossen über die Vorgänge am 10. Juni 1886, Holnstein-Archiv-Schwarzenfeld; Sailer, Märchenkönig; Zum Schutz des Königs befohlen, in: Altbayerische Heimatpost (1954); Wöbking, Tod

In der Nacht vom 11. auf den 12. Juni reiste eine zweite, nur aus Ärzten und Pflegern bestehende Kommission nach Neuschwanstein und verbrachte den König nach Schloss Berg.

5.26a **Zwangsjacke aus der Landesanstalt Hubertusburg**
Ende 19. Jahrhundert
Leder, Stoff, 57 x 65 x 6
Deutsches Medizinhistorisches Museum, Ingolstadt
(AB/1700)

5.26b **Apothekerstandgefäß mit Aufschrift „Chloroform"**
Ende 19. Jahrhundert
Glas, H. 12, Ø 5,8
Deutsches Medizinhistorisches Museum, Ingolstadt
(AB/1528)

„Mit Bandasch und Kloroformen traten sie behending auf", weiß das „König-Ludwig-Lied". Welche Mittel zur etwaigen Fixierung und zur Sedierung die beiden Staatskommissionen wirklich mit sich führten, als sie Ludwig II. in Gewahrsam nahmen, ist bis heute umstritten. Der preußische Gesandtschaftssekretär Philipp von Eulenburg-Hertefeld berichtete: „… des Königs Leibkutscher … hatte unmittelbar nach dem Eintreffen der Abgesandten, vom Grafen Holnstein den Befehl erhalten, den Reisewagen des Königs nach Angabe der Krankenwärter herzurichten. Dieses geschah, indem mit starken Stricken eine Tür und die Fenster verschnürt wurden … Die traurige Arbeit, die Oberholzer [Osterholzer] weinend verrichtete, fand bei dem Stall unten an der Landstraße statt – so öffentlich, daß die allmählich alarmierten Bewohner von Hohenschwangau sie sehen konnten. Zugleich aber beging einer der Irrenwärter die grobe Ungeschicklichkeit, auf dem Schloßhof in Hohenschwangau eine Flasche fallen zu lassen, deren Inhalt beim Bersten einen betäubenden Geruch ausströmte. Wie ein Lauffeuer ging es nun von Mund zu Mund, daß man nicht nur den König entführen, sondern ihn betäuben, wenn nicht gar töten wolle."

Während Zwangsjacken zur Fixierung von Tobsüchtigen seit dem frühen 19. Jahrhundert benutzt wurden, fand die flüchtige Substanz Chloroform seit 1831 vor allem bei Operationen und in der Geburtshilfe als Narkotikum Verwendung. Es kann davon ausgegangen werden, dass die Pfleger und Ärzte der beiden Kommissionen an Mittel gedacht hatten, einen möglicherweise tobsüchtigen König ruhig zu stellen. Man fand Ludwig II. jedoch vollkommen beherrscht vor. Der König bestieg am 12. Juni 1886 gegen vier Uhr morgens äußerlich völlig gefasst die präparierte Kutsche, die ihn nach Berg bringen sollte.
B. K. / J. B.

Lit.: Eulenburg-Hertefeld, Ende, S. 68;
Gerold, Tage, S. 73

Das Ende

In Berg wurde Ludwig II. vor Augen geführt, dass ihm ein beengtes Leben ohne Privatsphäre unter Aufsicht von Irrenwärtern zugedacht war.

5.27a **Zimmer in Schloss Berg**
Um 1900
Fotografie (R)
Richard-Wagner-Museum, Bayreuth (N 826-II)

5.27b **Telegramme von Berg nach München, 13./14. Juni 1886**
Zitatcollage
Quelle: Geheimes Hausarchiv, München (MHK 123)

Am 12. Juni 1886 mittags erreichte Ludwig II. nach einer achtstündigen Fahrt, die von Neuschwanstein, wo man ihn in Verwahrung genommen hatte, nach Schloss Berg am Starnberger See (damals noch Würmsee genannt) führte. Die beiden Kuratoren des Königs, Graf von Holnstein und Graf Törring-Jettenbach, waren beauftragt, alle Sicherheitsmaßnahmen zu ergreifen, um den König an einer Flucht zu hindern. Ludwig II., der in Neuschwanstein gedroht hatte, sich vom Turm zu stürzen und immer wieder nach Zyankali verlangt hatte, wurde als schwer suizidal eingeschätzt. Auf Schloss Berg bezog Ludwig das Wohn- und Schlafzimmer im zweiten Stock. In dem zwischen den beiden Zimmern liegenden kleinen Raum war der diensthabende Pfleger untergebracht. Als Vorsichtsmaßnahmen hatte man die Türklinken abgeschraubt, Gucklöcher an den Türen angebracht und verfügt, dem König nur stumpfe Obstmesser bei Tisch aufzudecken. Da man zunächst eine Verbringung des Königs nach Schloss Linderhof geplant hatte, waren die Sicherheitsmaßnahmen auf Schloss Berg noch nicht abgeschlossen. So fehlten Gitter an den Fenstern und eine Art Stacheldrahtzaun am Uferrand, mit dem man den Zugang zum See verhindern wollte.

Der Psychiater Bernhard von Gudden nahm nach der Ankunft in Berg am 12. Juni 1886 das Gespräch mit Ludwig II. und damit die Behandlung seines Patienten auf. Auf der Grundlage der Diagnosen, die er in seinem Gutachten vom 8. Juni 1886 gegeben hatte, erstellte er einen Therapieplan. Problematisch erscheint die doppelte Rolle des Psychiaters, der nicht nur Gutachter, sondern nun auch behandelnder Arzt wurde. Gegenüber seinem Assistenzarzt Müller äußerte er sich, „Ludwig sei wie ein Kind, eine Gefahr gehe von ihm nicht aus" und „Selbstmordabsichten Ludwigs (seien) nur in alkoholisiertem Zustand zu befürchten". Offensichtlich hatte es Diskussionen zwischen Gudden und Müller darüber gegeben, welches Maß an Freiheit man dem hochgestellten Patienten zukommen lassen sollte. Insbesondere die Frage, ob man Ludwig II. Spaziergänge ohne Begleitung zugestehen konnte, war strittig. Dass der schicksalhafte Spaziergang am Spätnachmittag des 13. Juni ohne Begleitung eines Pflegers stattfand, mag in Guddens Therapieansatz begründet sein, der auf eine vertrauensvolle Arzt-Patienten-Beziehung setzte. Vielleicht spielte aber auch der Respekt vor der Persönlichkeit des Königs oder schlichtweg Selbstüberschätzung des Arztes eine Rolle.

Insbesondere Guddens Schwiegersohn Grashey vertrat später die Theorie, ein Missverständnis des Pflegers Mauder, der eine Geste Guddens missverstanden und in der Folge veranlasst habe, dass der König allein mit diesem seinen Spaziergang aufnahm, habe das Fiasko verursacht. Nachdem Gudden um 18 Uhr an Minister Lutz in München telegrafiert hatte: „Hier geht es bis jetzt wunderbar gut", brachen Ludwig II. und Gudden zu ihrem letzten Spaziergang auf. Der Pfleger Mauder wurde zurückgeschickt.

Was im weiteren Verlauf geschehen ist, lässt sich anhand von ca. 40 Telegrammen, die zwischen Berg und München, zwischen den Anwesenden vor Ort und den Entscheidungsträgern in der Hauptstadt hin- und hergingen, nur bruchstückhaft rekonstruieren. In ihnen wird gleichzeitig die Dramatik der Ereignisse sichtbar: Ab 20 Uhr begann man sich im Schloss um Gudden und Ludwig II. zu sorgen, die nicht zurückgekehrt waren. Über die Suche, die nun begann, hielt man von Berg aus sowohl Minister Lutz als auch den Adjutanten des Prinzregenten, Oberst Freyschlag, telegrafisch auf dem Laufenden.

B.K./J.B./E.B.

Lit.: Grashey, Nachtrag; Mann, Fenster; Schrott, Prinzregent; Steinberg, Bernhard von Gudden; Wöbking, Tod, S. 127–176

Über den Oberküchenmeister versuchte der König Einzelheiten seiner Situation zu erkunden.

5.28 Gedächtnisprotokoll über das letzte Gespräch von Stabskontrolleur Friedrich Zanders mit Ludwig II. am 13. Juni 1886
Tinte, Bleistift/Papier
4 Blätter, 8 x 13,7
Sammlung Joss, Rosenheim

Ich sprach von der Ehrenhaftigkeit S.K.H. des Prinzen Luitpold, der bestimt nach Recht verfahren wird. – Ja das sieht man an was geschehen, und wenn selbst diese es nicht thun, so würden es die nachfolgenden Prinzen thun. S.M. machte sich wiederholt lustig über die Vorsichtsmaßregeln, welche man gemacht, damit sich S.M. nichts thun.

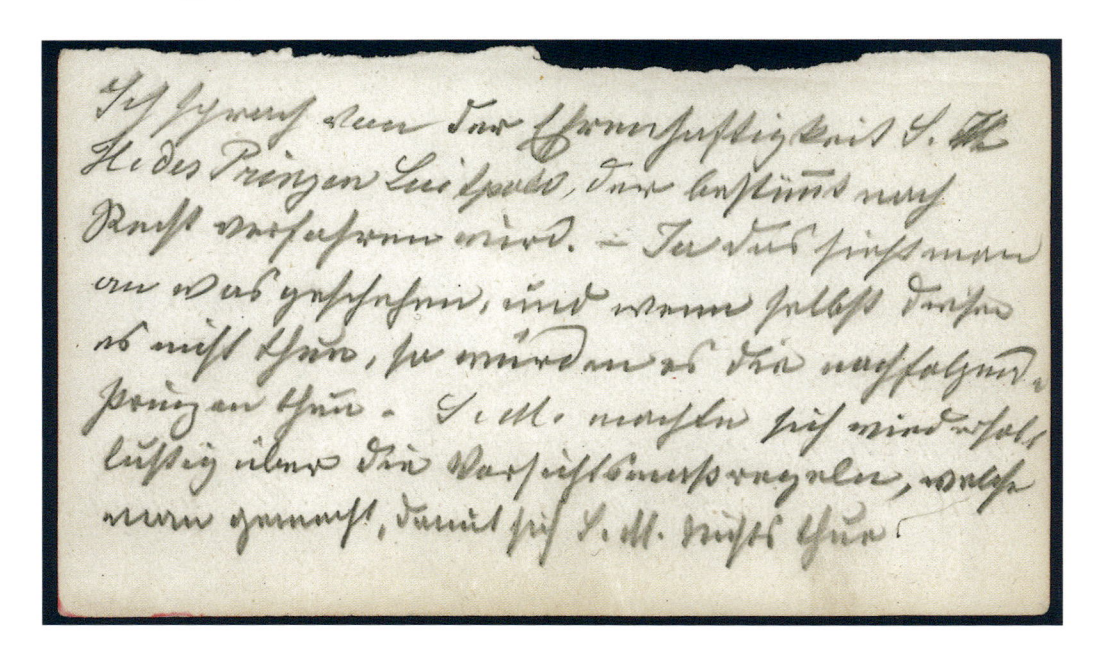

Friedrich Zanders war in Schloss Berg mit den Aufgaben des Stabskontrolleurs und Oberküchenmeisters betraut. Am 13. Juni 1886 wurde Zanders von Ludwig II. zu einem Gespräch bestellt, das etwa von 14.30 bis 15.00 Uhr dauerte. Zanders verfasste – wie der Beschreibstoff und die hastig wirkende Art der Aufzeichnung vermuten lassen – zeitnah nach dem Auffinden der Leichen Ludwigs II. und Bernhard von Guddens ein Gedächtnisprotokoll über diese Unterredung mit dem König und die darauffolgenden Ereignisse.

Das Gespräch war auf dringenden Wunsch des Königs zustande gekommen. Möglicherweise war der Anlass die von Ludwig wiederholt geäußerte Furcht, vergiftet zu werden. Vor allem aber wollte sich der König Informationen verschaffen. Er befragte Zanders über die Anzahl der in Berg stationierten Gendarmen, ob diese scharf geladene Waffen besäßen und äußerte die Befürchtung, nie mehr aus seiner Gefangenschaft entlassen zu werden. Für die mit dem Bericht immer wieder in Verbindung gebrachten angeblichen Fluchtpläne des Königs gibt das Protokoll keinerlei Anhaltspunkte – im Gegenteil: Zanders hatte Gudden vor dem Gespräch versichern müssen, mit dem König nicht über eine Flucht zu sprechen. *B.K./J.B.*

Lit.: Brandt, Stätten, S. 18; Hacker, Ludwig II., S. 383–385; Wöbking, Tod, bes. S. 133–135

Unmittelbarer Augenzeuge der letzten Tage im Leben des Königs war Bruno Mauder, der Pfleger von Prinz Otto in Fürstenried.

5.29 Tagebuchartige Aufzeichnungen
Bruno Mauder (1849–1932)
Berg und Fürstenried, 1886
Libell, Feder in Braun/Papier, fadengeheftet,
mit Bleistift paginiert, 21 x 16,5; Fotografie (Ausschnitt)
Privatbesitz

Die Aufzeichnungen des Pflegers Bruno Mauder, dem am 8. Juni 1886 befohlen wurde, sich tags darauf mit Gepäck auf dem Bahnhof von Fürstenried einzufinden, um „Obermedicinalrath v. Gudden nach Hohenschwangau zu seiner Majestät zu folgen", umfassen den Zeitraum vom 8. bis zum 15. Juni 1886. Die hinterlassenen Papiere wurden unter dem Titel „Aus dem Tagebuch des Pflegers Bruno Mauder" in der „Süddeutschen Sonntagspost" Nr. 38 vom 23.9.1950, S. 3–8, publiziert.

Bruno Mauder, ursprünglich Lehrer, war von 1877 bis 1916 in Schloss Fürstenried für König Otto von Bayern als Pfleger, später Oberpfleger, tätig. Man darf davon ausgehen, dass Mauder, wie die übrigen drei Pfleger, mit Bedacht für die heikle Aufgabe auf Schloss Berg ausgewählt worden war.

Das 31-seitige, eng beschriebene Libell hält die Ereignisse aus der Sicht des Pflegers fest. Genaue Zeitangaben strukturieren den Text, die Nennung der handelnden Personen verleiht Authentizität, die Erwähnung kleinster Details, etwa bei der Verbringung des Königs nach Schloss Berg, den Anweisungen Ludwigs II. beim Waschen, Anziehen, Essen, gibt den Eindruck unmittelbaren Erlebens, das zeitnah seinen Niederschlag als „Tagebuch" fand. Dies trifft jedoch so nicht zu, denn Bruno Mauder verweist im Zusammenhang mit dem letzten, am späten Nachmittag des 13. Juni servierten Diners auf die in seinem Besitz befindliche Menükarte (Kat.-Nr. 5.30). Dazu hat sich der auf den 24. September 1886 datierte Brief erhalten, mit dem Kammerdiener Lorenz Mayr die erbetene Speisekarte übersandte. Mauder hat demnach seinen Bericht nicht vor diesem Zeitpunkt geschrieben.

Denkbar ist, dass es sich hierbei um eine „Reinschrift" der Notizen handelt, die Bruno Mauder in einer Zeugeneinvernahme vor einer Kommission des Staatsministeriums des Äußern und des Königlichen Hauses vom 1. Dezember 1886 erwähnt. Der Pfleger wurde in der Kontroverse befragt, die zwischen Bernhard von Guddens Schwiegersohn Grashey und dem in Berg anwesenden Assistenzarzt Müller über die Rolle Guddens beim letzten Spaziergang des Königs entbrannt war. Dabei gab Mauder an: „Ich habe mir über meine damaligen Erlebnisse Aufzeichnungen gemacht … Herr Dr. Müller hatte … bemerkt, dass ich beim Nachtdienst öfter schrieb und es war auf diese Weise zu seiner Kenntnis gekommen, dass ich mir solche Aufzeichnungen gemacht habe. Dem Ersuchen entsprechend fertigte ich zwei Abschriften des bezüglichen Theiles meiner Aufschreibungen und übergab sie Herrn Dr. Müller …" (zitiert aus: Archiv für Psychiatrie und Nervenkrankheiten XVIII [1887], S. 897).

Dies führt zum zweiten Aspekt dieser Aufzeichnungen. Mag ihnen auch die Unmittelbarkeit eines eigentlichen „Tagebuchs" fehlen, so sind sie doch nicht nur eine faktenreiche Quelle, sondern auch das Zeugnis eines von den Vorgängen tief betroffenen Beteiligten, der die Dinge aus seiner ganz persönlichen Sicht erlebt hat und niederschreibt. So berühren Passagen wie: „Diesen 3 ¼ Stund [als Ludwig in Hohenschwangau festgesetzt wird] war eine schreckliche Zeit" – „Hauptmann Horn kaufte unterwegs zweimal Semmel, gab mir auch 2 konnte aber nichts essen" – „… mit einem Wort es war in Majestät eine große Ängstlichkeit …" – „Dieser Anblick [der Leichen Ludwigs II. und Guddens] war etwas Schreckliches, keinen Menschen zu beschreiben" – „Der Tag [14. Juni 1886] wollte doch nicht vergehen, man wußte auch nicht wohien." Sachlichkeit auf der einen und Empathie auf der anderen Seite zeichnen das rare Dokument aus.   E. B.

Lit.: Freundliche Hinweise von Dr. Barbara Kink; Wöbking, Tod, S. 143, 393

Die Menükarte verzeichnet das letzte Diner, das König Ludwig II. auf Schloss Berg einnahm.

5.30 Menükarte in Samtmappe mit Begleitbrief

Schloss Berg, 13. Juni 1886
Menükarte: Druck/Goldprägung,
Feder in Braun, 22,6 x 14,5;
samtgebundene Mappe, 33,5 x 36,5,
mit aufgelegtem Königssignet
(verloren; Nachbildung in Zinn,
Goldschmiede Tilgner,
München, 1968); zugehöriger
Brief: Feder in Braun/Papier
Privatbesitz

Die Menükarte stammt aus dem Besitz des Oberpflegers Bruno Mauder (Kat.-Nr. 5.29), der sie als Erinnerungsstück an König Ludwig II., den er auf Schloss Berg betreut hatte, von dessen Kammerdiener Lorenz Mayr erbat. Das Zierwappen auf der zugehörigen blauen Samtmappe war zu diesem Zeitpunkt ausweislich des beigefügten Schreibens bereits „abgebrochen", also entfernt worden – das Objekt ist somit ein Beispiel für die gleich nach dem Tod des Königs einsetzende Erinnerungskultur.

Die Vordrucke solcher Menükarten wurden auf den Schlössern vorrätig gehalten und dann vom Küchenchef mit der jeweiligen Menüfolge – traditionsgemäß in Französisch – beschrieben. Verzeichnet wurde auch der für die einzelnen Speisen verantwortliche Koch, hier Gerhager. Das letzte von König Ludwig II. am späten Nachmittag des 13. Juni eingenommene Menü bestand aus Bandnudeln mit Bratwurst, Fischmayonnaise, Rindfleisch mit Kartoffelpüree, grünen Bohnen und Kalbsbries, Rehbraten, Spargel, zum Dessert gab es Schokoladencreme und Zitroneneis. Eine kleine Unstimmigkeit ergibt sich aus den Aufzeichnungen Mauders, der als Entree von einer auf der Menükarte nicht verzeichneten Suppe spricht: „Nach ½ 5 Uhr habe ich die Supp serviert & Majestät setzte sich zu Tisch." Und weiter: „Majestät hat sehr viel gegessen hierzu 1 Becher Bier, 2 Glas Maiwein 3 Glas Rheinwein & 2 Gläschen Arac getrunken. Nach dem Café ging Majestät auf und ab wobei ich abservierte und gab mir dann den Auftrag Gudden zu rufen, um den bereits heute mittags besprochenen Spaziergang zu machen", der sein letzter werden sollte.

Zahlreiche solcher Menükarten haben sich erhalten, vor allem aus dem Besitz von Ludwigs Bruder Otto, der sich die Langeweile bei Tisch vertrieb, indem er seine Tischgenossen in Wort und Bild auf den Rückseiten der Menükarten charakterisierte oder sich Notizen aller Art machte. So verzeichnete er auf einer Menükarte aus den Jahren 1863/64 die Geschenke an seinen Bruder Ludwig, die insofern von Interesse sind, als sich hier ein umfassender Beleg für die von Ludwig bevorzugte Farbe Blau findet:

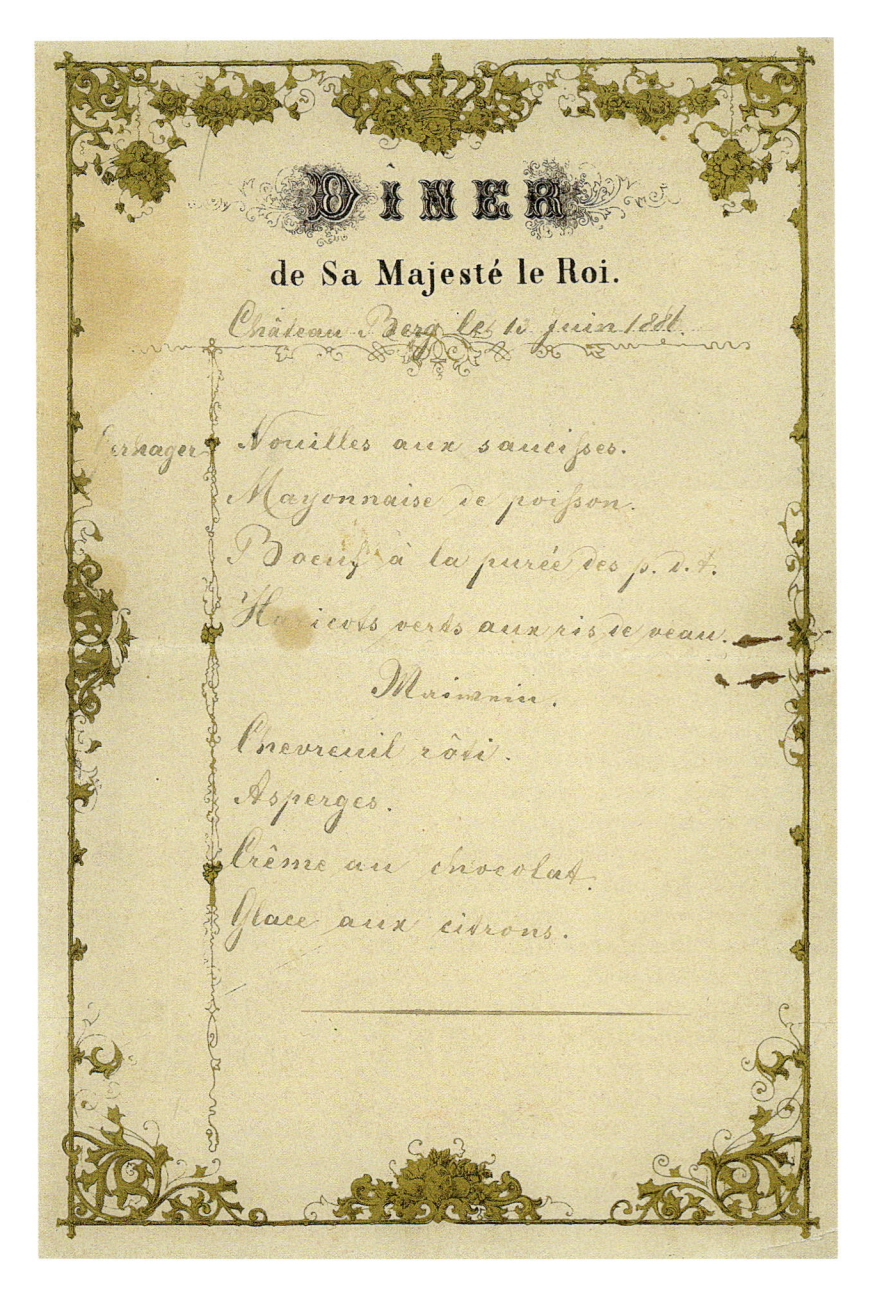

„F. Ludwig / Blauer Kuchenteller (Thalmeyer)
Blaue Vasen
Blaues Büchschen m.w.F.
Blaues Photogr. Alb. (Eschenbach.)
Weisser Teller m.b.G.
Blaue Tasse (Breul.)
Blaues Portem. (Breul.)
2 D.Blaue Väschen (Steigerwald.)".   E.B.

Lit.: Hierneis, Lehrzeit; Lau u.a., Speisen, bes. S. 31; Schad, Gast

Die Ergebnisse der Spurensicherung wurden akribisch verzeichnet.

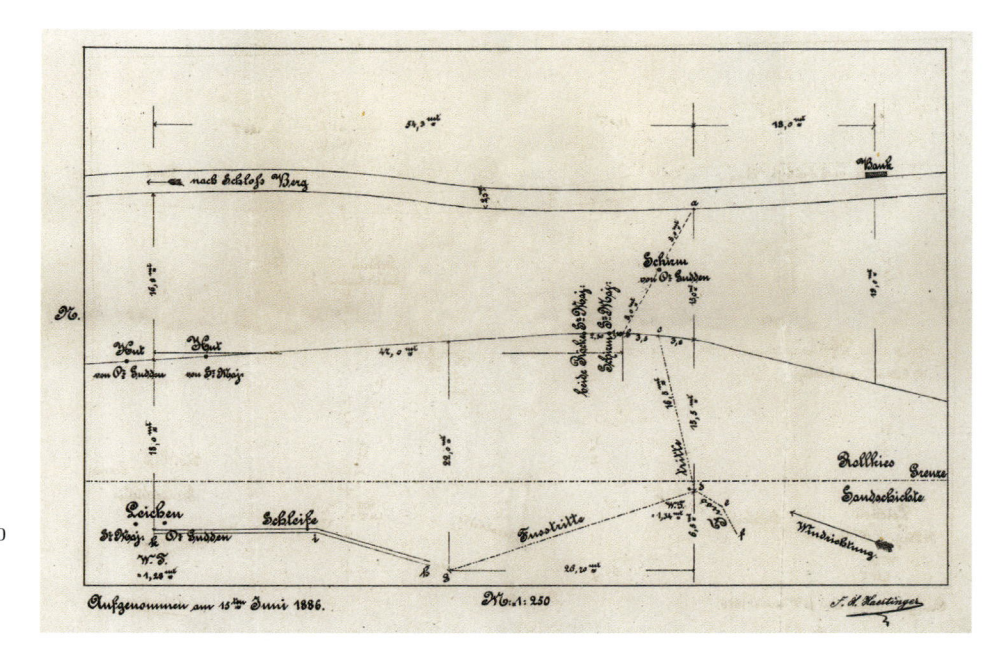

5.31a Situationsplan der Unglücksstelle
Franz Xaver Haertinger
München, 15. Juni 1886
Tinte/Papier, 33 x 42
Sammlung Joss, Rosenheim

5.31b Regenschirm Ludwigs II., mitgeführt beim letzten Spaziergang am Starnberger See
Hofschirmfabrik Fensterer
München, 1880
Seide, gewebt, Holz, Stahl, L. 110
Bayerisches Nationalmuseum, München (R 7662a)

Bis heute rätselt man über das Geschehen und den genauen Ablauf der Ereignisse am Abend des 13. Juni 1886, dem Todestag Ludwigs II. Eine Kommission des Amtsgerichts untersuchte am darauffolgenden Tag ab fünf Uhr morgens und erneut um 7.30 Uhr die Unglücksstelle. Die auf Schloss Berg Anwesenden wurden einer Befragung unterzogen. Am 15. Juni erstellte der Bezirkstechniker Franz Xaver Haertinger einen Situationsplan, in dem die aufgefundenen Spuren verzeichnet sind.

Demnach stellen sich die Ereignisse des schicksalhaften Abends folgendermaßen dar: Am 13. Juni 1886 verließ Ludwig II. mit seinem Arzt Bernhard von Gudden Schloss Berg zwischen 18.30 Uhr und 18.45 Uhr zu einem Spaziergang. Sehr zielstrebig müssen die beiden 800 Meter auf dem Seeweg in südlicher Richtung zurückgelegt haben. Etwa 15 Meter vom Seeufer entfernt und 18 Meter unterhalb der damals dort aufgestellten Ruhebank scheint der König – für seinen Begleiter unerwartet – in Richtung See abgewichen zu sein. Die Fundstellen des Regenschirms, den der König mit sich führte, und seiner Kleidungsstücke lassen Rückschlüsse auf den Verlauf ihres Weges zu. Offensichtlich eilte Gudden dem König nach und kam dabei möglicherweise in Höhe eines Taxusbusches zu Fall, wo er seinen Schirm verlor. Vermutlich erreichte Gudden den König dann am Seeufer und versuchte, seinen Patienten aufzuhalten, indem er ihn an der Kleidung packte. Darauf könnten Jacke und Überzieher Ludwigs hindeuten, die beim Auffinden noch ineinandersteckten. Denkbar ist auch, dass Ludwig die Kleidungsstücke in großer Eile abstreifte, um weiter in den See zu gelangen. Ungefähr 15,5 Meter vom Ufer entfernt (Punkt d im Situationsplan) fand man zahlreiche Trittspuren im lehmigen Grund. Die Untersuchungskommission vermutete, dass es hier zu einem Gerangel gekommen sein musste. Vielleicht wurden dabei Gudden die Verletzungen zugefügt, die sein Leichnam aufwies. Von dieser Stelle aus geht eine einzelne Spur in nordwestlicher Richtung weg, die wiederum zu zwei im Abstand von zwei Metern parallel verlaufenden Schleifspuren im See führt, welche die beiden leblos im Wasser abgesunkenen Körper hinterlassen haben. Eine weitere Einzelspur (Punkt d – e – f) lässt sich nicht ganz eindeutig in den Ablauf der Ereignisse einordnen. Bezirkstechniker Haertinger vermutete, dass sich die beiden Kämpfenden vom Punkt d aus zunächst in Richtung f bewegt hätten bzw. Gudden den in Richtung f eilenden König erreicht und wieder bis d zurückgebracht hätte. Kurz vor 23 Uhr fand man die Vermissten im Starnberger See etwa 18 Meter vom Ufer entfernt, zunächst die Leiche des Königs und zwei bis drei Meter dahinter in südsüdwestlicher Richtung die Guddens. Der zur ärztlichen Betreuung Ludwigs II. auf Schloss Berg anwesende Assistenzarzt Dr. Müller konstatierte aufgrund der teilweise ausgebildeten Leichenstarre und der stehen gebliebenen Uhren des Königs (Kat.-Nr. 5.32) und Bernhard von Guddens, dass der Tod der beiden etwa gegen 19 Uhr eingetreten war. *J. B./B. K.*

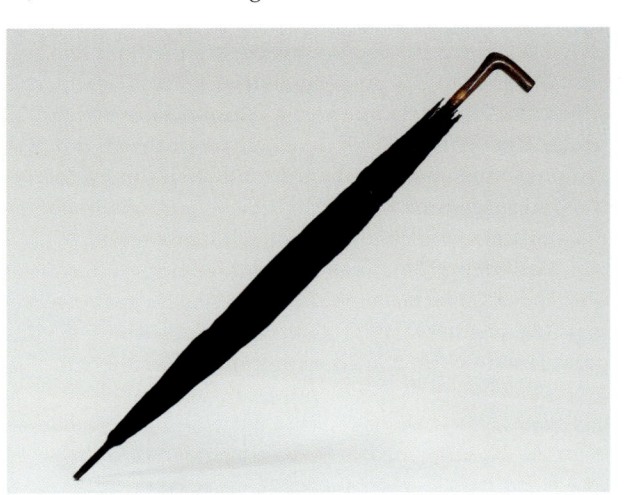

Lit.: Wöbking, Tod

Die Uhr, die König Ludwig II. am Abend des 13. Juni 1886 trug,
war einer der Beweisgegenstände in den Untersuchungen seines rätselhaften Todes.

5.32 **Taschenuhr König Ludwigs II.**
Vor 1886
Goldgehäuse, ziseliert;
Rückdeckel mit Darstellung
eines Pferdekopfs, Ø 5
Albert Meilhaus

Nach dem zusammen mit der hier gezeigten Uhr erhaltenen Originalschreiben des Obersthofmeisterstabs hat König Ludwig II. diese Uhr am Tag seines Todes getragen. Nach Ende der Untersuchungen seines Todes wurde die Uhr der Königinmutter übersandt. Im Erbgang kam sie an Ludwigs Lieblingscousin, Prinz Ludwig Ferdinand.

Bei der Taschenuhr des Königs handelt es sich um eine Savonette, also eine Uhr mit Sprungdeckel, wobei die Krone nicht oben, sondern seitlich, bei drei Uhr, angebracht ist, was die Handhabbarkeit erleichtert. Im Deckel ist eine gebläute Silberplatte mit dem gekrönten gespiegelten Monogramm „L" Ludwigs II. zu sehen. Auf der Deckelinnenseite findet sich auch der Stempel, der die Karatzahl 18 angibt. Auf dem Rückendeckel ist der Kopf des Lieblingspferdes Ludwigs II., namens „Cosa Rara", zu sehen.

Die Taschenuhr des Königs, die Schlossverwalter Huber bei der Bergung der Leiche an sich nahm, um sie der Untersuchungskommission zu übergeben, zeigte 18.53 Uhr und 40 Sekunden an und damit vermutlich den Zeitpunkt, zu dem Ludwig II. in den Starnberger See ging, denn die Uhr war durch das eingedrungene Wasser stehen geblieben.

Die Tatsache, dass die Uhr des ebenfalls verstorbenen Psychiaters Bernhard von Gudden erst um 20.06 Uhr und 25½ Sekunden, also etwa eineinviertel Stunden später stehen blieb, regte immer wieder zu Spekulationen über die Geschehnisse vom 13. Juni 1886 an. Doch schon im Bericht des Oberamtsrichters Jehle an das Justizministerium über das „Ableben Seiner Majestät des Königs Ludwig II. von Bayern" wird diese Tatsache mit der unterschiedlichen Beschaffenheit der Uhren erklärt: „Daß diese Uhr [Guddens] später stillgestanden sei, als die Uhr Seiner Majestät, dürfte den Umständen zuzurechnen sein, daß sowohl der Staubdeckel als die Einfassung des Uhrenglases sehr fest schließen und das Wasser deshalb langsamer und in geringerer Quantität eingedrungen ist, als in die Uhr Seiner Majestät, wie denn auch die letztere Uhr zwischen Zifferblatt und Glas vollständig mit Wasser gefüllt war, während die Uhr des Dr. Gudden zwischen Zifferblatt und Glas keine Spur des Eindringens von Wasser zeigt."

Ein bislang nicht bekannter Eintrag in den Aufzeichnungen des Pflegers Bruno Mauder (Kat.-Nr. 5.29) könnte indes eine andere Erklärung geben. Demnach hatte Ludwig II. seine Uhr um eine gute halbe Stunde zurückgestellt – vielleicht ein Spleen, wie man ihn öfter findet. In einer am Seitenende eingefügten Notiz seiner Aufzeichnungen vermerkte Mauder, der den Beginn des Diners, als der König sich zu Tisch setzte, mit „nach ½ 5 Uhr" bestimmte: „4 Uhr auf seiner Majestät seiner Uhr". Dies würde den Zeitunterschied, den die stehen gebliebenen Taschenuhren aufweisen, relativieren und insgesamt den zeitlichen Ablauf, wie er bisher rekonstruiert wurde, in ein neues Licht stellen.

Der heutige gute Zustand der königlichen Taschenuhr ist der Tatsache zu verdanken, dass sie später gereinigt und wieder instand gesetzt wurde, worauf die Reparaturzeichen im Rückdeckel hinweisen. *J.B./B.K./E.B.*

Lit.: Wöbking, Tod, bes. S. 191–193; Auktionskatalog Herrmann Historica, München, Auktion Nr. 25, „Geschichtliche Objekte" vom 25./26. Oktober 1991, Auktionsnummer 3444

Diese Waffe wird mit der unbewiesenen These in Zusammenhang gebracht, Ludwig II. sei erschossen worden.

5.33 Windbüchse, System Girandoni

Carl Daniel Tanner (1791–1858)
Hannover, um 1840
Mehrschüssige Druckluftwaffe, seitliches Röhrenmagazin für ca. 20 Schuss, Kaliber ca. 11,75 mm gezogener Lauf; Einstecklauf aus Messing, Kaliber ca. 10 mm, Nussbaumschaft mit geschnittener Fischhaut; fein gravierte Schlossplatte: C. D. Tanner a Hannover; Reinigungsstock aus Holz mit Beinkappe, feines Perlkorn und zwei Kimmenblätter, Windflasche mit schwarzer Belederung, ursprünglicher Trageriemen fehlt, Druckluftpumpe und Zubehör fehlen;
L. 110
Deutsches Jagd- und Fischereimuseum, München (2802)

Immer wieder wird die Theorie vertreten, dass Ludwig II. erschossen worden sei, ob von Gegnern im bayerischen Kabinett, von preußischer Seite oder durch einen Gendarmen, der im Schlosspark patrouillierte. Der königliche Leibfischer Lidl (Kat.-Nr. 5.35; vgl. auch Kat.-Nr. 5.37) will bei der Bergung des Leichnams die Einschüsse gesehen haben. Allerdings gibt es von seinem Augenzeugenbericht mehrere, zum Teil widersprüchliche Versionen. Gräfin Wrbna-Kaunitz will Ludwigs Mantel mit eindeutigen Schusslöchern besessen haben, doch soll das Beweisstück bei einem Zimmerbrand, bei dem auch die Gräfin selbst ums Leben kam, vernichtet worden sein. Andere spekulieren, man habe die Kleidung des Königs kurz nach dem Auffinden der Leiche verbrannt, um Spuren zu beseitigen.

Es gibt keine stichhaltigen Beweise für eine Ermordung König Ludwigs II. Auch in den Berichten der Augenzeugen findet sich keine Aussage, dass jemand Schüsse gehört hätte. Doch gerade in dieser Tatsache sehen die „Guglmänner", Mitglieder eines bayerischen Geheimbunds, den Anhaltspunkt für ihre These, der König sei erschossen worden, und zwar mit einer Windbüchse, die sich heute im Deutschen Jagd- und Fischereimuseum in München befindet. Dabei ist ihnen anscheinend die Beschaffenheit dieser Waffe, eine mehrschüssige Druckluftwaffe, die wenig Geräusch verursacht, Beweis genug.

Bei der von dem Tiroler Bartholomeus Girandoni (1744–1799) entwickelten Büchse werden die Kugeln durch einen einfachen Schiebemechanismus aus dem Röhrenmagazin in die Waffe geladen. Der Schütze baut mit einer externen Luftpumpe mit ca. 1500 Pumpstößen Druck auf, der für die 20 Schuss im Magazin ausreicht, wobei die ersten Schüsse zuverlässig auf bis zu 150 Meter treffen können; bei den nachfolgenden reduziert sich die Reichweite.

Dass die Verschwörungstheorien bis heute nicht verstummen, verwundert nicht, bedenkt man, wie viele Personen bei der Suche nach den Vermissten, bei der Bergung und bei der Obduktion anwesend waren. Die Bandbreite der Erklärungsversuche liegt zwischen Peter Glowasz, der seit Jahren Indizien für ein groß angelegtes Verbrechen zusammenzutragen versucht, und Wilhelm Wöbking, dem für seine umfangreiche kriminologische und juristische Untersuchung 1986 die einschlägigen Bestände des Geheimen Hausarchivs zur Verfügung standen und der zu dem Schluss kam, dass dem Tod Ludwigs II. mit an Sicherheit grenzender Wahrscheinlichkeit kein Verbrechen zugrunde liegt. *J. B. / B. K.*

Lit.: Glowasz, Tod; Wöbking, Tod

„Protokoll über die am 15. Juni 1886 Morgens 8 Uhr in der koeniglichen Residenz zu München vorgenommene Sektion der Leiche Seiner Majestät Koenig Ludwig des Zweiten von Bayern."

5.34 Obduktionsbericht

München, 15. Juni 1886
Tinte/Papier, 8 Blätter, 33 x 21
Geheimes Hausarchiv, München (MKH 202)

Am 15. Juni 1886 wurde zwischen acht und 13 Uhr der Leichnam Ludwigs II. in der Münchner Residenz obduziert. Neben dem Pathologen Professor Rüdinger und seinem Assistenten Dr. Rückert, die die Untersuchung durchführten, waren Vertreter des Staatsministeriums und des königlichen Hauses sowie zahlreiche weitere Ärzte als Zeugen anwesend, die sich für die ordnungsgemäße Durchführung und die protokollierten Ergebnisse der Autopsie verbürgten.

„Nirgends sind Verletzungen an der Körperoberfläche, insbesondere keine Abschürfungen der Oberhaut am Halse oder Gesichte wahrnehmbar", heißt es im Protokoll. Keinerlei Anhaltspunkte finden sich auch für Schuss-, Schlag- oder Stichwunden. Verletzungen, die man an den Knien feststellte, sind durch das Schleifen der Leiche am Seegrund erklärbar. Ein Tod durch Ertrinken lässt sich vor allem anhand der

Lunge nachweisen. Doch gerade hier zeigte der Befund ein unspezifisches Bild. Dafür könnten die langwierigen Wiederbelebungsversuche, über die verschiedene Quellen berichten, verantwortlich sein. Einige andere Befunde des Protokolls gelten dagegen heutigen Gerichtsmedizinern in ihrer Gesamtschau als deutliche Anzeichen für einen Tod durch Ertrinken: nicht geronnenes Blut in der Schädelbasis (Venensinus der Basis cranii), das aufgedunsene Gesicht, die blutarme Milz sowie die Aspiration von Speisen. Neben dem Suizid durch aktives Einatmen von Wasser kommt auch ein Ertrinkungstod aufgrund reflektorischer Krisen, nach nervösem Schock, nach Ohnmacht, Kreislaufkollaps oder Herzinfarkt infrage. Letztlich ist auch ein plötzlicher natürlicher Tod im Wasser nicht ganz auszuschließen, wofür sich aber keine weiteren Anhaltspunkte finden lassen. Fehler, Unterlassungen oder gar Verfälschungen bei der Autopsie wurden von dem Kriminologen Wilhelm Wöbking, der den Fall 1986 noch einmal kriminalistisch untersuchte, nicht festgestellt.

Neben der Frage nach der Todesursache widmet sich das Protokoll ausführlich der Beschreibung des Schädels und des Gehirns des Verstorbenen. In den festgestellten Deformationen – Asymmetrie und andere knöcherne Anomalien des Schädels, relativ geringes Hirngewicht, milchig weiße Verdickung der Hirnhaut auf beiden Seiten, Schrumpfung mehrerer Windungen im Bereich des linken und rechten Stirnlappens, geringer auch im Scheitellappen – sah man eine Bestätigung des Gutachtens über den Geisteszustand des Königs. Heutige Wissenschaftler interpretieren diese Befunde als Beleg einer abgelaufenen Hirnhautentzündung (Meningitis), mit der sich Ludwig II. bei seiner Amme angesteckt haben dürfte (Kat.-Nr. 1.10), sowie einer beginnenden frontotemporalen Demenz (Pick'sche Krankheit).

J. B. / B. K.

5.34

Lit.: Betz, Ertrinkungsdiagnostik; Förstl, Patient; Häfner, König, S. 434–459; Wöbking, Tod, S. 372–376, 218–228 (Edition des Sektionsprotokolls)

Das Heckbrett gehört zum Kahn des königlichen Leibfischers Jacob Lidl, der als 22-Jähriger an der Bergung der Leichen Ludwigs II. und Bernhard von Guddens beteiligt war.

5.35 **Heckbrett**
Um 1886
Holz, farbig gefasst,
Metallring, 19 x 64 x 5,5
Hannes Heindl, Freising

Als man am 13. Juni 1886 gegen 22.30 Uhr den Hut und Kleidungsstücke des Königs am Ufer des Starnberger Sees entdeckt hatte, suchte man den See nach dem vermissten König ab. Assistenzarzt Dr. Müller hielt hierzu in seinen Aufzeichnungen fest: „Nun lief ich mit dem Schloßverwalter Huber hinunter an den See, wir weckten einen Fischer, bestiegen ein Boot und fuhren um 11 Uhr ab gegen Leoni zu. Wir waren noch nicht lange auf dem Wasser, da stieß Huber plötzlich einen Schrei aus und sprang ins Wasser, das ihm bis an die Brust ging; er umklammerte einen Körper, der auf dem Wasser daherschwamm, es war der König in Hemdsärmeln; ein paar Schritte hinterdrein kam ein zweiter Körper – Gudden. Ich zog ihn ans Boot, und dann ruderte der Fischer gegen das Ufer zu. Dort sprangen uns einige Pfleger bei, und mit diesen hoben wir die beiden Körper ins Boot."

Für manche ist diese Aussage Teil einer groß angelegten Verschwörung. Demnach berichte der Fischer Jacob Lidl in seinen Erinnerungen, die er in ein Schulheft notiert habe, dass er an einem Fluchtversuch Ludwigs II. beteiligt gewesen sei. Dabei sei der König, als er in den Kahn steigen wollte, erschossen worden. Alle Spuren habe man vernichtet und Beweise gefälscht, sämtliche Zeugen seien zum Schweigen verpflichtet worden. Das Schulheft selbst gilt als verschollen. Der Bericht des Fischers Martin Mertl, der dieses gesehen und eine Seite herausgerissen haben soll, steht in starkem Widerspruch zu einem Gespräch, das Lidl 1929 mit Rolf Brandt führte. Zwar glaubte Lidl an einen Fluchtversuch Ludwigs II., doch berichtete er nur von seiner Beteiligung bei der Suche nach der Leiche. Statt von Schüssen war hier von einem Herzinfarkt des Königs die Rede. Handelt es sich bei diesen Aussagen um persönliche Einschätzungen und Wertungen, so erscheint es äußerst unglaubwürdig, dass Lidl drei Jahre nach dem Tod Ludwigs II. einen Eid ablegen musste, bestimmte Dinge nicht zu erzählen.

Die verschiedenen Versionen über die Erinnerungen des ehemaligen Leibfischers Lidl tragen zur Legendenbildung bei, die seit dem bis heute nicht aufgeklärten Tod Ludwigs II. nicht mehr abgerissen ist. In diesen Zusammenhang gehören auch Objekte, wie das Heckbrett des Kahns, die als eine Art „Berührungsreliquie" eine eigene Aura entwickeln.

B. K. / J. B.

Lit.: Brandt, Stätten; Eisert, Ludwig II.; Keller, König; Körner, Personenkult; Müller, Tage; Spangenberg, Sujet; Sykora, Ludwig II.

Dieses anrührende Zeugnis der Verehrung des toten Königs erinnert an ein „Eingricht", wie man es aus der Volksfrömmigkeit kennt.

5.36 „Ludwigs-Reliquiar"
Nach 1886
Holz, Pflanzenteile, Glas/Papier, 24 x 29,5 x 3
Museum Tegernseer Tal, Tegernsee

Während der öffentlichen Aufbahrung des Leichnams König Ludwigs II. in der Hofkapelle der Münchner Residenz vom 16. bis 18. Juni 1886 schuf der österreichisch-ungarische Maler Josef Arpád von Koppay mehrere Pastellbilder, die den Verstorbenen in der Tracht des Großmeisters des Hubertusritterordens zeigen. Die Reproduktion eines dieser Bilder verwendete ein unbekannter Verehrer des Königs, um ein besonderes Andenken an den Verstorbenen zu schaffen (Abb. links).

Der aufgebahrte König ist von gepressten Jasminblüten und Weidenblättern umgeben, die – laut rückseitiger Aufschrift – „von der Unglücksstelle bei Berg" stammen; das ehemals vorhandene Schilf ist später „zu Grunde gegangen". In die Rückseite des Rahmens ist darüber hinaus ein „Stück von der Lehne der Bank"

eingearbeitet, „auf der Ludwig II. kurz vor der Catastrophe saß (am Seeufer bei Berg)". In der Tat war der König beim Spaziergang am Vormittag des Todestages im Gespräch mit Bernhard von Gudden auf einer Bank nahe dem späteren Auffindungsort der Leichen gesessen, wie Friedrich Zanders in seinem Gedächtnisprotokoll berichtet (Abb. rechts sowie Kat.-Nr. 5.28). Dieser Holzsplitter, der angeblich direkten Kontakt zum König hatte, macht in der Tradition christlicher „Berührungsreliquien" das ansonsten geringwertige Bildandenken zu einem profanen Reliquiar. *R. G.*

Lit.: unveröffentlicht; zu Koppays Gemälde vgl. Hojer, König Ludwig II.-Museum, S. 143

> S. M. ging mit Gudden um 6 ½ Uhr vom Schloße weg und zwar den unteren Seesteg gegen eine Bank auf welcher beide schon am Morgen saßen, von der Bank ab fand man hart am Ufer die 2 Röcke von S. M. sowie dessen Schirm, etwas entfernt die 2 Hüte, u.g. um 11 Uhr.

„Diese Blätter waren Zeugen des unglücklichen Todes unseres Königs und wurden gepflückt d. 18. Juli 1886 in Schloß Berg."

5.37 „Ein ewiges Geheimnis" – Memorabilie an Ludwig II.
1886
Getrocknete Blüten und Blätter/Papier, Fotografie in Holzrahmen, 34,5 x 26,5
Sammlung Jean Louis, München (D 307)

Die stummen Zeugen des Todes Ludwigs II. stammen aus dem Nachlass der Prinzessin Adelgunde von Bayern (1870–1958), der Tochter König Ludwigs III. Sie waren eingeklebt in ihr Herbarium und wurden später mit der Fotografie „Ein ewiges Geheimnis" zu einer Memorabilie an den König zusammengefügt.

Nach der Überlieferung und Ansicht des Prinzen Joseph Clemens von Bayern, einem Verwandten der Prinzessin Adelgunde, kam der König am Abend des 13. Juni durch einen Unfall ums Leben. Von Possenhofen aus habe man den Versuch unternommen, dem König zur Flucht zu verhelfen. Durch Geräusche an der Anlegestelle von Schloss Berg aufgeschreckt, habe ein übereifriger Polizist einen Schuss abgegeben, der eine Person traf, die sich dort aufgehalten habe. Sofort habe man Alarm gegeben, um dem Angeschossenen zu Hilfe zu eilen: Es war der König, der unmittelbar darauf an einer der Schussverletzungen starb. Im Bewusstsein, unter gröbster Vernachlässigung seiner Pflichten in eine Verschwörung höchsten Ausmaßes verwickelt zu sein, konnte sich der für Ludwig II. verantwortliche Psychiater Bernhard von Gudden nun ausrechnen, dass am Ende er derjenige sein würde, der als der Schuldige für alles geradezustehen hätte – Grund genug, dieser Schande durch seinen Freitod zuvorzukommen. Damit war die Legende geschaffen, die so gut in das Bild eines geistig umnachteten Monarchen passt. *J. L. S.*

Lit.: Schlim, König Ludwig II.

Die Totenmaske gibt einen unmittelbaren Eindruck vom Antlitz des verstorbenen Königs.

5.38a Totenmaske König Ludwigs II.

Vermutlich Wilhelm von Rümann (1850–1906)
und Max Gube (1849–1904) oder Johann Nepomuk
Hautmann (1820–1903) oder Trautmann (?)
Schloss Berg, 14. Juni 1886
Gips; Rückseite unbearbeitet mit Resten von
schwarzem Samt von früherer Befestigung, H. 18
Bayerische Schlösserverwaltung, München (L.II.-Mus. 148)

5.38b Abguss der Hand König Ludwigs II.

Vermutlich München, 14. oder 15. Juni 1886
Gips mit Schellacküberzug, Platte: 10,5 x 14,4 x 27,5;
Handabguss: L. 26,5
Am Querschnitt des Unterarms bezeichnet:
„Hand von König Ludwig II. † Berg den 13. Juni 1886"
Bayerische Schlösserverwaltung, München
(L.II.-Mus. 149)

Am 13. Juni 1886 wurde um Mitternacht der Tod König Ludwigs II. offiziell festgestellt. Der Leichnam wurde zunächst in Schloss Berg aufgebahrt, bevor man ihn am 15. Juni nach München in die Residenz brachte. Der Vermutung, dass die Totenmaske bereits am frühen Morgen des 14. Juni abgenommen wurde, widersprechen die Aufzeichnungen des Pflegers Bruno Mauder (Kat.-Nr. 5.29). Demnach sei erst gegen Abend der „Bildhauer Trautmann" aus München gekommen, um die Totenmaske abzunehmen. Der Sarg war zu dieser Zeit gerade geschlossen worden und stand, mit Blumen geschmückt, bereit zur Überführung nach München: „... Ich machte den Sarg von den Blumen wieder frei, öffnete den Sarg und war Trautmann dabei behilflich. Nach 25 Minuten war er fertig."

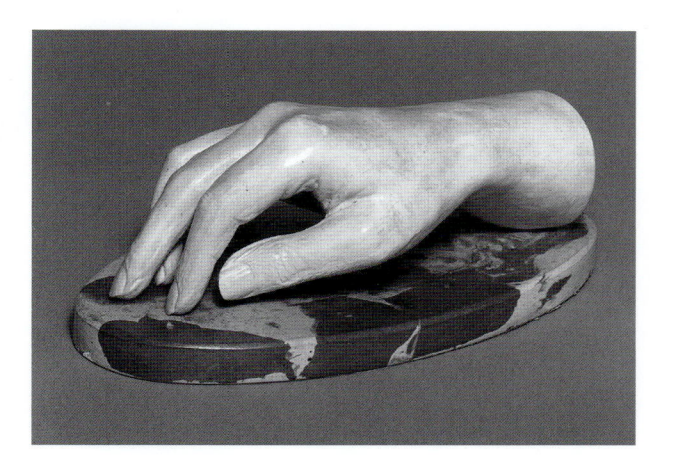

Von wem die Totenmaske abgenommen wurde, ist umstritten. Ludwigs erstem Biografen, Gustav von Böhm, zufolge war die Maske „noch in Berg" von dem Bildhauer Wilhelm von Rümann und dem Graveur Max Gube abgenommen worden. Heinrich Kreisel verweist hingegen in seinem 1926 herausgegebenen Amtlichen Führer zu Schloss Herrenchiemsee auf Johann Nepomuk Hautmann, der für Linderhof unter anderem die Statuen der Diana und der Venus geschaffen hatte und von Ludwig II. im Zusammenhang mit der Planung von Herrenchiemsee nach Versailles geschickt worden war (Kat.-Nr. 3.47). In der Literatur werden auch Professor Eberl und der Gipsformer Mahr ins Spiel gebracht, während es sich bei dem bisher in der Forschung unbeachtet gebliebenen Hinweis in dem Bericht Bruno Mauders um Ludwigs ehemaligen Lehrer, den Kunsthistoriker und Zeichner Karl Trautmann, handeln könnte, sofern nicht ein Hörfehler vorliegt und Hautmann gemeint ist.

Die detaillierte Wiedergabe der Haut lässt bei dem hier gezeigten Exemplar der Totenmaske auf einen Erstabguss schließen. Es wurden mehrere Nachgüsse in Gips und Bronze hergestellt. Ob der Abguss der rechten Hand einschließlich des Handgelenks zeitgleich erfolgte, ist unklar. Dieser könnte auch im Zusammenhang mit der Obduktion am Vormittag des 15. Juni 1886 in der Residenz München angefertigt worden sein. Die Hand wirkt schlank und feingliedrig ausgebildet. Die Falten an den Fingern wurden bei späteren Nachgüssen beschönigt.

J. B. / B. K. / E. B.

Lit.: von Böhm, Ludwig II., S. 720; Kreisel, Ludwig II.-Museum, S. 16; Nöhbauer, Spuren, S. 79 (zu Eberl und Mahr)

Im Sterbebuch reiht sich der König unter die Namen der Verstorbenen in den Pfarreien Aufkirchen und München ein.

5.39a Sterbebuch der Pfarrei Aufkirchen bei Starnberg 1830–1890

Halbledereinband/Papier, 36 x 49 (aufgeschlagen)
Archiv des Erzbistums München und Freising,
München (Matrikeln Aufkirchen b. Starnberg 18, S. 171)

5.39b Sterbebuch der Dompfarrei München Zu Unserer Lieben Frau 1885–1903

Halbledereinband/Papier, 35 x 46 (aufgeschlagen)
Archiv des Erzbistums München und Freising,
München (Matrikeln München II, Zu Unserer Lieben Frau, Sterbefälle 10, S. 20)

5.39a

Der für den Sterbeort des Königs und seines Arztes zuständige Pfarrer von Aufkirchen bei Starnberg, Martin Beck, trug die beiden am 13. Juni 1886 im See gefundenen Toten in das Sterbebuch seiner Pfarrei ein. Der Eintrag für Ludwig II. ist durch die Verwendung blauer Tinte von den übrigen abgehoben. Als Todesursache ist hier – entsprechend der offiziellen Erklärung – angegeben: „Hat sich in seiner Geisteszerrüttung selbst in den See gestürzt." Beim unmittelbar anschließend eingetragenen Obermedizinalrat Dr. Bernhard von Gudden heißt es: „Ist beim Versuch, den König zu retten, ertrunken." Die beiden Leichname wurden nach München überführt.

Die Beisetzung des Königs in der Fürstengruft der Hofkirche St. Michael am 19. Juni ist im Sterbebuch der Münchner Dompfarrei eingetragen. Hier lautet die Todesursache: „Ging im Irrsinn in den Starnbergersee und ertrank in demselben zugleich mit seinem Arzte Dr. von Gudden." Die Beisetzung nahm der Erzbischof von München und Freising, Antonius von Steichele, vor, der am 21. Juni – assistiert von den Bischöfen von Regensburg und Eichstätt – in St. Michael auch den ersten feierlichen Trauergottesdienst hielt.   *R. G.*

Lit.: Menschenleben, S. 13, 19

Zwei Tage lang war der Leichnam des Königs in der Münchner Residenz aufgebahrt.

5.40a **Blüten vom Blumenstrauß Kaiserin Elisabeths von Österreich**
München, 15. Juni 1886
Getrocknete Blüten, Papierdose, Ø 6,5, Karton 14 x 14
Sammlung Jean Louis, München (D 76)

5.40b **Aufbahrung König Ludwigs II. in der Hofkapelle der Residenz München**
Vermutlich Valentin Bieganowski oder
Franz Hanfstaengl (1804–1877)
Fotografie (R)
Bayerische Schlösserverwaltung, München (SN 35920)

5.40c **Leichenzug zwischen Altem Botanischen Garten und Karlsplatz**
Valentin Bieganowski und G. Böttger
München, 19. Juni 1886
Fotografie (R)
Stadtarchiv München

Vom 16. bis zum 18. Juni 1886 war der Leichnam Ludwigs II. in der mit schwarzem Tuch verhängten Hofkapelle der Münchner Residenz aufgebahrt. „Der Zudrang des Publikums war ein ungeheurer. Von den frühen Morgen- bis zur späten Abendstunde, solange es gestattet war, dem theuren Todten auf der Bahre den letzten Scheidegruß dazubringen, drängten sich Tausende vor den Thoren des Schlosses … Bevorzugte Persönlichkeiten verschafften sich Eingang zu der Empore der Hofkapelle, von der aus sich der tiefergreifende Anblick in voller Wirkung darbot …", berichtete die „Illustrierte Zeitung" am 3. Juli 1886.

Die Anteilnahme der Bevölkerung umfasste alle Schichten und Konfessionen. So wurden in den Synagogen Trauerfeiern abgehalten. Aus Bayreuth wird berichtet, das daran „eine Deputation des Officierscorps der zwei hiesigen Regimenter, an deren Spitze zwei Stabsofficiere, dann das kgl. Regierungscollegium fast vollzählig, die weltlichen Mitglieder des k. protestantischen Consistoriums, mehrere Vorstände und Mitglieder der hiesigen k. Aemter und Justizbehörden, die Collegien des Magistrats und der Gemeindebevollmächtigten" teilnahmen („Der Israelit" vom 13. Juli 1886).

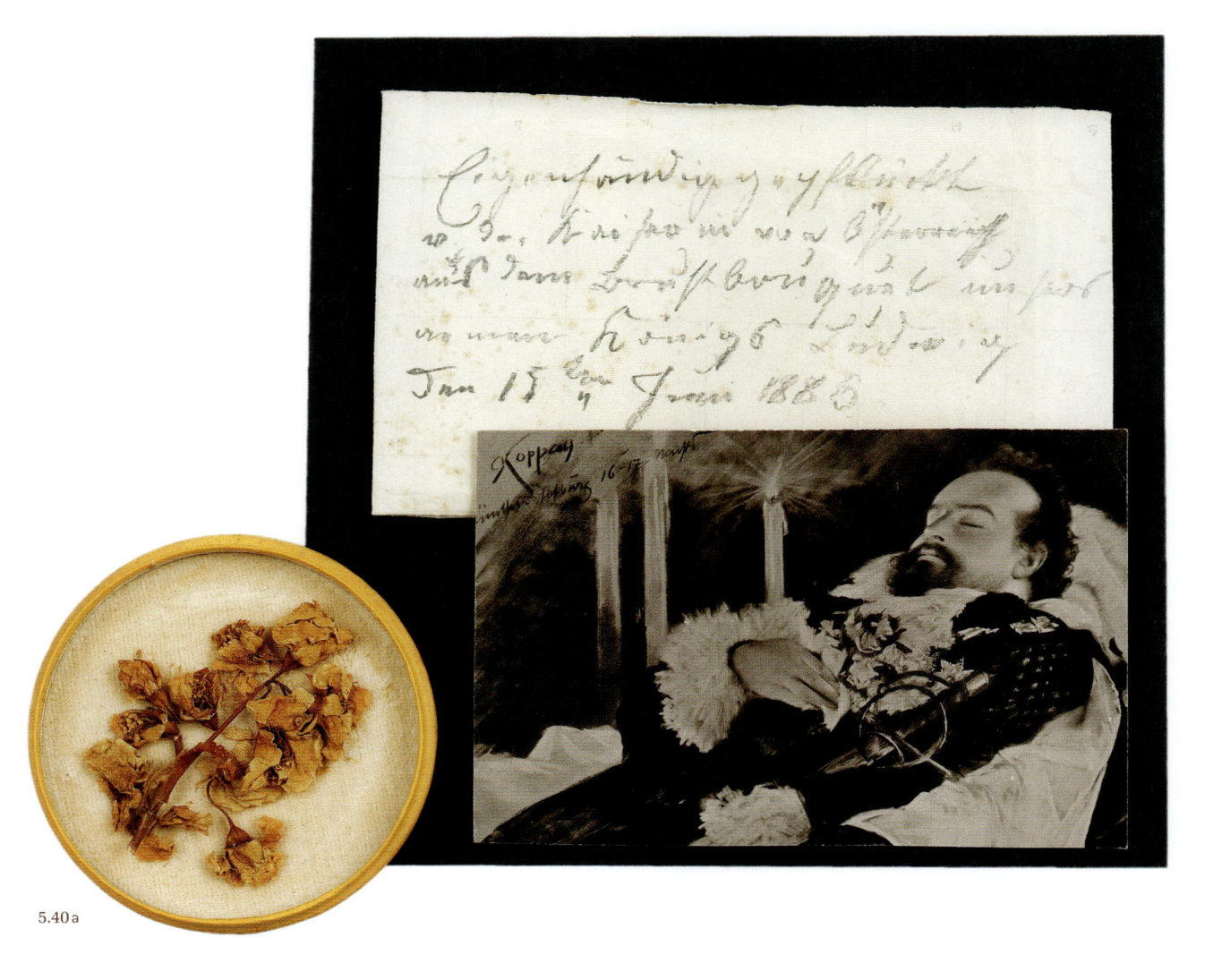

5.40a

WIE LUDWIG STARB UND ZUM MYTHOS WURDE 273

Die hier gezeigte Fotografie (b), die später auch als Postkarte im Umlauf war, verhilft dem Betrachter zu einer privilegierten Sicht, die den von Kerzen umgebenen aufgebahrten König von oben zeigt. Ludwig II. trägt den Ornat des Hubertusritterordens mit Ordenskette. In die linke Hand wurde ihm das Zeremonialschwert gegeben, in die rechte ein Jasminblütenstrauß, den Kaiserin Elisabeth den Quellen zufolge in Feldafing gepflückt hatte. Der Sarg war mit dem Krönungsmantel, dessen Hermelinfutter sichtbar ist, ausgelegt. Ein schwarzer Trauerbaldachin überwölbte die Aufbahrung.

Am 19. Juni 1886 fand die feierliche Beisetzung statt. Der Trauerzug verlief von der Hofkapelle der Münchner Residenz durch die Brienner Straße über den Karolinenplatz, die Arcis-, Meiser- und Sophienstraße. Am Alten Botanischen Garten bog der Kondukt zum Karlsplatz ein. Tausende Menschen säumten die Straßen. Neben der Familie begleiteten Mitglieder des Klerus, des Hofs, der Regierung und des Beamtenapparats den Leichenwagen. Der Sarkophag Ludwigs II. befindet sich in der Gruft der Wittelsbacher in der Michaelskirche, während die Urne mit seinem Herzen – der Familientradition gemäß – am 16. August 1886 in die Gnadenkapelle in Altötting gebracht wurde.

J. L. S. / J. B. / B. K.

Lit.: Freundlicher Hinweis von Jochen Holdmann, München; Schlim, König Ludwig II.; Schweiggert, Tage; Sykora, Tode

5.40 b

5.40 c

274 FÜNFTER AKT

Dieser anrührende Kondolenzbrief der Königinmutter Marie an die Witwe Clarissa von Gudden, eine Urenkelin des Dichters Matthias Claudius, erinnert daran, dass neben Ludwig II. auch sein Arzt, Professor Bernhard von Gudden, am 13. Juni 1886 ums Leben kam.

5.41 Brief der Königin Marie an die Witwe Clarissa von Gudden

Elbigenalp, 27. Juni 1886
Tinte/Papier
Bayerische Staatsbibliothek München
(Autographensammlung Marie von Bayern)

Bernhard von Gudden hinterließ Frau und sieben Kinder. Gudden wurde zwei Tage vor König Ludwig II., am 17. Juni, auf dem Auerfriedhof (Ostfriedhof) in München bestattet. Mitglieder des königlichen Hauses waren nicht zugegen. Die strenge Hoftrauer verbot dies, da ja der König selbst noch nicht beigesetzt war. Die Beerdigung erfolgte unter großer Anteilnahme der aufgewühlten Münchner Bevölkerung. Noch Stunden nach der Bestattung sollen die Menschen am Grab gestanden haben. Angeblich wurden sogar Wachen postiert, um zu verhindern, dass bayerische Patrioten den Leichnam exhumierten.

Bei der Untersuchung des Leichnams Guddens wurden mehrere Kratzwunden auf Stirn und Nase festgestellt und über dem rechten Auge ein Hämatom, das vermutlich von einem kräftigen Schlag herrührte. Der Nagel am rechten Mittelfinger war teilweise abgerissen. Schließlich wurden Würgemerkmale am Hals festgestellt. Eine amtliche Obduktion fand jedoch nicht statt. Eine gegen den König gerichtete Untersuchung wäre ohnehin unzulässig gewesen, da dieser laut Verfassung nicht strafrechtlich belangt werden konnte. Auch ein Antrag der Hinterbliebenen zum Zweck der Aufklärung der Todesursache lag nicht vor.

Königin Marie spricht in ihrem Kondolenzbrief an die Witwe Guddens von einem Opfer „bis in den Tod" und drückt ihre tiefe Dankbarkeit aus. Vorwürfe oder Misstrauen gegenüber Gudden klingen an keiner Stelle an.

J.B./B.K.

Lit.: Gudden, Bernhard von Gudden; Hacker, Königskrise, S. 54; Schad, Königinnen, S. 169–270; Schweiggert, Tage; Wöbking, Tod

---

Elbigenalp, den 27. Juni 1886

Meine liebe Frau von Gudden!

Ihr lieber Brief rührte mich sehr, ich danke herzlich dafür. Sie wissen, daß ich treu mit Ihnen den unersetzlichen Verlust fühle, der Sie und Ihre Kinder betroffen hat, es ist mir so schwer zu denken, daß der Herr Ihren lieben Mann, der sich für meinen Sohne bis in den Tod *geopfert hat, und [den] ich liebte und schätzte, gerade mit dem Könige unter gehen mußte! Doch wir beugen uns unter Gottes stetswährenden besten Willen und beten mit Thränen Seine heiligen Absichten an!*
Er sei Ihrer Aller Trost und Kraft in dieser Trauerzeit, wie Er der meine ist. Es betet für Sie und dankt Ihrem lieben seligen Mann für Alles, was er an uns gethan,

Ihre tiefmitfühlende Marie

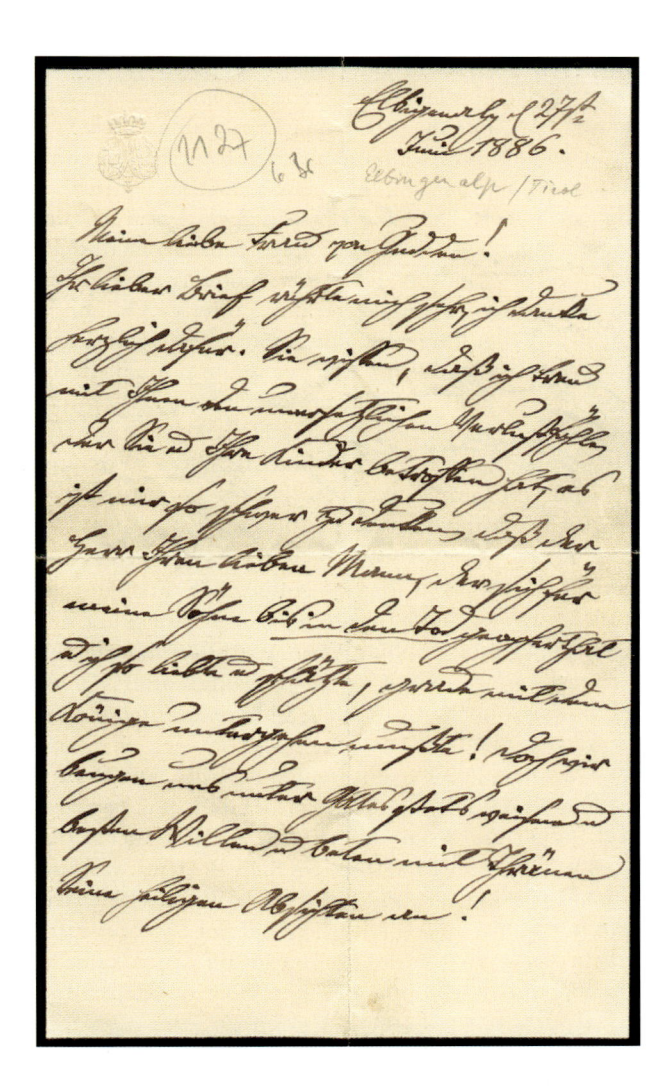

WIE LUDWIG STARB UND ZUM MYTHOS WURDE

Der Mythos Ludwig II.

Das heute populäre Bild Ludwigs II. ist – neben den Schlossbauten – vor allem von vier Stereotypen bestimmt: die angebliche Liebe zwischen Ludwig II. und Kaiserin Elisabeth von Österreich, die Vorstellung von Ludwig II. als pazifistischem „Kunst-König", die Fortwirkung der von ihm so geförderten Musik Richard Wagners unter anderem auch im populären Filmgenre und schließlich das immer wiederkehrende Erzählmuster vom einsamen König mit tragischem Ende.

> „Du Adler, dort hoch auf den Bergen, /
> Dir schickt die Möwe der See
> Einen Gruss von schäumenden Wogen
> Hinauf zum ewigen Schnee."

Im Juni 1885 widmete Kaiserin Elisabeth von Österreich Ludwig II. diese Zeilen, in der sie ihrer beider poetisch gestimmte Seelenverwandtschaft besingt. Wie bereits die Zeitgenossen bemerkten, gab es viele Gemeinsamkeiten zwischen dem bayerischen König und seiner um acht Jahre älteren Großcousine: Sie liebten die Einsamkeit, hassten höfischen Zwang und verstießen oft gegen Konventionen. Freilich blieb das freundschaftliche Verhältnis der beiden nicht spannungsfrei. So verärgerte die Auflösung von Ludwigs Verlobung mit Elisabeths jüngerer Schwester, Sophie Charlotte, die Kaiserin nachhaltig. Für das heute populäre Bild einer unerfüllten Liebesbeziehung zwischen Ludwig II. und „Sissi" gibt es keine historischen Anhaltspunkte. Diese Vorstellung zeigt vielmehr, wie sehr der Film unser Bild von Ludwig II. und Elisabeth von Österreich prägt. Ursächlich dafür ist Helmut Käutners Spielfilm „Ludwig II. – Glanz und Ende eines Königs" von 1955 (Kat.-Nr. 5.45c). Der Regisseur ließ O.W. Fischer und Ruth Leuwerik, damals überaus populäre Stars des deutschen Kinos, ein Melodram unerfüllter Liebe spielen und änderte damit seine ursprüngliche Absicht, die homoerotischen Elemente seiner Geschichte stärker zu gewichten.

Zwanzig Jahre später fanden sich die beiden Protagonisten dann im leidenschaftlichen Filmkuss: Helmut Berger und Romy Schneider in Luchino Viscontis „Ludwig" von 1972 (Kat.-Nr. 5.45d). Damit war das „Liebespaar Ludwig und Sissi" endgültig im Bewusstsein des Publikums etabliert, zumal der Visconti-Film nur in einer gekürzten Fassung in die Kinos kam, in der Visconti wie schon Käutner viele der geplanten deutlich homoerotischen Anspielungen zurücknahm. So rückte die Beziehung zwischen König und Kaiserin stärker in den Mittelpunkt.

Anders als es die heutige touristische Vermarktung des „Märchenkönigs" nahelegt, gehört auch Ludwigs politische Rolle im Zusammenhang mit den Kriegen von 1866 und 1870/71 sowie der Gründung des Deutschen Kaiserreichs zu den Stereotypen, die sich um die Figur Ludwigs II. gebildet haben, wenngleich sich gerade hier teilweise diametral entgegengesetzte Positionen finden. Einerseits wurde der Unterzeichner des „Kaiserbriefs" – sehr gegen seinen Willen – als „Ludwig der Deutsche" und Geburtshelfer des Kaiserreichs gefeiert. Bezeichnend hierfür ist etwa die Benennung einer 1872 begründeten Steinkohlezeche „König Ludwig", die heute noch, viele Jahre nach ihrer Schließung, einem ganzen Stadtteil von Recklinghausen ihren Namen gibt. Ganz anders sahen die bayerischen Patrioten Ludwig II. Für sie wurde er zur Symbolfigur der verlorenen Eigenstaatlichkeit Bayerns. Diese Sichtweise war insbesondere in der Zeit der Weimarer Republik weit verbreitet, als der Zentralismus in Deutschland durch die Weimarer Verfassung noch verstärkt wurde.

Nach dem Ende des Zweiten Weltkriegs 1945 und vor allem in der Bundesrepublik der 1950er-Jahre wurde Ludwig II. wieder neu interpretiert. Nach dem verlorenen Krieg und angesichts der großen Zerstörung faszinierte nun die Vorstellung eines der Machtpolitik abholden, geradezu pazifistischen Königs, wie ihn Helmut Käutner 1955 inszenierte. Im Zusammenhang mit der Diskussion um die Wiederbewaffnung der Bundesrepublik entwickelte der historische Stoff eine neue, aktuelle Dimension. Im Film berichtet Klaus Kinski in der Rolle von Prinz Otto vom Krieg 1870/71 und der Kaiserkrönung in Versailles. Während im Hintergrund „Heil Dir im Siegerkranz" erklingt, bricht Otto in den Armen seines weinenden Bruders Ludwig II. im Wahnsinn zusammen (Kat.-Nr. 5.45c). Der „Wahn" des Königs selbst, sein übersteigertes „Kunst-Königtum" erscheint bei Käutner die einzig mögliche Existenzform, um den neuen deutschen Nationalismus zu ertragen.

Zum Mythos Ludwig gehört in gewisser Weise der Mythos Wagner – das nahe Verhältnis von König und Komponist, das mit Mäzenatentum nur unzureichend beschrieben wäre. Richard Wagners emotional mitreißende Strategien der theatralischen Überwältigung, die charakteristische Technik der Erinnerungs- oder Leitmotive gaben seiner Musik eine erzählerische Kraft, die auch das neue Medium des Films in seinen Bann zog. Eine Zäsur in der Entwicklung der Filmmusik stellte Max Steiners Partitur zu „King Kong" (1933) dar. Erstmals wurde ein Kinofilm auf der gesamten Länge von symphonischer Musik begleitet, auch während der Dialogszenen. Der Komponist Max Steiner, der aus Wien stammte, war dort in der Tradition Wagners geschult und unter anderem von Richard Strauss und Gustav Mahler beeinflusst. Die gerade für die großen Werke Hollywoods typische Monumentalität auch in der musikalischen Begleitung erlebte in den 1970er-Jahren durch Komponisten wie John Williams und Jerry Goldsmith eine Renaissance. Besonderen Einfluss hatten Wagners Kompositionen auf die Soundtracks zu Science-Fiction- und Fantasy-Filmen. So verwendete beispielsweise der Komponist Howard Shore für seine Musik zur Filmtrilogie „Der Herr der Ringe" Wagner'sche Motivmuster.

Der Einsatz von Musik Richard Wagners im Film nach 1945 ist häufig von der Wagner-Rezeption im Nationalsozialismus bestimmt. Der „Walkürenritt" wurde durch Propagandafilme wie „Stukas" von Karl Ritter aus dem Jahr 1941 geradezu zu einer Chiffre für die Kriegspolitik im NS-Staat. Francis Ford Coppolas Film „Apocalypse Now" (1979) nimmt darauf Bezug, wenn bei einem Luftangriff der Amerikaner auf ein vietnamesisches Dorf den Soldaten im Hubschrauber Wagners „Walkürenritt" eingespielt wird. Mit den Worten „Jetzt die psychologische Kriegsführung. Aber schön laut", begründet der Kommandant seine zynische Entscheidung, die der Regisseur in harten Gegenschnitten mit der Grausamkeit der Bombentreffer in Szene setzt. Im „Großen Diktator" von Charlie Chaplin (1940) wird der träumerische Charakter des Vorspiels zu „Lohengrin" zur gespenstischen Begleitmusik für den grotesken Tanz des Diktators mit der Weltkugel. Die sphärischen Streicherklänge schwellen allmählich an, zeigen den Größenwahn des Protagonisten Hynkel – bis schließlich der Traum von der Weltherrschaft ebenso wie der Globus jäh zerplatzt.

Was das Erzählmuster des einsamen, tragisch endenden Königs angeht, so steht Ludwig II. in gewisser Weise am Beginn einer Entwicklung, die im Lauf des 20. Jahrhunderts einen „Starkult" entstehen ließ, der bis heute unseren Alltag nahezu unausweichlich begleitet. Helden und Idole, „Stars und Sternchen" sind die Geschöpfe dieses Kults: „Die Leute sehen in ihnen nicht mehr, wer sie sind, sondern was sie sind: ein zu verkörperndes Stereotyp", so der Kunsthistoriker W. J. T. Mitchell über die Objekte des Starkults. Sie bereichern als Identifikationsfiguren einen scheinbar banalen Alltag, geben Orientierung und schaffen die Möglichkeit, exemplarische Handlungsmuster zu erleben, zu kommentieren und sich selbst zu positionieren. Es war die im 19. Jahrhundert entstehende massenhafte Kommunikation durch die Presse, die auch Personen des öffentlichen Lebens ins Rampenlicht rückte. Sie teilten sich die Aufmerksamkeit mit dem fiktiven Personal aus Mythen, Sagen und der Literatur, das vordem gesellschaftliche Orientierungsmuster geboten hatte. Vor allem das Leben der Herrscherfamilien wurde nun von der Öffentlichkeit mit großem Interesse verfolgt. In vielfältigen Bildern wussten sich diese in verschiedensten Lebenssituationen zu präsentieren und abzubilden. Dies galt auch für Ludwig II., seine weit verbreiteten Porträtfotografien, die das Bild des schönen, schwärmerischen „Künstler-Königs" beschworen, der sich als reale Person immer mehr aus der Öffentlichkeit zurückzog und damit für diese umso interessanter wurde.

Bereits mit den „Medienstars" des 19. Jahrhunderts, großen Sängerinnen oder Schauspielern, spätestens aber seit den Tagen der Stummfilmstars gewann diese Entwicklung an Dynamik. Prominenz aus unterschiedlichen gesellschaftlichen Bereichen trat und tritt ins Scheinwerferlicht. Dabei wiederholen sich die Erzählmuster, ob bei Marilyn Monroe, Elvis Presley, Lady Di, bei Michael Jackson oder anderen: Glamour, die Feier jugendlicher Schönheit, ein oft kometenhafter Aufstieg und ein plötzliches oder ungeklärtes Ende. Das einfache Scheitern, der natürliche Tod passen nicht zur „story", vielmehr vermutet man Geheimnis und Verschwörung. Unterschiedlichste Theorien werden ins Feld geführt – vielleicht in keinem Fall derart nachhaltig wie gerade bei König Ludwig II. So gleichen sich die Schlagzeilen: Märchenprinzessin, einsamer König, ewiges Kind – und Meuchelmord. Der Mythos lebt.

Judith Bauer / Caroline Sternberg / Peter Wolf

Das Exzentrische an der Figur Ludwigs II. fasziniert Künstler.

5.42 Doppelporträt König Ludwigs II.
Richard Lindner (1901–1978)
New York, 1974
Öl/Leinwand, 221 x 170,2
Neues Museum in Nürnberg,
Leihgabe der Stadt Nürnberg (609)

Im Werk des aus Deutschland stammenden Künstlers Richard Lindner taucht die Figur Ludwigs II. in mehreren Gemälden auf. In seinem Doppelporträt zeigt er den König in zwei Lebensaltern. In der oberen Bildhälfte erscheint er als strahlender Jüngling, während er in der unteren Bildhälfte in starkem Gegensatz dazu gealtert dargestellt ist.

Lindner gibt für die Beschäftigung mit der Figur des bayerischen Königs zwei Gründe an: Einerseits ist es die exzentrische Persönlichkeit, die ihn fasziniert: „... seine Geisteskrankheit war wie l'art brut. Für mich als Künstler war er faszinierend, und das war er auch für Schriftsteller und Historiker." Lindner spricht hier eine Grundmotivation zahlreicher Künstler an, die sich mit dem König beschäftigen. Ludwigs II. Bekenntnis zum Anderssein ließ bereits zu Lebzeiten Künstler in seiner Person einen Teil ihrer eigenen Identität entdecken. Zum anderen fühlt sich Richard Lindner durch Ludwig II. aber auch an seine bayerische Heimat erinnert, aus der er mit 33 Jahren über Paris in die USA emigrierte.

C. St.

Lit.: Richard Lindner; Schröder, Porträt, S. 165–198; Sykora, Kitsch-König, S. 131–138; Zilczer, Richard Lindner, S. 25

In seinem Bildkasten „Schloss Neu-Wahnstein" richtet HA Schult mit verschiedensten Materialien ein irritierendes Gesamtbild ein.

5.43 Schloss Neu-Wahnstein

HA Schult (geb. 1939)
München, Köln, New York, Berlin, 1983–1987
Kunststoff, Erde, Sand, Steine, Papier, biokinetische Zone,
160 x 100 x 20
Museum Ludwig, Köln (ML/SK 5055)

Von Flammen erleuchtet, rutscht Schloss Neuschwanstein vom Felsen ab, den eine kleinteilig gestaltete Müllhalde bildet. Hier findet sich eine wahre Fundgrube von Alltagsgegenständen unserer Zeit: Coladosen, Gartenzwerge, Zeitungen, zerbrochene Teller. Bei genauerer Betrachtung erkennt man auf den Tellerscherben Porträts von Ludwig II., Karl Marx, Ronald Reagan, links mahnt ein Transparent mit der Aufschrift „Euroshima", darüber schwebt eine Friedenstaube. In diesem Kontext gewinnen die Alltagsgegenstände eine neue Dimension.

HA Schult zeigt ein Bild des Untergangs, in das zentrale Symbole der Weltgeschichte integriert sind. Der Künstler will – wie er 1988 feststellte – „die deutsche Geschichte zeigen die … am Coca Cola-Wald … endet". An erster Stelle steht hier Schloss Neuschwanstein, in dem Ludwig II. Motive der mittelalterlichen Sagenwelt aufgriff, die seit der Romantik Teil des nationalen Selbstverständnisses der Deutschen sind. Durch den irritierenden Kontext demontieren die Zeichen sich selbst: „Die Motive entpuppen sich als die losen Stücke eines Puzzles" und „Wirklichkeit erscheint".

Mit seinem „Schloss Neu-Wahnstein" knüpft HA Schult an traditionelle Montagetechniken des Dadaismus an. Wie es für Collagen und Assemblagen typisch ist, brechen sie die gewohnte Sichtweise des Betrachters auf und stellen neue Kontexte her – dafür bietet sich ein so bekanntes Motiv wie Neuschwanstein in besonderer Weise an. *C. St.*

Lit.: Eckmann, Collage, S. 74–80; Frank, Schloss Neu-Wahnstein, S. 115f.; Kölner Museums-Bulletin, S. 31f.; Salzmann, Mythos Europa, S. 316, Kat.-Nr. 110

In der Darstellung von Andy Warhol zeigt sich die Ikonenhaftigkeit Neuschwansteins besonders deutlich.

5.44a **Neuschwanstein**
Andy Warhol (1928–1987)
New York, 1987
Siebdruck/Papier, 85 x 60
Swiss Re Europe S.A.,
Niederlassung Deutschland,
Unterföhrig, München

5.44b **Neuschwanstein**
Andy Warhol (1928–1987)
New York, 1987
Trial Proof: Siebdruck/Papier,
80 x 66 bzw. 109 x 77
Swiss Re Europe S.A.,
Niederlassung Deutschland,
Unterföhrig, München
(B 22, ART 20746 bzw. C 21,
ART 21027)

Zum 75. Jubiläum ihres Bestehens beauftragte die Bayerische Rückversicherung den amerikanischen Künstler Andy Warhol mit einem Werk, das sich mit Motiven aus Bayern oder aus München auseinandersetzen sollte. Aus dem zur Verfügung gestellten Material wählte Warhol die bekannteste Ansicht von Schloss Neuschwanstein: mit dem Alpsee und der beeindruckenden Bergkulisse im Hintergrund. Ausgehend von einem Polaroid, das als Positiv in das spätere Bildformat übertragen wurde, entstand der Siebdruck. Hierfür wurden die Hintergrundfarben aufgetragen und in einem zweiten Schritt die Einzelteile des Bildes auf den Grund gepresst. Warhol schickte an seine Auftraggeber „trial proofs" mit mehreren Farbvorschlägen, aus denen dann eine Variante in Öl und Siebdruck auf Leinwand realisiert wurde. Zudem signierte der Künstler 100 Siebdrucke, auch etwa 1700 im Offsetverfahren gedruckte Blätter entstanden.

Obwohl Warhol seine berühmte Vorlage in der Bildgeometrie fast unverändert belässt, entsteht ein stark verfremdetes Bild des weltberühmten Orts – ein Effekt, der insbesondere durch den Einsatz der grellen synthetischen Farben erzielt wird: Das Schloss scheint ins Unerreichbare entrückt. Warhol geht mit diesem Motiv um wie mit anderen Personen bzw. Orten der Weltgeschichte. In den 1980er-Jahren hatte er zahlreiche „deutsche Erinnerungsorte" auf diese Weise bearbeitet: den Kölner Dom, den Reichstag in Berlin, den Hamburger Michel. Auch hier arbeitete er mit starker Überzeichnung und gab den Bauwerken so den Anschein entrückter Orte, deren Symbolträchtigkeit in neue Zusammenhänge gerückt und damit neu reflektiert wurde.

Es mag im Fall von Neuschwanstein auch die Geschichte der Burg und vor allem ihres als Exzentriker und Verweigerer wahrgenommenen Erbauers sein, die die Künstler anzog. Andy Warhol hatte 1971 Neuschwanstein mit großem Interesse besichtigt. *C. St.*

Lit.: Müller, Symbole, S. 185–187; Rohneder, Neuschwanstein; Die Bayerische Rück, S. 150f.; Schröder, Phantasie; Weiss, Warhol

Im Blick auf die deutsche Geschichte ist kein Leben so häufig „verfilmt" worden wie das Ludwigs II., der so gewissermaßen zum „Filmkönig" avancierte.

Filmausschnitte

5.45 a „Das Schweigen am Starnbergersee"
Regie: Rolf Raffé, 1920
Münchner Stadtmuseum, Filmmuseum

5.45 b „Ludwig der Zweite, König von Bayern"
Regie: Wilhelm Dieterle, 1930
Münchner Stadtmuseum, Filmmuseum

5.45 c „Ludwig II. – Glanz und Elend eines Königs"
Regie: Helmut Käutner, 1955
DIF Deutsches Filminstitut, Frankfurt

5.45 d „Ludwig"
Regie: Luchino Visconti, 1973 (rekonstruierte Langfassung)
Kirch Media GmbH & Co., München

5.45 e „Ludwig –
Requiem für einen jungfräulichen König"
Regie: Hans Jürgen Syberberg, 1972
Syberberg, Nossendorf

5.45 f „Ludwig 1881"
Regie: Fosco und Donatello Dubini, 1993
Fosco und Donatello Dubini Filmproduktion, Köln

Fast jede Dekade des vergangenen Jahrhunderts kreierte „ihren" Ludwig-Film. Einer der ersten in diesem Reigen ist Rolf Raffés „Das Schweigen am Starnbergersee" (1920), in dem der seinerzeit bekannte Schauspieler Ferdinand Bonn den älteren König Ludwig II. spielt. Mit großer Sympathie wird das positive Bild eines ganz und gar nicht verwirrten Bayernkönigs gezeichnet, der sich erfolglos gegen eine Ministerintrige zur Wehr setzt. Dieser Ludwig ist eine aus privater wie politischer Enttäuschung den Künsten, insbesondere der Person Richard Wagners, zugewandte, bis zum bitteren Ende um seine Königswürde kämpfende Erscheinung, die als „Märtyrer der Schönheit" Opfer einer Verschwörung wird. Ludwig stirbt hier nicht, wie etwa bei Käutner, als Selbstmörder, sondern durch Herzversagen, als ein Mensch auf der Flucht, den die Kräfte verlassen. Durch den geschickten Wechsel von Studio- und Außenaufnahmen, zum Teil vor den realen Kulissen von Neuschwanstein und Herrenchiemsee, gewinnt der Film eine noch heute spürbare Authentizität.

Zehn Jahre später konzentrierte sich Wilhelm Dieterle mit dem Studiofilm „Ludwig der Zweite, König von Bayern" (1930) – mit ihm selbst in der Hauptrolle – ganz auf das Schicksal des „Menschen" Ludwig, um „eine Persönlichkeit besser zu verstehen, als es die Vergangenheit vermochte". Im Zentrum der Handlung stehen die letzten Jahre der Regentschaft, die der Erzähllogik einer politischen Verschwörung gehorchen nach dem Motto: „Seine Bauten sind unsere Hoffnung!" Obwohl Dieterle dies sicherlich nicht intendierte, spielt er den König als einen von Bausucht, Phobien und Selbstzweifeln geplagten Menschen, der so dem Vorwurf des Wahnsinns immer neue Nahrung gibt. Damit steht dieser Ludwig am Ende zwar auch als ohnmächtiges Opfer da, aber ebenso als grübelnder, menschenscheuer Gefangener seiner Sehnsüchte und Ängste. Auf der Strecke dieses einfühlsamen Psychogramms bleiben allerdings die ästhetischen und politischen Utopien, die Ludwig II. im Verbund mit Richard Wagner eben auch angetrieben hatten.

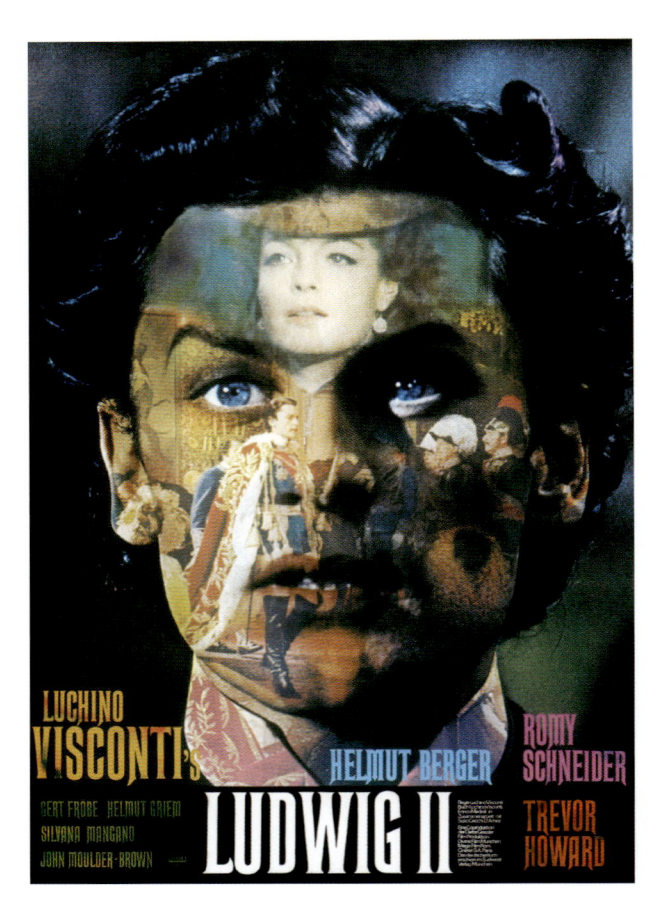

Erst 25 Jahre später legte Helmut Käutner eine erneute Verfilmung unter dem Titel „Ludwig II. – Glanz und Elend eines Königs" (1955) vor, die mit zwei Besonderheiten auftrumpfen konnte: der spezifisch glanzvollen Farbigkeit von Technicolor und den ungehinderten Drehmöglichkeiten in und vor den Königsschlössern. Käutner hatte dafür Kompromisse beim Drehbuch eingehen müssen, indem beispielsweise das Thema Homosexualität ausgespart bleiben musste. Und so erzählt er das „Volksmärchen von dem guten König, der am Unverstand seiner Umgebung kaputtging", mit Ludwig und Elisabeth im Zentrum einer Dramaturgie der Seelenverwandtschaft. Die wichtigste Neuerung gegenüber den Filmen von Raffé und Dieterle ist die akzentuierende Rahmung durch eine Rückblendenstruktur, die den Tod des Königs zum markanten Ausgangs- und Endpunkt eines tragisch verlaufenden Lebens macht.

Auch der 1973 uraufgeführte „Ludwig" des Italieners Luchino Visconti konnte mit dem Glanz der Originalschauplätze der Königsschlösser aufwarten, die in seinem erst 1980 integral rekonstruierten vierstündigen Epos geradezu reklamemäßig zelebriert werden. Visconti sieht Ludwig, dargestellt von Helmut Berger, als Verkörperung einer anderen, jedoch unterlegenen politischen Idee von Deutschland unter Verzicht auf Krieg als Mittel der Politik; einen mit großen Sympathien gezeichneten Verlierer, der angesichts seiner Ohnmacht in die romantische Welt der Kunst von Musik und Architektur flüchtet mit Richard Wagner als charismatischem Anführer. Neu an dem Film war die vorbehaltlose, wenngleich dezente Thematisierung von Ludwigs Homosexualität, die dennoch einen Skandal und auch deshalb zensorielle Eingriffe verursachte. Dramaturgisch gesehen, bestand eine wesentliche Neuerung darin, dass Visconti die Person des Königs – einem Gerichtsverfahren nicht unähnlich – aus den unterschiedlichen Perspektiven der ihn umgebenden Personen beleuchtet und damit ein langsam erzähltes, vielschichtiges Tableau entwirft.

Dieses Tableau wiederum ist der Grundgedanke des fast zeitgleich entstandenen Films von Hans Jürgen Syberberg „Ludwig – Requiem für einen jungfräulichen König" (1972), der aber im radikalen Gegensatz und in „ästhetischer Konkurrenz" zu Visconti als statisches „tableau vivant", als „lebendes Gemälde" konzipiert ist. Alle handelnden Personen stehen fast immer gleichzeitig auf der Bühne, die man insofern wörtlich nehmen muss, als bei den stummfilmähnlichen Montagen (mit Zwischentiteln) mit den klassischen Mitteln des Theaters und der Oper gearbeitet wird: dem gemalten Bühnenprospekt, den Requisiten und Kostümen, den eingeblendeten Musikcollagen aus Wagner-Opern. Syberberg inszeniert den im Zentrum stehenden Ludwig II. mit dem Wissen um sein Nachleben und Fortwirken bis in die Gegenwart. Dieser Ludwig als Inkarnation bayerischer Identität ist gleichzeitig unschuldiges Kind, leidender Christus und märtyrerhaftes Opfer der Geschichte. Es ist tatsächlich ein Requiem, also eine Totenmesse, die hier zelebriert wird und den Zuschauer in unverkennbar didaktischer Absicht daran erinnern soll, warum gerade der Bayernkönig zum Objekt einer bis heute andauernden mythologischen Volkssehnsucht geworden ist.

Die vorläufig letzte Filmbiografie präsentierten die Schweizer Regisseure Fosco und Donatello Dubini mit ihrem „Ludwig 1881" (1993), eine Chronik jener spektakulären Reise des Königs durch die Innerschweiz am Vierwaldstättersee im Jahr 1881 mit dem Hofschauspieler Joseph Kainz (Kat.-Nr. 5.09). An den Originalschauplätzen von Schillers „Wilhelm Tell" sollte der Schauspieler unentwegt poetische Höhepunkte herbeizitieren, was angesichts der Unzulänglichkeit von Mensch und Natur zwangsläufig zum Scheitern verurteilt war. Schon durch die Besetzung der Hauptrolle mit dem Schauspieler Helmut Berger entsteht der gewollte Eindruck einer Fortsetzung oder besser eines Weiterdenkens des Visconti-Films.

Stärker und plausibler als alle vorhergehenden Filme zeigen die Dubini-Brüder die Radikalität des Ludwig'schen Kunstwollens, dem die menschliche Natur, etwa die eines Schauspielers oder eines Komponisten, nicht gewachsen ist. Diesem hohen Anspruch können nur Bau- und Ingenieurskunst Genüge leisten, weshalb in einer Parallelmontage zur Schweiz-Reise immer wieder Sequenzen mit den im Bau befindlichen Königsschlössern zu sehen sind. Exakt diese Schlösser – und daran erinnern paradoxerweise gerade die Ludwig-Filme in ihrer Dualität von Kunst und Leben – sind folglich das eigentliche ästhetische Erbe des Bayernkönigs, dessen Entzifferung eben erst begonnen hat.

A. M. A.

Lit.: Arns, Stummfilm; Arns, Begegnungen; Arns, Traum; Kiefer, Traum-König; Pflaum, Ludwig II.

„Ihrem Ende eilen sie zu, die so stark im Bestehen sich wähnen ..."

5.46 Zitatcollage „Götterdämmerung"
Haus der Bayerischen Geschichte, Augsburg

Auch wenn die Monarchien in der zweiten Hälfte des 19. Jahrhunderts die dominante Staatsform in Europa waren, standen sie – bei aller Traditionswahrung – doch unter starkem Veränderungsdruck. Durch Konstitutionen eingehegt, durch Bürokratien funktionalisiert und durch die gesellschaftliche und wirtschaftliche Dynamik der Zeit vor neue Aufgaben gestellt, mussten die Monarchen zeitgemäße Mittel der Legitimation finden. Dies geschah auch mit einigem Erfolg, sei es durch Instrumentalisierung der Massenmedien (so bei Kaiser Wilhelm II.), durch populistische Elemente (Napoleon III.) oder die „Erfindung" zeitgemäßer Ikonen, wie man das etwa bei der Wandlung von Queen Victoria zur „Landesmutter" beobachten kann. Doch während das äußere Bild der Monarchien immer glänzender aufpoliert wurde, blieb deren strukturell gefährdete Legitimität aufmerksamen Beobachtern nicht verborgen. Wenige haben dies so früh und deutlich gesehen wie Richard Wagner, der 1848 Vorträge zum Thema „Republik und Königtum" hielt und inmitten der deutschen bürgerlichen Revolution auf den Stoff zum „Ring des Nibelungen" verfiel. Dieser endet mit der „Götterdämmerung" und damit dem Fall einer überlebten Ordnung. In der 1852 abgeschlossenen Dichtung des „Rheingolds" prophezeit Loge, Typus des allen Herrschaftsformen dienenden Technokraten, das Ende der Götterwelt, während deren Repräsentanten gerade in ihren alle Maßstäbe sprengenden neuen Palast „Walhall" einziehen: „Ihrem Ende eilen sie zu, / die so stark im Bestehen sich wähnen ..."

Eine Generation später, unter dem Eindruck des Todes des österreichischen Thronfolgers Rudolf 1889, schrieb der damals als musikalischer Antipode Wagners gesehene Komponist Johannes Brahms: „Wie heutzutage die Kaiser und Könige sterben, ist doch neu. In die Luft fliegen, ins Wasser gehen, sich selbst töten, dazu unsre Kaiser Tragödie!" Zwar stellte Brahms hier nicht die Monarchie als Institution infrage – das taten die wenigsten Zeitgenossen –, doch fasst er die Gefährdung der Monarchen in denkbar hellsichtige Worte: Die Vertreter der alten Ordnung sterben durch (vermutete) Selbstmorde wie Kronprinz Rudolf und König Ludwig II. oder durch Attentate wie Zar Alexander II. (ein Bombenanschlag) oder später Kaiserin Elisabeth, das Ende dann mit den Schüssen von Sarajewo auf das österreichische Thronfolgerpaar. Man könnte es auch mit Versen aus dem „Rheingold" sagen: „Alles was ist, endet. / Ein düstrer Tag / dämmert den Göttern." – Fin de Siècle, Götterdämmerung.

P. W.

Lit.: Brahms, Johannes: Brief vom 1. Februar 1889 an Fritz Simrock; Original im Archiv der Gesellschaft der Musikfreunde in Wien; Kohlrausch, Chance; Löffler, Königreich; Müller/Wapnewski, Richard-Wagner-Handbuch; Wagner, Dichtungen und Schriften, Bd. 3, S. 66, 71

König Ludwig – ein (Nach-)Leben in Postkarten

Postkarten, um 1900ff.
Haus der Bayerischen Geschichte, Augsburg

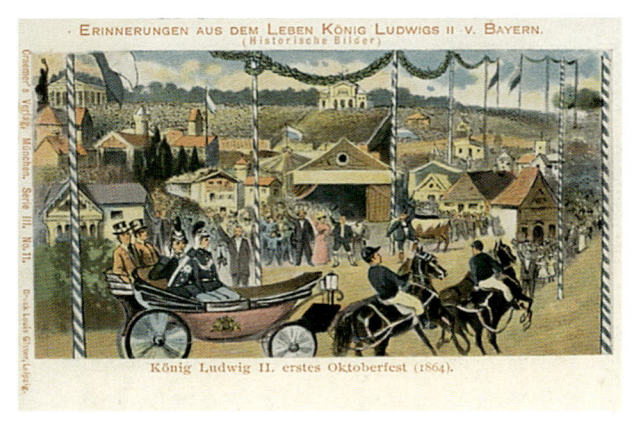

WIE LUDWIG STARB UND ZUM MYTHOS WURDE 285

KÖNIG LUDWIG II.
VON BAYERN.
Weihnachtsfeier am Fernstein.
Tirol.

KÖNIG LUDWIG II.
VON
BAYERN.
(Auf seinen nächtlichen Spazierritten.)

Erinnerungen an König Ludwig II. von Bayern und seine Schlösser.

König Ludwigs II. letzter Gang.

*„Alles was ist, endet.
Ein düstrer Tag
dämmert den Göttern."*

Abgekürzt zitierte Literatur

200 Jahre Königreich Bayern. Oberammergau und das bayerische Herrscherhaus, Oberammergau 2006
Abele, Johannes: Die Lichtbogenlampe, 2. Aufl., München 1997
Adalbert Prinz von Bayern: Als die Residenz noch Residenz war, München 1967
Der Adler. Deutschlands berühmteste Lokomotive, hg. vom DB Museum Nürnberg, Nürnberg 2011
Albrecht, Dieter: Joseph Edmund Jörg: Archivar und Politiker, in: Vogel, Rudolf (Hg.): Immenstadt im Allgäu. Landschaft, Geschichte, Gesellschaft, Wirtschaft, kulturelles und religiöses Leben im Lauf der Jahrhunderte, Immenstadt 1996, S. 575–578
Albrecht, Dieter: König Ludwig II. von Bayern und Bismarck, in: Historische Zeitschrift 270 (2000), S. 39–64
Albrecht, Dieter: Von der Reichsgründung bis zum Ende des Ersten Weltkrieges (1871–1918), in: Handbuch der bayerischen Geschichte, begründet von Max Spindler, hg. von Alois Schmid, Bd. 4/1, 2. Aufl., München 2003, S. 318–438
Alings, Reinhard: Die Berliner Siegessäule. Vom Geschichtsbild zum Bild der Geschichte, Berlin 2000
Allwang, Klaus: Metallindustrie in Bayern von 1840–1914, in: Bott, Gerhard (Hg.): Leben und Arbeiten im Industriezeitalter. Ausstellungskatalog, Stuttgart 1985, S. 188–194
Amthor, Max: Industriegeographie des Königreichs Bayern. Leitfaden für die höheren Klassen von Realschulen, Gewerbeschulen, Handelsschulen und polytechnischen Anstalten insbesondere des Königreichs Bayern, Gera 1881
Angerer, Birgit u. a. (Hg.): Echt, stark! Naturstein im ländlichen Bayern. Ausstellungskatalog, Finsterau 2006
Aretin, Cajetan Freiherr von: Die Erbschaft des Königs Otto von Bayern. Höfische Politik und Wittelsbacher Vermögensrechte 1916 bis 1923, München 2006 (Schriftenreihe zur bayerischen Landesgeschichte 149)
Aretin, Karl Otmar von: Franckenstein. Eine politische Karriere zwischen Bismarck und Ludwig II., Stuttgart 2003
Arns, Alfons Maria: „Der Traum von einem König" – Der deutsche Stummfilm und König Ludwig II. [DVD-Booklet], in: Raffé, Rolf/Dieterle, Wilhelm/Rischert, Christian: Ludwig II., König von Bayern, hg. vom Filmmuseum München und dem Goethe-Institut, München 2009 (Edition filmmuseum 46)
Arns, Alfons Maria: Viaggio in Germania – Viscontis Begegnungen mit Deutschland, in: Storch, Wolfgang (Hg.): Götterdämmerung – Luchino Viscontis deutsche Trilogie, Berlin 2003, S. 21–32
Arns, Alfons Maria: Der Traum von einem König – Ludwig II. im Kino (erscheint voraussichtlich 2011 im Münchner belleville Verlag)
Asmus, Karl: Die Ludwigs-Eisenbahn. Die erste Eisenbahnlinie in Deutschland, Zürich u. a. 1984
Aufsess, Hans-Max von: Ludwig II. Triumphzug durch Franken, Nürnberg 1980
Autié, Léonard: Léonard – Der Coiffeur der Königin. Galantes, Frivoles und Extravagantes vom Hofe der Marie-Antoinette, Berlin 2009
Bäckmann, Reinhard: Nähen – Nadel – Nähmaschine. Ursprünge der Nähtechnologie im Zeitalter der ersten industriellen Revolution, Hohengehren 1991
Bahr, Hermann (Hg.): Briefe von Joseph Kainz, Wien u. a. 1922
Bartelsheim, Ursula: Versailles auf Rädern. Ludwig II. und sein Hofzug, Nürnberg 2009 (Objektgeschichten aus dem DB Museum 1)
Barthes, Roland: Mythen des Alltags, Frankfurt am Main 1991
Bartmann, Dominik (Hg.): Anton von Werner. Geschichte in Bildern. Ausstellungskatalog, München 1993
Bauer, Oswald Georg: Richard Wagner. Die Bühnenwerke von der Uraufführung bis heute, Frankfurt am Main u. a. 1982
Bauer, Oswald Georg: Josef Hoffmann. Der Bühnenbildner der ersten Bayreuther Festspiele, München u. a. 2008
Baumann, Carl-Friedrich: Bühnentechnik im Festspielhaus Bayreuth, München 1980
Baumann, Carl-Friedrich: Licht im Theater. Von der Argand-Lampe bis zum Glühlampen-Scheinwerfer, Stuttgart 1988
Baumgartner, Georg: Königliche Träume. Ludwig II. und seine Bauten, München 1981
Baumgartner, Georg: Schloß Hohenschwangau. Eine Untersuchung zum Schloßbau der Romantik, Diss., München 1987
Baumstark, Reinhold/Koch, Michael: Der Gral. Artusromantik in der Kunst des 19. Jahrhunderts. Ausstellungskatalog, München 1995
Bayern und seine Armee, hg. vom Hauptstaatsarchiv München. Ausstellungskatalog, München 1987 (Ausstellungskataloge der Staatlichen Archive Bayerns 21)
Becker, Franz: Die „Heldengalerie" der einfachen Soldaten. Lichtbilder in den deutschen Einigungskriegen, in: Holzer, Anton (Hg.): Mit der Kamera bewaffnet. Krieg und Fotografie, Marburg 2003, S. 39–56
Bedal, Konrad (Hg.): Göpel und Dreschmaschine. Zur Mechanisierung der bäuerlichen Arbeit in Franken. Ausstellungskatalog, Bad Windsheim 1981 (Schriften und Kataloge des Fränkischen Freilandmuseums 2)
Behringer, Wolfgang: Löwenbräu. Von den Anfängen des Münchner Brauwesens bis zur Gegenwart, München 1991
Berghahn, Volker: Das Kaiserreich 1871–1914. Industriegesellschaft, bürgerliche Kultur und autoritärer Staat, Stuttgart 2003 (Gebhardt. Handbuch der Deutschen Geschichte 16)
Berleb, Arno: 165 Jahre im Dienst der Personenschifffahrt – die Feßlers am Chiemsee, in: Chiemgau, hg. vom Haus der Bayerischen Geschichte, Augsburg 2011 (Edition Bayern 5), S. 38ff.
Berling, Karl: Fünfzigjähriges Jubiläum des Fernsprechers in Bayern. Beitrag zur Frühgeschichte des Fernsprechwesens, in: Archiv für Postgeschichte in Bayern 9 (1933), S. 1–18
Betz, Peter L.: Ertrinkungsdiagnostik – gestern und heute. Veranschaulicht am Schicksal Ludwigs II. von Bayern, Erlangen u. a. 2001
Bing, Ignaz: Aus meinem Leben. Erinnerungen eines Nürnberger Unternehmers und Höhlenforschers 1840–1918, hg. von Jürgen Cieslik, Jülich 2004
Bischof, Franz Xaver: Theologie und Geschichte. Ignaz von Döllinger (1799–1890) in der zweiten Hälfte seines Lebens. Ein Beitrag zu seiner Biographie, Stuttgart 1997
Bischof, Franz Xaver: Kulturkampf in Bayern – Bayerisches Staatskirchentum versus Ultramontanismus, in: Wolf, Peter u. a. (Hg.): Götterdämmerung – König Ludwig II. und seine Zeit. Aufsatzband, Augsburg 2011 (Veröffentlichungen zur Bayerischen Geschichte und Kultur 59), S. 125–128
Bismarck – Preußen, Deutschland und Europa. Ausstellungskatalog, Berlin 1990
Bitsch, Helmut: „Es erwachet der technische Geist ..." – die Mechanisierung der Landwirtschaft, in: Mohr, Klaus: Niederbayerisches Landwirtschaftsmuseum Regen, München u. a. 1992 (Bayerische Museen 16), S. 83–101
Blackbourn, David: Peasants and Politics in Germany, 1871–1914, in: European History Quarterly 14 (1984), S. 47–75
Bleibtreu, Carl: Paris 1870–1871, Stuttgart o. J.
Bleibtreu, Carl: Schlacht bei Wörth am 6. August 1870, Reprint der Ausgabe von 1898, Bad Langensalza 2009
Blessing, Werner K.: Staat und Kirche in der Gesellschaft. Institutionelle Autorität und mentaler Wandel in Bayern während des 19. Jahrhunderts, Göttingen 1982
Blessing, Werner K.: Franken im Bayern des 19. Jahrhunderts. Bemerkungen zu einem labilen Horizont, in: ders./Weiss, Dieter J. (Hg.): Franken – Vorstellung und Wirklichkeit in der Geschichte, Neustadt/Aisch 2003, S. 339–363
Blondel, Jacques-François: Architecture françoise ou recueil des plans, élévations, coupes et profils des églises, maisons royales, palais ..., Paris 1756
Bock, Peter/Gottwaldt, Alfred B.: Regierungszüge. Salonwagen, Kaiserbahnhöfe und Staatsfahrten in Deutschland 1889–1989. Mit einem Beitrag von Ralf-Roman Rossberg, München 2006
Böhm, Gottfried von: Ludwig II. König von Bayern, sein Leben und seine Zeit, Berlin 1922, 2. Aufl., Berlin 1924
Borgmann, Jan: Made in Bavaria. Die Maschinenfabrik Esterer in Altötting, in: Weidlich, Ariane (Hg.): Moderne Zeiten? Industrialisierung im ländlichen Oberbayern. Ausstellungskatalog, Petersberg 2006 (Schriften des Freilichtmuseums des Bezirks Oberbayern an der Glentleiten 30), S. 108–123
Bösch, Lothar: Bernhard von Gudden in Werneck (1855–1969), in: Hippius, Hanns/Steinberg, Reinhard (Hg.): Bernhard von Gudden, Heidelberg 2007, S. 29–36
Bosl, Karl: Die deutschen Mittelstaaten in der Entscheidung von 1866. Zur 100. Wiederkehr der Schlacht von Königgrätz, in: Zeitschrift für bayerische Landesgeschichte 29 (1966), S. 665–679
Borscheid, Peter: Das Tempo-Virus. Eine Kulturgeschichte der Beschleunigung, Frankfurt am Main 2004
Bott, Gerhard (Hg.): Leben und Arbeiten im Industriezeitalter. Ausstellungskatalog, Stuttgart 1985

Botzenhart, Christof: „Ein Schattenkönig ohne Macht will ich nicht sein". Die Regierungstätigkeit König Ludwigs II. von Bayern, München 2004 (Schriftenreihe zur Bayerischen Landesgeschichte 142)

Brandt, Rolf: Stätten der Tragik. Menschen, Schicksale und Landschaften, Hamburg 1929

Brill, Walter: Werner von Siemens und das Telefon. Einige Gedanken anläßlich des hundertsten Geburtstags der ersten öffentlichen Vorführung eines Telefons von Philipp Reis, in: Siemens-Zeitschrift 35 (1961), S. 738–740

Brock, William H.: Justus von Liebig. Eine Biographie des großen Naturwissenschaftlers und Europäers, Braunschweig u. a. 1999

Bruckmanns Lexikon der Münchner Kunst. Münchner Maler im 19. Jahrhundert, München 1981

Burgmair, Wolfgang/Weber, Matthias M.: „... daß er selbst mit aller Energie gegen diese Hallucinationen ankämpfen muß ..." König Otto von Bayern und die Münchner Psychiatrie um 1900, in: Sudhoffs Archiv 86 (2002), S. 27–53

Burgmair, Wolfgang u. a. (Hg.): Emil Kraepelin. Kraepelin in München 2 (1914–1921), München 2009 (Edition Emil Kraepelin)

Burgmair, Wolfgang/Weber, Matthias M.: Die Psychiatrie in Bayern in der Regierungszeit König Ludwigs II., in: Wolf, Peter u. a. (Hg.): Götterdämmerung – König Ludwig II. und seine Zeit. Aufsatzband, Augsburg 2011 (Veröffentlichungen zur Bayerischen Geschichte und Kultur 59), S. 60–68

Busley, Hermann-Joseph: Bayern und die Deutsche Einigung 1870/71. Ausstellungskatalog, München 1971 (Ausstellungskatalog des Bayerischen Hauptstaatsarchivs 6)

Büttner, Frank: Neuschwanstein: der Weg Ludwigs II. in die „Königskatastrophe" vom Juni 1886, in: Schmid, Alois (Hg.): Schauplätze der Geschichte in Bayern, München 2003, S. 330–353

Conrad, Michael Georg: König und Schauspielerin, in: Propyläen. Wochenschrift der Münchner Zeitung 17 (1920), S. 314

Czymmek, Götz/Lenz, Christian: Wilhelm Leibl zum 150. Geburtstag. Ausstellungskatalog, München u. a. 1994

Defregger, Hans Peter: Defregger 1835–1921, Rosenheim 1983

Demberger, Alexandra: Das adelige Damenportrait zu Pferd. Höfische Reitkultur und -literatur im Haus Thurn und Taxis im 19. bis zur Mitte des 20. Jahrhunderts, Masch. Magisterarbeit, Regensburg 2010

Deuerlein, Ernst: Die Gründung des Deutschen Reiches 1870/71 in Augenzeugenberichten, München 1977

Diem, Eugen: Fritz Schider. Ein vergessener Vorläufer des deutschen Impressionismus, in: Die Kunst und das schöne Heim 55/1 (1956–1957), S. 248–251

Dienel, Hans-Liudger: Ingenieure zwischen Hochschule und Industrie. Kältetechnik in Deutschland und Amerika 1870–1930, Göttingen 1995 (Schriftenreihe der Historischen Kommission bei der Bayerischen Akademie der Wissenschaften 54)

Dihm, Hermann: Die Entwicklung der Aktienbrauerei zum Löwenbräu in München, Diss., Würzburg 1921

Doeberl, Michael: Bayern und Deutschland. Bayern und die Bismarckische Reichsgründung, München u. a. 1925

Dollmann, Georg: Beschreibung des Kgl. Schloßbaues in Herrenchiemsee, 14. Juni 1883

Döpper, Franz B.: München und seine alten Firmen, München 1988

Dörfler, Hans-Diether: Bierexport aus Bayern 1806–1914. Anmerkungen zu Begriff und Quellen, in: Rund um die Plassenburg, Kulmbach 2003, S. 263–278

Döring, Thomas: Die Arbeits- und Lebensbedingungen von Fabrikarbeitern im südostbayerischen Raum im 19. Jahrhundert, dargestellt am Beispiel der Königlichen Saline Reichenhall und der Privat-Eisengewerkschaft Achthal-Hammerau, Berlin 2005

Dürckheim-Montmartin, Alfred Graf Eckbrecht von: Notizen zur Königskatastrophe 1886, München 1961

Eckmann, Sabine: Collage und Assemblage als neue Kunstgattungen DADAS, Köln 1995

Eger, Manfred: Richard-Wagner-Museum Bayreuth, Bayreuth 1982

Eisenbahn in Bayern 1835–2010, hg. vom Haus der Bayerischen Geschichte, Augsburg 2010 (Edition Bayern Sonderheft 1)

Eisert, Beatrice: Ludwig II. – Leben, Wirken, Sterben, München 1979

Eloesser, Arthur (Hg.): Der junge Kainz. Briefe an seine Eltern, Berlin 1923

Emmendörffer, Christoph: Das Maximilianmuseum. Originale der Reichsstadt Augsburg, Augsburg 2004 (Ein Augsbuch 2)

Emmendörffer, Christoph: „Unsere so berühmte profession ..." Eine Augsburger Geschichte der Goldschmiedekunst, in: Emmendörffer, Christoph/Trepesch, Christof (Hg.): Zarensilber. Augsburger Silber aus dem Kreml. Ausstellungskatalog, München 2008, S. 56–89

Erichsen, Johannes/Brockhoff, Evamaria (Hg.): Bayern & Preußen & Bayerns Preußen. Schlaglichter auf eine historische Beziehung. Ausstellungskatalog, Augsburg 1999 (Veröffentlichungen zur Bayerischen Geschichte und Kultur 41)

Erichsen, Johannes/Heinemann, Katharina (Hg.): Brennpunkt Europas 1704. Die Schlacht von Höchstädt. Ausstellungskatalog, Ostfildern 2004

Erichsen, Johannes: Ludovicus conservator, in: Wolf, Peter u. a. (Hg.): Götterdämmerung – König Ludwig II. und seine Zeit. Aufsatzband, Augsburg 2011 (Veröffentlichungen zur Bayerischen Geschichte und Kultur 59), S. 155–162

Eulenburg-Hertefeld, Philipp zu: Das Ende König Ludwigs II. und andere Erlebnisse, Leipzig 1934

Eulenburg-Hertefeld, Philipp zu: Das Ende König Ludwigs II., hg. von Klaus von See, Frankfurt am Main u. a. 2001

Evers, Hans Gerhard: Tod, Macht und Raum als Bereiche der Architektur, München 1939

Evers, Hans Gerhard: Ludwig II. von Bayern. Theaterfürst – König – Bauherr. Gedanken zum Selbstverständnis, hg. von J. A. Schmoll gen. Eisenwerth, bearb. von Klaus Eggert, München 1986

Fehrenbach, Elisabeth: Über die Bedeutung der politischen Symbole im Nationalstaat, in: Historische Zeitschrift 213 (1971), S. 296–357

Feyerabend, Ernst: Der Telegraph von Gauß und Weber im Werden der elektrischen Telegraphie, Berlin 1933

Fontane, Theodor: Der deutsche Krieg von 1866, Reprint d. Ausgabe von 1871, Bad Langensalza 2003

Fontane, Theodor: Der Krieg gegen Frankreich 1870–1871, Bd. 1, Reprint der Ausgabe von 1873/76, Bad Langensalza 2004

Förstl, Hans: Ludwig II. als Patient, in: Wolf, Peter u. a. (Hg.): Götterdämmerung – König Ludwig II. und seine Zeit. Aufsatzband, Augsburg 2011 (Veröffentlichungen zur Bayerischen Geschichte und Kultur 59), S. 69–74

François, Etienne: Oberammergau, in: ders./Schulze, Hagen (Hg.): Deutsche Erinnerungsorte, Bd. 3, München 2003, S. 274–291

Frank, Hilmar: HA Schults Schloss Neu-Wahnstein. Götzendämmerung und Endzeitlandschaft, in: Montage als Kunstprinzip, Bonn 1991 und 2000

Franz von Defregger und sein Kreis. Ausstellungskatalog, Innsbruck u. a. 1987

Freytag, Nils: Sedantage in München. Gemeindefeiern, Komiteefeste und Vereinsgedenken, in: Zeitschrift für bayerische Landesgeschichte 61 (1998), S. 383–406

Fürst, Artur: Das Weltreich der Technik. Entwicklung und Gegenwart, Berlin 1923

Füßl, Wilhelm: Oskar von Miller 1855–1934. Eine Biographie, München 2005

Gaehtgens, Thomas W.: Versailles als Nationaldenkmal. Die Galerie des Batailles im Musée Historique von Louis-Philippe, Berlin 1985

Gaethgens, Thomas W.: Anton von Werner. Die Proklamierung des Deutschen Kaiserreiches. Ein Historienbild im Wandel preußischer Politik, Frankfurt am Main 1990

Gattinger, Karl: Italienische Ziegelarbeiter in Bayern. Das Phänomen der Wanderarbeit und seine Auswirkungen auf das Herkunftsland am Beispiel der Region Friaul, in: Schreiber, Waltraud (Hg.): Kontakte – Konflikte – Kooperationen. Der Umgang mit Fremden in der Geschichte, Neuried 2001, S. 241–270

Gauweiler, Peter: Bernhard von Gudden und die Entmündigung und Internierung König Ludwig des Zweiten aus juristischer Sicht, in: Hippius, Hanns/Steinberg, Reinhard (Hg.): Bernhard von Gudden, Heidelberg 2007, S. 93–107

Gebhardt, Heinz: König Ludwig II. und seine verbrannte Braut, Pfaffenhofen 1986

Gedon, Brigitte: Lorenz Gedon. Die Kunst des Schönen, München 1994

Gelius, Siegfried: Rodenstock – 100 Jahre für besseres Sehen, München 1977

Gernsheim, Helmut: Geschichte der Fotografie. Die ersten hundert Jahre, Frankfurt am Main 1983

Gerold, Otto (Hg.): Die letzten Tage König Ludwigs II. Erinnerungen eines Augenzeugen, 7. Aufl., Zürich 1914

Geschichte des k. b. 1. Infanterie-Regiments König seit seiner Errichtung im Jahre 1778 nebst einer Vorgeschichte seiner Stammregimenter [München 1881]

Girtler, Roland: Wilderer. Soziale Rebellen im Konflikt mit den Jagdherren, Linz 1988

Glasenapp, Gustav von (Hg.): Die Generale der Deutschen Armee. Zehn Jahre Deutscher Heeresgeschichte 1864–1874, Berlin 1876

Glaser, Angelika: Münchner Wirtschaftsbürgertum. Der Großhändler Adolph Brougier (1844–1934) und seine Autobiographie, München 2006

Glowasz, Peter: Der Tod am Starnberger See. Die Aufklärung der Todesursache König Ludwigs II. von Bayern, Berlin 2008

Gmelin, Leopold (Hg.): Details, Wanddekorationen, Möbel, Gerathe etc. aus den Königlich Bayerischen Schlössern Neuschwanstein, Linderhof und Herren-Chiemsee sowie aus der Königlichen Residenz in München, München 1891/92

Gockerell, Nina: Das Bayernbild in der literarischen und „wissenschaftlichen" Wertung durch fünf Jahrhunderte. Volkskundliche Überlegungen über die Konstanten und Varianten des Auto- und Heterostereotyps eines deutschen Stammes, München 1974 (Miscellanea Bavaria Monacensia 51)

Götschmann, Dirk: Wirtschaftsgeschichte Bayerns. 19. und 20. Jahrhundert, Regensburg 2010

Götz, Ulrike/Kolbe, Jürgen: Wagners Welten. Ausstellungskatalog, München 2003

Graf, Oskar Maria: Das Leben meiner Mutter, Berlin 2009

Grashey, Hubert: Nachtrag zum Nekrolog von Dr. Bernhard von Gudden, Königl. Bayer. Obermedicinalrath, in: Archiv für Psychiatrie und Nervenkrankheiten 18/3 (1887), S. 898–910

Grasser, Walter: Johann Freiherr von Lutz 1826–1890. Eine politische Biographie, München 1967(Miscellanea Bavarica Monacensia 1)

Grein, Edir (Hg.): Tagebuch-Aufzeichnungen von Ludwig II. König von Bayern, Schaan/Liechtenstein 1925

Gudden, Wolfgang: Bernhard von Gudden – Leben und Werk, Diss., München 1987

Haasen, Gisela: Ludwig II. Briefe an seine Erzieherin, München 1995

Hacker, Rupert: Ludwig II. von Bayern in Augenzeugenberichten, München 1966

Hacker, Rupert (Hg.): Ludwig II. von Bayern in Augenzeugenberichten, 2. Aufl. der Taschenbuchausgabe, München 1980

Hacker, Rupert: König Ludwig II., der Kaiserbrief und die „Bismarck'schen Gelder", in: Zeitschrift für bayerische Landesgeschichte 65/3 (2002), S. 911–990

Hacker, Rupert: Die Königskrise von 1885/86 und der Weg zur Regentschaft, in: Wolf, Peter u.a. (Hg.): Götterdämmerung – König Ludwig II. und seine Zeit. Aufsatzband, Augsburg 2011 (Veröffentlichungen zur Bayerischen Geschichte und Kultur 59), S. 44–54

Hackl, Othmar: Der Bayerische Generalstab (1792–1919), München 1999 (Schriftenreihe zur bayerischen Landesgeschichte 122)

Häfner, Heinz: Ein König wird beseitigt. Ludwig II. von Bayern, München 2008

Haller, Marita/Pscheidt, Gerhard: Theresienthal in alten Fotos. Mit Linie Rabenstein-Schachtenbach, bayerisch-böhmische Glashüttengeschichte, Riedlhütte 2008

Hamann, Brigitte (Hg.): Kaiserin Elisabeth. Das poetische Tagebuch, Wien 1984 (Fontes Rerum Austriacarum 12/1)

Hamburger, Klára: Franz Liszt – Leben und Werk, Köln u.a. 2010

Hanslik, Eduard: Verehrung – Verklärung – Kitsch. Ludwig II. in der Literatur, in: Ludwig II. zwischen Wirklichkeit und Verklärung. Ein Beitrag zum 100jährigen Todestags des Königs, Augsburg 1986 (Akademie-Publikation 79), S. 93–125

Hård, Mikael: Machines are Frozen Spirit. The Scientificion of Refrigeration and Brewing in the 19th Century. A Weberian Interpretation, Frankfurt am Main 1994

Hartmannsgruber, Friedrich: Die bayerische Patriotenpartei 1868–1887, München 1986 (Schriftenreihe zur bayerischen Landesgeschichte 82)

Hausen, Karin: Technischer Fortschritt und Frauenarbeit im 19. Jahrhundert. Zur Sozialgeschichte der Nähmaschine, in: Geschichte und Gesellschaft 4 (1978), S. 148–169

Hausner, Hermann M. (Hg.): Ludwig II. von Bayern. Berichte der letzten Augenzeugen. Gedenkschrift zum 75. Todestag König Ludwig II. von Bayern am 13. Juni 1961, 2. Aufl., München u.a. 1962

Heißerer, Dirk: Ludwig II., Reinbek bei Hamburg 2003

Helle Köpfe. Die Geschichte der Bayerischen Akademie der Wissenschaften 1759–2009. Ausstellungskatalog, hg. vom Bayerischen Hauptstaatsarchiv, München 2009 (Ausstellungskataloge der Staatlichen Archive Bayerns 51)

Helm, Winfried (Hg.): Granit, Hauzenberg 2007

Helm, Winfried/Ortmeier, Martin (Hg.): Steinreich. Granitene Zeugen zwischen Donau und Böhmerwald. Ausstellungskatalog, Passau 2010

Henker, Michael u.a. (Hg.): Hört, sehet, weint und liebt. Passionsspiele im alpenländischen Raum. Ausstellungskatalog, München 1990 (Veröffentlichungen zur Bayerischen Geschichte und Kultur 20)

Henker, Michael/Brockhoff, Evamaria (Hg.): Bauern in Bayern von der Römerzeit bis zur Gegenwart. Ausstellungskatalog, Regensburg 1992 (Veröffentlichungen zur Bayerischen Geschichte und Kultur 23)

Herre, Franz: Anno 70/71. Der deutsch-französische Krieg, 2. Aufl., Köln u.a. 1981

Herre, Franz: Das Ende der Souveränität. Ludwig II. und die Reichsgründung, in: Gregor-Dellin, Martin u.a. (Hg.): Ludwig II. Die Tragik des „Märchenkönigs", Regensburg 1986, S. 57–80

Herrn, Rainer: Ein historischer Urning. Ludwig II. von Bayern im psychiatrisch-sexualwissenschaftlichen Diskurs und in der Homosexuellenbewegung des frühen 20. Jahrhunderts, in: Sykora, Katharina (Hg.): Ein Bild von einem Mann. Ludwig II. von Bayern. Konstruktion und Rezeption eines Mythos, Frankfurt am Main 2004, S. 48–87

Herrn, Rainer: Männerbegehren und Männlichkeitsbilder Ludwigs II. von Bayern, in: Wolf, Peter u.a. (Hg.): Götterdämmerung – König Ludwig II. und seine Zeit. Aufsatzband, Augsburg 2011 (Veröffentlichungen zur Bayerischen Geschichte und Kultur 59), S. 236–245

Hesse, Horst: Die sogenannte Sozialgesetzgebung Bayerns Ende der sechziger Jahre des 19. Jahrhunderts. Ein Beitrag zur Strukturanalyse der bürgerlichen Gesellschaft, München 1971 (Miscellanea Bavarica Monacensia 33)

Hesse, Michael: Klassische Architektur in Frankreich. Kirchen, Schlösser, Gärten, Städte, 1600–1800, Darmstadt 2004

Hetzenauer, Georg u.a.: Mythos Wilderer, Reith im Alpbachtal 2005

Hierneis, Theodor: Aus meiner Lehrzeit in der Hofküche König Ludwigs II. von Bayern, München 1940

Hippius, Hanns/Steinberg, Reinhard (Hg.): Bernhard von Gudden, Heidelberg 2007

Höglauer, Heinrich von/Kreisel, Heinrich (Hg.): Herrenchiemsee, Neues Schloß und König Ludwig II.-Museum. Amtlicher Führer, München 1929

Hojer, Gerhard (Hg.): König Ludwig II.-Museum Herrenchiemsee. Katalog, München 1986

Hollweck, Ludwig (Hg.): Er war ein König. Ludwig II. von Bayern. Erlebtes – Erforschtes – Erdichtetes von Zeitgenossen und Nachfahren, München 1979

Hölscher, Klaus-Uwe: Dampflokomobile und Sägegatter. Maschinenfabrik Esterer seit 1862 in Altötting/Oberbayern, in: Journal Dampf, Heißluft 10 (2010), S. 40–45

Holzschuh, Robert: Das verlorene Paradies Ludwigs II. Die persönliche Tragödie des Märchenkönigs. Mit 27 unveröffentlichten Briefen aus Frankfurt am Main 2001

Hommel, Kurt: Die Separatvorstellungen vor König Ludwig II. von Bayern. Schauspiel, Oper, Ballett, München 1963

Horne, Alistair: Es zogen die Preussen wohl über den Rhein. Der Deutsch-Französische Krieg 1870/71 und der Aufstand der Kommune in Paris, Bern u.a. 1967

Horstmann, Erwin: 75 Jahre Fernsprecher in Deutschland 1877–1952. Ein Rückblick auf die Entwicklung des Fernsprechers in Deutschland und auf seine Erfindungsgeschichte, Bonn 1952

Hoser, Paul: Münchner Neueste Nachrichten, in: Historisches Lexikon Bayerns, www.historisches-lexikon-bayerns.de/artikel/artikel_44551

Hubala, Erich: Klassik und Barock in Frankreich, in: ders.: Die Kunst des 17. Jahrhunderts, Berlin 1970 (Propyläen Kunstgeschichte 9), S. 84–97

Huber, Ernst Rudolf: Deutsche Verfassungsgeschichte seit 1789, Stuttgart 1964, 3. Aufl. 1988

Hüttl, Ludwig: Ludwig II. König von Bayern. Eine Biographie, München 1986

Hutzler, Sarah: König Ludwig von Bayern an Josef Kainz, in: Die Gartenlaube 27 (1886), S. 475–479

Immler, Gerhard: Die Entmachtung König Ludwigs II. als Problem der Verfassungsgeschichte, in: Wolf, Peter u. a. (Hg.): Götterdämmerung – König Ludwig II. und seine Zeit. Aufsatzband, Augsburg 2011 (Veröffentlichungen zur Bayerischen Geschichte und Kultur 59), S. 55–59

Jahn, Ellen: Die Cholera in Medizin und Pharmazie im Zeitalter des Hygienikers Max von Pettenkofer, Stuttgart 1994

Hundert Jahre technische Erfindungen und Schöpfungen in Bayern 1815–1915. Jahrhundertschrift des Polytechnischen Vereins in Bayern, München 1922

Jeanmaire, Claude: Bing, die Modellbahn unserer Großväter. Die Geschichte des Hauses Bing, Nürnberg, von 1866–1933, Villingen 1972 (Archiv 17,2)

Jensen, Jens Christian: Adolph Menzel, Köln 1982

Johann von Lutz 1826–1890. Politiker und Staatsmann zur Zeit König Ludwigs II. Ausstellungskatalog, Münnerstadt 1990

Jörges, Christel/Gold, Helmut (Hg.): Telefone 1863 bis heute, aus den Sammlungen des Museums für Kommunikation, Heidelberg 2001 (Kataloge der Museumsstiftung Post und Telekommunikation 9)

Joss, Karl: König Ludwig II., Rosenheim 1996

Jung, Otto: Die Bedeutung der Kältemaschine für die Brauerei. Ein Rückblick auf die Entwicklungsgeschichte der Brautechnik, in: Carl von Lindes Kältemaschine und ihre Bedeutung für die Entwicklung der modernen Lagerbierbrauerei, hg. von der Gesellschaft für die Geschichte und Bibliographie des Brauwesens e.V., Berlin 1929, S. 17–24

Jungmann-Stadler, Franziska: Die Bayerische Hypotheken- und Wechselbank und die Darlehen an die Königliche Kabinettskasse in den Jahren 1884 und 1886. Zur Schuldenkrise König Ludwig II., in: Greipl, Egon Johannes (Hg.): Aus Bayerns Geschichte. Forschungen als Festgabe zum 70. Geburtstag von Andreas Kraus, München 1992, S. 435–446

Kaiser, Konrad: Adolph Menzel. Der Maler, Stuttgart 1965

Kamp, Michael: Zwischen Alltag und Exotik: Kolonialwaren in München, in Dreesbach, Anne (Hg.): Gleich hinterm Hofbräuhaus waschechte Amazonen. Exotik in München um 1900, München 2003, S. 99–115

Kathreiner 1829–1979. Ein Blick in die Firmengeschichte, München 1979

Keller, Hans: Der König. Beiträge zur Ludwigs-Forschung, München o.J.

Kerhoff, Ulrich: Landesausstellungen um 1900. Bayerische Landesausstellungen, in: Bott, Gerhard (Hg.): Leben und Arbeiten im Industriezeitalter. Ausstellungskatalog, Stuttgart 1985, S. 245–264

Kiefer, Bernd: Vom Traum-König zum Illusions-Künstler – Das Nachleben Ludwigs II. in Literatur und Film, in: Wolf, Peter u. a. (Hg.): Götterdämmerung – König Ludwig II. und seine Zeit. Aufsatzband, Augsburg 2011 (Veröffentlichungen zur Bayerischen Geschichte und Kultur 59), S. 246–256

Kittler, Erasmus: Handbuch der Elektrotechnik in zwei Bänden (Reprint), Düsseldorf 1986

Kittner, Michael: Arbeitskampf. Geschichte, Recht, Gegenwart, München 2005

Klinner, Helmut W.: König Ludwig II. und Oberammergau, in: Mohr, Löwe, Raute 3, Garmisch-Partenkirchen 1995, S. 90–150

Klose, Dietrich O. A.: Ludwig II. von Bayern. Sein Leben und Wirken auf Medaillen und Münzen. Ausstellungskatalog, München 1995

Klose, Dietrich O. A.: Die Münzen des Königreichs Bayern von 1806 bis 1918, in: Königlich-Bayerisches Geld. Zahlungsmittel und Finanzen im Königreich Bayern 1806–1918. Ausstellungskatalog, München 2006, S. 52–107

Klose, Dietrich O. A./Jungmann-Stadler, Franziska: Königlich Bayerisches Geld. Zahlungsmittel und Finanzen im Königreich Bayern 1806–1918. Ausstellungskatalog, München 2006

Kluge, Andrea: Der Stoff aus dem die Mode ist ... Die Stoffmustersammlung der Neuen Augsburger Kattunfabrik, Rosenheim 1991

Kobell, Luise von: Unter den vier ersten Königen von Bayern, München 1894

Kobell, Luise von: König Ludwig II. von Bayern und die Kunst, München 1900

Kohlrausch, Martin: Chance und Gefährdung – Wilhelm II. und Ludwig II. als Medienmonarchen, in: Wolf, Peter u. a. (Hg.): Götterdämmerung – König Ludwig II. und seine Zeit. Aufsatzband, Augsburg 2011 (Veröffentlichungen zur Bayerischen Geschichte und Kultur 59), S. 33–42

Kolbe, Wilhelm (Hg.): Hermann Hendrich und seine Kunst, in: Sonderheft des „Heimatland" 17 (1921)

Kölner Museums-Bulletin. Berichte und Forschungen aus den Museen der Stadt Köln 1/2 (1990)

Korff, Wilhelm: Kulturkampf und Volksfrömmigkeit, in: Schieder, Wolfgang (Hg.): Volksreligiosität in der modernen Sozialgeschichte, Göttingen 1986 (Geschichte und Gesellschaft Sonderheft 11), S. 137–151

Körner, Hans-Michael: Staat und Geschichte in Bayern im 19. Jahrhundert, München 1992 (Schriftenreihe zur bayerischen Landesgeschichte 96)

Körner, Hans-Michael: Personenkult und Mythosbildung im 19./20. Jahrhundert. Entstehungsbedingungen und Destruktionsstrategien, in: Borchardt, Karl/Bünz, Enno (Hg.): Forschungen zur bayerischen und fränkischen Geschichte. Peter Herde zum 65. Geburtstag von Freunden, Schülern und Kollegen dargebracht, Würzburg 1998 (Quellen und Forschungen des Bistums und Hochstifts Würzburg 52), S. 295–305

Körner, Hans-Michael (Hg.): Große Bayerische Biographische Enzyklopädie, München 2005

Körner, Hans-Michael: Das politische Schicksal Ludwigs II., in: Wolf, Peter u. a. (Hg.): Götterdämmerung – König Ludwig II. und seine Zeit. Aufsatzband, Augsburg 2011 (Veröffentlichungen zur Bayerischen Geschichte und Kultur 59), S. 17–21

Kosler, Barbara: Königlich Bayerische Hoflieferanten. Geschichte und Geschichten, München 2003

Kramer, Ferdinand: ‚Gründerzeiten' – Aspekte der industriellen Entwicklung des Königreichs Bayern im Vergleich zu anderen deutschen Staaten, in: Wolf, Peter u.a. (Hg.): Götterdämmerung – König Ludwig II. und seine Zeit. Aufsatzband, Augsburg 2011 (Veröffentlichungen zur Bayerischen Geschichte und Kultur 59), S. 91–95

Kramm, Dietrich: Messen und Eichen in Bayern. Das rechte Maß, München 1971 (WV-Hefte 71,1)

Krätz, Otto P.: Ein blaueres Blau, in: Charivari 7/9 (1981), S. 19–26

Kraus, Kläre: Der Kampf in der bayerischen Abgeordnetenkammer um die Versailler Verträge 11.–21. Januar 1871, Köln 1935

Krauss, Marita: Die königlich bayerischen Hoflieferanten, München 2009

Kreisel, Heinrich (Bearb.): König Ludwig II. Museum in Schloß Herrenchiemsee. Amtlicher Führer, München o. J. [1926]

Kreisel, Heinrich: Herrenchiemsee. Neues Schloß und König Ludwig II. Museum, München 1929

Kreisel, Heinrich: Schloss Herrenchiemsee mit König Ludwig II.-Museum. Amtlicher Führer, München 1937

Kreisel, Heinrich: Die Schlösser Ludwigs II. von Bayern, Darmstadt 1954

Der deutsch-französische Krieg 1870–71. Redigiert von der kriegsgeschichtlichen Abteilung des Großen Generalstabes, Berlin 1872–1881

Kuntz, Andreas: Der Dampfpflug. Bilder und Geschichte der Mechanisierung und Industrialisierung von Ackerbau und Landleben im 19. Jahrhundert, Marburg 1979

Kurda, Rolf: Michael Wagmüller. Ein Bildhauer im Dienste König Ludwigs II., München 2005

Lampert, Friedrich: Ludwig II., König von Bayern, ein Lebensbild, München 1890

Lankes, Christian: München als Garnison im 19. Jahrhundert. Die Haupt- und Residenzstadt als Standort der Bayerischen Armee von Kurfürst Max IV. Joseph bis zur Jahrhundertwende, Berlin u. a. 1993 (Militärgeschichte und Wehrwissenschaften 2)

Lau, Katja u.a. Speisen wie ein König, München o.J. [1983]

Laufer, Ulrike/Ottomeyer, Hans (Hg.): Gründerzeit 1848–1871. Industrie & Lebensträume zwischen Vormärz und Kaiserreich. Ausstellungskatalog, Berlin 2008

Lehmhaus, Friedrich: Von Miesbach-München 1882 zum Strom-Verbundnetz, in: Deutsches Museum. Abhandlungen und Berichte 51/3 (1983), S. 1–74

Lemoine, Pierre: Einleitung, in: Gaehtgens, Thomas W.: Versailles als Nationaldenkmal. Die Galerie des Batailles im Musée Historique von Louis-Philippe, Berlin 1985, S. 17–35

Lemoine, Pierre: Château de Versailles. Guide du Musée et Domaine national de Versailles et Trianon, Paris 2002

Lenger, Friedrich: Industrielle Revolution und Nationalstaatsgründung, Stuttgart 2003 (Handbuch der deutschen Geschichte 15)

Lenz, Christian: Max Liebermann „Münchner Biergarten". Ausstellungskatalog, München 1986

Leopold Prinz von Bayern: Aus den Lebenserinnerungen 1846 bis 1930, Regensburg 1983

Lindner, Helmut: Strom. Erzeugung, Verteilung und Anwendung der Elektrizität, Reinbek bei Hamburg 1985

Löffler, Bernhard: Stationen parlamentarischen Wandels in Bayern, in: Zeitschrift für bayerische Landesgeschichte 58/3 (1995), S. 959–989

Löffler, Bernhard: Wie funktioniert das Königreich Bayern? Zur politisch-sozialen Verfassung Bayerns in der zweiten Hälfte des 19. Jahrhunderts, in: Wolf, Peter u.a. (Hg.): Götterdämmerung – König Ludwig II. und seine Zeit. Aufsatzband, Augsburg 2011 (Veröffentlichungen zur Bayerischen Geschichte und Kultur 59), S. 22–33

Loibl, Richard: Die Anfänge der Textilindustrie in Bayern, in: ders. (Hg.): Das Bayerische Textil- und Industriemuseum in Augsburg, Augsburg 2005 (Schriften des tim 1)

Loibl, Richard: Textilstadt Augsburg, in: Kraus, Werner (Hg.): Schauplätze der Industriekultur in Bayern, Regensburg 2006, S. 26–35

Loibl, Richard: Textillandschaft Schwaben, in: Kraus, Werner: Schauplätze der Industriekultur in Bayern, Regensburg 2006, S. 226–231

Loibl, Richard: „Kammgarn-, Woll- und Baumwollschals ...“ – Textilherstellung in der Industrieregion Oberfranken im 19. Jahrhundert, in: Murr, Karl Borromäus u.a. (Hg.): Die süddeutsche Textillandschaft. Geschichte und Erinnerung von der Frühen Neuzeit bis in die Gegenwart, Augsburg 2010, S. 67–84

Loibl, Richard: Der Streit um bayerische Freiheit und deutsche Einheit im Landtag 1871, in: Wolf, Peter u.a. (Hg.): Götterdämmerung – König Ludwig II. und seine Zeit. Aufsatzband, Augsburg 2011 (Veröffentlichungen zur Bayerischen Geschichte und Kultur 59), S. 82–84

Lückewerth, Thomas: Hermann Hendrich. Mythenmaler und Tempelkünstler, in: Heidnisches Jahrbuch, Rudolstadt 2006, S. 190–230

Ludwig, Horst: Malerei der Gründerzeit. Vollständiger Katalog, München 1977 (Gemäldekataloge 6)

Ludwig, Julius: Der Reichstelegraphist. Ein Handbuch zum Selbstunterricht und zur Vorbereitung für das Telegraphistenexamen sowie zum Gebrauche für Telegraphenbeamte, Leipzig 1874

Lützow, Carl von: Der Ringkampf, in: Zeitschrift für bildende Kunst 7 (1872), S. 116–118

Maderholz, Erwin: München 1883. Das Telefon und seine Tagespresse, in: Post- und Telekommunikationsgeschichte 2 (1997), S. 102–115

Mages, Emma: Eisenbahn in Bayern, in: Eisenbahn in Bayern 1835–2010, hg. vom Haus der Bayerischen Geschichte, Augsburg 2010 (Edition Bayern Sonderheft 1), S. 54–93

Mann, Klaus: Vergittertes Fenster. Novelle um den Tod des Königs Ludwig II. von Bayern, Frankfurt am Main 1960

Marhenke, Dorit: Die Felsings aus Darmstadt 1797–1987. Kupferstecher, Drucker, Verleger, Darmstadt 1987

Menschenleben. Pfarrmatrikeln im Archiv des Erzbistums München und Freising. Ausstellungskatalog, München 2001 (Ausstellungen im Archiv des Erzbistums München und Freising 6)

Merta, Franz: König Ludwig II. und der Mobilmachungsbefehl von 1870. Eine Richtigstellung irritierender Augenzeugenberichte, in: Zeitschrift für bayerische Landesgeschichte 48 (1985), S. 689–717

Merta, Franz: Die Tagebücher König Ludwigs II. von Bayern. Überlieferung, Eigenart und Verfälschung, in: Zeitschrift für bayerische Landesgeschichte 53/2 (1990), S. 319–396

Merta, Franz: „Auf Bergeshöhen schreibe ich Ihnen ... Auf den Bergen ist Freiheit". König Ludwig II. von Bayern als Alpinist und Naturfreund, in: Berg 115. Alpenvereinsjahrbuch (1991), S. 251–268

Merta, Franz: Ein König, der nur von der Literatur besessen war ... Ludwig II. – kein Fall für den Psychiater, in: Literatur in Bayern 24 (1991), S. 2–8

Merta, Franz: Franz Steininger, in: Bialuch, Jürgen (Hg.): Gestalten um den Märchenkönig. Biographische Skizzen, Bd. 1, Reutlingen 1994, S. 159–168

Merta, Franz: Georg Carl von Reindl, in: Bialuch, Jürgen (Hg.): Gestalten um den Märchenkönig. Biographische Skizzen, Bd. 1, Reutlingen 1994, S. 152–158

Merta, Franz: Sibylle von Leonrod – die Meilhaus, in: Bialuch, Jürgen (Hg.): Gestalten um den Märchenkönig. Biographische Skizzen, Bd. 1, Reutlingen 1994, S. 187–196

Mertens, Rainer: Die Entstehung der Ludwigseisenbahn, in: Eisenbahn in Bayern – 1835. 2010, Augsburg 2010 (Edition Bayern, Sonderheft 01), S. 4–11

Metken, Günter: Richard Wagner und die bildende Kunst, in: Müller, Ulrich/Wapnewski, Peter (Hg.): Richard-Wagner-Handbuch, Stuttgart 1986, S. 731–759

Metzger, Wolfram/Ammermann, Hans-August: Autos, Schiffe, Zeppeline, Eisenbahn und Dampfmaschine. Die Welt im Spielzeug. Ausstellungskatalog, Gaggenau 1985

Meyer, Daniel: L'Ameublement de la Chambre de Louis XIV. à Versailles de 1701 à nos jours, in: Gazette des Beaux Arts 131 (Feb. 1989), S. 81–104

Meyer, Daniel: Le mobilier de Versailles selon Louis-Philippe, in: L'Estampille/L'Objet d'Art 272 (Sept. 1993), S. 54–82

Milovanovic, Nicolas: Cérémonies es symboles, in: ders./Maral, Alexandre: Louis XIV. L'homme et le roi. Ausstellungskatalog, Paris 2009

Milovanovic, Nicolas: Peintures pour Versailles de Bassano à Coypel, in: ders./Maral, Alexandre: Louis XIV. L'homme et le roi. Ausstellungskatalog, Paris 2009, S. 272–287

Milovanovic, Nicolas/Maral, Alexandre: Louis XIV. L'homme et le roi. Ausstellungskatalog, Paris 2009

Möckl, Karl: Die Prinzregentenzeit. Gesellschaft und Politik während der Ära des Prinzregenten Luitpold in Bayern, München u.a. 1972

Möckl, Karl: Ludwig II., die Minister und der Landtag, in: Gregor-Dellin, Martin u.a. (Hg.): Ludwig II. Die Tragik des „Märchenkönigs", Regensburg 1986, S. 81–100

Mokry, Stephan: Frömmigkeitsphänomene zur Zeit König Ludwigs II. von Bayern, in: Wolf, Peter u.a. (Hg.): Götterdämmerung – König Ludwig II. und seine Zeit. Aufsatzband, Augsburg 2011 (Veröffentlichungen zur Bayerischen Geschichte und Kultur 59), S. 129–132

Moltke, Helmuth von: Geschichte des Deutsch-französischen Krieges von 1870–71, Berlin 1895

Muchall-Viebrook, Thomas: Otto von Faber du Faur (1828–1901), in: Die Kunst und das schöne Heim 52 (1953–1954), S. 361–363

Mück, Wolfgang: Deutschlands erste Eisenbahn mit Dampfkraft. Die kgl. priv. Ludwigs-Eisenbahn zwischen Nürnberg und Fürth, 2. neubearb. Aufl., Fürth 1985

Müller, Franz Carl: Die letzten Tage Ludwigs II. von Bayern, nach eigenen Erlebnissen geschildert, Berlin 1888

Müller, Karl/Braun, Louis: Die Organisation, Bekleidung, Ausrüstung und Bewaffnung der Königlich Bayerischen Armee von 1806 bis zur Neuzeit, München 1899–1906

Müller, Klaus: 1866: Bismarcks deutscher Bruderkrieg – Königgrätz und die Schlachten auf deutschem Boden, Graz 2007

Müller, Sabine: Symbole der Politik in der modernen Medien- und Konsumgesellschaft: Andy Warhols Mao Wallpaper, in: Lamla, Jörn (Hg.): Politisierter Konsum – konsumierte Politik, Wiesbaden 2006, S. 185–202

Müller, Sven Oliver: Richard Wagner und die Entdeckung des Schweigens in Bayern und in Europa, in: Wolf, Peter u.a. (Hg.): Götterdämmerung – König Ludwig II. und seine Zeit. Aufsatzband, Augsburg 2011 (Veröffentlichungen zur Bayerischen Geschichte und Kultur 59), S. 190–194

Müller, Ulrich: Wagner in Literatur und Film, in: Müller, Ulrich/Wapnewski, Peter: Richard-Wagner-Handbuch, Stuttgart 1986, S. 704–730

Müller, Ulrich/Wapnewski, Peter (Hg.): Richard-Wagner-Handbuch, Stuttgart 1986

Müller, Wolfgang: „Ein ewig Rätsel bleiben will ich ..." Wittelsbacher Schicksale: Ludwig II., Otto I. und Sisi, München 1999

Münster, Robert: König Ludwig II. und die Musik, Rosenheim 1980

Murr, Karl Borromäus: Die Theatralisierung Bayerns – Von der Entstehung, Verbreitung und Funktion populärer Bayernbilder im Kaiserreich, in: Wolf, Peter u.a. (Hg.): Götterdämmerung – König Ludwig II. und seine Zeit. Aufsatzband, Augsburg 2011 (Veröffentlichungen zur Bayerischen Geschichte und Kultur 59), S. 143–152

Naegele, Verena: Parsifals Mission. Der Einfluß Richard Wagners auf Ludwig II. und seine Politik, Köln 1995

Naturwissenschaft und Technik, Nachrichtentechnik, Elektronik, Köln 1991

Nöhbauer, Hans F.: Auf den Spuren König Ludwigs II. Ein Führer zu Schlössern und Museen, Lebens- und Erinnerungsstätten des Märchenkönigs, München 1986, 3. Aufl. 2007

Nölle, Eckehart: Richard Wagner 1813–1883. Ur- und Erstaufführungen seiner Werke in München, München 1983

Ohm, Barbara: Fürth, Spiegelfabrik N. Wiederer, in: Kraus, Werner (Hg.): Schauplätze der Industriekultur in Bayern, Regensburg 2006, S. 246f.
Oldenbourg, Eberhard u. a.: Oldenbourg. Eine Münchner Familie und ein Münchner Unternehmen. Familien- und Firmengeschichte hg. anlässlich des 125jährigen Bestehens der Firma R. Oldenbourg, München 1983
Ortenburg, Georg: Waffe und Waffengebrauch im Zeitalter der Einigungskriege, Augsburg 2002 (Heerwesen der Neuzeit 4/1)
Ortmeier, Martin: Aussicht hat auf Verwerthung. Konjunktur und Herstellung von Granitpflastersteinen in Niederbayern, in: Angerer, Birgit u. a. (Hg.): Echt, stark! Naturstein im ländlichen Bayern. Ausstellungskatalog, Finsterau 2006, S. 135–156
Otremba, Heinz: Rudolf Gudden 1863–1935, ein Kunstmaler aus Werneck, Werneck 2003
Pallin-Lange, Christina: Industrieschauen in Nürnberg. Die drei Bayerischen Landes-Industrie, Gewerbe- und Kunstausstellungen in Nürnberg 1882 bis 1906, in: LGA-Rundschau 3 (2000), S. 95–100
Parr, Rolf: Der „Werdandi-Bund", in: Puschner, Uwe u. a. (Hg.): Handbuch zur „Völkischen Bewegung" 1871–1918, München 1996, S. 316–327
Parth, Susanne: Medialisierung von Krieg in der deutschen Militärmalerei des 19. Jahrhunderts, in: Jürgens-Kirchhoff, Annegret/Matthias, Agnes (Hg.): Warshots. Krieg, Kunst & Medien, Weimar 2006 (Schriften der Guernica-Gesellschaft 17), S. 45–66
Paul, Gerhard: Bilder des Krieges – Krieg der Bilder. Die Visualisierung des modernen Krieges, Paderborn u. a. 2004
Petzet, Detta/Petzet, Michael: Die Richard-Wagner-Bühne König Ludwigs II., München 1970 (Studien zur Kunst des neunzehnten Jahrhunderts 8)
Petzet, Michael (Hg.): König Ludwig II. und die Kunst. Ausstellungskatalog, München 1968
Petzet, Michael/Neumeister, Werner: Ludwig II. und seine Schlösser. Die Welt des Bayerischen Märchenkönigs, München 1980
Petzet, Michael (Hg.): Wilhelm Leibl und sein Kreis. Ausstellungskatalog, München 1986
Petzet, Michael: Architektur und Theaterdekoration. Die Bauten König Ludwigs II. als Bühne seines Lebens, in: Hojer, Gerhard (Hg.): König Ludwig II.-Museum Herrenchiemsee. Katalog, München 1986, S. 31–61
Petzet, Michael: Gebaute Träume. Die Schlösser Ludwigs II. von Bayern, München 1995
Petzet, Michael: „König Ludwig II. und die Kunst" – Rückblick auf eine Apotheose des bayerischen Märchenkönigs im Jahr 1968, in: Wolf, Peter u. a. (Hg.): Götterdämmerung – König Ludwig II. und seine Zeit. Aufsatzband, Augsburg 2011 (Veröffentlichungen zur Bayerischen Geschichte und Kultur 59), S. 257–263
Pfistermeister, Ursula: Wachs – Volkskunst und Brauch. Ein Buch für Sammler und Liebhaber alter Dinge, Nürnberg 1983
Pflaum, Hans Günther: Ludwig II. im Film [DVD-Booklet], in: Raffé, Rolf/Dieterle, Wilhelm/Rischert, Christian: Ludwig II., König von Bayern, hg. vom Filmmuseum München und dem Goethe-Institut, München 2009 (Edition filmmuseum 46)
Picquenard, Thérèse: Catalogue de l' œuvre de Louis-Simon Boizot, in: Scherf, Guilhem u. a.: Louis-Simon Boizot (1743–1809): sculpteur du roi et directeur de l'atelier de sculpture à la Manufacture de Sèvres, Versailles 2001, S. 65–176
Poll, Helmuth: Fahrrad, Auto, Flugzeug, Die Demokratisierung der Geschwindigkeit. Von den Anfängen des modernen Straßen- und Luftverkehrs, in: Bott, Gerhard (Hg.): Leben und Arbeiten im Industriezeitalter. Ausstellungskatalog, Stuttgart 1985, S. 61–80
Ponte, Susanne de: Bühnenpraxis im Cuvilliés-Theater – gestern und heute, in: Das Cuvilliés-Theater, hg. von der Bayerischen Schlösserverwaltung, München 2008, S. 92–141
Possart, Ernst von: Erstrebtes und Erlebtes. Erinnerungen aus meiner Bühnentätigkeit, 2. Aufl., Berlin 1916
Poten, Bernhard von: Handbuch der gesamten Militärwissenschaften, Bielefeld u. a. 1877
Praxl, Paul: „Eine Haupternährungsquelle in dieser Gegend". Die Geschichte des Granitgewerbes in Ostbayern, in: Helm, Winfried (Hg.): Granit, Hauzenberg 2007, S. 77–214
Praxmarer, Mario/Adam, Peter: König Ludwig II. in der Bergeinsamkeit von Bayern & Tirol. Bergresidenzen, Schlösser, Begegnungen, Krise, mysteriöser Tod, Garmisch-Partenkirchen 2002
Prinz, Friedrich: König Ludwig II. Entstehung einer Kultfigur, in: Gregor-Dellin, Martin u. a. (Hg.): Ludwig II. Die Tragik des „Märchenkönigs", Regensburg 1986, S. 128–158

Rall, Hans: König Ludwig II. und Bismarcks Ringen um Bayern 1870/71, unter Auswertung unbekannter englischer, preußischer und bayerischer Quellen dargestellt, München 1973 (Schriftenreihe zur bayerischen Landesgeschichte 67)
Ranke, Winfried: Joseph Albert – Hofphotograph der bayerischen Könige, München 1977
Rauch, Alexander: Schloss Herrenchiemsee. Räume und Symbole, München u. a. 1993
Rauch, Alexander: Schloss Herrenchiemsee, München 1995
Rauch, Alexander: Der Symbolismus Ludwigs II. – Ein Schlüssel zur Lösung des „ewigen Räthsels"?, in: Wolf, Peter u. a. (Hg.): Götterdämmerung – König Ludwig II. und seine Zeit. Aufsatzband, Augsburg 2011 (Veröffentlichungen zur Bayerischen Geschichte und Kultur 59), S. 171–178
Reckendorf, Hans: Die bayerischen Handfeuerwaffen 1800–1875, Dortmund 1998
Reder, Dirk Alexander/Roeseling, Severin: AugenBlicke. Die Geschichte der Optischen Werke G. Rodenstock, München 2003
Reichold, Klaus: Keinen Kuß mehr! Reinheit! Königtum! Ludwig II. von Bayern (1845–1886) und die Homosexualität, München 2003 (Splitter 9, Materialien zur Geschichte der Homosexuellen in München und Bayern)
Richard Lindner. Sammlung internationaler Kunst der Kunsthalle Nürnberg. Ausstellungskatalog, Nürnberg 1986
Rionnet, Florence: L'Atelier de moulage du musée du Louvre (1794–1928), Paris 1996
Ritter, Gerhard A./Tenfelde, Klaus: Arbeiter im Deutschen Kaiserreich 1871 bis 1914, Bonn 1992
Ritz, Gislind: Die lebensgroßen angekleideten Kinder-Wachsvotive in Franken, Volkach 1981 (Volksglaube Europas 3)
Robertson, Roland: Glokalisierung. Homogenität und Heterogenität in Raum und Zeit, in: Beck, Ulrich (Hg.): Perspektiven der Weltgesellschaft, Frankfurt am Main 1998, S. 192–220
Rodenstock. Qualität vor Augen. Porträt eines Unternehmens, München 1985
Rohneder, Jürgen: „Neuschwanstein" von Andy Warhol. Sein vermutlich letztes Werk, in: Bruckmanns Pantheon. Internationale Jahreszeitschrift für Kunst 51 (1993), S. 177–184
Rosenberg, Adolf: Defregger, Leipzig u. a. 1911
Rosenberg, Pierre (Hg.): Poussin, Watteau, Chardin, David … Peintures françaises dans les collections allemandes, XVIIe – XVIIIe siècles. Ausstellungskatalog, Paris u. a. 2005
Roth, Ralf: Das Jahrhundert der Eisenbahn. Die Herrschaft über Raum und Zeit 1800–1914, Ostfildern 2005
Rübensaal, Siegfried: Der Bierkrug – von der bayerischen Maß zum deutschen Liter, in: Jahrbuch der Gesellschaft für die Geschichte und Bibliographie des Brauwesens E.V. (1999/2000), S. 69–94
Rummel, Walter von: Ludwig II. Der König und sein Kabinettchef, München 1930
Rumschöttel, Hermann: Das bayerische Offizierkorps 1866–1914, Berlin 1973 (Beiträge zu einer historischen Strukturanalyse Bayerns im Industriezeitalter 9)
Rumschöttel, Hermann: König Ludwig II. und die soziale Frage, in: Wolf, Peter u. a. (Hg.): Götterdämmerung – König Ludwig II. und seine Zeit. Aufsatzband, Augsburg 2011 (Veröffentlichungen zur Bayerischen Geschichte und Kultur 59), S. 122–124
Russ, Sigrid: Die Ikonographie der Wandmalereien in Schloß Neuschwanstein, Diss., Heidelberg 1974
Sailer, Anton: Bayerns Märchenkönig, München 1977
Salzmann, Siegfried (Hg.): Mythos Europa. Europa und der Stier im Zeitalter der industriellen Zivilisation. Ausstellungskatalog, Bremen 1988
Sandgruber, Roman: Ökonomie und Politik. Österreichische Wirtschaftsgeschichte vom Mittelalter bis zur Gegenwart, Wien u. a. 1995 (Österreichische Geschichte 12)
Sauer, Karl Theodor von: Grundriss der Waffenlehre, München 1869
Schad, Martha: Bayerns Königinnen, Regensburg 1993
Schad, Martha (Hg.): Briefe – eine erstaunliche Korrespondenz. Cosima Wagner und Ludwig II. von Bayern, Bergisch Gladbach 1996
Schad, Martha: Zu Gast bei Kaiserin Elisabeth und König Ludwig II., München 2004
Schad, Martha: Das Tagebuch der Lieblingstochter von Kaiserin Elisabeth 1878–1899, Marie Valérie, München 2005
Schad, Martha: Ludwig II., 6. Aufl., München 2006
Schäder, Christian: Münchner Brauindustrie 1871–1945. Die wirtschaftsgeschichtliche Entwicklung eines Industriezweiges, Marburg 1999

Schatz, Uwe Gerd/Ulrichs, Friederike: Schloss Neuschwanstein. Amtlicher Führer, München 2009

Schick, Afra: Möbel für den Märchenkönig. Ludwig II. und die Münchner Hofschreinerei Anton Pössenbacher, Stuttgart 2003

Schindler, Norbert: Wilderer im Zeitalter der Französischen Revolution. Ein Kapitel alpiner Sozialgeschichte, München 2001

Schivelbusch, Wolfgang: Lichtblicke. Zur Geschichte der künstlichen Helligkeit im 19. Jahrhundert, München u. a. 1983

Schläder, Jürgen u. a.: Tradition mit Zukunft. 100 Jahre Prinzregententheater München 1996

Schlim, Jean Louis: König Ludwig II. Sein Leben in Bildern und Memorabilien, München 2005

Schlim, Jean Louis: Ludwig II. Traum und Technik, 2. Aufl., München 2010

Schmid, Elmar D.: König Ludwig II. im Portrait. Ausstellungskatalog, hg. von der Bayerischen Verwaltung der staatlichen Schlösser, Gärten und Seen, Dachau 1996

Schmid, Elmar D./Knirr, Kerstin: Herrenchiemsee. Museum im Augustiner-Chorherrenstift, Königsschloss, König-Ludwig-II.-Museum. Amtlicher Führer, München 2005

Schmid, Elmar D.: Schloss Linderhof. Amtlicher Führer, München 2006

Schmid, Ursula: Zur Konzeption des „homme supérieur" bei Stendhal und Balzac – mit einem Ausblick auf Alexandre Dumas Père, Frankfurt am Main 1991 (Bonner Romanistische Arbeiten 38)

Schmidbauer, Wolfgang/Kemper, Johannes: Ein ewiges Rätsel will ich bleiben mir und anderen. Wie krank war Ludwig II. wirklich?, München 1986

Schmidt, Klaus: 1817–1992. 175 Jahre Koenig & Bauer, Würzburg 1992

Schmitt, Stephan (Hg.): Geschichte der Hochschule für Musik und Theater München von den Anfängen bis 1945, Tutzing 2005

Schormaier, Michael/Baumann, Joseph: Telegraph und Telephon in Bayern. Ein Handbuch zum Gebrauch für Staats- und Gemeinde-Behörden, Beamte und die Geschäftswelt, München 1886

Schosser, Erich: Presse und Landtag in Bayern von 1850 bis 1918, München 1951

Schraudolph, Erhard: „Allgeyer – ein bedeutender Fürther Zinnfigurenhersteller", in: Fürther Heimatblätter 41 (1991), S. 136–144

Schraudolph, Erhard: Vom Handwerkerort zur Industriemetropole. Industrialisierung in Fürth vor 1870, Ansbach 1994

Schreiber, Georg: Die Bayerischen Orden und Ehrenzeichen, München 1964

Schröder, Gerald: „Phantasie an der Macht". Das Porträt Ludwigs II. im Spiegel der Avantgardekunst, in: Sykora, Katharina (Hg.): Ein Bild von einem Mann. Konstruktion und Rezeption eines Mythos. Frankfurt am Main u.a. 2004, S. 164–198

Schröppel, Annemarie u.a.: Schloß Falkenstein. Des Märchenkönigs letzter Traum. Pläne und Skizzen, Geschichte und Geschichten der Burgruine Falkenstein, Pfronten 1985

Schrott, Ludwig: Der Prinzregent. Ein Lebensbild aus Stimmen seiner Zeit, München 1962

Schwarzenbach, Alexis: Eine ungewöhnliche Erbschaft. Nutzung und Interpretation der Schlösser Ludwigs II. seit 1886, in: Sykora, Katharina (Hg.): Ein Bild von einem Mann. Ludwig II. von Bayern. Konstruktion und Rezeption eines Mythos, Frankfurt am Main u.a. 2004, S. 27–47

Schwegler, Fritz: Des Königs letzter Vorreiter erzählt über seinen Ludwig, in: Hausner, Hermann M. (Hg.): Ludwig II. von Bayern. Berichte der letzten Augenzeugen. Gedenkschrift zum 75. Todestag König Ludwig II. von Bayern am 13. Juni 1961, 2. Aufl., München u.a. 1962, S. 66–68

Schweiggert, Alfons: Schattenkönig. Otto, der Bruder König Ludwigs II. von Bayern. Ein Lebensbild, München 1992

Schweiggert, Alfons: Der Kronprinz. Kindheit und Jugend König Ludwigs II. von Bayern, München 1995

Schweiggert, Alfons: Die letzten Tage im Leben von König Ludwig II., St. Ottilien 2003

Schwenk, Ernst: Sternstunden der frühen Chemie. Von Johann Rudolph Glauber bis Justus von Liebig, München 2000

Seelig, Lorenz: Das Service mit Szenen aus dem Leben König Ludwigs XIV. von Frankreich, in: Hojer, Gerhard (Hg.): König Ludwig II.-Museum Herrenchiemsee. Katalog, München 1986, S. 367–402

Seitz, Gertrud Maria: Vor Schiller zog der Kronprinz seinen Hut ... Das Werk Friedrich von Schillers im Selbst- und Weltverständnis Ludwigs II. von Bayern, in: Literatur in Bayern 75 (2004), S. 26–35

Seitz, Maria: „Hätt' ich Flügel, um mich zu Dir schwingen zu können, ..." Dokument einer lebenslangen Freundschaft, Darmstadt 2011

Seitz, Maria: Ludwig II. König von Bayern. Ein Wittelsbacher zwischen Kunst und Tragik, Darmstadt 2011

Seling, Helmut: Die Augsburger Gold- und Silberschmiede 1529–1868. Meister, Marken, Werke, München 2007

Sexau, Richard: Fürst und Arzt. Dr. med. Herzog Carl Theodor in Bayern. Schicksal zwischen Wittelsbach und Habsburg, Graz u.a. 1963

Sippell, Stefan: Theresienthal, München 2005

Sobeck, Andreas: Flintsbach, Ziegel- und Kalkmuseum, in: Kraus, Werner (Hg.): Schauplätze der Industriekultur in Bayern, Regensburg 2006, S. 180–183

Spangenberg, Marcus: Phantastisches Sujet für Kommerz, Kult und Kunst. Ein Überblick über das ewige Leben Ludwigs II. von Bayern und seine Ursprünge, in: Bayerisches Jahrbuch für Volkskunde (2000), S. 37–45

Spangenberg, Marcus: „Der König ist tot, es lebe der König!" – Ursprünge und Formen der dauerhaften Existenz Ludwigs II. von Bayern, in: Lübbers, Bernd/Spangenberg. Marcus (Hg.): Ludwig II. – Tod und Memoria, Regensburg 2011 (Kataloge und Schriften der Staatlichen Bibliothek Regensburg 4)

Spangenberg, Marcus: Ludwig II. – Der andere König, Regensburg 2011 (kleine bayerische biografien)

Spangenberg, Marcus: Grüße vom „Märchenkönig". Der Mythos ist stärker als die Wirklichkeit – Ludwig II. von Bayern und seine Welt auf Ansichtskarten, Regensburg 2011

Spangenberg, Marcus: „Wie keines das ich je gesehen!" – Neuschwanstein: Geburt einer Ikone, in: Wolf, Peter u.a. (Hg.): Götterdämmerung – König Ludwig II. und seine Zeit. Aufsatzband, Augsburg 2011 (Veröffentlichungen zur Bayerischen Geschichte und Kultur 59), S. 217–226

Schwarz, Helmut: Paradestücke. Zinnfiguren aus Nürnberg und Fürth. Ausstellungskatalog, Nürnberg 2000

Spilker, Ernst Moritz: Bayerns Gewerbe 1815–1965, München 1985 (Volkswirtschaftliche Forschungsbeiträge 2)

Sprenger, Bernd: Das Geld der Deutschen. Geldgeschichte Deutschlands von den Anfängen bis zur Gegenwart, Paderborn 1991, 2. Aufl. 1995

Stein, Hartwig: Das Kriegstagebuch des preußischen Gefreiten Albert Koch aus dem West- und Mainfeldzug des Jahres 1866, Frankfurt am Main 2009

Steinberg, Reinhard: Bernhard von Gudden in München (1872–1886), in: Hippius, Hanns/Steinberg, Reinhard (Hg.): Bernhard von Gudden, Heidelberg 2007, S. 43–51

Steinberg, Reinhard/Hippius Hanns: Bernhard von Gudden zum 125. Todestag, in: Der Nervenarzt 82,5 (2011)

Steinberger, Hans: Der Chiemsee und das Königsschloss Herren-Chiemsee, Kaufbeuren ca. 1905

Steinberger, Hans: Illustrierter Führer durch das Kgl. Schloss Herren-Chiemsee, Prien 1906

Steiner, Günter: Ferdinand Boppeler und König Ludwig. Ausstellung zum 120. Todestag von König Ludwig II., Augsburg 2006

Steinmann, Gustav: Das Velocipede. Seine Geschichte, Konstruktion, Gebrauch und Verbreitung, Neufahrn 2008

Sternberg, Caroline: Ludwig II. und die Porträtfotografie, in: Wolf, Peter u.a. (Hg.): Götterdämmerung – König Ludwig II. und seine Zeit. Aufsatzband, Augsburg 2011 (Veröffentlichungen zur Bayerischen Geschichte und Kultur 59), S. 203–206

Storz, Dieter: Deutsche Militärgewehre, Bd. 1, Wien 2011 (in Druck)

Styra, Peter u.a. (Hg.): Mit Glanz und Gloria. Kutschen der Fürsten von Thurn und Taxis. Ausstellungskatalog, Wien 2006

Sulzer, Alfred R.: 150 Jahre feinste Zinn-Compositions-Figuren Ernst Heinrichsen Nürnberg, Zürich 1989

Sykora, Katharina (Hg.): Ein Bild von einem Mann. Ludwig II. von Bayern. Konstruktion und Rezeption eines Mythos, Frankfurt am Main u.a. 2004

Sykora, Katharina: Kitsch-König. Ludwig II. von Bayern als Andenken, in: dies. (Hg.): „Ein Bild von einem Mann". Ludwig II. von Bayern. Konstruktion und Rezeption eines Mythos, Frankfurt am Main u.a. 2004, S. 119–138

Sykora, Katharina: Die Tode der Fotografie, Bd. 1: Die Totenfotografie und ihr sozialer Gebrauch, München 2009

Teuteberg, Hans-Jürgen: Die Rolle des Fleischextrakts für die Ernährungswissenschaften und den Aufstieg der Suppenindustrie. Kleine Geschichte der Fleischbrühe, Stuttgart 1990 (Zeitschrift für Unternehmensgeschichte, Beiheft 70)

Ther, Philipp: In der Mitte der Gesellschaft. Opterntheater in Zentraleuropa 1815–1914, Wien u.a. 2006

Thieme, Ulrich/Becker, Felix (Hg.): Allgemeines Lexikon der bildenden Künstler von der Antike bis zur Gegenwart, Leipzig 1907ff.

Thoma, Ludwig: Erinnerungen – Leute, die ich kannte, München 1996

Tittmann, Axel: Der deutsche Krieg von 1866 im Raum Würzburg, Würzburg 1986

Trautmann, Karl: Die Handschuhfabrik J. Roeckl. Fünfundsiebzig Jahre aus der Geschichte eines Altmünchener Bürger- und Geschäftshauses, München 1920

Tschoeke, Jutta (Hg.): Lust und Lieb hat mich beweget. Nürnberger Gartenkultur. Ausstellungskatalog, Nürnberg 2008

Turner, Hans: Elektrizität und Elektrotechnik. Ihre Bedeutung für die industrielle Entwicklung Bayerns, in: Bott, Gerhard (Hg.): Leben und Arbeiten im Industriezeitalter. Ausstellungskatalog, Stuttgart 1985, S. 223–234

Twain, Mark: A Tramp Abroad/Ein Bummel durch Europa, übersetzt von Ulrich Steindorff-Carrington, Frankfurt am Main u.a. 1979

Ullrich, Volker: Deutsches Kaiserreich, Frankfurt am Main 2006

Urban, Regina: Unterwegs im Wallfahrtsmuseum Gößweinstein. Museumsführer, Nürnberg 2008

Ursel, Ernst: Die bayerischen Journalisten im Spiegel der Polizeiakten 1878/79. Ein Beitrag zur Arbeit der Behörden in der Ära Lutz, in: Zeitschrift für bayerische Landesgeschichte 36 (1973), S. 388–396

Vatout, Jean: Le palais de Versailles, Paris 1837 (Souvenirs historiques des résidences royales de France 1)

Veltzke, Veit: Der Mythos des Erlösers. Richard Wagners Traumwelten und die Deutsche Gesellschaft 1871–1918. Ausstellungskatalog, Stuttgart 2002 (Schriftenreihe des Preußen-Museums Nordrhein-Westfalen 3)

Veron-Denise, Danièle: Le somptueux lit brodé dit de Louis XIV., in: L'Estampille/L'Objet d'Art 366 (Feb. 2002), S. 68–82

Voit, Ernst: Entwicklung der Beleuchtung und Beleuchtungstechnik, in: Darstellungen aus der Geschichte der Technik, der Industrie und Landwirtschaft in Bayern. Festgabe der Kgl. technischen Hochschule in München zur Jahrhundertfeier der Annahme der Königswürde durch Kurfürst Maximilian IV. Joseph von Bayern, München 1906, S. 53–66

Volkert, Wilhelm: Die politische Entwicklung von 1848 bis zur Reichsgründung 1871, in: Handbuch der bayerischen Geschichte, begründet von Max Spindler, hg. von Alois Schmid, Bd. 4/1, 2. Aufl., München 2003, S. 237–318

Vollhardt, Ulla-Britta: „Die Italiener werden hierher geliefert wie die Orangen". Italienische Ziegelarbeiter in München zwischen 1871 und 1914, in: Koch, Angela (Hg.): Xenopolis. Von der Faszination und Ausgrenzung des Fremden in München. Ausstellungskatalog, Berlin u.a. 2005, S. 161–178

Wackernagel, Rudolf H. (Hg.): Staats- und Galawagen der Wittelsbacher: Kutschen, Schlitten und Sänften aus dem Marstallmuseum Schloß Nymphenburg, Bd. 1 und 2, Stuttgart 2002

Wagner, Richard: Über Staat und Religion, in: ders.: Sämtliche Schriften und Dichtungen, Volks-Ausgabe, 6. Aufl., Leipzig o.J., Bd. 8, S. 3–29

Wagner, Richard: Deutsche Kunst und deutsche Politik, Leipzig 1868

Wagner, Richard: Dichtungen und Schriften. Jubiläumsausgabe, Frankfurt am Main 1983

Wagner, Ulrich: Friedrich Koenig (1774–1833), in: Kraus, Werner (Hg.): Schauplätze der Industriekultur in Bayern, Regensburg 2006, S. 292ff.

Weber, Matthias M.: Die Entwicklung der Psychopharmakologie im Zeitalter der naturwissenschaftlichen Medizin, München 1999 (Angewandte Neurowissenschaft 4)

Weber-Kellermann, Ingeborg: Landleben im 19. Jahrhundert, München 1988

Wehler, Hans-Ulrich: Deutsche Gesellschaftsgeschichte, Bd. 3: Von der „Deutschen Doppelrevolution" bis zum Beginn des Ersten Weltkrieges 1849–1914, München 2008

Weigel, Heinrich u.a.: Tannhäuser in der Kunst, Jena 1999 (Palmbaum-Texte 6)

Weis, Eberhard: Die Begründung des modernen bayerischen Staates unter König Max I. (1799–1825), in: Handbuch der bayerischen Geschichte, begründet von Max Spindler, hg. von Alois Schmid, Bd. 4/1, 2. Aufl., München 2003, S. 117–126

Weiss, Evelyn: Warhol und Deutschland, in: Kölner Museums-Bulletin 4 (1989), S. 4–18

Weiß, Siegfried: Der Wilderer. Ein Bildmotiv des 19. Jahrhunderts, in: Weltkunst 67/7 (1998), S. 1420–1422

Hohlfeld, Johannes: Werden und Wesen des Hauses R. Oldenbourg München. Ein geschichtlicher Überblick 1858–1958, München 1958

Wieninger, Karl: Max von Pettenkofer. Das Leben eines Wohltäters, München 1987

Wilk, Erika: König Ludwig II. von Bayern und das Schauspiel, Diss. masch., München 1989

Willers, Johannes: Das Nachrichtenwesen, in: Bott, Gerhard (Hg.): Leben und Arbeiten im Industriezeitalter. Ausstellungskatalog, Stuttgart 1985, S. 80–84

Wilson-Heesemann, Andrea: Henri Fantin-Latours „Rheingold", in: Jahrbuch der Hamburger Kunstsammlungen 25 (1980), S. 103–116

Winkler, Bernd: Das Bierbrauen in Kulmbach, Kulmbach 1987 (Schriftenreihe Die Plassenburg für Heimatforschung und Kulturpflege in Ostfranken 46)

Winkler, Richard: Vom Waisenkind zum Wirtschaftskapitän. Emil Wilhelm aus Lichtenfels (1844–1919), in: Vom Main zum Jura 13 (2004), S. 122–139

Winkler, Richard: Made in Bavaria – Technische Innovationsleistungen bayerischer Unternehmen in der Zeit König Ludwigs II., in: Wolf, Peter u.a. (Hg.): Götterdämmerung – König Ludwig II. und seine Zeit. Aufsatzband, Augsburg 2011 (Veröffentlichungen zur Bayerischen Geschichte und Kultur 59), S. 107–116

Wippermann, Wolfgang: Skandal im Jagdschloss Grunewald. Männlichkeit und Ehre im deutschen Kaiserreich, Darmstadt 2010

Wirtgen, Rolf: Geschichte und Technik der automatischen Waffen in Deutschland. Teil 1: Von den Anfängen bis 1871, Herford u.a. 1987 (Wehrtechnik und wissenschaftliche Waffenkunde 1)

Wirth, Irmgard: Mit Menzel in Bayern und Österreich, München 1974

Wittmann, Reinhard: Wissen für die Zukunft. 150 Jahre Oldenbourg Verlag, München 2008

Wöbking, Wilhelm: Der Tod König Ludwigs II. von Bayern. Eine Dokumentation, Rosenheim 1986

Wolf, Helmut: Gold im Herzen Europas. Gewinnung, Bearbeitung, Verwendung. Ausstellungskatalog, Kümmersbruck 1996 (Schriftenreihe des Bergbau- und Industriemuseums Ostbayern in Theuern 34)

Wolf, Peter: König Ludwig II. und Herrenchiemsee: 1873–2011, in: Chiemgau, hg. vom Haus der Bayerischen Geschichte, Augsburg 2011 (Edition Bayern 5), S. 34–37

Wulf, Hans-Jürgen (Hg): Die Geschichte der elektrischen Glühlampenbeleuchtung, Turgi 1998

Zerssen, Detlev von: Der bayerische „Märchenkönig" Ludwig II. Seine letzten Jahre aus psychiatrischer Sicht, in: Der Nervenarzt 81 (2010), S. 1368–1378

Zilczer, Judith: Richard Lindner. Gemälde und Aquarelle 1948–1977. Ausstellungskatalog, München u.a. 1997

Bildnachweis

Alois Dallmayr KG, München: 4.32
Andy Warhol Foundation, vertreten durch ARS, New York, USA: 5.44b
Archiv des Erzbistums München und Freising, München: 1.07a, 5.39a
Archiv Faber-Castell, Stein: 4.47e
Auswärtiges Amt – Politisches Archiv, Berlin: 2.24
BASF SE, Ludwigshafen a. Rhein: 4.25a
Bayerische Schlösserverwaltung, München: S. 19, Kat.-Nr. 1.01a–i, l–n, 1.03, 1.08, 1.11a, 1.22, 2.01a, 2.02, 2.10b, S. 92f., Kat.-Nr. 3.01b, 3.02, 3.10b, 3.10c, 3.14, 3.15, 3.16, 3.17, 3.22, 3.27b, 3.30a und b, S. 127, Kat.-Nr. 3.33, S. 133–135, Kat.-Nr. 3.49b, 3.61, 4.55a, 5.01b, 5.04, 5.05, 5.09b, 5.10a, 5.38a und b, 5.40b (Fotoarchiv), S. 127 o. (Foto: Anton J. Brandl), Kat.-Nr. 3.03, 3.04, 3.06, 3.09, 3.11a–e, 3.12, 3.13, 3.18a und b, 3.19, 3.20, 3.29a und b, S. 127 u.r., Kat.-Nr. 3.32, 3.34a und b, 3.35a und b, 3.37, 3.38a und b, 3.39, 3.40a und b, 3.41, 3.42a und b, 3.44, 3.45, 3.46, 3.47, 3.49a, 3.50a, 3.51, 3.52, 4.60b–e, 5.10a, (Foto: Andrea Gruber, Rainer Herrmann, Maria Scherf), Kat.-Nr. 3.43 (Foto: Philipp Mansmann)
Bayerische Staatsbibliothek München: 2.30b, 3.26, 3.27a, 4.04a, 5.14, 5.41
Bayerische Staatsgemäldesammlungen, München, vertreten durch BPK, Berlin: S. 20, 188, 189, Kat.-Nr. 4.01, 4.09a
Bayerische Theaterakademie August Everding im Prinzregententheater, München: 3.66 (Foto: Richard Beer)
Bayerisches Armeemuseum, Ingolstadt: S. 17, 62, 63, Kat.-Nr. 1.02a, 1.13, 2.03, 2.04, 2.07a und b, 2.11, 2.12a–c, 2.13a und b, 2.15, 2.16a und b, 2.17e–g, i, 2.18, 2.19a und b, 2.20a und b, 2.21, 2.23d, 2.25b (Foto: Christian Stoye)
Bayerisches Hauptstaatsarchiv, München: 2.08a, 2.14b, 5.12d, 5.13b
Bayerisches Landesamt für Denkmalpflege, München: 2.08b, 4.47g (Foto: Paul Burgholzer)
Bayerisches Nationalmuseum, München: 1.02b, 1.10b–e, 2.23b, 3.48a, 5.01a, 5.31b (Foto: Bastian Krack)
Bayerisches Wirtschaftsarchiv München: 4.30b, 4.46
Coninx-Stiftung, Zürich: 3.62
Deutsches Medizinhistorisches Museum, Ingolstadt: 5.26a
Deutsches Theatermuseum, München: 3.54, 3.57
Deutsches Museum, München: 4.21b, 4.24a, 4.27a, 4.28, 4.49a, 4.59
Dr. Max Edelmann, Inning a. Ammersee: 4.61
Fotosammlung DB Museum, Nürnberg: 4.15, 4.19b, 4.22b, 4.57
Fürst Thurn und Taxis Kunstsammlungen, Regensburg: 1.25
Fürst Thurn und Taxis Zentralarchiv TT Hausgeschichte: 1.20
Geheimes Hausarchiv, München: S. 16, S. 33, Kat.-Nr. 1.01j und k, 1.04a und b, 1.09, 1.11f, 1.19c, 1.21, 1.23, 5.01b, 5.02, 5.03a, 5.18, 5.19b, 5.34
Gemeinde Oberammergau: 4.03
Gemeindearchiv Oberammergau: 4.02a
Germanisches Nationalmuseum, Nürnberg: 4.18
graficde'sign pürstinger: S. 28, 29
Granitzentrum Bayerischer Wald, Hauzenberg: 4.22a (Foto: Dionys Asenkerschbaumer)
Hamburger Kunsthalle, vertreten durch BPK, Berlin: 3.63
Haus der Bayerischen Geschichte, Augsburg: 1.05, 1.06, 4.02b, 4.07, 4.11a–c, 4.12b, 4.26, 4.29, 4.30a, 4.31, 4.36a und b, 4.38a, 4.41a, 4.43, 4.44, 4.50a und b, 4.51a, 4.52, 4.58, 4.63, 5.07, 5.08a, 5.11a, 5.21b, 5.33, 5.35, 5.36, 5.37, 5.40a (Foto: Philipp Mansmann), 1.11b, 4.13a–c, 4.35, 4.60a–c, e (Foto: Konrad Rainer), 1.24, 4.33, 4.34 (Foto: Andreas Brücklmair), 2.06a–e, 2.22a und b (Foto: Rolf Nachbar), 2.23c, 2.28, 4.16, 4.23a (Foto: Christiane Richter), 2.30d, 4.53, 5.11b, 5.13a, 5.19a, S. 284–286

Haus der Fotografie, Burghausen: 4.37a
Prof. Dr. Gerd Hirzinger, Metamatix AG, München: 3.07, 5.03b
Historisches Archiv der MAN Augsburg: 4.19a, 4.47a und b, 4.55d
Martin Irl, Holnstein-Archiv, Schwarzenfeld/OPf.: 5.25b
Kines GmbH, Oberhaching: 5.45c und d
Koenig & Bauer AG: 4.42
Kunstmuseum Basel: 4.10 (Foto: Martin Bühler)
Landesmuseum Mainz: 4.06 (Foto: Ursula Rudischer)
Albert Meilhaus: 5.32 (Foto: Christian Wild)
Münchner Stadtmuseum: 2.23b, 4.19d, 5.10b
Museum Georg Schäfer, Schweinfurt: 4.09b
Museum für Kommunikation Frankfurt: 4.54
Museum für Kunst und Gewerbe Hamburg, vertreten durch BPK, Berlin: S. 146
Museum Ludwig, Köln, vertreten durch Rheinisches Bildarchiv, Köln: 5.43
Museumsstiftung Post und Telekommunikation, Nürnberg: 4.45, 5.23a (Foto: Mile Cindric)
Neues Museum Nürnberg (Leihgabe der Stadt Nürnberg), vertreten durch VG Bild-Kunst, Bonn 2010: 5.42
Otto-von-Bismarck-Stiftung, Friedrichsruh: 2.25a
p.Medien, München: S. 127 (Pläne)
privat: 1.14, 4.20a–c, 5.01, 5.06c (Foto: Christian Stoye), 5.08b, 5.09b, 5.17a und b, 5.24, 5.28, 5.29, 5.30, 5.31a
Firma Radspieler, München: 4.36d
Richard-Wagner-Museum/Nationalarchiv der Richard-Wagner-Stiftung, Bayreuth: 1.16, 3.55a, 3.56a, 3.58a, b und d, 3.60, 5.09a, 5.27a
RMN (Château de Versailles)/Gérard Blot, vertreten durch BPK, Berlin: S. 119 rechts
Roeckl Handschuhe & Accessoires GmbH & Co. KG, München: 4.36c
Sammlung Jean Louis, München: 4.14c, 455c, 4.56, 5.22a
Sammlung Marcus Spangenberg, Regensburg: 1.15
Siemens Corporate Archives, München: 4.47d, 4.49a–d, 4.50c und d
Schirmer/Mosel Verlag GmbH, München: 4.37c
Spielzeugmuseum Nürnberg: 4.12a (Foto: Christiane Richter)
Staatliche Museen zu Berlin, Nationalgalerie, vertreten durch BPK, Berlin: 2.26, 3.64
Staatliche Münzsammlung, München: 2.29
Stadtarchiv München: S. 23, 248, 249, Kat.-Nr. 5.15, 5.16, 5.40c
Stadtarchiv Fürth: 4.39
Verein der Freunde und Förderer des Museums für Kinematographie e.V., Vollbüttel: 5.45a
Wallfahrtsmuseum Gößweinstein: 4.05 (Foto: Jürgen Schabel)
Wallraf Richarz-Museum & Fondation Corboud, Köln, vertreten durch das Rheinische Bildarchiv Köln: 4.08
Wehrgeschichtliche Lehrsammlung des Sanitätsdienstes der Bundeswehr, München: 2.22c–e
Wittelsbacher Ausgleichsfonds, München: 1.10a, 1.18a, 3.01a, 3.08, 3.48b, 4.60c (Foto: Bayerische Schlösserverwaltung), 1.11c, 1.17, 5.06a (Foto: Rainer Herrmann), 3.01a, 3.08, 3.48b (Foto: Bayerische Schlösserverwaltung, Fotoarchiv), 3.05, 3.24, 3.25c, 3.28, 3.36a und b (Foto: Bayerische Schlösserverwaltung, Andrea Gruber, Rainer Herrmann, Maria Scherf), 3.10c (Foto: Dr. Alice Arnold-Becker), 1.19a, f und i, 3.58c, 3.59, 4.55b
Luitpold Graf von Wolffskeel: 2.09a
Ziegel- und Kalkmuseum Flintsbach, Winzer: 4.21a

www.hdbg.de